TABLE DES MATIÈRES

IMAGINEZ

LE FRANÇAIS SANS FRONTIÈRES

cours de français intermédiaire

Séverine Champeny

VISTA®
HIGHER LEARNING
Boston, Massachusetts

Publisher: José A. Blanco

Editorial Development: Armando Brito, Deborah Coffey, Inès Ouedraogo

Project Management: Cécile Engeln, Hillary Gospodarek, Sharon Inglis, Sofía Pellón

Rights Management: Maria Rosa Alcaraz Pinsach, Annie Pickert Fuller, Caitlin O'Brien

Technology Production: Egle Gutiérrez, Fabián Montoya, Paola Ríos Schaaf

Design: Mark James, Erik Restrepo, Andrés Vanegas

Production: Manuela Arango, Oscar Díez, Jennifer López, Lina Lozano

Printed in Canada.

Student Text (Perfectbound) ISBN: 978-1-62680-812-6
Student Text (Casebound) ISBN: 978-1-62680-813-3
Instructor's Annotated Edition ISBN: 978-1-62680-815-7
Library of Congress Control Number: 2014948565

1 2 3 4 5 6 7 8 9 TC 19 18 17 16 15 14

INSTRUCTOR'S ANNOTATED EDITION

Table of Contents

The Vista Higher Learning Story
Your Specialized Foreign Language Publisher

Independent, specialized, and privately owned, Vista Higher Learning was founded in 2000 with one mission: to raise the teaching and learning of world languages to a higher level. This mission is based on the following beliefs:

- It is essential to prepare students for a world in which learning another language is a necessity, not a luxury.
- Language learning should be fun and rewarding, and all students should have the tools they need to achieve success.
- Students who experience success learning a language will be more likely to continue their language studies both inside and outside the classroom.

With this in mind, we decided to take a fresh look at all aspects of language instructional materials. Because we are specialized, we dedicate 100 percent of our resources to this goal and base every decision on how well it supports language learning.

That is where you come in. Since our founding, we have relied on the invaluable feedback of language instructors and students nationwide. This partnership has proved to be the cornerstone of our success by allowing us to constantly improve our programs to meet your instructional needs.

The result? Programs that make language learning exciting, relevant, and effective through:

- unprecedented access to resources;
- a wide variety of contemporary, authentic materials;
- the integration of text, technology, and media;
- and a bold and engaging textbook design.

By focusing on our singular passion, we let you focus on yours.

The Vista Higher Learning Team

VISTA®
HIGHER LEARNING

500 Boylston Street, Suite 620, Boston, MA 02116-3736 TOLL-FREE: 800-618-7375
TELEPHONE: 617-426-4910 FAX: 617-426-5209 www.vistahigherlearning.com

Getting to Know IMAGINEZ

IMAGINEZ, Third Edition, is a market-leading intermediate French program designed to provide students with an active and rewarding learning experience as they strengthen their language skills and develop their cultural competency. **IMAGINEZ** takes an interactive, communicative approach. It focuses on real communication in meaningful contexts to develop and consolidate students' speaking, listening, reading, and writing skills. **IMAGINEZ** features a fresh, magazine-like design that engages students while integrating thematic, cultural, and grammatical concepts within every section of the text.

NEW to the Third Edition

- Enhanced Supersite—groundbreaking technology with powerful course management and options for customization, now with iPad®-friendly* access

- Online Partner Chat and Virtual Chat activities for conversational skill building and oral practice

- Four new authentic short films: **Le Dernier Rôle de Jacques Serres** (Lesson 3), **Le Courrier du parc** (Lesson 4), **Strict Eternum** (Lesson 7), **Un héros de la nature gabonaise** (Lesson 10)

- Three new **Littérature** readings: **99 francs** by Frédéric Beigbeder (Lesson 3), **Discours sur la misère** by Victor Hugo (Lesson 4), **Le Cœur à rire et à pleurer** by Maryse Condé (Lesson 6)

- **Le Zapping** section integrated in the textbook, featuring six new video clips in Lessons 1, 5, 6, 8, 9, 10

- One new **Imaginez** section reading: **L'Afrique de l'Ouest** (Lesson 5)

- Two new **Culture** readings: **Le Paysage musical au Québec** (Lesson 3), **Les Griots, maîtres de la tradition orale** (Lesson 5)

- More activities online, including most **Fiches de grammaire** activities found in the back of the textbook

- Three new **Oral Testing Suggestions** per lesson help you evaluate your students' oral communication skills

- vText—the interactive, online text—perfect for hybrid courses. Now, in an iPad®-friendly* format!

Plus, the original hallmark features of IMAGINEZ

- Authentic short films by award-winning francophone filmmakers and a wide range of pre- and post-viewing activities

- Dramatic photos and thought-provoking discussion questions

- Real-life, practical vocabulary related to the lesson theme

- Rich, contemporary cultural presentations, including **Le Zapping** video clips

- Clear, comprehensive grammar explanations followed by thematically and culturally relevant activities

- **Fiches de grammaire** supplemental grammar explanations and practice for every lesson

- Authentic literary selections of various genres including poems and short stories

*Students must use a computer for audio recording and select presentations and tools that require Flash or Shockwave.

TABLE DES MATIÈRES

Icons

Familiarize yourself with these icons that appear throughout **IMAGINEZ**.

 Content on the Supersite: audio, video, and presentations

 Activity on the Supersite

 Pair activity

Group activity

Pair and mouse icons together indicate that the activity is available as an assignable Partner Chat or Virtual Chat on the Supersite. Additional practice on the Supersite, not included in the textbook, is indicated with this icon feature:

Practice more at **vhlcentral.com.**

The IMAGINEZ Supersite

The **IMAGINEZ** Supersite is your online source for integrating text and technology resources. The Supersite enhances language learning and facilitates simple course management. With powerful functionality, a focus on language learning, and a simplified user experience, the Supersite offers features based directly on user feedback.

End Student Frustration

Make it a cinch for students to track due dates, save work, and access all assignments and resources.

Set-Up Ease

Customize your course and section settings, create your own grading categories, plus copy previous settings to save time.

All-in-One Gradebook

Add your own activities or use the new grade adjustment tool for a true, cumulative grade.

Grading Options

Choose to grade student-by-student, question-by-question, or spot check. Plus, give targeted feedback via in-line editing and voice comments.

Accessible Student Data

Conveniently share information one-on-one, or issue class reports in the formats that best fit you and your department.

For Instructors

- A gradebook to manage rosters, assignments, and grades
- Time-saving auto-graded activities, plus question-by-question and automated spot-checking
- A communication center for announcements, notifications, and help requests
- Pre-made sample syllabus and sample lesson plan in customizable RTF format.
- Testing Program in editable RTF format
- Answer keys, audioscripts, French and English video scripts, grammar presentation slides, and digital image bank
- Online administration of quizzes and exams, now with time limits and password protection
- Tools to add your own content to the Supersite:
    - Create and assign Partner Chat and open-ended activities
    - Upload and assign videos and outside resources
- Single sign-on feature for integration with your LMS
- MP3 files of the complete Lab and Testing Audio programs
- Live Chat for video chat, audio chat, and instant messaging
- Voiceboards for oral assignments, group discussions, and projects
- vText: the online, interactive text

Each section of the textbook comes with resources and activities on the **IMAGINEZ** Supersite, many of which are auto-graded with immediate feedback. Plus, the Supersite is iPad®-friendly*, so it can be accessed on the go! Visit **vhlcentral.com** to explore this wealth of exciting resources.

POUR COMMENCER
- Audio of the **Vocabulary** with recording activity for oral practice
- Textbook and extra practice activities
- Partner Chat and Virtual Chat activities for increased oral practice

COURT MÉTRAGE
- Streaming video of the short film with instructor-controlled options for subtitles
- Audio of the **Vocabulary** with recording activity for oral practice
- Pre- and post-viewing activities

IMAGINEZ
- Main **IMAGINEZ** strand cultural reading
- Streaming video of **Le Zapping** video clips with instructor-controlled options for subtitles
- Auto-graded textbook and extra practice activities

STRUCTURES
- Textbook grammar presentations
- Textbook and extra practice activities
- Partner Chat and Virtual Chat activities for increased oral practice
- **Révision** self-test

CULTURE
- Audio-sync reading of the main **CULTURE** text
- Textbook and extra practice activities

LITTÉRATURE
- Audio-sync reading of the literary text
- Textbook and extra practice activities
- **Rédaction** writing activity

VOCABULAIRE
- Vocabulary list with audio
- Customizable study lists

FICHES DE GRAMMAIRE
- Grammar presentations available online
- Textbook practice activities with immediate feedback

Plus! Also found on the Supersite:
- Lab audio MP3 files
- A single gradebook for all Supersite activities
- Live Chat tool for video chat, audio chat, and instant messaging without leaving your browser
- Communication center for instructor notifications and feedback
- WebSAM online Student Activities Manual
- vText: online, interactive student edition with access to Supersite activities, audio, and video—in an iPad®-friendly* format!

Supersite features vary by access level. Visit **vistahigherlearning.com** to explore which Supersite level is right for you.
*Students must use a computer for audio recording and select presentations and tools that require Flash or Shockwave.

SOMMAIRE

outlines the content and themes of each lesson.

Lesson opener The first two pages introduce you to the lesson theme. Dynamic photos and brief descriptions of the theme's film, culture topics, and readings serve as a springboard for class discussion.

Lesson overview A lesson outline prepares you for the linguistic and cultural topics you will study in the lesson.

Ⓢupersite

Supersite resources are available for every section of the lesson at **vhlcentral.com.** Icons show you which textbook activities are also available online, and where additional practice activities are available. The description next to the Ⓢ icon indicates what additional resources are available for each section: videos, audio recordings, readings and presentations, and more!

Supersite features vary by access level. Visit **vistahigherlearning.com** to explore which Supersite level is right for you.

POUR COMMENCER

practices the lesson vocabulary with thematic activities.

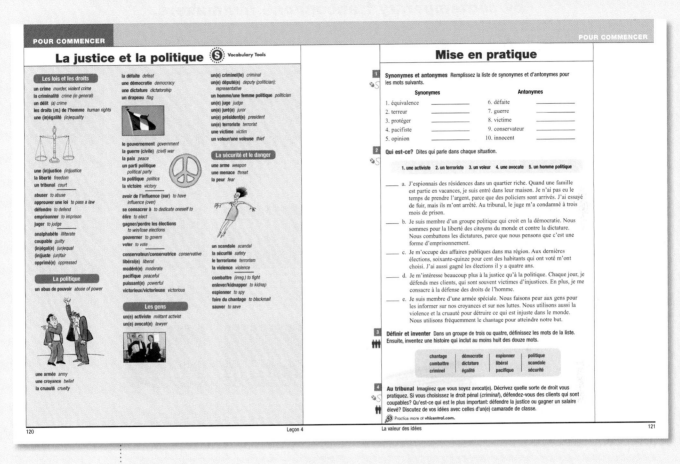

Vocabulary Easy-to-study thematic lists present useful vocabulary.

Photos and illustrations Dynamic, full-color photos and art illustrate selected vocabulary terms.

Mise en pratique This set of activities practices vocabulary in diverse formats and engaging contexts.

Ⓢupersite

- Audio recordings of all vocabulary items
- All textbook activities including Partner and Virtual Chat activities
- Additional online-only practice activities

Supersite features vary by access level. Visit **vistahigherlearning.com** to explore which Supersite level is right for you.

COURT MÉTRAGE

features award-winning short films by contemporary francophone filmmakers.

Films Compelling short films let you see and hear French in authentic contexts. Films are thematically linked to the lessons.

Scènes Video stills with captions prepare you for the film and introduce some of the expressions you will encounter.

Notes culturelles These sidebars with cultural information related to the **Court métrage** help you understand the cultural context and background surrounding the film.

Supersite

- Streaming video of short films with instructor-controlled subtitle options

Supersite features vary by access level. Visit **vistahigherlearning.com** to explore which Supersite level is right for you.

PRÉPARATION & ANALYSE

provide pre- and post-viewing support for each film.

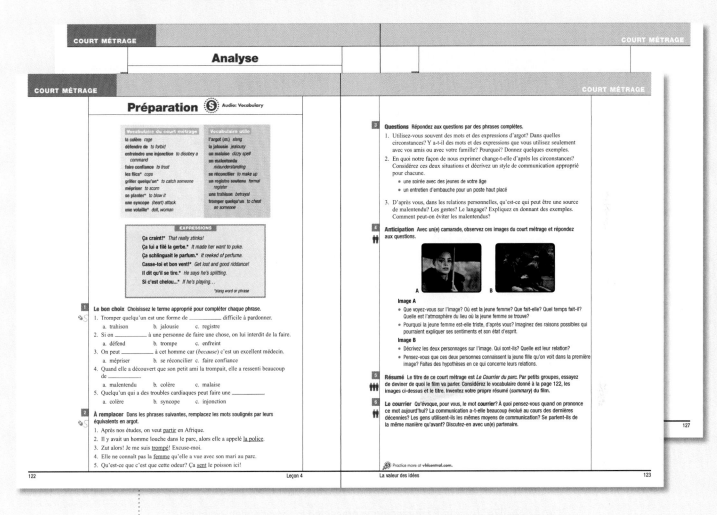

Préparation Pre-viewing activities set the stage for the film by providing vocabulary support, background information, and opportunities to anticipate the film content.

Analyse Post-viewing activities check your comprehension and allow you to explore broader themes from the film in relation to your own life.

Supersite

- All textbook activities
- Additional online-only practice activities

Supersite features vary by access level. Visit **vistahigherlearning.com** to explore which Supersite level is right for you.

IMAGINEZ

simulates a voyage to the featured country or region.

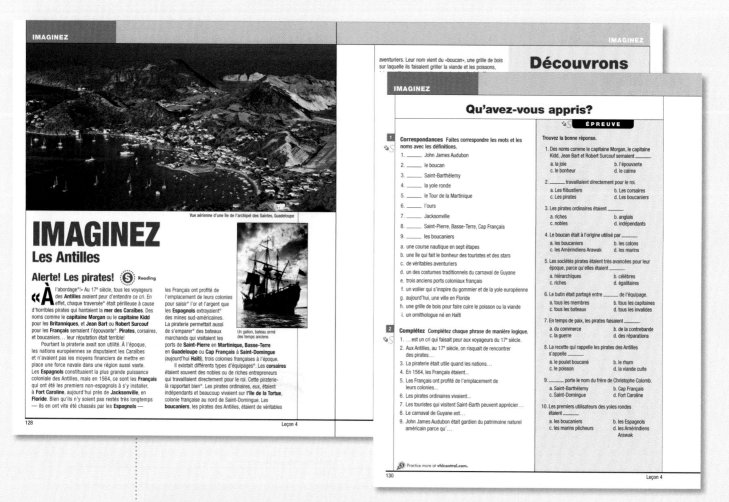

Magazine-like design Each reading is presented in the attention-grabbing visual style you would expect from a magazine.

Readings Dynamic readings draw your attention to culturally significant locations, traditions, and monuments of the country or region.

Lexical variations Terms and expressions specific to the country or region are highlighted in easy-to-reference lists.

Qu'avez-vous appris? Post-reading activities check your comprehension of the readings.

Supersite

• All reading selections

Supersite features vary by access level. Visit **vistahigherlearning.com** to explore which Supersite level is right for you.

LE ZAPPING & GALERIE DE CRÉATEURS

feature video clips and profile important artistic figures from the region.

Le Zapping Every lesson features a video clip in French—commercial, public service announcement, etc.—supported by background information, video stills, and activities.

Profiles and dramatic images Brief descriptions provide a synopsis of the featured person's life and cultural importance. Colorful photos show their artistic creations.

Compréhension et Rédaction Post-reading activities check understanding of the paragraphs' content and provide topics for writing assignments.

Supersite

- All reading selections
- Textbook activities and online-only activities

Supersite features vary by access level. Visit **vistahigherlearning.com** to explore which Supersite level is right for you.

STRUCTURES

presents key intermediate grammar topics with detailed visual support.

STRUCTURES

4.1 The *plus-que-parfait*

La jeune femme s'était déjà fâchée quand elle a appris la vérité sur Suzanna.

- The **plus-que-parfait** is used to talk about what someone *had done* or what *had occurred* before another past action, event, or state. Like the **passé composé**, the **plus-que-parfait** uses a form of **avoir** or **être** — in this case, the **imparfait** — plus a past participle.

The *plus-que-parfait*		
voter	finir	perdre
j'avais voté	j'avais fini	j'avais perdu
tu avais voté	tu avais fini	tu avais perdu
il/elle avait voté	il/elle avait fini	il/elle avait perdu
nous avions voté	nous avions fini	nous avions perdu
vous aviez voté	vous aviez fini	vous aviez perdu
ils/elles avaient voté	ils/elles avaient fini	ils/elles avaient perdu

RECENT PAST   REMOTE PAST

Nous lui avons dit   **qu'Hollande avait gagné les élections.**
We told her   *that Hollande had won the election.*

RECENT PAST   REMOTE PAST

L'accusé souriait   **parce que les juges ne l'avaient pas mis en prison.**
The accused was smiling   *because the judges had not put him in prison.*

- Recall that some verbs of motion, as well as a few others, take **être** instead of **avoir** as the auxiliary verb in the **passé composé**. Use the **imparfait** of **être** to form the **plus-que-parfait** of such verbs and make the past participle agree with the subject.

Les avocats ne savaient pas que vous **étiez déjà partie**.
The lawyers didn't know that you had already left.

On a découvert que les victimes **étaient mortes** à la suite de leurs blessures.
They discovered that the victims had died of their injuries.

- Use the **imparfait** of **être** as the auxiliary for reflexive and reciprocal verbs. Make agreement whenever you would do so for the **passé composé**.

Avant le dîner, le président et sa femme **s'étaient levés** pour recevoir les invités.
Before dinner, the president and his wife had gotten up to welcome the guests.

Il ne savait pas que nous **nous étions téléphoné** hier soir.
He didn't know that we had called each other last night.

BLOC-NOTES

See **Fiche de grammaire 5.5, p. 410**, for a review of agreement with past participles.

134   Leçon 4

STRUCTURES

M. Vartan a reçu une amende. Il ne s'était pas arrêté au feu.

- In all other cases as well, agreement of past participles in the **plus-que-parfait** follows the same rules as in the **passé composé**.

La police a trouvé les armes qu'il avait **cachées**.
The police found the weapons that he had hidden.

Le président a signé la loi que le congrès avait **approuvée**.
The president signed the law that the congress had passed.

- Use the **plus-que-parfait** to emphasize that something happened in the past before something else happened. Use the **passé composé** to describe completed events in the more recent past and the **imparfait** to describe ongoing or habitual actions in the more recent past.

Action in remote past . . .	completed action in recent past

L'activiste n'**avait pas fini** de parler quand vous **avez coupé** le micro.
The activist hadn't finished talking when you cut off the microphone.

Ongoing action in recent past . . .	action in remote past

Il y **avait** des drapeaux partout parce que le président **était arrivé** la veille.
There were flags everywhere because the president had arrived the day before.

- The **plus-que-parfait** is also used after the word **si** to mean *if only... (something else had taken place)*. It expresses regret.

Si j'**avais su** que tu avais un plan!
If only I had known you had a map!

Si seulement il n'**était** pas **arrivé** en retard!
If only he hadn't arrived late!

- To say that something had *just* happened in the past, use a form of **venir** in the **imparfait** + **de** + the infinitive of the verb that describes the action.

Je **venais de raccrocher** quand le téléphone a sonné de nouveau.
I had just hung up when the phone rang again.

Le président **venait de signer** l'accord quand on a entendu l'explosion.
The president had just signed the treaty when we heard the explosion.

ATTENTION!

In informal speech, speakers of English sometimes use the simple past to imply the past perfect. In French, you still use the **plus-que-parfait**.

Le voleur a cherché les papiers que l'avocate avait posés sur son bureau.
The thief looked for the papers that the lawyer placed (had placed) on her desk.

BLOC-NOTES

Si clauses can also contain a verb in the present tense or **imparfait**. See **Structures 10.3, pp. 374–375**, to learn more about **si** clauses.

La valeur des idées   135

Integration of Court métrage Photos with quotes or captions from the lesson's short film show the new grammar structures in meaningful contexts.

Charts and diagrams Colorful, user-friendly charts and diagrams highlight key grammar structures and related vocabulary.

Grammar explanations Explanations are written in clear, easy-to-understand language for reference both in and out of class.

Attention! These sidebars expand on the current grammar point and call attention to possible sources of confusion.

Bloc-notes These sidebars reference relevant grammar points presented actively in **Structures**, and refer you to the supplemental **Fiches de grammaire** found at the end of the book.

STRUCTURES

progresses from directed to communicative practice.

Mise en pratique Directed exercises support you as you begin working with the grammar structures, helping you master the forms you need for personalized communication.

Communication Open-ended, communicative activities help you internalize the grammar point in a range of contexts involving pair and group work.

Fiches de grammaire Practice for grammar points related to those taught in **Structures** are included for review and/or enrichment at the end of the book.

Supersite

- Grammar presentations
- All textbook activities including Partner and Virtual Chat activities
- Additional online-only practice activities
- **Fiches de grammaire** with corresponding activities

Supersite features vary by access level. Visit **vistahigherlearning.com** to explore which Supersite level is right for you.

SYNTHÈSE

brings together the lesson grammar and vocabulary themes.

STRUCTURES

Synthèse ⓢ Reading

L'Union pour la démocratie française

(UDF)

Vous avez voté pour Antoine Éraste en 2012

Parce que vous n'aviez jamais eu un candidat aussi incorruptible! Sortez de chez vous et votez UDF!

Il faut réélire Antoine!

Le Parti socialiste guyanais PSG

Personne n'a le droit d'être au chômage!

Pour un tel idéal, votez THÉLOR MADIN

Pour ne plus souffrir, courez aux urnes°!

Le Front national (FN)

Pour maintenir une Cayenne en action et pour ne pas revenir en arrière°!

Votez pour Jean-Baptiste Pancrace, qui n'a jamais peur de prendre les bonnes décisions.

Le Parti écologique
LES VERTS

Pour ne plus jamais perdre face à la pollution,

FLEUR DESMARAIS

est la solution!
Chacun doit voter pour les Verts!

urnes *polls* **en arrière** *backward*

1 **Révision de grammaire** Entourez la structure qui ne se trouve pas dans le slogan indiqué.

1. **UDF:** plus-que-parfait • pronom indéfini • expression négative
2. **PSG:** adjectif indéfini • plus-que-parfait • verbe irrégulier en **-ir**
3. **FN:** verbe irrégulier en **-ir** • expression négative • adjectif indéfini
4. **Les Verts:** expression négative • verbe irrégulier en **-ir** • pronom indéfini

2 **Qu'avez-vous compris?** Répondez par des phrases complètes.

1. Selon le slogan UDF, pourquoi a-t-on voté pour Antoine Éraste en 2012?
2. Quel est l'idéal de Thélor Madin?
3. Que Jean-Baptiste Pancrace n'a-t-il jamais eu peur de faire?
4. Quelle est la mission du Parti écologique?
5. Quel candidat ou parti choisiriez-vous? Pourquoi? Justifiez votre réponse en utilisant des expressions négatives, des pronoms et adjectifs indéfinis et d'autres structures de cette leçon.

146   Leçon 4

Reading Theme-related readings reinforce the grammar structures and lesson vocabulary in engaging formats.

Activities This section integrates the three grammar points of the lesson, providing built-in, consistent review and recycling as you progress through the text.

ⓢupersite

• **Révision** self-tests

Supersite features vary by access level. Visit **vistahigherlearning.com** to explore which Supersite level is right for you.

CULTURE

features a dynamic cultural reading.

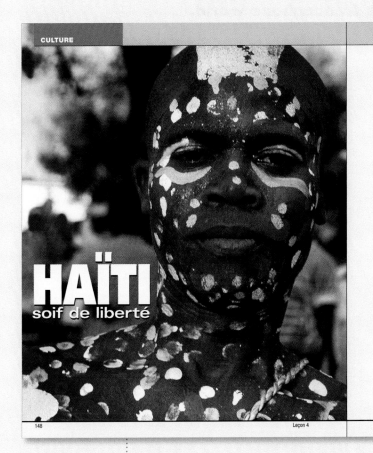

HAÏTI
soif de liberté

S Audio: Reading

Haïti est réellement née le 1er janvier 1804, le jour de la proclamation de son indépendance. L'île devient alors le premier État noir indépendant. Comment y est-elle arrivée?

La société haïtienne, basée sur l'esclavage, était composée de Blancs, de libres°, d'esclaves et de Noirs marrons. Extrêmement prospère, l'île était le premier producteur mondial de sucre et la plus riche des colonies françaises. C'est la Déclaration des droits de l'homme en France (1789) qui constitue l'élément déclencheur° de la révolution.

En 1791, des esclaves noirs se révoltent contre les colons blancs: c'est le début de la Révolution haïtienne. Pierre Dominique Toussaint Louverture (1743–1803) est un ancien esclave et un des seuls Noirs révolutionnaires qui sachent lire et écrire. Il se joint aux Espagnols, qui occupent l'est de l'île, pour combattre les Français et l'esclavage. Il est fait prisonnier en 1802 et déporté en France, où il mourra en 1803. Avant de quitter Haïti, il dira: «En me renversant°, on n'a abattu° à Saint-Domingue que le tronc de l'arbre de la liberté, mais il repoussera° car ses racines° sont profondes et nombreuses.» Il a raison. Jacques Dessalines, son lieutenant, continue la lutte et finira par vaincre les Français en automne 1803. Il proclame l'indépendance en 1804.

«Cet achat de nègres, pour les réduire en esclavage, est un négoce° qui viole la religion, la morale, les lois naturelles, et tous les droits de la nature humaine.» Cette phrase est écrite en France en 1776, mais la France n'abolit l'esclavage qu'en 1794, par une loi qui ne sera jamais appliquée. Il faut attendre 1848 pour que la France l'abolisse vraiment. La fin de l'esclavage en Haïti est la conséquence de sa lutte pour l'indépendance et de la victoire du peuple haïtien sur les planteurs blancs.

Aujourd'hui, Haïti a une culture où les arts français et africains fusionnent. La France a eu beaucoup d'influence en Haïti jusqu'au milieu du 20e siècle, et cela se ressent dans les textes, marqués par les

free black men
trigger
By overthrowing me/ brought down
will grow again/ roots
trade

courants° littéraires français. Puis, dans les années 1950, il y a une révolution de l'écriture. Les écrivains prennent conscience du sentiment d'être haïtiens et cessent de copier les auteurs français. Les racines africaines et la réalité sociale de l'île les inspirent. D'ailleurs°, le créole devient langue littéraire.

Mais en Haïti, c'est la peinture qui est le moyen d'expression artistique le plus courant. Elle est présente partout, et tout le monde a peint au moins une fois dans sa vie. C'est pourquoi le style artistique haïtien va d'un extrême à l'autre, du naïf au surréalisme. On y trouve les mêmes thèmes que dans la littérature: l'origine, les peines° et les espoirs de la société haïtienne.

En 2010, un terrible tremblement de terre a touché Haïti et dévasté sa capitale, Port-au-Prince. Depuis, le pays se reconstruit et la situation s'améliore, notamment dans les domaines de la santé et de l'éducation. On peut donc espérer un avenir meilleur pour cette société qui, ne l'oublions pas, est la première à s'être libérée de l'esclavage. ■

trends
Moreover
sufferings

Des mots...

Gary Victor (1958–) l'un des écrivains les plus lus, est l'auteur de nouvelles,° de livres pour la jeunesse et de romans. **Kettly Mars** (1958–) décrit, dans ses poèmes, les émotions qu'elle ressent devant l'amour, la beauté de la nature et les objets quotidiens. Avec d'autres auteurs de l'île, qui écrivent en français ou en créole, ils sont garants d'une réelle littérature haïtienne.

short stories

Des couleurs...

La peinture haïtienne, c'est d'abord de la couleur, vive et généreuse. **Gérard Fortune** (vers 1930–) est l'un des peintres les plus importants de sa génération. Il commence à peindre en 1978, après avoir été pâtissier. Dans ses tableaux, il mélange le vaudou et le christianisme. **Michèle Manuel** (1935–) vient d'une famille riche et apprend à peindre à **Porto-Rico** et aux **États-Unis**. Ses scènes de marchés sont particulièrement appréciées.

148   Leçon 4   La valeur des idées   149

Readings Brief, comprehensible readings present additional cultural information related to the lesson theme.

Design Readings are carefully laid out with line numbers, margin glosses, pull quotes, and box features to help make each piece easy to navigate.

Photos Vibrant, dynamic photos illustrate the reading.

Super**site**

- Audio-sync technology for the cultural reading that highlights text as it is being read
- All textbook activities
- Additional online-only activities

Supersite features vary by access level. Visit **vistahigherlearning.com** to explore which Supersite level is right for you.

LITTÉRATURE

showcases literary readings by well-known writers from across the francophone world.

Littérature Comprehensible and compelling, these readings present new avenues for using the lesson's grammar and vocabulary.

Design Each reading is presented in the attention-grabbing visual style you would expect from a magazine, along with glosses of unfamiliar words.

Supersite

- Audio-sync technology for the literary reading that highlights text as it is being read

Supersite features vary by access level. Visit **vistahigherlearning.com** to explore which Supersite level is right for you.

PRÉPARATION & ANALYSE

activities provide in-depth pre- and post-reading support for each selection in Culture and Littérature.

CULTURE

Préparation (S) Audio: Vocabulary

CULTURE

Analyse

1 Compréhension Répondez aux questions par des phrases complètes.

1. Décrivez brièvement la société haïtienne avant 1804.

2. Qu'est-ce que la Déclaration des droits de l'homme de 1789 a déclenché en Haïti?

3. Qu'est-ce que l'île d'Haïti a obtenu en 1804?

4. Qui était Pierre Dominique Toussaint Louverture?

5. Quelle différence y a-t-il entre la littérature haïtienne d'avant 1950 et celle d'aujourd'hui?

6. Quelle est la forme d'expression artistique la plus courante en Haïti?

2 Réflexion Répondez aux questions, puis comparez vos réponses avec celles d'un(e) camarade de classe.

1. Ce sont la **Déclaration des droits de l'homme** de 1789 et la Révolution française qui ont été les éléments déclencheurs de la révolte des esclaves en Haïti. Pourquoi, à votre avis?

2. Commentez cette citation de Toussaint Louverture: «En me renversant, on n'a abattu à Saint-Domingue que le tronc de l'arbre de la liberté, mais il repoussera car ses racines sont profondes et nombreuses.»

3. En 1776, on pouvait lire que l'esclavage violait les droits de la nature humaine. Mais il a fallu plus de 70 ans à la France pour réellement abolir l'esclavage. Pourquoi, à votre avis?

3 Perdu Par groupes de trois, imaginez que vous soyez naufragé(e)s (*shipwrecked*) sur une île déserte des Antilles. Vous devez créer une nouvelle civilisation. Quels sont les dix droits principaux dont bénéficieront les citoyens de cette île? Comparez votre nouvelle déclaration des droits de l'homme avec celles des autres groupes.

4 Sûreté publique ou liberté individuelle! Les attentats terroristes de ce début de siècle ont déclenché un débat sur l'équilibre entre la sûreté publique et la liberté individuelle. À votre avis, est-il nécessaire de sacrifier certaines libertés individuelles pour assurer une plus grande sécurité? Par groupes de trois, discutez de ce sujet, puis présentez le résultat de votre discussion à la classe.

Practice more at **vhlcentral.com.**

150   Leçon 4

LITTÉRATURE

Analyse

LITTÉRATURE

Préparation (S) Audio: Vocabulary

À propos de l'auteur

Victor Hugo (1802–1885) est l'un des plus célèbres auteurs français. Poète, dramaturge, critique, romancier, mais aussi intellectuel engagé et homme politique, il est le chef de file (*leader*) du mouvement romantique. Parmi ses principales œuvres, on peut citer *Les Misérables, Notre-Dame de Paris, Ruy Blas,* et *Hernani,* ainsi que plusieurs recueils de poésie, tels que *Les Feuilles d'automne* et *Les Contemplations.* Au cours de sa vie, Hugo a souvent défendu les plus démunis (*destitute*) et il s'est surtout intéressé aux problèmes de société et à la justice. Entre 1840 et 1850, il s'est principalement consacré à la politique. C'est pendant cette période qu'il a été élu député à l'Assemblée nationale législative, le parlement français. Dans son célèbre *Discours sur la misère,* qu'il y prononce en 1849, il s'adresse à ses collègues au sujet de la nécessité de combattre la misère.

Vocabulaire de la lecture	Vocabulaire utile
le devoir *duty*	le contenu *content*
épargner *to spare*	l'inaction (f.) *lack of action*
un fait *fact*	s'indigner *to be angered*
la misère *poverty*	le manque *lack*
la souffrance *suffering*	la pauvreté *poverty*
un tort *wrong*	la précarité *insecurity, instability*
	un problème de société *societal issue*
	la responsabilité *responsibility*
	le ton *tone*

1 Associations Indiquez les associations logiques.

_____ 1. la maladie   a. l'absence de nourriture

_____ 2. la faim   b. se porter mal

_____ 3. les hommes et les femmes politiques   c. perdre la vie

_____ 4. mourir   d. une victime

_____ 5. une personne qui souffre   e. le gouvernement

2 Discussion Par groupes de trois ou quatre, répondez aux questions.

1. Comment imaginez-vous la vie quotidienne dans les quartiers pauvres de Paris au dix-neuvième siècle? Quels sont les problèmes principaux que les gens rencontrent?

2. Et aujourd'hui, quels sont les problèmes de société auxquels les gens doivent faire face? Sont-ils les mêmes qu'au dix-neuvième siècle? Ces problèmes sont-ils semblables dans tous les pays du monde? Discutez de ces questions.

3. À votre avis, à qui revient la responsabilité de résoudre (*resolve*) les problèmes de société? Au gouvernement? Aux citoyens? À des organisations charitables (*charities*)? À d'autres personnes? Est-ce que cette responsabilité devrait être partagée? Donnez votre point de vue en utilisant des exemples pour le justifier.

Practice more at **vhlcentral.com.**

La valeur des idées   151

Préparation Vocabulary presentation and practice, **À propos de l'auteur** biographies, and pre-reading discussion activities prepare you for the reading.

Analyse Post-reading activities check your understanding and guide you to discuss the topic of the reading, express your opinions, and explore how it relates to your own experiences.

Rédaction A guided writing assignment concludes every **Littérature** section.

(S)upersite

- All textbook activities

- Additional online-only comprehension activities

Supersite features vary by access level. Visit **vistahigherlearning.com** to explore which Supersite level is right for you.

VOCABULAIRE

summarizes the active vocabulary in each lesson.

VOCABULAIRE

La valeur des idées $ Vocabulary Tools

Les lois et les droits

un crime *murder, violent crime*
la criminalité *crime (in general)*
un délit *(a) crime*
les droits *(m.)* de l'homme *human rights*
une (in)égalité *(in)equality*
une (in)justice *(in)justice*
la liberté *freedom*
un tribunal *court*

abuser *to abuse*
approuver une loi *to pass a law*
défendre *to defend*
emprisonner *to imprison*
juger *to judge*
analphabète *illiterate*
coupable *guilty*
(in)égal(e) *(un)equal*
(in)juste *(un)fair*
opprimé(e) *oppressed*

La politique

un abus de pouvoir *abuse of power*
une armée *army*
une croyance *belief*
la cruauté *cruelty*
la défaite *defeat*
une démocratie *democracy*
une dictature *dictatorship*
un drapeau *flag*
le gouvernement *government*
la guerre (civile) *(civil) war*
la paix *peace*
un parti politique *political party*
la politique *politics*
la victoire *victory*

avoir de l'influence (sur) *to have influence (over)*
se consacrer à *to dedicate oneself to*
élire *to elect*
gagner/perdre les élections *to win/lose elections*
gouverner *to govern*
voter *to vote*

conservateur/conservatrice *conservative*
libéral(e) *liberal*

modéré(e) *moderate*
pacifique *peaceful*
puissant(e) *powerful*
victorieux/victorieuse *victorious*

Les gens

un(e) activiste *militant activist*
un(e) avocat(e) *lawyer*
un(e) criminel(le) *criminal*
un(e) député(e) *deputy (politician); representative*
un homme/une femme politique *politician*
un(e) juge *judge*
un(e) juré(e) *juror*
un(e) président(e) *president*
un(e) terroriste *terrorist*
une victime *victim*
un voleur/une voleuse *thief*

La sécurité et le danger

une arme *weapon*
une menace *threat*
la peur *fear*
un scandale *scandal*
la sécurité *safety*
le terrorisme *terrorism*
la violence *violence*

combattre *(irreg.) to fight*
enlever/kidnapper *to kidnap*
espionner *to spy*
faire du chantage *to blackmail*
sauver *to save*

Court métrage

l'argot *(m.)* *slang*
la colère *rage*
les flics *cops*
la jalousie *jealousy*
un malaise *dizzy spell*
un malentendu *misunderstanding*
un registre soutenu *formal register*
une syncope *(heart) attack*
une trahison *betrayal*
une volaille *doll, woman*

défendre de *to forbid*
enfreindre une injonction *to disobey a command*
faire confiance *to trust*
griller quelqu'un *to catch someone*
mépriser *to scorn*
se planter *to blow it*
se réconcilier *to make up*
tromper quelqu'un *to cheat on someone*

Culture

l'asservissement *(m.)* *enslavement*
un colon *colonist*
l'esclavage *(m.)* *slavery*
la guerre de Sécession *the American Civil War*
une monarchie absolue *absolute monarchy*
la noblesse *nobility*
l'ordre *(m.)* public *public order*
un régime totalitaire *totalitarian regime*
la sûreté publique *public safety*
un système féodal *feudal system*
la traite des Noirs *slave trade*

renverser *to overthrow*
se révolter *to rebel*
vaincre *(irreg.) to defeat*

évadé(e) *escaped*

Littérature

le contenu *content*
le devoir *duty*
un fait *fact*
l'inaction *(f.)* *lack of action*
le manque *lack*
la misère *poverty*
la pauvreté *poverty*
la précarité *insecurity, instability*
un problème de société *societal issue*
la responsabilité *responsibility*
la souffrance *suffering*
le ton *tone*
un tort *wrong*

épargner *to spare*
s'indigner *to be angered*

La valeur des idées   155

Vocabulaire All the lesson's active vocabulary is grouped in easy-to-study thematic lists and tied to the lesson section in which it was presented.

$upersite

- Audio recordings of all vocabulary items
- Customizable study lists

Supersite features vary by access level. Visit **vistahigherlearning.com** to explore which Supersite level is right for you.

IMAGINEZ and the *Standards for Foreign Language Learning*

IMAGINEZ promotes and enhances student learning and motivation through its instructional design, based on and informed by the best practices of the Standards for Foreign Language Learning in the 21st Century as presented by the American Council on the Teaching of Foreign Languages (ACTFL).

IMAGINEZ blends the underlying principles of the five Cs (Communication, Cultures, Connections, Comparisons, Communities) with features and strategies tailored specifically to build students' speaking, listening, reading, and writing skills. As a result, right from the start students are given the tools to express themselves articulately, interact meaningfully with others, and become highly competent communicators in French.

Key Standards annotations, at the beginning of each section in the IAE, highlight the most important standards met in that section. Below is a complete list of the standards.

The Five Cs of Foreign Language Learning

Communication Understand and be understood: read and listen to understand the French-speaking world, converse with others, and share your thoughts clearly through speaking and writing.

Cultures Experience French-speaking cultures through their own viewpoints, in the places, objects, behaviors, and beliefs important to the people who live them.

Connections Apply what you learn in your French course to your other studies; apply what you know from other courses to your French studies.

Comparisons Discover in which ways the French language and French-speaking cultures are like your own—and how they differ.

Communities Engage with French-speaking communities locally, nationally, and internationally both in your courses and beyond—for life.

Instructor Resources

IMAGINEZ, Third Edition, offers a wide array of resources to support instructors and students. Below is a list of the key instructor support materials.

Instructor's Annotated Edition

This edition of **IMAGINEZ** contains tips, suggestions, ideas for expansion, and more, all conveniently overprinted on the Student Edition page.

Supersite

In addition to full access to the Student Supersite, the password-protected Instructor Supersite offers a robust course management system that allows you to assign and track student progress. *For more details, see pages IAE-12 and IAE-13.*

Film Collection DVD

This DVD includes the **Court métrage** films with instructor-controlled subtitles in English and French. The videos are also available on the Supersite.

Testing Program

The Testing Program is delivered in editable RTF (rich text format). The testing materials include vocabulary and grammar quizzes (**Interros**), lesson tests (**Épreuves**), mid-term and final exams (**Examens**), optional testing, listening scripts, Oral Testing Suggestions, answer keys, and MP3 files for listening activities.

Other Resources

Other resources available on the Supersite include: a sample lesson plan; suggested syllabi; scripts for the Lab Audio Program; scripts and translations for the **Court métrage** films and **Le Zapping** video clips; teaching suggestions for certain textbook sections; and the Student Activities Manual Answer Key.

Ancillaries

Student Edition (SE)

The **SE** is available in hardcover, loose-leaf, and digital (online vText) formats.

Student Activities Manual (SAM)

The **Student Activities Manual** consists of the **Workbook**, the **Lab Manual**, **Video Activities**, and **Integrated Writing Activities**.

- **Workbook**

  The **Workbook** activities provide additional practice of the vocabulary and grammar for each textbook lesson. They also reinforce the content of the **Imaginez** section.

- **Lab Manual**

  The **Lab Manual** activities focus on building your pronunciation and listening comprehension skills in French. They provide additional practice of the vocabulary and grammar of each lesson. They also revisit the **Littérature** reading with dramatic recordings and activities.

- **Video Activities & Integrated Writing Activities**

  These activities provide **Court métrage** and **Littérature** writing topics to expand on those presented in the textbook.

WebSAM

Completely integrated with the **IMAGINEZ** Supersite, the **WebSAM** provides access to the online **Student Activities Manual** with instant feedback and grading for select activities. The complete audio program is accessible online in the **Lab Manual** and features record-submit functionality for select activities. The MP3 files can be downloaded from the **IMAGINEZ** Supersite and can be played on a computer, portable MP3 player, or mobile device.

IMAGINEZ, Third Edition, Supersite

Included with the purchase of every new student edition, the passcode to the Supersite (**vhlcentral.com**) gives you access to a wide variety of interactive activities for each section of every lesson of the student text, including auto-graded activities for extra practice with vocabulary, grammar, video, and cultural content; reference tools; the **Le Zapping** video clips; the short films; the Lab Program MP3 files, and more. *See page IAE-13 for all Supersite resources available to students.*

IMAGINEZ Film Collection

Fully integrated with your textbook, the **IMAGINEZ** Film Collection contains short-subject films by francophone filmmakers that are the basis for the pre-, while-, and post-viewing activities in the **Court métrage** section of each lesson.

The short films are a central feature of every lesson, providing opportunities to review and recycle **Pour commencer** vocabulary and preview and contextualize the **Structures** grammar. These films offer entertaining and thought-provoking opportunities to build listening comprehension skills and cultural knowledge of French speakers and the francophone world.

Besides providing entertainment, the films serve as a useful learning tool. As students watch the films, they will observe characters interacting in various situations, using real-world language that reflects the lesson themes as well as the vocabulary and grammar they are studying.

The short films are available on the **IMAGINEZ**, Third Edition, Supersite or on the Film Collection DVD.

J'attendrai le suivant...

Une production de LA BOÎTE Scénario THOMAS GAUDIN/PHILIPPE ORREINDY
Réalisation PHILIPPE ORREINDY Production CAROLINE PERCHAUD/ÉRIC PATTEDOIE
Production exécutive VALÉRIE REBOUILLAT Photographie ÉRIC GENILLIER
Montage ANNE ARAVECCHI Musique ALAIN MARNA Son DOMINIQUE DAVY
Acteurs SOPHIE FORTE/THOMAS GAUDIN/PASCAL CASANOVA

LEÇON 1

Le Télégramme
(France; 12 minutes)

Two mothers with sons in the war impatiently await telegrams bringing news from the front. When the postman appears, the two women can see only one thing: the death that will knock on one of the village doors.

LEÇON 2

J'attendrai le suivant...
(France; 4.5 minutes)

Tonight's ride on the Lyon **métro** is far from ordinary for one young woman. She may have finally found love.

LEÇON 3

NEW! Le Dernier Rôle de Jacques Serres
(France; 8 minutes)

A famous actor dies on the set of his latest film. With only one day left to finish shooting, the scramble is on to devise a Plan B.

LEÇON 4

NEW! Le Courrier du parc
(France; 9 minutes)

A man and a woman turn to an unlikely intermediary to help them resolve a misunderstanding that threatens to end their relationship. Will the last-ditch effort salvage their relationship?

LEÇON 5

Samb et le commissaire
(Suisse; 15 minutes)

Police Commissioner Knöbel's holiday is interrupted by a report of a stolen soccer ball, and he finds himself face to face with an African boy named Samb.

LEÇON 6

De l'autre côté
(Algérie/France; 29 minutes)

Samir, the son of Algerian immigrants living in France, left home and became a lawyer. When he returns to the old neighborhood, he is confronted by an unexpected culture shock.

Anne Kessler | Laurent Natrella

strictEternum

Un film de **Didier Fontan**

Productrice déléguée : Shirley Rose-Fontan • Scénariste : Didier Fontan • Directeur de la photo : Christophe Grelié
Ingénieurs du son : Pierre Tucat, Mourad Louanchi, Dominique Hennequin • Monteur : Manuel Cazorla
Décorateurs : Claude Gazier, Flore Guillemonat-L • Auteur de la musique : Christian Gaubert
Costumes : Laetitia Bourgeois • Effets spéciaux : Julien Legrand

Un film de François Goetghebeur
et Nicolas Lebrun
Produit par LGM
Acteurs Jacques Serres,
Fred Scotlande, Oriane Bonduel,
Guillaume Durieux, Justine Bruneau

Filmapalooza
Best Film
Hollywood 2013

Le Dernier Rôle de
Jacques Serres

LEÇON 7

NEW! Strict Eternum
(France; 8 minutes)

A husband and wife feel bored and frustrated with the monotony of their life. They can argue all they want about it, but in the end, a solution is beyond their control.

LEÇON 8

Le Ballon prisonnier
(France; 13 minutes)

Young Dylan Belgazi will one day become a professional soccer player. His father said so.

LEÇON 9

Bonbon au poivre
(France; 34 minutes)

Annick takes a training course to become a candy sales representative. Mélanie, who is in charge of the training, cannot tolerate Annick's reluctance to speak enthusiastically about the product. Conflict proves inevitable until an unexpected circumstance intervenes.

LEÇON 10

NEW! Un héros de la nature gabonaise
(France, 9 minutes)

The forests of Gabon are being cut down at an alarming rate, but one local environmentalist is fighting the trend by becoming a logger himself.

This component features authentic video clips from around the francophone world. The clips, most new to the Third Edition, are available for viewing on the Supersite. Textbook as well as online-only activities support each clip.

General Teaching Considerations

Orienting Students to the Textbook

You may want to spend some time orienting students to the **IMAGINEZ** textbook on the first day. Have students flip through **Leçon 1**. Explain that all lessons are organized in the same manner so they will always know "where they are" in the textbook. Emphasize that all sections are self-contained, occupying either a full page or spreads of two facing pages. Call students' attention to the use of color and/or boxes to highlight important information in charts, diagrams, word lists, and activities. Provide a brief overview of the main sections of each lesson: **Pour commencer, Court métrage, Imaginez, Structures, Culture, Littérature,** and **Vocabulaire**. Then point out the **Attention!, Bloc-notes,** and **Note culturelle** sidebars and explain that these boxes provide useful lexical, grammatical, and cultural information related to the material they are studying. Point out that the **Fiches de grammaire** in the back of the book offer additional grammar topics with practice for review or expansion.

Flexible Lesson Organization

To meet the needs of diverse teaching styles, institutions, and instructional objectives, **IMAGINEZ** has a very flexible lesson organization. You can begin with the lesson opener spread and progress sequentially through the lesson, or you may rearrange the order of the material in each lesson to suit your teaching preferences and students' needs.

If you do not want to devote class time to teaching grammar, you can assign the **Structures** explanations for outside study, freeing up class time for working with the activities. The **Fiches de grammaire** at the end of the book provide additional flexibility in grammar instruction. Related grammar points for each lesson can be incorporated into classroom instruction, assigned for individual study, or used as needed for review and enrichment.

Identifying Active Vocabulary

The thematic vocabulary lists in **Pour commencer** are active vocabulary, as are all words and expressions in the **Vocabulaire** boxes of the **Court métrage, Culture,** and **Littérature** sections. Words in the charts, lists, and sample sentences of **Structures** are also part of the active vocabulary load. At the end of each lesson, the **Vocabulaire** section provides a convenient one-page summary of the items students should know and that may appear on quizzes and exams.

Note that regional variations presented in the **Imaginez** section, including the **Le Zapping** vocabulary, as well as the marginal glosses from the readings and film captions are presented for recognition only. They are not included in testing materials, although you may wish to make them active vocabulary for your course, if you so choose. The additional terms and lexical variations provided in the annotations of the Instructor's Annotated Edition are also considered optional.

Suggestions for Using
Sommaire and *Pour commencer*

Lesson Theme and Vocabulary

- Use the title, photo, and text on the lesson opening page as a springboard to introduce the themes and vocabulary of the lesson. Use the discussion questions in the introductory paragraph and **Preview** annotation for partner, group, or class activities.

- Allow time for students to scan the table of contents and flip through the pages of each lesson, much as they would a magazine. Have students point out sections that appeal to them and briefly describe the cultural and thematic content of each lesson.

- To prepare students for new material, have them review what they already know about each theme by brainstorming related vocabulary words they have already learned.

- Introduce the new vocabulary by describing words and categories, then asking students yes/no or multiple-choice questions.

- Introduce the new vocabulary using Total Physical Response (TPR) or interactive class games such as Charades, Pictionary, and Hangman.

- Tell students that they will see some of the vocabulary in the context of a short film and ask them to look at the vocabulary and predict what they think the short film might be about.

- Use the lab materials in class to introduce vocabulary and develop listening skills or assign lab and workbook activities for extra practice outside of class.

Mise en pratique

- The **Mise en pratique** exercises can be done orally as class, pair, or group activities. Selected pair activities may also be completed online as Partner or Virtual Chat activities. They may also be assigned as written homework.

- Insist on the use of French during partner and group activities. Encourage students to use the language creatively.

- Have students form pairs or groups quickly. Assign or rotate partners and group members as necessary to ensure a greater variety of communicative exchanges.

- Allow sufficient time for pair and group activities (between five and ten minutes depending on the activity), but do not give students too much time or they may lapse into English and socialize. Always give students a time limit for an activity before they begin.

- Circulate around the room and monitor students to make sure they are on task. Provide guidance as needed and note common errors for future review.

- Remind students to jot down information during pair and group discussion activities so they can report the results to the class.

- Encourage students to practice more online on the **IMAGINEZ** Supersite.

Suggestions for Using *Court métrage*

The **Court métrage** section of the student text and the **IMAGINEZ** Film Collection were created as interlocking pieces. All photos in the **Court métrage** section are actual video stills from authentic films. These dramatic short films highlight the themes and language of each lesson and provide comprehensible input at the discourse level. The films and corresponding activities offer rich and unique opportunities to build students' listening skills and cultural awareness.

Depending on your teaching preferences and campus facilities, you might use the **IMAGINEZ** Film Collection on DVD to show the films in class, or you might assign them for viewing outside the classroom at **vhlcentral.com**. You could begin by showing the first film in class to teach students how to approach viewing a film and listening to natural speech. After that, you could work with the **Court métrage** section and have students view the remaining films outside of class. No matter which approach you choose, students have the support they need to view the films independently and process them in a meaningful way. Here are some strategies for coordinating the film with the subsections of **Court métrage**.

Préparation

- Preview the vocabulary in **Préparation** using the activities provided and the suggestions for teaching vocabulary on page IAE-34.
- Initiate group discussion of important themes and issues. Ask students to discuss recent films from the same genre or that touch on similar themes.

Scènes

- The poster, photos, and text in **Scènes** may be used in a variety of ways. Before viewing the film, you might ask students to read or act out the dialogues, invent endings, or make predictions based on the photos and captions. You may also use the scenes while viewing, pausing for discussion at each of the scenes pictured. You may even choose to play the film first as a springboard into the lesson, returning to the scenes and text later for reinforcement.
- Use the **Note culturelle** sidebar to provide background information and cultural context before viewing the film, as a starting point for enrichment activities or projects, and to make connections to cultural information in other sections of the text.
- Use the film to introduce or reinforce the themes, vocabulary, and grammar points in each lesson, pausing and replaying examples of important words, structures, or concepts. If students need additional support before or while viewing, print the scripts (available at **vhlcentral.com**) and provide them to students. Students may read them ahead of time, looking up unknown words, or follow along as they watch.

Analyse

- Have students scan the comprehension questions before viewing the film. Pause the film after key scenes to ask related questions. Replay scenes as needed.
- Ask students to compare the plot, characters, and endings to their earlier predictions.
- Assign expansion and follow-up activities based on the film, such as film reviews, sequels, alternate endings, and comparisons with other **courts métrages** or recent movies.

Suggestions for Using *Imaginez*

The **Imaginez** section is designed to be visually stimulating and highly interactive. Use this section in conjunction with the multimedia and online resources available to students and instructors. At **vhlcentral.com**, students can access the **Le Zapping** video and comprehension activities. In addition to the general suggestions listed here, the Instructor's Resources, available on the **IMAGINEZ** Supersite, contain specific teaching ideas and activities for all ten **Imaginez** sections.

- Use the locator map in the lesson opener to help students become familiar with the region of focus.

- Use the opening spread of **Imaginez** to introduce the country or region and direct students to the **IMAGINEZ** Supersite for additional information. The feature articles can be assigned for outside reading or you may use them in class to develop reading skills.

- Call students' attention to the **lexical variations** feature. You may wish to bring in film or audio samples from the Film Collection, TV and radio, or online resources to expose students to lexical variations and regional accents.

- Use the **Découvrons...** feature to highlight "must-see" locations in each region. (Note that in **Leçon 1** this feature is titled **La francophonie aux USA**.) Encourage students to bring in photographs from their own travels or assign group projects to research important cities, parks, architecture, or museums, depending on the theme of each lesson.

- Check comprehension using the **Qu'avez-vous appris?** feature.

- Many of the strategies that apply to working successfully with the short films in **Court métrage** also apply to the **Le Zapping** video clips. See p. IAE-35 for suggestions.

- Use the **Compréhension** activity to quickly check that students understood the content of the **Galerie de créateurs** paragraphs, then allow them to select one of the **Rédaction** topics for writing practice. Print out additional examples of the artists' work for use in class discussion. You may wish to incorporate additional readings from **Galerie de créateurs** authors into the **Littérature** section, focusing on genre, theme, or the specific literary techniques. The films of famous directors and actors can be assigned for outside viewing and integrated with the **Court métrage** section. You may also have students select figures in the **Galerie de créateurs** section for oral and written projects, such as mock interviews and biographies.

Suggestions for Using *Structures* and *Fiches de grammaire*

Grammar Explanations

- Have students read the explanations at home and come to class with any questions. Explain the grammar in French and try to keep explanations to a minimum, about five to ten minutes for each point. Grammar explanations should be assigned for homework so that class time can be devoted to the **Mise en pratique** and **Communication** activities.

- Introduce new grammar in context, using short narrations, guided discussions, brief readings, or realia. Call on students to share what they already know about each grammar point.

- Use other sections of the text to introduce or reinforce grammatical concepts. Pause the **Court métrage** film to discuss uses of each grammatical structure or have students jot down examples as they watch. Have students take notes of key grammatical structures as they read the **Culture** and **Littérature** selections.

Mise en pratique, Communication, and *Synthèse*

- The **Mise en pratique** exercises can be done orally as class, pair, or group activities. They may also be assigned as written homework.

- Activities marked with a 🖱 mouse icon are also available on the Supersite with auto grading, or they can be submitted online for instructor grading. These activities may be assigned as homework; depending on students' success rate, devote additional time to the explanation or to extra **Mise en pratique** activities before moving on to **Communication**.

- Insist on the use of French for all pair and group activities.

- Have students form pairs or groups quickly or assign them yourself for variety. Allow sufficient time for **Communication** activities (between five and ten minutes), but do not give students too much time or they may lapse into English and socialize. Always give students a time limit for an activity before they begin.

- Circulate around the room to answer questions and keep students on task.

- Encourage students to complete additional practice and take the **Révision** self-test on the **IMAGINEZ** Supersite to assess what they have learned.

- Use **Synthèse** activities to review all three grammar points and to make connections with the theme, vocabulary, and culture of the lesson. Encourage debate and open discussion.

Fiches de grammaire

- Point out the references to related **Fiches de grammaire** topics in the **Bloc-notes** sidebars of the student text. The supplemental grammar points may be presented sequentially, in conjunction with the **Structures** section of each lesson, or you may pick and choose from the topics covered as individual and classroom needs arise.

- Assign the activities for online completion.

- When grading writing assignments, refer students to **Fiches de grammaire** topics in response to common errors or individual concerns. Have students use the **Fiches de grammaire** as a tool for revision or when editing one another's work.

Suggestions for Using *Culture*

Préparation

- Preview the vocabulary in **Préparation** using the activities provided and the suggestions for teaching vocabulary on page IAE-34.
- Refer students to the **Imaginez** section for background information and cultural context.

Cultural Readings

- Talk to students about how to become effective readers in French. Point out the importance of using reading strategies. Encourage them to read every selection more than once. Explain that they should read the entire text through first to gain a general understanding of the main ideas without stopping to look up words. Then, they should read the text again for a more in-depth understanding of the material.
- Discourage students from translating the readings into English and relying too heavily on a dictionary. Tell them that reading directly in the language will help them grasp the meaning better and improve their ability to discuss the reading in French.
- Use the reading to reinforce the themes and linguistic structures of each lesson.

Analyse

- Have students scan the comprehension questions before reading, then pause after each paragraph to ask related questions. Ask students to summarize the reading orally or in writing.

Suggestions for Using *Littérature*

Préparation

- Preview the vocabulary in **Préparation** using the activities provided and the suggestions for teaching vocabulary on page IAE-34.
- Read the background information about each author.
- Introduce important themes and literary techniques used in the reading and call attention to genre and style. Encourage students to think about other works they have read in French or English from the same genre or that make use of similar themes and techniques.

Literary Readings

- Talk to students about how to become effective readers in French. Point out the importance of using reading strategies. Encourage them to read every selection more than once. Explain that they should read the entire text through first to gain a general understanding of the plot or main ideas without stopping to look up words. Then, they should read the text again for a more in-depth understanding of the material.
- Discourage students from translating the readings into English and relying too heavily on a dictionary. Tell them that reading directly in the language will help them grasp the meaning better and improve their ability to discuss the reading in French.
- Use the reading to reinforce the themes and linguistic structures of each lesson.

Analyse

- Have students scan the comprehension questions before reading, then pause after each paragraph to ask related questions. Ask students to summarize the reading orally or in writing.
- For the **Rédaction** activities (and other writing assignments), have students maintain a writing portfolio so they can periodically review their progress. The Composition Engine on the Supersite allows you to edit a student's draft. Have students create a running list of the most common grammatical or spelling errors they make when writing for reference, when revising their work, or for peer editing. Explain your grading system for writing assignments. This rubric could be used or adapted to suit your needs.

Evaluation			
Criteria	**Scale**		**Scoring**
Appropriate details	1 2 3 4	Excellent	18–20 points
Organization	1 2 3 4	Good	14–17 points
Use of vocabulary	1 2 3 4	Satisfactory	10–13 points
Grammatical accuracy	1 2 3 4	Unsatisfactory	<10 points
Mechanics	1 2 3 4		

Course Planning

The **IMAGINEZ** program was developed keeping in mind the need for flexibility and manageability in a wide variety of academic situations. The following sample course plans illustrate how **IMAGINEZ** can be used in courses on semester or quarter systems. You should, of course, feel free to organize your courses in the way that best suits your students' needs and your instructional goals.

Two-Semester System

This chart shows how **IMAGINEZ** can be completed in a two-semester course. Please see the Table of Contents (p. IAE-6) for a breakdown of the material covered in each lesson.

Semester 1	Semester 2
Leçons 1–5	Leçons 6–10

Quarter System

This chart illustrates how **IMAGINEZ** can be used in the quarter system. If you wish to have more time for review at the end of the course, you may choose to teach four lessons in the first quarter instead. Keep in mind, however, that you will need to adjust testing materials accordingly with the **Testing Program** (available on the Supersite).

Quarter 1	Quarter 2	Quarter 3
Leçons 1–3	Leçons 4–6	Leçons 7–10

Please access the **IMAGINEZ** Supersite at **vhlcentral.com** for teaching resources for this program.

Reviewers

On behalf of its writers and editors, Vista Higher Learning expresses its sincere appreciation to the many professors nationwide who reviewed **IMAGINEZ**. Their insights, ideas, and detailed comments were invaluable to the final product.

Agnes Aichholzer
Adlai E. Stevenson High School, IL

Marie R. Ashworth
Hamestown High School, VA

Cheryl Babb
Lewisville High School, TX

Mary Jane Baughman
The Latin School of Chicago, IL

Eric Baxter
Madison Area Technical College, WI

Carolyn P. Bilby
Bellevue College, WA

Marian Blair
St. Bonaventure University, NY

Lise Bouchard
Lyon College, AR

Francis Bright
University of Redlands, CA

Alice Browning
The Heritage School, GA

Amy Cartal-Falk
Lycoming College, PA

Teresa Chardola
Seven Lakes High School, TX

Jacqueline Conway
International Academy of Macomb, MI

Isabelle Corneaux
George Fox Univesity, OR

Tamara Cox
Gardner-Webb University, NC

Melinda Cro
Kansas State University

Eddy Cuisinier
Western Kentucky University

Kerrie Decker
North Hunterdon High School, NJ

Sara J. Dietzman
Nebraska Wesleyan University

Arlys Digena
Long Beach High School, NY

JoAnn DiGiandomenico
Natick High School, MA

Laura Edwards
Illinois State University

Julie Filliez
GlenOak High School, OH

Laura Franklin
Northern Virginia Community College

Nathan Germain
University of Wisconsin–Madison

Martha Goodge
EAGLE School of Madison, WI

Kwaku Gyasi
University of Alabama–Huntsville

Mary Haight
Madison Area Technical College, WI

Beatrice Hallier
Univesity of San Francisco, CA

Jon Hathorn
Mercersburg Academy, PA

Lorie Heggie
Illinois State University

Marie Hertzler
Wright State University, OH

Erika Hess
Northern Arizona University

B. Sebastian Hobson
Northern Virginia Community College

Eilene Hoft-March
Lawrence University, WI

Jennifer Holm
University of Virginia

Julie Huntington
Marymount Manhattan College, NY

Valerie Kerxhalli
Notre Dame Academy, MA

Lori Knox
Coastal Carolina University, SC

Elizabeth Knutson
United States Naval Academy, MD

Linda Krause
Grossmont College, CA

Rose Marie Kuhn
California State University–Fresno

Deborah Levin
College of Marin, CA

Barby Loeb
Fenton High School, IL

Gina Luerding-Looten
Lafayette High School, MO

Joshua Mason
University of Virginia

Kitty Maynard
Washington College, MD

Mihai Miroiu
Elmira College, NY

Regina P. Moller
Academy of Our Lady of Mercy, CT

Tricia Molnar
Cor Jesu Academy, MO

Annie Moore
Monmouth College, IL

Doug Mrazek
Clark College, WA

Stéphane Natan
Rider University, PA

Claudine Nicolay
Holy Ghost Prep, PA

Theresa Norwark
Beavercreek High School, OH

Pierre Nzokizwa
Southern Adventist University, TN

BioDun J. Ogundayo
University of Pittsburgh–
Bradford, PA

Philip Ojo
Agnes Scott College, GA

Kelly Peebles
Clemson University, SC

Angela Phillips
Warren Wilson College, NC

Juliana Porter
Newark High School, OH

Nora Portillo
Southwestern College, CA

Mary Poteau-Tralie
Rider University, PA

Amy Sawyer
Clemson University, SC

Erica Schauer
University of Virginia

Maryann Seeley
SUNY Adirondack, NY

Lisa Signori
College of Charleston, SC

Michael J. Smith
Norfolk State University, VA

Elizabeth Smith
Northern Virginia Community
College–Alexandria

Jeff Stein
Webster Groves High School, MO

Courtney Sullivan
Washburn University, KS

James Terry
Agnes Scott College, GA

Gretchen Toman
Maple Grove Senior High, MN

L'Amérique du Nord et du Sud

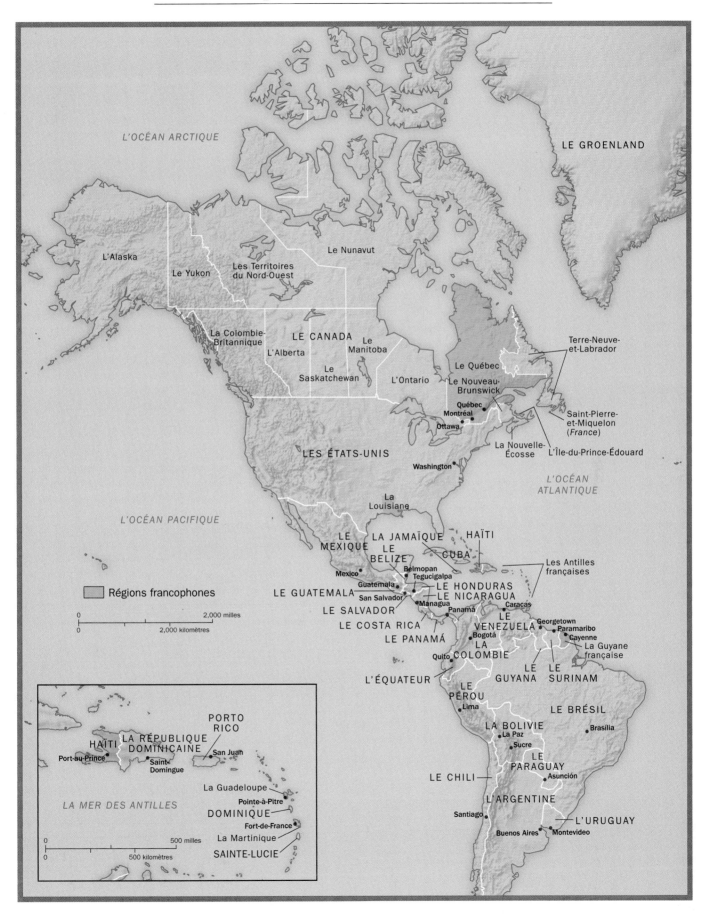

L'OCÉAN ARCTIQUE

LE GROENLAND

L'Alaska

Le Yukon

Les Territoires du Nord-Ouest

Le Nunavut

La Colombie-Britannique

L'Alberta

LE CANADA

Le Manitoba

Le Saskatchewan

L'Ontario

Le Québec

Terre-Neuve-et-Labrador

Le Nouveau-Brunswick

Québec

Montréal

Ottawa

Saint-Pierre-et-Miquelon (*France*)

La Nouvelle-Écosse

L'Île-du-Prince-Édouard

LES ÉTATS-UNIS

Washington

L'OCÉAN ATLANTIQUE

L'OCÉAN PACIFIQUE

La Louisiane

LE MEXIQUE

LA JAMAÏQUE

LE BELIZE

HAÏTI

CUBA

Les Antilles françaises

Mexico

Belmopan

Tegucigalpa

Guatemala

LE HONDURAS

LE GUATEMALA

San Salvador

LE NICARAGUA

Managua

Caracas

LE SALVADOR

Panamá

LE VENEZUELA

Georgetown

Paramaribo

LE COSTA RICA

LE PANAMÁ

Bogotá

LA COLOMBIE

Cayenne

La Guyane française

Quito

L'ÉQUATEUR

LE GUYANA

LE SURINAM

LE PÉROU

Lima

LE BRÉSIL

Brasília

LA BOLIVIE

La Paz

Sucre

LE PARAGUAY

LE CHILI

Asunción

L'ARGENTINE

L'URUGUAY

Santiago

Buenos Aires

Montevideo

Régions francophones

0   2,000 milles

0   2,000 kilomètres

PORTO RICO

HAÏTI

LA RÉPUBLIQUE DOMINICAINE

San Juan

Port-au-Prince

Saint-Domingue

LA MER DES ANTILLES

La Guadeloupe

Pointe-à-Pitre

DOMINIQUE

Fort-de-France

La Martinique

SAINTE-LUCIE

0   500 milles

0   500 kilomètres

Le monde francophone

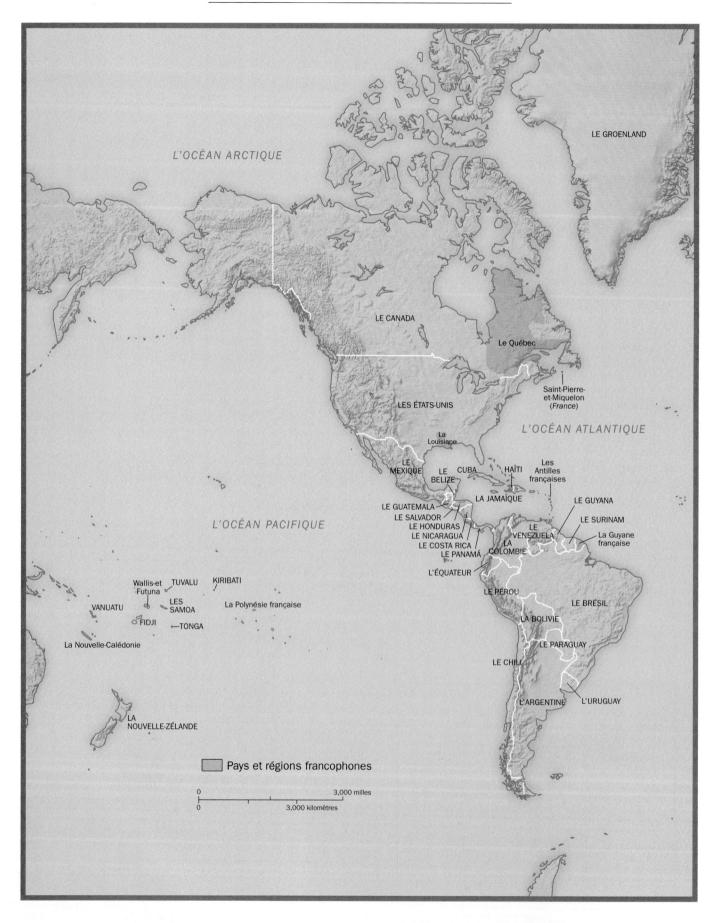

LE GROENLAND

L'OCÉAN ARCTIQUE

LE CANADA

Le Québec

Saint-Pierre-
et-Miquelon
(*France*)

LES ÉTATS-UNIS

L'OCÉAN ATLANTIQUE

La
Louisiane

LE
MEXIQUE

LE
BELIZE

CUBA

HAÏTI

Les
Antilles
françaises

LA JAMAÏQUE

L'OCÉAN PACIFIQUE

LE GUATEMALA

LE SALVADOR

LE HONDURAS

LE NICARAGUA

LE COSTA RICA

LE PANAMÁ

LE GUYANA

LE SURINAM

LE
VENEZUELA

La Guyane
française

LA
COLOMBIE

L'ÉQUATEUR

Wallis-et
-Futuna

TUVALU

KIRIBATI

VANUATU

LES
SAMOA

FIDJI

TONGA

La Polynésie française

LE PÉROU

LE BRÉSIL

LA BOLIVIE

La Nouvelle-Calédonie

LE PARAGUAY

LE CHILI

LA
NOUVELLE-ZÉLANDE

L'ARGENTINE

L'URUGUAY

Pays et régions francophones

0   3,000 milles

0   3,000 kilomètres

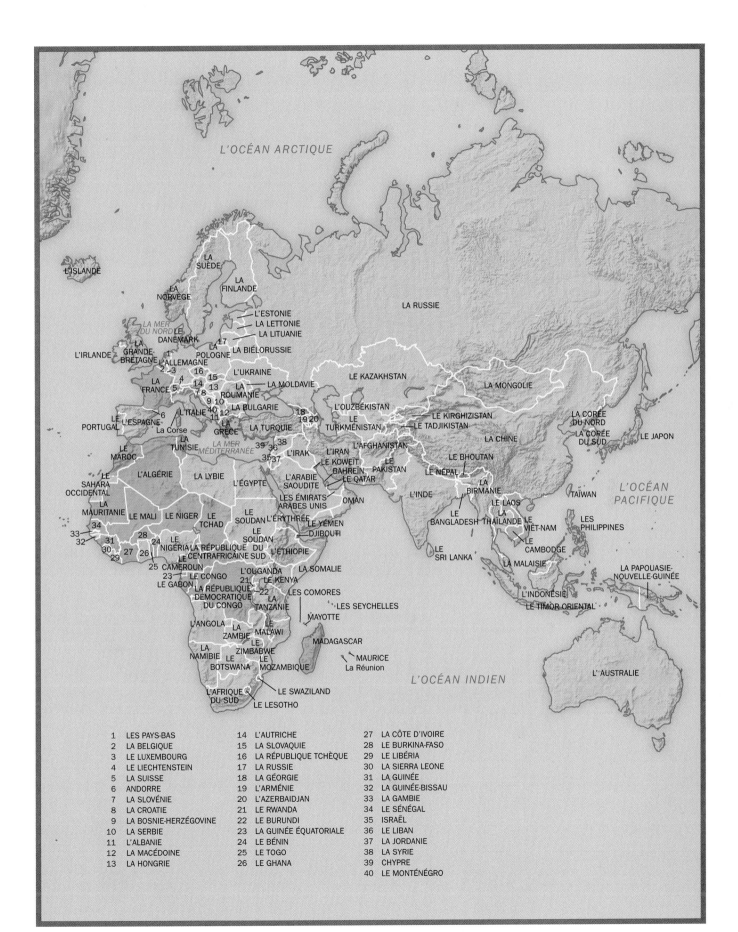

L'OCÉAN ARCTIQUE

L'ISLANDE

LA SUÈDE

LA NORVÈGE

LA FINLANDE

LA MER DU NORD

LE DANEMARK

L'ESTONIE

LA LETTONIE

LA LITUANIE

17 LA BIÉLORUSSIE

LA RUSSIE

L'IRLANDE

LA GRANDE-BRETAGNE

LA POLOGNE

1 L'ALLEMAGNE

2 3

16 15 L'UKRAINE

LA FRANCE 5 14 13

4 7 8

LA ROUMANIE

LA MOLDAVIE

LE KAZAKHSTAN

LA MONGOLIE

LA CORÉE DU NORD

LA CORÉE DU SUD

LE JAPON

9 10

40 12 LA BULGARIE

11

L'ITALIE

18

19 20

L'OUZBÉKISTAN

LE KIRGHIZISTAN

LE PORTUGAL L'ESPAGNE

6

La Corse

LA GRÈCE

LA TURQUIE

LE TURKMÉNISTAN

LE TADJIKISTAN

LA CHINE

LE MAROC

LA TUNISIE

LA MER MÉDITERRANÉE

39 36 38

35 37

L'IRAK

L'IRAN

L'AFGHANISTAN

LE BHOUTAN

LE NÉPAL

LA BIRMANIE

TAÏWAN

L'OCÉAN PACIFIQUE

LE SAHARA OCCIDENTAL

L'ALGÉRIE

LA LYBIE

L'ÉGYPTE

L'ARABIE SAOUDITE

LE KOWEÏT

BAHREÏN

LE QATAR

LE PAKISTAN

L'INDE

LE BANGLADESH

LE LAOS

LA THAÏLANDE

LE VIÊT-NAM

LES PHILIPPINES

LA MAURITANIE

LE MALI

LE NIGER

LE TCHAD

LE SOUDAN

LES ÉMIRATS ARABES UNIS

OMAN

LE CAMBODGE

33 34

32

31 28 24

30 27 26

29

23

LE NIGÉRIA

LA RÉPUBLIQUE CENTRAFRICAINE

L'ÉRYTHRÉE

LE YÉMEN

DJIBOUTI

L'ÉTHIOPIE

LE SOUDAN SUD

LA SOMALIE

LA MALAISIE

LA PAPOUASIE-NOUVELLE-GUINÉE

25 CAMEROUN

LE CONGO

LE GABON

L'OUGANDA

21 LE KENYA

LA RÉPUBLIQUE DÉMOCRATIQUE DU CONGO

22

LA TANZANIE

LES COMORES

MAYOTTE

LES SEYCHELLES

L'INDONÉSIE

LE TIMOR ORIENTAL

LE SRI LANKA

L'ANGOLA

LA ZAMBIE

LE MALAWI

LE ZIMBABWE

MADAGASCAR

MAURICE

La Réunion

LA NAMIBIE

LE BOTSWANA

LE MOZAMBIQUE

L'OCÉAN INDIEN

L'AUSTRALIE

L'AFRIQUE DU SUD

LE SWAZILAND

LE LESOTHO

1	LES PAYS-BAS	14	L'AUTRICHE	27	LA CÔTE D'IVOIRE
2	LA BELGIQUE	15	LA SLOVAQUIE	28	LE BURKINA-FASO
3	LE LUXEMBOURG	16	LA RÉPUBLIQUE TCHÈQUE	29	LE LIBÉRIA
4	LE LIECHTENSTEIN	17	LA RUSSIE	30	LA SIERRA LEONE
5	LA SUISSE	18	LA GÉORGIE	31	LA GUINÉE
6	ANDORRE	19	L'ARMÉNIE	32	LA GUINÉE-BISSAU
7	LA SLOVÉNIE	20	L'AZERBAIDJAN	33	LA GAMBIE
8	LA CROATIE	21	LE RWANDA	34	LE SÉNÉGAL
9	LA BOSNIE-HERZÉGOVINE	22	LE BURUNDI	35	ISRAËL
10	LA SERBIE	23	LA GUINÉE ÉQUATORIALE	36	LE LIBAN
11	L'ALBANIE	24	LE BÉNIN	37	LA JORDANIE
12	LA MACÉDOINE	25	LE TOGO	38	LA SYRIE
13	LA HONGRIE	26	LE GHANA	39	CHYPRE
				40	LE MONTÉNÉGRO

La France

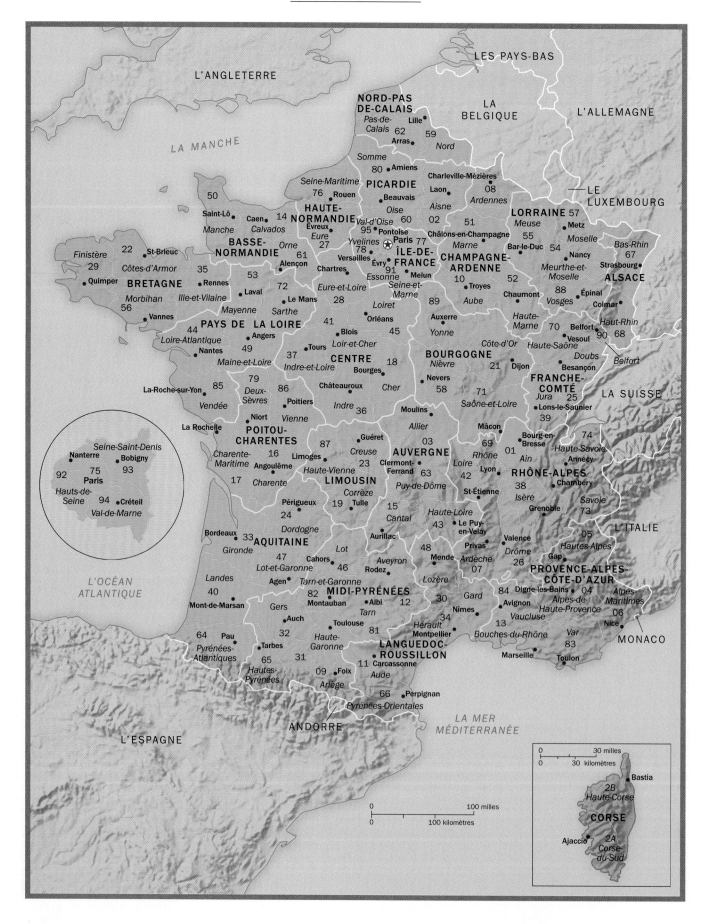

L'ANGLETERRE

LES PAYS-BAS

LA MANCHE

LA BELGIQUE

L'ALLEMAGNE

NORD-PAS
DE-CALAIS

Pas-de-Calais · Lille
62 · Arras · 59 · Nord

Somme
80 · Amiens

PICARDIE

Charleville-Mézières

Seine-Maritime
76 · Rouen

Laon
Ardennes
08

LORRAINE 57
Meuse · Metz
55 · Moselle

LE LUXEMBOURG

50

Saint-Lô
Caen · 14
Calvados
Manche

HAUTE-
NORMANDIE
Évreux
Eure
27

Beauvais
Oise
Val-d'Oise 60
95 · Pontoise
Yvelines · Paris 77
78

Châlons-en-Champagne
51
Marne

54
Bar-le-Duc

Nancy
Meurthe-et-
Moselle

Bas-Rhin
67

Strasbourg

ALSACE

BASSE-
NORMANDIE
Orne
Alençon 61

Versailles
Chartres

ÎLE-DE-
FRANCE

CHAMPAGNE-
ARDENNE

Chaumont
52

88
Vosges

Épinal
Colmar

Finistère 22 · St-Brieuc
29
Côtes-d'Armor
· Quimper

BRETAGNE

Rennes
35

53
Laval

Mayenne

Le Mans
28

Évry
91
Essonne

Melun
Seine-et-
Marne

Troyes
Aube

Haute-
Marne

70
Vesoul
Belfort
90 68
Haut-Rhin
Belfort

Morbihan
56
· Vannes

Ille-et-Vilaine

Sarthe

PAYS DE LA LOIRE
· Angers

Eure-et-Loire

41

Loiret
Orléans

Auxerre
Yonne

89

Haute-Saône
Côte-d'Or
Besançon
Doubs

44
Loire-Atlantique
Nantes · 49

37
Tours
Indre-et-Loire

Blois
Loir-et-Cher
45

BOURGOGNE
Nièvre

Dijon
21

FRANCHE-
COMTÉ

LA SUISSE

La-Roche-sur-Yon · 85
Vendée

79
Deux-
Sèvres

86
Poitiers

CENTRE
18
Bourges
Cher

Nevers
58

71
Saône-et-Loire

Jura 25
Lons-le-Saunier
39

· Niort
Vienne

Châteauroux
Indre 36

Moulins

Mâcon

74

La Rochelle

POITOU-
CHARENTES

87

Creuse
Guéret

Allier
03

Bourg-en-
Bresse
69
Rhône
01
Ain

Haute-Savoie
Annecy

Seine-Saint-Denis
· Nanterre
92 75 · Bobigny
Paris 93
Hauts-de-
Seine 94 · Créteil
Val-de-Marne

Charente-
Maritime
16
17 · Angoulême
Charente

Limoges

23

Clermont-
Ferrand
63

AUVERGNE

Loire
42 · Lyon

St-Étienne

RHÔNE-ALPES
38
Isère

· Chambéry

Savoie
73

HAUTE-VIENNE
LIMOUSIN

Corrèze

Puy-de-Dôme

Grenoble

L'ITALIE

L'OCÉAN
ATLANTIQUE

Périgueux
19 · Tulle
24

15
Cantal

Haute-Loire
43 · Le Puy-
en-Velay

05
Hautes-Alpes

Bordeaux
33 · AQUITAINE
Gironde

Dordogne

Aurillac

48
Mende
Lozère

Privas
Ardèche
07

Valence
Drôme
26

Gap

PROVENCE-ALPES-
CÔTE-D'AZUR

47
Lot-et-Garonne

Lot
Cahors
46

Aveyron
Rodez

84 · Digne-les-Bains
Gard
30
· Nîmes

Alpes-de-
Haute-Provence
04

Landes
40
Mont-de-Marsan

Agen
Tarn-et-Garonne
82
Montauban

MIDI-PYRÉNÉES

Albi
Tarn
12

34

Hérault
Montpellier

Avignon
Vaucluse

13
Bouches-du-Rhône

Alpes-
Maritimes
06
· Nice

MONACO

64 · Pau
Pyrénées-
Atlantiques
65
31

32
· Tarbes

Auch
Gers

Toulouse
Haute-
Garonne
81

LANGUEDOC-
ROUSSILLON

Marseille

Var
83
· Toulon

L'ESPAGNE

09 · Foix
Ariège

Carcassonne
11
Aude

Pyrénées-
Orientales

ANDORRE

66 · Perpignan

LA MER
MÉDITERRANÉE

0   30 milles
0   30 kilomètres

· Bastia

2B
Haute-Corse

CORSE

Ajaccio · 2A
Corse-
du-Sud

0   100 milles
0   100 kilomètres

L'Europe

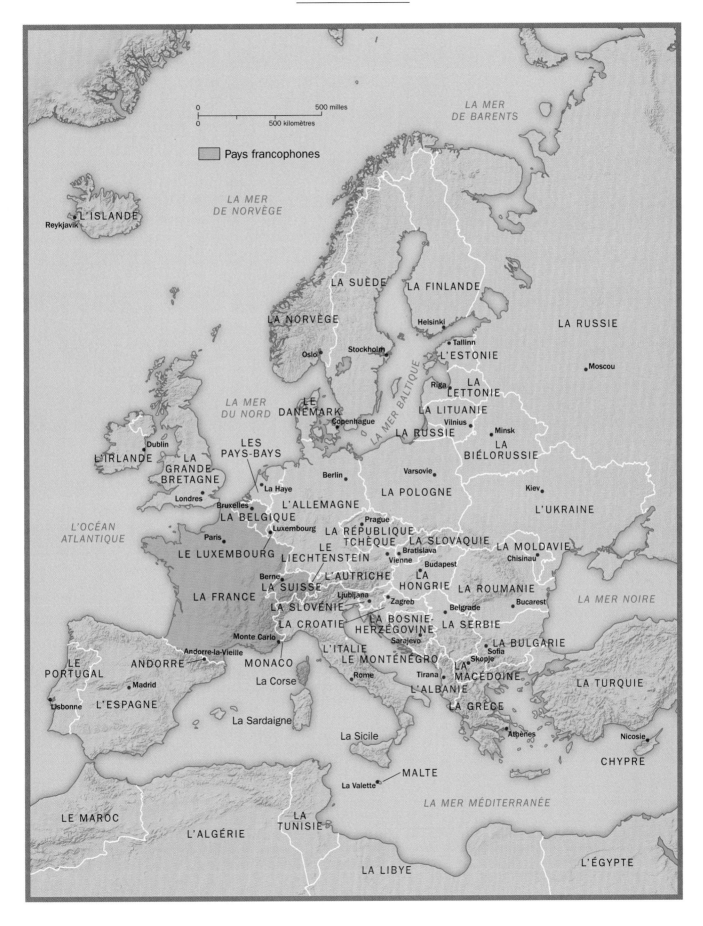

0   500 milles
0   500 kilomètres

Pays francophones

LA MER DE BARENTS

L'ISLANDE
Reykjavik

LA MER DE NORVÈGE

LA MER DU NORD

LA SUÈDE

LA NORVÈGE
Oslo

LA FINLANDE
Helsinki

LA RUSSIE

Stockholm

Tallinn
L'ESTONIE

Moscou

Riga
LA LETTONIE

LA MER BALTIQUE

LA LITUANIE
Vilnius

Minsk
LA BIÉLORUSSIE

LE DANEMARK
Copenhague

LA RUSSIE

L'IRLANDE
Dublin

LA GRANDE BRETAGNE

LES PAYS-BAS

Berlin

Varsovie

Kiev
L'UKRAINE

Londres

La Haye

LA POLOGNE

L'OCÉAN ATLANTIQUE

Bruxelles
L'ALLEMAGNE
LA BELGIQUE

Luxembourg

Prague
LA RÉPUBLIQUE TCHÈQUE

LA SLOVAQUIE

LA MOLDAVIE
Chisinau

Paris

LE LUXEMBOURG
LE LIECHTENSTEIN

Bratislava
Vienne

Budapest

LA FRANCE

Berne
LA SUISSE

L'AUTRICHE

LA HONGRIE

LA ROUMANIE

Bucarest

LA MER NOIRE

LA SLOVÉNIE
Ljubljana

Zagreb

Belgrade
LA SERBIE

Monte Carlo

LA CROATIE

LA BOSNIE-HERZÉGOVINE

Sarajevo

LA BULGARIE

Andorre-la-Vieille

MONACO

L'ITALIE
LE MONTÉNÉGRO

Sofia

Skopje
LA MACÉDOINE

LE PORTUGAL
ANDORRE

La Corse

Rome

Tirana

L'ALBANIE

LA TURQUIE

Madrid

L'ESPAGNE

Lisbonne

La Sardaigne

LA GRÈCE

Athènes

Nicosie

La Sicile

MALTE

CHYPRE

La Valette

LE MAROC

LA TUNISIE

LA MER MÉDITERRANÉE

L'ALGÉRIE

LA LIBYE

L'ÉGYPTE

L'Afrique

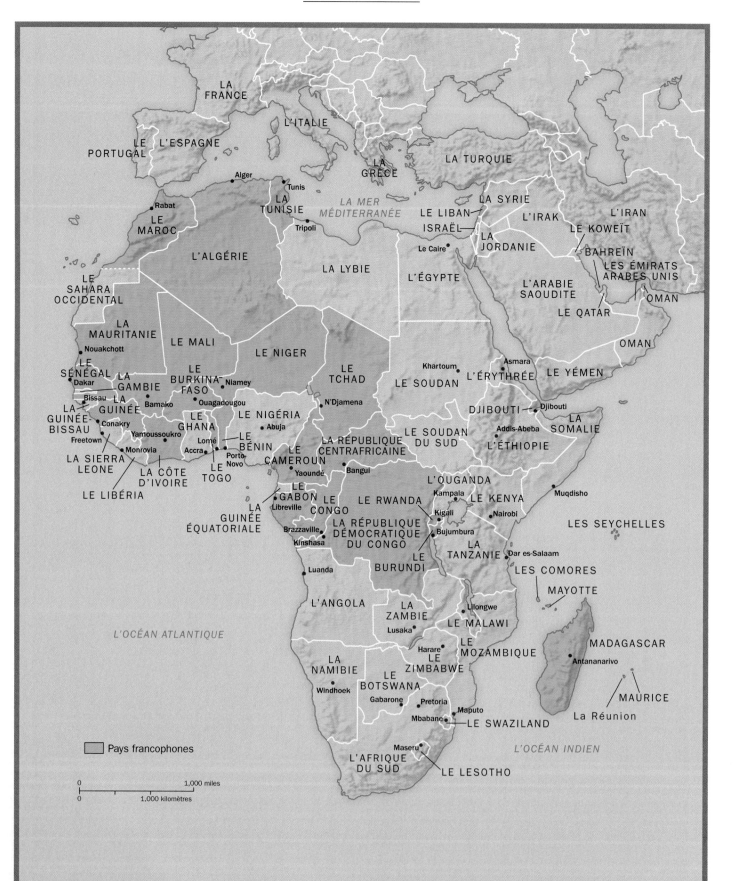

LA FRANCE

L'ITALIE

LE PORTUGAL

L'ESPAGNE

LA GRÈCE

LA TURQUIE

Alger

Tunis

LA TUNISIE

LA MER MÉDITERRANÉE

LA SYRIE

LE LIBAN

ISRAËL

L'IRAK

L'IRAN

LE KOWEÏT

Rabat

LE MAROC

Tripoli

Le Caire

LA JORDANIE

BAHREÏN

LES ÉMIRATS ARABES UNIS

L'ALGÉRIE

LA LYBIE

L'ÉGYPTE

L'ARABIE SAOUDITE

LE QATAR

OMAN

LE SAHARA OCCIDENTAL

OMAN

LA MAURITANIE

LE MALI

LE NIGER

LE TCHAD

Khartoum

Asmara

L'ÉRYTHRÉE

LE YÉMEN

Nouakchott

LE SÉNÉGAL

LA GAMBIE

LE BURKINA FASO

Niamey

LE SOUDAN

Dakar

LA GUINÉE

Bissau

Bamako

Ouagadougou

N'Djamena

DJIBOUTI

Djibouti

LA SOMALIE

LA GUINÉE-BISSAU

Conakry

LE GHANA

Yamoussoukro

LE NIGÉRIA

Abuja

LE SOUDAN DU SUD

Addis-Abeba

Freetown

Lomé

LE BÉNIN

LA RÉPUBLIQUE CENTRAFRICAINE

L'ÉTHIOPIE

LA SIERRA LEONE

Accra

Porto-Novo

LE CAMEROUN

Monrovia

LA CÔTE D'IVOIRE

LE TOGO

Yaoundé

Bangui

L'OUGANDA

LE LIBÉRIA

LE GABON

Libreville

LE CONGO

LE RWANDA

Kampala

LE KENYA

Muqdisho

LA GUINÉE ÉQUATORIALE

Brazzaville

Kigali

Nairobi

LES SEYCHELLES

LA RÉPUBLIQUE DÉMOCRATIQUE DU CONGO

Bujumbura

Kinshasa

LE BURUNDI

LA TANZANIE

Dar es-Salaam

Luanda

LES COMORES

MAYOTTE

L'ANGOLA

LA ZAMBIE

Lilongwe

MADAGASCAR

Lusaka

LE MALAWI

L'OCÉAN ATLANTIQUE

Harare

LE MOZAMBIQUE

Antananarivo

LA NAMIBIE

LE ZIMBABWE

LE BOTSWANA

MAURICE

Windhoek

Gabarone

Pretoria

Maputo

La Réunion

Mbabane

LE SWAZILAND

Maseru

L'OCÉAN INDIEN

L'AFRIQUE DU SUD

LE LESOTHO

Pays francophones

0   1,000 miles

0   1,000 kilomètres

IMAGINEZ

LE FRANÇAIS SANS FRONTIÈRES

3rd EDITION

Ressentir et vivre

S i tous les êtres humains ont la capacité d'éprouver des émotions, tous ne se sentent pas nécessairement libres de les exprimer. Pour diverses raisons, personnelles, sociales ou autres, certains ont du mal à révéler aux autres leurs vrais sentiments. Ils pensent peut-être que c'est une faiblesse. La plupart des gens que vous connaissez sont-ils plutôt ouverts ou réservés? Et vous? De quelle façon votre personnalité affecte-t-elle vos relations avec les autres?

9

32

Destination: ÉTATS-UNIS

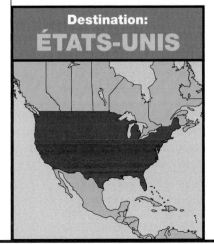

PREVIEW Invite students to comment on the photo on the left, **p. 2**. Give them ideas by saying: **Imaginez ce que ressentent ces deux personnes. Quelles relations ont-ils?** Then ask for their reactions to the text. Time permitting, have students discuss it in groups.

Les relations personnelles (S) Vocabulary Tools

Les relations

une âme sœur *soul mate*
une amitié *friendship*

des commérages (m.) *gossip*
un esprit *spirit*
un mariage *marriage; wedding*
un rendez-vous *date*
une responsabilité *responsibility*

compter sur *to rely on*
draguer *to flirt*
s'engager (envers
   quelqu'un) *to commit
   (to someone)*
faire confiance
   (à quelqu'un)
   to trust (someone)
mentir *(conj. like **sentir**) to lie*
mériter *to deserve*
partager *to share*
poser un lapin (à quelqu'un) *to stand
   (someone) up*
quitter quelqu'un *to leave someone*
rompre *(irreg.) to break up*

sortir avec *to go out with*

(in)fidèle *(un)faithful*

Les sentiments

agacer/énerver *to annoy*
aimer *to love; to like*
avoir honte (de) *to be ashamed (of)/
   embarrassed*
en avoir marre (de) *to be fed up (with)*
s'entendre bien (avec) *to get along
   well (with)*
gêner *to bother; to embarrass*
se mettre en colère contre
   to get angry with
ressentir *(conj. like **sentir**) to feel*
rêver de *to dream about*
tomber amoureux/amoureuse (de) *to fall
   in love (with)*

accablé(e) *overwhelmed*
anxieux/anxieuse *anxious*
contrarié(e) *upset*
déprimé(e) *depressed*
enthousiaste *enthusiastic*
fâché(e) *angry*
inquiet/inquiète *worried*

jaloux/jalouse *jealous*
passager/passagère *fleeting*

L'état civil

divorcer *to get a divorce*
se fiancer *to get engaged*
se marier avec
   to marry
vivre (irreg.)* en union libre
   *to live together
   (as a couple)*

célibataire *single*
veuf/veuve *widowed; widower/widow*

La personnalité

avoir confiance en soi *to be confident*

affectueux/affectueuse *affectionate*

charmant(e) *charming*
économe *thrifty*
franc/franche *frank*
génial(e) *great*
(mal)honnête *(dis)honest*
idéaliste *idealistic*
inoubliable *unforgettable*
(peu) mûr *(im)mature*
orgueilleux/orgueilleuse *proud*
prudent(e) *careful*
séduisant(e) *attractive*
sensible *sensitive*
timide *shy*
tranquille *calm; quiet*

KEY STANDARDS
1.1, 1.2, 4.1

Have students work in pairs to create ten
sentences using the new vocabulary to
describe **un ami idéal, une amie idéale,
un père idéal,** or **une mère idéale.** Have
groups share their responses.

INSTRUCTIONAL RESOURCES
Supersite: Lab Audioscript, SAM AK,
Lab MP3s
SAM/WebSAM: WB, LM

SYNONYMES

To say that something, such as an ad or story, is
dishonest, use **mensonger/mensongère**.

Point out that **mûr(e)** also means *ripe* when
describing fruit or vegetables.

orgueilleux/orgueilleuse *(negative connotation)*
⟷ **fier/fière** *(positive connotation)*
passager ⟷ **éphémère** *(more literary)*

*The verb **vivre** is irregular in the present tense: **je vis, tu vis, il/elle vit, nous vivons, vous vivez, ils/elles vivent.**

Mise en pratique

1 **L'intrus** Quel mot ne va pas avec les autres? Entourez-le.

1. (affectueux) • contrarié • déprimé • accablé
2. inquiet • tranquille • anxieux • (prudent)
3. fidèle • honnête • sincère • (malhonnête)
4. direct • franc • loyal • (jaloux)
5. beau • (orgueilleux) • séduisant • charmant
6. fiancés • (commérages) • âme sœur • union libre
7. agacer • en avoir marre • (bien s'entendre) • se mettre en colère
8. (rompre) • aimer • compter sur • faire confiance

1 To check comprehension, ask students to describe what the other three words in each group have in common.

1 In pairs, have students add two more groups of words, using the new vocabulary. Then call on volunteers to indicate the word that does not belong.

2 **La description** Quel terme de la liste correspond le mieux à chaque phrase? Soyez logique!

avoir honte	draguer	poser un lapin	sensible
déprimé	inoubliable	responsabilité	veuf/veuve

1. Je rêve de sortir avec elle depuis longtemps. Chaque fois que je la vois, j'essaie de la convaincre d'aller au restaurant ou au cinéma. draguer
2. Ma tante habite seule. Son mari est mort il y a quatre ans. veuve
3. Je suis souvent triste et je n'ai pas envie de sortir ni de voir des gens. déprimé
4. J'ai vu un film dont je me souviendrai toujours. inoubliable
5. Ma petite sœur pleure facilement si on lui fait une critique. sensible
6. J'avais rendez-vous avec quelqu'un. Je l'ai attendu au restaurant jusqu'à dix heures et quart mais il n'est jamais venu. poser un lapin

2 Ask students to make up descriptions for the two unused words.

2 Have students prepare a description of two other new vocabulary words. Then, in groups, have them take turns describing the terms while others guess what is being described.

3 **Votre personnalité** Répondez aux questions puis calculez vos points. Quel est le résultat de votre test? Comparez-le avec celui d'un(e) camarade de classe.

Oui	Quelquefois	Non	
☐	☐	☐	1. Devenez-vous anxieux/anxieuse quand il y a beaucoup de monde?
☐	☐	☐	2. Est-ce que ça vous gêne de montrer vos émotions?
☐	☐	☐	3. Avez-vous peur d'être le premier/la première à parler?
☐	☐	☐	4. L'idée d'avoir un rendez-vous avec quelqu'un que vous ne connaissez pas vous fait-elle peur?
☐	☐	☐	5. Est-ce que ça vous intimide de flirter avec quelqu'un que vous ne connaissez pas?
☐	☐	☐	6. Avez-vous peur de parler en public?
☐	☐	☐	7. Réfléchissez-vous longtemps avant de prendre une décision?
☐	☐	☐	8. Est-il plus important d'être agréable que franc dans la vie?
☐	☐	☐	9. Diriez-vous que vous êtes d'accord avec un(e) de vos ami(e)s juste pour éviter un conflit?
☐	☐	☐	10. Vous sentez-vous facilement gêné(e) dans certaines situations?

Barème (*Key*)

Oui = 0 point
Quelquefois = 1 point
Non = 2 points

Résultats

0 à 7 Vous avez tendance à être introverti(e). Sortez plus souvent!

8 à 11 Vous n'êtes ni introverti(e) ni extraverti(e). Bon équilibre!

12 à 20 Vous avez tendance à être extraverti(e). Écoutez un peu les autres!

3 Before assigning the activity, take a class survey to find out if anyone has already taken a personality test. Have students predict their results.

3 After completing the test, ask: **Vos résultats vous surprennent-ils? Expliquez votre réponse.**

Practice more at **vhlcentral.com**.

Préparation Audio: Vocabulary

KEY STANDARDS
1.2, 2.1, 2.2, 4.1, 4.2, 5.2

INSTRUCTIONAL RESOURCES
Supersite/DVD: Film Collection
Supersite: Script & Translation

Introduce the new vocabulary and the **Expressions** with some questions. Examples: **Vous tenez-vous souvent à l'écart? Pourquoi? Connaissez-vous quelqu'un qui panique facilement?**

Vocabulaire du court métrage

avancer *to move forward*
la boue *mud*
crier *to yell*
une crise d'hystérie *attack of hysteria*
s'enfoncer *to drown*
un(e) estropié(e) *cripple*
frapper *to knock; to hit*
une guerre *war*
humain(e) *human*
pourtant *however*
le pouvoir *power*
un supplice *torture*

Vocabulaire utile

boiter *to limp*
un cauchemar *nightmare*
désespéré(e) *desperate*
émotif/émotive *emotional*
paniquer *to panic*
raconter (une histoire) *to tell (a story)*
réagir *to react*
une route *road*
soulager *to relieve*
se tromper *to be wrong*

EXPRESSIONS

Alors… *So… /Well…*

Bonté du ciel! *Good heavens!*

faire mourir quelqu'un à petit feu *to make someone die a slow death*

faire un rêve *to have a dream*

Pas tant de manières! *Don't be so polite!*

se tenir à l'écart *to keep to oneself*

Taisez-vous! *Be quiet!*

1 Ask pairs to compare their answers before going over the activity with the class.

1

Un moment inoubliable Thomas raconte à un ami son dernier match de foot. Cherchez dans la liste de vocabulaire les mots qui complètent l'histoire.

«Imagine un peu la situation. C'est le match du championnat contre notre grand rival, Marseille, donc c'est (1) ___la guerre___! Les conditions sont vraiment mauvaises. Il n'y a pas d'herbe sur le terrain et il pleut, alors nous jouons dans (2) ___la boue___. Tout le monde sait que Marseille est moins forte que nous. (3) ___Pourtant___, elle joue très bien. Il reste seulement un quart d'heure et nous avons un point d'avance... Sans faire attention, quelqu'un (4) ___frappe___ Sylvain, notre meilleur joueur, et en fait un véritable (5) ___estropié___. (6) ___Alors___, Marseille marque un but (*scores a goal*) et notre équipe est (7) ___désespérée___. C'est à moi de sauver le match! Je suis anxieux et prêt à paniquer, mais tout dépend de moi. C'est (8) ___un supplice___ pour les spectateurs, mais nous (9) ___avançons___ vers le but, je (10) ___crie___ pour qu'on me passe le ballon, et je tire (*shoot*)!»

2 You may wish to have students work together in small groups.

2

À vous de continuer À votre avis, est-ce que le tir de Thomas est bon? et qui gagne le match? Quelles sont alors les émotions de Thomas et des autres joueurs? Avec des mots de la liste de vocabulaire, terminez l'histoire en trois ou quatre phrases.

Practice more at **vhlcentral.com**.

3

Et vous? Répondez aux questions avec un(e) camarade de classe.

1. Quand vous êtes-vous trouvé(e) dans une situation stressante? Décrivez la situation. Qu'avez-vous ressenti? Comment avez-vous réagi?

2. Avez-vous regretté votre réaction? Pourquoi?

3. À votre avis, quel effet une situation stressante a-t-elle sur les réactions d'une personne?

4

Comment réagissez-vous?

A. Dites quelle réaction vous correspond le mieux.

Test de **Personnalité**

1. **Vous attendez un e-mail de quelqu'un que vous aimez beaucoup.**
   a. Vous regardez vos e-mails toutes les cinq minutes.
   b. Vous avez beaucoup à faire, mais vous regardez vos e-mails quand c'est possible.
   c. Ce n'est pas très important. Vous regardez quand vous y pensez.

2. **L'e-mail que vous recevez de votre professeur ou de votre patron/patronne est entièrement écrit en majuscules.**
   a. Vous pensez que la personne qui l'a envoyé est fâchée contre vous.
   b. Vous pensez que c'est une erreur.
   c. Vous n'y faites pas attention.

3. **Vous avez une mauvaise nouvelle à annoncer à quelqu'un.**
   a. Vous la lui annoncez tout de suite, face à face. C'est la meilleure manière de procéder.
   b. Vous évitez la personne pendant quelques jours avant de lui annoncer la nouvelle.
   c. Vous préférez ne pas le lui dire face à face. Vous lui envoyez un e-mail.

4. **Quelqu'un que vous connaissez est très triste. Il vient de se passer quelque chose de terrible dans sa vie.**
   a. Vous êtes aussi triste que cette personne.
   b. Vous compatissez (*sympathize*).
   c. À votre avis, cela ne vous regarde pas.

5. **Votre téléphone portable sonne à trois heures du matin. Quelle est votre première réaction?**
   a. Vous êtes inquiet/inquiète. Il s'est peut-être passé quelque chose.
   b. Vous êtes fâché(e) d'être dérangé(e) au milieu de la nuit.
   c. Vous n'y faites pas attention et continuez à dormir.

6. **Vous achetez quelque chose sur Internet. Comment voulez-vous qu'on vous l'envoie?**
   a. En priorité. Vous êtes impatient(e).
   b. Par le courrier normal. Pour le plaisir d'attendre.
   c. Vous allez le chercher vous-même. Vous n'avez pas confiance dans le système.

B. Échangez vos réponses avec un(e) camarade et dites ce que ses réponses révèlent de sa personnalité.

5

Photographies Regardez les deux photos et imaginez les gens qui habitent le village. Que font-ils? Sont-ils heureux? Quelle est la personnalité de la femme? Est-ce que ses voisins lui ressemblent ou sont-ils différents?

4A As a warm-up, ask: **Comment réagissez-vous face à un événement triste? Ou heureux? Êtes-vous très émotif/émotive ou peu émotif/émotive?**

4B Refer students back to the personality test on **p. 5**. Have pairs compare those results with their answers to this activity. Ask: **Les introvertis sont-ils plus émotifs ou moins émotifs que les extravertis?**

5 Before discussing the questions in pairs, have volunteers describe the photos in as much detail as possible.

Short Film

PREVIEW Based on what they see in the poster, the vocabulary they learned, and the activities they have done, ask students to predict what the short film is about.

Have students look at the six stills from the film on **p. 9** without reading the captions. Ask students to describe what they see.

Give students a few examples of film reviews. Discuss the criteria that critics use when evaluating a film, such as cinematography, script, character development, sound effects, pace, etc. Tell students to think about these things as they watch the short film. After they watch the film, have students share their opinions based on these criteria.

INTRIGUE *Pendant la Seconde Guerre mondiale, dans un petit village de France, deux mères attendent des nouvelles de leur fils.*

BLANCHE Alors, vous avez eu des nouvelles?
PIERRETTE Non, depuis sa dernière permission°, toujours pas. Et vous?
BLANCHE Mon fils, il n'a jamais aimé écrire.

BLANCHE Le courrier met tellement de temps pour venir jusqu'ici. C'est tellement désorganisé.
PIERRETTE Sauf pour les télégrammes. Voilà McLaurie.

BLANCHE Dieu sait chez qui il va aujourd'hui.
PIERRETTE Ne vous inquiétez pas, Blanche. Ça ne peut pas être pour vous. Félix est parti il y a si peu.
BLANCHE Vous dites ça à chaque fois. Vous ne pouvez pas savoir. Personne ne peut savoir.

BLANCHE Bien sûr, pour vous c'est différent. Votre fils est officier°. Tout le monde sait… c'est plus facile pour eux.
PIERRETTE Ça ne dispense° pas du champ de bataille° ni de mourir comme les autres.
BLANCHE Oui… peut-être…

BLANCHE Il est fier de ce qu'il fait. Il est fier de savoir avant tout le monde.
PIERRETTE C'est vrai que ça lui donne un certain pouvoir.
BLANCHE Je ne l'ai jamais beaucoup aimé. Même avant la guerre. Ce McLaurie… Regardez-moi ça! Il avance si lentement… on dirait que c'est pour faire durer° le supplice!

BLANCHE C'est sûrement pour moi. J'ai fait ce rêve… Ce n'est pas possible. Dieu ne peut pas me prendre mon fils comme ça!
PIERRETTE Il a passé votre maison.
BLANCHE Pierrette!
PIERRETTE Taisez-vous! Il n'y a plus rien à dire.

permission *leave* **officier** *officer* **dispense** *exempts* **champ de bataille** *battlefield* **faire durer** *prolong*

Note CULTURELLE

L'évolution du rôle du facteur

C'est avec la création de la poste de Paris, en 1760, que le facteur a fait son apparition° en France. La distribution du courrier a d'abord été le privilège des villes. Mais au 19e siècle, elle s'est développée à la campagne, dans les villages. Aujourd'hui, le facteur est plus qu'un simple facteur dans les endroits les plus reculés°, parce qu'il est l'une des seules personnes qui vient voir les habitants, souvent des personnes âgées. Il est devenu un intermédiaire essentiel entre le village et le monde. Il apporte lettres et colis en donnant° l'occasion d'un échange° verbal.

apparition *appearance* **reculés** *remote* **donnant** *giving* **échange** *exchange*

PREVIEW Ask students to describe the characters' personalities based on the photos and dialogue. Then encourage them to make predictions about how the film ends.

TEACHING OPTION Have students watch the video (with sound) the first time through just to get the gist of the story.

TEACHING OPTION Play approximately the first three quarters of the film. Have the class describe what happens and predict what will happen in the last quarter. Then play the whole film. To conclude, ask students to summarize the plot and analyze their predictions.

Analyse

1

1 Have students write a brief summary of the film with the help of their answers.

Compréhension Répondez aux questions par des phrases complètes. Answers may vary slightly.

1. Comment Pierrette et Blanche se connaissent-elles? Elles sont voisines.
2. Que font-elles dans le film? Elles attendent l'arrivée du facteur.
3. Quelle mère reçoit des nouvelles de son fils? Pierrette reçoit des nouvelles de son fils.
4. Qui est l'homme? C'est le facteur.
5. Qu'apporte-t-il? Il apporte un télégramme.
6. Où sont les fils des deux femmes? Ils sont à la guerre.
7. Quel est le grade (*rank*) du fils de Pierrette? Il est officier.
8. Finalement, pour qui est le télégramme? Le télégramme est pour McLaurie, le facteur.

2 Brainstorm with the class an event that the two women might both attend, such as a wedding or funeral. Then have groups prepare and act out a short dialogue involving Blanche, Pierrette, and another imagined character who reacts to their conversation.

Réaction On voit, dans le film, que Pierrette et Blanche réagissent différemment face à la même situation. Leur manière de s'exprimer, aussi, est différente. Par groupes de trois, décrivez leur manière de s'exprimer et parlez de leur personnalité à l'aide du vocabulaire. Comparez vos idées avec celles des autres groupes.

agacer	une amitié	accablé
avoir honte	des commérages	anxieux
crier	une crise d'hystérie	contrarié
s'enfoncer	un esprit	désespéré
gêner	une guerre	émotif
mentir	le pouvoir	fâché
paniquer	une responsabilité	humain
soulager	un supplice	jaloux

3 Have students ask two more interpretation questions using new vocabulary from the film.

Interprétation Avec un(e) camarade, répondez aux questions.

1. Quels sont les thèmes principaux du film?
2. Entre Pierrette et Blanche, laquelle aimez-vous le mieux? Pourquoi?
3. À la fin du film, pourquoi Pierrette dit-elle «Il n'y a plus rien à dire» et ferme-t-elle les yeux?
4. Que pensent Pierrette et Blanche quand elles voient que McLaurie est passé sans avoir frappé à aucune porte du village? À votre avis, savent-elles pour qui est le télégramme?
5. Où va le facteur à la fin du film? Que va-t-il faire? Que ressent-il?
6. Est-ce que Blanche espère vraiment que McLaurie s'arrête chez une de ses voisines?

4 After having volunteers share their descriptions with the class, ask: **Qui connaît quelqu'un comme McLaurie? Cette personne a-t-elle eu les mêmes expériences dans la vie? Est-elle différente de McLaurie? Pourquoi?**

Imaginez Dans ce court métrage, les gens du village dépendent de McLaurie. Mais que fait-il en dehors du travail? Quelle vie a-t-il? Qui d'autre dépend de lui? Avec un(e) camarade, décrivez la vie et la personnalité de McLaurie en cinq ou six phrases.

Practice more at **vhlcentral.com**.

5 **Dialogue** Lisez le dialogue entre Pierrette et Blanche. Puis imaginez ce que dirait McLaurie aux deux femmes s'il pouvait entendre leur conversation. Par groupes de trois, créez un dialogue entre les trois personnages et jouez-le devant la classe.

BLANCHE Il est fier de ce qu'il fait. Il est fier de savoir avant tout le monde.
PIERRETTE C'est vrai que ça lui donne un certain pouvoir.
BLANCHE D'ailleurs, moi, je ne l'ai jamais beaucoup aimé, même avant la guerre… Toujours à se tenir à l'écart, à garder ses distances…

6 **À vous la parole !** Répondez individuellement aux questions avant de comparer vos réponses avec celles de votre camarade de classe.

1. Est-ce que vos parents s'inquiètent pour vous? Expliquez votre réponse.
2. Avez-vous de bonnes relations avec vos parents? Et avec le reste de votre famille? Pourquoi?
3. Combien de fois par semaine parlez-vous avec vos parents?
4. Est-ce que vos parents vous connaissent bien? Savent-ils ce que vous aimez et ce que vous n'aimez pas? Donnez des exemples.
5. Pour qui vous inquiétez-vous? Pourquoi?
6. Connaissez-vous quelqu'un dans l'armée? Si oui, est-ce que vous vous inquiétez pour cette personne?

7 **Moyens de communication** Aujourd'hui, il existe plusieurs moyens de communication. À votre avis, lesquels sont les plus efficaces pour communiquer ses émotions et ses sentiments? Pourquoi? Quels sont les avantages et les inconvénients de chaque moyen de communication? À l'aide de ce tableau, expliquez vos réponses et discutez-en par groupes de trois.

	Les avantages	Les inconvénients
une lettre		
un télégramme		
le téléphone		
un e-mail		
un SMS (*text message*)		
un autre moyen…?		

La statue de la Liberté à New York

IMAGINEZ
Les États-Unis

Une amitié historique (S) Reading

INSTRUCTIONAL RESOURCES
Supersite: Teaching suggestions; SAM AK
SAM/WebSAM: WB

KEY STANDARDS
2.1, 2.2, 3.2, 4.2, 5.1

> **D'ailleurs…**
> Avec environ 1.300.000 étudiants, le français est la deuxième langue la plus étudiée aux USA, après l'espagnol. Plus de 100 programmes d'échanges scolaires existent entre la France et les États-Unis, et il y a plus de 130 Alliances françaises sur le territoire américain, qui organisent plus de 1.000 manifestations culturelles par an.

Les liens° qui unissent la **France** et les **États-Unis** sont solides, fondés sur une histoire commune. À l'époque° coloniale, plusieurs Français ont participé à l'exploration de l'Amérique du Nord. Ainsi°, l'explorateur **Cavelier de La Salle** a été le premier Européen à descendre le **fleuve du Mississippi** et c'est **Antoine Cadillac**, un aventurier acadien°, qui a fondé la ville de **Detroit** en 1701. La **Louisiane française** était alors° un immense territoire avec, en son centre, le Mississipi. Elle s'étendait° des **Grands Lacs** au **golfe du Mexique**. Cet espace représente aujourd'hui dix États américains, et c'est pour cette raison que beaucoup de lieux dans cette région, comme **Belleville**, **Illinois** ou **Des Moines**, **Iowa**, portent° des noms français.

L'alliance franco-américaine s'est surtout renforcée° pendant la **guerre°** **d'Indépendance**. Avec le **marquis de Lafayette** et le **comte de Rochambeau**, l'armée française a offert une aide cruciale aux révolutionnaires américains,

comme pendant la bataille° de la **baie de Chesapeake**, à la fin de la guerre. Ensuite, la France a été la première nation à reconnaître officiellement les nouveaux **États-Unis d'Amérique**. Des personnalités de cette période révolutionnaire comme **Benjamin Franklin**, **John Adams** et **Thomas Jefferson** étaient très francophiles et ont tous fait des séjours en France. De plus, les deux pays ont créé leur constitution en même temps et ont partagé la philosophie des **Lumières°**. Au cours des années, d'étroites° relations économiques et culturelles se sont développées entre eux, et en 1886, pour symboliser cette amitié, la France a offert aux États-Unis la **statue de la Liberté**, qu'on voit à l'entrée du port de **New York**.

Aujourd'hui, la France est le neuvième partenaire commercial des États-Unis, et hors de° l'Union Européenne, les États-Unis constituent le premier marché d'exportation

Audrey Tautou

de la France. Au niveau de la culture, les films français figurent parmi les films étrangers les plus vus aux États-Unis et les plus appréciés du public américain. Quel Américain ne connaît pas **Gérard Depardieu**, **Catherine Deneuve** ou **Audrey Tautou**, qui a incarné° l'héroïne d'*Amélie*? De même, les grands artistes sont toujours appréciés, et dans les musées américains, les expositions sur **Monet**, **Gauguin** ou **Cézanne** sont très populaires. Pour les Américains, la France est le pays de la bonne cuisine, des petits cafés, de la mode et du romantisme; et l'Amérique reste l'une des destinations préférées des Français. En somme, l'amitié entre ces deux pays semble faite pour durer°!

liens *ties* **À l'époque** *At the time* **Ainsi** *In this way* **acadien** *from the Canadian region of Acadia* **alors** *at that time* **s'étendait** *stretched* **portent** *have* **s'est renforcée** *strengthened* **guerre** *war* **bataille** *battle* **Lumières** *Enlightenment* **étroites** *tight* **hors de** *outside* **a incarné** *embodied* **durer** *last*

Le français dans l'anglais

Mots et expressions venus du français

à la carte	en route
art déco	hors-d'œuvre
avant-garde	je ne sais quoi
camouflage	protégé
cliché	raison d'être
crème de la crème	rendez-vous
déjà vu	résumé
encore	touché

Mots anglais empruntés au français au Moyen Âge

armée	army
bœuf	beef
espion	spy
honneur	honor
joie	joy
liberté	liberty
loisir	leisure
mariage	marriage
mouton	mutton
oncle	uncle
salaire	salary
vallée	valley

La francophonie aux USA

Chevrolet C'est un Suisse francophone, **Louis Chevrolet** (1878–1941), qui a fondé cette compagnie maintenant américaine. Après avoir été mécanicien en France et au Canada, Chevrolet déménage

à New York en 1901. Là, il travaille pour **Fiat** et, en 1905, commence sa carrière de pilote de course°. Plus tard, Chevrolet dessine des voitures de course et bat° le record du monde de vitesse! La **Chevrolet Motor Car Company** est devenue une division de **General Motors** en 1918.

Les contes de Perrault Les contes du Français **Charles Perrault** (1628–1703) divertissent° les petits et les grands depuis des siècles, dans le monde occidental. Ses histoires, comme *Cendrillon*, *Le Petit Chaperon° rouge*, *La Belle au bois dormant°*, et

Le Chat botté° ont inspiré des films, des ballets et des opéras. La compagnie Walt Disney en a même fait des films d'animation.

Tony Parker Malgré° son nom anglophone, **Tony Parker**, joueur professionnel de basket, est en fait° d'origine belge et française. Il

est né à **Bruges**, en Belgique, et a été élevé en France. On le connaît bien aux États-Unis, parce qu'il joue dans l'équipe des **Spurs** à **San Antonio, Texas**. Avant de rejoindre° cette équipe de la **NBA** en 2001, Tony jouait en France dans la **LNB** (**Ligue Nationale de Basket-ball**).

Céline Dion Dernière-née d'une famille québécoise de 14 enfants, **Céline Dion** enregistre sa première chanson à 12 ans. Sa carrière commence en français, mais à l'âge de 18 ans elle apprend l'anglais et part à la conquête du monde anglophone. Son succès aux États-

Unis est considérable; elle a vendu des millions d'albums, chanté pour la bande originale° de plusieurs films américains, et gagné de nombreux **Grammys**. Céline a encore connu un énorme succès avec son spectacle *A New Day…* créé en 2003, à **Las Vegas**.

pilote de course *race car driver* **bat** *breaks* **divertissent** *entertain* **Chaperon** *hood* **dormant** *sleeping* **Le Chat botté** *Puss in Boots* **Malgré** *Despite* **en fait** *in fact* **rejoindre** *join* **bande originale** *sound track*

Qu'avez-vous appris?

1

Vrai ou faux? Indiquez si ces affirmations sont vraies ou fausses et corrigez celles qui sont fausses. *Answers may vary slightly.*

1. C'est Cavelier de La Salle qui a fondé Detroit en 1701.
   Faux. Antoine Cadillac a fondé Detroit en 1701.

2. La Louisiane française s'étendait des Grands Lacs au golfe du Mexique. *Vrai.*

3. Le marquis de Lafayette et le comte de Rochambeau ont offert leur aide aux révolutionnaires américains. *Vrai.*

4. Les films français ne sont pas appréciés des Américains.
   Faux. Ce sont les films étrangers les plus vus et les plus appréciés aux États-Unis.

5. Monet fait partie des peintres les moins populaires dans les musées américains. *Faux. Il fait partie des peintres les plus populaires.*

6. Tony Parker est un joueur de basket d'origine belge et française. *Vrai.*

7. Louis Chevrolet a écrit des contes connus dans le monde occidental. *Faux. Charles Perrault a écrit des contes connus dans le monde occidental.*

8. Les films de Céline Dion connaissent un énorme succès aux États-Unis. *Faux. La musique de Céline Dion connaît un énorme succès aux États-Unis.*

2

Que sais-je? Répondez aux questions. *Answers may vary slightly.*

1. Qui a été le premier Européen à descendre le fleuve du Mississippi? *Cavelier de La Salle a été le premier Européen à descendre le fleuve du Mississippi.*

2. Quels lieux aux États-Unis portent des noms français? Citez-en quatre exemples. *Belleville, Illinois, Des Moines et Iowa.*

3. Quelles personnalités américaines de la période révolutionnaire étaient très francophiles? *Des personnalités importantes comme Benjamin Franklin, John Adams ou Thomas Jefferson étaient très francophiles.*

4. Qu'est-ce que la France et les États-Unis ont créé en même temps? *Ils ont créé leur constitution en même temps.*

5. Que symbolise la statue de la Liberté? *Elle symbolise l'amitié entre la France et les États-Unis.*

6. Quelle est la situation commerciale entre les États-Unis et la France? *La France est le neuvième partenaire commercial des États-Unis. Hors de l'UE, les États-Unis sont le premier marché d'exportation de la France.*

7. Qui a fondé la compagnie Chevrolet et de quelle nationalité était-il? *Le Suisse francophone Louis Chevrolet a fondé la compagnie Chevrolet.*

8. De quoi les films d'animation de Walt Disney s'inspirent-ils beaucoup? *Ils s'inspirent des contes de Charles Perrault.*

Practice more at vhlcentral.com.

ÉPREUVE

Trouvez la bonne réponse.

1. À l'époque coloniale, la Louisiane avait la taille _____.
   a. de la région des Grands Lacs
   b. de dix États américains
   c. du golfe du Mexique
   d. d'un État américain

2. L'alliance franco-américaine s'est renforcée _____.
   a. vers 1886   b. à l'époque coloniale
   c. vers 1701   d. pendant la guerre d'Indépendance

3. La France a été la première nation à _____ les États-Unis.
   a. reconnaître   b. aider
   c. explorer   d. nommer

4. À l'époque révolutionnaire, la France et les États-Unis partageaient _____.
   a. la même constitution   b. le même espace
   c. la philosophie des Lumières   d. la même économie

5. La France a offert la statue de la Liberté aux États-Unis, en _____.
   a. 1701   b. 1846
   c. 1886   d. 1776

6. Catherine Deneuve, Gérard Depardieu et Audrey Tautou sont connus pour leur carrière _____.
   a. dans le cinéma   b. d'écrivain
   c. de musicien   d. sportive

7. Il y a _____ Alliances françaises sur le territoire américain.
   a. 1.000   b. plus de 130
   c. plus de 250   d. 50

8. Le joueur de basket Tony Parker a été élevé _____.
   a. au Québec   b. en Belgique
   c. en France   d. à San Antonio

9. Céline Dion a présenté son premier _____ à Las Vegas.
   a. hôtel   b. salon de beauté
   c. magasin   d. spectacle

10. Charles Perrault n'a pas écrit _____.
    a. Le Chat botté
    b. Cendrillon
    c. La Princesse au petit pois
    d. La Belle au bois dormant

Le Zapping

 Video

Mai Lan

La compagnie SFR (Société Française du Radiotéléphone) est un opérateur français de télécommunications qui a été fondé en 1987. La société a aujourd'hui plus de 20 millions de clients et elle se spécialise dans la téléphonie fixe, la téléphonie mobile, les offres d'accès à Internet et la télévision par réseau IP (*Internet Protocol*). Dans la publicité que vous allez regarder, un père voit sa fille grandir, malgré (*despite*) 25 ans d'absences répétées, grâce à l'évolution des services SFR.

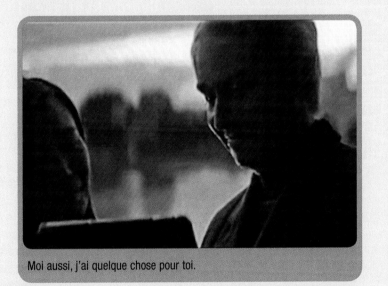

Moi aussi, j'ai quelque chose pour toi.

1 Compréhension Répondez aux questions par des phrases complètes.

1. Comment Mai Lan et son père restent-ils en contact pendant son enfance? Pourquoi?
   Ils se parlent souvent au téléphone parce que son père voyage beaucoup.

2. Quel cadeau le père de Mai Lan lui achète-t-il pendant un de ses voyages? Comment Mai Lan apprend-elle ce que c'est?
   Il lui achète une guitare. Il prend une photo de la guitare avec son portable et il la lui envoie.

3. Comment Mai Lan partage-t-elle la musique qu'elle écrit avec son père?
   Elle utilise la vidéotéléphonie.

4. Que devient Mai Lan quand elle est plus âgée? Comment ses parents suivent-ils sa carrière?
   Elle devient chanteuse et musicienne. Ils utilisent leur tablette pour la regarder jouer sur scène.

2 Discussion Répondez aux questions en donnant des détails et votre point de vue.

1. Les télécommunications peuvent-elles se substituer à la communication face-à-face?

2. Expliquez cette phrase vers la fin de la pub: «Ça fait 25 ans qu'on invente le réseau de demain.» Quel message SFR essaie-t-elle de faire passer? Qu'en pensez-vous?

3 Et vous? Utilisez-vous le même moyen de communication avec tout le monde (ami, famille, professeur, etc.)? Expliquez.

Practice more at **vhlcentral.com.**

INSTRUCTIONAL RESOURCES

Supersite: Video Script & Translation; Answer Key

COMPRÉHENSION Play the commercial a second time, pausing after each interaction between Mai Lan and her father. Ask students to write down what means of communication the father and daughter use each time and what they discuss. You may wish to provide the following words and expressions: **un téléphone fixe**, **un téléphone sans fil**, **un portable**, **un smartphone**, **une tablette**. Then have students create a chronological summary of Mai Lan's conversations with her father while he was away on business.

DISCUSSION Have students work in small groups to discuss how the field of telecommunications has evolved over the past 25 years. Have them use the ad as a basis for their discussion and refer back to the various devices seen in the commercial.

VOCABULAIRE

de la vidéo

carrément *totally*
chéri(e) *darling*
lancer *to launch*
un réseau *network*
le très haut débit *fourth generation high speed (4G)*
un truc *thing*

pour la conversation

attendre un enfant *to expect a child*
grandir *to grow up*
une guitare *guitar*
un moyen de communication *means of communication*
permettre *to allow*
sur scène *on stage*
le ventre *belly*
la vidéotéléphonie *videoconferencing*

GALERIE DE CRÉATEURS

PEINTURE
George Rodrigue (1944–2013)

En 1964, ce Cajun découvre la grande différence qui existe entre la Louisiane, sa région natale (*native*) et le reste des États-Unis. Les tableaux du début de sa carrière représentent les purs Cajuns dont on lui a parlé dans les histoires hautes en couleur (*colorful*) de sa famille. Mais c'est la série de tableaux contemporains, *Chien bleu*, créée en 1984, qui va surtout le rendre célèbre. Sa chienne Tiffany, morte en 1980, y est représentée comme un fantôme. *Chien bleu* a eu un tel succès qu'il a paru dans la série télévisée *Friends* et même dans une campagne présidentielle. Rodrigue est aussi le peintre des portraits de présidents américains comme George Bush et Bill Clinton.

URBANISME **Pierre Charles L'Enfant (1754–1825)**
Venu pour aider Washington pendant la guerre d'Indépendance, l'ingénieur français Pierre L'Enfant a gagné le concours (*contest*) pour la construction de la nouvelle capitale américaine, Washington D.C. Le travail commence en 1791, mais L'Enfant ne termine pas le projet. Au début du 20ᵉ siècle, les plans de L'Enfant sont repris pour construire le *National Mall* de Washington, et le génie (*genius*) de l'architecte français est enfin reconnu. Aujourd'hui, la vision de L'Enfant se révèle dans le système de quadrillage, les boulevards avec les grands monuments et les espaces verts de Washington, D.C. L'Enfant est enterré (*buried*) au cimetière d'Arlington.

GASTRONOMIE
Julia Child (1912–2004)

Vers 1948, Julia Child découvre la cuisine française dans un restaurant de Rouen. Elle prend alors des cours au Cordon Bleu (*Blue Ribbon*), célèbre école de cuisine parisienne, puis elle écrit plusieurs guides culinaires français, dont le volumineux *Mastering the Art of French Cooking*. Elle est invitée à participer à une émission aux États-Unis, et en février 1963, l'émission culinaire, *The French Chef*, est lancée. Cette émission et ses guides culinaires ont eu un très grand succès. Julia Child devient une ambassadrice de la culture française aux États-Unis. Depuis 2001, on peut voir sa cuisine personnelle au *Smithsonian National Museum of American History*.

DESIGN/ARCHITECTURE
Philippe Starck (1949–)

Le designer et architecte, Philippe Starck, est tout aussi connu aux États-Unis où il réside, qu'en France où il est né. Avec plusieurs projets d'architecture et de décoration d'intérieur à l'étranger, entre autres aux États-Unis, en Australie, au Japon, en Argentine et en Turquie, il est l'un des décorateurs les plus originaux de sa génération. On compte, parmi ses créations, l'hôtel Mondrian à Los Angeles, le Royalton et le Hudson à New York et l'École Nationale Supérieure des Arts Décoratifs à Paris. Avec son concept de «design démocratique», Starck essaie de faire de la qualité pour tous et dessine, par exemple, des chaises en plastique. Plus récemment, ses créations deviennent aussi écologiques. Elles incluent une voiture électrique ou des vélos pour la ville de Bordeaux.

Compréhension

Vrai ou faux? Indiquez si chaque phrase est vraie ou fausse. Corrigez les phrases fausses.

1. Pierre L'Enfant a gagné le concours pour la construction de Washington, D.C. Vrai.

2. George Rodrigue est le peintre des portraits de présidents américains comme George Washington et John Adams. Faux. C'est le peintre de présidents américains comme George Bush et Bill Clinton.

3. Julia Child découvre la cuisine française dans une école de cuisine de New York. Faux. Elle découvre la cuisine française dans un restaurant de Rouen.

4. Philippe Starck n'est pas encore bien connu en France. Faux. Il est aussi connu en France qu'aux États-Unis.

5. La construction de la nouvelle capitale américaine commence au début du 20e siècle. Faux. La construction commence en 1791.

6. La série de tableaux *Chien bleu* rend George Rodrigue célèbre. Vrai.

7. Les guides culinaires de Julia Child ont eu beaucoup de succès, mais pas son émission *The French Chef*. Faux. L'émission aussi a eu un grand succès.

8. Philippe Starck veut faire du design de qualité pour tous, ou ce qu'il appelle du «design démocratique». Vrai.

Rédaction

À vous! Choisissez un de ces thèmes et écrivez un paragraphe d'après les indications.

- **Promenade dans la capitale** Vous visitez Washington, D.C. dessinée par Pierre L'Enfant. Décrivez les rues et les bâtiments de la capitale.

- **Chez les présidents** Le président des États-Unis demande à Philippe Starck de redécorer ses appartements privés, à la Maison Blanche. Décrivez ce que va faire M. Starck.

- **La cuisine française** Vous voulez suivre l'exemple de Julia Child. Décrivez ce que vous allez faire pour devenir un grand chef cuisinier.

Practice more at **vhlcentral.com.**

KEY STANDARDS
4.1, 5.1

1.1

INSTRUCTIONAL
RESOURCES
Supersite: Lab Audioscript,
SAM AK, Lab MP3s
SAM/WebSAM: WB, LM

Point out that all active
verbs from **IMAGINEZ**
Structures are listed
in **Appendix B** on
pp. 452–453.

With their books closed, ask
students to name examples
of spelling-change **-er** verbs.
Examples: **acheter**, **célébrer**,
employer, etc. Then have
them use these verbs in
present-tense sentences.
Ask why it is necessary to
change the spelling. (The
changes must be made
to indicate changes in
the pronunciation.)

Call on a volunteer to
explain why the spelling
changes are made for verbs
ending in **-ger** and **-cer**.
(Both spelling changes are
made to avoid changes
in the pronunciation:
to preserve the soft
g and **c** sounds.)

The **y** in verbs that end in **-ayer**
can either remain **y** or change
to **i**. Both forms are correct.

je paie	*or*	**je paye**
ils essaient	*or*	**ils essayent**

Point out that **je paie** and
je paye, along with other
variations for verbs ending
in **-ayer**, are pronounced
differently.

Spelling-change verbs

—*Ne vous **inquiétez** pas, Blanche.*

- Several **-er** verbs require spelling changes in certain forms of the present tense. These changes usually reflect variations in pronunciation or are made to avoid a change in pronunciation.

- For verbs that end in **-ger**, add an **e** before the **-ons** ending of the **nous** form.

voyager (*to travel*)	
je voyage	nous voyag**e**ons
tu voyages	vous voyagez
il/elle voyage	ils/elles voyagent

Nous **mangeons** ensemble.

- Other verbs like **voyager** are **déménager** (*to move*), **déranger** (*to bother*), **manger** (*to eat*), **partager** (*to share*), **plonger** (*to dive*), and **ranger** (*to tidy up*).

- In verbs that end in **-cer**, the **c** becomes **ç** before the **-ons** ending of the **nous** form.

commencer (*to begin*)	
je commence	nous commen**ç**ons
tu commences	vous commencez
il/elle commence	ils/elles commencent

Nous **commençons** à 8h30.

- Other verbs like **commencer** are **avancer** (*to advance*), **effacer** (*to erase*), **forcer** (*to force*), **lancer** (*to throw*), **menacer** (*to threaten*), **placer** (*to place*), and **remplacer** (*to replace*).

- The **y** in verbs that end in **-yer** changes to **i** in all forms *except* for the **nous** and **vous** forms.

envoyer (*to send*)	
j'envoie	nous envoyons
tu envoies	vous envoyez
il/elle envoie	ils/elles envoient

Elle **paie** par chèque.

- Other verbs like **envoyer** are **balayer** (*to sweep*), **ennuyer** (*to annoy; to bore*), **essayer** (*to try*), **nettoyer** (*to clean*), and **payer** (*to pay*).

- Often the spelling change is simply the addition of an accent. Notice that the **nous** and **vous** forms of verbs like **acheter** have no accent added.

acheter (*to buy*)	
j'achète	nous achetons
tu achètes	vous achetez
il/elle achète	ils/elles achètent

Il **achète** un appareil photo.

- Other verbs like **acheter** are **amener** (*to bring someone*), **élever** (*to raise*), **emmener** (*to take someone*), **lever** (*to lift*), **mener** (*to lead*), and **peser** (*to weigh*).

- In verbs like **préférer**, the **é** in the last syllable of the verb stem changes to **è** in all forms *except* for the **nous** and **vous** forms.

préférer (*to prefer*)	
je préfère	nous préférons
tu préfères	vous préférez
il/elle préfère	ils/elles préfèrent

Je **préfère** cette robe rouge.

- Other verbs like **préférer** are **considérer** (*to consider*), **espérer** (*to hope*), **posséder** (*to possess*), and **répéter** (*to repeat; to rehearse*).

- In certain verbs that end in **-eler** or **-eter**, the last consonant in the stem is doubled in all forms *except* for the **nous** and **vous** forms.

appeler (*to call*)		jeter (*to throw*)	
j'appelle	nous appelons	je jette	nous jetons
tu appelles	vous appelez	tu jettes	vous jetez
il/elle appelle	ils/elles appellent	il/elle jette	ils/elles jettent

Seydou **appelle** son ami.

- Other verbs like **appeler** and **jeter** are **épeler** (*to spell*), **projeter** (*to plan*), **rappeler** (*to recall; to call back*), **rejeter** (*to reject*), and **renouveler** (*to renew*).

Ask students to close their books, then write **acheter**, **préférer**, and **appeler** on the board. Have students identify the spelling change for each, then think of as many verbs as possible that fall into each category.

ATTENTION!

The **é** in the first syllable of verbs like **élever** and **préférer** never changes. Spelling changes occur only in the last syllable of the verb stem.

Point out that doubling the last consonant in the verb stem creates the same type of pronunciation change as adding or changing an accent. So, verbs like **acheter**, **préférer**, and **appeler** are all very similar.

BLOC-NOTES

To review the present tense of **-er** verbs and the forms of regular **-ir** and **-re** verbs, see **Fiche de grammaire 1.4, p. 392.**

Ask students to write a short essay, story, or dialogue using at least six spelling-change verbs, one from each group presented on these two pages. Stories can be serious or silly. Students should read their creations to the class, being careful to pronounce the verbs correctly.

Mise en pratique

1 Give students these additional items:
9. rappeler le traiteur (*caterer*): **toi (Tu rappelles le traiteur.) 10. espérer que tout va bien: moi (J'espère que tout va bien!)**

1 Have students write another list for Jérôme and Mathilde: three things to do after the wedding. Students then exchange lists with another student to make sentences.

1

Les fiancés Jérôme et Mathilde vont bientôt se marier. Jérôme a fait une liste de toutes les tâches à accomplir. Dites ce que fait chaque personne mentionnée.

> **Modèle**   **appeler le fleuriste: Mathilde et moi**
> Nous appelons le fleuriste.

1. *payer le pâtissier: moi*
   Je paie/paye le pâtissier.
2. *remplacer les invitations: ma sœur*
   Elle remplace les invitations.
3. *amener les grands-parents: maman et papa*
   Ils amènent les grands-parents.
4. *ranger l'appartement: Mathilde et moi*
   Nous rangeons l'appartement.
5. *nettoyer la salle de bains: mon frère*
   Il nettoie la salle de bains.
6. *répéter demain soir: les musiciens*
   Ils répètent demain soir.
7. *jeter les vieux journaux: moi*
   Je jette les vieux journaux.
8. *acheter de nouvelles chaussures: mon frère et moi*
   Nous achetons de nouvelles chaussures.

2 You may wish to have individuals form complete sentences, then check and compare answers with a partner.

2

En famille Kader est déprimé et il en donne les raisons aux membres de sa famille. **Formez des phrases complètes.** Suggested answers

1. mes enfants / préférer / leur mère   Mes enfants préfèrent leur mère.
2. nous / ne… aucune / payer / dette   Nous ne payons aucune dette.
3. je / s'ennuyer / souvent / le dimanche   Je m'ennuie souvent le dimanche.
4. personne / ne… jamais / balayer dehors   Personne ne balaye jamais dehors.
5. Martine et Sonya / effacer / messages / sur / répondeur   Martine et Sonya effacent les messages sur le répondeur.
6. mon frère / élever / mal / mes neveux   Mon frère élève mal mes neveux.
7. nous / ne… pas / remplacer / les fleurs fanées (*withered*)   Nous ne remplaçons pas les fleurs fanées.
8. vous / me / déranger / quand / je / amener / clients / à la maison   Vous me dérangez quand j'amène des clients à la maison.

3 Have a volunteer say the **modèle**, then model one or two more sentences with the class. Example: **Nous ne menaçons pas nos camarades de classe.**

3

Les amis Avec un(e) camarade, faites des phrases complètes avec les éléments de chaque colonne.

> **Modèle**   Les vrais amis appellent souvent.

A	B	
je	acheter	menacer
tu	amener	nettoyer
un(e) bon(ne) ami(e)	appeler	partager
nous	commencer	payer
vous	considérer	préférer
les faux/fausse(s) ami(e)s	emmener	rejeter
?	ennuyer	voyager
	envoyer	?

⚙ Practice more at vhlcentral.com.

Communication

4 **Les jeunes mariés** Jacqueline et Thierry viennent de se marier. Avec un(e) camarade, décrivez leur vie ensemble à l'aide des mots de la liste.

commencer	espérer	préférer
considérer	essayer	projeter
déménager	mener	renouveler

Modèle —Thierry projette de chercher un nouveau travail.
—Jacqueline préfère vivre près de Marseille.

5 **Conversation** Avec un(e) camarade, décrivez chaque personne à l'aide du verbe qui lui correspond.

Modèle **préférer: mon frère**
—Mon frère préfère travailler très tard le soir.
—Ma sœur aussi. Elle préfère commencer ses devoirs après dix heures.

1. acheter: mon père
2. posséder: le prof de français
3. rejeter: nos camarades de classe
4. ennuyer: je
5. avancer: nous
6. déranger: mes amis

6 **J'en ai besoin.** Par groupes de trois, dites pourquoi vous avez besoin des éléments de la liste ou pourquoi vous n'en avez pas besoin. Employez des verbes comme **voyager**, **commencer**, **envoyer**, **acheter**, **préférer** ou **appeler**. Chaque phrase doit avoir un verbe différent.

Modèle **une chaîne stéréo**
J'ai besoin d'une chaîne stéréo parce que j'achète beaucoup de CD.

- de l'argent
- une voiture
- un portable
- un appartement
- un ordinateur
- un aspirateur
- un(e) camarade de chambre
- ?

4 Call on two volunteers to do the **modèle**.

4 Have students determine two more verbs to add to the list. Then have them make appropriate sentences.

5 Encourage students to add two or more items.

6 As a variation, have groups also say what other people need and why. Example: **Mes copains ont besoin d'une corbeille à papier parce qu'ils jettent beaucoup de papier par terre.**

6 Give students pictures that illustrate five spelling-change verbs. Give them two minutes to study the pictures and use them as the basis for a story.

KEY STANDARDS
4.1, 5.1

**INSTRUCTIONAL
RESOURCES**
Supersite: Lab Audioscript,
SAM AK, Lab MP3s
SAM/WebSAM: WB, LM

1.2

The irregular verbs *être*, *avoir*, *faire*, and *aller*

—*Ils **ont** de meilleurs vêtements aussi.*

Briefly review the meanings of these four verbs.

- The four most common irregular verbs in French are **être**, **avoir**, **faire**, and **aller**. These verbs are considered irregular because they do not follow the predictable patterns of regular -**er**, -**ir**, or -**re** verbs.

- The verb **être** means *to be*. It is often followed by an adjective.

Explain that forms of **être** are also commonly followed by prepositional phrases, nouns, adverbs, etc. Have students come up with models for each. Examples: **Je suis avec mon ami. Nous sommes étudiants. Le professeur n'est pas souvent en retard.**

être (*to be*)	
je suis	**nous** sommes
tu es	**vous** êtes
il/elle est	**ils/elles** sont

Je **suis** américain.
I am American.

C'**est** un bon film.
It is a good movie.

Ils **sont** timides.
They are shy.

Nous **sommes** fiancés.
We are engaged.

- The verb **avoir** means *to have*.

Remind students that **avoir** is often used in idiomatic expressions, as shown below; therefore the translation is not always *to have*.

avoir (*to have*)	
j'ai	**nous** avons
tu as	**vous** avez
il/elle a	**ils/elles** ont

Ils **ont** froid.

- The verb **avoir** is used in many idiomatic expressions.

An idiomatic expression is one that cannot be translated or interpreted literally. Notice that many expressions with **avoir** correspond to English expressions with the verb *to be*.

J'ai dix-neuf ans.
I am nineteen years old.

Mireille a sommeil.
Mireille is sleepy.

avoir... ans *to be ... years old*	**avoir envie de** *to feel like*	**avoir de la patience** *to be patient*
avoir besoin de *to need*	**avoir faim** *to be hungry*	**avoir peur de** *to be afraid*
avoir de la chance *to be lucky*	**avoir froid** *to be cold*	**avoir raison** *to be right*
avoir chaud *to be hot*	**avoir honte de** *to be ashamed*	**avoir soif** *to be thirsty*
avoir du courage *to be brave*	**avoir mal à** *to ache, to hurt*	**avoir sommeil** *to be sleepy*
		avoir tort *to be wrong*

- The verb **faire** means *to do* or *to make*.

faire (*to do; to make*)	
je fais	**nous** faisons
tu fais	**vous** faites
il/elle fait	**ils/elles** font

Elle **fait** de l'exercice.

- **Faire** is also used in numerous idiomatic expressions. Many of these expressions are related to weather, sports and leisure activities, or household tasks.

les sports et les loisirs

faire de l'aérobic to do aerobics

faire du camping to go camping

faire du cheval to ride a horse

faire de l'exercice to exercise

faire la fête to party

faire de la gym to work out

faire du jogging to go jogging

faire de la planche à voile to go windsurfing

faire une promenade to go for a walk

faire une randonnée to go for a hike

faire un séjour to spend time (somewhere)

faire du shopping to go shopping

faire du ski to go skiing

faire du sport to play sports

faire un tour (en voiture) to go for a walk (for a drive)

faire les valises to pack one's bags

faire du vélo to go cycling

le temps

Il fait beau. The weather's nice.

Il fait chaud. It's hot.

Il fait froid. It's cold.

Il fait mauvais. The weather's bad.

Il fait (du) soleil. It's sunny.

Il fait du vent. It's windy.

les tâches ménagères

faire la cuisine to cook

faire la lessive to do laundry

faire le lit to make the bed

faire le ménage to do the cleaning

faire la poussière to dust

faire la vaisselle to do the dishes

d'autres expressions

faire attention (à) to pay attention (to)

faire la connaissance de to meet (someone)

faire mal to hurt

faire peur to scare

faire des projets to make plans

faire la queue to wait in line

- The verb **aller** means *to go*.

aller (*to go*)	
je vais	**nous** allons
tu vas	**vous** allez
il/elle va	**ils/elles** vont

Ils **vont** au cinéma.

- You can use **aller** with another verb to tell what is going to happen in the near future. The second verb is in the infinitive. This construction is called the **futur proche** (*immediate future*).

Je **vais quitter** mon mari.
I'm going to leave my husband.

Vous **allez lui mentir**?
Are you going to lie to him?

Mise en pratique

1 Have pairs check and explain their answers to each other.

1 As a follow-up, have students write a different story about Soraya and Georges using **être**, **avoir**, **faire**, and **aller**.

1

Le mariage Complétez toutes les phrases. Soyez logique!

1. Soraya et Georges sont ___c___
2. Alors, ils vont ___b___
3. La mère de Soraya a ___h___
4. Son père est ___d___
5. Le jour du mariage, il fait ___a___
6. Soraya et Georges ont ___f___
7. Nous, leurs amis, nous sommes ___e___
8. La semaine prochaine, les jeunes mariés font ___g___

a. du soleil.
b. se marier.
c. amoureux.
d. déprimé parce qu'il pense au coût (*cost*) du mariage!
e. avec eux.
f. de la chance.
g. un séjour à Tahiti.
h. peur de perdre sa fille.

2

Au musée Complétez cette histoire à l'aide d'une forme correcte des verbes **être**, **avoir**, **faire** ou **aller**. Employez le présent de l'indicatif.

Kristen Aucoin et son frère Matt habitent dans le Rhode Island, et ils (1) ___ont___ des ancêtres franco-canadiens. Ils adorent le sport et ils (2) ___font___ du vélo presque tous les week-ends, mais cet après-midi, il (3) ___fait___ mauvais et il pleut. Alors, ils (4) ___vont___ visiter le musée du Travail et de la Culture. Ils (5) ___sont___ curieux de connaître l'histoire de leur région, et ce musée (6) ___est___ le meilleur endroit pour ça. Au musée, on (7) ___a___ la possibilité de voir des expositions sur l'immigration québécoise en Nouvelle-Angleterre. Kristen (8) ___a___ envie d'acheter quelques livres. Matt (9) ___va___ parler en français aux employés du musée. Il (10) ___fait___ des efforts pour ne pas perdre la langue de ses grands-parents.

Note CULTURELLE

Le musée du Travail et de la Culture se trouve à **Woonsocket**, dans le **Rhode Island**. Pendant tout le 19ᵉ siècle, des milliers (*thousands*) de **Québécois** sont venus dans le Rhode Island pour travailler dans les usines de la vallée du **fleuve Blackstone**. Au début du 20ᵉ siècle, Woonsocket était la ville la plus francophone des États-Unis. Aujourd'hui, on peut visiter les sites historiques de la ville pour y découvrir la forte influence de son passé francophone.

Read the **Note culturelle** to the class. Then ask: **Connaissez-vous bien le Rhode Island? Quand vous y allez, y voyez-vous l'influence francophone?**

🎥 Practice more at **vhlcentral.com**.

Communication

3 **Comparaisons** Avec un(e) camarade, décrivez les personnes de la liste à l'aide de ces expressions. Expliquez vos choix. Ensuite, comparez vos réponses avec celles d'un autre groupe.

> **Modèle** Madonna fait évidemment de la gym parce qu'elle est en forme.

avoir du courage	faire la cuisine
avoir honte	faire la fête
avoir de la patience	faire de la gym
avoir sommeil	faire le ménage
avoir tort	faire du shopping
?	?

- Taylor Swift
- Harry Styles
- Jennifer Lawrence
- Justin Timberlake
- Audrey Tautou
- Robert Pattinson

4 **Conseils** À deux, donnez des conseils à ces personnes. Employez à chaque fois le verbe **être** ou **avoir**, une expression avec **faire** et un verbe au futur proche.

> **Modèle** Vous êtes fatiguée. Si vous faites une promenade, vous n'allez pas vous endormir.

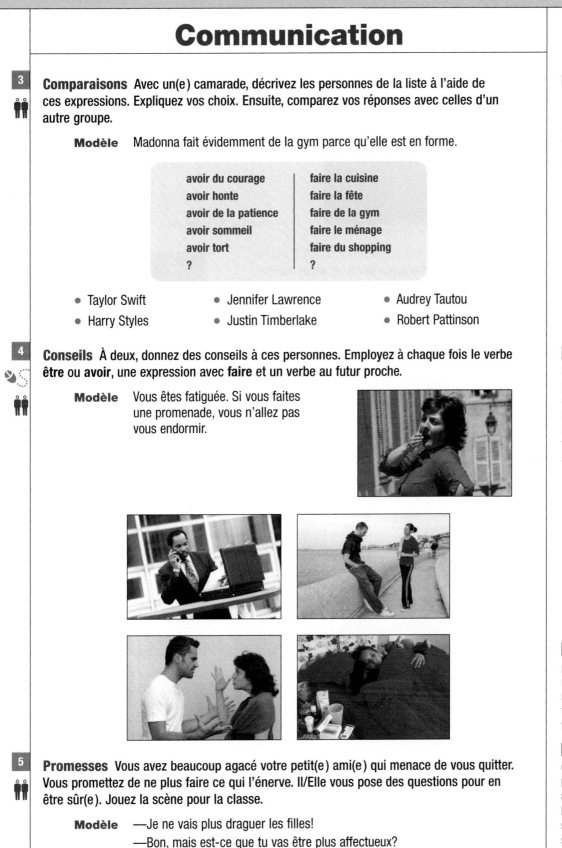

5 **Promesses** Vous avez beaucoup agacé votre petit(e) ami(e) qui menace de vous quitter. Vous promettez de ne plus faire ce qui l'énerve. Il/Elle vous pose des questions pour en être sûr(e). Jouez la scène pour la classe.

> **Modèle** —Je ne vais plus draguer les filles!
> —Bon, mais est-ce que tu vas être plus affectueux?

3 Before assigning this activity, have students bring in photos of some celebrities listed or a few of their own favorites for class inspiration and recognition.

4 As a variation, have students choose one of the photos and write a short story about the person/ people using as many present-tense indicative forms of **être**, **avoir**, **faire** and **aller** as possible.

5 If students do not have personal experience on the matter or if they choose not to divulge it, tell them to be creative and invent the details.

5 Have pairs make a list of six to ten well-known people such as actors, athletes, politicians, or business people. Each student gives a one-sentence description of someone on the list (using **être**, **avoir**, **faire**, and **aller**) and the other student guesses who it is.

KEY STANDARDS
4.1, 5.1

INSTRUCTIONAL
RESOURCES
Supersite: Lab Audioscript,
SAM AK, Lab MP3s
SAM/WebSAM: WB, LM

1.3

Forming questions

—*Et **pourquoi ce ne serait pas** pour vous, d'abord?*

- Rising intonation is the simplest way to ask a yes/no question. Just say the same words as when making a statement and raise your pitch at the end.

Tu connais mon ami Pascal?
Do you know my friend Pascal?

- You can also ask a question by placing **est-ce que** before the subject. If the latter begins with a vowel sound, **est-ce que** becomes **est-ce qu'**.

Est-ce que vous prenez des risques?
Do you take risks?

Est-ce qu'il a cinq ans?
Is he five years old?

- You can place a tag question at the end of a statement.

Tu es canadien, **n'est-ce pas**?
You are Canadian, right?

On va partir à 8h00, **d'accord**?
We're going to leave at 8 o'clock, OK?

- You can invert the order of the subject pronoun and the verb. Remember to add a hyphen whenever you use inversion. If the verb ends in a vowel and the subject is **il**, **elle**, or **on**, add -**t**- between the verb and the pronoun.

Aimes-tu les maths?
Do you like math?

Préfère-t-il le bleu ou le vert?
Does he prefer blue or green?

- To ask for specific types of information, use the appropriate interrogative words and *falling* intonation.

> **Interrogative words**
> **combien (de)?** *how much/many?*
> **comment?** *how?*
> **où?** *where?*
> **pourquoi?** *why?*
> **quand?** *when?*
> **que/qu'?** *what?*
> **(à/avec/pour) qui?** *(to/with/for) who(m)?*
> **(avec/de) quoi?** *(with/about) what?*

Où est-ce qu'on peut faire du vélo?
Where can we go cycling?

- You can use various methods of question formation with interrogative words.

  Quand est-ce qu'ils mangent?
  When are they eating?

  Combien d'étudiants y a-t-il?
  How many students are there?

- The interrogative adjective **quel** means *which* or *what*. Like other adjectives, it agrees in gender and number with the noun it modifies.

The interrogative adjective quel		
	singular	plural
masculine	quel	quels
feminine	quelle	quelles

  —Je suis à l'hôtel.
  —**Quel** hôtel?

  —Carole aime cette chanson.
  —**Quelle** chanson?

- **Quel(le)(s)** can be used with a noun or with a form of the verb **être**.

  Quelle est ton adresse?
  What is your address?

  Quelles sont tes fleurs préférées?
  What are your favorite flowers?

- To avoid repetition, use the interrogative pronoun **lequel**. Like **quel**, it agrees in number and gender with the noun it modifies. Since it is a pronoun, the noun is not stated.

The interrogative pronoun lequel		
	singular	plural
masculine	lequel	lesquels
feminine	laquelle	lesquelles

  —Je vais prendre cette jupe.
  —*I'm going to take this skirt.*

  —Laure adore ces bonbons.
  —*Laure loves these candies.*

  —**Laquelle**?
  —*Which one?*

  —**Lesquels**?
  —*Which ones?*

- **Lequel** and its forms can be used with the prepositions **à** and **de**. When this occurs, the usual contractions with **à** and **de** are made. In the singular, contractions are made only with the masculine forms.

  à + lequel = **auquel**   *but*   à + laquelle = **à laquelle**

  de + lequel = **duquel**   *but*   de + laquelle = **de laquelle**

  —Mon frère a peur du chien.
  —**Duquel** est-ce qu'il a peur?

  —Nous allons au cinéma.
  —**Auquel** allez-vous?

  —Je vais à l'université.
  —**À laquelle** vas-tu?

- In the plural, contractions are made with both the masculine and feminine forms: **auxquels, auxquelles; desquels, desquelles**.

  —Le prof parle aux étudiantes.
  —**Auxquelles** est-ce qu'il parle?

  —Il a besoin de livres.
  —**Desquels** a-t-il besoin?

ATTENTION!

When *what* or *who* is the subject of the verb, use **est-ce qui**. When *what* or *who* is the object of the verb or of a preposition, use **est-ce que**.

What
(Subject)
Qu'est-ce qui va changer?
What's going to change?
(Object)
Qu'est-ce que tu veux?
What do you want?

Who
(Subject)
Qui est-ce qui arrive à midi?
Who is arriving at noon?
(Object)
À qui est-ce que vous parlez?
To whom are you speaking?

Have volunteers identify each example question as intonation, **est-ce que**, or inversion.

Emphasize the difference between **que** and **quel**. Say that, although they can both mean *what*, they are not interchangeable.

Point out that a common answer to the question **Lequel?** would be **Celui-ci./Celui-là.**

Then ask: **Laquelle? (Celle-ci./Celle-là.)** Etc.

Explain that forms of **auquel** and **duquel** are important since French sentences must not end with the words **à** or **de**. In fact, sentences should not end with prepositions at all, which is why they will notice phrases like **pour laquelle, avec lesquelles**, etc.

You may choose to give the English translation of forms of **auquel** (*to which*) and **duquel** (*from which*).

Mise en pratique

1 Before doing the activity, have volunteers ask intonation questions aloud that correspond to items in the activity.

1 To stress the repetitive nature of the activity, have students add **vraiment** to the second question. Example: **Avons-nous** *vraiment* **rendez-vous avec Karim au café?**

2 Have students think of at least one thing that would have angered their parents when they were in high school. Tell them to use the idea(s) to continue the activity.

3 Have a group of three act out the conversation for the class.

3 Have students rewrite the questions using **est-ce que**.

1 Les copains Posez des questions à Gisèle. Formulez chaque question deux fois, d'abord avec **est-ce que**, puis avec l'inversion.

> **Modèle** nous / avoir rendez-vous / avec Karim / au café
> Est-ce que nous avons rendez-vous avec Karim au café? Avons-nous rendez-vous avec Karim au café?

1. tu / avoir confiance / en Myriam   *Est-ce que tu as confiance en Myriam? / As-tu confiance en Myriam?*
2. Lucie et Ahmed / aller / faire / du sport   *Est-ce que Lucie et Ahmed vont faire du sport? / Lucie et Ahmed vont-ils faire du sport?*
3. vous / rêver / de / tomber / amoureux   *Est-ce que vous rêvez de tomber amoureux? / Rêvez-vous de tomber amoureux?*
4. Alain / draguer / filles / de / la classe   *Est-ce qu'Alain drague les filles de la classe? / Alain drague-t-il les filles de la classe?*
5. Stéphanie / se mettre / souvent / en colère   *Est-ce que Stéphanie se met souvent en colère? / Stéphanie se met-elle souvent en colère?*
6. mes copines / espérer / faire / un séjour / Canada   *Est-ce que mes copines espèrent faire un séjour au Canada? / Mes copines espèrent-elles faire un séjour au Canada?*

2 Des parents contrariés Ces parents sont fâchés contre leurs deux enfants adolescents. La mère pose des questions et le père les réitère avec des interrogatifs. Avec un(e) camarade, alternez les rôles, puis jouez la scène pour la classe. *Some answers will vary.*

> **Modèle** **Tu rentres <u>à trois heures du matin</u>?**
> À quelle heure est-ce que tu rentres?!

1. Vous mangez <u>cinq éclairs</u> par jour?   *Combien d'éclairs est-ce que vous mangez par jour?!*
2. Tu travailles <u>avec Laurent</u>?   *Avec qui est-ce que tu travailles?!*
3. <u>Ce</u> mauvais élève est ton meilleur ami?   *Quel mauvais élève est ton meilleur ami?!*
4. Vous allez <u>au parc</u> pendant les cours?   *Où est-ce que vous allez pendant les cours?*
5. Vos amis achètent <u>des jeux vidéo</u> avec leur argent?   *Qu'est-ce que vos amis achètent avec leur argent?*

3 Chez le conseiller matrimonial D'après (*According to*) les réponses, devinez les questions. Employez l'inversion. *Suggested answers*

CONSEILLER (1) _____ *Votre femme travaille-t-elle trop?* _____

M. LEROUX Ah, oui! Ma femme travaille trop!

CONSEILLER (2) _____ *Que fait-elle?* _____

M. LEROUX Elle est psychologue.

CONSEILLER (3) _____ *Sortez-vous souvent ensemble?* _____

MME LEROUX Non, malheureusement, nous ne sortons jamais ensemble.

CONSEILLER (4) _____ *Votre mari vous demande-t-il de rentrer plus tôt?* _____

MME LEROUX Oui, mon mari me demande souvent de rentrer plus tôt.

CONSEILLER (5) _____ *Ses heures de travail vous gênent-elles?* _____

M. LEROUX Bien sûr que ses heures de travail me gênent!

CONSEILLER Bon, (6) _____ *pour quelle heure prenons-nous le prochain rendez-vous?* _____

M. LEROUX Prenons le prochain rendez-vous pour onze heures.

Communication

4 **À vous de décrire!** Par groupes de trois, regardez chaque photo et posez-vous mutuellement des questions pour décrire ce qui se passe.

> **Modèle** —Combien de personnes y a-t-il?
> —Il y a cinq personnes.
> —Que font-elles?

5 **Des curieux** Dites à votre camarade ce que vous allez faire pendant les prochaines vacances, à l'aide des mots de la liste. Ensuite, votre camarade va formuler une question avec **lequel** pour avoir plus de détails.

> **Modèle** —Je vais lire un livre.
> —Ah bon? Lequel?
> —Je vais lire *De la démocratie en Amérique*.

bronzer sur une plage	sortir avec des copains/copines
descendre dans une auberge	visiter des musées
manger dans un restaurant	visiter une ville
regarder des émissions à la télé	voir un film
?	?

6 **Questions personnalisées** Avec un(e) camarade, posez-vous mutuellement au moins trois questions sur ces thèmes. Présentez ensuite vos réponses à la classe.

> **Modèle** **le/la petit(e) ami(e)**
> As-tu un(e) petit(e) ami(e)? Comment est-ce qu'il/elle s'appelle?
> À quelle université va-t-il/elle?

- les cours
- les parents
- les copains
- l'argent
- les passe-temps
- la nourriture

4 Have a volunteer group act out the **modèle** and expand it with their own, ad-libbed questions and descriptions.

4 You may wish to bring in additional images to continue this activity.

5 Have students research the life and times of Alexis de Tocqueville. They should focus on the years he spent in the U.S. and the issues covered in *De la démocratie en Amérique*. They can also find a summary of the book and the predictions it makes. They should analyze if these predictions came true. For example, he predicted that the issue of slavery would cause conflict in the U.S.

Note CULTURELLE

En 1831, le gouvernement français envoie aux États-Unis un écrivain de science politique âgé de 25 ans, **Alexis de Tocqueville**, pour y étudier les prisons. Après un séjour de neuf mois, Tocqueville retourne en France, enthousiasmé par le système démocratique américain, et il écrit *De la démocratie en Amérique*. Cette analyse politique, qui décrit tout aussi bien la réalité d'aujourd'hui que celle du 19e siècle, est un classique de la littérature française.

6 Have students incorporate as much vocabulary from this lesson as they can.

KEY STANDARDS
1.1, 1.2

Ask students if they read advice columns or listen to advice radio shows and have them discuss the types of problems people write or call in about. Ask if they would follow advice given by Docteur Lesage or others in that role.

to convince

Synthèse Ⓢ Reading

Où allons-nous habiter?

De:	Martin <martin.compeau@courriel.ca>
Pour:	Docteur Lesage <etienne24@courriel.qc>
Sujet:	Où allons-nous habiter?

J'ai 30 ans et je suis marié. Mon problème a commencé à cause d'une blague. Je fais des blagues tout le temps.

Ma femme Pauline et moi déménageons bientôt à New York, où nous faisons un tour chaque année. Elle considère que c'est la ville idéale. Nous avons deux enfants, et nous sommes tous très heureux d'aller habiter à New York. Un week-end, j'y vais pour chercher un appartement, pendant que Pauline essaie de vendre notre maison. Mais on s'envoie des messages instantanés pour être en contact. Elle m'appelle aussi chaque soir.

La semaine dernière, pour rire, j'ai l'idée d'envoyer un e-mail à Pauline pour lui dire que je n'ai plus envie de déménager. Et je réussis à la convaincre°! C'est incroyable, n'est-ce pas? Cette situation m'inquiète beaucoup, parce que ma femme s'est mise en colère. Elle ne veut plus me parler. Quelle solution me suggérez-vous? Comment vais-je lui dire que c'est une blague? Ne va-t-elle pas se mettre encore plus en colère? Êtes-vous capable de m'aider?

1 Ask interpretation questions as well. Example: **À quel moment commence-t-on à mentir quand on fait une blague?**

1 **Révision de grammaire** Relisez *Où allons-nous habiter?* Ensuite, choisissez la bonne réponse. N'oubliez pas de conjuguer les verbes.

1. Martin et Pauline ___ont___ (être / mener / avoir) deux enfants.
2. Pauline ___espère___ (espérer / rejeter / détester) habiter à New York.
3. Martin ___fait___ (répéter / faire / détester) des blagues.
4. Cette blague de Martin ___ennuie___ (renouveler / ennuyer / faire peur à) Pauline.
5. Martin et Pauline ne/n' ___achètent___ pas (déménager / acheter / aller) tout de suite une maison à New York.
6. Martin écrit à un docteur. ___Auquel___ (Auxquels / Auquel / Duquel) écrit-il?
7. Comment Martin ___va-t___-il (faire / aller / avoir) dire à sa femme que c'est une blague?

2 **Qu'avez-vous compris?** Répondez par des phrases complètes.

1. Que font Martin et Pauline chaque année? Ils font un tour à New York.
2. Comment Martin et Pauline sont-ils en contact quand ils ne sont pas ensemble? Ils s'envoient des messages instantanés et Pauline appelle Martin chaque soir.
3. Quelle idée Martin a-t-il un jour? Il a l'idée d'envoyer un e-mail à Pauline pour lui dire qu'il n'a plus envie de déménager.
4. À votre avis, Pauline a-t-elle raison d'être en colère contre Martin? Que suggérez-vous comme solution au problme de Martin?

TEACHING OPTION
As a follow-up writing assignment, have students write anonymous letters of their own to Docteur Lesage. Then have classmates write letters of response.

Préparation (S) Audio: Vocabulary

Vocabulaire de la lecture	Vocabulaire utile
à partir de *from*	**un(e) ancêtre** *ancestor*
fuir *(irreg.) to flee*	**s'assimiler à** *to blend in*
grâce à *thanks to*	**bilingue** *bilingual*
un mélange *mix*	**un choc culturel** *culture shock*
une nouvelle vague *new wave*	**le dépaysement** *change of scenery;*
rejoindre *(irreg.) to join*	*disorientation*
un soldat *soldier*	**émigrer** *to emigrate*
	immigrer *to immigrate*
	s'intégrer (à un groupe) *to integrate*
	(into a group)

KEY STANDARDS
1.2, 2.1, 2.2, 4.2

SYNONYMES
grâce à ⟷ à l'aide de

Point out that **fuir** can take on the sense of **partir**, **quitter**, or **éviter**, depending on the context.

For extra practice with the new vocabulary, have students work in pairs to write sentences or definitions using the words from the list.

1 **Vocabulaire** Choisissez le bon mot de vocabulaire pour compléter chaque phrase.

1. ___Grâce à___ mes parents, je vais à l'université.

2. Il est normal de rendre hommage à nos ___ancêtres___, plusieurs fois dans l'année.

3. Une personne qui parle couramment deux langues est ___bilingue___.

4. Dans les films d'horreur, le héros ou l'héroïne ___fuit___ toujours le monstre ou le méchant (*bad guy*).

5. Cette ___nouvelle vague___ artistique mélange le moderne et le traditionnel.

6. Benjamin Franklin a peut-être ressenti ___un choc culturel___ quand il est arrivé pour la première fois en France, comme représentant des États-Unis.

2 **Chez vous** Répondez individuellement aux questions par des phrases complètes. Ensuite, comparez vos réponses avec celles de votre camarade.

1. Votre famille a-t-elle conservé des éléments de sa culture ancestrale? Si oui, lesquels? Lesquels préférez-vous? Sinon, quels sont les éléments des autres cultures que vous appréciez le plus?

2. Voudriez-vous que vos enfants et petits-enfants transmettent les traditions que vous avez maintenues dans votre famille?

3. Quelles communautés ethniques différentes de la vôtre existent près de chez vous? Ont-elles parfois des festivals ou des événements qui célèbrent leur culture? Si oui, y avez-vous déjà assisté? Décrivez votre expérience.

3 As a homework assignment, have students use these questions and others to interview an immigrant that they know. Tell them to be prepared to report back to the class. You could even invite a francophone immigrant to visit your class and discuss these issues with your students.

3 Have students research a historical photo of immigrants arriving in the U.S. Have them present their photos to the class and describe the photo using at least five new vocabulary words.

3 **Sujets de réflexion** Discutez de ces questions par groupes de trois et comparez vos réponses à celles des autres groupes.

1. Quelles sont les raisons pour lesquelles une personne immigre dans un autre pays?

2. Quand quelqu'un part vivre dans un pays étranger où on parle une autre langue, devrait-il/elle parler à ses futurs enfants dans sa langue ou dans la langue du pays? Expliquez votre réponse.

3. Comment peut-on préserver une culture? Quel rôle joue la langue dans cet effort de préservation?

4. Faut-il s'assimiler pour s'intégrer, ou peut-on arriver à l'intégration en gardant (*while keeping*) sa propre culture?

 Practice more at **vhlcentral.com.**

Les **Francophones** d'Amérique

Preview the reading by asking students what they already know about Louisiana. They can talk about geography, history, and cultural aspects. Have students make a list. When reading the text, students can check off the information that appears in the list.

Chaque année, vers le mois de septembre, les Festivals acadiens de Lafayette, en Louisiane, célèbrent les divers aspects de la culture cajun: musique, gastronomie, art et artisanat… Cette tradition a fait redécouvrir une culture en voie de disparition.

C'est au 17ᵉ siècle qu'une communauté francophone s'est installée en Acadie, à l'est du Canada, où on trouve aujourd'hui la Nouvelle-Écosse° et les régions voisines. La communauté a souffert de l'invasion des Britanniques pendant la guerre de Sept Ans (1754–1763) et de la déportation en France, en Angleterre et dans les colonies britanniques. De nombreux Acadiens ont fui. Ils ont suivi le fleuve Mississippi pour aboutir° en Louisiane, en 1765. C'est alors qu'est née la culture cajun, ce terme étant° une altération anglaise du mot «acadien». Jusqu'au 20ᵉ siècle, d'autres francophones, du Canada, des Antilles et d'ailleurs, ont rejoint les Cajuns.

En 1921, un nouvel obstacle se présente, quand le gouvernement de la Louisiane déclare obligatoire l'éducation en anglais. À partir de ce moment, la culture cajun est en danger d'extinction. Heureusement, en 1968, le gouvernement local crée le Conseil pour le Développement du Français en Louisiane (CODOFIL) et on appelle Acadiana le sud-ouest de l'État, où se trouve la majorité des Cajuns. Aujourd'hui, le français est enseigné dans les écoles, parfois dans des programmes d'immersion.

Outre° le retour de l'enseignement du français, la culture cajun a connu une renaissance, dans les domaines de la gastronomie et de la musique. Depuis ses origines, la musique est un mélange d'influences étrangères provenant d'Afrique,

Nova Scotia

end up

being

Besides

> **La culture cajun a connu une renaissance aux États-Unis, dans les domaines de la gastronomie et de la musique.**

Les instruments de musique

Le violon° et l'accordéon, les principaux instruments de la musique cajun, sont accompagnés de la guitare, du triangle, de l'harmonica et de la planche à laver°, ou «frottoir» en cajun. Ce dernier instrument se joue à l'aide de dés à coudre° avec lesquels on frotte° la planche ou on tape° dessus.

fiddle

washboard

thimbles
rubs/hits

des Antilles ou du reste des États-Unis. Le musicien Dewey Balfa a contribué à la popularité de la musique acadienne depuis les années 1960, et la nouvelle vague de musiciens cajuns continue de la faire évoluer. Celle-ci est devenue si populaire que des groupes se sont formés dans d'autres endroits des États-Unis, comme les Whozyamama dans l'état de Washington ou Bone Tones à Minneapolis.

La gastronomie est l'autre ambassadeur culturel des Cajuns. Originaire de l'Acadiana, elle s'inspire de la cuisine provençale, et ses principaux ingrédients sont le poivron, l'oignon et le céleri. Grâce à des chefs comme Paul Prudhomme et Emeril Lagasse, dont on voit les émissions télévisées, cette gastronomie s'est répandue° dans beaucoup de villes et de cuisines américaines.

Les cultures acadienne et cajun ont su résister à tous les événements qui ont voulu les détruire. Le peuple cajun a réussi son intégration: il s'est assimilé à la société américaine sans abandonner ses traditions ni son mode de vie. ■

has spread

Analyse

1 Compréhension Répondez aux questions par des phrases complètes. *Answers may vary slightly.*

1. D'où est venue la majorité des francophones qui se sont installés en Louisiane au 18ᵉ siècle? *La majorité est venue de la région d'Acadie, au Canada.*

2. Pour quelle raison ont-ils quitté leur colonie? *Ils ont quitté leur colonie parce qu'ils ont souffert de l'invasion des Britanniques.*

3. Pourquoi la langue et la culture cajuns ont-elles été en danger d'extinction au 20ᵉ siècle? *Le gouvernement de la Louisiane a déclaré obligatoire l'éducation en anglais.*

4. À part (*Apart from*) la langue, quels sont les deux éléments les plus visibles de la culture cajun sur le continent américain? *Ce sont la musique et la cuisine cajuns.*

5. Quels sont les deux instruments principaux de la musique cajun? *Ce sont le violon et l'accordéon.*

6. Quelle cuisine a influencé la gastronomie cajun? *La cuisine provençale a influencé la cuisine cajun.*

2 Opinion Répondez à ces questions avec un(e) camarade.

1. Que ressentiriez-vous si le gouvernement vous interdisait de parler votre langue?

2. Pensez-vous que votre langue et votre culture fassent partie de votre personnalité? Expliquez votre réponse.

3. Pensez-vous que la coexistence de plusieurs cultures crée une société plus forte ou plus faible?

3 Prédiction Vous avez lu que d'autres cultures et des influences extérieures ont menacé l'existence de la culture cajun. Pourtant, cette culture existe encore et a de l'influence sur le continent nord-américain. Par groupes de trois ou quatre, imaginez la communauté cajun en 2100. Existera-t-elle encore, à votre avis? Le français cajun sera-t-il encore parlé?

4 Allez plus loin Pour aller plus loin, imaginez le continent nord-américain en 2100 et répondez aux questions par groupes de trois.

- À votre avis, quelles seront les cultures dominantes sur le territoire?
- Quelles seront les cultures en déclin?
- Quelles langues le peuple américain parlera-t-il?
- L'anglais persistera-t-il à dominer comme unique langue officielle?
- L'éducation bilingue ou plurilingue (*multilingual*) sera-t-elle une réalité?

🔊 Practice more at **vhlcentral.com.**

Préparation ⓢ Audio: Vocabulary

KEY STANDARDS
1.2, 2.2, 3.1, 5.2

À propos de l'auteur

Guillaume Apollinaire (1880–1918), de son vrai nom Wilhelm Apollinaris de Kostrowitcki, est né à Rome, d'une mère polonaise. Il passe son enfance avec sa mère et son frère sur la Côte d'Azur. En 1899, ils déménagent à Paris où Wilhelm devient précepteur (*tutor*) dans une famille allemande. Il accompagne cette famille en Allemagne, en Autriche et en Hollande. Ces voyages lui inspirent de nombreux poèmes, notamment *Nuit rhénane*. De retour à Paris, Apollinaire rencontre des artistes d'avant-garde: Derain, Vlaminck, Picasso et d'autres. En 1914, il s'engage dans l'armée où il continue d'écrire des poèmes. Il est grièvement (*seriously*) blessé en 1916 et meurt de la grippe espagnole deux ans plus tard. Guillaume Apollinaire a joué un rôle considérable dans la création de mouvements littéraires et artistiques.

INSTRUCTIONAL RESOURCES
Supersite: Littérature recording; Scripts; SAM AK
SAM/WebSAM: LM

1 Have students define the two unused terms.

TEACHING OPTION Ask students to find another poem by Guillaume Apollinaire and summarize it for the class.

Vocabulaire de la lecture	Vocabulaire utile
s'en aller *to go/fade (away)*	**des amants** (*m.*) *lovers*
couler *to flow*	**désabusé(e)** *disillusioned*
la joie *joy*	**une liaison** *affair; relationship*
las/lasse *weary*	**mélancolique** *melancholic*
la peine *sorrow*	**une rupture** *breakup*
sonner *to strike; to sound*	**la tristesse** *sadness*

1

Définitions Faites correspondre les mots avec leur définition.

___f___ 1. Fait de mettre fin à quelque chose
___j___ 2. Bonheur, grand plaisir
___h___ 3. Tourment, souffrance morale
___g___ 4. Relation amoureuse
___a___ 5. Symboliser ou décrire
___d___ 6. Action de l'eau qui se déplace ou du temps qui passe
___b___ 7. Qui a tendance à être triste et rêveur
___e___ 8. Qui n'a plus d'illusions

a. représenter
b. mélancolique
c. sonner
d. couler
e. désabusé
f. rupture
g. liaison
h. peine
i. onde
j. joie

Marie Laurencin

2

Préparation Répondez individuellement à ces questions, puis discutez-en avec un(e) camarade de classe.

1. Quels sont les événements de la vie qui symbolisent la joie? Et la peine?
2. Peut-on dire que la vie a des vagues (*waves*) de bonheur ou de tristesse? Comment peut-on l'expliquer?
3. Dans l'art et la littérature, pourquoi l'eau représente-t-elle le temps qui passe? Quelles autres métaphores ou images vous font penser au temps qui passe?
4. Êtes-vous désabusé(e)? À cause de qui ou de quoi?
5. Avez-vous vécu une rupture? Comment cela s'est-il passé? Si non, connaissez-vous quelqu'un d'autre qui a vécu une rupture?

ⓢ Practice more at **vhlcentral.com**.

Note CULTURELLE

En 1907, **Pablo Picasso** présente **Marie Laurencin**, peintre et poétesse, à **Guillaume Apollinaire**. Ils tombent amoureux et vivent une liaison passionnée qui durera cinq ans. Le poème *Le Pont Mirabeau*, écrit en 1912, exprime les sentiments de l'auteur juste après sa rupture avec Marie. Le pont Mirabeau est un pont de Paris sur lequel Apollinaire passait souvent.

LE PONT Mirabeau

To make students feel less apprehensive about reading poetry in French, have them bring in a favorite or well-known English poem. Talk about the poem's structure (stanzas, rhyming or free verse, punctuation, alliteration, etc.) and its content (imagery, meaning, etc.).

Guillaume Apollinaire

Audio: Reading

Sous le pont Mirabeau coule la Seine

Et nos amours

Faut-il qu'il m'en souvienne

La joie venait toujours après la peine

5 Vienne la nuit sonne l'heure

remain Les jours s'en vont je demeure°

Les mains dans les mains restons face à face

while Tandis que° sous

Le pont de nos bras passe

water 10 Des éternels regards l'onde° si lasse

Vienne la nuit sonne l'heure

Les jours s'en vont je demeure

La joie venait toujours après la peine

---

running L'amour s'en va comme cette eau courante°

L'amour s'en va

15 Comme la vie est lente

hope Et comme l'Espérance° est violente

Vienne la nuit sonne l'heure

Les jours s'en vont je demeure

Passent les jours et passent les semaines

20 Ni temps passé

Ni les amours reviennent

Sous le pont Mirabeau coule la Seine

Vienne la nuit sonne l'heure

Les jours s'en vont je demeure ■

Play the dramatic recording of the poem a few times. Remind students that it is not necessary to understand every word, especially during the first listening. Then give students a few minutes to read the poem aloud to a partner and discuss the meaning. Have one student present the pair's interpretation to the class.

Ask students to notice and describe the rhyming pattern in the poem. Talk about the effect and the musicality this creates.

Ask pairs to reread the poem and write a paragraph of at least four sentences in French that captures the gist. Then have pairs get together to compare their summaries of the poem's meaning.

Analyse

1 Have students write two or more of their own comprehension questions, then work in pairs to answer each other's questions.

Compréhension Répondez aux questions, si possible par des phrases complètes.

Suggested answers

1. Qui parle, dans le poème? À qui parle cette personne? *Le poète parle à la femme qu'il a perdue / avec laquelle il a rompu.*

2. De quoi se souvient le poète? *Il se souvient de leurs amours / du temps qu'ils ont passé ensemble.*

3. Qu'est-ce qui forme un «pont», à part le pont Mirabeau? *Leurs bras / corps forment un pont quand ils sont face à face.*

4. Dans le poème, quels sont les éléments que l'eau représente? *L'eau représente l'amour, les regards des amoureux, les jours, les semaines et le temps.*

5. Quel est l'objet qui symbolise le poète quand il dit «je demeure»? Pourquoi? *Le pont, qui est aussi immobile, symbolise le poète.*

6. Quelles sont des expressions de sentiments désabusés? *L'onde si lasse; L'amour s'en va; la vie est lente; l'Espérance est violente; Ni temps passé / Ni les amours reviennent*

7. Y a-t-il du bonheur ou de l'optimisme dans le poème? *Non, le poète a de la peine et des regrets.*

8. Quels sont les thèmes principaux du poème? *Les thèmes du poème sont l'amour (perdu); le temps qui passe comme l'eau qui coule; le temps passe plus lentement après une rupture.*

2 Have students discuss their answers in small groups, then share their responses with the class.

Interprétation Répondez aux questions par des phrases complètes.

1. Que ressent l'auteur? Ses sentiments changent-ils pendant le poème?

2. Que veut dire le poète quand il écrit que «… sous le pont de nos bras passe / des éternels regards l'onde si lasse»?

3. Et que veulent dire «Vienne la nuit sonne l'heure / Les jours s'en vont je demeure»? Pourquoi le poète répète-t-il ces vers quatre fois?

4. La liaison de ce couple était-elle heureuse, turbulente ou tranquille, à votre avis? Décrivez-la dans un court paragraphe.

3 Have a volunteer pair act out the conversation for the class.

Imaginez Avec un(e) camarade, imaginez l'histoire d'amour de ce poète et de son amie. Préparez une conversation qui explique pourquoi leur rupture est nécessaire. Servez-vous du nouveau vocabulaire et des nouvelles structures.

4 You may wish to introduce additional terms of endearment or affectionate expressions. Examples: **mon petit cœur, mon petit chat, mon trésor**, etc.

4 As an alternate writing assignment, have students write a poem/letter in response to Apollinaire's **Le pont Mirabeau**.

Rédaction Écrivez une lettre, réelle ou imaginaire, à votre (petit[e]) ami(e) ou à quelqu'un dont vous êtes amoureux / amoureuse. Suivez le plan de rédaction.

Plan

1 **Préparation** Pensez à la personne à laquelle vous adressez la lettre. Choisissez une salutation, comme: **Cher _____ / Chère _____, Mon amour, Mon cœur**…

2 **Développement** Organisez vos idées. Quels sont les sentiments que vous voulez exprimer? Aidez-vous de ces questions pour écrire votre lettre:

1. Comment est la personne qui va lire la lettre?
2. Que ressentez-vous quand vous pensez à cette personne?
3. Pourquoi aimez ou aimiez-vous cette personne?
4. Pensez-vous que vos sentiments sont ou étaient réciproques?
5. Quels contacts espérez-vous avoir avec cette personne à l'avenir?

3 **Conclusion** Terminez votre lettre par une phrase qui convient, telle que: **Amitiés, Bises / Bisous, Je t'embrasse, Je t'aime**, ou **Ton amour**. Ces exemples vont de la simple amitié au grand amour.

Ressentir et vivre

 Vocabulary Tools

Les relations

une âme sœur *soul mate*
une amitié *friendship*
des commérages (*m.*) *gossip*
un esprit *spirit*
un mariage *marriage; wedding*
un rendez-vous *date*
une responsabilité *responsibility*

compter sur *to rely on*
draguer *to flirt*
s'engager (envers quelqu'un) *to commit (to someone)*
faire confiance (à quelqu'un) *to trust (someone)*
mentir (*conj. like* **sentir**) *to lie*
mériter *to deserve*
partager *to share*
poser un lapin (à quelqu'un) *to stand (someone) up*
quitter quelqu'un *to leave someone*
rompre (*irreg.*) *to break up*
sortir avec *to go out with*

(in)fidèle *(un)faithful*

Les sentiments

agacer/énerver *to annoy*
aimer *to love; to like*
avoir honte (de) *to be ashamed (of)/embarrassed*
en avoir marre (de) *to be fed up (with)*
s'entendre bien (avec) *to get along well (with)*
gêner *to bother; to embarrass*
se mettre en colère contre *to get angry with*
ressentir (*conj. like* **sentir**) *to feel*
rêver de *to dream about*
tomber amoureux/amoureuse (de) *to fall in love (with)*

accablé(e) *overwhelmed*
anxieux/anxieuse *anxious*
contrarié(e) *upset*
déprimé(e) *depressed*
enthousiaste *enthusiastic*
fâché(e) *angry*
inquiet/inquiète *worried*
jaloux/jalouse *jealous*
passager/passagère *fleeting*

L'état civil

divorcer *to get a divorce*
se fiancer *to get engaged*
se marier avec *to marry*
vivre (*irreg.*) en union libre *to live together (as a couple)*

célibataire *single*
veuf/veuve *widowed; widower/widow*

La personnalité

avoir confiance en soi *to be confident*

affectueux/affectueuse *affectionate*
charmant(e) *charming*
économe *thrifty*
franc/franche *frank*
génial(e) *great*
(mal)honnête *(dis)honest*
idéaliste *idealistic*
inoubliable *unforgettable*
(peu) mûr *(im)mature*
orgueilleux/orgueilleuse *proud*
prudent(e) *careful*
séduisant(e) *attractive*
sensible *sensitive*
timide *shy*
tranquille *calm; quiet*

Court métrage

la boue *mud*
un cauchemar *nightmare*
une crise d'hystérie *attack of hysteria*
un(e) estropié(e) *cripple*
une guerre *war*
le pouvoir *power*
une route *road*
un supplice *torture*

boiter *to limp*
crier *to yell*
s'enfoncer *to drown*
frapper *to knock; to hit*
paniquer *to panic*
raconter (une histoire) *to tell (a story)*
réagir *to react*
soulager *to relieve*
se tromper *to be wrong*

désespéré(e) *desperate*
émotif/émotive *emotional*
humain(e) *human*

pourtant *however*

Culture

un(e) ancêtre *ancestor*
un choc culturel *culture shock*
le dépaysement *change of scenery; disorientation*
un mélange *mix*
une nouvelle vague *new wave*
un soldat *soldier*

s'assimiler à *to blend in*
émigrer *to emigrate*
fuir (*irreg.*) *to flee*
immigrer *to immigrate*
s'intégrer (à un groupe) *to integrate (into a group)*
rejoindre (*irreg.*) *to join*

bilingue *bilingual*

à partir de *from*
grâce à *thanks to*

Littérature

des amants (*m.*) *lovers*
la joie *joy*
une liaison *affair; relationship*
la peine *sorrow*
une rupture *breakup*
la tristesse *sadness*

s'en aller *to go/fade (away)*
couler *to flow*
sonner *to strike; to sound*

désabusé(e) *disillusioned*
las/lasse *weary*
mélancolique *melancholic*

INSTRUCTIONAL RESOURCES
Supersite: Testing Program

KEY STANDARDS
4.1

Habiter en ville

A h, l'attrait de la grande ville! Depuis des années, la campagne perd ses habitants. Qu'implique la vie urbaine, en fait? Est-il nécessairement plus facile de rencontrer des gens en ville qu'à la campagne? Oui, habiter en ville, c'est pratique... mais à quel prix?

Promeneurs et visiteurs passent le temps sous la Grande Arche, dans le quartier de la Défense à l'ouest de Paris.

47

70

Destination: FRANCE

PREVIEW Ask students if they have already visited any cities in France or in other francophone countries. Have them share their impressions. In groups, ask them to describe their own favorite cities. Ask: **Quelle est votre ville préférée? Pourquoi la préférez-vous?**

En ville **Ⓢ** Vocabulary Tools

Les lieux

un arrêt d'autobus *bus stop*
une banlieue *suburb*
une caserne de pompiers *fire station*
le centre-ville *city/town center; downtown*
un cinéma *movie theater*

un commissariat de police
    police station
un édifice *building*
un gratte-ciel *skyscraper*
un hôtel de ville *city/town hall*
un jardin public *public garden*
un logement/une habitation *housing*
un musée *museum*
le palais de justice *courthouse*
une place *(town/city) square*
la préfecture de police
    police headquarters
un quartier *neighborhood*
une station de métro *subway station*

KEY STANDARDS
1.1, 1.2, 4.1

After reviewing the vocabulary
in the **Les lieux** section, have
students name which places
and things are found in their
town or city. They can also
elaborate by giving the places'
names and/or locations.

INSTRUCTIONAL RESOURCES
Supersite: Lab Audioscript, SAM AK,
Lab MP3s
SAM/WebSAM: WB, LM

Les indications

la circulation *traffic*
les clous *crosswalk*

un croisement *intersection*
un embouteillage *traffic jam*
un feu (tricolore) *traffic light*
un panneau *road sign*
un panneau d'affichage *billboard*
un pont *bridge*
un rond-point *traffic circle*
une rue *street*
les transports en commun
    public transportation
un trottoir *sidewalk*
une voie *lane; road*

descendre *to go down; to get off*
donner des indications *to give directions*
être perdu(e)
    to be lost
monter (dans une
    voiture, dans un
    train) *to get (in*
    a car, on a train)
se trouver
    to be located

Les gens

un agent de police *police officer*
un(e) citadin(e) *city-/town-dweller*
un(e) citoyen(ne) *citizen*
un(e) colocataire *roommate*
un(e) conducteur/conductrice *driver*
un(e) étranger/étrangère *foreigner;*
    stranger
le maire *mayor*
un(e) passager/passagère *passenger*
un(e) piéton(ne) *pedestrian*

Les activités

les travaux *construction*
l'urbanisme (m.) *city/town planning*
la vie nocturne *nightlife*

améliorer *to improve*
s'amuser *to have fun*
construire *to build*
empêcher (de) *to keep from*
    (doing something)
s'ennuyer *to get bored*
s'entretenir (avec)
    to converse
passer (devant)
    to go past
peupler *to populate*
rouler (en voiture)
    to drive
vivre *to live*

(peu/très) peuplé(e)
    (sparsely/densely) populated

Pour décrire

animé(e) *lively*
bruyant(e) *noisy*

inattendu(e) *unexpected*
plein(e) *full*
privé(e) *private*
quotidien(ne) *daily*
sûr(e)/en sécurité *safe*
vide *empty*

SYNONYMES
la banlieue ⟷ **la périphérie**
un édifice ⟷ **un bâtiment**
un(e) étranger/étrangère ⟷ **un(e) inconnu(e)**
un hôtel de ville ⟷ **une mairie**
rouler ⟷ **se déplacer (en voiture)**

Point out that **étranger/étrangère** (as well as
inconnu[e]) is also a commonly used adjective.

Mise en pratique

1 **Correspondances** Trouvez le mot qui correspond à chaque définition.

_e_ 1. Gens qui habitent le même logement

_j_ 2. De tous les jours

_f_ 3. Habitant d'une ville

_g_ 4. Expliquer comment aller d'un endroit à un autre

_h_ 5. Région autour d'une ville

_a_ 6. Édifice aux nombreux étages

_c_ 7. Bâtiment où se trouve l'administration municipale

_i_ 8. Passage où les piétons traversent la rue

_b_ 9. Personne qui monte dans un bus

_d_ 10. Rendre ou devenir meilleur

a. gratte-ciel

b. passager

c. hôtel de ville

d. améliorer

e. colocataires

f. citadin

g. donner des indications

h. banlieue

i. clous

j. quotidien

2 **À la une** Complétez chaque titre de journal à l'aide du terme le plus logique de la liste.

bruyant	embouteillage	musée	transports en commun
commissariat de police	hôtel de ville	peuplé	travaux

1. BORDEAUX—Suspect retenu au ___commissariat de police___ pour interrogatoire

2. CAEN—___Embouteillage___ énorme sur l'autoroute 88 à cause d'un accident

3. CHARTRES—Les ___travaux___ du centre-ville, commencés il y a dix ans, sont enfin terminés!

4. LIMOGES—Exposition de masques africains au ___musée___ des Beaux-arts jusqu'au 12 mai

5. LILLE—La ville aujourd'hui: deux fois plus ___peuplée___ qu'en 1970

6. PARIS—Grève (*Strike*) des employés du métro: prenez d'autres ___transports en commun___ aujourd'hui

3 **Centre-ville ou banlieue?** Répondez au questionnaire. Ensuite, comparez vos réponses avec celles d'un(e) camarade de classe et expliquez-les en une phrase. Avez-vous les mêmes préférences?

Préférez-vous...	A	B
...(A) habiter au centre-ville ou (B) en banlieue?	☐	☐
...(A) sortir en boîte ou (B) aller au cinéma?	☐	☐
...(A) vivre seul(e) ou (B) avec des colocataires?	☐	☐
...(A) habiter dans une petite rue ou (B) sur une grande avenue?	☐	☐
...(A) parler aux étrangers dans la rue ou (B) les éviter?	☐	☐
...(A) préserver les parcs publics ou (B) construire plus d'édifices?	☐	☐
...(A) rouler en voiture ou (B) prendre les transports en commun?	☐	☐

4 **À la mairie** Imaginez que vous soyez le maire de la ville. Que pourriez-vous faire pour améliorer la vie des citoyens? Qu'aimeriez-vous changer dans votre ville? Faites une liste de quatre ou cinq idées. Comparez-la avec celles de vos camarades de classe.

1 Remind students to first read the answer choices and then each item carefully, circling key words. Also, after they complete the exercise, they should make sure they have used each answer choice only once. Finally, they should check their answers.

1 Have pairs check each other's answers.

2 In groups, have students invent their own headlines with the unused vocabulary and other words from **Pour commencer**. Then have the class vote on the headline that is funniest, scariest, most/least believable, etc.

3 Based on students' responses to the activity, divide the class into two groups to debate the pros and cons of living in a city center versus in the suburbs or outskirts.

4 Assign the list as homework. Tell students to be prepared to discuss their ideas during the next class.

Practice more at **vhlcentral.com**.

Préparation 🅢 Audio: Vocabulary

KEY STANDARDS
1.2, 2.1, 2.2, 4.1, 4.2, 5.2

INSTRUCTIONAL RESOURCES
Supersite/DVD: Film Collection
Supersite: Script & Translation

Ask personalized questions to practice the new vocabulary. Examples: **Avez-vous déjà dupé quelqu'un? De qui vous méfiez-vous? Diriez-vous que vous êtes insensible? Expliquez.**

Point out that **débile** is related to the term **débilité** or debility/weakness in English.

Before they watch the short film, tell students that it takes place on a subway train. Have small groups talk about the typical process of taking a subway or other means of public transportation. Whom and what do they see? How do people act? How do they feel?

1 Ask two volunteers to act out the conversation for the class.

Vocabulaire du court métrage

débile *moronic*
un marché *deal*
se plaindre *(conj. like **éteindre**)* to complain
une rame de métro *subway train*
se rassurer *to reassure oneself*

réitérer *to reiterate*
rejoindre *to join*
un sketch *skit*
solliciter *to solicit*
une voie *means*

Vocabulaire utile

duper *to trick*
gêné(e) *embarrassed*
insensible *insensitive*
un lien *connection*
se méfier de *to be distrustful of*
un wagon *subway car*

EXPRESSIONS

avoir du mal *to have difficulty*
C'est ça. *That's right.*
Vous êtes mal barré(e). *You won't get far.*
Excusez-moi de vous déranger. *Sorry to bother you.*
se faire poser un lapin *to get stood up*

1

Un marché de dupes? Complétez cette conversation à l'aide des mots ou des expressions que vous venez d'apprendre. N'oubliez pas de faire les changements nécessaires.

HOMME Allô?

VENDEUR Bonjour, Monsieur, (1) _excusez-moi de vous déranger_. Je vends des aspirateurs à distance, et je ne (2) _sollicite_ que quelques minutes de votre temps.

HOMME Allez-y, je vous écoute.

VENDEUR Nos aspirateurs sont révolutionnaires! Non seulement ils sont puissants (*powerful*), mais en plus ils se vident automatiquement à l'aide d'un bouton! Et ils coûtent la moitié du prix des autres! C'est (3) _un marché_ exceptionnel que je vous propose. Ça vous intéresse?

HOMME Écoutez, j'ai vraiment du mal à croire ce que vous me dites. Vous essayez de me (4) _duper_ et je ne suis pas (5) _gêné_ de vous le dire.

VENDEUR Mais Monsieur, (6) _rassurez-vous_! Nos aspirateurs sont garantis!

HOMME Si vous pensez vendre vos aspirateurs de cette façon, vous (7) _êtes mal barré_ dans la vie! Je reste (8) _insensible_ à votre offre. Et si vous insistez je vais (9) _me plaindre_ à la police!

VENDEUR Eh bien, je vous laisse. Au revoir.

HOMME (10) _C'est ça_! Au revoir.

🅢 Practice more at **vhlcentral.com.**

2

Questions À deux, répondez aux questions par des phrases complètes.

1. Avez-vous l'habitude de faire confiance aux inconnus ou vous méfiez-vous toujours des autres?

2. Vous êtes-vous déjà trompé(e) sur le caractère de quelqu'un? En bien ou en mal? Sinon, connaissez-vous quelqu'un que les apparences ont trompé?

3. Quels traits de caractère ont de l'importance pour vous quand vous choisissez un copain ou une copine?

4. Avez-vous déjà ressenti un lien très fort avec quelqu'un que vous veniez juste de rencontrer ou avec qui vous n'aviez jamais parlé? Sinon, pensez-vous qu'un vrai rapport de ce type est possible?

2 Have students discuss this additional question: **Est-ce que quelqu'un vous a déjà sollicité(e) dans la rue ou dans le métro?** Possible follow-up questions: **Que vous a-t-il/elle demandé? Quelle a été votre réaction?**

3

Que se passe-t-il? À deux, observez ces images extraites du court métrage et imaginez, en deux ou trois phrases par photo, ce qui va se passer.

3 Have pairs form groups of four to compare their predictions about the film.

4

Petites annonces Remplissez les colonnes du tableau pour vous décrire et dire ce que vous recherchez chez une personne. Puis, à l'aide de ces idées, écrivez un paragraphe. Enfin, comparez-le à celui d'un(e) camarade de classe.

> **Modèle** Bonjour! Je suis un charmant jeune homme de vingt ans. Je cherche une femme intelligente et amusante entre dix-huit et trente ans. Je suis aussi…

	Vous	La personne recherchée
Âge		
Physique		
Personnalité		
Loisir(s) et intérêt(s)		

4 As a variation, tell students to write their paragraphs without revealing their name. Collect their papers and read a few aloud. The class guesses whose ad it is.

5

À votre avis Répondez aux questions à deux. Puis, donnez votre avis sur la question suivante: Est-ce qu'habiter en ville rapproche ou éloigne les gens?

- Habitez-vous en ville ou à la campagne?
- Connaissez-vous bien vos voisins?
- Rencontrez-vous souvent dans la rue quelqu'un que vous connaissez?
- Faites-vous facilement des rencontres (amicales ou romantiques) là où vous habitez?

5 Have students think of at least two of their own questions to ask their partner.

S Short Film

Prix du Court
Métrage aux
European Film Awards,
2004;
Nominé aux Oscars
2003,
aux Césars
2004

Une production de LA BOÎTE Scénario THOMAS GAUDIN/PHILIPPE ORREINDY
Réalisation PHILIPPE ORREINDY Production CAROLINE PERCHAUD/ÉRIC PATTEDOIE
Production exécutive VALÉRIE REBOUILLAT Photographie ÉRIC GENILLIER
Montage ANNE ARAVECCHI Musique ALAIN MARNA Son DOMINIQUE DAVY
Acteurs SOPHIE FORTE/THOMAS GAUDIN/PASCAL CASANOVA

INTRIGUE *Une jeune femme pense trouver l'amour de sa vie dans le métro.*

ANTOINE Bonsoir. Je m'appelle Antoine et j'ai 29 ans. Rassurez-vous, je ne vais pas vous demander d'argent. J'ai lu récemment qu'il y avait, en France, près de cinq millions de femmes célibataires. Où sont-elles?

ANTOINE Je crois au bonheur. Je cherche une jeune femme qui aurait du mal à rencontrer quelqu'un et qui voudrait partager quelque chose de sincère avec quelqu'un.

ANTOINE Voilà. Si l'une d'entre vous se sent intéressée, elle peut descendre discrètement à la station suivante. Je la rejoindrai sur le quai.

HOMME Mais arrêtez! Restez célibataire! Moi ça fait cinq ans que je suis marié avec une emmerdeuse°. Si vous voulez, je vous donne son numéro et vous voyez avec elle. Mais il ne faudrait pas venir vous plaindre après!

ANTOINE C'est très aimable, Monsieur, mais je ne cherche pas la femme d'un autre. Je cherche l'amour, Monsieur. Je ne cherche pas un marché. (*À tout le monde*) Excusez ce monsieur qui, je pense, ne connaîtra jamais l'amour.

emmerdeuse *pain in the neck*

ANTOINE Mesdemoiselles, je réitère ma proposition. S'il y en a une parmi vous qui est sensible à ma vision de l'amour, eh bien, qu'elle descende.

La femme descend.

PREVIEW Read and discuss the dialogue before viewing the film. Then ask: **À votre avis, pourquoi Antoine veut-il savoir où sont toutes les Françaises célibataires? Donneriez-vous des informations personnelles à des étrangers comme le fait Antoine?**

PREVIEW Ask pairs of students to write an ending to the film, to follow video still 6. Their scenes should show what happens to all the characters at the end of the film.

TEACHING OPTION Divide the class into groups of three and assign a role to each student. Have students read the script aloud, and then ask them to characterize Antoine. Ask: **Comment caractérisez-vous Antoine? Quels adjectifs employez-vous pour le décrire?**

TEACHING OPTION While they view the film, ask students to pay attention to the characters' facial expressions and note their own reactions to the emotions they observe.

Analyse

1 Based on their answers, have students write a brief summary of the film.

2 Encourage students to use the new vocabulary from **Court métrage** to answer and ask additional questions.

3 Call on two volunteers to act out the role-play, based on their answers to the activity.

3 Ask students to discuss whether they believe in true love. Encourage volunteers to explain their responses with stories or anecdotes.

4 Have groups act out their alternate ending for the class.

4 Have pairs of students write a movie critique of the short film. Hand out model movie critiques from French magazines, if possible. Before students begin, discuss the structure and important elements of a critique.

1 **Compréhension** Répondez aux questions par des phrases complètes.   Answers may vary slightly.

1. Que demande Antoine aux passagers?   Il demande où sont toutes les femmes célibataires.

2. Comment se décrit-il?   Il dit qu'il est informaticien, qu'il gagne bien sa vie, qu'il est sportif et qu'il fait bien la cuisine.

3. Pourquoi dit-il qu'il cherche une femme célibataire de cette façon?
Ça fait trois ans et demi qu'il est seul et il en a marre de chercher quelqu'un par Minitel ou sur Internet.

4. Pourquoi un homme dans la rame de métro l'interrompt-il?
Il pense qu'Antoine devrait rester célibataire.

5. Que propose cet homme?   Il propose qu'Antoine appelle sa femme et sorte avec elle.

6. Quelle est la vraie raison du discours d'Antoine?   Il fait un sketch pour gagner de l'argent.

2 **Opinion** À deux, répondez aux questions par des phrases complètes.

1. À quoi pense la jeune femme tout au début du film quand elle marche seule en ville?

2. À votre avis, que ressent Antoine quand la femme descend de la rame de métro?

3. Que ressent la jeune femme une fois sur le quai?

4. Pourquoi pensez-vous que le court métrage s'intitule *J'attendrai le suivant...*? Expliquez bien votre réponse.

3 **Jeu de rôles** Imaginez-vous dans une situation similaire à celle du film. Vous pensez trouver l'amour avec un(e) inconnu(e) (*stranger*) que vous trouvez séduisant(e). Que feriez-vous à la fin et que diriez-vous à l'inconnu(e)? Devant la classe, jouez vos rôles ou lisez votre réponse.

4 **La fin** Par groupes de trois, imaginez en cinq ou six phrases deux autres fins à cette histoire. Ensuite, comparez vos idées à celles des autres groupes.

- une fin heureuse
- une fin triste

 Practice more at **vhlcentral.com**.

5 **Comment faire?** À deux, faites une liste de quatre ou cinq moyens qu'une personne a aujourd'hui de trouver l'âme sœur. Dites quels sont leurs avantages et leurs inconvénients. Ensuite, comparez votre liste à celles de vos camarades de classe et discutez-en.

6 **Qui est-ce?** Par groupes de trois, décrivez la vie des trois personnages du film. Pour chacun des personnages, écrivez au moins cinq phrases sur sa vie quotidienne, sa vie sentimentale et sa vie professionnelle.

- Où habite-t-il/elle?
- Quelle est sa profession?
- Comment est-il/elle physiquement?
- Qu'aime-t-il/elle faire le week-end?

7 **À vous la parole!** Répondez aux questions par des phrases complètes.

1. Avez-vous déjà joué un mauvais tour (*dirty trick*) à quelqu'un? Si oui, l'avez-vous regretté? Sinon, n'avez-vous jamais eu envie de le faire?
2. À votre avis, quel est le meilleur moyen de rencontrer quelqu'un quand on habite en ville?
3. Qu'aimeriez-vous trouver en ville?
4. Qu'y a-t-il en ville que vous n'aimeriez pas voir?
5. Est-ce mieux d'habiter en ville ou à la campagne? Pourquoi?
6. Pensez-vous qu'on se sente plus souvent seul(e) en ville ou à la campagne?

8 **Réalisation** À deux, imaginez que vous deviez faire un court métrage sur le thème de la ville. Quel sujet choisiriez-vous? Expliquez votre choix. Comparez-le à ceux de la classe.

5 Tell pairs to include details for each possibility, such as where, when, and with whom.

6 Encourage students to use their imagination and be as specific as possible. Examples: **Antoine habite en ville et il prend le métro tous les jours pour aller au travail. Je pense que la femme vient de la campagne. Il semble qu'elle n'a pas beaucoup d'expérience de la ville / qu'elle n'habite pas en ville depuis longtemps.**

7 After students answer the questions individually, have them form small groups to talk about their feelings and preferences.

8 As a project, have students use their answers to write their own **court métrage** scripts. If time permits, have them record their films. Then play them in class to inspire a discussion.

Les berges° de la Saône, à Lyon

IMAGINEZ
La France

INSTRUCTIONAL RESOURCES
Supersite: Teaching suggestions; SAM AK
SAM/WebSAM: WB

KEY STANDARDS
2.1, 2.2, 3.2, 4.2, 5.1

Marseille et Lyon Reading

La France compte environ 36.000 villes et villages de toutes tailles. La ville la plus connue, c'est bien sûr Paris, mais d'autres villes ont aussi beaucoup d'intérêt. **Marseille** et **Lyon**, qui se disputent le titre de deuxième ville de France, ont toutes les deux leur charme propre et méritent le détour.

Appelée la «cité phocéenne» pour avoir été fondée par des **Grecs** de la ville de **Phocée**, en **Asie Mineure**, en 600 avant J.-C.°, Marseille est aujourd'hui une ville très peuplée de la **côte méditerranéenne**. Elle est d'une grande diversité culturelle grâce à sa situation géographique. Parler de Marseille, c'est parler de la bouillabaisse (soupe de poissons), de la pétanque, des plages, d'un grand port commercial et surtout du **Vieux-Port**. Celui-ci est maintenant un lieu de rencontre très animé, avec une succession de restaurants et de magasins. Marseille est une ville très urbanisée, mais elle possède aussi des atouts° naturels. Ses calanques°, qui donnent sur la mer, sont appréciées pour leur caractère secret et sauvage. Au large de° la côte, les **îles du Frioul** constituent un site exceptionnel pour les plongeurs° et les amoureux de la nature. Non loin de là se trouve le **château d'If**, une prison rendue célèbre par la légende de l'homme au masque de fer et par **Alexandre Dumas** avec son roman *Le Comte de Monte-Cristo*.

De son côté, Lyon, antique cité romaine fondée en 43 avant J.-C., est une ville attirante° pour de multiples raisons. Traversée par deux fleuves, le **Rhône** et la **Saône**, et voisine des **Alpes** et de **Genève**, Lyon a été la capitale de la **Gaule** sous l'Antiquité, un grand centre de la **Renaissance** et la capitale de la **Résistance** pendant la **Seconde Guerre mondiale**. La richesse de son histoire a été reconnue par l'**UNESCO**, qui a fait d'une grande partie de la ville le plus grand espace classé° au patrimoine° mondial. Lyon est

D'ailleurs...

Marseille et **Lyon** se disputent la place de deuxième ville de France en raison de l'ambiguïté du nombre d'habitants. Si on parle de la ville intra-muros°, Marseille est deuxième avec 850.700 habitants contre 491.300 pour Lyon. Par contre, si on considère l'agglomération, c'est Lyon qui est deuxième avec 1.568.000 habitants contre 1.560.000 pour Marseille. C'est une question qui n'est toujours pas réglée°.

Vue sur le Vieux-Port de Marseille

aussi un grand carrefour° économique européen établi et elle est le siège° de quelques organisations internationales comme **Interpol**. Son statut de capitale de la gastronomie et de la soie, et de lieu de naissance du cinéma renforce sa notoriété. Lyon connaît un grand succès en France et en Europe avec un événement annuel: la **fête des Lumières**. Pendant cette célébration, les Lyonnais mettent des lumières à leurs fenêtres et les bâtiments de la ville sont illuminés par des jeux de lumière.

Les villes françaises composent toutes le visage du pays. Il serait dommage de passer à côté.

avant J.-C. *BC* **atouts** *assets* **calanques** *rocky coves* **Au large de** *Off* **plongeurs** *scuba divers* **attirante** *attractive* **classé** *listed* **patrimoine** *heritage* **carrefour** *hub* **siège** *headquarters* **intra-muros** *proper* **réglée** *settled* **berges** *river banks*

Le français parlé en France

Paris

balayer devant sa porte	s'occuper de ses affaires d'abord
Ça ne mange pas de pain.	Ça ne demande pas un gros effort.
le macadam	le trottoir
le trottoir	la croûte (*crust*) autour d'une tarte

Lyon

un bouchon	restaurant typique de Lyon
le dégraissage	le pressing; *dry-cleaning*
la ficelle	le funiculaire
une gâche	une place (dans un bus, dans un avion, etc.)
un(e) gone	un(e) enfant
s'en voir	avoir du mal à faire quelque chose: **Je m'en vois pour faire la cuisine.** (*I can't cook.*)

Marseille

et tout le bataclan	et tout le reste
fada	fou/folle
un(e) collègue	un(e) ami(e), copain/copine
Peuchère!	Le/La pauvre!
un(e) pitchoun(ette)	un(e) enfant
Zou!	Allez!

Découvrons la France

Rollers en ville On pratique la randonnée urbaine en rollers dans la France entière. Des associations organisent ces

randonnées dans les rues, de jour ou de nuit. Même les policiers sont en rollers pour en assurer la sécurité. C'est d'abord à Paris que les gens se sont enthousiasmés pour ce genre d'activité. Le but° de ces randonnées, qui peuvent compter jusqu'à 15.000 participants dans la capitale, est de partager le plaisir du sport et son sentiment de liberté.

Trompe-l'œil Une partie des murs en France sont nus, ce qui n'est pas joli. L'idée est alors née de couvrir ces murs de **fresques murales° en trompe-l'œil**. Ce sont des peintures qui simulent, de manière très réaliste, des façades d'immeubles. Les plus belles façades, comme la **Fresque des Lyonnais** à **Lyon** ou le **Mur du cinéma** à **Cannes**, trompent° beaucoup de visiteurs.

Les péniches Mode de transport fluvial°, les péniches° sont aussi à l'origine d'un nouveau style de vie depuis la

fin des années 1960; elles ont été transformées en **bateaux-logements**. Les berges, principalement à **Paris**, sont donc devenues l'adresse d'un grand nombre de personnes. Petit à petit, ces maisons-péniches sont devenues presque conventionnelles et elles ont aujourd'hui tout le confort nécessaire.

La fête du Citron Inaugurée en 1934, cette fête a le même esprit que les carnavals d'hiver. Chaque année en février, la ville de **Menton**, sur la **Côte d'Azur**, organise un ensemble de manifestations liées à un thème choisi. La décoration des chars°

et des expositions est faite de citrons, d'oranges et d'autres agrumes°. Pour finir, il y a un grand feu d'artifice°.

but *purpose* **fresques murales** *murals* **trompent** *fool* **fluvial** *on rivers* **péniches** *barges* **chars** *parade floats* **agrumes** *citrus fruit* **feu d'artifice** *fireworks display*

Qu'avez-vous appris?

1 **Vrai ou faux?** Indiquez si ces affirmations sont vraies ou fausses, et corrigez les fausses. *Answers may vary slightly.*

1. Il existe environ 26.000 villes et villages en France.
   Faux. Il existe environ 36.000 villes et villages en France.

2. Marseille est une ville de la côte atlantique. *Faux. Marseille est une ville de la côte méditerranéenne.*

3. Lyon est connue pour sa bouillabaisse, ses plages et son grand port de commerce. *Faux. Marseille est connue pour sa bouillabaisse, ses plages et son grand port de commerce.*

4. La ville de Lyon est traversée par la Seine. *Faux. La ville de Lyon est traversée par le Rhône et la Saône.*

5. L'agglomération de Lyon est plus grande que celle de Marseille. *Vrai.*

6. Les policiers autorisent les Français à faire des randonnées en rollers, dans les villes. *Vrai.*

7. Les péniches sur les fleuves de France sont utilisées uniquement dans un but commercial. *Faux. Les péniches sont souvent utilisées comme logements.*

8. Marseille et Genève sont des villes voisines. *Faux. Lyon et Genève sont des villes voisines.*

2 **Questions** Répondez aux questions. *Answers may vary slightly.*

1. Pourquoi appelle-t-on Marseille «la cité phocéenne»? *Elle a été fondée par des Grecs venus de la ville de Phocée.*

2. Comment certaines villes de France ont-elles décidé de s'embellir? *Elles ont décidé de couvrir des murs nus de fresques murales en trompe-l'œil.*

3. Comment le château d'If est-il devenu célèbre? *Il est devenu célèbre avec la légende de l'homme au masque de fer et Le Comte de Monte-Cristo.*

4. Quelle fête a lieu chaque année dans la ville de Menton? *La fête du Citron a lieu chaque année dans la ville de Menton.*

5. De quoi la ville de Lyon est-elle la capitale aujourd'hui? *La ville de Lyon est la capitale de la gastronomie et de la soie.*

6. Quel événement lyonnais rassemble chaque année un grand nombre de Français et d'Européens? *La fête des Lumières rassemble chaque année un grand nombre de Français et d'Européens.*

7. Où peut-on trouver des fresques murales? *On peut trouver des fresques murales à Lyon et à Cannes.*

8. Comment les péniches sont-elles à l'origine d'un nouveau style de vie? *Les péniches ont été transformées en bateaux-logements à la fin des années 1960.*

ÉPREUVE

Trouvez la bonne réponse.

1. Marseille est une ville _____.
   a. peu peuplée
   b. secrète
   c. cosmopolite
   d. heureuse

2. Les îles du Frioul et les calanques près de Marseille sont des endroits _____ d'exception.
   a. naturels
   b. chers
   c. urbains
   d. habités

3. Parce que Marseille et Lyon ont été fondées sous l'Antiquité, elles sont _____.
   a. anciennes
   b. modernes
   c. uniques
   d. nouvelles

4. Pendant la Seconde Guerre mondiale, Lyon était la capitale française _____.
   a. économique
   b. d'Interpol
   c. de la Résistance
   d. politique

5. Par le passé, on envoyait les prisonniers _____.
   a. à la fête des Lumières
   b. à l'UNESCO
   c. sur les îles du Frioul
   d. au château d'If

6. Lyon est la capitale _____ de la France.
   a. industrielle
   b. gastronomique
   c. culturelle
   d. universelle

7. Lyon a été un grand centre de la/du _____.
   a. fête du Citron
   b. Réforme
   c. roller
   d. Renaissance

8. La fête du Citron date de _____.
   a. 1982
   b. 1968
   c. 1934
   d. 1908

9. On va à Marseille si on veut visiter _____.
   a. le Vieux-Port
   b. la Côte d'Azur
   c. le Rhône
   d. des péniches

10. Lyon est le lieu de naissance de la/du _____.
    a. médecine
    b. gastronomie
    c. cinéma
    d. soie

Practice more at **vhlcentral.com**.

Video

Le vélo en ville

Le «vélopartage» ou vélo en libre-service est de plus en plus populaire dans les villes francophones. En France, 25 villes au moins se sont déjà équipées. Le plus fameux d'entre tous, c'est bien sûr le Vélib' de Paris. Pourtant, Paris n'a rien inventé. En fait, la première ville du monde à avoir proposé des vélos gratuits au public est La Rochelle, en 1974. Pourquoi le vélopartage a-t-il un tel succès? Parce que c'est pratique, peu cher et écologique!

Une fois les conditions d'utilisation acceptées, le numéro du port d'attache du vélo sélectionné, et le paiement par carte effectué, vous pouvez retirer votre vélo, et à vous, Paris!

1 **Compréhension** Répondez aux questions par des phrases complètes.

1. En quoi consiste le travail de l'agent régulateur?
   Il se déplace de station en station pour les désemplir ou les approvisionner.

2. Quels sont les deux arguments principaux en faveur de Vélib' d'après les utilisateurs?
   Ces deux arguments sont l'accessibilité par rapport au prix et l'alternative aux transports en commun.

3. Comment faut-il procéder pour retirer un vélo?
   On choisit un type d'abonnement, on paie avec sa carte de crédit et on retire le vélo.

2 **Discussion** Répondez aux questions en donnant des détails. Answers will vary.

1. Connaissez-vous une ville de votre région ou pays où il existe un système de partage de vélos ou de voitures? Décrivez son fonctionnement.

2. Que peut-on faire d'autre, dans les grandes villes, pour polluer moins?

Et vous? S'il existait un système de partage de vélos comme Vélib' dans votre ville, est-ce que vous l'utiliseriez? Pourquoi? Écrivez un paragraphe pour répondre à ces questions.

Practice more at **vhlcentral.com.**

COMPRÉHENSION Ask students to make a two-column chart with the title **Le vélopartage** and the column headings: **Avantages** and **Inconvénients**. They should complete the chart with information from the video clip as well as from personal experience. Then, as a class, discuss the pros and cons of a bike sharing system.

DISCUSSION Some French cities have areas that are either reserved for pedestrians only or reserved for pedestrians during specific times. Discuss this idea as a class and ask students if they would be in favor of having a pedestrian only campus or part of town and have them explain why.

VOCABULAIRE

de la vidéo

un agent régulateur *regulating agent*

la borne *pay station*

le numéro du port d'attache *bike number*

le passe Navigo *subway pass*

le QG (quartier général) *main station*

pour la conversation

(in)efficace *(in)efficient*

en faveur de *in favor of*

le fonctionnement *operation*

par rapport à *in relation to*

un(e) utilisateur/ utilisatrice *user*

GALERIE DE CRÉATEURS

MOTS D'ART

un(e) cuisinier/cuisinière *cook*
un écrivain *writer*
la mode *fashion*
un(e) réalisateur/réalisatrice *director*
un(e) styliste *fashion designer*

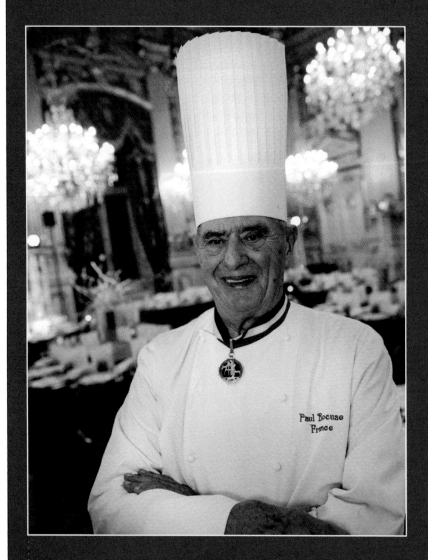

COUTURE **Sonia Rykiel (1930–)**

Pour ses pulls, Sonia Rykiel a été consacrée en 1968 «Reine du tricot (*Queen of knitwear*) dans le monde» par le journal américain *Women's Wear Daily*. Styliste, écrivain et gastronome, cette femme aux multiples talents est aujourd'hui un emblème de la mode française. Ses collections — qui incluent toujours le noir, les rayures (*stripes*) et la maille (*jersey*) — sont à la fois élégantes et bohèmes. Elles provoquent toujours. Pour Rykiel, la mode doit s'adapter à la personne, et non pas le contraire. L'empire Rykiel s'étend aujourd'hui aux chaussures, aux accessoires, au parfum et à la mode pour homme et pour enfant.

GASTRONOMIE **Paul Bocuse (1926–)**

Paul Bocuse est considéré comme un des chefs cuisiniers les plus importants de France. Né dans une famille de cuisiniers, il a reçu en 1965 trois étoiles du guide gastronomique *Michelin*, la plus grande distinction de la cuisine française. Plus tard, en 1989, le guide *Gault et Millau* l'a nommé «Cuisinier du siècle». Aujourd'hui la base de son empire se trouve à Lyon, où il a des brasseries, son restaurant principal et l'Institut Paul Bocuse de l'hôtellerie et des arts culinaires, créé en 1990. Bocuse a aussi des épiceries fines au Japon, et son fils Jérôme dirige les restaurants du pavillon français d'Epcot Center, à Disney World.

LITTÉRATURE
Marguerite Duras (1914–1996)

Certains (*Some*) disent que la vie de Marguerite Duras est un roman. En effet, cette grande femme écrivain française a eu une vie mouvementée (*hectic*). Née en Indochine (à Gia Dinh, près de Saïgon), elle a rejoint (*joined*) la Résistance à Paris, aux côtés du futur président de la République française, François Mitterrand. Elle est l'auteur d'une quarantaine (*about forty*) de romans et d'une douzaine de pièces de théâtre, la scénariste (*scriptwriter*) et la réalisatrice d'une vingtaine de films. Avec un de ses romans, *L'Amant*, dans lequel elle recrée l'Indochine française des années 1930, elle gagne le prix Goncourt, grand prix de littérature français, en 1984.

L'Œil des Maldives, formation corallienne, Maldives

PHOTOGRAPHIE
Yann Arthus-Bertrand (1946–)

Amoureux de la nature, Yann Arthus-Bertrand a dirigé une réserve naturelle dans le sud de la France. C'est au Kenya qu'il a découvert que la photographie permettait de faire passer ses messages mieux que les mots. Il s'est alors engagé dans ce domaine et a publié un grand nombre de livres sur la nature. Sa plus grande entreprise a été, avec l'aide de l'UNESCO, la création d'une banque d'images sous forme de livre, *La Terre vue du ciel*, qui a eu un succès international. Son dernier film *Human* a pour objectif d'éveiller (*awaken*) les consciences.

Compréhension

Questions Répondez à ces questions.

1. De quoi Sonia Rykiel est-elle un emblème aujourd'hui? C'est un emblème de la mode française.

2. Quelle est la plus grande distinction de la cuisine française? Les trois étoiles du guide *Michelin* sont la plus grande distinction de la cuisine française.

3. Dans quels genres littéraires Marguerite Duras a-t-elle écrit? Elle a écrit des romans, des pièces de théâtre et des scénarios de films.

4. Qu'est-ce que Yann Arthus-Bertrand a découvert au Kenya? Il a découvert que la photographie permet de faire passer des messages mieux que les mots.

5. D'après Sonia Rykiel, que doit faire la mode? La mode doit s'adapter à la personne.

6. Que Paul Bocuse a-t-il ouvert à Lyon? Il a ouvert des brasseries, son restaurant principal et l'Institut Paul Bocuse hôtellerie et arts culinaires.

7. Quel grand prix de littérature français Marguerite Duras a-t-elle gagné en 1984? Elle a gagné le prix Goncourt.

8. Quelle a été la plus grande entreprise de Yann Arthus-Bertrand? Sa plus grande entreprise a été la création d'une banque d'images sous forme de livre, *La Terre vue du ciel*.

9. Que fait Jérôme Bocuse en Floride? Il dirige les restaurants du pavillon français d'Epcot Center.

10. Avec quel futur président de France Marguerite Duras a-t-elle rejoint la Résistance à Paris? Elle a rejoint la Résistance à Paris avec François Mitterrand.

Rédaction

À vous! Choisissez un de ces thèmes et écrivez un paragraphe d'après les indications.

- **Guide gastronomique** Vous écrivez des critiques culinaires pour le guide *Gault et Millau*. Vous venez de dîner au restaurant de Paul Bocuse à Lyon et maintenant vous devez décrire et juger votre repas.

- **Toujours à la mode** Vous faites du shopping dans un grand magasin et, tout à coup, vous voyez le rayon (*department*) «Sonia Rykiel» avec les dernières créations de la couturière. Décrivez les vêtements que vous voyez.

- **Vu du ciel** Vous connaissez un endroit que Yann Arthus-Bertrand n'a jamais pris en photo. Vous pensez qu'une photo aérienne de cet endroit serait assez belle pour être ajoutée à son prochain livre, et vous lui écrivez un e-mail pour le persuader de le faire.

Practice more at **vhlcentral.com**.

KEY STANDARDS
4.1, 5.1

2.1

INSTRUCTIONAL RESOURCES
Supersite: Lab Audioscript, SAM AK, Lab MP3s
SAM/WebSAM: WB, LM

Remind students not to translate reflexive verbs word for word since many French reflexives are idiomatic. Unlike French, most reflexive verbs in English do not need reflexive pronouns (*myself, yourself*, etc.). Example: **Winnie s'habille à 8h00.** *Winnie gets dressed at 8:00. (NOT Winnie dresses herself…)* **Elle se dépêche tous les matins.** *She hurries every morning. (NOT She hurries herself…)*

Have students write an e-mail to a friend describing changes in their daily routine when they are on vacation. Tell students they must also include at least two questions in the e-mail. They should begin with a proper salutation, and end with a closing such as: Your friend, Until next time, etc.

To ensure comprehension, give additional examples:
1. La mère s'habille. Elle habille son enfant.
2. Je me lave le visage. Je lave mon chien. Then have students think of their own examples.

Reflexive and reciprocal verbs

- Reflexive verbs typically describe an action that the subject does to or for himself, herself, or itself. Reflexive verbs are conjugated like their non-reflexive counterparts but always use reflexive pronouns.

Reflexive verb

Bruno se réveille.

Non-reflexive verb

Bruno réveille son fils.

Reflexive verbs	
se réveiller *to wake up*	
je	**me** réveille
tu	**te** réveilles
il/elle	**se** réveille
nous	**nous** réveillons
vous	**vous** réveillez
ils/elles	**se** réveillent

- Many verbs used to describe routines are reflexive.

s'arrêter *to stop (oneself)*	**se fâcher (contre)** *to get angry (with)*	**se lever** *to get up*
se brosser *to brush*	**s'habiller** *to get dressed*	**se maquiller** *to put on makeup*
se coucher *to go to bed*	**s'habituer à** *to get used to*	**se peigner** *to comb*
se couper *to cut oneself*	**s'inquiéter** *to worry*	**se raser** *to shave*
se déshabiller *to undress*	**s'intéresser (à)** *to be interested (in)*	**se rendre compte de** *to realize*
se dépêcher *to hurry*		
se détendre *to relax*	**se laver** *to wash oneself*	**se reposer** *to rest*

- Some verbs can be used reflexively or non-reflexively. Use the non-reflexive form if the verb acts upon something other than the subject.

La passagère **se fâche**.
The passenger is getting angry.

Tu **fâches** la passagère.
You are angering the passenger.

- Many non-reflexive verbs change meaning when they are used with a reflexive pronoun and might not literally express a reflexive action.

aller *to go*	**s'en aller** *to go away*
amuser *to amuse*	**s'amuser** *to have fun*
apercevoir *to catch sight of*	**s'apercevoir** *to realize*
attendre *to wait (for)*	**s'attendre à** *to expect*
demander *to ask*	**se demander** *to wonder*
douter *to doubt*	**se douter de** *to suspect*
ennuyer *to bother*	**s'ennuyer** *to get bored*
entendre *to hear*	**s'entendre bien avec** *to get along with*
mettre *to put*	**se mettre à** *to begin*
servir *to serve*	**se servir de** *to use*
tromper *to deceive*	**se tromper** *to be mistaken*

- A number of verbs are used only in the reflexive form, but may not literally express a reflexive action.

se méfier de *to distrust*	**se souvenir de** *to remember*
se moquer de *to make fun of*	**se taire** *to be quiet*

- Form the affirmative imperative of a reflexive verb by adding the reflexive pronoun at the end of the verb with a hyphen in between. For negative commands, begin with **ne** and place the reflexive pronoun immediately before the verb.

Habillons-nous. Il faut partir!
Let's get dressed. We have to leave!

Ne vous inquiétez pas.
Don't worry.

- Remember to change **te** to **toi** in affirmative commands.

Repose-toi avant de sortir ce soir.
Rest before going out tonight.

Tais-toi!
Be quiet!

- In reciprocal reflexives, the pronoun means *(to) each other* or *(to) one another*. Because two or more subjects are involved, only plural verb forms are used.

Nous **nous retrouvons** au stade.
We are meeting each other at the stadium.

Elles **s'écrivent** des e-mails.
They write one another e-mails.

- Use **l'un(e) l'autre** and **l'un(e) à l'autre**, or their plural forms **les un(e)s les autres** and **les un(e)s aux autres**, to emphasize that an action is reciprocal.

Béa et Yves se regardent.
Béa and Yves look at each other.
Béa and Yves look at themselves.

but

Béa et Yves se regardent **l'un l'autre**.
Béa and Yves look at each other.

Ils s'envoient des e-mails.
They send each other e-mails.
They send themselves e-mails.

but

Ils s'envoient des e-mails **les uns aux autres**.
They send each other e-mails.

Point out that these reflexive verbs have totally idiomatic meanings and must be memorized. However, many are closely related to their non-reflexive counterparts. Call on volunteers to cite examples. Example: **demander** and **se demander**: *to wonder* can also mean *to ask oneself*

To simplify, write several sentence pairs on the board to illustrate the differences in meaning. Ex: **Il demande une chemise à sa mère. Il se demande s'il a raison.**

Assign pairs a verb and its reflexive counterpart. Have them write sentences that show the verbs' different meanings.

BLOC-NOTES

Commands with non-reflexive verbs are formed the same way as with reflexive verbs. See **Fiche de grammaire 1.5, p. 394** for a review of the imperative.

Play charades using the reflexive verbs on **pp. 56–57**. Then have students give each other commands to pantomime.

BLOC-NOTES

The pronoun **se** can also be used with verbs in the third person to express the passive voice. See **Fiche de grammaire 10.5, p. 430**.

Mise en pratique

1 **Le lundi matin** Complétez le paragraphe sur ce que font Charles et Hélène le lundi matin. Utilisez la forme correcte des verbes pronominaux correspondants.

s'apercevoir	s'habiller	se quitter
se brosser	se laver	se raser
se coucher	se lever	se réveiller
se dépêcher	se maquiller	se sécher

Le dimanche soir, Charles et Hélène (1) __se couchent__ tard. Évidemment, ils mettent du temps à (2) __se réveiller/se lever__ le lendemain matin. Charles est celui qui (3) __se lève/se réveille__ le premier. Il (4) __se dépêche__ de prendre sa douche et de (5) __se raser__ avec un rasoir électrique. Deux minutes plus tard, Hélène entre dans la salle de bain. Pendant qu'elle prend sa douche, (6) __se sèche__ les cheveux et (7) __se maquille__, Charles prépare le petit-déjeuner. Quand Hélène est prête, ils prennent leur petit-déjeuner. Puis, ils (8) __se brossent__ les dents et (9) __se lavent__ les mains. Ensuite, ils vont dans la chambre pour choisir leurs vêtements et (10) __s'habiller/s'habillent__.

2 **Tous les samedis**

A. À deux, décrivez ce que fait Sylvie tous les samedis, d'après (*according to*) les illustrations.

Elle se lève/se réveille à neuf heures.

Elle se lave à dix heures.

Elle s'habille à onze heures moins le quart.

Elle se maquille à midi moins dix.

B. Quelles sont les habitudes de quatre amis ou membres de la famille de Sylvie le samedi matin? Décrivez ce qu'ils font en cinq ou six phrases. Utilisez des verbes pronominaux et soyez créatifs.

Practice more at **vhlcentral.com**.

Communication

3

Et toi? À deux, posez-vous tour à tour ces questions. Répondez-y avec des phrases complètes et expliquez vos réponses.

1. À quelle heure te réveilles-tu généralement le samedi matin? Pourquoi?
2. T'endors-tu en cours?
3. En général, à quelle heure te couches-tu pendant le week-end?
4. Que fais-tu pour te détendre après une longue journée?
5. Te lèves-tu toujours juste après que tu t'es réveillé(e)? Pourquoi?

6. Comment t'habilles-tu pour sortir le week-end? Et tes amis?
7. Quand t'habilles-tu de façon élégante?
8. T'amuses-tu quand tu vas à une fête? Et quand tu vas à une réunion de famille?
9. Mets-tu beaucoup de temps à te préparer avant de sortir?
10. T'inquiètes-tu de ton apparence?

11. Est-ce que tes amis et toi vous téléphonez souvent? Combien de fois par semaine?
12. Connais-tu quelqu'un qui s'inquiète toujours de tout?
13. T'excuses-tu parfois pour des choses que tu as faites?
14. Te disputes-tu avec tes amis? Et avec ta famille?
15. T'est-il déjà arrivé de te tromper sur quelqu'un?

4

Au café Imaginez que vous soyez au café et que vous voyiez un(e) ami(e) se faire voler de l'argent (*have his/her money stolen*). Que faites-vous? Travaillez par groupes de trois pour représenter la scène. Employez au moins cinq verbes de la liste.

s'arrêter	se fâcher	se servir de
s'attendre à	se mettre à	se taire
se douter	se moquer de	se tromper
s'en aller	se rendre compte de	s'inquiéter

3 Call on students to share their partners' responses to the rest of the class.

3 Have students think of three more questions (one for each section) to ask their partner.

3 Have students create a personality test as found in a magazine based on the questions in **Activité 3**. Show sample personality tests so students know how to word questions and assign points. Then have students exchange their tests and take them.

4 Have groups act out the scene for the class. Encourage them to use props.

4 As a follow-up writing assignment, have students write an e-mail about the experience to send to a friend.

KEY STANDARDS
4.1, 5.1

2.2

INSTRUCTIONAL RESOURCES
Supersite: Lab Audioscript, SAM AK, Lab MP3s
SAM/WebSAM: WB, LM

Call on a student to identify the adjective in the **Court métrage** quote. (**célibataires**) Have that student explain why. (because **célibataires** modifies the noun **femmes**)

Additional examples:
(**mentir**) **menteur** → **menteuse**;
(**créer**) **créateur** → **créatrice**;
(**narrer**) **narrateur** → **narratrice**;
supérieur → **supérieure**;
extérieur → **extérieure**

Point out that the first letter of a <u>noun</u> of nationality <u>is</u> capitalized when referring to a person.

ATTENTION!

Remember that the first letter of adjectives of nationality is not capitalized.

Ahmed préfère le cinéma italien.
Ahmed prefers Italian cinema.

Laura Johnson est citoyenne américaine.
Laura Johnson is an American citizen.

ATTENTION!

Remember to use the masculine plural form of an adjective to describe a series of two or more nouns in which at least one is masculine.

La rue et le quartier sont animés.
The street and the neighborhood are lively.

Descriptive adjectives and adjective agreement

—*J'ai lu qu'il y avait en France près de cinq millions de femmes **célibataires**.*

Gender

- Adjectives in French agree in gender and number with the nouns they modify. Masculine adjectives with these endings derive irregular feminine forms.

Ending	Examples
-c → -che	blanc → blanche; franc → franche
-eau → -elle	beau → belle; nouveau → nouvelle
-el → -elle	cruel → cruelle; intellectuel → intellectuelle
-en → -enne	ancien → ancienne; canadien → canadienne
-er → -ère	cher → chère; fier → fière
-et → -ète	complet → complète; inquiet → inquiète
-et → -ette	muet → muette (*mute*); net → nette
-f → -ve	actif → active; naïf → naïve
-on → -onne	bon → bonne; mignon → mignonne (*cute*)
-s → -sse	bas → basse (*low*); gros → grosse
-x → -se	dangereux → dangereuse; heureux → heureuse

Cette station de métro est-elle **dangereuse**?
Is this subway station dangerous?

Les **nouvelles** banlieues se trouvent loin d'ici.
The new suburbs are located far from here.

- Adjectives whose masculine singular form ends in **-eur** generally derive one of three feminine forms.

Condition	Ending	Examples
the adjective is directly derived from a verb	-eur → -euse	(rêver) rêveur → rêveuse (travailler) travailleur → travailleuse
the adjective is not directly derived from a verb	-eur → -rice	(conserver) conservateur → conservatrice (protéger) protecteur → protectrice
the adjective expresses a comparative or superlative	-eur → -eure	inférieur → inférieure meilleur → meilleure

Advise students to study irregular feminine adjectives, as they will be necessary to form many useful adverbs in **Structures 2.3**.

- Some adjectives have feminine forms that differ considerably from their masculine singular counterparts, either in spelling, pronunciation, or both.

doux → douce	frais → fraîche	public → publique
faux → fausse	gentil → gentille	roux → rousse
favori → favorite	grec → grecque	vieux → vieille
fou → folle	long → longue	

Position

- French adjectives are usually placed after the noun they modify, but these adjectives are usually placed *before* the noun: **autre**, **beau**, **bon**, **court**, **gentil**, **grand**, **gros**, **haut**, **jeune**, **joli**, **long**, **mauvais**, **meilleur**, **nouveau**, **petit**, **premier**, **vieux**, and **vrai**.

Je ne connais pas ce **jeune** homme.
I don't know that young man.

Vous aimez les **nouveaux** films?
Do you like new movies?

- Before a masculine singular noun that begins with a vowel sound, use these alternate forms of **beau**, **fou**, **nouveau**, and **vieux**.

beau	bel	un bel édifice
fou	fol	un fol espoir (*hope*)
nouveau	nouvel	un nouvel appartement
vieux	vieil	un vieil immeuble

- Notice that the meanings of these adjectives are generally more figurative when they appear before the noun and more literal when they appear after the noun.

ancien	l'**ancien** château	the **former** castle
	un château **ancien**	an **ancient** castle
cher	**cher** ami	**dear** friend
	une voiture **chère**	an **expensive** car
dernier	la **dernière** semaine	the **final** week
	la semaine **dernière**	**last** week
grand	une **grande** femme	a **great** woman
	une femme **grande**	a **tall** woman
même	le **même** musée	the **same** museum
	le musée **même**	this **very** museum
pauvre	ces **pauvres** étudiants	those **poor (unfortunate)** students
	ces étudiants **pauvres**	those **poor (penniless)** students
prochain	le **prochain** cours	the **following** class
	mercredi **prochain**	**next** Wednesday
propre	ma **propre** chambre	my **own** room
	une chambre **propre**	a **clean** room
seul	la **seule** personne	the **only** person
	la personne **seule**	the person **who is alone**

ATTENTION!

Color adjectives that are named after nouns include **argent** (*silver*), **citron** (*lemon*), **crème** (*cream*), **marron** (*chestnut*), **or** (*gold*), and **orange** (*orange*).

Remember that the adjective **châtain** is used to describe brown hair. You can use it in the plural, but it is very rarely used in the feminine.

Elle a les cheveux châtains.
She has brown hair.

ATTENTION!

Color adjectives that are named after nouns are invariable, as are color adjectives that are qualified by a second adjective.

Il conduit une voiture marron.
He's driving a brown car.

Elle porte une jupe bleu clair.
She's wearing a light blue skirt.

Point out that some of these adjectives, combined with certain nouns, are placed after the noun to maintain their literal meaning. Examples: **une femme bonne, un homme bon. Une bonne femme** can have a pejorative meaning, while **un bonhomme**, a colloquial term to describe an older man, can also be pejorative, or used as an endearment for a little boy (**mon bonhomme**).

BLOC-NOTES

Adjectives can also be derived from verb forms like the present and past participles. See **Fiche de grammaire 7.4, p. 416** and **Structures 9.2, pp. 332–333**.

Mise en pratique

1 Les Niçois Christophe habite à Nice. Lisez ses commentaires et accordez les adjectifs.

1. Le maire de Nice, Christian Estrosi, est vraiment _____fier_____ (fier) de sa ville.

2. Les citadins et les touristes apprécient l'action _____protectrice_____ (protecteur) des policières.

3. Ma copine et sa colocataire habitent un _____bel_____ (beau) appartement en banlieue.

Les plages de Nice, sur la Méditerranée

4. Ses colocataires sont de _____bonnes_____ (bon) citoyennes.

5. Une conductrice ne doit pas être _____rêveuse_____ (rêveur) sur la route!

6. Les piétons qui traversent l'avenue Jean Médecin en dehors (*outside*) des clous sont _____fous_____ (fou)!

2 La vie de Marine Complétez chaque phrase et choisissez le bon adjectif.

1. Marine cherche une colocataire _____franche_____ (bon, bonne, franc, franche).

2. À vingt ans, c'est une femme _____naïve_____ (intellectuel, folles, naïve, jeunes).

3. Elle s'entend bien avec les gens _____sincères_____ (bon, belles, sincères, travailleur).

4. Marine essaie d'acheter des légumes _____frais_____ (frais, fraîche, propre, chères).

5. Ses parents sont _____conservateurs_____ (conservateurs, grec, protectrices, actives).

6. Elle habite un _____vieil_____ (complet, vieil, bruyant, élégant) appartement.

7. Elle préfère regarder de _____nouvelles_____ (nouvelles, favorites, publiques, rousses) émissions de télévision.

8. Marine adore son copain parce que c'est un homme _____heureux_____ (beaux, jeunes, mignonne, heureux).

3 Une petite annonce Gabrielle recherche quelqu'un avec qui elle pourrait voyager. Complétez sa petite annonce et accordez les adjectifs de la liste.

aventurier	châtain	dernier	nouveau	seul
bleu	cher	français	propre	violet foncé

petite ANNONCE

MERCREDI	20 septembre

Gabrielle, voyageuse extraordinaire!

Pendant mon séjour en France, je voudrais voyager dans autant de villes (1) ___françaises___ que possible! Je n'aime pas visiter de (2) ___nouveaux___ endroits toute (3) ___seule___. Alors, je cherche une personne qui aime l'aventure parce que moi aussi, je suis (4) ___aventurière___. Je n'ai pas beaucoup d'argent, donc je ne peux pas acheter de billets (5) ___chers___. En plus, je suis indépendante, alors le week-end (6) ___dernier___, quand j'ai voyagé à Paris, j'ai fait mes (7) ___propres___ projets de voyages. Si vous voulez me rencontrer, je serai la fille en robe (8) ___violet foncé___, aux yeux (9) ___bleus___ et aux cheveux (10) ___châtains___, au café des Artistes du centre-ville. Rendez-vous le 27 septembre, à 16h30.

Communication

4 Tell students to use adjectives from this lesson's vocabulary in their responses whenever possible.

4 Have students make a list of nouns and adjectives to describe their town or city, then write a paragraph using the words.

4

Dans ma ville Quelqu'un vous arrête dans la rue pour vous poser des questions sur votre ville. Vous ne répondez que par le contraire. Posez ces questions et répondez-y avec un(e) camarade de classe.

> **Modèle** —Les logements sont-ils grands?
> —Non, ils sont petits.

1. Ce quartier est-il sûr? Non, _____il est dangereux_____.

2. Votre rue est-elle tranquille? Non, _____elle est animée/bruyante_____.

3. Les voies sont-elles privées? Non, _____elles sont publiques_____.

4. Cet édifice est-il nouveau? Non, _____il est ancien/vieux_____.

5. Les gratte-ciel sont-ils bas? Non, _____ils sont hauts_____.

6. Les gens sont-ils paresseux? Non, _____ils sont travailleurs_____.

5

Un entretien Vous emménagez dans une nouvelle ville et vous avez des entretiens pour trouver des colocataires. Jouez les deux rôles avec un(e) camarade de classe.

1. Êtes-vous étranger/étrangère? Si oui, quelle est votre nationalité?

2. Quels sont les trois adjectifs qui vous décrivent le mieux?

3. Comment était votre ancien(ne) appartement/maison?

4. Gardez-vous toujours votre logement propre?

5. Dans quelle sorte de quartier préférez-vous habiter?

6. Décrivez votre colocataire idéal avec au moins trois adjectifs.

7. Et vous? Avez-vous des questions à me poser?

5 Ask what other questions students would ask a prospective roommate. Then have them rank all the questions from most to least important.

6

Comment est...? Avec un(e) camarade de classe, inspirez-vous des éléments de la liste pour décrire la ville représentée sur les photos. Utilisez autant d'adjectifs que possible. Comparez vos descriptions avec un autre groupe et discutez des différences avec la classe.

6 Tell students to use as many descriptive adjectives as possible, and remind them to make all necessary agreements.

6 Have pairs make a list of places and things in their town or city. Students then take turns describing the place or thing while the partner guesses.

le temps (*weather*)
les habitants
la circulation
l'architecture
les quartiers
l'économie

2.3

Adverbs

—*Eh bien, elle peut descendre*
discrètement *à la station suivante.*

Formation of adverbs

- To form an adverb from an adjective whose masculine singular form ends in a consonant, add the ending **-ment** to the adjective's feminine singular form. If the masculine singular ends in a vowel, simply add the ending **-ment** to that form.

absolu	**absolu**ment *absolutely*
doux	**douce**ment *gently*
franc	**franche**ment *frankly*
naturel	**naturelle**ment *naturally*
poli	**poli**ment *politely*

- To form an adverb from an adjective whose masculine singular form ends in **-ant** or **-ent**, replace the ending with **-amment** or **-emment**, respectively.

bruyant	**bruy**amment *noisily*
constant	**const**amment *constantly*
évident	**évid**emment *obviously*
patient	**pati**emment *patiently*

- An exception to this rule is the adjective **lent**, whose corresponding adverb is **lentement**. Remember that the endings -**amment** and -**emment** are pronounced identically.

- A limited number of adverbs are formed by adding -**ément** to the masculine singular form of the adjective. If this form ends in a silent final -**e**, drop it before adding the suffix.

confus	**confus**ément *confusedly*
énorme	**énorm**ément *enormously*
précis	**précis**ément *precisely*
profond	**profond**ément *profoundly*

- A few adverbs, like **bien**, **gentiment**, **mal**, and **mieux**, are entirely irregular. The irregular adverb **brièvement** (*briefly*) is derived from **bref** (**brève**).

Categories of adverbs

- Most common adverbs can be grouped by category.

time	alors, aujourd'hui, bientôt, d'abord, de temps en temps, déjà, demain, encore, enfin, ensuite, hier, jamais, maintenant, parfois, quelquefois, rarement, souvent, tard, tôt, toujours
manner	ainsi (*thus*), bien, donc, en général, lentement, mal, soudain, surtout, très, vite
opinion	heureusement, malheureusement, peut-être, probablement, sans doute
place	dedans, dehors, ici, là, là-bas, nulle part (*nowhere*), partout (*everywhere*), quelque part (*somewhere*)
quantity	assez, autant, beaucoup, peu, trop

Position of adverbs

- In the case of a simple tense (present indicative, **imparfait**, future, etc.), an adverb immediately follows the verb it modifies.

Gérard s'arrête **toujours** au centre-ville.
Gérard always stops downtown.

Il attend **patiemment** au feu.
He waits patiently at the traffic light.

- In the **passé composé**, place short or common adverbs before the past participle. Place longer or less common adverbs after the past participle.

Nous sommes **déjà** arrivés à la gare.
We already arrived at the train station.

Vous avez **vraiment** compris ses indications?
Did you really understand his directions?

Il a conduit **prudemment**.
He drove prudently.

Tu t'es levée **régulièrement** à six heures.
You got up regularly at six o'clock.

- In negative sentences, the adverbs **peut-être**, **sans doute**, and **probablement** usually precede **pas**.

Elle n'est pas **souvent** chez elle.
She is not often at home.

but

Elle n'a **peut-être** pas lu ton e-mail.
She probably has not read your e-mail.

- Common adverbs of time and place typically follow the past participle.

Elle a commencé **tôt** ses devoirs.
She started her homework early.

Nous ne sommes pas descendus **ici**.
We did not get off here.

- In a few expressions, an adjective functions as an adverb. Therefore, it is invariable.

coûter cher *to cost a lot*	**sentir bon/mauvais** *to smell good/bad*
parler bas/fort *to speak softly/loudly*	**travailler dur** *to work hard*

Point out that adverbs, like other parts of speech, fall into semantic categories. Tell students that knowing this will help them learn the meanings and uses of different adverbs.

Ask students to locate articles on French-language sites that contain examples of adverbs. Have students print out the articles and highlight the adverbs. They should also note the category of the adverb: time, manner, opinion, place, quantity.

ATTENTION!

In English, adverbs sometimes immediately follow the subject. In French, this is *never* the case.

*My roommate **constantly** wakes me up.*
Mon colocataire me réveille constamment.

BLOC-NOTES

There are other compound tenses in French that require a form of **avoir** or **être** and a past participle. See **Structures 4.1, pp. 134–135** for an introduction to the **plus-que-parfait**.

TEACHING OPTION This lesson's **Court métrage, pp. 46–47**, may be used to preview or reinforce adverbs, as well as adjectives. Play the film and ask students to list all the adjectives and adverbs they hear. Then have them create original sentences using the words from their list.

Mise en pratique

1 Have students make up five more items and exchange them with a partner. Alternatively, have students write five adverbs. Their partner writes the adjectives from which they are derived.

1 Have pairs ad-lib a short conversation that uses as many of these adjectives and adverbs as possible.

2 Give additional sentences with three placement options. Example: **N'avez-vous _____ pas _____ vu _____ (encore)... (N'avez-vous pas encore vu...).**

3 Have students list errands around town and say how they run them. Example: faire les courses: **Je fais les courses régulièrement.**

3 Ask students to bring in eight to ten photos of when they were younger. The pictures should illustrate adverbs as well as the adjectives and reflexive and reciprocal verbs from this lesson. Have them share the photos in small groups, and have classmates ask several questions about what was going on in the pictures. Finally, ask students to make a two-minute recording or speak for two minutes about their pictures, without reading anything.

1 **Les adverbes** Écrivez l'adverbe qui correspond à chaque adjectif.

1. facile _____facilement_____
2. heureux _____heureusement_____
3. jaloux _____jalousement_____
4. quotidien _____quotidiennement_____
5. mauvais _____mal_____
6. conscient _____consciemment_____
7. profond _____profondément_____
8. meilleur _____mieux_____
9. public _____publiquement_____
10. indépendant _____indépendamment_____

2 **Deux sortes d'amis** Décidez s'il faut placer les adverbes avant ou après les mots qu'ils modifient.

Jérôme et Patricia (1) _____ habitent ___maintenant___ (maintenant) à Lyon. Ils ont beaucoup d'amis à Paris qui leur (2) _____ rendent ___souvent___ (souvent) visite. Ils sont (3) ___toujours___ heureux _____ (toujours) de les recevoir parce qu'ils sont (4) ___très___ fiers _____ (très) de leur ville. Ils ont deux sortes d'amis: ceux qui (5) _____ sortent ___fréquemment___ (fréquemment) en boîte, et ceux qui (6) _____ aiment ___mieux___ (mieux) les musées. Les amis qui préfèrent les musées ont (7) _____ téléphoné ___hier___ (hier) pour dire qu'ils ne viendront (8) ___peut-être___ pas _____ (peut-être) cet été. Ils ont (9) ___déjà___ fait _____ (déjà) des projets! Ils ont (10) _____ choisi ___tôt___ (tôt) leurs vacances cette année: ils ne visiteront (11) _____ pas ___obligatoirement___ (obligatoirement) Lyon tous les ans. Ils dansent (12) ___incroyablement___ bien _____ (incroyablement) et ils ont envie d'aller chez des amis qui sortent en boîte!

3 **La famille Giscard** Travaillez à deux pour dire, à tour de rôle, comment les membres de cette famille font les choses quand ils sont en ville. Suggested answers

> **Modèle** **Isabelle est à la poste. Elle est rapide.**
> Elle achète rapidement des timbres.

1. Martin est au magasin. Il est impatient. Il cherche impatiemment des vêtements.
2. Mme Giscard est à la banque. C'est une femme polie. Elle demande poliment son argent.
3. Paul et Franck sont au café. Ce sont des frères bruyants. Ils parlent bruyamment.
4. Maryse est à la gare. Elle est nerveuse. Elle attend nerveusement l'arrivée du train.
5. Les grands-parents sont au supermarché. Ils sont lents. Ils font lentement leurs courses.
6. M. Giscard se promène avec son fils Alain. C'est un bon père. Il aime bien écouter Alain.
7. Alain est avec M. Giscard. C'est un garçon très franc. Il parle franchement à son père.
8. Les cousines sont au cinéma. C'est cher. Les films coûtent cher.
9. Sophie va au restaurant ce soir. Elle a une robe élégante. Elle est habillée élégamment.
10. Isabelle va au jardin public avec sa petite cousine. Elle est gentille quand elle parle à sa cousine. Elle parle gentiment à sa cousine.

: Practice more at **vhlcentral.com**.

Communication

4 **Sondage** Interviewez un maximum de camarades différent(e)s. Font-ils/elles ces choses toujours, fréquemment, parfois, rarement ou jamais? Comparez vos résultats avec ceux du reste de la classe.

Modèle **travailler à la bibliothèque**
—Travailles-tu toujours à la bibliothèque?
—Non, mais j'y travaille parfois.

	Toujours	Fréquemment	Parfois	Rarement	Jamais
1. sortir en boîte de nuit					
2. se retrouver dans un embouteillage					
3. prendre le métro					
4. brûler (*to run*) les feux rouges					
5. aller en cours à pied					
6. visiter un musée le week-end					
7. assister à des concerts					
8. s'ennuyer le samedi soir					

5 **Vivre en ville** À tour de rôle, posez ces questions à un(e) camarade de classe. Dans vos réponses, employez les adverbes de la liste ou d'autres adverbes.

absolument	mal	simplement
énormément	peut-être	souvent
franchement	quelquefois	tard
jamais	récemment	?

1. Traverses-tu la rue dans les clous? Pourquoi?
2. As-tu déjà été obligé(e) d'aller à la préfecture de police? Pourquoi?
3. Es-tu monté(e) au dernier étage d'un gratte-ciel? Lequel?
4. Fais-tu des promenades dans les jardins publics? Où?
5. As-tu fait du sport cette semaine? Où? Quand?
6. Que fais-tu quand on te demande des indications en ville?
7. T'es-tu entretenu(e) avec quelqu'un en particulier cette semaine? Qui? De quoi avez-vous parlé?
8. Que fais-tu pour éviter les embouteillages?

6 **Les gens heureux** Travaillez à deux pour dire ce que les gens font pour être heureux. Employez des adverbes dans vos réponses.

Modèle Pour rester heureux, ils font souvent de la gym.

---

4 Have students add two more activities to include in the survey.

4 Compile the results of the survey to determine which activity or occurrence is most/least common among students.

4 Have small groups create a survey titled **Les clés du bonheur**, similar to the one in **Activité 4**. Then have the rest of the class take the survey. Compile the results to determine what students do to be happy.

5 Before beginning the task, review the sentences. Have students identify the tense of the verbs. If the verb is in the **passé composé**, students should also identify the past participle. This will help them determine the placement of the adverbs.

5 Have pairs think of two more questions whose answers require an adverb. Then have them form groups of four and switch questions. Groups then compare their answers and adverb usage.

6 Encourage students to be creative and look at their vocabulary lists for inspiration.

Synthèse Ⓢ Reading

Un rendez-vous inattendu

Depuis un bon moment, je me rends compte que je ne vais presque jamais en ville! J'habite dans une belle ville animée, pourtant je reste trop souvent à la maison, le soir et le week-end. Je m'ennuie! Il est évident qu'il faut faire des projets…

Je décide donc de me lever tôt parce que j'ai rendez-vous avec cette ville merveilleuse! Je me réveille précisément à 7h00. Je me lave et je me rase juste avant de prendre tranquillement un bon petit-déjeuner: du thé chaud et des fruits frais. Je m'habille rapidement. Je mets un jean, une chemise blanche, et un pull bleu. Ensuite, je prends mon sac à dos et je m'en vais!

À la station de métro près de chez moi, j'achète un carnet de dix tickets parce que ça coûte moins cher. En attendant° le prochain train, j'aperçois sur le quai° une jolie musicienne folklorique qui chante agréablement et joue de la guitare. La musique de la charmante jeune femme est mélodieuse mais son chapeau est vide! Je lui laisse quelques modestes pièces. Je me demande comment elle s'appelle, mais je suis tellement timide que je reste muet. Fâché contre moi-même, je monte dans le métro sans rien dire.

Je passe une matinée passionnante au centre-ville. Je vois des tableaux splendides et de belles sculptures au musée d'art moderne. L'après-midi, je me perds complètement! Avant même que je demande des indications, un conducteur sympa m'indique que l'édifice juste en face de moi, c'est l'hôtel de ville. Heureusement, je m'oriente facilement.

Il est tard et je suis fatigué, alors je me détends dans le parc municipal. Tout à coup, la belle musicienne du métro se présente devant moi. Nous nous regardons longuement. Ensuite, nous nous parlons!

Une fin de journée inoubliable et inattendue en ville… j'espère en vivre d'autres comme celle-là! ▨

Révision de grammaire Relisez *Un rendez-vous inattendu* et trouvez dans le texte trois exemples pour chaque catégorie ci-dessous.

- Verbes réfléchis qui décrivent une routine me rends compte, me lever, me réveille, me lave, me rase, m'habille, me détends
- Verbes réfléchis qui n'expriment pas littéralement une action réfléchie m'ennuie, m'en vais, me demande, s'appelle, me perds
- Adjectifs féminins irréguliers belle(s), merveilleuse, blanche, mélodieuse
- Adverbes de temps jamais, souvent, tôt, ensuite, tard, alors

Qu'avez-vous compris? Répondez par des phrases complètes.

1. Pourquoi le jeune homme a-t-il rendez-vous avec sa ville? Il a rendez-vous avec sa ville parce qu'il s'ennuie chez lui.
2. Décrivez la musicienne qu'il aperçoit dans le métro? Décrivez sa musique. C'est une jolie et charmante musicienne folklorique. Sa musique est mélodieuse.
3. Après s'être perdu complètement, le jeune homme a-t-il des difficultés pour s'orienter? Non. Heureusement, il s'oriente facilement.
4. À votre avis, quand le jeune homme et la musicienne vont-ils se revoir? Que vont-ils faire?

Préparation ⓢ Audio: Vocabulary

Vocabulaire de la lecture	Vocabulaire utile
une ambiance *atmosphere*	**la batterie** *drums*
s'étendre *to spread*	**un défilé** *parade*
une fanfare *marching band*	**une fête foraine** *carnival*
une manifestation *demonstration*	**un feu d'artifice** *fireworks display*
rassembler *to gather*	**une foire** *fair*
le soutien *support*	**se réunir** *to get together*
	unir *to unite*
	un violon *violin*

KEY STANDARDS
1.2, 2.1, 2.2, 4.2

SYNONYMES
rassembler ⟷ réunir
s'étendre ⟷ s'étaler

1

À choisir Choisissez le mot qui correspond à chaque définition. Ensuite, utilisez cinq de ces mots pour écrire des phrases.

1. Ce que fait un groupe de personnes dans la rue pour exprimer leurs idées ou leurs opinions

   a. une ambiance   ⓑ une manifestation   c. un défilé

2. Le climat psychologique d'un événement ou d'un endroit

   a. la promotion   b. la fanfare   ⓒ l'ambiance

3. Le fait que quelque chose prenne de plus grandes proportions

   a. se promener   ⓑ s'étendre   c. rassembler

4. Quand quelqu'un aide quelqu'un d'autre, physiquement ou moralement

   ⓐ le soutien   b. la publicité   c. la fanfare

5. L'action de réunir plusieurs personnes

   a. inviter   b. protéger   ⓒ rassembler

6. Un groupe de musiciens qui défilent dans la rue

   ⓐ une fanfare   b. des spectateurs   c. un chanteur

1 After going over the answers, have individuals define four of the unused terms. Then, pairs will guess each other's definitions.

2

Sujets de réflexion Répondez individuellement aux questions par des phrases complètes. Ensuite, comparez vos réponses avec celles d'un(e) camarade de classe.

1. À quels événements culturels avez-vous assisté? Étaient-ils locaux, régionaux, nationaux ou internationaux?

2. Qu'est-ce que vous aimez dans les grands événements culturels?

3. Vous est-il arrivé de participer activement à l'un de ces événements?

4. Allez-vous souvent à des concerts?

5. Jouez-vous d'un instrument de musique? Si oui, lequel? Sinon, de quel instrument aimeriez-vous jouer?

6. Quel est votre genre de musique préféré? Pourquoi?

7. À quoi vous fait penser le concept d'une fête de la musique?

2 After pairs finish, reconvene to discuss different students' experiences and class likes and dislikes, as they relate to music.

3

À votre avis Par groupes de trois, donnez votre avis sur les avantages que peut avoir un événement culturel ou artistique organisé par le gouvernement local ou fédéral. Qu'est-ce que ce genre d'événement apporte à un peuple?

3 Tell groups to generate a list of main points to organize their thoughts. Then have them present the results of their discussion to the class.

🔑 Practice more at **vhlcentral.com.**

Rythme dans la rue:
La fête de la Musique

To simplify, suggest that students read the passage once, finding all the cognates. Discuss as a class the meanings of the words and determine whether they're true or false cognates.

Create a cloze exercise from one of the paragraphs, and distribute it to students. With their books closed, read the paragraph to students, who fill in the missing words. Students then open their books and check their work.

Have pairs of students reread the text, one paragraph at a time. After reading each paragraph, they should close their books and write a paraphrase. Point out that there are different ways to paraphrase something, but the important thing is to recall the facts in their own words. At the end, they should compare their paraphrases with another pair.

Le 21 juin 1982, le Ministre de la Culture, Jack Lang, a inauguré la fête de la Musique, destinée à promouvoir la musique au quotidien, en France. Plus manifestation musicale que festival, cette fête encourage les musiciens amateurs et professionnels à descendre dans la rue et à partager leur musique avec le public.

La France s'y connaît en manifestations. Ses citoyens descendent le plus souvent dans la rue pour exprimer leur colère. Mais le 21 juin, la rue devient, pendant toute une journée, un lieu où on exprime sa joie et l'amour de la musique, et où on célèbre l'arrivée de l'été.

Le ministère de la Culture et de la Communication supervise l'organisation de cette fête, aujourd'hui l'un des événements les plus importants de France. La principale fonction du ministère dans cette manifestation est d'organiser de grands concerts de musiciens professionnels, sur les places ou dans les édifices publics des grandes villes. La place de la République à Paris et la place Bellecour à Lyon, par exemple, deviennent des lieux de concerts de rock en plein air, alors que° les musées, les écoles et les hôpitaux accueillent° des spectacles moins importants. On trouve partout en France d'autres événements plus modestes. Ceux-ci sont en grande partie organisés par des personnes ou des groupes de personnes, avec le soutien du ministère. Une promenade en ville peut amener° à la rencontre d'un groupe d'enfants qui chantent devant leur école, d'étudiants en musique qui testent leur dernière composition sur le trottoir ou d'un cadre qui saisit l'occasion de montrer ses talents de guitariste.

Tous les concerts et spectacles de la fête de la Musique sont gratuits, ce qui permet aux Français de tous âges et de toutes catégories socioprofessionnelles d'y

while

host

lead

Faites de la musique

Ce slogan est particulièrement bien choisi. C'est un jeu de mots qui illustre la raison pour laquelle la fête de la Musique a été créée: permettre à tout le monde d'y participer, d'une manière ou d'une autre.

participer. Cela crée une ambiance populaire et conviviale.

Un des buts° de la fête de la Musique est de révéler les musiques du monde. Elle prête autant d'attention à la musique contemporaine qu'aux genres musicaux plus traditionnels. Par exemple, on trouve un DJ de musique électronique à deux rues d'un quatuor à cordes°, ou on peut voir une fanfare passer devant un concert de rap. Le reggae, le jazz, la musique classique, le funk, la pop, l'opéra, le hip-hop, le hard rock... tous les genres y sont représentés. C'est ce côté éclectique qui donne de l'intérêt à cette célébration.

Au cours de° son histoire, la France a connu peu d'événements qui aient réussi à rassembler les Français. Mais en voilà un qui relève le défi° chaque année, depuis plusieurs décennies. On voit ce désir d'unir les gens s'étendre toujours plus loin. La fête de la Musique a eu un tel° succès en France que depuis 1985, à l'occasion de l'Année européenne de la musique, des villes comme Berlin, Bruxelles, Rome et Londres organisent leur propre manifestation, le même jour. Aujourd'hui, le 21 juin représente la célébration de la musique dans plus de cent pays. Cela prouve que cette fête de la joie a encore un bel avenir devant elle. ■

goals

string quartet

in the course of

rises to the challenge

such

La rue devient, pendant toute une journée, un lieu où on exprime sa joie.

Analyse

1
1 Have students check and compare their answers with a partner.

Compréhension Répondez aux questions par des phrases complètes. Answers may vary slightly.

1. Pourquoi la fête de la Musique a-t-elle été créée? Elle a été créée pour promouvoir la musique au quotidien.

2. Qui organise les grands concerts professionnels? Le ministère de la Culture et de la Communication organise les grands concerts professionnels.

3. Où ont lieu les manifestations musicales? Les manifestations musicales ont lieu en plein air.

4. Qui peut participer à cette fête? Pourquoi? Tout le monde peut participer à cette fête parce qu'elle est gratuite.

5. Quels sont les genres de musique représentés à cette fête? Tous les genres de musique sont représentés à cette fête.

6. Qui, avec la France, célèbre la fête de la Musique? Plus de cent pays célèbrent la fête de la Musique.

2 Have students report their partner's answers to the class. Then tally the results on the board to find out what role music plays in students' lives.

La musique et vous À deux, répondez aux questions par des phrases complètes.

1. Aimeriez-vous célébrer la fête de la Musique?

2. Quels événements ressemblant à la fête de la Musique connaissez-vous?

3. Écoutez-vous de la musique étrangère? Pourquoi?

4. Quand écoutez-vous le plus souvent de la musique? Donnez des détails.

5. Y a-t-il un type de musique que vous n'aimez pas? Pourquoi?

3 The original quote by the English playwright William Congreve is "Music hath charms to soothe the savage breast…" which is often mistaken as "savage *beast*," and sometimes incorrectly attributed to Shakespeare.

Un bon adage Que pensez-vous de l'adage «La musique adoucit les mœurs.» (Équivalent en anglais: *Music soothes the savage breast* [soul].)? La musique peut-elle avoir cet effet? Que ressentez-vous quand vous en écoutez? Comparez votre réponse à celle d'un(e) camarade de classe.

4 Have students complete the chart for a concert or event they have attended. They can present the information to the class.

C'est vous l'organisateur! Imaginez que vous représentiez le ministère de la Culture et de la Communication. Par groupes de trois, organisez un concert. Où va-t-il avoir lieu? Quels artistes allez-vous inviter? Écrivez le programme de la fête avec une description des artistes. N'oubliez pas le caractère éclectique de l'événement. Ensuite, comparez votre proposition à celles des autres groupes.

Nom de l'événement	
Ville et lieux	
Dates et heures	
Type(s) de musique	.
Artistes invités	

5

Chez vous Chaque année, le gouvernement français organise certaines fêtes nationales. Votre ville organise-t-elle des événements gratuits et publics? Sinon, que proposeriez-vous à votre gouvernement local? Expliquez vos idées à la classe.

TEACHING OPTION As an expansion activity, play samples of music that is currently popular in France. As students listen, have them note their likes, dislikes, and general reactions to each artist, song, and genre. Discuss their impressions as a class.

 Practice more at **vhlcentral.com.**

Préparation Audio: Vocabulary

KEY STANDARDS
1.2, 2.2, 3.1, 5.2

À propos de l'auteur

Dany Laferrière est né à Port-au-Prince, en Haïti, le 13 avril 1953. Il est d'abord chroniqueur culturel à l'hebdomadaire *Le Petit Samedi Soir* et à Radio-Haïti-Inter. Puis quand son ami Gasner Raymond se fait assassiner, il quitte Haïti et s'installe à Montréal, au Canada. Il poursuit sa carrière d'écrivain et de chroniqueur à la radio et à la télévision. En 2009, il reçoit le Prix Médicis pour son roman *L'Énigme du retour*. Le 12 janvier 2010, Laferrière se trouve en Haïti, mais il échappe au tremblement de terre sain et sauf (*safe and sound*).

INSTRUCTIONAL RESOURCES
Supersite: Littérature
recording; Scripts; SAM AK
SAM/WebSAM: LM

Vocabulaire de la lecture

le béton *concrete*
un calepin *notebook*
la conduite *behavior*
un cyclone *hurricane*
dormir à la belle étoile *to sleep outdoors*
engloutir *to swallow*
exigu/exiguë *small*

les plus vifs *those who reacted the fastest*
piégé(e) *trapped*
des secousses *tremors*
un tremblement de terre *earthquake*
un tressaillement du sol *earth tremor*

Vocabulaire utile

un(e) blessé(e) *injured person*
une catastrophe naturelle *natural disaster*
un(e) disparu(e) *missing person*
un(e) rescapé(e) *survivor*
un(e) sans-abri *homeless person*
les secours *rescue workers*
trembler *to shake*

TEACHING OPTION Tell students that the reading is an account of the 2010 Haiti earthquake. Ask them to brainstorm vocabulary they associate with earthquakes and other natural disasters and have a volunteer make a list on the board to which students can refer later when completing the activities.

1 **Synonymes** Pour chaque mot ou expression de la colonne A, trouvez le terme équivalent de la colonne B.

_f_ 1. calepin   a. comportement
_a_ 2. conduite   b. rapide
_b_ 3. vif   c. petit
_c_ 4. exigu   d. absorber, dévorer
_d_ 5. engloutir   e. dehors
_e_ 6. à la belle étoile   f. cahier

Note CULTURELLE

Le 12 janvier 2010, un tremblement de terre de magnitude 7,0 frappe l'ouest d'Haïti et sa capitale, Port-au-Prince. Il est rapidement suivi de dizaines de secousses secondaires et d'un deuxième tremblement de terre. Il s'agit du séisme le plus meurtrier de l'histoire d'Haïti. Le bilan (*toll*) de ce cataclysme est estimé à plus de 200.000 morts, 300.000 blessés et 1.000.000 de sans-abri.

2 **Vrai ou faux?** Lisez ces phrases avec un(e) partenaire et dites si elles sont vraies ou fausses. Corrigez ensemble les phrases fausses.

1. Il y a des tressaillements du sol pendant un tremblement de terre. Vrai.

2. Si on est piégé sous du béton après un tremblement de terre, il faut appeler les secours. Vrai.

3. Les personnes dont les maisons ont été détruites en Haïti sont maintenant blessées.
Faux. Elles sont sans-abri.

4. Les sécheresses (*droughts*) sont souvent le résultat de cyclones.
Faux. Elles sont le résultat d'une période sans pluie.

5. Les sans-abri vont probablement dormir à la belle étoile. Vrai.

6. Il y a des secousses sismiques pendant une tornade.
Faux. Il y a des secousses sismiques pendant un tremblement de terre.

7. Les tremblements de terre et les cyclones sont des catastrophes naturelles. Vrai.

3 **Qu'en savez-vous?** Par groupes de trois, faites un résumé de ce que vous savez au sujet du tremblement de terre qui a eu lieu en Haïti en 2010. Utilisez au moins huit mots et expressions du nouveau vocabulaire.

3 Have some groups discuss other natural disasters such as the 2006 San Francisco earthquake, hurricane Katrina, the 2004 tsunami in Southeast Asia, or the 2010 flooding in Western France. Provide additional vocabulary as needed.

Practice more at **vhlcentral.com.**

tout
BOUGE
autour de moi

Dany Laferrière

Le grand écrivain haïtien, prix Médicis 2009 pour L'Énigme du retour, *était à Port-au-Prince pour le Festival «Étonnants Voyageurs» quand la terre a tremblé. Il raconte.*

1. La minute

Tout cela a duré à peine une minute, mais on avait huit à dix secondes pour prendre une décision. Quitter l'endroit où l'on se trouvait ou rester. Très rares sont ceux qui avaient fait un bon
5 départ. Même les plus vifs ont perdu trois ou quatre précieuses secondes avant de comprendre ce qui se passait. Haïti a l'habitude des coups d'État et des cyclones, mais pas des tremblements de terre. Le cyclone est bien annoncé. Un coup d'État arrive précédé d'un nuage de rumeurs. J'étais dans le restaurant de l'hôtel avec
10 des amis (l'éditeur Rodney Saint-Éloi et le critique Thomas Spear). Thomas Spear a perdu trois secondes parce qu'il voulait terminer sa bière. On ne réagit pas tous de la même manière. De toute façon personne ne peut prévoir où la mort l'attend. On s'est tous les trois retrouvés, à plat ventre°, au centre de la cour°. Sous les arbres.

face down on the ground / courtyard

2. Le carnet noir

15 En voyage, je garde sur moi toujours deux choses: mon passeport (dans une pochette accrochée à mon cou) et un calepin noir où je note généralement tout ce qui traverse mon champ de vision ou qui me passe par l'esprit°. Pendant que j'étais par terre, je pensais
20 aux films de catastrophe, me demandant si la terre allait s'ouvrir et nous engloutir tous. C'était la terreur de mon enfance.

mind

3. Le silence

yells

deafening

Je m'attendais à entendre des cris, des hurlements°. Rien. Un silence assourdissant°. On dit en Haïti que tant qu'on n'a pas hurlé, il n'y a
25 pas de mort. Quelqu'un a crié que ce n'était pas prudent de rester sous les arbres. On s'est alors réfugié sur le terrain de tennis de l'hôtel. En fait, c'était faux, car pas une fleur n'a bougé malgré les 43 secousses sismiques. J'entends encore ce silence.

4. Les projectiles

30 Même à 7,3 sur l'échelle de Richter, ce n'est pas si terrible. On peut encore courir. C'est le béton qui a tué. Les gens ont fait une orgie de béton ces 50 dernières années. De petites forteresses. Les maisons en bois
sheet of metal et en tôle°, plus souples, ont résisté. Dans les chambres d'hôtel souvent exiguës, l'ennemi, c'était le téléviseur. On se met toujours en face de lui.
plummeted 35 Il a foncé° droit sur nous. Beaucoup de gens l'ont reçu à la tête.

5. La nuit

La plupart des gens de Port-au-Prince ont dormi cette nuit-là à la belle étoile. Je crois que c'est la première fois que c'est arrivé. Le dernier
of this magnitude tremblement de terre d'une telle ampleur° remonte à près de 200 ans.
40 Les nuits précédentes étaient assez froides. Celle-là, chaude et étoilée. Comme on était couché par terre, on a pu sentir chaque tressaillement du sol au plus profond de soi. On faisait corps avec la terre. Je pissais dans les bois quand mes jambes se sont mises à trembler. J'ai eu l'impression que c'était la terre qui tremblait.

45 ### 6. Le temps

Je ne savais pas que soixante secondes pouvaient durer aussi longtemps. Et qu'une nuit pouvait n'avoir plus de fin. Plus de radio, les antennes étant cassées. Plus de télé. Plus d'Internet. Plus de téléphone portable. Le temps n'est plus un objet qui sert à communiquer. On avait l'impression que le vrai
slid off 50 temps s'était glissé° dans les soixante secondes qu'ont duré les premières violentes secousses.

7. La prière

Subitement un homme s'est mis debout et a voulu nous rappeler que ce tremblement de terre était la conséquence de notre conduite inqualifiable.
rose 55 Sa voix enflait° dans la nuit. On l'a fait taire car il réveillait les enfants qui venaient juste de s'endormir. Une dame lui a demandé de prier dans son cœur. Il est parti après s'être défendu longuement. Son argument c'est qu'on ne peut demander pardon à Dieu à voix basse. Des jeunes
started filles ont entamé° un chant religieux si doux que certains adultes se
60 sont endormis. Deux heures plus tard, on a entendu une clameur. Des centaines de personnes priaient et chantaient dans les rues. C'était pour eux la fin du monde que Jéhovah annonçait. Une petite fille, près de moi,
blew a voulu savoir s'il y avait classe demain. Un vent d'enfance a soufflé° sur nous tous.

65 8. L'horreur

Une dame qui habite dans un appartement dans la cour de l'hôtel a passé la nuit à parler à sa famille encore piégée sous une tonne de béton. Assez vite, le père n'a plus répondu. Ensuite l'un des trois enfants. Plus tard, un autre. Elle n'arrêtait pas de les supplier° de tenir encore un *to beg* 70 peu. Plus de douze heures après, on a pu sortir le bébé qui n'avait pas cessé de pleurer. Une fois dehors, il s'est mis à sourire comme si rien ne s'était passé.

9. Les animaux

Les chiens et les coqs nous ont accompagnés durant toute la nuit. 75 Le coq de Port-au-Prince chante n'importe quand. Ce que je déteste généralement. Cette nuit-là j'attendais sa gueulante.° *crowing*

10. La révolution

Le palais national cassé. Le bureau des taxes et contributions détruit. Le palais de justice détruit. Les magasins par terre. Le système de 80 communication détruit. La cathédrale détruite. Les prisonniers dehors. Pendant une nuit ce fut la révolution. ■

Source: Ceci est la version intégrale du texte de Dany Laferrière publié dans *Le Nouvel Observateur* du 21 janvier 2010.

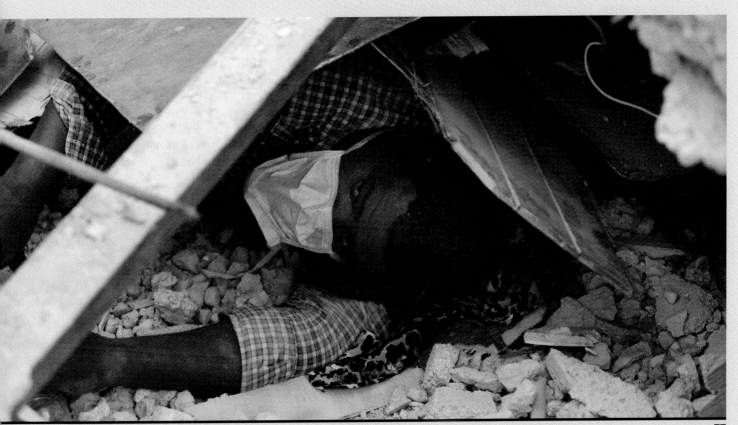

Analyse

1 Have students find additional events in the story that they feel are significant and add them in the appropriate order.

2 Read these additional items aloud: **7. Beaucoup de gens se sont retrouvés sans-abri après le tremblement de terre. (Vrai.) 8. Le silence qui a suivi le séisme a beaucoup marqué l'auteur. (Vrai.) 9. C'était le premier tremblement de terre dans l'histoire d'Haïti. (Faux. Un tremblement de terre d'une telle ampleur remonte à près de 200 ans.) 10. Beaucoup de gens ont été blessés par des projectiles et autres objets. (Vrai.)**

3 As a class, discuss how the world reacted to the tragedy in Haiti. How did other francophone countries mobilize? How did the U.S. and Canada help? Was the response enough? What made it difficult to come to the aid of the survivors?

4 Have students exchange their paper with a classmate for peer review then incorporate their partners' comments in a second draft they will turn in.

Le bon ordre Numérotez ces événements dans l'ordre chronologique d'après le texte de Dany Laferrière.

___3___ Il y a un grand silence.

___5___ Les gens chantent et prient dans les rues.

___2___ L'auteur se demande si la terre va s'ouvrir et l'engloutir.

___1___ L'auteur boit un verre avec des amis dans le restaurant d'un hôtel.

___6___ Une femme passe la nuit à parler à sa famille qui est piégée sous le béton.

___7___ Un bébé est sauvé.

___4___ L'auteur se réfugie sur un terrain de tennis.

Vrai ou faux? Indiquez si chaque phrase est vraie ou fausse. Corrigez les phrases fausses.

1. Les bâtiments et les maisons en béton ont bien résisté au tremblement de terre.
   Faux. Les bâtiments et les maisons en béton étaient détruits.
2. Haïti ne connaît pas les coups d'État.
   Faux. Haïti a l'habitude des coups d'État.
3. La personne qui a crié qu'il n'était pas prudent de rester sous les arbres a eu raison.
   Faux. Pas une fleur n'a bougé.
4. La plupart des systèmes de communication ont été détruits par le tremblement de terre.
   Vrai.
5. Beaucoup de victimes ont trouvé du réconfort dans les chants et les prières.
   Vrai.
6. Une femme que l'auteur connaît a perdu toute sa famille.
   Faux. On a pu sortir un bébé du béton.

Discussion À deux, répondez à ces questions.

1. En quoi les tremblements de terre sont-ils différents des cyclones ou des coups d'État, d'après l'auteur? Expliquez.

2. Au paragraphe 4, Laferrière dit «C'est le béton qui a tué.» Que veut-il dire par cette constatation?

3. Un homme a dit que le tremblement de terre était la conséquence d'une «conduite inqualifiable». Que voulait-il dire, à votre avis?

4. Pourquoi Laferrière a-t-il choisi le titre **La révolution** pour le dernier paragraphe, à votre avis? Expliquez cette analogie.

Rédaction Pensez à un événement marquant de votre vie. Que s'est-il passé? Comment avez-vous réagi? En quoi cet événement vous a-t-il changé(e)? Vous allez raconter cet événement sous la forme d'un journal à paragraphes, comme le texte que vous venez de lire.

Plan

1 **Choix du sujet** Tout d'abord, pensez à plusieurs événements de votre vie que vous considérez marquants. Choisissez celui qui vous paraît le plus important et notez les idées qui vous viennent à l'esprit au sujet de cet événement: où, quand, qui, quoi, comment, pourquoi, etc.

2 **Organisation** Organisez vos idées de façon logique en essayant de vous concentrer sur cinq thèmes ou aspects particuliers de l'événement.

3 **Écriture** Écrivez cinq paragraphes de quelques lignes pour présenter vos idées. Inspirez-vous de l'organisation et du style du texte de Laferrière.

4 **Titres** Relisez chaque paragraphe, puis donnez-lui un titre approprié, comme dans le texte.

Practice more at **vhlcentral.com.**

Habiter en ville

Ⓢ Vocabulary Tools   KEY STANDARDS 4.1

Les lieux

un arrêt d'autobus *bus stop*
une banlieue *suburb*
une caserne de pompiers *fire station*
le centre-ville *city/town center; downtown*
un cinéma *movie theater*
un commissariat de police *police station*
un édifice *building*
un gratte-ciel *skyscraper*
un hôtel de ville *city/town hall*
un jardin public *public garden*
un logement/une habitation *housing*
un musée *museum*
le palais de justice *courthouse*
une place *(town/city) square*
la préfecture de police
    police headquarters
un quartier *neighborhood*
une station de métro *subway station*

Les indications

la circulation *traffic*
les clous *crosswalk*
un croisement *intersection*
un embouteillage *traffic jam*
un feu (tricolore) *traffic light*
un panneau *road sign*
un panneau d'affichage *billboard*
un pont *bridge*
un rond-point *traffic circle*
une rue *street*
les transports en commun
    public transportation
un trottoir *sidewalk*
une voie *lane; road*

descendre *to go down; to get off*
donner des indications *to give directions*
être perdu(e) *to be lost*
monter (dans une voiture, dans un
    train) *to get (in a car, on a train)*
se trouver *to be located*

Les gens

un agent de police *police officer*
un(e) citadin(e) *city-/town-dweller*
un(e) citoyen(ne) *citizen*

un(e) colocataire *roommate*
un(e) conducteur/conductrice *driver*
un(e) étranger/étrangère
    foreigner; stranger
le maire *mayor*
un(e) passager/passagère *passenger*
un(e) piéton(ne) *pedestrian*

Les activités

les travaux *construction*
l'urbanisme (*m.*) *city/town planning*
la vie nocturne *nightlife*

améliorer *to improve*
s'amuser *to have fun*
construire *to build*
empêcher (de) *to keep from
    (doing something)*
s'ennuyer *to get bored*
s'entretenir (avec) *to converse*
passer (devant) *to go past*
peupler *to populate*
rouler (en voiture) *to drive*
vivre *to live*

(peu/très) peuplé(e)
    (sparsely/densely) populated

Pour décrire

animé(e) *lively*
bruyant(e) *noisy*
inattendu(e) *unexpected*
plein(e) *full*
privé(e) *private*
quotidien(ne) *daily*
sûr(e)/en sécurité *safe*
vide *empty*

Court métrage

un lien *connection*
un marché *deal*
une rame de métro *subway train*
un sketch *skit*
une voie *means*
un wagon *subway car*

duper *to trick*
se méfier de *to be distrustful of*

se plaindre *(conj. like **éteindre**)* *to complain*
se rassurer *to reassure oneself*
réitérer *to reiterate*
rejoindre *to join*
solliciter *to solicit*

débile *moronic*
gêné(e) *embarrassed*
insensible *insensitive*

Culture

une ambiance *atmosphere*
la batterie *drums*
un défilé *parade*
une fanfare *marching band*
une fête foraine *carnival*
un feu d'artifice *fireworks display*
une foire *fair*
une manifestation *demonstration*
le soutien *support*
un violon *violin*

s'étendre *to spread*
rassembler *to gather*
se réunir *to get together*
unir *to unite*

Littérature

le béton *concrete*
un(e) blessé(e) *injured person*
un calepin *notebook*
une catastrophe naturelle *natural disaster*
la conduite *behavior*
un cyclone *hurricane*
un(e) disparu(e) *missing person*
les plus vifs *those who reacted the fastest*
un(e) rescapé(e) *survivor*
un(e) sans-abri *homeless person*
les secours *rescue workers*
des secousses *tremors*
un tremblement de terre *earthquake*
un tressaillement du sol *earth tremor*

dormir à la belle étoile *to sleep outdoors*
engloutir *to swallow*
trembler *to shake*

exigu/exiguë *small*
piégé(e) *trapped*

L'influence des médias

La télévision. La radio. Internet. Les journaux. Les magazines. Nous sommes bombardés 24 heures sur 24, sept jours sur sept. Les médias divertissent. Ils informent. Ils mobilisent. Ils agacent. Ils font peur. Les médias sont-ils trop présents dans notre vie? Quelle influence ont-ils sur nous?

87

110

Destination: QUÉBEC

PREVIEW Ask students to describe what is happening in the photo on **p. 80.** Read the paragraph with the class and have small groups discuss the closing questions. Ask a volunteer from each group to report back to the class. Then encourage further debate on how the proliferation of the media affects our lives.

L'univers médiatique Vocabulary Tools

Les médias

l'actualité (*f.*) *current events*
la censure *censorship*
un événement *event*
un message/spot publicitaire; une publicité (une pub) *advertisement*
les moyens (*m.*) de communication; les médias (*m.*) *media*
la publicité (la pub) *advertising*
un reportage *news report*
un site web/Internet *web/Internet site*
une station de radio *radio station*

s'informer (par les médias) *to keep oneself informed (through the media)*
naviguer/surfer sur Internet/le web *to search the web*

actualisé(e) *updated*
en direct *live*
frappant(e)/marquant(e) *striking*
influent(e) *influential*
(im)partial(e) *(im)partial*

KEY STANDARDS
1.1, 1.2, 4.1

Initiate a discussion about current trends, the latest fads, and popular culture. Ask about the importance of television, news, and online media in students' lives: **Suivez-vous l'actualité? Croyez-vous toutes les informations diffusées à la télévision? À la radio? Dans les journaux? Vous intéressez-vous à la vie des stars?**

INSTRUCTIONAL RESOURCES
Supersite: Lab Audioscript, SAM AK, Lab MP3s
SAM/WebSAM: WB, LM

Les gens des médias

un(e) animateur/animatrice de radio *radio presenter*
un auditeur/une auditrice *(radio) listener*
un(e) critique de cinéma *film critic*
un éditeur/une éditrice *publisher*
un(e) envoyé(e) spécial(e) *correspondent*
un(e) journaliste *journalist*
un(e) photographe *photographer*
un réalisateur/une réalisatrice *director*
un rédacteur/une rédactrice *editor*
un reporter *reporter (male or female)*

un téléspectateur/une téléspectatrice *television viewer*
une vedette (de cinéma) *(movie) star (male or female)*

Le cinéma et la télévision

une bande originale *sound track*
une chaîne *network*
un clip vidéo; un vidéoclip *music video*
un divertissement *entertainment*
un documentaire *documentary*
l'écran (*m.*) *screen*
les effets (*m.*) spéciaux *special effects*
un entretien/une interview *interview*
un feuilleton *soap opera; series*
une première *premiere*
les sous-titres (*m.*) *subtitles*

divertir *to entertain*
enregistrer *to record*

retransmettre *to broadcast*
sortir un film *to release a movie*

La presse

une chronique *column*
la couverture *cover*
un extrait *excerpt*
les faits (*m.*) divers *news items*
un hebdomadaire *weekly magazine*
un journal *newspaper*

la liberté de la presse *freedom of the press*
un mensuel *monthly magazine*
les nouvelles (*f.*) locales/internationales *local/international news*
la page sportive *sports page*
la presse à sensation *tabloid(s)*
la rubrique société *lifestyle section*
un gros titre *headline*

enquêter (sur) *to investigate*
être à la une *to be on the front page*
publier *to publish*

Synonymes
les actualités ⟷ les info(rmation)s

You can also say **l'actualité sportive, politique**, etc.

une vedette ⟷ une star

Point out that **une nouvelle** can also mean *short story* in a literary context.

Explain that newspaper sections can be called **page, chronique**, or **rubrique**, depending on the length. For example, **la page société** and **la chronique sportive** are also correct.

Mise en pratique

1 **Les analogies** Complétez chaque analogie à l'aide du mot le plus logique de la liste.

actualisé	la censure	frappant	un réalisateur	un site web
un auditeur	enregistrer	un journaliste	retransmettre	la une

1. un reporter : un reportage :: __un journaliste__ : un journal
2. la télévision : un téléspectateur :: la radio : __un auditeur__
3. important : influent :: marquant : __frappant__
4. un rédacteur : un magazine :: __un réalisateur__ : un film
5. __la une__ : un journal :: la couverture : un magazine
6. un film : le cinéma :: __un site web__ : Internet
7. une émission : __retransmettre__ :: un divertissement : divertir
8. l'impartialité : la partialité :: la liberté de la presse : __la censure__

2 **Les titres** Complétez chaque phrase avec le mot ou l'expression la plus logique.

animateur	écran	en direct	média
clip vidéo	effets spéciaux	frappante	vedette

Reportage exclusif (1) __en direct__ sur la chaîne TV5.

Cette (2) __vedette__ de cinéma sort un nouveau film avec beaucoup d' (3) __effets spéciaux__.

Son nouveau (4) __clip vidéo__ a détruit la réputation de ce chanteur.

L'influence des sites Internet: une enquête (5) __frappante__! Les déclarations partiales d'un (6) __animateur__ de radio mettent ses auditeurs en colère.

3 **À votre avis** Dites si vous êtes d'accord ou pas avec chaque affirmation. Ensuite, comparez vos réponses avec celles de vos camarades de classe.

	Oui	Non
1. Aujourd'hui, il est plus facile de s'informer qu'avant.	☐	☐
2. Grâce aux médias, les gens connaissent mieux le monde.	☐	☐
3. La liberté de la presse est un mythe.	☐	☐
4. La publicité essaie de divertir le public.	☐	☐
5. La presse à sensation n'a qu'un seul objectif: informer le public.	☐	☐
6. On trouve plus de reportages impartiaux sur Internet que dans la presse.	☐	☐
7. Dans les médias, les images ont plus d'influence que les mots.	☐	☐
8. Si on veut s'informer, il vaut mieux regarder la télévision que lire les journaux.	☐	☐

4 **Un reportage** Avec un(e) camarade, imaginez que vous soyez reporter. Quel sujet choisiriez-vous pour votre prochain reportage? Préparez le reportage.

1 Ask pairs to think of two or three of their own analogies using the new vocabulary.

2 Have students create two of their own news titles using the new vocabulary.

2 On the board, write the words: **la radio, le cinéma, la presse, la télévision,** and **le magazine**. For each media form, have students call out related words from **Pour commencer**. Ex: **radio: un animateur, un auditeur, une station de radio**. After one pass through the list, challenge students by having them close their books and repeat the activity with new words.

3 Encourage students to support their opinions with specific examples.

4 To help students prepare, ask: **Qui voudriez-vous interviewer? Pourquoi vous intéressez-vous à cette personne?**

Practice more at **vhlcentral.com.**

KEY STANDARDS
1.2, 2.1, 2.2, 4.1, 4.2, 5.2

ATTENTION!

Only certain forms of the irregular verb **émouvoir** are used in conversation.

Ce film m'a vraiment ému.
That film really moved me.

Il s'émeut facilement.
He is easily moved.

INSTRUCTIONAL RESOURCES
Supersite/DVD: Film Collection
Supersite: Script & Translation

Remind students that **mourir** is irregular. Its present tense forms are: **je meurs, tu meurs, il/elle/on meurt, nous mourons, vous mourez, ils/elles meurent.** In the **passé composé**, **mourir** is conjugated with **être** and its past participle is **mort(e): Elles sont mortes.**

Ask students questions to introduce the new vocabulary. Example: **Au cinéma, quel est le rôle d'un producteur? Sur un plateau de cinéma, qui dirige les comédiens? Connaissez-vous des acteurs qui font eux-mêmes leurs cascades?**

Synonymes
un(e) comédien(ne) ↔ **un(e) acteur/actrice**

Point out that **comédien(ne)** and *comedian* are false cognates. A *comedian* is **un(e) comique**.

1 Call on volunteers to act out the conversation for the class.

2 In pairs, have students compare their answers.

Préparation Ⓢ Audio: Vocabulary

Vocabulaire du court métrage

une cascade *stunt*	**un plateau** *film set*
un(e) comédien(ne) *actor*	**un(e) producteur/ productrice** *producer*
un décès *death*	**un tournage** *filming*
un escroc *crook*	**tourner** *to shoot (a film)*
un matelas *mattress*	

Vocabulaire utile

un cadavre *corpse*
convaincre *to convince*
se faire passer pour *to pretend to be*
l'intérêt (*m.*) **financier** *financial stakes*
mourir *to die*
pleurer *to cry*

EXPRESSIONS

On enquille. *We keep going.*
Arrête de faire ta sucrée. *Stop acting coy.*
Tu as tout faux. *You're all wrong.*
Tu es sûr(e) de ton coup, là? *Are you sure about this?*

1 **Sur le plateau** Complétez cette conversation avec les mots et les expressions du vocabulaire.

LE PRODUCTEUR Pourquoi le (1) __tournage__ n'a-t-il pas encore commencé? Où est le (2) __comédien__ qui joue le rôle de l' (3) __escroc__?

L'ASSISTANTE Je crois qu'il est en train de parler avec le réalisateur sur le (4) __plateau__.

LE PRODUCTEUR Ah bon? Quel est le problème?

L'ASSISTANTE Il ne veut pas faire la (5) __cascade__ de la scène parce qu'il a peur.

LE PRODUCTEUR Il a peur? Mais il n'y a aucune raison d'avoir peur! Il y a des (6) __matelas__ partout!

L'ASSISTANTE Oui, mais il a quand même peur de mal tomber et de (7) __mourir__.

LE PRODUCTEUR Cette scène est très importante. Il faut absolument (8) __convaincre__ l'acteur de la faire, parce que nous sommes très en retard. Dépêchez-vous. On (9) __enquille__ et on (10) __tourne__ cette scène rapidement!

2 **Le cinéma** Répondez aux questions par des phrases complètes.

1. Quels genres de films aimez-vous le mieux? Les comédies? Les films d'action? Les drames? Pourquoi?

2. Qui sont vos acteurs et actrices préférés? Pourquoi les aimez-vous?

3. Quelles sont les qualités nécessaires pour être un(e) bon(ne) comédien(ne), d'après vous? Expliquez votre réponse.

4. Pensez-vous que le métier de comédien(ne) soit difficile? Quelles en sont les exigences? Est-ce un métier épanouissant (*fulfilling*), d'après vous?

5. Seriez-vous tenté(e) par une carrière de comédien(ne)? Pourquoi ou pourquoi pas?

Ⓢ Practice more at **vhlcentral.com.**

3 **Les relations sur le plateau** Répondez aux questions par petits groupes.

1. En quoi consiste le métier de réalisateur de cinéma?

2. En quoi consiste le métier de producteur?

3. Qui a le rôle le plus important sur le plateau d'un film, à votre avis? Le réalisateur? Le producteur? Les acteurs? Expliquez votre réponse.

4. Comment imaginez-vous les relations entre un réalisateur et son acteur/actrice vedette?

5. Comment imaginez-vous les relations entre un réalisateur et les acteurs moins connus ou qui ont de petits rôles?

6. D'après vous, un producteur doit-il intervenir pendant le tournage d'un film ou doit-il uniquement s'occuper de l'aspect financier de la production et laisser les parties artistique et technique au réalisateur? Pourquoi?

4 **Anticipation** Avec un(e) camarade, observez ces images du court métrage et répondez aux questions.

A

B

Image A

● Que voyez-vous sur l'image? Qui sont probablement ces personnes? Que sont-elles en train de faire?

● Pourquoi ces personnes regardent-elles vers le haut, d'après vous?

Image B

● Que fait l'homme sur l'image? Pourquoi, à votre avis?

● Qui est probablement cet homme? Comment le devinez-vous?

5 **Prédictions** Essayez de deviner de quel type de film il va s'agir et quelle va en être l'intrigue. Écrivez un paragraphe d'environ huit phrases dans lequel vous présentez vos prédictions. Considérez ces éléments:

● le vocabulaire donné à la page 84

● les images ci-dessus

● le poster du film à la page 86

● le titre du film

S Short Film

Ask the class to describe the scene depicted in the poster.

Tell students that although the last minute is in color, most of the film is shot in black and white. Ask them to pay attention to the moment when the directors switch to color. Why do students think they made this choice?

Un film de François Goetghebeur et Nicolas Lebrun

Produit par LGM

Acteurs Jacques Serres, Fred Scotlande, Oriane Bonduel, Guillaume Durieux, Justine Bruneau

Filmapalooza
Best Film
Hollywood 2013

Le Dernier Rôle de Jacques Serres

INTRIGUE *C'est le dernier jour de tournage du film Le Dernier Rôle de Jacques Serres. Et un terrible accident survient (takes place).*

PRODUCTEUR Il se passe quoi, là?
ASSISTANTE Ben, là en fait, on attend les matelas pour la cascade.
PRODUCTEUR Non, on n'attend plus, les gars°, là. Oh, c'est le dernier jour aujourd'hui. Trois mois de tournage. Tout le monde est crevé°, alors on enquille.

RÉALISATEUR Eh! Tu es sûr de ton coup, là? Ben, sais-tu qu'il y a une distance là quand même?
ASSISTANTE OK. Allez. Monsieur Serres, vous vous mettez en place? Tout le monde… on va la tourner.

ASSISTANTE Monsieur Serres? Monsieur Serres? Vous nous entendez? Si vous nous entendez, faites un signe.

VIEILLE DAME Je peux vous le dire sans hésitation que c'est honorer sa mémoire et en aucun cas la trahir° que de finir ce film malgré les circonstances. Mon frère aurait aimé que vous fassiez ce film.

RÉALISATEUR As-tu entendu sa sœur? Alors, tu penses surtout pas qu'il est mort.
COMÉDIENNE Mais tu rigoles° ou quoi? C'est monstrueux°!
RÉALISATEUR Tu fais ta scène exactement avec la même émotion, là.
COMÉDIENNE Mais enfin c'est horrible. Je vais faire des cauchemars° toute ma vie.

RÉALISATEUR Moteur. Action. [...] Allez, allez! [...] C'est ta scène, c'est une scène de *love*, là. [...] C'est ça, c'est ça, *love*, pense *love*. [...] Là, c'est bon, là. [...] Là, tu es dans le glamour, je te sens, là, tu es *love*!

gars *guys* **crevé** *exhausted* **trahir** *to betray* **tu rigoles** *you're kidding* **monstrueux** *grotesque* **cauchemars** *nightmares*

Le septième art

Depuis l'invention par les frères Lumière, à la fin du 19ᵉ siècle, du cinématographe, la première caméra pouvant tourner et projeter des films, le cinéma a une place privilégiée dans le cœur des Français. En France, on considère même le cinéma comme le «septième art». Avec une moyenne° de plus de 200 films par an, la production cinématographique française est riche et très variée: comédies, films policiers°, films d'aventure, drames, etc. On note aussi que le public français apprécie beaucoup le cinéma d'auteur, c'est-à-dire les films qui privilégient la vision artistique de leur réalisateur.

moyenne *average* **films policiers** *crime thrillers*

PREVIEW Ask pairs to read the dialogues aloud. Then have them think of three questions they would like to have answered while viewing the film. Write some of their questions on the board.

Point out that the actor who plays the role of the director is Québécois. Play the film and ask students what they notice about the way he speaks in scenes 2 and 5. (He uses sentences with double pronouns: **tu sais-tu** and **t'as-tu** entendu.) Although the captions on this page reflect standard French orthography, explain that this syntax is common in spoken Canadian French.

TEACHING OPTION After viewing the film, have students work in the same pairs as in the preview activity to see which of their questions the film answered. Discuss the questions on the board as a class.

Analyse

As a follow-up, have students use their answers to write a one-paragraph summary of the film.

Compréhension Répondez aux questions par des phrases complètes.

1. Quel est le problème auquel l'équipe est confrontée aux premières secondes du film? L'équipe ne peut pas commencer à tourner la dernière scène.

2. Quelle est la réaction du producteur? Il dit qu'il faut absolument finir la scène.

3. Que se passe-t-il quand Jacques Serres fait la cascade? Il tombe et meurt.

4. Quelle est la réaction initiale de l'équipe quand le producteur annonce qu'il faut finir le film? Ils sont choqués.

5. Qui est la vieille dame qui s'adresse à l'équipe? C'est une inconnue qui se fait passer pour la sœur de l'acteur mort.

6. Pourquoi le producteur donne-t-il de l'argent à la vieille dame? Il lui donne de l'argent pour qu'elle dise que son «frère» aurait voulu que l'équipe finisse le film.

7. Comment l'équipe réussit-elle à finir le film? Elle le finit avec le cadavre de l'acteur.

8. Pourquoi est-il difficile pour la comédienne de filmer la dernière scène? C'est difficile parce que c'est une scène d'amour.

Have students compare their answers with another pair's.

Interprétation Répondez aux questions avec un(e) camarade.

1. Que pensez-vous de la décision du producteur de réaliser la cascade sans les matelas?

2. Comment le producteur traite-t-il les membres de l'équipe?

3. Que pensez-vous du comportement du producteur?

4. Pouvez-vous comprendre le point de vue du producteur?

5. Pourquoi les membres de l'équipe acceptent-ils de reprendre le travail après le décès de Jacques Serres, d'après vous?

Have students watch this scene again and compare the director's comment and attitude with the assistant's.

Réplique Dans le court métrage, le producteur fait la remarque ci-dessous après la tragédie qui a eu lieu sur le plateau. Quelles sont ses priorités? Discutez-en par petits groupes.

> **Ne t'inquiète pas, je ne vais pas arrêter le dernier jour du tournage pour un accident du travail.**

As an alternative, have students imagine it is the director who refuses to continue the shoot.

Jeu de rôles Imaginez que la comédienne refuse de tourner la dernière scène du film. Imaginez sa conversation avec le réalisateur et le producteur. Par groupes de trois, créez cette conversation et jouez-la pour la classe.

5 **Si j'étais comédien(ne)...** Imaginez que vous soyez comédien(ne). Quel genre de choses n'accepteriez-vous jamais de faire, même au risque de briser (*ruin*) votre carrière? Discutez de cette question avec un(e) camarade, puis partagez vos réflexions avec deux autres camarades.

5 Take a class poll to see what the most common responses are.

6 **Le titre** Que pensez-vous du titre de ce court métrage? Est-il approprié, à votre avis? Expliquez son double sens. En quoi ce titre illustre-t-il bien la situation de Jacques Serres? Discutez de ces questions par petits groupes.

6 Hand out index cards, and ask each group to jot down ideas for the title's two meanings. Groups should not write their names on the cards. Then, collect the cards, shuffle them, and redistribute them for groups to compare what they wrote to what appears on their new card.

> *Le Dernier Rôle de Jacques Serres*
> • *Premier sens:*
>
>
> • *Deuxième sens:*

7 **Recherches** Faites des recherches sur Internet pour trouver un film pendant le tournage duquel un(e) des acteurs/actrices est mort(e). Écrivez un paragraphe dans lequel vous décrivez les circonstances de cette tragédie, puis expliquez ce que l'équipe de production a fait suite à ce décès.

8 **Art ou entreprise commerciale?** Comme vous l'avez vu dans la Note culturelle à la page 87, en France, le cinéma est considéré comme «le septième art». Pensez-vous que ce terme soit justifié? Le cinéma est-il avant tout un art ou une entreprise commerciale, d'après vous? Divisez-vous en deux groupes, selon vos opinions, et débattez de la question. Utilisez des arguments précis et des exemples pour soutenir et illustrer votre point de vue.

8 Have two volunteers act as judges, listening to the debate and taking notes. After the debate, they should each say which group made the stronger case and explain why.

Practice more at **vhlcentral.com.**

IMAGINEZ
Le Québec

INSTRUCTIONAL RESOURCES
Supersite: Teaching suggestions; SAM AK
SAM/WebSAM: WB

KEY STANDARDS
2.1, 2.2, 3.2, 4.2, 5.1

La souveraineté du Québec (S) Reading

Un **Québec** francophone et souverain, voilà l'idée que va défendre **René Lévesque** (1922–1987) pendant toute sa carrière politique. D'abord journaliste, Lévesque occupera plusieurs postes de ministre sous le gouvernement de **Jean Lesage** (1912–1980), **Premier ministre** du Québec dans les années 1960.

Pendant cette période, qu'on a appelée la **Révolution tranquille**, l'idée de la souveraineté du Québec, c'est-à-dire de la création d'un pays québécois à part entière°, domine le débat politique. L'éducation francophone et laïque° se développe et une vraie politique culturelle est mise en place. Les Québécois prennent conscience de leur identité propre et de leur culture francophone.

Ce phénomène se reflète surtout dans la chanson et dans le cinéma. Des chanteurs comme **Félix Leclerc** (1914–1988) et **Gilles Vigneault** (1928–) défendent l'idée de la souveraineté et font renaître la tradition de la chanson francophone québécoise. **Robert Charlebois** (1944–)

reprend cette tradition et la modernise. Le cinéma québécois francophone se développe grâce à la création, en 1967, de la **Société de Développement de l'Industrie Cinématographique Canadienne** (SDICC) qui apporte une aide financière aux réalisateurs comme **Denys Arcand**.

Sur le plan politique, c'est en 1968 que René Lévesque fonde le **Parti québécois** ou PQ, qui demande la souveraineté du Québec. Quand Lévesque est élu Premier ministre en 1976, c'est la première fois qu'un tel° parti arrive au pouvoir. Dès° l'année suivante, la **Loi 101** pour la défense du français est votée. En effet°, beaucoup de jeunes Québécois choisissaient de recevoir une éducation en anglais. Cette loi oblige tous les immigrants à aller à l'école française. En outre°, l'affichage° doit être en français dans les lieux publics et dans les magasins.

D'ailleurs...

Le 24 juillet 1967, le président français, **Charles de Gaulle**, qui est en visite à **Montréal**, proclame son soutien au mouvement de souveraineté du Québec. Pendant un discours° qu'il prononce du balcon de l'Hôtel de ville, il s'exclame: «Vive Montréal! Vive le Québec! Vive le Québec... libre! Vive le Canada français et vive la France!»

René Lévesque, fondateur du Parti québécois

Aujourd'hui, grâce à ces mesures, le Québec est à plus de 82% francophone. Cependant, le cœur° du programme indépendantiste est bien la souveraineté totale. Celle-ci ne peut vraiment se faire que si la majorité des Québécois votent en sa faveur.

Une série de **référendums** est organisée: si la population répond «oui», le Québec s'émancipera. Mais voilà: à chaque fois, le «non» l'emporte°! Au référendum de 1995, il n'y avait plus que 50.000 voix° de différence, alors les partisans du «oui» n'ont pas encore dit leur dernier mot. Affaire à suivre…

à part entière *on its own* **laïque** *secular* **un tel** *such a* **Dès** *From* **En effet** *Indeed* **En outre** *In addition* **affichage** *display/posting* **cœur** *core* **emporte** *wins* **voix** *votes* **discours** *speech*

Le français parlé au Québec

Le joual
(français québécois)

un abreuvoir	une fontaine; *drinking fountain*
l'achalandage (*m.*)	la circulation
une aubaine	une promotion; *sale, promotion*
avoir l'air bête	être désagréable, impoli
bienvenue	de rien
une blonde	une copine; *girlfriend*
bonjour	au revoir
un breuvage	une boisson
un char	une voiture
chauffer	conduire
un chum	un copain; *boyfriend, male friend*
la crème glacée	la glace
débarquer	descendre
(du bus, du métro)	
le déjeuner	le petit-déjeuner
le dîner	le déjeuner
être plein	avoir trop mangé; *to be full*
magasiner (faire	faire des courses
du magasinage)	
ça mouille	il pleut
le souper	le dîner

Découvrons le Québec

Je me souviens Cette devise° est apparue sur les plaques d'immatriculation° québécoises en 1939. **Eugène-Étienne Taché**, architecte et homme politique québécois, fait graver°, en 1883, «Je me souviens» au-dessus de° la porte du parlement québécois. Taché n'a jamais précisé ce qu'il a voulu dire par ces mots, mais ils sont probablement liés à l'histoire de la Province que cette façade rappelle.

La fête de la Saint-Jean Le 24 juin, c'est le jour de la **Saint-Jean-Baptiste**, le patron des Canadiens francophones. C'est aussi, depuis 1977, la Fête nationale du Québec. Arrivée en Amérique avec les premiers colons français, cette fête, qui a des racines° à la fois païennes° et religieuses, y est célébrée depuis 1638 environ. Aujourd'hui, c'est un immense festival qui donne aux Québécois l'occasion de montrer leur fierté° et leur héritage culturel.

La poutine Elle consiste en un mélange de frites et de fromage Cheddar râpé°, le tout recouvert d'une sauce brune chaude qui fait fondre° le fromage. C'est une spécialité québécoise très appréciée qui trouve son origine dans les milieux ruraux° des années 1950. Aujourd'hui, au Québec, presque tous les restaurants à service rapide offrent de la poutine.

La ville souterraine de Montréal Construite vers 1960 et appelée RÉSO depuis 2004, la ville souterraine° comprend 60 complexes résidentiels et commerciaux reliés par° 30 kilomètres de tunnels. On y trouve sept stations de métro et deux gares qui desservent° la banlieue, des banques, des centres commerciaux, des bureaux et même des hôtels. Plus de 500.000 personnes y passent chaque jour, surtout en hiver!

devise *motto* **plaques d'immatriculation** *licence plates* **graver** *to engrave* **au-dessus de** *above* **racines** *roots* **païennes** *pagan* **fierté** *pride* **râpé** *grated* **fondre** *melt* **ruraux** *rural* **souterraine** *underground* **reliés par** *linked by* **desservent** *serve*

Qu'avez-vous appris?

1 **Vrai ou faux?** Indiquez si les affirmations sont vraies ou fausses, et corrigez les fausses. Answers may vary slightly.

1. L'un des plus grands défenseurs d'un Québec francophone et souverain était Félix Leclerc. Faux. L'un des plus grands défenseurs d'un Québec francophone et souverain était René Lévesque.

2. Dans les années 60, René Lévesque était le Premier ministre du Québec. Vrai.

3. La notion de la souveraineté du Québec domine le débat politique, pendant la Révolution tranquille. Vrai.

4. C'est une éducation religieuse et francophone qui se développe au Québec. Faux. C'est une éducation laïque et francophone qui se développe.

5. Le cinéma québécois francophone se développe grâce à la création du Parti québécois. Faux. Le cinéma québécois francophone se développe grâce à la création de la Société de Développement de l'Industrie Cinématographique Canadienne.

6. L'ancien président français Charles de Gaulle était pour la souveraineté du Québec. Vrai.

7. «Je me souviens» est l'hymne national du Québec. Faux. C'est la devise du Québec.

8. RÉSO est le nom donné à une fête québécoise importante. Faux. C'est le nom donné à une ville souterraine qui a été construite sous Montréal vers 1960.

2 **Questions** Répondez aux questions. Answers may vary slightly.

1. Pourquoi 1976 est-elle une année importante pour le Parti québécois? 1976 est une année importante pour le PQ parce que René Lévesque est élu Premier ministre.

2. Quelle conséquence de la Loi 101 affecte les commerces et les rues au Québec? La Loi 101 oblige l'affichage en français dans les lieux publics et dans les magasins.

3. Quelle autre conséquence affecte l'éducation au Québec? Le français à l'école est obligatoire.

4. Qui sont les deux chanteurs qui contribuent à la renaissance de la chanson francophone québécoise? Félix Leclerc et Gilles Vigneault contribuent beaucoup à sa renaissance.

5. Quelle sorte de fête est la Saint-Jean aujourd'hui? C'est un immense festival qui donne aux Québécois l'occasion de montrer leur fierté et leur héritage culturel.

6. Qu'est-ce que la poutine? C'est une spécialité québécoise. C'est un mélange de frites et de Cheddar râpé recouvert d'une sauce brune.

7. Qu'est-ce que la Révolution tranquille? C'est l'époque où l'idée de la création d'un pays québécois à part entière domine le débat politique.

8. Quelle est l'importance du référendum qui a lieu en 1995? Il n'y avait plus que 50.000 voix de différence pour que le "oui" l'emporte.

Practice more at **vhlcentral.com**.

Trouvez la bonne réponse.

1. _____ est un réalisateur francophone québécois.
   a. Denys Arcand
   b. Robert Charlebois
   c. Jean Lesage
   d. René Lévesque

2. _____ fonde le Parti québécois en 1968.
   a. Félix Leclerc
   b. Saint-Jean Baptiste
   c. Jean Lesage
   d. René Lévesque

3. _____ est pour la souveraineté du Québec.
   a. La population canadienne
   b. Le Parti québécois
   c. La devise du Québec
   d. La loi 101

4. Charles de Gaulle a soutenu _____.
   a. le mouvement de souveraineté du Québec
   b. Eugène-Étienne Taché
   c. la Loi 101
   d. la construction du RÉSO

5. La devise du Québec est _____.
   a. «Vive le Québec libre!»
   b. «Au bout de la route»
   c. un rappel de l'histoire
   d. un hommage à Lévesque

6. La phrase «Je me souviens» est inscrite sur _____.
   a. les permis de conduire québécois
   b. le drapeau québécois
   c. les plaques d'immatriculation
   d. les cartes d'électeurs

7. La Saint-Jean-Baptiste est _____.
   a. un parti politique
   b. un quartier souterrain
   c. une spécialité québécoise
   d. la Fête nationale du Québec

8. La poutine a son origine dans les _____ du Québec.
   a. chaînes internationales
   b. restaurants rapides
   c. milieux ruraux
   d. quartiers industriels

9. Dans le RÉSO, il y a des complexes résidentiels et commerciaux reliés par des _____.
   a. tunnels
   b. minibus
   c. tramways
   d. autoroutes

10. Plus de _____ personnes passent par le RÉSO tous les jours, surtout en hiver.
    a. 300.000   b. 50.000   c. 500.000   d. 400.000

Le Zapping

S Video

INSTRUCTIONAL
RESOURCES
Supersite: Video Script &
Translation; Answer Key

Un OVNI dans l'information numérique

Dans le paysage (*landscape*) médiatique français, Vendredi est un véritable OVNI (*UFO*) parce qu'il va à l'inverse de la presse traditionnelle. Quand la plupart des journaux s'efforcent (*are trying hard*) encore de publier leurs articles sur Internet, Vendredi, lui, transfère chaque semaine les «meilleures infos du Net» sur papier. Dans cette pub, *Vendredi* remet en cause (*challenges*) l'aspect pratique de l'information en ligne et prône (*advocates*) un retour au papier, support (*medium*) aux usages multiples.

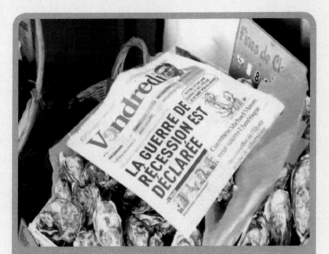

Internet, c'est pas mal, mais le papier, ça reste utile. Surtout vendredi, c'est le jour du poisson!

COMPRÉHENSION Have students discuss reasons why new technologies constitute a revolution. Then, ask them to discuss the drawbacks they associate with new technologies.

DISCUSSION Before students answer item 2, explain that Roman Catholics are expected to abstain from eating meat on Fridays. Ask students to discuss how this relates to the last scene of the clip.

1 **Compréhension** Répondez aux questions par des phrases complètes.

1. Qu'est-ce qui constitue une révolution, d'après le clip?
   L'invasion des nouvelles technologies constitue une révolution.

2. Qu'est-ce que l'homme moderne a la possibilité de faire grâce à Internet?
   Il peut chercher des informations croustillantes que les médias traditionnels ne lui fournissent pas.

3. Qu'est-ce qu'on trouve dans *Vendredi*, d'après le clip?
   On y trouve l'info qui change.

2 **Discussion** Répondez aux questions en donnant des détails. Answers will vary.

1. Utilisez-vous l'Internet pour vous tenir au courant des infos? Expliquez.

2. Expliquez l'ironie de la dernière phrase de la vidéo: «Internet, c'est pas mal, mais le papier, ça reste utile. Surtout vendredi, c'est le jour du poisson!»

Et vous? Y a-t-il un journal dans votre région qui résume les informations trouvées sur Internet? Si oui, décrivez-le. Sinon, dites si vous aimeriez avoir accès à un tel journal et expliquez pourquoi.

Practice more at vhlcentral.com.

VOCABULAIRE

de la vidéo

croustillant(e)
   (*referring to news*) spicy
un désagrément *nuisance*
fournir *to relay*
subsister *to remain*

pour la conversation

grâce à *thanks to*
imprimé(e) *printed*
numérique *digital*

GALERIE DE CRÉATEURS

DANSE Édouard Lock (1954–)

Né au Maroc, ce Québécois a vite trouvé son bonheur dans l'univers de la danse contemporaine. En 1975, à l'âge de 21 ans, il présente sa première chorégraphie. Quelques années plus tard, les Grands Ballets Canadiens l'invitent à réaliser des chorégraphies. Fort de ses expériences, il fonde, à 26 ans, sa propre troupe de danseurs, Lock-Danseurs, qui devient plus tard La La La Human Steps. Ses chorégraphies connaissent un succès international. En 1986, il reçoit le prestigieux Bessie Award à New York pour la reconnaissance (*recognition*) de son talent. Aujourd'hui, il travaille dans les théâtres du monde entier. Il a su créer un style, un langage qui n'appartiennent qu'à lui, où il cherche à retrouver les impressions de l'enfance.

SCULPTURE/VERRERIE Marcelle Ferron (1924–2001)

Peintre, femme sculpteur et artiste verrier (*stained glass maker*), Marcelle Ferron était une figure importante de l'art contemporain québécois. Dès les années 1940, elle fait partie d'un mouvement artistique révolutionnaire de la Province, les Automatistes, dérivé du Surréalisme. Ce mouvement influence toute sa carrière. Elle prend aussi part à un manifeste politique et artistique appelé le Refus global. Publié le 9 août 1948, ce manifeste remet en question les valeurs traditionnelles de la société québécoise; il est à l'origine de la «Révolution tranquille», dans les années 1960, période de grandes transformations politiques, sociales, économiques et religieuses, comparable à mai 1968 en France. En 1953, Marcelle Ferron part vivre à Paris où elle apprend l'art du vitrail, grâce auquel elle devient plus connue. On peut admirer ses œuvres dans certaines stations du métro de Montréal et dans d'autres villes du Québec.

LITTÉRATURE

Antonine Maillet (1929–)

Née en Acadie, dans le Nouveau-Brunswick, cette romancière et dramaturge de grand talent, qui a passé sa vie au Québec, commence sa carrière comme professeur de littérature à l'université. Elle se lance ensuite dans (*went into*) l'écriture avec un premier roman en 1958, suivi par une trentaine (*about thirty*) d'œuvres. Ses livres s'inspirent de la langue, de l'histoire, des traditions et des caractéristiques géographiques de l'Acadie. Antonine Maillet a été lauréate (*winner*) de plusieurs prix (*awards*) littéraires, dont le prix Goncourt en France, en 1979, pour son roman, *Pélagie la charrette*. Elle est la première femme écrivain francophone qui n'habite pas en France à l'avoir reçu. Membre du Haut conseil de la francophonie depuis 1987, elle contribue, par ses œuvres et son action, à promouvoir la littérature francophone.

CIRQUE **Guy Laliberté (1959–)**

Le co-fondateur du Cirque du Soleil commence sa carrière à 14 ans, après avoir quitté la maison familiale. En 1982, il fait partie du Club des talons hauts (*high heels*), groupe d'acrobates des rues montés sur des échasses (*stilts*) qui jonglent, jouent de l'accordéon et crachent le feu (*eat fire*). C'est le début d'un nouveau concept du cirque. Et en 1984, l'année du 450ᵉ anniversaire de l'arrivée de Jacques Cartier au Canada, il crée le Cirque du Soleil avec un ami, Daniel Gauthier. Ils ont su imposer une idée novatrice du cirque où la beauté est aussi essentielle que les exploits des acrobates. Laliberté a été président du cirque jusqu'en 1990. Depuis, devenu homme d'affaires, il est l'administrateur du Cirque du Soleil qui est bien connu sur plusieurs continents.

Compréhension

À compléter Complétez chaque phrase logiquement.

1. En 1975, à l'âge de 21 ans, Édouard Lock présente sa première ___chorégraphie___.

2. Dès les années 1940, Marcelle Ferron fait partie des Automatistes, mouvement ___artistique___ révolutionnaire.

3. Les livres d'Antonine Maillet s'inspirent de la langue, de l'histoire et des traditions de l'___Acadie___.

4. Co-fondateur du ___Cirque du Soleil___, Guy Laliberté commence sa carrière à 14 ans.

5. Édouard Lock a su créer un style où il cherche à retrouver les ___impressions___ de l'enfance.

6. La «Révolution tranquille» est une période de grandes ___transformations___ politiques et sociales au Québec.

7. Antonine Maillet est la première femme écrivain francophone qui n'habite pas en France à recevoir le prestigieux prix ___Goncourt___.

8. Les ___acrobates___ du Club des talons hauts jonglent et crachent du feu montés sur des échasses.

Rédaction

À vous! Choisissez un de ces thèmes et écrivez un paragraphe d'après les indications.

- **Resto U** Vous aimeriez qu'on installe des vitraux (*stained glass*) inspirés du style de Marcelle Ferron dans le resto U. Décrivez ce que vous envisagez.

- **Lumière sur l'Acadie** Vous êtes Antonine Maillet et vous avez gagné le prix Goncourt. Expliquez l'importance de ce grand prix littéraire pour l'Acadie.

- **Au cirque** Décrivez un spectacle au Cirque du Soleil. En quoi diffère-t-il des cirques traditionnels?

Practice more at **vhlcentral.com**.

KEY STANDARDS
4.1, 5.1

INSTRUCTIONAL RESOURCES
Supersite: Lab Audioscript, SAM AK, Lab MP3s
SAM/WebSAM: WB, LM

TEACHING OPTION Divide the class into small groups. Give groups two minutes to think of as many regular **-er**, **-ir**, and **-re** verbs as possible. When the time is up, have students ask each other questions using the **passé composé** of the verbs.

3.1

The *passé composé* with *avoir*

—*J'ai passé* vingt ans de ma vie à traîner cette histoire.

- To talk about completed events in the past, you can use the **passé composé**. The **passé composé** of most verbs is formed by combining the past participle of the main verb with the present tense of **avoir**.

Marcel **a gagné** au loto!

- In the **passé composé**, the form of **avoir** changes according to the subject, but the past participle usually remains the same. The past participles of regular -**er**, -**ir**, and -**re** verbs follow predictable patterns.

Whenever a direct object is placed before a past participle, the past participle agrees with it in gender and number. Compare these sentences:

Sophie a lu la bande dessinée.
(No agreement)
Sophie read the comic strip.

Sophie l'a lue.
(Past participle agrees with **bande dessinée**.)
Sophie read it.

For more information about past participle agreement with **avoir**, see **Fiche de grammaire 5.5**, p. 410.

As a memorization aid, have students group the irregular past participles into categories based on their similarities. Example: **conduit**, **écrit**, **dit**

The *passé composé* of regular *-er*, *-ir*, and *-re* verbs			
	manger	choisir	vendre
j'ai			
tu as			
il/elle a	mang**é**	chois**i**	vend**u**
nous avons			
vous avez			
ils/elles ont			

- Several irregular verbs also have irregular past participles.

avoir	eu	mettre	mis
boire	bu	ouvrir	ouvert
conduire	conduit	pleuvoir	plu
connaître	connu	pouvoir	pu
courir	couru	prendre	pris
croire	cru	recevoir	reçu
devoir	dû	rire	ri
dire	dit	savoir	su
écrire	écrit	suivre	suivi
être	été	vivre	vécu
faire	fait	voir	vu
lire	lu	vouloir	voulu

Nous **avons pris** le train ce matin

Il a **couru** longtemps.

- Use the **passé composé** to talk about completed actions or events in the past or to describe a reaction or change in state of mind or condition.

> On **a enregistré** le feuilleton **lundi**.
> *We recorded the soap opera Monday*
>
> **Soudain**, on **a eu** peur.
> *Suddenly, we were afraid*

> J'**ai vécu** en France **pendant six mois**.
> *I lived in France for six months.*
>
> **Hier**, il a commencé à pleuvoir.
> *Yesterday, it started to rain.*

- Sentences in the **passé composé** often include a reference to a specific moment in time or duration. These expressions are used frequently in the **passé composé**:

à ce moment-là *at that moment*	**pendant une heure (un mois, etc.)** *for an hour (a month, etc.)*
enfin *at last*	
finalement *finally*	**récemment** *recently*
hier (matin, soir, etc.) *yesterday (morning, evening, etc.)*	**soudain** *suddenly*
immédiatement *immediately*	**tout à coup** *all of a sudden*
longtemps *for a long time*	**tout de suite** *right away*
lundi (mardi, etc.) dernier *last Monday (Tuesday, etc.)*	**une fois (deux fois, etc.)** *once (twice, etc.)*

- In the **passé composé**, the placement of adverbs varies. These short adverbs go between the helping verb and the past participle:

assez	déjà	peut-être	toujours
beaucoup	encore	presque	trop
bien	enfin	seulement	vite
bientôt	longtemps	souvent	vraiment
	mal	sûrement	

- Some common longer adverbs, such as **probablement** and **certainement**, are also placed between the helping verb and the past participle.

> Ils ont **certainement** invité Claude.
> *Certainly, they invited Claude.*

> Elle a **probablement** oublié le rendez-vous.
> *She probably forgot the appointment.*

- Longer adverbs can also follow the past participle, especially if they express the manner in which something is done.

> J'ai trouvé le cinéma **facilement**.
> *I found the movie theater easily.*

> Elle a parlé **rapidement** de sa carrière.
> *She spoke quickly about her career.*

BLOC-NOTES

You will learn more about when to use the **passé composé** and when to use the **imparfait** in **Structures 3.3, pp. 104–105.**

You may also want to teach students **tout à l'heure** (*a little while ago; in a little while*) and **désormais** (*from then on; from now on*). (**Désormais** is more literary.) Tell them to pay attention to the context to know which of the two English translations these expressions represent.

Challenge small groups of students to write a paragraph that uses all the expressions in the box.

ATTENTION!

Remember, to negate a sentence in the **passé composé**, place the **ne... pas** (**ne... jamais**, etc.) around the helping verb.

Nous n'avons jamais vu ce documentaire.

Mention that it is also correct to place **facilement** and **rapidement** between the auxiliary and the past participle.

Mise en pratique

1 Have students write a short **note culturelle** about Céline Dion or Roch Voisine using the **passé composé**.

2

2 Give students a list of about ten activities they might have done yesterday such as **assister à un match de football, faire des achats, conduire une voiture.** Students go around the room asking and answering a question for each activity. Ex: **Est-ce que tu as assisté à un match de football hier?** When they find someone who says **oui,** they write the name next to the activity. They should also follow up with an additional question. Ex: **Avec qui as-tu assisté au match?**

3

3 Have students write the story in small groups. Then ask volunteers to read their group's story to the class, who will vote on the best written, the funniest, or the most creative.

3 Ask students to think of a funny thing that happened to them in the past and to make a comic-strip presentation of the story. One scene should represent each part of the event. Then students can label the scenes with phrases or verbs in the **passé composé.**

1 **À compléter** Mettez les verbes au passé composé.

1. La maison d'édition «L'instant même» ___a publié___ (publier) cette anthologie.
2. Tu ___n'as pas enregistré___ (ne pas enregistrer) mon émission préférée jeudi dernier?
3. Nous ___avons attendu___ (attendre) deux heures sous la pluie.
4. Après avoir réfléchi, j'___ai choisi___ (choisir) une carrière dans le cinéma.
5. Céline Dion et Roch Voisine ___ont chanté___ (chanter) une chanson ensemble.
6. Vous ___avez entendu___ (entendre) la publicité pour le nouveau reportage à la radio?
7. Hier soir, au cinéma, je ___n'ai pas pu___ (ne pas pouvoir) lire les sous-titres.
8. Pendant deux ans, ma famille et moi ___avons vécu___ (vivre) à Montréal.
9. Au centre-ville, je ___n'ai pas conduit___ (ne pas conduire) ma voiture.
10. Vous ___avez appris___ (apprendre) le français au Québec?

2 **À transformer** Mettez chaque phrase au passé composé.

1. L'envoyée spéciale travaille tard. ___L'envoyée spéciale a travaillé tard.___
2. Je ne bois pas trop de café. ___Je n'ai pas bu trop de café.___
3. D'abord, vous devez vérifier vos sources. ___D'abord, vous avez dû vérifier vos sources.___
4. Les acteurs jouent bien leur rôle. ___Les acteurs ont bien joué leur rôle.___
5. Malheureusement, il pleut sans arrêt. ___Malheureusement, il a plu sans arrêt.___
6. On veut s'informer. ___On a voulu s'informer.___
7. Dans ton métier de journaliste, tu dis toujours la vérité.
   ___Dans ton métier de journaliste, tu as toujours dit la vérité.___
8. Nous ne croyons jamais la presse à sensation.
   ___Nous n'avons jamais cru la presse à sensation.___
9. Ils suivent les documentaires sur l'histoire canadienne.
   ___Ils ont suivi les documentaires sur l'histoire canadienne.___
10. Je ris à cause de cette bande dessinée. ___J'ai ri à cause de cette bande dessinée.___

3 **À vous la parole!** Assemblez les parties de chaque colonne pour écrire une histoire au passé. Utilisez votre imagination!

A	B	C	D
récemment	je	connaître	
une fois	mon/ma camarade de chambre/colocataire	mettre	
la semaine dernière		savoir	
à ce moment-là	mes amis/copains	conduire	?
tout à coup	mon/ma (petit[e]) ami(e)	courir	
enfin	la vedette de cinéma	suivre	
?	le photographe	?	
	?		

Practice more at **vhlcentral.com.**

Communication

4 **Vos activités** Voici une liste d'activités. Quand avez-vous fait ces choses récemment? Avec un(e) camarade de classe, posez-vous des questions à tour de rôle.

> **Modèle** **écouter une bande originale**
>
> —Quand est-ce que tu as écouté une bande originale récemment?
>
> —J'ai écouté une bande originale ce matin.
>
> —Quelle bande originale as-tu écoutée?
>
> —J'ai écouté la bande originale du film *Slumdog Millionaire*.

regarder un documentaire	lire un hebdomadaire	naviguer sur le web
voir un feuilleton	réussir à un examen	faire une annonce
écrire/recevoir un e-mail	graver un CD pour un(e) ami(e)	ouvrir un journal
être en vacances	prendre une photographie	rire aux éclats

5 **La première** Imaginez que quelqu'un vous ait invité(e) à la première d'un film populaire. Avec un(e) camarade, discutez de l'événement auquel vous avez assisté le week-end passé.

- Quels vêtements as-tu mis?
- As-tu vu des personnes célèbres?
- Les reporters ont-ils interviewé les vedettes?
- Quelles questions ont-ils posées?
- Comment ont-elles répondu?
- Tes amis et toi, avez-vous pris des photos?
- De qui avez-vous fait la connaissance?
- …?

6 **Les divertissements** Que faites-vous pour vous divertir? Quelles sortes d'activités pratiquez-vous?

A. Faites une liste de dix à quinze choses amusantes que vous avez faites ou que vous avez eu envie de faire le mois dernier.

B. À deux, demandez à votre camarade s'il/si elle a pratiqué les activités de votre liste et écrivez oui ou non à côté de chacune.

C. Par groupes de quatre, décrivez tour à tour ce que votre camarade a fait ou n'a pas fait le mois dernier. Limitez-vous à quatre ou cinq activités par personne.

4 Encourage students to ask each other about additional activities they have done recently, besides the ones given.

5 As a follow-up activity, ask: **Vous êtes-vous déjà trouvé(e) face à face avec une vedette de cinéma ou de la chanson? Si oui, qu'avez-vous fait?** Have pairs discuss.

5 You may want to give students the term **le tapis rouge**.

5 Have pairs write a variation of **Activité 5** with the title **Une soirée**. Students should first make a list of questions to ask. They then ask and answer questions about a party they each went to recently.

KEY STANDARDS
4.1, 5.1

3.2

INSTRUCTIONAL RESOURCES
Supersite: Lab Audioscript, SAM AK, Lab MP3s
SAM/WebSAM: WB, LM

In pairs, have students take turns closing their books while their classmate quizzes them on these verbs' meanings and past participles (both masculine and feminine).

ATTENTION!

These verbs usually do not take direct objects. When they do take one, their meanings are usually different and they use the helping verb **avoir** instead of **être**.

Elle est sortie.
She went out.

Il a sorti un livre de son sac.
He took a book out of his bag.

Nous sommes passés par là.
We went through there.

Nous avons passé une semaine à faire ce reportage.
We spent a week doing that piece.

The verbs **monter**, **descendre**, and **rentrer** can also take direct objects.

BLOC-NOTES

For more information about past participle agreement, see **Fiche de grammaire 5.5, p. 410.**

Call on volunteers to write other examples on the board and say them aloud.

The *passé composé* with *être*

—*Alors, tu ne penses surtout pas qu'il **est mort**.*

- Some verbs use the present tense of **être** instead of **avoir** as the helping verb in the **passé composé**. Notice that most of them are verbs of motion.

Infinitive	Past participle	
aller	allé	*to go*
arriver	arrivé	*to arrive*
descendre	descendu	*to go down*
devenir	devenu	*to become*
entrer	entré	*to enter*
monter	monté	*to go up*
mourir	mort	*to die*
naître	né	*to be born*
partir	parti	*to leave*
passer	passé	*to pass by*
rentrer	rentré	*to go back (home)*
rester	resté	*to stay*
retourner	retourné	*to return*
revenir	revenu	*to come back*
sortir	sorti	*to go out*
tomber	tombé	*to fall*
venir	venu	*to come*

- When the helping verb is **être**, the past participle agrees in gender and number with the subject.

Mélanie est **rentrée** tôt.
Mélanie came home early.

Ses parents sont **sortis**.
Her parents went out.

Je suis **arrivée** à l'hôtel.

Nous sommes **allés** au supermarché.

- Reflexive and reciprocal verbs also use the helping verb **être** in the **passé composé**. The reflexive or reciprocal pronoun is placed before the form of **être**.

  Vous **vous êtes** blessé?
  Did you hurt yourself?

  On **s'est** téléphoné.
  We called each other.

- To negate a reflexive or reciprocal verb in the **passé composé**, place the **ne… pas** (**ne… jamais**, etc.) around the pronoun and the helping verb.

  Je **ne** me suis **pas** rappelé son nom.
  I didn't remember her name.

  Tu **ne** t'es **pas** endormi avant minuit?
  Didn't you fall asleep before midnight?

- Like other verbs that take **être** in the **passé composé**, the past participle *usually* agrees in gender and number with the subject when the subject is also the direct object.

  Elle s'est **habillée** rapidement.
  She got dressed quickly.

  Nous nous sommes **disputés**.
  We argued.

Ils se sont **regardés** dans le miroir.

- If the verb is followed by a direct object, the past participle *does not agree* with the subject. Compare these two sentences.

  Elle s'est **lavée**.
  She washed (herself).

  Elle s'est **lavé** les cheveux.
  She washed her hair.

- Some reciprocal verbs take indirect rather than direct objects. In this case, the past participle *does not agree*. Here is a partial list of reciprocal verbs that take indirect objects: **s'écrire**, **se dire**, **se téléphoner**, **se parler**, **se demander**, and **se sourire**.

  Nous nous sommes **écrit**.
  We wrote to each other.

  Elles se sont **demandé** pourquoi.
  They wondered why.

Ils se sont **parlé**.

ATTENTION!

In the expression **se rendre compte de**, the past participle never agrees, because **compte** acts as the direct object and follows the verb.

Elle s'est rendu compte de la situation.
She became aware of the situation.

ATTENTION!

Remember, an indirect object in French is preceded by the preposition **à** when no pronoun is used.

Elle parle à Monsieur Guy.
She's talking to Mr. Guy.

Je téléphone souvent à mes parents.
I often call my parents.

Mise en pratique

1 Ask students to first identify the verb in each of the boss's sentences and give its infinitive form.

1 **Des accusations** Votre patron accuse souvent ses employés. Employez le passé composé pour lui prouver que ses accusations sont injustes. Some answers will vary.

>   **Modèle** **PATRON** Édouard arrive toujours en retard!
>
>   **VOUS** Mais non. Il ___est arrivé___ tôt hier.

PATRON Vous partez toujours à quatre heures!

VOUS Mais non. Nous (1) ___sommes parti(e)s___ à six heures hier.

PATRON Élisabeth rentre toujours chez elle à midi!

VOUS Mais non. Elle (2) ___est rentrée___ chez elle, à sept heures hier soir.

PATRON Vous revenez du déjeuner au bout de (*after*) trois heures!

VOUS Mais non. Je (3) ___suis revenu(e)___ au bout de vingt minutes aujourd'hui.

PATRON Personne ne vient au bureau le week-end!

VOUS Mais si. Abdel et Sofia (4) ___sont venus___ samedi.

PATRON Valérie et Carine descendent trop souvent au café!

VOUS Mais non. Elles (5) ___sont descendues___ au café une fois.

2 Give students these additional items:
6. Normalement, le photographe ne se dispute presque jamais avec ses collègues. (souvent) (Hier, il s'est souvent disputé avec ses collègues.)
7. Les présentateurs se parlent peu normalement. (beaucoup) (Hier, ils se sont beaucoup parlé.)
8. L'envoyée spéciale rentre à vingt heures normalement. (minuit) (Hier, elle est rentrée à minuit.)

2 **Grand reportage** Hier, l'équipe de la chaîne de télé a eu beaucoup de travail. Dites comment la journée a différé d'une journée normale.

>   **Modèle** **Le rédacteur se réveille à six heures normalement. (cinq heures)**
>   Hier, il s'est réveillé à cinq heures.

1. La journaliste se maquille une fois normalement. (trois fois) *Hier, elle s'est maquillée trois fois.*

2. Les réalisatrices se lèvent tôt normalement. (encore plus tôt) *Hier, elles se sont levées encore plus tôt.*

3. Les envoyés spéciaux se couchent à minuit normalement. (une heure du matin) *Hier, ils se sont couchés à une heure du matin.*

4. La rédactrice et l'envoyée spéciale s'écrivent dix e-mails normalement. (trente) *Hier, elles se sont écrit trente e-mails.*

5. Normalement, le reporter s'endort après le déjeuner. (après le dîner) *Hier, il s'est endormi après le dîner.*

3 For review of the **passé composé** with **avoir**, ask students to point out the other occurrences in the paragraph, such as: **m'a acheté, avons dîné, a pris, ai pris**.

3 **Soirée romantique** Employez au passé composé chaque verbe de la liste, une fois avec **avoir** et une fois avec **être**.

> descendre | monter | passer | sortir

Samedi, mon petit ami Arnaud et moi, nous (1) ___sommes sortis___ pour aller au cinéma. Arnaud voulait voir le nouveau film que Gaumont (2) ___a sorti___. Il (3) ___est passé___ chez moi vers 18h00. Après le film, nous (4) ___avons descendu___ la rue des Orfèvres, où Arnaud m'a acheté de belles fleurs. Nous avons dîné au Café des vedettes et ensuite, nous (5) ___sommes montés___ sur la colline (*hill*), derrière la place du général de Gaulle. Nous (6) ___sommes descendus___ une heure plus tard. Arnaud a pris un bus pour rentrer chez lui, et moi, j'ai pris un taxi. Chez moi, ma mère (7) ___a monté___ les fleurs dans sa chambre, parce que j'ai un secret qu'Arnaud ne connaît pas: je suis allergique aux fleurs! Mais nous (8) ___avons passé___ une très bonne soirée quand même.

Practice more at **vhlcentral.com**.

Communication

4 **La semaine dernière** Circulez dans la classe pour demander à différent(e)s camarades s'ils/si elles ont fait ces choses la semaine dernière. Écrivez leur nom dans la colonne de droite.

> **Modèle** **aller au cinéma**
>
> —Es-tu allé(e) au cinéma la semaine dernière?
>
> —Oui, je suis allé(e) au cinéma. J'ai vu un excellent film!
>
> —Ah bon? Lequel?

Activités	Noms
1. s'endormir pendant une émission	_____
2. rentrer après minuit	_____
3. se réveiller après onze heures du matin	_____
4. partir en voyage	_____
5. arriver en retard quelque part (*somewhere*)	_____
6. se disputer avec quelqu'un	_____
7. passer chez quelqu'un	_____
8. tomber	_____
9. se coucher avant neuf heures du soir	_____
10. devenir impatient(e)	_____

5 **En ville** Avec un(e) partenaire, parlez de la dernière fois que vous avez visité une ville.

> **Modèle** —Et où es-tu allé(e) à Québec?
>
> —Je suis allé(e) au musée de la Civilisation. Ma famille et moi, nous nous sommes promené(e)s sur la terrasse Dufferin aussi.

- Pourquoi y es-tu allé(e)?
- Quand es-tu parti(e)?
- Où t'es-tu promené(e)?
- Où es-tu sorti(e) le soir?
- Où es-tu resté(e)? À l'hôtel?
- Quand es-tu rentré(e)?

6 **Interview** Par groupes de trois, jouez le rôle d'un reporter et d'un couple vedette. Le couple décrit au reporter sa journée d'hier, une journée typique… de vedette! Utilisez les verbes de la liste au passé composé et jouez la scène pour la classe.

aller	s'habiller	se raser
arriver	se lever	rentrer
se brosser les dents	se maquiller	se réveiller
se coucher	partir	…?

4 You may wish to have students do this activity in two concentric circles, the inner circle facing out and the outer circle facing in so students face each other. At the end of each dialogue, the outer circle rotates clockwise and the inner circle counterclockwise so every student has a new person to address.

5 You may want to model the activity first by having students ask you about a city you have visited.

6 As a brief warm-up and review, have groups talk about a typical day of their own using the verbs listed.

KEY STANDARDS
4.1, 5.1

3.3

INSTRUCTIONAL RESOURCES
Supersite: Lab Audioscript, SAM AK, Lab MP3s
SAM/WebSAM: WB, LM

The *passé composé* vs. the *imparfait*

*Ils n'ont pas **dit** cinq cents. C'**était** huit cents.*

- Although the **passé composé** and the **imparfait** both express past actions or states, the two tenses have different uses and, therefore, are not interchangeable.

- In general, the **passé composé** is used to describe events that were *completed* in the past, whereas the **imparfait** refers to *continuous* states of being or repetitive actions.

Uses of the **passé composé**

- Use the **passé composé** to express actions viewed by the speaker as completed.

- Use it to express the beginning or end of a past action.

> L'émission **a commencé** à huit heures.
> *The show started at eight o'clock.*

> J'**ai fini** mes devoirs.
> *I finished my homework.*

- Use it to tell the duration of an event or the number of times it occurred in the past.

> J'**ai habité** en Europe pendant six mois.
> *I lived in Europe for six months.*

> Il **a regardé** le clip vidéo trois fois.
> *He watched the music video three times.*

- Use it to describe a series of past actions.

- Use it to indicate a reaction or change in condition or state of mind.

> Il **s'est fâché**.
> *He became angry.*

> À ce moment-là, j'**ai eu** envie de partir.
> *At that moment, I felt like leaving.*

Uses of the **imparfait**

- Use the **imparfait** to describe ongoing past actions without reference to beginning or end.

> Tu **faisais** la cuisine.
> *You used to cook.*

> Et moi, je **faisais** la vaisselle.
> *And I would do the dishes.*

- Use it to express habitual actions in the past.

> D'habitude, je **prenais** le métro.
> *Usually, I took the subway.*

> On se **promenait** dans le parc.
> *We used to take walks in the park.*

- Use it to describe mental, physical, and emotional states.

- Use it to describe conditions or to tell what things were like in the past.

> Les effets spéciaux **étaient** superbes!
> *The special effects were superb!*

> Il **faisait** froid.
> *It was cold.*

Remind students of the three main English translations of the **passé composé**, for example: **il a eu le trac** = *he had stage fright, he has had stage fright,* or *he did have stage fright.*

Ils sont arrivés à 14h00, ils **ont pris** un café et ils **sont partis**.

Go over how the translations of the **imparfait** (*was, was _____-ing,* and *used to _____*) depend on context.

Hier, Martine **était** malade.

The **passé composé** and the **imparfait** used together

- The **passé composé** and the **imparfait** often appear together in the same sentence or paragraph.

Je **faisais** mes devoirs quand tu **es arrivé.**

- When narrating in the past, the **imparfait** describes *what was happening*, while the **passé composé** describes the actions that *occurred* or *interrupted* the ongoing activity. Use the **imparfait** to provide background information and the **passé composé** to tell what happened.

  Samedi soir, je **regardais** la télévision quand j'**ai entendu** un bruit bizarre. J'**avais** l'impression que c'**était** un animal. Le bruit **semblait** venir de la cuisine. J'**ai ouvert** la porte très lentement. Sur la table, il y **avait** un écureuil! Il **mangeait** mon pain. Quand il m'**a vue**, il **a eu** peur et il **est parti** par la fenêtre.

  Saturday evening, I was watching television when I heard a strange noise. I had the impression that it was an animal. The noise seemed to be coming from the kitchen. I opened the door very slowly. On the table, there was a squirrel! It was eating my bread. When it saw me, it got scared and went out the window.

Different meanings in the **imparfait** and the **passé composé**

- The verbs **vouloir, pouvoir, devoir, savoir,** and **connaître** have particular meanings in the **passé composé** and in the **imparfait**.

infinitive	passé composé	imparfait
connaître	Quand as-tu **connu** ma femme?	Je **connaissais** très bien la ville.
	*When did you **meet** my wife?*	*I **knew** the city very well.*
devoir	Nous **avons dû** payer en espèces.	Je **devais** arriver à sept heures.
	*We **had to** pay in cash.*	*I **was supposed to** arrive at 7 o'clock.*
	Il **a dû** oublier.	Il **devait** faire ses devoirs le soir.
	*He **must have** forgotten.*	*He **used to have to** do his homework in the evening.*
pouvoir	Il pleuvait, mais Florent **a pu** venir quand même.	Elle **pouvait** m'aider.
		*She **could** help me.*
	*It was raining, but Florent **managed to** come anyway.*	
savoir	Il **a su** qui était le rédacteur.	Elle **savait** vraiment chanter.
	*He **found out** who the editor was.*	*She really **knew** how to sing.*
vouloir	Véronique **a voulu** faire du ski.	Nous **voulions** aller à la première.
	*Véronique **tried to** ski.*	*We **wanted** to go to the premiere.*
	Je **n'ai pas voulu** aller avec lui.	
	*I **refused** to go with him.*	

ATTENTION!

Here are some transitional words that are useful for narrating past events:

d'abord *first*

après *afterwards*

au début *in the beginning*

avant *before*

enfin *at last*

ensuite *next*

finalement *finally*

pendant que *while*

puis *then*

BLOC-NOTES

Savoir and **connaître** are *not* interchangeable. For more information about their uses, see **Fiche de grammaire 9.4, p. 424**.

Emphasize that **pouvoir** in the **imparfait** describes what the subject is capable of, regardless of whether the action was attempted. **Pouvoir** in the **passé composé** states what the subject managed (not) to do.

TEACHING OPTION Play parts of the **court métrage** *Émilie Muller* with **passé composé** and **imparfait** examples. Pass out the script with blank lines for students to fill in the correct past-tense forms, or have them write down the examples they hear.

Mise en pratique

1

À compléter Choisissez le passé composé ou l'imparfait pour compléter ces phrases.

1. Dans mon enfance, je/j' _____lisais_____ (lire) presque tous les soirs *Stuart Little*.

2. Après avoir terminé leurs études, Hélène et Danielle __sont devenues__ (devenir) rédactrices.

3. Le documentaire _____était_____ (être) intéressant au début, mais on __n'a pas aimé__ (ne pas aimer) la fin.

4. Le jour où tu ____as eu____ (avoir) dix-huit ans, tu ____as décidé____ (décider) de passer une année au Canada.

5. Les enfants _se couchaient/se sont couché(e)s_ (se coucher) quand vous __êtes rentré(e)(s)__ (rentrer).

2

Une célébrité Monique et Étienne sont allés au cinéma plus tôt ce soir. Complétez ce courriel et conjuguez logiquement les verbes à l'imparfait ou au passé composé.

arriver	bien rentrer	ne pas encore répondre	ne rien faire	recevoir
avoir	être	ne pas se parler	pleuvoir	voir

De:	Étienne <etienne24@courriel.qu>
Pour:	Monique <monique.compeau@courriel.ca>
Sujet:	Une histoire incroyable!

Salut Monique,
Tu (1) __es bien rentrée__ chez toi? Je m'inquiète parce que tu
(2) __n'as pas encore répondu__ à mon texto. 😞 Tu l' (3) ____as reçu____ ?

Tu ne vas jamais croire ce qui me/m' (4) ____est arrivé____ après notre rendez-vous au ciné. Tu te souviens qu'il (5) ____pleuvait____ à verse? Alors, je/j'
(6) ____étais____ en train de marcher vers mon arrêt de bus quand, tout à coup, je/j' (7) ____ai vu____ notre réalisateur préféré—Denys Arcand! Son épouse et lui (8) ____avaient____ l'air pressé, donc nous (9) __ne nous sommes pas parlé__ immédiatement. Je/J' (10) ____n'ai rien fait____ de spécial, mais j'ai réussi à converser avec eux!

Appelle-moi bientôt pour qu'on en parle!

Grosses bises,
Étienne

3

Des interruptions Combinez les mots de chaque colonne pour dire ce que les gens faisaient quand ils ont été interrompus.

Modèle **Vous écoutiez la radio quand le téléphone a sonné.**

je	aller		vous	commencer à…
tu	conduire	q	le professeur	dire que…
nous	dormir	u	mes parents	savoir que…
la vedette	écouter	a	mon ami(e)	sortir de…
vous	manger	n	le public	voir…
?	?	d	?	?

Communication

4

Des dates marquantes

A. Voici cinq événements marquants dans la vie de Benoît. À deux, posez-vous les questions à tour de rôle pour compléter la description de chaque événement.

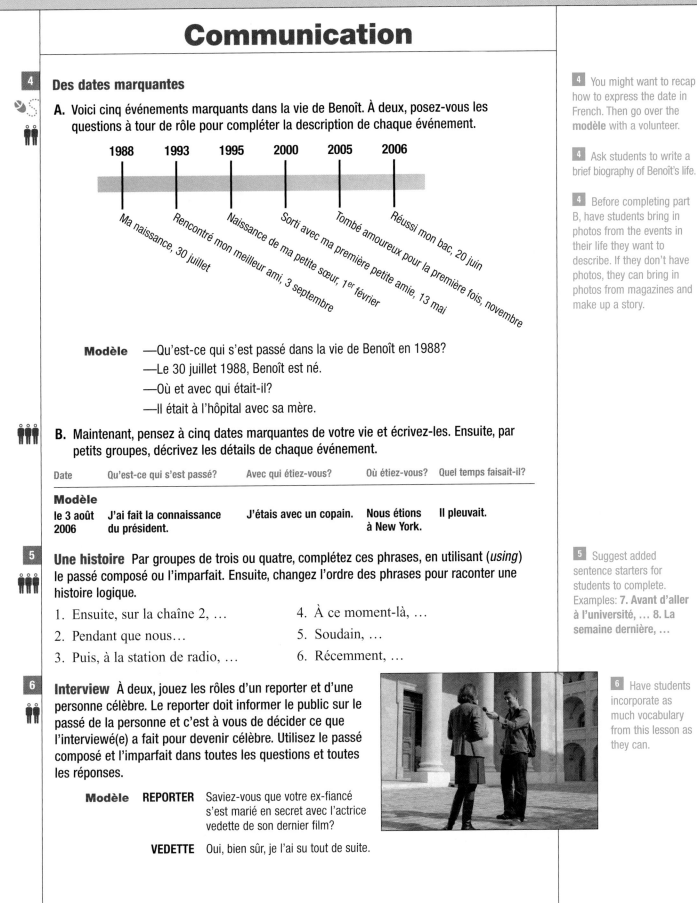

1988   1993   1995   2000   2005   2006

Ma naissance, 30 juillet

Rencontré mon meilleur ami, 3 septembre

Naissance de ma petite sœur, 1er février

Sorti avec ma première petite amie, 13 mai

Tombé amoureux pour la première fois, novembre

Réussi mon bac, 20 juin

Modèle   —Qu'est-ce qui s'est passé dans la vie de Benoît en 1988?
—Le 30 juillet 1988, Benoît est né.
—Où et avec qui était-il?
—Il était à l'hôpital avec sa mère.

B. Maintenant, pensez à cinq dates marquantes de votre vie et écrivez-les. Ensuite, par petits groupes, décrivez les détails de chaque événement.

Date	Qu'est-ce qui s'est passé?	Avec qui étiez-vous?	Où étiez-vous?	Quel temps faisait-il?
Modèle				
le 3 août 2006	**J'ai fait la connaissance du président.**	**J'étais avec un copain.**	**Nous étions à New York.**	**Il pleuvait.**

5

Une histoire Par groupes de trois ou quatre, complétez ces phrases, en utilisant (*using*) le passé composé ou l'imparfait. Ensuite, changez l'ordre des phrases pour raconter une histoire logique.

1. Ensuite, sur la chaîne 2, …
2. Pendant que nous…
3. Puis, à la station de radio, …
4. À ce moment-là, …
5. Soudain, …
6. Récemment, …

6

Interview À deux, jouez les rôles d'un reporter et d'une personne célèbre. Le reporter doit informer le public sur le passé de la personne et c'est à vous de décider ce que l'interviewé(e) a fait pour devenir célèbre. Utilisez le passé composé et l'imparfait dans toutes les questions et toutes les réponses.

Modèle   **REPORTER**   Saviez-vous que votre ex-fiancé s'est marié en secret avec l'actrice vedette de son dernier film?

VEDETTE   Oui, bien sûr, je l'ai su tout de suite.

Synthèse (S) Reading

Au bout de trente-cinq ans

LES FAITS DIVERS

Le grand réveil

M arguerite Bouchard, de Jonquière, s'est réveillée vendredi dernier, après avoir passé trente-cinq ans dans le coma. Toute sa famille était choquée. Marguerite se promenait rue des Victoires en avril 1977 quand une voiture, qui roulait trop vite, l'a renversée°.

Christophe, le frère aîné de Marguerite, était près d'elle et tapait° sur son ordinateur, au moment où elle a ouvert les yeux et commencé à parler. Elle lui a demandé pourquoi sa machine à écrire° avait ce petit écran. Il s'est immédiatement rendu compte que sa sœur vivait encore dans le passé.

Pendant ces trente-cinq dernières années, bien sûr, Marguerite ne s'est pas informée. Elle a cru, d'après° sa famille, que les vieilles vedettes de la télé qu'elle connaissait en 1977 étaient toujours célèbres. Toutes les émissions qu'elle préférait ne sont plus à la mode, et quand elle

est sortie du coma, elle ne savait même pas qu'il est possible aujourd'hui de les enregistrer.

Marguerite, qui pendant si longtemps n'a pas eu de contact avec les moyens de communication, n'a jamais navigué sur Internet. Avant son accident, elle écoutait tous les jours des reportages à la radio et regardait les nouvelles à la télévision. Depuis 1977, Marguerite n'a lu ni journaux ni magazines.

struck

was typing

typewriter

according to

1

Révision de grammaire Complétez les phrases en choisissant le verbe approprié de la liste. N'oubliez pas de le conjuguer au passé composé ou à l'imparfait.

arriver	ouvrir	pouvoir	sortir
devoir	passer	se promener	ne jamais voir

1. Marguerite ___est sortie___ du coma vendredi dernier.
2. Elle ___se promenait___ quand une voiture l'a renversée.
3. L'accident ___est arrivé___ il y a plus de trente-cinq ans.
4. Christophe tapait sur son ordinateur quand Marguerite ___a ouvert___ les yeux.
5. On peut conclure que Marguerite ___n'a jamais vu___ un ordinateur.
6. On ne/n' ___pouvait___ pas enregistrer les émissions il y a trente-cinq ans.

2

Qu'avez-vous compris? Répondez par des phrases complètes.

1. Qu'est-il arrivé à Marguerite après plus de trente-cinq ans dans le coma? Elle s'est réveillée.
2. De quoi Christophe s'est-il rendu compte? Il s'est rendu compte que sa sœur vivait encore dans le passé.
3. Qu'est-ce que Marguerite a cru à propos des vieilles vedettes? Elle a cru qu'elles étaient toujours célèbres.
4. Qu'est-ce que Marguerite n'a jamais fait? Elle n'a jamais navigué sur Internet.
5. Vous est-il arrivé de ne pas regarder la télé ou naviguer sur Internet pendant longtemps? Quelle nouvelle vous a surpris(e) après cette période?

Préparation Audio: Vocabulary

Vocabulaire de la lecture	
une bourse *scholarship, grant*	
dire quelque chose *to ring a bell*	
entendre parler de *to hear about*	
être propre à *to be specific to*	
un jeu de mots *play on words*	
une lutte *struggle, fight*	
un peuple *people*	
tourner autour de *to revolve around*	
la tranquillité de l'esprit *peace of mind*	

Vocabulaire utile	
aborder *to broach*	
attribuer *to grant*	
une campagne de promotion *promotional campaign*	
la carrière *career*	
une démarche *approach*	
les paroles *lyrics*	
subventionner *to subsidize*	

KEY STANDARDS
1.2, 2.1, 2.2, 4.2

Point out that the expression **dire quelque chose** takes an indirect object (*à* **quelqu'un**) and that the construction is similar to that of **plaire**: **Ces noms <u>vous</u> disent quelque chose? Ces chansons <u>lui</u> plaisent.**

1 **Vocabulaire** Complétez les phrases à l'aide des mots de vocabulaire présentés sur cette page. Faites les conjugaisons ou ajoutez les articles nécessaires.

1. Dans leurs chansons, les artistes engagés parlent souvent des ___luttes___ démocratiques.

2. Céline Dion chante depuis très longtemps et elle a eu beaucoup de grands succès au cours de sa ___carrière___.

3. Il est parfois difficile de comprendre ___les paroles___ d'une chanson la première fois qu'on l'écoute.

4. Les Québécois sont ___un peuple___ très attaché à la culture francophone.

5. Certains organismes gouvernementaux ___subventionnent___ la culture en proposant des aides financières aux artistes.

6. Le nom de ce groupe me ___dit quelque chose___ mais je ne connais pas leur musique.

7. Les ___campagnes de promotion___ sont importantes parce qu'elles contribuent à faire connaître les jeunes artistes.

8. Les paroles des chansons de ce groupe sont amusantes parce qu'elles contiennent beaucoup de ___jeux de mots___.

1 Before beginning the activity, go over the note next to the **Vocabulaire** with students.

1 Have pairs write similar definitions for three of the unused terms. Then have pairs exchange papers and complete each other's definitions.

2 **Discussion** À deux, répondez aux questions.

1. Quels groupes ou artistes appréciez-vous particulièrement? Qu'est-ce qui vous plaît dans leur style?

2. Connaissez-vous des artistes qui s'engagent politiquement ou pour une cause? Lesquels et pour quelles causes?

3. L'engagement d'un(e) artiste pour ou contre une cause peut-il avoir une influence sur votre appréciation de cet(te) artiste? Expliquez.

4. Pensez-vous qu'il soit nécessaire de subventionner les arts? Pourquoi?

5. D'après vous, les campagnes de promotion contribuent-elles pour beaucoup au succès des jeunes artistes? À votre avis, quel est le meilleur média pour faire connaître ces jeunes artistes? Pourquoi?

2 Remind students that **plaire** takes an indirect object: **Les paroles de cette chanson *me* plaisent.**

3 Suggest to students that they first make a list of musical styles and possible sources of inspiration and use the list to guide their conversations.

3 Students may also want to have their "artists" discuss why they want to be famous.

3 **Artistes en herbe** Par petits groupes, jouez la situation suivante: Vous êtes de jeunes artistes francophones qui essaient de percer (*become famous*) dans le monde de la musique. Vous vous retrouvez dans un avion entre New York et Paris et vous parlez de vos styles musicaux et de vos sources d'inspiration. Vous discutez aussi des difficultés que vous rencontrez en ce début de carrière et vous échangez des conseils pour la promotion de votre travail créatif.

 Practice more at **vhlcentral.com**.

LE PAYSAGE MUSICAL AU QUÉBEC

Pierre Lapointe

Vous avez sûrement entendu parler de Céline Dion ou bien d'Arcade Fire, mais il y a beaucoup d'autres chanteurs et groupes québécois 5 qui chantent uniquement en français. Loco Locass, Pierre Lapointe, Marie-Pierre Arthur et Daniel Bélanger: ces noms vous disent-ils quelque chose? Pas vraiment? Alors, jetons un coup d'œil° chez nos voisins québécois.

glance

10 Différents thèmes inspirent ces chanteurs, qu'ils soient universels ou propres à l'histoire du Québec. Loco Locass, par exemple, est un groupe de hip-hop québécois dont les chansons touchent à des 15 thèmes d'ordre politique, économique et social. Les luttes démocratiques des peuples est une inspiration constante de ce groupe de rap engagé°. 20 Les trois membres du groupe, Batlam, Biz et Chafiik, chantent en français depuis plus de 25 douze ans, et emploient habilement° la langue avec, entre autres, des jeux de mots. Un des aspects importants de Loco Locass est que 30 le groupe fait partie du Réseau de Résistance du Québécois, un groupe militant dont l'objectif est la défense des intérêts et de l'indépendance du Québec.

socially involved 20

skillfully

Dans un autre répertoire musical, 35 Pierre Lapointe est un auteur-compositeur-interprète° qui a su conquérir son public à travers des thèmes personnels et universels à la fois. La mélancolie, le plaisir des sens et l'amour l'ont inspiré à composer, 40 accompagné ou non d'un piano, des mélodies accrocheuses°. Grâce à une bourse du Conseil des arts et des lettres du Québec qui l'a aidé à sortir son premier album en 2004, Pierre Lapointe en a produit plus 45 d'une dizaine depuis cette époque.

performer

catchy

> **Sa poésie et ses mélodies sont travaillées avec soin jusque dans les détails.**

Si vous êtes un ou une adepte de musique folk-rock, ne cherchez pas plus loin. Marie-Pierre Arthur, également auteure-compositrice-interprète, se place 50 parmi les figures de proue° de la nouvelle chanson québécoise. Sa voix aérienne° et mélancolique chante avec volupté les émotions, la peur, les envies ou la tranquillité de l'esprit. Depuis 2009, ses chansons sont 55 nourries° des histoires et des mélodies qu'elle entend autour d'elle. Marie-Pierre Arthur, ce n'est pas seulement une personne, mais aussi un clan. La chanteuse est très attachée à la notion de famille et parle 60 toujours d'un «nous» inclusif.

figurehead 50

ethereal

inspired 55

Quel auteur-compositeur-interprète né en 1961 à Montréal 65 a commencé sa carrière avec le groupe Humphrey Salade avant de se lancer en solo en 1992? Il s'agit 70 de° Daniel Bélanger, probablement une des figures les plus solides de la scène musicale québécoise. Sa poésie et ses mélodies sont 75 travaillées avec soin jusque dans les détails. Daniel Bélanger connaît un immense succès, entre autres, grâce à sa capacité à habiter la scène en solo et à innover. Certains de ses albums, comme *L'Échec du matériel*, 80 tournent autour de questions existentielles variées, en particulier l'absurde, la solitude et les contradictions de la vie. En 2013, il déploie ses talents littéraires en écrivant *Auto-stop*, un «roman-chanson» sur un jeune 85 homme mélancolique qui voyage en solitaire sur les routes d'Europe.

We're talking about

Cet aperçu° du paysage musical québécois est synonyme de diversité, et il est facile de constater° que l'inspiration ne 90 manque pas à ces véritables artistes. ■

glimpse

to attest

Point out that Daniel Bélanger also contributed to promoting singer Ariane Moffatt to pop celebrity status. Moffatt is also known for her role as judge on *La Voix,* the popular television song competition.

Ask students to research other Quebecois artists who are not mentioned in the reading, and have them say what they sing about.

Analyse

Compréhension Répondez aux questions par des phrases complètes.

1. Quels sont les thèmes abordés dans les chansons de Loco Locass?
Elles abordent des thèmes d'ordre politique, économique et social.

2. Qu'est-ce qui caractérise les paroles des chansons de Loco Locass?
Ils chantent en français et emploient des jeux de mots.

3. Qu'est-ce que le Réseau de Résistance du Québécois? C'est un groupe militant dont l'objectif est la défense des intérêts et de l'indépendance du Québec.

4. D'où vient l'inspiration de Pierre Lapointe? Il s'inspire de thèmes personnels et universels, comme la mélancolie, le plaisir des sens et l'amour.

5. Grâce à quoi, en partie, Pierre Lapointe a-t-il pu débuter sa carrière? Il a pu débuter sa carrière grâce à une bourse du Conseil des arts et des lettres du Québec.

6. Quelle notion est centrale pour l'auteure-compositrice-interprète Marie-Pierre Arthur? La notion de clan, de famille, est centrale.

7. Quelles sont les questions abordées par Daniel Bélanger dans ses albums? Il aborde les questions existentielles telles que l'absurde, la solitude et les contradictions de la vie.

8. Quelle forme d'art Daniel Bélanger a-t-il mélangée à la musique en 2013? Il y a mélangé les arts littéraires.

9. Quelle est la particularité d'*Auto-stop*? C'est un «roman-chanson» sur un jeune homme mélancolique qui voyage en solitaire sur les routes d'Europe.

10. Comment le paysage musical québécois est-il décrit dans le texte? Il est très varié et les artistes ne manquent pas d'inspiration.

Réflexion À deux, répondez aux questions par des phrases complètes.

1. À votre avis, pourquoi les artistes mentionnés dans le texte ont-ils choisi de chanter uniquement en français?

2. Que pensez-vous de l'appartenance du groupe Loco Locass au Réseau de Résistance du Québécois? Connaissez-vous d'autres artistes qui s'engagent politiquement? Pensez-vous que les arts et la politique soient compatibles? Expliquez.

3. Dans votre pays, existe-t-il un organisme dont l'objectif est d'aider financièrement les artistes? Que pensez-vous de ce genre d'initiatives?

4. Discutez de la notion d'un «nous» inclusif selon Marie-Pierre Arthur. Que veut-elle dire par là, à votre avis?

5. Que pensez-vous de l'idée de Daniel Bélanger de mélanger les formes d'art? Connaissez-vous d'autres artistes qui ont la même démarche? Expliquez.

Médias et culture À deux, choisissez une manifestation artistique et créez une campagne de publicité pour cet événement culturel. Quels médias utilisez-vous? Comment? Pourquoi?

Marie-Pierre Arthur

Une bourse Imaginez que vous travailliez pour le Conseil des arts et des lettres du Québec. Faites des recherches pour trouver un groupe ou un(e) artiste québécois(e) que vous aimeriez subventionner. Par petits groupes, préparez un dossier de candidature (*application file*) pour ce groupe ou cet(te) artiste. Votre dossier doit mentionner les points suivants:

- le nom du groupe ou de l'artiste et une courte biographie
- des informations sur son style musical et les thèmes qu'il/elle aborde dans ses chansons
- des arguments en faveur de l'attribution d'une bourse à ce groupe ou à cet(te) artiste

Practice more at **vhlcentral.com**.

Préparation

Ⓢ Audio: Vocabulary

KEY STANDARDS
1.2, 2.2, 3.1, 5.2

À propos de l'auteur

Frédéric Beigbeder est né en 1965 à Neuilly-sur-Seine d'une famille aisée (*well-off*). En 1990, à l'âge de vingt-cinq ans, il publie son premier roman. Il devient ensuite concepteur-rédacteur (*advertising copywriter*) dans une agence de publicité. Suite à la parution (*publication*) de son roman satirique *99 francs*, où il dénonce l'invasion de la publicité dans notre société, il est licencié (*fired*) de cette agence.

Vocabulaire de la lecture

bosser *to work*
du café soluble *instant coffee*
déchirer *to tear*
s'engueuler *to have an argument*
faire marrer *to make (someone) laugh*
la frime *showing off*
des fringues (f.) démodées *out-of-style clothes*
haïr *to hate*
un incendie *fire*
une pieuvre *octopus*
pondre *to lay (an egg), produce*
un prospectus *leaflet*

Vocabulaire utile

le/la consommateur/ consommatrice *consumer*
l'efficacité (f.) *efficiency*
envahir *to invade*
une marque *brand*
le matraquage *hype*
un(e) publicitaire *advertising executive*
la société de consommation *consumer society*
la vie quotidienne *everyday life*

INSTRUCTIONAL RESOURCES
Supersite: Littérature recording; Scripts; SAM AK
SAM/WebSAM: LM

Have students brainstorm what Frédéric Beigbeder's job as an advertising copywriter entailed. Then ask them to speculate on why Beigbeder was fired from this job. Ask: **Pensez-vous qu'il était juste de licencier Beigbeder? Pourquoi?**

1 Before beginning the activity, point out that a few of the words and expressions in the **Vocabulaire** are colloquial terms that should only be used in very informal settings.

1 **Définitions** Trouvez le mot ou l'expression qui correspond à chaque définition.

1. C'est un verbe qui a un sens plus fort que **détester**. haïr

2. C'est un synonyme en langage familier de **gagner sa vie**. bosser

3. C'est le nom qu'on associe à une gamme (*range*) de produits. une marque

4. C'est un verbe qui décrit ce qui peut se passer quand on ne s'entend pas avec quelqu'un. s'engueuler

5. C'est l'expression qu'on utilise pour désigner tous les consommateurs au sens général. la société de consommation

2 **À compléter** Complétez ces phrases en utilisant les mots de vocabulaire présentés sur cette page. Faites les conjugaisons ou ajoutez les articles nécessaires.

1. Dans l'ensemble, je trouve que les publicités sont amusantes. Elles me font marrer.

2. Il y a eu un grave incendie dans mon immeuble et les pompiers sont venus.

3. Les gens qui achètent des fringues de marque le font souvent pour la frime.

4. Il y a trop de pubs à la télé! Elles envahissent notre vie.

3 **Médias et publicité** Travaillez par petits groupes pour répondre aux questions suivantes.

1. Aimez-vous la publicité? Y prêtez-vous attention? Donnez quelques exemples de publicités qui vous ont marqués et expliquez pourquoi.

2. Quel média vous expose à la plus grande quantité de publicités? La publicité modifie-t-elle votre consommation? Si oui, comment?

3. Trouvez-vous que les gens qui travaillent dans la publicité sont talentueux? Comment imaginez-vous ces personnes? Quelles qualités ont-elles?

Note CULTURELLE

Neuilly-sur-Seine est une commune d'Île-de-France qui est limitrophe du nord-ouest de la ville de Paris. Elle compte environ 60.000 résidents. C'est une des villes de France où la richesse moyenne par habitant est parmi les plus élevées. On y trouve de nombreux quartiers résidentiels chics ainsi qu'un quartier d'affaires où certains grands groupes ont leurs sièges sociaux.

 Practice more at **vhlcentral.com**.

99 FRANCS

Frédéric Beigbeder

Mon titre exact, c'est concepteur-rédacteur; ainsi appelle-t-on, de nos jours, les écrivains publics. Je conçois° des scénarios de films de trente secondes et des slogans pour les affiches. Je dis «slogans» pour que vous compreniez mais sachez que le mot «slogan» est complètement has-been. Aujourd'hui on dit «accroche» ou «titre». J'aime bien «accroche» mais «titre» est plus frime. Les rédacteurs les plus snobs disent tous «titre», je ne sais pas pourquoi.

Du coup, moi aussi je dis que j'ai pondu tel ou tel «titre» parce que si tu es snob tu es augmenté plus souvent. Je bosse sur huit budgets: un parfum français, une marque de fringues démodées, des pâtes italiennes, un édulcorant° de synthèse, un téléphone portable, un fromage blanc sans matière grasse°, un café soluble et un soda à l'orange. Mes journées s'écoulent° comme une longue séance de zapping entre ces huit différents incendies à éteindre. Je dois sans cesse m'adapter à des problèmes différents. Je suis un caméléon camé°.

Je sais que vous n'allez pas me croire mais je n'ai pas choisi ce métier seulement pour l'argent. J'aime imaginer des phrases. Aucun métier ne donne autant de pouvoir aux mots. Un rédacteur publicitaire, c'est un auteur d'aphorismes qui se vendent. J'ai beau° haïr ce que je suis devenu, il faut admettre qu'il n'existe pas d'autre métier où l'on puisse s'engueuler pendant trois semaines à propos d'un adverbe. Quand Cioran écrivit°: «Je rêve d'un monde où l'on mourrait pour une virgule», se doutait-il qu'il parlait du monde des concepteurs-rédacteurs?

Le concepteur-rédacteur travaille en équipe avec un directeur artistique. Les directeurs artistiques aussi ont trouvé un truc° pour faire snob: ils disent qu'ils sont «A.D.» (abréviation de «Art Director»). Ils pourraient dire «D.A.», mais non, ils disent «A.D.», l'abréviation britannique. Bon, je ne vais pas vous expliquer tous les tics de la pub, on n'est pas là pour ça, vous n'avez qu'à lire les vieilles bédés° de Lauzier ou regarder à la télé (souvent le dimanche soir) les comédies des années 70, où le rôle du publicitaire est toujours interprété par Pierre Richard. À l'époque, la pub faisait rire. Aujourd'hui elle ne fait plus marrer personne. Ce n'est plus une joyeuse aventure mais une industrie invincible. Travailler dans une agence est devenu à peu près aussi excitant qu'être expert-comptable°.

Bref, il est passé le temps où les pubeux° étaient des saltimbanques bidon°. Désormais° ce sont des hommes d'affaires dangereux, calculateurs, implacables. Le public commence à s'en apercevoir: il évite nos écrans, déchire nos prospectus, fuit° nos Abribus°, tague° nos 4 x 3. On nomme cette réaction la «publiphobie». C'est qu'entre-temps, telle une pieuvre, la réclame° s'est mise à tout régenter°. Cette activité qui avait démarré comme une blague domine désormais nos vies: elle finance la télévision, dicte la presse écrite, règne sur le sport (ce n'est pas la France qui a battu le Brésil en finale de la Coupe du Monde, mais Adidas qui a battu Nike), modèle la société, influence la sexualité, soutient la croissance°. Un petit chiffre? Les investissements publicitaires des annonceurs en 1998 dans le monde s'élèvent à 2.340 milliards de francs (même en euros, c'est une somme). Je peux vous certifier qu'à ce prix-là, tout est à vendre - surtout votre âme. ∎

Aucun métier ne donne autant de pouvoir aux mots.

Marginal glosses:
- design (5)
- sweetener
- non-fat
- flow by
- addicted
- no matter how much I (35)
- wrote
- gimmick (45)
- comic strips
- certified public accountant
- advertisers / bogus entertainers (65)
- Nowadays
- flees / bus shelters / put graffiti on (70)
- advertisement / control
- supports growth (80)

Analyse

1 **Vrai ou faux?** Indiquez si les affirmations sont vraies ou fausses, et corrigez les fausses.

1. Le narrateur travaille sur des publicités et sur des slogans d'affiche. Vrai.
2. Dans le monde publicitaire, on ne travaille que sur une publicité à la fois. Faux. Le narrateur travaille sur huit budgets en même temps.
3. Le narrateur trouve que son travail est assez facile. Faux. Ses journées sont longues. Il doit sans cesse s'adapter à des problèmes différents.
4. Le narrateur aime son métier parce qu'il gagne beaucoup d'argent. Faux. Il aime surtout imaginer des phrases.
5. D'après le narrateur, la publicité a de plus en plus d'impact sur la vie des gens. Vrai.

2 **Compréhension** Répondez aux questions par des phrases complètes.

1. Pour quels types de produits le narrateur crée-t-il des publicités? Il travaille sur des publicités pour des parfums, des vêtements, des produits alimentaires et du matériel de téléphonie.
2. D'après le narrateur, comment la publicité a-t-elle évolué depuis les années 70? Dans les années 70, elle faisait rire. Aujourd'hui, c'est une industrie invincible.
3. Comment sont les gens qui travaillent dans la publicité aujourd'hui, d'après le narrateur? Ce sont des hommes d'affaires dangereux, calculateurs et implacables.
4. Qu'est-ce que la «publiphobie», d'après le narrateur? C'est une réaction du public qui consiste à tout faire pour éviter la publicité.
5. Dans quels domaines la publicité exerce-t-elle son influence aujourd'hui? Elle exerce son influence dans tous les domaines de la vie quotidienne et de la société.

3 **Une publicité** Pensez à une publicité que vous avez vue récemment et que vous avez aimée. Écrivez un paragraphe pour la résumer (*summarize*) et pour expliquer son message. Puis, dites pourquoi vous l'avez trouvée intéressante et analysez son efficacité.

4 **Les chiffres de la publicité** Dans le texte, l'auteur mentionne qu'en 1998, les annonceurs publicitaires ont dépensé 2.340 milliards de francs, l'équivalent d'environ 350 millions d'euros. Que pensez-vous de ce chiffre? Vous choque-t-il? Ce genre de budget est-il justifié, d'après vous? Discutez-en avec un(e) camarade de classe.

5 **Discussion** Êtes-vous plutôt «publiphile» ou «publiphobe»? Discutez de cette question par petits groupes. Donnez des raisons et des exemples précis pour justifier et illustrer votre réponse.

6 **Rédaction** Dans le texte, Frédéric Beigbeder nous dit que «telle une pieuvre, la réclame s'est mise à tout régenter. Cette activité qui avait démarré comme une blague domine désormais nos vies...». Commentez cette citation à l'aide du plan de rédaction.

Plan

1 **Préparation** Réfléchissez aux questions suivantes: Comment la publicité a-t-elle évolué depuis les années 1970? A-t-elle réellement envahi la vie des consommateurs? Comment? Les nouveaux médias ont-ils contribué à l'évolution de la publicité? Comment? Quel est le véritable impact de la publicité sur le consommateur? Et sur la société en général?

2 **Point de vue** Que pensez-vous des arguments de Beigbeder? Reprenez le dernier paragraphe du texte point par point. Notez les assertions de l'auteur et réfléchissez à leurs implications. Êtes-vous d'accord avec lui? Résumez brièvement ce qu'il dit, puis donnez votre point de vue personnel sur le sujet.

3 **Conclusion** Résumez vos arguments et concluez en disant si vous êtes d'accord ou non avec l'analyse de Beigbeder.

Practice more at vhlcentral.com.

L'influence des médias (S) Vocabulary Tools

Les médias

l'actualité (*f.*) *current events*
la censure *censorship*
un événement *event*
un message/spot publicitaire; une publicité (une pub) *advertisement*
les moyens (*m.*) de communication; les médias (*m.*) *media*
la publicité (la pub) *advertising*
un reportage *news report*
un site web/Internet *web/Internet site*
une station de radio *radio station*

s'informer (par les médias) *to keep oneself informed (through the media)*
naviguer/surfer sur Internet/le web *to search the web*

actualisé(e) *updated*
en direct *live*
frappant(e)/marquant(e) *striking*
influent(e) *influential*
(im)partial(e) *(im)partial*

Les gens des médias

un(e) animateur/animatrice de radio *radio presenter*
un auditeur/une auditrice *(radio) listener*
un(e) critique de cinéma *film critic*
un éditeur/une éditrice *publisher*
un(e) envoyé(e) spécial(e) *correspondent*
un(e) journaliste *journalist*
un(e) photographe *photographer*
un réalisateur/une réalisatrice *director*
un rédacteur/une rédactrice *editor*
un reporter *reporter (male or female)*
un téléspectateur/une téléspectatrice *television viewer*
une vedette (de cinéma) *(movie) star (male or female)*

Le cinéma et la télévision

une bande originale *sound track*
une chaîne *network*
un clip vidéo; un vidéoclip *music video*
un divertissement *entertainment*
un documentaire *documentary*
l'écran (*m.*) *screen*

les effets (*m.*) spéciaux *special effects*
un entretien/une interview *interview*
un feuilleton *soap opera; series*
une première *premiere*
les sous-titres (*m.*) *subtitles*

divertir *to entertain*
enregistrer *to record*
retransmettre *to broadcast*
sortir un film *to release a movie*

La presse

une chronique *column*
la couverture *cover*
un extrait *excerpt*
les faits (*m.*) divers *news items*
un hebdomadaire *weekly magazine*
un journal *newspaper*
la liberté de la presse *freedom of the press*
un mensuel *monthly magazine*
les nouvelles (*f.*) locales/internationales *local/international news*
la page sportive *sports page*
la presse à sensation *tabloid(s)*
la rubrique société *lifestyle section*
un gros titre *headline*

enquêter (sur) *to investigate*
être à la une *to be on the front page*
publier *to publish*

Court métrage

un cadavre *corpse*
une cascade *stunt*
un(e) comédien(ne) *actor*
un décès *death*
un escroc *crook*
l'intérêt (*m.*) financier *financial stakes*
un matelas *mattress*
un plateau *film set*
un(e) producteur/productrice *producer*
un tournage *filming*

convaincre *to convince*
se faire passer pour *to pretend to be*
mourir *to die*
pleurer *to cry*
tourner *to shoot (a film)*

Culture

une bourse *scholarship, grant*
une campagne de promotion *promotional campaign*
la carrière *career*
une démarche *approach*
un jeu de mots *play on words*
une lutte *struggle, fight*
les paroles *lyrics*
un peuple *people*
la tranquillité de l'esprit *peace of mind*

aborder *to broach*
attribuer *to grant*
dire quelque chose *to ring a bell*
entendre parler de *to hear about*
être propre à *to be specific to*
subventionner *to subsidize*
tourner autour de *to revolve around*

Littérature

du café soluble *instant coffee*
le/la consommateur/consommatrice *consumer*
l'efficacité (*f.*) *efficiency*
la frime *showing off*
des fringues (*f.*) démodées *out-of-style clothes*
un incendie *fire*
une marque *brand*
le matraquage *hype*
une pieuvre *octopus*
un(e) publicitaire *advertising executive*
un prospectus *leaflet*
la société de consommation *consumer society*
la vie quotidienne *everyday life*

bosser *to work*
déchirer *to tear*
s'engueuler *to have an argument*
envahir *to invade*
faire marrer *to make (someone) laugh*
haïr *to hate*
pondre *to lay (an egg), produce*

La valeur des idées

Q u'est-ce qui donne de la valeur à une idée? Son originalité, l'impact qu'elle peut avoir sur un groupe ou sur une société? Cependant, une nouvelle idée fait parfois peur aux membres d'un groupe, parce qu'elle les oblige à changer, et il faut souvent du courage pour la faire adopter. Une idée, même bonne, sert-elle à quelque chose, s'il n'y a personne pour la mettre en pratique?

Manifestation étudiante dans le centre-ville de Montréal

125

148

Destination:
ANTILLES

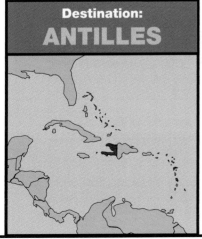

PREVIEW Invite students to comment on the photo on **p. 118**. Then, have small groups talk about a time when they have had an idea that was valued and another time when their idea was rejected. Ask: **Qu'avez-vous ressenti dans ces moments-là?**

La justice et la politique (S) Vocabulary Tools

Les lois et les droits

un crime *murder, violent crime*
la criminalité *crime (in general)*
un délit *(a) crime*
les droits (m.) de l'homme *human rights*
une (in)égalité *(in)equality*

une (in)justice *(in)justice*
la liberté *freedom*
un tribunal *court*

abuser *to abuse*
approuver une loi *to pass a law*
défendre *to defend*
emprisonner *to imprison*
juger *to judge*

analphabète *illiterate*
coupable *guilty*
(in)égal(e) *(un)equal*
(in)juste *(un)fair*
opprimé(e) *oppressed*

La politique

un abus de pouvoir *abuse of power*

une armée *army*
une croyance *belief*
la cruauté *cruelty*

la défaite *defeat*
une démocratie *democracy*
une dictature *dictatorship*
un drapeau *flag*

le gouvernement *government*
la guerre (civile) *(civil) war*
la paix *peace*
un parti politique *political party*
la politique *politics*
la victoire *victory*

avoir de l'influence (sur) *to have influence (over)*
se consacrer à *to dedicate oneself to*
élire *to elect*
gagner/perdre les élections *to win/lose elections*
gouverner *to govern*
voter *to vote*

conservateur/conservatrice *conservative*
libéral(e) *liberal*
modéré(e) *moderate*
pacifique *peaceful*
puissant(e) *powerful*
victorieux/victorieuse *victorious*

Les gens

un(e) activiste *militant activist*
un(e) avocat(e) *lawyer*

KEY STANDARDS
1.1, 1.2, 4.1
INSTRUCTIONAL RESOURCES
Supersite: Lab Audioscript,
SAM AK, Lab MP3s
SAM/WebSAM: WB, LM

un(e) criminel(le) *criminal*
un(e) député(e) *deputy (politician); representative*
un homme/une femme politique *politician*
un(e) juge *judge*
un(e) juré(e) *juror*
un(e) président(e) *president*
un(e) terroriste *terrorist*
une victime *victim*
un voleur/une voleuse *thief*

La sécurité et le danger

une arme *weapon*
une menace *threat*
la peur *fear*

un scandale *scandal*
la sécurité *safety*
le terrorisme *terrorism*
la violence *violence*

combattre *(irreg.) to fight*
enlever/kidnapper *to kidnap*
espionner *to spy*
faire du chantage *to blackmail*
sauver *to save*

SYNONYMES
emprisonner ⟷ incarcérer

Point out that **un crime** refers to a specific crime and can also mean *a murder*, while **un délit** can refer to a misdemeanor. Mention the phrase **Prendre quelqu'un en flagrant délit de...** *to catch someone red-handed.*

Explain that **un(e) activiste** (*militant activist*) and **un(e) militant(e)** (*activist*) are **faux-amis**.

Describe how the terms **gauche**, **centre**, and **droite** are used in a political context, just as in English.

Mise en pratique

1 Synonymes et antonymes Remplissez la liste de synonymes et d'antonymes pour les mots suivants.

Synonymes		Antonymes	
1. équivalence	égalité	6. défaite	victoire
2. terreur	peur	7. guerre	paix
3. protéger	défendre	8. victime	criminel(le)
4. pacifiste	pacifique	9. conservateur	libéral
5. opinion	croyance	10. innocent	coupable

2 Qui est-ce? Dites qui parle dans chaque situation.

1. une activiste   2. un terroriste   3. un voleur   4. une avocate   5. un homme politique

___3___ a. J'espionnais des résidences dans un quartier riche. Quand une famille est partie en vacances, je suis entré dans leur maison. Je n'ai pas eu le temps de prendre l'argent, parce que des policiers sont arrivés. J'ai essayé de fuir, mais ils m'ont arrêté. Au tribunal, le juge m'a condamné à trois mois de prison.

___1___ b. Je suis membre d'un groupe politique qui croit en la démocratie. Nous sommes pour la liberté des citoyens du monde et contre la dictature. Nous combattons les dictatures, parce que nous pensons que c'est une forme d'emprisonnement.

___5___ c. Je m'occupe des affaires publiques dans ma région. Aux dernières élections, soixante-quinze pour cent des habitants qui ont voté m'ont choisi. J'ai aussi gagné les élections il y a quatre ans.

___4___ d. Je m'intéresse beaucoup plus à la justice qu'à la politique. Chaque jour, je défends mes clients, qui sont souvent victimes d'injustices. En plus, je me consacre à la défense des droits de l'homme.

___2___ e. Je suis membre d'une armée spéciale. Nous faisons peur aux gens pour les informer sur nos croyances et sur nos luttes. Nous utilisons aussi la violence et la cruauté pour détruire ce qui est injuste dans le monde. Nous utilisons fréquemment le chantage pour atteindre notre but.

3 Définir et inventer Dans un groupe de trois ou quatre, définissez les mots de la liste. Ensuite, inventez une histoire qui inclut au moins huit des douze mots.

chantage	démocratie	espionner	politique
combattre	dictature	libéral	scandale
criminel	égalité	pacifique	sécurité

4 Au tribunal Imaginez que vous soyez avocat(e). Décrivez quelle sorte de droit vous pratiquez. Si vous choisissez le droit pénal (*criminal*), défendez-vous des clients qui sont coupables? Qu'est-ce qui est le plus important: défendre la justice ou gagner un salaire élevé? Discutez de vos idées avec un(e) camarade de classe.

Practice more at **vhlcentral.com**.

Give additional items, such as: **Synonyme: un criminel (un voleur)**; **Antonyme: approuver (combattre)**

2 Have students draw additional vocabulary words from a bag, and then come up with descriptions like those in the activity. Have them take turns guessing each word.

3 Ask volunteers from each group to read their stories to the class.

3 Have students write the words on a sheet of paper. Then have them write two things they associate with that word. They can be new or previously learned words, or the names of people or places. Ex: **faire du chantage—argent, crime; démocratie—les États-Unis, gouvernement.**

4 You may want to provide students with examples of types of law: **droit fiscal, droit des affaires, droit de la famille, droit du travail, droit de la santé, droit immobilier, droit des étrangers, droit sur la propriété intellectuelle, droit militaire,** etc.

Préparation (S) Audio: Vocabulary

KEY STANDARDS
1.2, 2.1, 2.2, 4.1, 4.2, 5.2

Instructional Resources
Supersite/DVD: Film
Collection
Supersite: Script &
Translation

Point out that many of
the words and expressions
used in the film are slang
and should only be used in
very informal settings. Go
over the **Note culturelle** on
p. 125 with students. Ask
students to supply standard
French expressions with
similar meanings.

Ask students to use six
words and expressions from
the vocabulary in sentences
that show the meaning of
each term. As an alternative,
have students do this in
pairs: one partner explains
the meaning of a word or
expression without using it,
and the other one identifies
the correct term.

Have students read
the vocabulary lists
and hypothesize about
the subject matter of
the short film.

1 For additional practice,
have students create
sentences that use each
of the incorrect choices
in a logical manner.

2 As a follow-up, have
pairs of students create
and act out a skit in which
they use six slang words
or expressions from
the vocabulary.

Vocabulaire du court métrage

la colère *rage*
défendre de *to forbid*
enfreindre une injonction *to disobey a command*
faire confiance *to trust*
les flics* *cops*
griller quelqu'un* *to catch someone*
mépriser *to scorn*
se planter* *to blow it*
une syncope *(heart) attack*
une volaille* *doll, woman*

Vocabulaire utile

l'argot (*m.*) *slang*
la jalousie *jealousy*
un malaise *dizzy spell*
un malentendu *misunderstanding*
se réconcilier *to make up*
un registre soutenu *formal register*
une trahison *betrayal*
tromper quelqu'un *to cheat on someone*

EXPRESSIONS

Ça craint!* *That really stinks!*
Ça lui a filé la gerbe.* *It made her want to puke.*
Ça schlinguait le parfum.* *It reeked of perfume.*
Casse-toi et bon vent!* *Get lost and good riddance!*
Il dit qu'il se tire.* *He says he's splitting.*
Si c'est chelou...* *If he's playing...*

*slang word or phrase

---

1 **Le bon choix** Choisissez le terme approprié pour compléter chaque phrase.

1. Tromper quelqu'un est une forme de _____ difficile à pardonner.
   (a.) trahison   b. jalousie   c. registre

2. Si on _____ à une personne de faire une chose, on lui interdit de la faire.
   (a.) défend   b. trompe   c. enfreint

3. On peut _____ à cet homme car (*because*) c'est un excellent médecin.
   a. mépriser   b. se réconcilier (c.) faire confiance

4. Quand elle a découvert que son petit ami la trompait, elle a ressenti beaucoup de _____.
   a. malentendu   (b.) colère   c. malaise

5. Quelqu'un qui a des troubles cardiaques peut faire une _____.
   a. colère   (b.) syncope   c. injonction

2 **À remplacer** Dans les phrases suivantes, remplacez les mots soulignés par leurs équivalents en argot.

1. Après nos études, on veut <u>partir</u> en Afrique. se tirer

2. Il y avait un homme louche dans le parc, alors elle a appelé <u>la police</u>. les flics

3. Zut alors! Je me suis <u>trompé</u>! Excuse-moi. planté

4. Elle ne connaît pas la <u>femme</u> qu'elle a vue avec son mari au parc. volaille

5. Qu'est-ce que c'est que cette odeur? Ça <u>sent</u> le poisson ici! schlingue

3 **Questions** Répondez aux questions par des phrases complètes.

1. Utilisez-vous souvent des mots et des expressions d'argot? Dans quelles circonstances? Y a-t-il des mots et des expressions que vous utilisez seulement avec vos amis ou avec votre famille? Pourquoi? Donnez quelques exemples.

2. En quoi notre façon de nous exprimer change-t-elle d'après les circonstances? Considérez ces deux situations et décrivez un style de communication approprié pour chacune.
   - une soirée avec des jeunes de votre âge
   - un entretien d'embauche pour un poste haut placé

3. D'après vous, dans les relations personnelles, qu'est-ce qui peut être une source de malentendu? Les gestes? Le langage? Expliquez en donnant des exemples. Comment peut-on éviter les malentendus?

3 Have students work in small groups on this follow-up activity: **Décrivez un malentendu dont vous avez été témoin ou victime. Qu'est-ce qui a causé le problème? Pourquoi? Comment la situation s'est-elle résolue? La communication a-t-elle joué un rôle important dans la résolution?**

4 **Anticipation** Avec un(e) camarade, observez ces images du court métrage et répondez aux questions.

A   **B**

4 Ask students to hypothesize on possible reasons to explain why the man is giving the teenager money.

Image A
- Que voyez-vous sur l'image? Où est la jeune femme? Que fait-elle? Quel temps fait-il? Quelle est l'atmosphère du lieu où la jeune femme se trouve?
- Pourquoi la jeune femme est-elle triste, d'après vous? Imaginez des raisons possibles qui pourraient expliquer ses sentiments et son état d'esprit.

Image B
- Décrivez les deux personnages sur l'image. Qui sont-ils? Quelle est leur relation?
- Pensez-vous que ces deux personnes connaissent la jeune fille qu'on voit dans la première image? Faites des hypothèses en ce qui concerne leurs relations.

5 **Résumé** Le titre de ce court métrage est *Le Courrier du parc*. Par petits groupes, essayez de deviner de quoi le film va parler. Considérez le vocabulaire donné à la page 122, les images ci-dessus et le titre. Inventez votre propre résumé (*summary*) du film.

6 **Le courrier** Qu'évoque, pour vous, le mot **courrier**? À quoi pensez-vous quand on prononce ce mot aujourd'hui? La communication a-t-elle beaucoup évolué au cours des dernières décennies? Les gens utilisent-ils les mêmes moyens de communication? Se parlent-ils de la même manière qu'avant? Discutez-en avec un(e) partenaire.

5 After students have viewed the film, have them compare the summaries they wrote with the actual plot of the story.

6 Have the pairs share their responses with the class.

![Practice] Practice more at **vhlcentral.com**.

Short Film

Ask the class to describe what is pictured in the scene from the film in the poster.

Point out that Bérénice Bejo is a famous French-Argentine actress. She played the role of Peppy Miller in the 2011 film *The Artist* and won the 2012 **César de la Meilleure Actrice**, the French equivalent of Oscar for Best Actress, for her role in the movie.

Bérénice Bejo   Côme Levin   Sylvain Jacques

Le Courrier *du parc*

Un film d'Agnès Caffin

Produit par Olivier Charvet
Acteurs Bérénice Bejo, Sylvain Jacques et Côme Levin

INTRIGUE *Dans un parc, deux amants en conflit échangent un courrier inhabituel. C'est un adolescent qui se charge de transmettre oralement les messages.*

LE JEUNE HOMME Tiens, viens. Prends ça! Tu vois la jeune femme assise sur le banc là-bàs? Elle me brise° le cœur. Va lui dire ça. Allez!

L'ADOLESCENT Il dit qu'il veut savoir ce qui te prend. Et pourquoi tu ne veux plus lui parler? Parce que là, il ne capte rien°. Et c'est dégueulasse° vu que tu es la seule meuf° qu'il kiffe° sur la terre.
LA JEUNE FEMME: Va lui dire que je ne devrais pas avoir à lui rappeler ce qu'il sait déjà.

LA JEUNE FEMME S'il ne comprend toujours pas, demande-lui si le parfum de jasmin de Suzanna ne suffit pas à le retenir en Europe. L'autre soir, dans le jardin d'hiver, l'envoûtement° semblait pourtant parfait.

LE JEUNE HOMME Quoi? Quelle autre femme?
L'ADOLESCENT: Suzanna, elle a dit.
LE JEUNE HOMME: Va lui porter ça! Dis-lui que sa méprise° nous a mis au calvaire° inutilement, qu'elle n'aurait jamais dû douter, que j'aurais préféré subir mille morts plutôt que de lui infliger la moindre peine°.

L'ADOLESCENT Cher Docteur Mortimer. Je tiens à vous remercier chaleureusement pour l'efficacité et la compétence dont vous avez fait preuve vendredi soir lorsque ma fille, Suzanna, est tombée dans vos bras dans le jardin d'hiver. Sans vous, le temps aurait, hélas° joué contre elle.

LA JEUNE FEMME Va lui dire que... Va lui dire de venir chercher sa meuf, s'il veut toujours d'elle.

brise *breaks* **ne capte rien** *doesn't get it* **dégueulasse** *messed up (slang)* **meuf** *woman (slang)* **kiffe** *loves (slang)* **envoûtement** *magic* **méprise** *error* **nous a mis au calvaire** *tormented us* **infliger la moindre peine** *inflict the least bit of hurt* **hélas** *alas*

PREVIEW Call on students or have volunteers describe the characters and the images. Ask them to make predictions about the story. Then have them look at each video still again, without reading the caption, and ask them to imagine what the characters might be saying to one another.

TEACHING OPTION Ask pairs to write a ten-sentence summary of the film. They should write each sentence on a strip of paper. Then each pair should work with another pair to arrange the strips in chronological order.

Analyse

1

Vrai ou faux? Indiquez si chaque phrase est vraie ou fausse et corrigez les phrases fausses.

1. Le jeune homme est un ami de l'adolescent du parc. Faux. Ils ne se connaissent pas.

2. Le jeune homme donne de l'argent à l'adolescent pour qu'il lui rende un service. Vrai.

3. La jeune femme refuse de parler au jeune homme. Vrai.

4. La jeune femme est fâchée contre le jeune homme parce qu'il veut aller vivre en Afrique. Faux. Elle est fâchée contre lui parce qu'elle pense qu'il la trompe avec une autre femme.

5. Le jeune homme est médecin. Vrai.

6. Suzanna est une amie de la jeune femme. Faux. C'est une patiente du jeune homme.

7. L'adolescent apporte une lettre écrite par le jeune homme à la jeune femme. Faux. C'est une lettre que la mère de Suzanna a écrite au jeune homme.

8. La lettre explique que Suzanna est morte. Faux. La lettre remercie le jeune homme d'avoir sauvé la vie de Suzanna.

9. Quand l'adolescent lui lit la lettre, la jeune femme comprend qu'il y a eu un malentendu. Vrai.

10. À la fin, la jeune femme souhaite se réconcilier avec son petit ami. Vrai.

2

Compréhension et discussion À deux, répondez aux questions par des phrases complètes.

1. À quoi pense la jeune femme assise sur le banc? Pourquoi pleure-t-elle?

2. Comment expliquez-vous que le jeune homme préfère s'adresser à un jeune inconnu pour l'aider à résoudre son problème?

3. Décrivez la source du malentendu. Qu'auriez-vous fait à la place de la jeune femme si vous aviez vu votre petit(e) ami(e) avec une autre personne? Expliquez et justifiez votre réponse.

4. Que pensez-vous du fait que l'adolescent demande de l'argent plusieurs fois au jeune homme? Essaie-t-il de profiter de la situation? Sa façon de se comporter évolue-t-elle au fil de (*in the course of*) l'histoire? Pourquoi, à votre avis?

5. Comparez le langage utilisé par les deux jeunes gens et celui de l'adolescent. Pensez-vous que l'adolescent transmette le message du jeune homme de façon efficace? Expliquez votre réponse.

3

Les personnages Par petits groupes, imaginez et décrivez la vie quotidienne des trois personnages. Écrivez un paragraphe d'au moins quatre phrases pour chacun.

4 Un non-dit Dans le court métrage, la jeune femme dit le début de phrase suivant pour décrire sa réaction quand elle a vu son petit ami et Suzanna ensemble. À votre avis, qu'est-ce qu'elle a voulu dire? Ensuite, travaillez avec un(e) camarade et imaginez plusieurs fins possibles pour cette phrase.

> **《Dis-lui que ce jour-là, j'ai failli (*I almost*)...》**
>
> — LA JEUNE FEMME

4 Encourage students to use their imagination and consider as many logical options as possible. Example: **Dis-lui que ce jour-là, j'ai failli partir loin d'ici pour toujours.**

5 Une lettre Imaginez qu'au lieu de communiquer avec la jeune femme par l'intermédiaire de l'adolescent, le jeune homme ait décidé d'écrire une lettre à sa petite amie. Écrivez cette lettre.

- Essayez de faire comprendre à la jeune femme qu'il y a eu un malentendu.
- Exprimez-lui aussi votre amour pour elle.
- Le registre de langue que vous utilisez dans votre lettre doit correspondre à la façon de s'exprimer du jeune homme.

5 Have half the class write the letter the way the teenager would. Ask students to use a very informal register, with slang and familiar expressions. Select a letter from each group and discuss them as a class, comparing and contrasting contents and styles.

6 La dernière réplique Que se passe-t-il, du point de vue du registre de langue, à la fin du film? Quel est l'effet de ce brusque changement dans la dernière réplique (*line*)? Vous surprend-il? Pourquoi? Discutez de ces questions par petits groupes.

6 Play the end of the film again before students begin working on Activity 6.

7 Après le parc Imaginez une suite à ce court métrage. Que va-t-il se passer après la scène du parc? La fin de l'histoire va-t-elle être heureuse ou triste? Travaillez avec un(e) partenaire pour inventer une fin intéressante. Ensuite, présentez vos idées à la classe.

8 Et vous? À deux, lisez la citation et répondez aux questions.

> Beaucoup de divorces sont nés d'un malentendu. Beaucoup de mariages aussi.
>
> —*Tristan Bernard*

7 For a project, have students write a script for the ending they imagined and, if time permits, have them record a video of the endings. Then show the videos in class and have students discuss them and choose their favorite.

1. Que veut dire cette citation?
2. Êtes-vous d'accord avec la citation? Expliquez.
3. Avez-vous déjà vécu un malentendu comme celui des personnages du film? Si oui, quel en était le résultat?

Practice more at **vhlcentral.com.**

Vue aérienne d'une île de l'archipel des Saintes, Guadeloupe

IMAGINEZ
Les Antilles

INSTRUCTIONAL RESOURCES
Supersite: Teaching suggestions; SAM AK
SAM/WebSAM: WB

KEY STANDARDS
2.1, 2.2, 3.2, 4.2, 5.1

Alerte! Les pirates! Ⓢ Reading

« À l'abordage°!» Au 17ᵉ siècle, tous les voyageurs des **Antilles** avaient peur d'entendre ce cri. En effet, chaque traversée° était périlleuse à cause d'horribles pirates qui hantaient la **mer des Caraïbes**. Des noms comme le **capitaine Morgan** ou le **capitaine Kidd** pour les **Britanniques**, et **Jean Bart** ou **Robert Surcouf** pour les **Français** semaient l'épouvante°. **Pirates**, corsaires, et boucaniers… leur réputation était terrible!

Pourtant la piraterie avait son utilité. À l'époque, les nations européennes se disputaient les Caraïbes et n'avaient pas les moyens financiers de mettre en place une force navale dans une région aussi vaste. Les **Espagnols** constituaient la plus grande puissance coloniale des Antilles, mais en 1564, ce sont les **Français** qui ont été les premiers non-espagnols à s'y installer, à **Fort Caroline**, aujourd'hui près de **Jacksonville**, en **Floride**. Bien qu'ils n'y soient pas restés très longtemps — ils en ont vite été chassés par les **Espagnols** —

les **Français** ont profité de l'emplacement de leurs colonies pour saisir° l'or et l'argent que les **Espagnols** extrayaient° des mines sud-américaines. La piraterie permettait aussi de s'emparer° des bateaux marchands qui visitaient les ports de **Saint-Pierre** en **Martinique, Basse-Terre** en **Guadeloupe** ou **Cap Français** à **Saint-Domingue** (aujourd'hui **Haïti**), trois colonies françaises à l'époque.

Il existait différents types d'équipages°. Les **corsaires** étaient souvent des nobles ou de riches entrepreneurs qui travaillaient directement pour le roi. Cette piraterie-là rapportait bien°. Les pirates ordinaires, eux, étaient indépendants et beaucoup vivaient sur **l'île de la Tortue**, colonie française au nord de Saint-Domingue. Les **boucaniers**, les pirates des Antilles, étaient de véritables

Un galion, bateau armé des temps anciens

aventuriers. Leur nom vient du «boucan», une grille de bois sur laquelle ils faisaient griller la viande et les poissons, à la manière des populations locales, les **Amérindiens Arawak.** Les Arawaks étaient un groupe linguistique qui comprenait plusieurs tribus. Ils étaient aussi les premiers à avoir été en contact avec des Européens. Sinon, les boucaniers étaient réputés pour leur vie en plein air et leurs festins bruyants. Parmi leurs lieux favoris: **Saint-Barthélemy, Port-de-Paix** à Saint-Domingue et des petites îles comme **les Saintes**, en Guadeloupe.

Les sociétés de pirates, qu'on appelait aussi des **flibustiers**, étaient égalitaires, et même révolutionnaires pour l'époque. Les pirates étaient les seuls marins à pouvoir élire leur capitaine démocratiquement. Celui-ci combattait avec eux, au lieu de° leur donner des ordres de loin. Le butin° était partagé entre tous les membres de l'équipage, et les invalides recevaient des indemnités°. En temps de guerre, la piraterie devenait très active. En temps de paix, les pirates faisaient de la contrebande°, pour le bonheur de tous. Beaucoup allaient par exemple au petit village de **Pointe-Noire**, en Guadeloupe, pour vendre leurs marchandises à très bon prix. Ce village doit son nom aux roches volcaniques qu'on aperçoit au nord.

Aujourd'hui, si vous allez aux Antilles, vous aurez peu de chance de rencontrer des pirates. Par contre, vous pourrez toujours déguster° un bon poulet boucané en souvenir du passé!

À l'abordage! *a pirate cry used when taking over another ship* **traversée** *crossing* **semaient l'épouvante** *spread terror* **saisir** *seize* **extrayaient** *extracted* **s'emparer to grab** **équipages** *crews* **rapportait bien** *was profitable* **au lieu de** *instead of* **butin** *booty* **indemnités** *compensation* **contrebande** *smuggling* **déguster** *savor*

Des mots utilisés aux Antilles

Guadeloupe et Martinique

un acra	un beignet de poisson ou de légumes
une anse	une baie
une doudou	une chérie
le giraumon	le potiron; *pumpkin*
une habitation	une plantation, un domaine agricole
le maracudja	le fruit de la passion
une morne	une colline; *hill*
une trace	un chemin; *path*
le vesou	le jus de la canne à sucre
un zombi	un revenant; *ghost; zombie*

Découvrons les Antilles

Saint-Barthélemy **Saint-Barth** est une île du nord des Caraïbes, qui porte le nom du frère de **Christophe Colomb**.

Aujourd'hui, l'île fait partie des **Antilles françaises**, mais elle a aussi été espagnole et suédoise. À présent, elle est connue pour son tourisme de luxe. Entre une chaîne de montagnes et une barrière de corail°, ses 14 plages ont chacune un caractère unique. Cette grande diversité s'accompagne d'un climat paradisiaque. L'île fait ainsi le bonheur des vacanciers et des stars.

Les yoles rondes La yole ronde est un voilier° inventé en **Martinique**, dans les années 1940. Elle s'inspire du **gommier**, le bateau traditionnel, et de la yole européenne. Ses premiers utilisateurs étaient les marins pêcheurs°, qui faisaient la course° quand ils rentraient de la pêche. La yole ronde est aujourd'hui un véritable sport nautique, dont l'événement le plus populaire est le **Tour de la Martinique**, une course en sept étapes° autour de l'île.

Le carnaval de Guyane En **Guyane française**, le carnaval ne ressemble à aucun autre. Il est d'abord exceptionnellement long, parce qu'il dure deux mois: du jour de l'Épiphanie, le 6 janvier, au mercredi des Cendres, début mars. Il est aussi à la fois populaire, multiethnique et traditionnel, avec des costumes historiques comme celui du boulanger ou de l'ours°. C'est surtout une grande fête qui rassemble tous les Guyanais.

John James Audubon (1785–1851) Tout le monde en Amérique connaît **J. J. Audubon**, le fameux ornithologue et naturaliste, et la **National Audubon Society** créée en sa mémoire. Audubon, d'origine française, est né en Haïti. Il a grandi en France, près de Nantes, et a émigré aux États-Unis en 1803. Dans son œuvre, *Les oiseaux d'Amérique* (1840), il a dessiné, en quatre volumes, toutes les espèces connues d'oiseaux d'Amérique du Nord.

barrière de corail *coral reef* **voilier** *sailboat* **marins pêcheurs** *fishermen* **faisaient la course** *raced* **étapes** *stages* **ours** *bear*

Qu'avez-vous appris?

1 **Correspondances** Faites correspondre les mots et les noms avec les définitions.

1. _____ i _____ John James Audubon

2. _____ h _____ le boucan

3. _____ b _____ Saint-Barthélemy

4. _____ f _____ la yole ronde

5. _____ a _____ le Tour de la Martinique

6. _____ d _____ l'ours

7. _____ g _____ Jacksonville

8. _____ e _____ Saint-Pierre, Basse-Terre, Cap Français

9. _____ c _____ les boucaniers

a. une course nautique en sept étapes

b. une île qui fait le bonheur des touristes et des stars

c. de véritables aventuriers

d. un des costumes traditionnels du carnaval de Guyane

e. trois anciens ports coloniaux français

f. un voilier qui s'inspire du gommier et de la yole européenne

g. aujourd'hui, une ville en Floride

h. une grille de bois pour faire cuire le poisson ou la viande

i. un ornithologue né en Haïti

2 **Complétez** Complétez chaque phrase de manière logique.
Answers may vary.

1. ...est un cri qui faisait peur aux voyageurs du 17ᵉ siècle. «À l'abordage!»

2. Aux Antilles, au 17ᵉ siècle, on risquait de rencontrer des pirates... à chaque traversée.

3. La piraterie était utile quand les nations... n'avaient pas les moyens de mettre en place une force navale.

4. En 1564, les Français étaient... les premiers non-espagnols à s'être installés à Fort Caroline en Floride.

5. Les Français ont profité de l'emplacement de leurs colonies... pour saisir l'or et l'argent que les Espagnols extrayaient.

6. Les pirates ordinaires vivaient... sur l'île de la Tortue, colonie française au nord de Saint-Domingue.

7. Les touristes qui visitent Saint-Barth peuvent apprécier... son climat paradisiaque, ses quatorze plages, ses montagnes et sa barrière de corail.

8. Le carnaval de Guyane est... très long, traditionnel, multiethnique et populaire.

9. John James Audubon était gardien du patrimoine naturel américain parce qu'... il a dessiné toutes les espèces d'oiseaux connues d'Amérique du Nord.

Trouvez la bonne réponse.

1. Des noms comme le capitaine Morgan, le capitaine Kidd, Jean Bart et Robert Surcouf semaient _____.
   a. la joie
   b. l'épouvante
   c. le bonheur
   d. le calme

2. _____ travaillaient directement pour le roi.
   a. Les flibustiers
   b. Les corsaires
   c. Les pirates
   d. Les boucaniers

3. Les pirates ordinaires étaient _____.
   a. riches
   b. anglais
   c. nobles
   d. indépendants

4. Le boucan était à l'origine utilisé par _____.
   a. les boucaniers
   b. les colons
   c. les Amérindiens Arawak
   d. les marins

5. Les sociétés pirates étaient très avancées pour leur époque, parce qu'elles étaient _____.
   a. hiérarchiques
   b. célèbres
   c. riches
   d. égalitaires

6. Le butin était partagé entre _____ de l'équipage.
   a. tous les membres
   b. tous les capitaines
   c. tous les bateaux
   d. tous les invalides

7. En temps de paix, les pirates faisaient _____.
   a. du commerce
   b. de la contrebande
   c. la guerre
   d. des réparations

8. La recette qui rappelle les pirates des Antilles s'appelle _____.
   a. le poulet boucané
   b. le rhum
   c. le poisson
   d. la viande cuite

9. _____ porte le nom du frère de Christophe Colomb.
   a. Saint-Barthélemy
   b. Cap Français
   c. Saint-Domingue
   d. Fort Caroline

10. Les premiers utilisateurs des yoles rondes étaient _____.
    a. les boucaniers
    b. les Espagnols
    c. les marins pêcheurs
    d. les Amérindiens Arawak

Qu'en pensent les jeunes Belges?

Aux élections européennes de 2009 en Belgique, les primo-votants représentaient environ 8% des électeurs (*voters*). Les primo-votants sont les personnes qui votent pour la première fois, c'est-à-dire une majorité de jeunes. Un sondage (*survey*) réalisé par l'Université de Liège et Dedicated Research a résumé les opinions des jeunes électeurs belges francophones. Même si deux jeunes sur trois (*two out of three*) déclarent s'intéresser peu à la politique, 86% d'entre eux estiment que voter est «utile» ou «très utile».

Je suis assez impliquée dans tout ce qui se passe...

1 **Compréhension** Répondez aux questions par des phrases complètes.

1. Pourquoi la première personne n'a-t-elle pas l'air de prendre le droit de vote au sérieux?
   Elle ne sait pas où se trouve sa convocation pour les élections.

2. Que pense la troisième jeune femme de l'idée de voter? Elle s'intéresse à la politique et ça lui fait plaisir
   de pouvoir voter.

3. Qu'est-ce que le jeune homme de la dernière interview apprécie au sujet de la candidate dont il parle? Elle met beaucoup les minorités en avant.

2 **Discussion** Répondez aux questions en donnant des détails.

1. Avez-vous déjà voté dans des élections? Si oui, expliquez. Sinon, aimeriez-vous voter? Pourquoi?

2. Pour vous, que doit-on prendre en considération avant de décider pour qui voter?

Et vous? Quelles vont être les prochaines élections dans votre ville, votre état ou votre pays? Quel va être l'enjeu de ces élections?

COMPRÉHENSION As a class, discuss these concepts mentioned by two of the interviewees: **1. Voter est un droit et non pas un acquis. 2. La démocratie implique des devoirs et le droit de vote en est un.**

DISCUSSION Item 2 is appropriate for a class debate. Brainstorm ideas and have a volunteer take notes on the board. Then ask students to rank these ideas from most to least important, and have them justify their opinions.

VOCABULAIRE

de la vidéo

un acquis *something taken for granted*

une convocation *registration notice*

un devoir *duty*

un droit *right*

en sous-main *secretly*

sauter sur l'occasion *to jump on the opportunity*

traîner *to lie around*

une voix *vote*

pour la conversation

un chef d'état *head of state*

les droits (*m.*) civiques *civil rights*

un(e) élu(e) *elected official*

les enjeux (*m.*) *stakes*

être au pouvoir *to be in power*

la majorité *majority*

la minorité *minority*

prendre au sérieux *to take seriously*

un sénateur *senator*

Practice more at **vhlcentral.com**.

GALERIE DE CRÉATEURS

LITTÉRATURE

Aimé Césaire (1913–2008)

En 1934, ce Martiniquais, qui fait ses études à Paris, fonde le magazine *L'Étudiant noir* avec Léopold Sédar Senghor et Léon-Gontran Damas. Ces trois écrivains créent ensuite un grand mouvement littéraire et culturel, la Négritude. C'est Aimé Césaire qui invente ce nouveau mot. Puis en 1945, il décide de se consacrer à la politique et est élu maire de Fort-de-France. Il le restera jusqu'en 2001. Il est à l'origine de la création du concept des Départements d'Outre-Mer (DOM). Son *Discours sur le colonialisme* s'inscrit (*is engraved*) dans la lutte pour la reconnaissance de l'identité noire. Cette pensée révolutionnaire qui l'anime se reflète dans son œuvre littéraire: poésies, pièces de théâtre, essais… En 2011, Aimé Césaire est entré au Panthéon et a rejoint les plus grandes figures de l'histoire de France.

DANSE Léna Blou (1962–)

Cette danseuse et chorégraphe guadeloupéenne obtient plusieurs diplômes d'interprétation et d'enseignement pour les danses jazz et contemporaine. Elle perfectionne d'abord sa formation par des stages en Europe et aux États-Unis auprès d' (*with*) éminentes personnalités de cette discipline. Forte de son expérience, elle ouvre son école de danse à Pointe-à-Pitre puis crée en 1995 la compagnie Trilogie. Elle veut faire connaître l'esthétique chorégraphique traditionnelle des Caraïbes. Elle modernise même la danse traditionnelle guadeloupéenne, le Gwo-ka, en créant (*by creating*) la technique de danse «Techni'ka». Blou est ainsi une artiste à la fois (*both*) moderne et traditionnelle qui désire mettre la danse de son île au même rang de popularité que les techniques Graham ou Horton. Pour cela, elle dirige des stages de Techni'ka en Europe et aux États-Unis.

LITTÉRATURE

Paulette Poujol-Oriol
(1926–2011)

Paulette Poujol-Oriol était une Haïtienne aux multiples talents — professeur, metteur en scène et auteur. Elle a laissé une œuvre importante, dont des romans et des nouvelles qui présentent des personnages haïtiens. Elle a aussi enseigné le théâtre aux enfants et a milité (*was an activist*) dans plusieurs associations féministes. Elle connaît le succès dès qu'elle publie sa première œuvre, *Le Creuset*. Le style de Paulette Poujol-Oriol est caractéristique: elle mélange (*mixes*) depuis toujours le français et le créole haïtien. Pleins d'ironie, ses livres sont en général perçus comme des œuvres morales.

PEINTURE

Frantz Zéphirin
(1968–)

Frantz Zéphirin est un peintre haïtien extrêmement doué et prolifique. Il commence à peindre vers l'âge de cinq ans. Il apprend d'abord en observant son oncle, Antoine Obin, un grand maître de la peinture (*painting*) haïtienne, puis développe au cours des années un style personnel et unique. Ses tableaux sont inspirés de personnages mythiques, d'animaux réels et imaginaires, et de scènes bibliques ou vaudous. Le tout est représenté avec beaucoup de vie et de couleurs. Zéphirin expose à travers le monde, collabore avec d'autres artistes haïtiens, et ses peintures apparaissent sur des romans et des couvertures de magazines, comme *The New Yorker*. Il décrit sa peinture comme historique et animaliste et explique qu'il capture sur ses toiles les animaux qui sommeillent (*are dormant*) en chacun de nous.

Compréhension

Vrai ou faux? Indiquez si chaque phrase est vraie ou fausse. Corrigez les phrases fausses.

1. Léna Blou enseigne une version modernisée du Gwo-ka, la danse traditionnelle guadeloupéenne.
   Vrai.

2. La troupe de danseurs Trilogie se spécialise dans l'interprétation chorégraphique en jazz. Faux. Elle se spécialise dans l'esthétique chorégraphique traditionnelle des Caraïbes.

3. Aimé Césaire est un des pères de la Négritude. Vrai.

4. En plus de sa carrière littéraire, Césaire a aussi été homme politique. Vrai.

5. La Négritude est un mouvement politique dans les Départements d'Outre-Mer
   Faux. C'est un mouvement culturel et littéraire.

6. Les livres de Paulette Poujol-Oriol mélangent le français et le créole haïtien. Vrai.

7. Poujol-Oriol a milité également pour la défense de l'environnement. Faux. Elle a milité pour des causes féministes.

8. «Noirs marrons» est le nom donné aux esclaves noirs qui ont fui pendant la période de l'esclavage.
   Vrai.

9. Frantz Zéphirin commence à peindre pendant son adolescence.
   Faux. Il commence à peindre vers l'âge de cinq ans.

10. Le style de Zéphirin est minimaliste.
    Faux. Il est historique et animaliste.

Rédaction

À vous! Choisissez un de ces thèmes et écrivez un paragraphe d'après les indications.

- **La Négritude** Un(e) ami(e) vous demande des informations sur la Négritude. Expliquez-lui ce que vous savez au sujet de ce mouvement en un paragraphe.

- **Aimé Césaire** Vous devez préparer un exposé sur Aimé Césaire. Écrivez-lui un e-mail dans lequel vous lui posez des questions pour en apprendre plus sur sa vie et sa carrière.

- **Critique d'art** Vous êtes critique d'art et vous assistez à une exposition de Frantz Zéphirin. Écrivez un paragraphe dans lequel vous décrivez son style artistique et son inspiration.

Practice more at **vhlcentral.com**.

KEY STANDARDS
4.1, 5.1

INSTRUCTIONAL RESOURCES
Supersite: Lab Audioscript, SAM AK, Lab MP3s
SAM/WebSAM: WB, LM

Tell students to think of the pluperfect as the "past in the past." That is, when a past-tense context has already been established and they wish to say what had happened even before that, use the **plus-que-parfait.**

Call on four volunteers to write the four sample sentences on the board. Then have them show and explain the agreement or non-agreement of the past participles.

Have students work in pairs and take turns creating sentences about things they had done prior to last year. Have them name one thing they had done and one thing they had not done. Ex: **Avant l'année dernière, j'avais déjà voyagé à San Francisco. Je n'avais jamais nagé dans l'océan.**

BLOC-NOTES

See **Fiche de grammaire 5.5, p. 410,** for a review of agreement with past participles.

As a memorization aid, have students group the irregular past participles into categories based on their similarities. Example: **conduit, écrit, dit**

4.1

The *plus-que-parfait*

*La jeune femme **s'était** déjà **fâchée** quand elle a appris la vérité sur Suzanna.*

- The **plus-que-parfait** is used to talk about what someone *had done* or what *had occurred* before another past action, event, or state. Like the **passé composé**, the **plus-que-parfait** uses a form of **avoir** or **être** — in this case, the **imparfait** — plus a past participle.

The *plus-que-parfait*		
voter	**finir**	**perdre**
j'avais **voté**	j'avais **fini**	j'avais **perdu**
tu avais **voté**	tu avais **fini**	tu avais **perdu**
il/elle avait **voté**	il/elle avait **fini**	il/elle avait **perdu**
nous avions **voté**	nous avions **fini**	nous avions **perdu**
vous aviez **voté**	vous aviez **fini**	vous aviez **perdu**
ils/elles avaient **voté**	ils/elles avaient **fini**	ils/elles avaient **perdu**

RECENT PAST	REMOTE PAST
Nous lui avons dit	qu'Hollande avait **gagné les élections.**
We told her	*that Hollande had won the election.*

RECENT PAST	REMOTE PAST
L'accusé souriait	parce que les juges ne l'**avaient pas** mis en prison.
The accused was smiling	*because the judges had not put him in prison.*

- Recall that some verbs of motion, as well as a few others, take **être** instead of **avoir** as the auxiliary verb in the **passé composé**. Use the **imparfait** of **être** to form the **plus-que-parfait** of such verbs and make the past participle agree with the subject.

Les avocats ne savaient pas que vous **étiez** déjà **partie.**
The lawyers didn't know that you had already left.

On a découvert que les victimes **étaient mortes** à la suite de leurs blessures.
They discovered that the victims had died of their injuries.

- Use the **imparfait** of **être** as the auxiliary for reflexive and reciprocal verbs. Make agreement whenever you would do so for the **passé composé.**

Avant le dîner, le président et sa femme **s'étaient levés** pour recevoir les invités.
Before dinner, the president and his wife had gotten up to welcome the guests.

Il ne savait pas que nous **nous étions téléphoné** hier soir.
He didn't know that we had called each other last night.

M. Vartan a reçu une amende. Il ne **s'était** pas **arrêté** au feu.

Write two sample sentences on the board. Show the agreement visually by putting a box around the agreement portion of the past participle and then drawing an arrow back to the noun.

- In all other cases as well, agreement of past participles in the **plus-que-parfait** follows the same rules as in the **passé composé**.

  La police a trouvé les armes qu'il avait **cachées.**
  The police found the weapons that he had hidden.

  Le président a signé la loi que le congrès avait **approuvée.**
  The president signed the law that the congress had passed.

Remind students that, in any grammatical structure where a direct object precedes a past participle, the past participle must agree in gender and number with its direct object.

- Use the **plus-que-parfait** to emphasize that something happened in the past before something else happened. Use the **passé composé** to describe completed events in the more recent past and the **imparfait** to describe ongoing or habitual actions in the more recent past.

Action in remote past . . .	completed action in recent past

  L'activiste n'**avait** pas **fini** de parler quand vous **avez coupé** le micro.
  The activist hadn't finished talking when you cut off the microphone.

Ongoing action in recent past . . .	action in remote past

  Il y **avait** des drapeaux partout parce que le président **était arrivé** la veille.
  There were flags everywhere because the president had arrived the day before.

- The **plus-que-parfait** is also used after the word **si** to mean *if only…* (*something else had taken place*). It expresses regret.

  Si j'**avais su** que tu avais un plan!
  If only I had known you had a map!

  Si seulement il n'**était** pas **arrivé** en retard!
  If only he hadn't arrived late!

- To say that something had *just* happened in the past, use a form of **venir** in the **imparfait** + **de** + the infinitive of the verb that describes the action.

  Je **venais de raccrocher** quand le téléphone a sonné de nouveau.
  I had just hung up when the phone rang again.

  Le président **venait de signer** l'accord quand on a entendu l'explosion.
  The president had just signed the treaty when we heard the explosion.

ATTENTION!

In informal speech, speakers of English sometimes use the simple past to imply the past perfect. In French, you still use the **plus-que-parfait.**

Le voleur a cherché les papiers que l'avocate avait posés sur son bureau.
The thief looked for the papers that the lawyer placed (had placed) on her desk.

BLOC-NOTES

Si clauses can also contain a verb in the present tense or **imparfait**. See **Structures 10.3, pp. 374–375**, to learn more about **si** clauses.

Point out that **Si j'avais su…** is a common expression used to express regret.

Mise en pratique

1 Ask questions to check students' comprehension. Examples: **Qu'est-ce que ses parents lui avaient appris quand elle était petite? Qu'avait-elle essayé de faire?**

1 **Un prix Nobel** Pendant une interview, une militante de l'organisation «Un monde tranquille» parle de sa vie avant 1998, année où elle a reçu le prix Nobel de la paix. Employez le plus-que-parfait pour compléter ses phrases.

Quand j'étais petite, mes parents m' (1) __avaient appris__ (apprendre) que les gens avaient besoin d'aide et j' (2) __avais essayé__ (essayer) de nombreuses fois de me rendre utile. À l'université aussi, avant 1998, j' (3) __avais combattu__ (combattre) l'injustice et j' (4) __avais défendu__ (défendre) la liberté. Mes amis et moi, nous (5) __nous étions promis__ (se promettre) d'aider les opprimés. À cette époque, j' (6) __avais pensé__ (penser) devenir avocate. Mais avant de prendre ma décision, la présidente de l'organisation (7) __était venue__ (venir) me parler et elle (8) __avait fini__ (finir) par me convaincre de devenir militante

2 Have students invent two of their own sentences modeled on those in the activity. Their partner will fill in the correct **plus-que-parfait** form.

2 Provide students with several current news headlines and/or political stories. Ask students to write their own sentences based on these actual events using the six verbs from the list.

2 **Dans le journal** Les phrases suivantes viennent d'un journal politique. Mettez-les au plus-que-parfait.

| se consacrer | fuir | perdre |
| élire | gagner | retourner |

Modèle La femme politique __avait eu__ de l'influence dans son parti, mais au moment des élections, elle n'en avait plus.

1. Le candidat __avait perdu/gagné__ les élections, et il ne le savait pas encore.
2. Les gouvernements __s'étaient consacrés__ à la lutte contre l'inégalité.
3. Tu __avais élu__ un bon représentant, le meilleur depuis des années.
4. Les kidnappeurs du fils du président __avaient fui__ à l'approche de la police.
5. Monsieur et Madame Duval, vous __étiez retournés__ au tribunal avant midi?
6. Je leur disais que nous __avions gagné/perdu__ notre lutte contre la dictature.

3 Have students check their work with a partner.

3 **De cause à effet** Employez le plus-que-parfait pour expliquer pourquoi ces choses se sont passées. Answers may vary slightly.

Modèle Je me suis réveillé dans la nuit. Le téléphone a sonné.
Je me suis réveillé dans la nuit parce que le téléphone avait sonné.

1. Elle n'a pas pu rentrer chez elle le soir. Elle a perdu les clés de la maison le matin.
Elle n'a pas pu rentrer chez elle le soir parce qu'elle avait perdu les clés de la maison le matin.
2. Nous avons voté dimanche. Nous avons regardé le débat politique à la télévision samedi.
Nous avons voté dimanche parce que nous avions regardé le débat politique samedi.
3. Ma mère nettoyait la cuisine. Les invités sont partis.
Ma mère nettoyait la cuisine parce que les invités étaient partis.
4. Le parti conservateur a perdu les élections. Le peuple a voté pour le parti écologiste.
Le parti conservateur a perdu les élections parce que le peuple avait voté pour le parti écologiste.
5. Elles sont sorties. Personne ne leur a dit que j'arrivais.
Elles sont sorties parce que personne ne leur avait dit que j'arrivais.
6. J'ai caché (*hid*) les confitures de fraises. Mon colocataire a mangé toutes les confitures de pêches.
J'ai caché les confitures de fraises parce que mon colocataire avait mangé toutes les confitures de pêches.
7. Les activistes entraient dans la salle. Le maire a fini son discours.
Les activistes entraient dans la salle parce que le maire avait fini son discours.
8. La justice régnait. La démocratie a gagné.
La justice régnait parce que la démocratie avait gagné.

Communication

4 **Vacances antillaises** Claire revient de ses vacances aux Antilles et raconte tout à son ami. À deux, créez le dialogue avec ces verbes. Employez le plus-que-parfait.

adorer	permettre
aller	préférer
apprécier	savoir
avoir de la chance	visiter
finir	voir

Modèle **JULIEN** Qu'est-ce que tu as apprécié à la Martinique?

CLAIRE J'ai vu des milliers de papillons dans un jardin. Jamais je n'avais eu la chance d'assister à un tel spectacle!

5 **À votre avis?** Que pensez-vous du gouvernement actuel? Est-il meilleur que le gouvernement précédent? À deux, donnez votre opinion et servez-vous du plus-que-parfait.

Modèle —Le gouvernement actuel a fait de bonnes choses jusqu'à maintenant.

—Peut-être, mais je pense que le gouvernement précédent avait réussi à…

5 Before assigning this activity, discuss the questions in the direction lines as a class. Then have two students act out the **modèle**.

6 **Avant la guerre** Une guerre a éclaté (*erupted*) dans un pays européen et le Conseil de l'Europe se réunit. Par groupes de trois, imaginez que chacun(e) de vous représente un pays différent. Utilisez le plus-que-parfait pour débattre du rôle du conseil avant la guerre. Consultez la carte de l'Europe au début du livre et servez-vous du vocabulaire suivant.

Modèle —Avant la guerre, nous avions déjà accusé votre président d'abus de pouvoir.

—Peut-être, mais c'est mon pays qui avait combattu pour les droits de tous les Européens.

—Tous nos pays avaient espionné leur armée, et personne n'avait rien dit!

6 Put the names of several E.U. countries in a hat. Have students choose which country they will represent. Then allow three to five minutes for brainstorming.

abuser	espionner
approuver	faire du chantage
avoir de l'influence	juger
combattre	kidnapper
se consacrer à	sauver
défendre	voter

KEY STANDARDS
4.1, 5.1

4.2

INSTRUCTIONAL RESOURCES
Supersite: Lab Audioscript, SAM AK, Lab MP3s
SAM/WebSAM: WB, LM

Ask students: **qu'est-ce que vous n'aimez pas du tout?** Then: **qu'est-ce que vous n'avez pas encore fait?**

Negation and indefinite adjectives and pronouns

—*... je **n**'ai trouvé **que** toi pour adresser un dernier appel à son sentiment de la justice.*

Negation

- To negate a phrase, you typically place **ne... pas** around the conjugated verb. If you are negating a phrase with a compound tense such as the **passé composé** or the **plus-que-parfait**, place **ne... pas** around the auxiliary verb.

Infinitive construction	Passé composé
Ça **ne** va **pas** faire un scandale, j'espère. *This won't cause a scandal, I hope.*	La famille **n**'a **pas** fui la ville pendant la guerre. *The family didn't flee the town during the war.*

- To be more specific, use variations of **ne... pas**, such as **ne... pas du tout** and **ne... pas encore**.

Le président **n**'aime **pas du tout** les journalistes. *The president doesn't like journalists at all.*	La voleuse **n**'a **pas encore** choisi sa victime. *The thief has not chosen her victim yet.*

- Use **non plus** to mean *neither* or *not either*. Use **si**, instead of **oui**, to contradict a negative statement or question.

—Je n'aime pas la violence. *—I don't like violence.*	—Tu n'aimes pas la démocratie? *—You don't like democracy?*
—Moi **non plus.** *—I don't either.*	—Mais **si.** *—Yes, I do.*

- To say *neither... nor*, use **ne... ni... ni...** Place **ne** before the conjugated verb or auxiliary, and **ni** before the word(s) it modifies. Omit the indefinite and partitive articles after **ni**, but use the definite article when appropriate.

Il **n**'y a **ni** justice **ni** liberté dans une dictature. *There is neither justice nor liberty under a dictatorship.*	**Ni** le juge **ni** l'avocat **ne** va juger l'accusé. *Neither the judge nor the lawyer is going to judge the accused.*

- It is also possible to combine several negative elements in one sentence.

On **ne** fait **plus jamais rien.** *We never do anything anymore.*	**Personne n**'a **plus rien** écouté. *No one listened to anything anymore.*

- Note how the placement of these expressions varies according to their function.

More negative expressions

ne… aucun(e) *none (not any)*	Le congrès **n'**a approuvé **aucune** loi cette année. *The congress didn't approve any laws this year.*
ne… jamais *never (not ever)*	Tu **n'**as **jamais** voté? *You've never voted?*
ne… nulle part *nowhere (not anywhere)*	On **n'**a trouvé l'arme du crime **nulle part.** *They didn't find the crime weapon anywhere.*
ne… personne *no one (not anyone)*	**Personne ne** peut voter; les machines sont en panne. *No one can vote; the machines are broken.* Ils **n'**ont vu **personne.** *They didn't see anyone.*
ne… plus *no more (not anymore)*	Il **ne** veut **plus** être analphabète. *He doesn't want to be illiterate anymore.*
ne… que *only*	Je **n'**ai parlé **qu'**à Mathieu. *I only spoke to Mathieu.*
ne… rien *nothing (not anything)*	Les jurés **n'**ont **rien** décidé. *The jury members haven't decided anything.* **Rien ne** leur fait peur. *Nothing frightens them.*

Indefinite adjectives and pronouns

- Many indefinite adjectives and pronouns can also be used in affirmative phrases.

Indefinite adjectives

- **autre(s)** *other*
- **un(e) autre** *another*
- **certain(e)(s)** *certain*
- **chaque** *each*
- **plusieurs** *several*
- **quelques** *some*
- **tel(le)(s)** *such (a)*
- **tout(e)/tous/toutes (les)** *every, all*

Indefinite pronouns

- **chacun(e)** *each one*
- **la plupart** *most (of them)*
- **plusieurs** *several (of them)*
- **quelque chose** *something*
- **quelques-un(e)s** *some, a few (of them)*
- **quelqu'un** *someone*
- **tous/toutes** *all (of them)*
- **tout** *everything*

- The adjectives **chaque**, **plusieurs**, and **quelques** are invariable.

Chaque élève a droit à des livres gratuits.
Each student is entitled to free books.

Plusieurs terroristes ont fui.
Several terrorists fled.

- The pronouns **la plupart**, **plusieurs**, **quelque chose**, **quelqu'un**, and **tout** are invariable.

Tout va bien au gouvernement.
Everything goes well in the government.

Il y a **quelqu'un** dehors?
Is there someone outside?

ATTENTION!

To negate a phrase with a partitive article, you usually replace the article with **de** or **d'**.

Il y a des activistes dans la capitale.
There are activists in the capital.

Il n'y a pas d'activistes dans la capitale.
There aren't any activists in the capital.

Say sentences aloud that use negative or indefinite expressions and have volunteers say the opposite. Examples:
1. Il faut toujours défendre les coupables. (Il ne faut jamais défendre les coupables.)
2. Tout le monde me dit toujours tout. (Personne ne me dit jamais rien.)

Point out that indefinite adjectives and pronouns are used to indicate number in a non-specific way. Example: **Combien de partis politiques connaissez-vous? (On en connaît plusieurs.)**

Exception: **Il y a quelque temps…**

Certain(e)(s) can also be a pronoun: **Certains lisent le journal dans le métro.**

ATTENTION!

Note that the final **-s** of **tous** is pronounced when it functions as a pronoun, but silent when it functions as an adjective.

When you wish to modify **personne, rien, quelqu'un,** or **quelque chose**, add **de** + [*masculine singular adjective*].

Ce week-end, nous ne faisons rien d'intéressant.
This weekend, we aren't doing anything interesting.

Have students practice **tous** as an adjective and as a pronoun.

Mise en pratique

1 Once finished, have pairs act out the dialogue.

1 Remind students that they may need to change more than just one word to come up with a correct response.

1 After completing the activity, have volunteers write their answers on the board and point out the negative expression used and its placement.

1 Une nouvelle loi Pendant un débat, un défenseur des droits de l'homme contredit les déclarations d'une avocate. Complétez leur dispute à l'aide des nouvelles structures.

Answers may vary slightly.

> **Modèle** **AVOCATE** Il faut absolument approuver cette nouvelle loi!
>
> **DÉFENSEUR** Mais non! Il _____ne faut pas_____ approuver cette loi!

AVOCATE La loi donne le pouvoir au peuple de notre nation.

DÉFENSEUR Mais non! La loi (1) _____ne donne aucun_____ pouvoir au peuple, et tout le pouvoir au président.

AVOCATE Calmez-vous! Avec cette loi, nous serons toujours une démocratie.

DÉFENSEUR Mais non. Avec cette loi, nous (2) _____ne serons jamais_____ une démocratie.

AVOCATE Le gouvernement sera juste et puissant avec ces changements.

DÉFENSEUR Mais non. Il (3) _____ne sera ni juste ni puissant_____ avec ces changements.

AVOCATE Certains citoyens apprécient les choses que j'essaie de faire.

DÉFENSEUR Mais non. (4) _____Personne n'apprécie_____ ce que vous essayez de faire.

AVOCATE Une telle loi va réduire la menace du terrorisme partout dans le pays.

DÉFENSEUR Mais non. Elle (5) _____ne va réduire nulle part_____ la menace du terrorisme.

AVOCATE (6) _____Quelqu'un_____ m'a dit que vous étiez désagréable, et maintenant je vois pourquoi.

2 Remind students that they may need to change more than just one word to come up with a correct response.

2 Give students these additional items: **7. J'ai fait beaucoup de visites touristiques pendant mon voyage d'affaires.** (Non, vous n'avez rien fait de touristique pendant votre voyage d'affaires.) **8. Des voleurs ont pris toutes mes affaires.** (Non, aucun voleur n'a pris vos affaires.)

2 Voyager Imaginez que vous soyez un homme ou une femme politique qui voyage souvent avec un(e) collègue. Vous l'entendez parler de vos voyages, mais vous n'êtes pas d'accord. Answers may vary slightly.

> **Modèle** Quand je voyage à l'étranger, je mange toujours des repas authentiques.
>
> Non, quand vous voyagez à l'étranger, vous ne mangez jamais de repas authentiques.

1. J'ai toujours aimé voyager en avion. Non, vous n'avez jamais aimé voyager en avion.
2. Tous sortent dîner avec moi le soir. Non, personne ne sort dîner avec vous le soir.
3. Toutes les villes que je visite sont dangereuses. Non, aucune ville que vous visitez n'est dangereuse.
4. Je suis allé(e) partout dans le monde francophone. Non, vous n'êtes allé(e) nulle part dans le monde francophone.
5. Je n'ai pas encore vu de pays où il y avait une guerre civile. Si, vous avez déjà vu un pays où il y avait une guerre civile.
6. Je m'intéresse encore à la politique des pays que je visite. Non, vous ne vous intéressez plus à la politique des pays que vous visitez.

3 Tell students that the text in the speech bubbles should be the last statement of each dialogue. Encourage them to be creative.

3 You may want to encourage students to write dialogues that would require them to use the vocabulary words from this lesson's **Pour commencer**.

3 Disputes À deux, imaginez les échanges qui provoqueraient ces réponses. Utilisez les adjectifs et les pronoms indéfinis. Ensuite, jouez l'un des dialogues devant la classe.

JE NE FERAI JAMAIS ÇA!

Rien ne t'en empêchera!

Dommage, personne ne s'y intéresse.

Moi non plus.

Chacun de nous doit envoyer une lettre.

Un tel scandale ne détruit que la réputation.

Je ne devrais ni le voir ni lui parler.

Practice more at **vhlcentral.com**.

Communication

4 **Vos idées** Avec un(e) camarade de classe, posez-vous ces questions à tour de rôle. Développez vos réponses et utilisez les nouvelles structures le plus possible. Ensuite, discutez de vos opinions respectives.

Modèle —As-tu déjà été juré(e)?
—Non, je n'ai jamais été juré(e).

Les gens

As-tu déjà été juré(e)?

Es-tu un(e) militant(e)? En connais-tu un(e)?

As-tu déjà été la victime d'un voleur?

Les lois

Approuves-tu toutes les lois?

Un prisonnier est-il toujours coupable?

L'égalité est-elle présente partout? Dans quelles circonstances ne l'est-elle pas?

La sécurité

As-tu l'impression d'être en sécurité? Pourquoi?

Y a-t-il beaucoup de violence où tu habites?

La menace terroriste te fait-elle peur?

5 **Débat politique** Vous participez à un débat politique. Votre adversaire est le président sortant (*outgoing*) et vous n'êtes pas d'accord avec ce qu'il a fait pendant son mandat. Jouez le dialogue devant la classe.

Modèle —Vous n'avez pas encore démontré que vous êtes le meilleur candidat.
—Je ne l'ai peut-être pas encore démontré, mais pendant ces dernières années, vous ne l'avez jamais démontré non plus.

4 For each of the three themes, call on one pair to summarize their opinions. Then ask classmates to comment.

4 Have students think of an original question for each category to ask a classmate.

5 Before students complete the activity, have the class brainstorm a list of issues that a president typically deals with during his or her time in office. Also remind students to review this lesson's **Pour commencer** vocabulary.

5 The President of the French Republic is elected by direct popular vote and serves for five years with the possibility of two terms. (The term was previously seven years. The five-year term took effect in 2002.) Have students research and report on the the current French president and the president's powers.

Note CULTURELLE

Née en **Guyane, Christiane Taubira** est une femme politique qui a été candidate aux élections présidentielles françaises de 2002. Elle est surtout connue pour être à l'origine d'une loi de 2001 où la France reconnaît que la traite négrière (*slave trade*) transatlantique et l'esclavage (*slavery*) sont des crimes contre l'humanité.

KEY STANDARDS
4.1, 5.1

INSTRUCTIONAL RESOURCES
Supersite: Lab Audioscript, SAM AK, Lab MP3s
SAM/WebSAM: WB, LM

Remind students that regular **-ir** verbs are often called **-ir/-iss** verbs. Briefly review how to conjugate them

BLOC-NOTES

For a review of the present-tense conjugation of regular **-ir** verbs, see **Fiche de grammaire 1.4, p. 392.**

ATTENTION!

Sentir means *to sense* or *to smell.* The reflexive verb **se sentir** is used with an adverb to tell how a person feels.

Cette fleur sent très bon!
This flower smells very good!

Je sens qu'il t'aime, même s'il ne le dit pas.
I sense that he loves you, even if he doesn't say it.

Tu es rentrée parce que tu ne te sentais pas bien?
Did you go home because you didn't feel good?

BLOC-NOTES

To review formation of the **passé composé** with **être**, see **Structures 3.2, pp. 100–101.** To learn more about past participle agreement, see **Fiche de grammaire 5.5, p. 410.**

Even though **mourir** is irregular and must be memorized, tell students to note that it follows an ending pattern in the present tense that they already know: **-s, -s, -t, -ons, -ez, -ent.**

4.3

Irregular -*ir* verbs

—*... demande-lui si le parfum de jasmin de Suzanna ne suffit pas à le **retenir** en Europe.*

- Many commonly used **-ir** verbs are irregular.

- The following irregular **-ir** verbs have similar present-tense forms.

	courir	dormir	partir	sentir	sortir
je	cours	dors	pars	sens	sors
tu	cours	dors	pars	sens	sors
il/elle	court	dort	part	sent	sort
nous	courons	dormons	partons	sentons	sortons
vous	courez	dormez	partez	sentez	sortez
ils/elles	courent	dorment	partent	sentent	sortent

- The past participles of these verbs are, respectively, **couru, dormi, parti, senti,** and **sorti. Sortir** and **partir** take **être** as the auxiliary in the **passé composé** and **plus-que-parfait.**

Pourquoi est-ce que vous **avez dormi** au bureau hier soir?
Why did you sleep in the office last night?

Les armées **sont** définitivement **parties** en 1945, après la guerre.
The armies left for good in 1945, after the war.

- Use **sortir** to say that someone is leaving, as in exiting a building. Use **partir** to say that someone is leaving, as in departing. The preposition **de** often accompanies **sortir,** and the preposition **pour** often accompanies **partir.**

Nous ne **sortons** jamais **de** la salle avant la sonnerie.
We never leave the room before the bell rings.

Le premier ministre **part pour** l'Espagne demain.
The prime minister leaves for Spain tomorrow.

- **Mourir** (*to die*) also is conjugated irregularly in the present tense. Its past participle is **mort,** and it takes **être** as an auxiliary in the **passé composé** and **plus-que-parfait.**

Il fait chaud et je **meurs** de soif!
It's hot, and I'm dying of thirst!

En quelle année la présidente **est**-elle **morte**?
In which year did the president die?

mourir	
je meurs	nous mourons
tu meurs	vous mourez
il/elle meurt	ils/elles meurent

- These verbs are conjugated with the endings normally used for **-er** verbs in the present tense.

	couvrir	découvrir	offrir	ouvrir	souffrir
je	couvre	découvre	offre	ouvre	souffre
tu	couvres	découvres	offres	ouvres	souffres
il/elle	couvre	découvre	offre	ouvre	souffre
nous	couvrons	découvrons	offrons	ouvrons	souffrons
vous	couvrez	découvrez	offrez	ouvrez	souffrez
ils/elles	couvrent	découvrent	offrent	ouvrent	souffrent

- The past participles of the verbs above are, respectively, **couvert**, **découvert**, **offert**, **ouvert**, and **souffert**.

Qu'est-ce que les organisateurs vous **ont offert** comme boisson?
What did the organizers offer you to drink?

Le criminel **avait ouvert** la porte pour entrer dans le garage.
The criminal had opened the door to enter the garage.

- These verbs are conjugated similarly, with one stem for **je**, **tu**, **il/elle/on**, and **ils/elles**, and a different stem for **nous** and **vous**.

	devenir	maintenir	revenir	tenir	venir
je	deviens	maintiens	reviens	tiens	viens
tu	deviens	maintiens	reviens	tiens	viens
il/elle	devient	maintient	revient	tient	vient
nous	devenons	maintenons	revenons	tenons	venons
vous	devenez	maintenez	revenez	tenez	venez
ils/elles	deviennent	maintiennent	reviennent	tiennent	viennent

- The past participles of these verbs are, respectively, **devenu**, **maintenu**, **revenu**, **tenu**, and **venu**. Venir and its derivatives **devenir** and **revenir** take **être** as the auxiliary in the **passé composé** and **plus-que-parfait**.

Le criminel **a tenu** son arme à la main pendant quelques secondes.
The criminal held the weapon in his hand for a few seconds.

La juge **était revenue** de son bureau pour parler aux jurés.
The judge came back from her chambers to talk to the jury.

- The construction **venir** + **de** + [*infinitive*] means to have *just* done something. Use it in the present or **imparfait** to say that something happened in the very recent past.

Les militants **viennent de faire** un discours à l'ONU.
The activists just made a speech at the UN.

Je **venais** juste **de poser** mon sac par terre quand le voleur l'a pris.
I had just put my bag down on the ground when the thief took it.

You may wish to point out additional verbs in the **ouvrir** conjugation group, such as: **recouvrir** (*to re-cover*) and **rouvrir** (*to reopen*).

Have students close their books. Then write **venir** and **tenir** on the board, explaining that these are roots of many other verbs. Tell students to list as many verbs as possible like **venir** (**devenir, parvenir, revenir, se souvenir,** etc.) and **tenir** (**appartenir, maintenir, obtenir, retenir, soutenir,** etc.). Briefly go over the verbs' meanings.

Stress that the only difference between the **tenir** and **venir** conjugation groups is that the former takes **avoir** as its auxiliary verb while the latter takes **être**.

BLOC-NOTES

Remember that a past participle usually agrees with its subject in number and gender for verbs that take **être** as an auxiliary. To learn more about past participle agreement, see **Fiche de grammaire 5.5, p. 410.**

Point out that **venir** in the **imparfait** + **de** + [*infinitive*] is this structure's equivalent to the **plus-que-parfait**

Mise en pratique

1

À compléter Assemblez les éléments des colonnes pour former des phrases complètes. Chaque élément ne doit être utilisé qu'une fois.

_d_ 1. Tous les enfants…	a. vient d'un journaliste.
_e_ 2. Cet animal…	b. devenons avocats à la fin de l'année.
_f_ 3. Tu…	c. tenez une conférence à quelle heure?
_b_ 4. Mon ami et moi…	d. dorment paisiblement.
_a_ 5. Le scandale…	e. sent toujours d'où vient le danger.
_c_ 6. Vous…	f. souffres toujours d'un mal de tête.

2

Cuisine créole Stéphanie et Daniel parlent de leur expérience au restaurant hier soir. Choisissez le bon verbe et conjuguez-le au temps qui convient.

Vous savez que nous (1) _découvrons_ (devenir / découvrir) une cuisine exotique tous les mois. Eh bien, hier soir, Daniel et moi (2) _sommes sortis_ (sortir / sentir) manger dans ce nouveau restaurant créole que vous nous aviez suggéré. Il faut dire que je (3) _mourais_ (dormir / mourir) d'envie d'y aller depuis que vous nous en aviez parlé. Nous (4) _avons senti_ (sentir / venir) la délicieuse odeur épicée depuis la rue. Nous avons essayé toutes sortes de plats traditionnels. Après ça, nous (5) _sommes revenus_ (ouvrir / revenir) enchantés de notre soirée. Finalement, nous (6) _partons_ (courir / partir) pour Saint-Martin la semaine prochaine!

3

À choisir Créez des phrases cohérentes avec les éléments du tableau. Faites attention au temps. N'utilisez chaque élément qu'une fois.

A	B	C
Les jurés	courir	me voir pendant les vacances d'été.
La victime	découvrir	son jugement.
Vous	maintenir	dans le tribunal pour prononcer la sentence il y a quelques secondes.
Les policiers	offrir	de l'hôpital, mais elle ne nous l'avait pas dit.
Tu	partir	mes compliments au nouveau président.
Le juge	revenir	une nouvelle île chaque fois que tu vas aux Antilles.
Nous	sortir	toujours après les voleurs.
Je/J'	venir	très bientôt pour Saint-Barthélemy.
?	?	?

Practice more at **vhlcentral.com**.

Communication

4 **Votre personnalité** À deux, posez-vous des questions à tour de rôle. Utilisez des verbes irréguliers en **-ir** dans vos réponses.

- Tu dors jusqu'à quelle heure le week-end?
- Sors-tu souvent le week-end? Avec qui?
- Souffres-tu beaucoup de la chaleur en été? Du froid en hiver?
- Qu'offres-tu à tes parents pour leur anniversaire? À ton/ta meilleur(e) ami(e)?
- Est-ce que tu es devenu(e) la personne que tu rêvais de devenir?
- Pars-tu en vacances tous les ans? Où vas-tu?

5 **Saint-Barthélemy ou Marie-Galante?** Sandra et Timothée planifient leurs prochaines vacances. Sandra veut aller à Saint-Barthélemy, mais Timothée préfère visiter l'île de Marie-Galante.

A. À deux, décidez quelles phrases de la liste correspondent à chaque île, puis complétez le tableau.

> • Partir en randonnée
> • Dormir sur la plage
> • Devenir un(e) aventurier/aventurière
> • Découvrir la nature luxuriante de l'île
> • Sortir en boîte de nuit
> • Revenir enchanté(e) de ses vacances

Saint-Barthélemy	Marie-Galante
	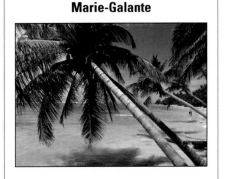

B. Sandra et Timothée reviennent de leur voyage. À l'aide des phrases ci-dessus, imaginez un dialogue où ils expliquent ce qu'ils ont fait. Faites-le pour chaque île.

---

4 As a follow-up activity, have students list their personality traits using irregular **-ir** verbs.

4 Have students create at least three more questions using irregular -ir verbs to add to the list.

5 For an optional writing assignment, have students research the two places and write e-mails to their friends about an imaginary vacation to both **Saint-Barthélemy** and **Marie-Galante**. In their messages, remind students to use as many irregular **-ir** verbs as possible.

5 Tell students to research both **Saint-Barthélemy** and **Marie-Galante** in order to add more phrases to their lists.

Note CULTURELLE

Saint-Barthélemy est la Côte d'Azur des Antilles françaises. Par contre, loin d'être le paradis des milliardaires, **Marie-Galante** est une île de rêve pour les fous de nature, qui apprécient beaucoup ses plages.

Synthèse Ⓢ Reading

L'Union pour la démocratie française

(UDF)
Vous avez voté pour Antoine Éraste en 2012

Parce que vous n'aviez jamais eu un candidat aussi incorruptible!
Sortez de chez vous et votez UDF!

Il faut réélire Antoine!

Le Parti socialiste guyanais PSG

Personne n'a le droit d'être au chômage!

Pour un tel idéal, votez
THÉLOR MADIN

Pour ne plus souffrir, courez aux urnes°!

Le Front national (FN)

Pour maintenir une Cayenne en action et pour ne pas revenir en arrière°!

Votez pour Jean-Baptiste Pancrace, qui n'a jamais peur de prendre les bonnes décisions.

Le Parti écologique
LES VERTS
Pour ne plus jamais perdre face à la pollution,

FLEUR DESMARAIS
est la solution!
Chacun doit voter pour les Verts!

urnes *polls* **en arrière** *backward*

1

Révision de grammaire Entourez la structure qui ne se trouve pas dans le slogan indiqué.

1. **UDF:** plus-que-parfait • pronom indéfini • expression négative
2. **PSG:** adjectif indéfini • plus-que-parfait • verbe irrégulier en **-ir**
3. **FN:** verbe irrégulier en **-ir** • expression négative • adjectif indéfini
4. **Les Verts:** expression négative • verbe irrégulier en **-ir** • pronom indéfini

2

Qu'avez-vous compris? Répondez par des phrases complètes.

1. Selon le slogan UDF, pourquoi a-t-on voté pour Antoine Éraste en 2012? On a voté pour Éraste parce qu'on n'avait jamais eu un candidat aussi incorruptible.
2. Quel est l'idéal de Thélor Madin? Personne n'a le droit d'être au chômage.
3. Que Jean-Baptiste Pancrace n'a-t-il jamais eu peur de faire? Il n'a jamais eu peur de prendre les bonnes décisions.
4. Quelle est la mission du Parti écologique? Sa mission est de ne plus jamais perdre face à la pollution.
5. Quel candidat ou parti choisiriez-vous? Pourquoi? Justifiez votre réponse en utilisant des expressions négatives, des pronoms et adjectifs indéfinis et d'autres structures de cette leçon.

Préparation (S) Audio: Vocabulary

Vocabulaire de la lecture	Vocabulaire utile	
un colon *colonist*	**l'asservissement** (*m.*) *enslavement*	**un régime totalitaire** *totalitarian regime*
l'esclavage (*m.*) *slavery*	**la guerre de Sécession** *the American Civil War*	**la sûreté publique** *public safety*
évadé(e) *escaped*	**une monarchie absolue** *absolute monarchy*	**un système féodal** *feudal system*
renverser *to overthrow*		
se révolter *to rebel*	**la noblesse** *nobility*	**la traite des Noirs** *slave trade*
vaincre (*irreg.*) *to defeat*	**l'ordre** (*m.*) **public** *public order*	

KEY STANDARDS
1.2, 2.1, 2.2, 4.2

SYNONYMES
évadé(e) ⟷ fugitif/
fugitive, fuyard(e)

Point out that **évadé(e)**
(as well as **fugitif** and
fuyard) can also be a noun.
Example: **un(e) évadé(e)**
(*escapee*)

Mention that the noun
corresponding to **renverser**
is **un renversement**.

**la traite des Noirs ⟷ le
trafic d'esclaves noirs**

1 **Un peuple révolté** Complétez ce petit résumé (*summary*) de la Révolution française à l'aide des mots de la liste de vocabulaire.

Avant la Révolution, la France était une (1) _monarchie absolue_. La population était divisée en trois grands groupes: le peuple, le clergé et la (2) _noblesse_. En 1789, le peuple commence à (3) _se révolter_ contre l'injustice du (4) _système féodal_ qui existait depuis le Moyen Âge et qui perpétuait (5) _l'asservissement_ d'une grande partie de la population française au profit des nobles. Le 14 juillet 1789, le peuple prend la Bastille, un symbole de la tyrannie royale. Quelques années plus tard, le roi Louis XVI est (6) _renversé_, la royauté est abolie et l'An I de la République française est proclamé.

1 Have students write
a few comprehension
questions on the paragraph
to ask their partner.

2 For visual support, have
students look at a world
map while discussing item
#3. Then, as review, go over
the locations of the former
French colonies as a class.

2 **Colonisation et esclavage** Répondez aux questions et comparez vos réponses avec celles d'un(e) camarade.

1. Citez les différents types de régimes politiques. Quelles sont leurs caractéristiques?
2. Quels ont été les grands empires coloniaux? Pourquoi ces pays sont-ils devenus colonisateurs?
3. Pouvez-vous citer d'anciennes colonies françaises? Où sont-elles situées? Savez-vous quand et comment elles ont obtenu leur indépendance?
4. À quoi vous fait penser le terme «esclavage»? Expliquez.
5. Que savez-vous d'Haïti?

3 As a follow-up question,
ask: **Vous êtes-vous déjà
trouvé(e) dans une
situation où ces notions
étaient remises en
question? Citez des
exemples.**

3 Explain to students that
**la Déclaration des droits
de l'homme et du citoyen**
was adopted in 1789. It
establishes fundamental
rights for French citizens.
However, it did not abolish
slavery.

3 **Les droits de l'homme** Par groupes de quatre, discutez de ces deux extraits de la Déclaration des droits de l'homme et du citoyen. Puis, comparez vos idées avec celles d'un autre groupe.

Article 1: Les hommes naissent et demeurent (remain) libres et égaux en droits.

Article 6: La loi est l'expression de la volonté générale [...] Elle doit être la même pour tous...

• Êtes-vous d'accord avec les valeurs présentées par ces deux extraits?
• Connaissez-vous des pays où ces principes ne sont pas en vigueur?
• L'égalité existe-t-elle pour tout le monde dans votre pays?

Practice more at
vhlcentral.com.

HAÏTI
soif de liberté

Have students scan the article and note one important feature—there are numerous dates. Tell students to create a time line from 1492 to today. As they read, ask them to write important events on their time lines.

Haïti est réellement née le 1er janvier 1804, le jour de la proclamation de son indépendance. L'île devient alors le premier État noir indépendant.
5 Comment y est-elle arrivée?

La société haïtienne, basée sur l'esclavage, était composée de Blancs, de libres°, *free black men* d'esclaves et de Noirs marrons. Extrêmement prospère, l'île était le premier producteur
10 mondial de sucre et la plus riche des colonies françaises. C'est la Déclaration des droits de l'homme en France (1789) qui constitue l'élément déclencheur° de la révolution. *trigger*

En 1791, des esclaves noirs se révoltent
15 contre les colons blancs: c'est le début de la Révolution haïtienne. Pierre Dominique Toussaint Louverture (1743–1803) est un ancien esclave et un des seuls Noirs révolutionnaires qui sachent lire et écrire.
20 Il se joint aux Espagnols, qui occupent l'est de l'île, pour combattre les Français et l'esclavage. Il est fait prisonnier en 1802 et déporté en France, où il mourra en 1803. Avant de quitter Haïti, il dira: «En me renversant°, on n'a abattu° à Saint- *By overthrowing me/* 25 Domingue que le tronc de l'arbre de la *brought down* liberté, mais il repoussera° car ses racines° *will grow again/* sont profondes et nombreuses.» Il a raison. *roots* Jacques Dessalines, son lieutenant, continue
30 la lutte et finira par vaincre les Français en automne 1803. Il proclame l'indépendance en 1804.

«Cet achat de nègres, pour les réduire en esclavage, est un négoce° qui viole la *trade*
35 religion, la morale, les lois naturelles, et tous les droits de la nature humaine.» Cette phrase est écrite en France en 1776, mais la France n'abolit l'esclavage qu'en 1794, par une loi qui ne sera jamais appliquée. Il faut
40 attendre 1848 pour que la France l'abolisse vraiment. La fin de l'esclavage en Haïti est la conséquence de sa lutte pour l'indépendance et de la victoire du peuple haïtien sur les planteurs blancs.
45 Aujourd'hui, Haïti a une culture où les arts français et africains fusionnent. La France a eu beaucoup d'influence en Haïti jusqu'au milieu du 20e siècle, et cela se ressent dans les textes, marqués par les

Ask students to explain the metaphor that Toussaint L'Ouverture uses in his quote in lines 24–28. Have students draw a visual of this quote, showing the literal and the symbolic meanings.

Des mots...

Gary Victor (1958–) l'un des écrivains les plus lus, est l'auteur de nouvelles,° de livres pour *short stories* la jeunesse et de romans. **Kettly Mars** (1958–) décrit, dans ses poèmes, les émotions qu'elle ressent devant l'amour, la beauté de la nature et les objets quotidiens. Avec d'autres auteurs de l'île, qui écrivent en français ou en créole, ils sont garants d'une réelle littérature haïtienne.

courants° littéraires français. Puis, dans *trends* 50 les années 1950, il y a une révolution de l'écriture. Les écrivains prennent conscience du sentiment d'être haïtiens et cessent de copier les auteurs français. Les racines africaines et la réalité sociale de l'île les 55 inspirent. D'ailleurs°, le créole devient *Moreover* langue littéraire.

Mais en Haïti, c'est la peinture qui est le moyen d'expression artistique le plus courant. Elle est présente partout, et tout 60 le monde a peint au moins une fois dans sa vie. C'est pourquoi le style artistique haïtien va d'un extrême à l'autre, du naïf au surréalisme. On y trouve les mêmes thèmes que dans la littérature: l'origine, les peines° 65 *sufferings* et les espoirs de la société haïtienne.

En 2010, un terrible tremblement de terre a touché Haïti et dévasté sa capitale, Port-au-Prince. Depuis, le pays se reconstruit et la situation s'améliore, notamment dans 70 les domaines de la santé et de l'éducation. On peut donc espérer un avenir meilleur pour cette société qui, ne l'oublions pas, est la première à s'être libérée de l'esclavage. ■

Des couleurs...

La peinture haïtienne, c'est d'abord de la couleur, vive et généreuse. **Gérard Fortune** (vers 1930–) est l'un des peintres les plus importants de sa génération. Il commence à peindre en 1978, après avoir été pâtissier. Dans ses tableaux, il mélange le vaudou et le christianisme. **Michèle Manuel** (1935–) vient d'une famille riche et apprend à peindre à **Porto-Rico** et aux **États-Unis**. Ses scènes de marchés sont particulièrement appréciées.

Analyse

1

Compréhension Répondez aux questions par des phrases complètes. Answers may vary slightly.

1. Décrivez brièvement la société haïtienne avant 1804. C'était la plus riche des colonies françaises. La société haïtienne était basée sur l'esclavage et elle était composée de Blancs, de libres, d'esclaves et de Noirs marrons.
2. Qu'est-ce que la Déclaration des droits de l'homme de 1789 a déclenché en Haïti? Elle a déclenché la révolte des esclaves noirs contre les colons blancs, en 1791.
3. Qu'est-ce qu'Haïti a obtenu en 1804? En 1804, Haïti a obtenu son indépendance.
4. Qui était Pierre Dominique Toussaint Louverture? C'était un ancien esclave noir qui s'est battu contre les Français et contre l'esclavage.
5. Quelle différence y a-t-il entre la littérature haïtienne d'avant 1950 et celle d'aujourd'hui? La littérature haïtienne d'avant 1950 était très influencée par les courants littéraires français. Aujourd'hui, les auteurs haïtiens sont plus conscients de leur identité haïtienne.
6. Quelle est la forme d'expression artistique la plus courante en Haïti? La peinture est la forme artistique la plus courante.

2

Réflexion Répondez aux questions, puis comparez vos réponses avec celles d'un(e) camarade de classe.

1. Ce sont la **Déclaration des droits de l'homme** de 1789 et la Révolution française qui ont été les éléments déclencheurs de la révolte des esclaves en Haïti. Pourquoi, à votre avis?
2. Commentez cette citation de Toussaint Louverture: «En me renversant, on n'a abattu à Saint-Domingue que le tronc de l'arbre de la liberté, mais il repoussera car ses racines sont profondes et nombreuses.»
3. En 1776, on pouvait lire que l'esclavage violait les droits de la nature humaine. Mais il a fallu plus de 70 ans à la France pour réellement abolir l'esclavage. Pourquoi, à votre avis?

3

Perdu Par groupes de trois, imaginez que vous soyez naufragé(e)s (*shipwrecked*) sur une île déserte des Antilles. Vous devez créer une nouvelle civilisation. Quels sont les dix droits principaux dont bénéficieront les citoyens de cette île? Comparez votre nouvelle déclaration des droits de l'homme avec celles des autres groupes.

4

Sûreté publique ou liberté individuelle? Les attentats terroristes de ce début de siècle ont déclenché un débat sur l'équilibre entre la sûreté publique et la liberté individuelle. À votre avis, est-il nécessaire de sacrifier certaines libertés individuelles pour assurer une plus grande sécurité? Par groupes de trois, discutez de ce sujet, puis présentez le résultat de votre discussion à la classe.

Practice more at **vhlcentral.com.**

Préparation Audio: Vocabulary

KEY STANDARDS
1.2, 2.2, 3.1, 5.2

À propos de l'auteur

Victor Hugo (1802–1885) est l'un des plus célèbres auteurs français. Poète, dramaturge, critique, romancier, mais aussi intellectuel engagé et homme politique, il est le chef de file (*leader*) du mouvement romantique. Parmi ses principales œuvres, on peut citer *Les Misérables, Notre-Dame de Paris, Ruy Blas,* et *Hernani*, ainsi que plusieurs recueils de poésie, tels que *Les Feuilles d'automne* et *Les Contemplations*. Au cours de sa vie, Hugo a souvent défendu les plus démunis (*destitute*) et il s'est surtout intéressé aux problèmes de société et à la justice. Entre 1840 et 1850, il s'est principalement consacré à la politique. C'est pendant cette période qu'il a été élu député à l'Assemblée nationale législative, le parlement français. Dans son célèbre *Discours sur la misère*, qu'il y prononce en 1849, il s'adresse à ses collègues au sujet de la nécessité de combattre la misère.

INSTRUCTIONAL RESOURCES
Supersite: Littérature recording; Scripts; SAM AK
SAM/WebSAM: LM

Point out that in addition to being considered one of France's greatest authors, Hugo is also known as a prominent statesman and human rights activist. He was elected to the **Académie française,** the official authority on the French language, in 1841, and is buried at the **Panthéon,** a mausoleum in the Latin Quarter in Paris which houses the remains of the most distinguished French citizens.

TEACHING OPTION
Have students research information about Romanticism as an artistic and literary movement. Ask them to prepare and present a short biography of a famous Romantic author or artist they learned about.

2 Use item 3 as a debate topic for a whole-class discussion.

Vocabulaire de la lecture	Vocabulaire utile
le devoir *duty*	**le contenu** *content*
épargner *to spare*	**l'inaction (f.)** *lack of action*
un fait *fact*	**s'indigner** *to be angered*
la misère *poverty*	**le manque** *lack*
la souffrance *suffering*	**la pauvreté** *poverty*
un tort *wrong*	**la précarité** *insecurity, instability*
	un problème de société *societal issue*
	la responsabilité *responsibility*
	le ton *tone*

1 **Associations** Indiquez les associations logiques.

   _b_ 1. la maladie   a. l'absence de nourriture

   _a_ 2. la faim   b. se porter mal

   _e_ 3. les hommes et les femmes politiques   c. perdre la vie

   _c_ 4. mourir   d. une victime

   _d_ 5. une personne qui souffre   e. le gouvernement

2 **Discussion** Par groupes de trois ou quatre, répondez aux questions.

1. Comment imaginez-vous la vie quotidienne dans les quartiers pauvres de Paris au dix-neuvième siècle? Quels sont les problèmes principaux que les gens rencontrent?

2. Et aujourd'hui, quels sont les problèmes de société auxquels les gens doivent faire face? Sont-ils les mêmes qu'au dix-neuvième siècle? Ces problèmes sont-ils semblables dans tous les pays du monde? Discutez de ces questions.

3. À votre avis, à qui revient la responsabilité de résoudre (*resolve*) les problèmes de société? Au gouvernement? Aux citoyens? À des organisations charitables (*charities*)? À d'autres personnes? Est-ce que cette responsabilité devrait être partagée? Donnez votre point de vue en utilisant des exemples pour le justifier.

Practice more at **vhlcentral.com.**

Détruire la misère

Discours à l'Assemblée nationale législative: 9 juillet 1849

Victor Hugo

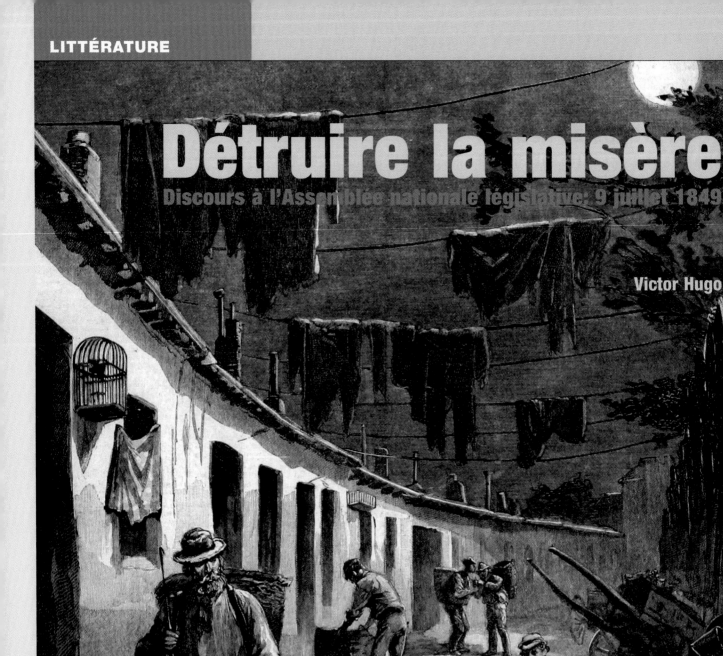

Explain that the **Assemblée nationale** is the lower house of the French Parliament. It is composed of 577 **députés** (*delegates*) elected for five years. The upper house of the French Parliament is called the **Sénat**. It is composed of 348 **sénateurs** elected for six years. When Hugo made his speech in 1849, he was one of the **députés** at the **Assemblée nationale**.

S Audio: Reading

Je ne suis pas, messieurs, de ceux qui croient qu'on peut supprimer la souffrance en ce monde; la souffrance est une loi divine; mais je suis de ceux qui pensent et qui affirment qu'on peut détruire la misère.

Remarquez-le bien, messieurs, je ne dis pas diminuer, amoindrir°, limiter, circonscrire°, je dis détruire. Les législateurs et les gouvernants doivent y songer° sans cesse; car, en pareille matière, tant que le possible n'est pas fait, le devoir n'est pas rempli.

reduce — amoindrir°
confine — 10 circonscrire°
think about it — songer°

villes, où des créatures s'enfouissent° toutes vivantes pour échapper au froid de l'hiver. 35

Voilà un fait. En voulez-vous d'autres? Ces jours-ci, un homme, mon Dieu, un malheureux homme de lettres, car la misère n'épargne pas plus les professions libérales que les professions manuelles, un malheureux homme est mort de faim, mort de faim à la lettre°, et l'on a constaté, après sa mort, qu'il n'avait pas mangé depuis six jours.

Voulez-vous quelque chose de plus douloureux encore? Le mois passé, pendant la recrudescence du choléra°, on

bury themselves — s'enfouissent°
literally — lettre° 40
cholera outbreak — choléra° 45

PREVIEW Based on the illustration, the title of the **discours**, and the themes of the lesson, ask students to predict what types of political and/or societal issues Hugo's **discours** will most likely address.

Je ne suis pas [...] de ceux qui croient qu'on peut supprimer la souffrance en ce monde [...] mais je suis de ceux qui pensent et qui affirment qu'on peut détruire la misère.

TEACHING OPTION Have pairs prepare a set of interview questions they would like to have asked Victor Hugo about his observations and ideas. Then, based on what they have read about him and his speech, they write the answers. Students practice, then present their interview for the class.

15 La misère, messieurs, j'aborde ici le vif de la question°, voulez-vous savoir jusqu'où elle est, la misère? Voulez-vous savoir jusqu'où elle peut aller, jusqu'où elle va, je ne dis pas en Irlande, je ne dis pas au 20 Moyen Âge, je dis en France, je dis à Paris, et au temps où nous vivons? Voulez-vous des faits?

Il y a dans Paris, dans ces faubourgs° de Paris que le vent de l'émeute soulevait 25 naguère° si aisément, il y a des rues, des maisons, des cloaques°, où des familles, des familles entières, vivent pêle-mêle, hommes, femmes, jeunes filles, enfants, n'ayant pour lits, n'ayant pour couvertures, 30 j'ai presque dit pour vêtement, que des monceaux infects de chiffons° en fermentation, ramassés dans la fange° du coin des bornes°, espèce de fumier° des

I get to the heart of the matter — vif de la question°
neighborhoods — faubourgs°
where the revolt stirred not long ago — naguère° 25
cesspools — cloaques°
piles of disgusting rags — chiffons°
mire — fange°
limits, manure — bornes°, fumier°

a trouvé une mère et ses quatre enfants qui cherchaient leur nourriture dans les débris immondes° et pestilentiels des charniers° de Montfaucon! 50

Eh bien, messieurs, je dis que ce sont là des choses qui ne doivent pas être; je dis que la société doit dépenser toute sa force, toute sa sollicitude, toute son intelligence, 55 toute sa volonté, pour que de telles choses ne soient pas! Je dis que de tels faits, dans un pays civilisé, engagent la conscience de la société toute entière; que je m'en sens, moi qui parle, complice et solidaire°, et que 60 de tels faits ne sont pas seulement des torts envers° l'homme, que ce sont des crimes envers Dieu!

Vous n'avez rien fait, j'insiste sur ce point, tant que l'ordre matériel raffermi° n'a 65 point pour base l'ordre moral consolidé! ■

filthy, mass graves — immondes°, charniers° 50
knowing and united — solidaire° 60
against — envers°
strengthened — raffermi° 65

Analyse

1 Compréhension Répondez aux questions. Suggested answers

1. À qui s'adresse Victor Hugo dans ce discours? Il s'adresse aux hommes politiques de l'Assemblée nationale.

2. Quel est le but (*goal*) du discours? Que souhaite Victor Hugo? Il veut que le gouvernement fasse tout pour détruire la misère.

3. Quels sont les problèmes que Victor Hugo mentionne dans son discours? Il mentionne la souffrance, la misère, la pauvreté des familles parisiennes, la faim, le froid, la maladie et la mort.

4. Comment vivent les familles dans les quartiers pauvres de Paris d'après Hugo? Elles vivent pêle-mêle dans leurs maisons sans lits, sans couvertures et sans vêtements.

5. D'après le texte, est-ce que la misère est seulement un problème pour les gens qui ont des professions manuelles? Expliquez et donnez un exemple du texte. Non, les professions libérales en souffrent aussi. Un homme de lettres est mort de faim.

6. Quel problème particulier très grave y a-t-il eu à Paris, d'après le texte? Les gens ont été malades du choléra.

7. Quelle est la responsabilité de la société envers les problèmes décrits? La société doit faire tout ce qu'elle peut pour que ces choses n'arrivent pas.

8. Est-ce que Victor Hugo pense que les hommes politiques font assez pour détruire la misère? Justifiez votre réponse avec un extrait du texte. Non, il dit qu'ils n'ont rien fait.

2 Interprétation À deux, répondez par des phrases complètes.

1. Que pensez-vous du ton et du contenu de ce discours? Victor Hugo est-il convaincant, d'après vous? Pourquoi? Justifiez votre opinion.

2. Dans son discours, Hugo dit: «Je dis [...] que de tels faits ne sont pas seulement des torts envers l'homme, que ce sont des crimes envers Dieu!» Que veut-il dire par cette phrase? Comment l'interprétez-vous?

3. Hugo critique l'inaction du gouvernement mais il n'offre pas de suggestions ni de recommandations pour «détruire la misère». Que pensez-vous de cela? Peut-on critiquer le manque d'action des autres sans offrir de solutions?

3 La réponse de l'Assemblée nationale
Par petits groupes, imaginez la réponse des hommes politiques de l'Assemblée nationale au discours de Victor Hugo. Que vont suggérer ceux qui sont d'accord avec son évaluation? Et ceux qui ne sont pas d'accord?

4 À vous!
Et vous, qu'est-ce que vous suggéreriez pour «détruire la misère» et résoudre les problèmes mentionnés par Victor Hugo? Discutez de ces questions par petits groupes, puis partagez vos idées avec la classe.

5 Rédaction
Suivez le plan de rédaction pour écrire un discours que vous aimeriez faire à une personnalité politique pour lui parler d'un problème de société dans votre pays. Employez le plus-que-parfait, la négation, des verbes irréguliers en **-ir** et des adjectifs et des pronoms indéfinis.

Plan

1 **Réflexion** Pensez aux problèmes de société qui existent aujourd'hui dans votre ville, votre région ou votre pays, par exemple l'injustice, l'inégalité, la violence, la criminalité. Choisissez le problème qui vous semble le plus important.

2 **Discours** Écrivez le texte d'un discours dans lequel vous présentez et expliquez le problème qui vous inquiète. Parlez de ses causes et de ses conséquences en exprimant des regrets sur la situation.

3 **Conclusion et recommandations** À la fin de votre discours, résumez brièvement le problème et faites des recommandations pour améliorer la situation.

Practice more at
vhlcentral.com.

La valeur des idées (S) Vocabulary Tools

Les lois et les droits

un crime *murder, violent crime*
la criminalité *crime (in general)*
un délit *(a) crime*
les droits (*m.*) de l'homme *human rights*
une (in)égalité *(in)equality*
une (in)justice *(in)justice*
la liberté *freedom*
un tribunal *court*

abuser *to abuse*
approuver une loi *to pass a law*
défendre *to defend*
emprisonner *to imprison*
juger *to judge*
analphabète *illiterate*
coupable *guilty*
(in)égal(e) *(un)equal*
(in)juste *(un)fair*
opprimé(e) *oppressed*

La politique

un abus de pouvoir *abuse of power*
une armée *army*
une croyance *belief*
la cruauté *cruelty*
la défaite *defeat*
une démocratie *democracy*
une dictature *dictatorship*
un drapeau *flag*
le gouvernement *government*
la guerre (civile) *(civil) war*
la paix *peace*
un parti politique *political party*
la politique *politics*
la victoire *victory*

avoir de l'influence (sur) *to have influence (over)*
se consacrer à *to dedicate oneself to*
élire *to elect*
gagner/perdre les élections *to win/lose elections*
gouverner *to govern*
voter *to vote*

conservateur/conservatrice *conservative*
libéral(e) *liberal*

modéré(e) *moderate*
pacifique *peaceful*
puissant(e) *powerful*
victorieux/victorieuse *victorious*

Les gens

un(e) activiste *militant activist*
un(e) avocat(e) *lawyer*
un(e) criminel(le) *criminal*
un(e) député(e) *deputy (politician); representative*
un homme/une femme politique *politician*
un(e) juge *judge*
un(e) juré(e) *juror*
un(e) président(e) *president*
un(e) terroriste *terrorist*
une victime *victim*
un voleur/une voleuse *thief*

La sécurité et le danger

une arme *weapon*
une menace *threat*
la peur *fear*
un scandale *scandal*
la sécurité *safety*
le terrorisme *terrorism*
la violence *violence*

combattre *(irreg.) to fight*
enlever/kidnapper *to kidnap*
espionner *to spy*
faire du chantage *to blackmail*
sauver *to save*

Court métrage

l'argot (*m.*) *slang*
la colère *rage*
les flics *cops*
la jalousie *jealousy*
un malaise *dizzy spell*
un malentendu *misunderstanding*
un registre soutenu *formal register*
une syncope *(heart) attack*
une trahison *betrayal*
une volaille *doll, woman*

défendre de *to forbid*
enfreindre une injonction *to disobey a command*
faire confiance *to trust*
griller quelqu'un *to catch someone*
mépriser *to scorn*
se planter *to blow it*
se réconcilier *to make up*
tromper quelqu'un *to cheat on someone*

Culture

l'asservissement (*m.*) *enslavement*
un colon *colonist*
l'esclavage (*m.*) *slavery*
la guerre de Sécession *the American Civil War*
une monarchie absolue *absolute monarchy*
la noblesse *nobility*
l'ordre (*m.*) public *public order*
un régime totalitaire *totalitarian regime*
la sûreté publique *public safety*
un système féodal *feudal system*
la traite des Noirs *slave trade*

renverser *to overthrow*
se révolter *to rebel*
vaincre *(irreg.) to defeat*

évadé(e) *escaped*

Littérature

le contenu *content*
le devoir *duty*
un fait *fact*
l'inaction (*f.*) *lack of action*
le manque *lack*
la misère *poverty*
la pauvreté *poverty*
la précarité *insecurity, instability*
un problème de société *societal issue*
la responsabilité *responsibility*
la souffrance *suffering*
le ton *tone*
un tort *wrong*

épargner *to spare*
s'indigner *to be angered*

La société en évolution

Dans un monde où les cultures se rencontrent de plus en plus, quel est le rôle du dialogue? Comment profiter des différences dans la manière de penser, de vivre et de voir le monde? Que devons-nous faire pour assurer l'harmonie et, en même temps, éliminer les conflits? Si la diversité donne l'occasion d'enrichir sa propre culture, qu'apporte-t-elle d'autre à une société?

163

186

Destination:
AFRIQUE
DE L'OUEST

PREVIEW Have students read the paragraph on **p. 156** and, in small groups, discuss the questions posed in it. Then ask them to describe the benefits and challenges of multiculturalism and diversity on campus and in other settings. Outline their descriptions on the board in two columns: **les bénéfices** and **les défis**. Have each group discuss the lists and propose a solution to at least one of the challenges.

Crises et horizons Vocabulary Tools

En mouvement

l'assimilation (f.) *assimilation*
un but *goal*
une cause *cause*
le développement *development*
la diversité *diversity*
un(e) émigré(e) *emigrant*
une frontière *border*
l'humanité (f.) *humankind*
l'immigration (f.) *immigration*
un(e) immigré(e) *immigrant*
l'intégration (f.) *integration*
une langue maternelle *native language*
une langue officielle *official language*
le luxe *luxury*
la mondialisation *globalization*
la natalité *birthrate*

le patrimoine culturel *cultural heritage*
les principes (*m.*) *principles*

aller de l'avant *to forge ahead*
s'améliorer *to better oneself*
attirer *to attract*
augmenter *to grow; to raise*

baisser *to decrease*
deviner *to guess*
prédire (*irreg.*) *to predict*

exclu(e) *excluded*
(non-)conformiste *(non)conformist*

polyglotte *multilingual*
prévu(e) *foreseen*
seul(e) *alone*

Les problèmes et les solutions

le chaos *chaos*
la compréhension *understanding*
le courage *courage*
un dialogue *dialogue*

une incertitude *uncertainty*
l'instabilité (f.) *instability*
la maltraitance *abuse*
un niveau de vie *standard of living*
une polémique *controversy*
la surpopulation *overpopulation*
un travail manuel *manual labor*
une valeur *value*
un vœu *wish*

___

avoir le mal du pays *to be homesick*
faire sans *to do without*
faire un effort *to make an effort*
lutter *to struggle*

___

dû/due à *due to*
surpeuplé(e) *overpopulated*

Les changements

s'adapter *to adapt*
appartenir (à) *to belong (to)*
dire au revoir *to say goodbye*

s'enrichir *to become rich*

s'établir *to settle*
manquer à *to miss*
parvenir à *to achieve*
projeter *to plan*
quitter *to leave behind*
réaliser (un rêve) *to fulfill (a dream)*
rejeter *to reject*

KEY STANDARDS
1.1, 1.2, 4.1

Have students create complete sentences that describe the photos. Then, using the words under **Les changements**, ask them to make personalized statements.

INSTRUCTIONAL RESOURCES
Supersite: Lab Audioscript, SAM AK, Lab MP3s
SAM/WebSAM: WB, LM

SYNONYMES
réaliser ⟷ accomplir, concrétiser
baisser ⟷ diminuer, réduire
lutter ⟷ se battre
une polémique ⟷ une controverse
un vœu ⟷ un souhait

Explain how to form a sentence using **manquer à**. Example: **Mon pays me manque.** *I miss my country.*

Mise en pratique

1

L'intrus Dans chaque cas, indiquez le mot qui ne convient pas.

1. **diversité**
   a. immigration   c. mondialisation
   b. patrimoine   d. humanité

2. **population**
   a. habitants   c. résidents
   b. citoyens   d. touristes

3. **but**
   a. faire un effort   c. projeter
   b. incertitude   d. parvenir

4. **prévu**
   a. prédit   c. attendu
   b. exclu   d. deviné

5. **manquer**
   a. appartenir   c. quitter
   b. avoir le mal du pays   d. dire au revoir

6. **polémique**
   a. débat   c. cause
   b. controverse   d. contestation

2

Dans le contexte Écrivez le mot de la liste qui correspond le mieux au contexte de chaque phrase.

s'adapter	émigré	mal du pays	quitter
courage	faire sans	polyglotte	rejeter

1. Il est important de parvenir à se débrouiller (*to manage*) face à une nouvelle situation. _____ s'adapter _____

2. Au travail, on me demande souvent de voyager parce que je parle plusieurs langues. _____ polyglotte _____

3. Quand j'étais petit, ma famille n'était pas riche, mais on n'était pas malheureux non plus. _____ faire sans _____

4. Je n'hésite pas à dire «non» et je refuse les propositions qu'on me fait neuf fois sur dix. _____ rejeter _____

5. J'ai quitté le pays où je suis né pour trouver un meilleur travail, pas pour des raisons politiques. _____ émigré _____

6. Voyager à l'étranger, c'est important et amusant en même temps, mais le problème, c'est que ma famille me manque. _____ mal du pays _____

3

Questions personnelles Répondez à chaque question. Discutez de vos réponses avec un(e) camarade de classe.

1. Quelle est votre langue maternelle? Combien de langues parlez-vous?

2. Avez-vous déjà eu le mal du pays? Expliquez la situation.

3. Êtes-vous pour ou contre la mondialisation? Expliquez votre point de vue.

4. Êtes-vous plutôt conformiste ou non-conformiste? Citez trois exemples.

5. Quel est votre but dans la vie? Comment est-ce que vous espérez l'atteindre?

6. Comment décririez-vous votre niveau de vie? À quel point est-il différent de celui que vous espérez avoir dans dix ans?

4

À l'avenir Imaginez qu'en 2057, votre enfant trouve une capsule témoin (*time capsule*) que vous aviez préparée cinquante ans auparavant (*prior*). Elle contient des coupures de presse (*clippings*) et des souvenirs. À deux, dites ce que vous aviez mis dans cette capsule et expliquez pourquoi ces objets représentent votre génération.

1 Ask students to explain why the words they chose do not fit.

1 Divide the class into groups to play a related game. Give them three minutes to list new vocabulary words, along with their opposites.

Example: **une cause/un effet; seul/ensemble; augmenter/baisser**

Collect the lists and go over them on the board. The group who finds the most opposites wins the game.

2 In pairs, have students add three sentences of their own to the activity, using the new vocabulary. Ask volunteers to read their sentences aloud and have classmates guess the related word.

2 Have students say whether they agree with the statement in item 1 and why.

3 Have students answer and discuss these additional questions: **À votre avis, quelles sont les valeurs les plus importantes dans la vie? S'il fallait n'en choisir qu'une seule pour laquelle vous seriez disposé(e) à lutter, laquelle choisiriez-vous?**

Practice more at **vhlcentral.com.**

Préparation $\text{\textcircled{S}}$ Audio: Vocabulary

KEY STANDARDS
1.2, 2.1, 2.2, 4.1, 4.2, 5.2

INSTRUCTIONAL
RESOURCES
Supersite/DVD: Film
Collection
Supersite: Script &
Translation

SYNONYMES
un(e) bavard(e) ⟷ un
moulin à paroles *(informal)*
défavorisé(e) ⟷
déshérité(e), pauvre

Mention that **bavard(e)** can
also be an adjective.

Point out that **un flic, un(e)
gamin(e)**, and **un(e) môme**
are informal.

Call attention to the homonym
voler *(to fly; to steal)*.

Ask small groups of students
to prepare three short
scenarios: one to elicit the
response **Ce n'est pas
grave**, one for **C'est
dingue!,** and one for
J'arrive. Have groups
present their scenarios
for the class.

Vocabulaire du court métrage	
un(e) bavard(e) *chatterbox*	(un jour) férié *public holiday*
brûler *to burn*	un flic *cop*
un commissaire (de police) *(police) commissioner*	un(e) gamin(e) *kid*
	un(e) môme *kid*
	nombreux/nombreuse *numerous*

Vocabulaire utile
avoir des préjugés *to be prejudiced*
un châtiment *punishment*
défavorisé(e) *underprivileged*
supposer *to assume*
une supposition *assumption*
témoigner de *to be witness to*
un témoin *witness*
voler *to steal*

EXPRESSIONS

assurer une permanence *to be on duty*

Ce n'est pas grave. *That's okay/not a problem.*

C'est dingue! *It's/That's crazy!*

J'arrive. *I'll be right there./I'm coming.*

porter plainte *to file a complaint*

1 **À choisir** Parmi (*Among*) les phrases suivantes, choisissez celle qui exprime le mieux l'idée de la première phrase.

1. Je ne vais pas au travail lundi parce que c'est un jour férié.
   a. Je ne vais pas au travail lundi parce qu'on fait la grève.
   b. Je ne vais pas au travail lundi à cause des funérailles de ma grand-mère.
   c. Je ne vais pas au travail lundi parce que c'est le 14 juillet.

2. Thomas et sa copine sont tellement bavards.
   a. Thomas est très fâché contre sa copine.
   b. Thomas n'arrête pas de parler avec sa copine.
   c. Thomas et sa copine hésitent à se quitter.

3. La famille habite dans un quartier défavorisé.
   a. La famille habite une grande maison moderne.
   b. Les loyers des appartements du quartier ne sont pas chers.
   c. La famille s'amuse chaque été dans sa piscine privée.

1 When going over
the answers, replace
appropriate parts of the
sentences with pronouns,
if possible, to preview this
lesson's **Structures** section.
Examples: **1. Je n'y vais
pas parce que c'est le 14
juillet. 2. Thomas n'arrête
pas de lui parler.**

2 Have groups of three or
four create a short story
using as many words from
this activity as possible.

2 **À assortir** À deux, associez logiquement les mots de la première et de la deuxième colonnes. Ensuite, expliquez la différence entre les mots associés.

c	1. un témoin	a. voler
d	2. un commissaire	b. un(e) môme
b	3. un(e) gamin(e)	c. témoigner de
a	4. un châtiment	d. un flic

Practice more at **vhlcentral.com**.

3 **Que feriez-vous si...?** À deux, répondez aux questions et expliquez vos réponses.

1. Vous êtes professeur et deux de vos étudiants ont séché (*skipped*) le cours. L'un est très studieux et l'autre ne travaille pas beaucoup. Les jugez-vous de la même manière ou favorisez-vous l'étudiant sérieux?

2. Une personne défavorisée et une personne privilégiée commettent le même crime. Devraient-elles recevoir la même punition? Recevraient-elles le même châtiment dans notre société actuelle?

3. Quand un voleur vole quelque chose, est-ce que la valeur de ce qu'il vole devrait être prise en compte au moment de le punir?

4. Votre frère/sœur aîné(e) vous a tourmenté(e) pendant toute votre enfance. Vous comportez-vous de la même manière envers votre frère/sœur cadet(te) ou, au contraire, vous entendez-vous bien avec lui/elle?

5. À la suite d'une erreur commise par votre université, on vous expulse pour des raisons financières. Est-ce que cette injustice vous donnerait le droit d'endommager (*damage*) votre résidence universitaire?

4 **Question d'opinion** À deux, répondez aux questions et expliquez vos réponses.

1. Vous est-il déjà arrivé de supposer certaines choses au sujet de quelqu'un qui est différent de vous?

2. Pensez-vous que l'immigration permette de mieux apprécier différentes cultures ou encourage-t-elle au contraire le recours aux stéréotypes?

3. Est-ce que quelqu'un vous a déjà jugé(e) sur votre apparence physique, votre nationalité ou votre ethnicité? Comment avez-vous réagi?

5 **Qui est-ce?** Regardez les images et imaginez la vie de ces personnages. Écrivez cinq phrases qui expliquent ce qu'ils aiment faire, qui ils sont et d'où ils viennent.

---

3 Invite students to think back to what they learned in **Leçon 4 Littérature pp. 151–154**. Ask them to relate the themes and the moral of Juraver's fable, *Chien maigre et chien gras*, to their ideas for the first three situations in this activity.

3 Have students work in groups of three to create and present a mini-skit that takes place in a courthouse. One student plays a thief, one plays the arresting officer, and the other plays the judge.

4 Ask volunteers to share their responses with the class.

4 Ask students to write an essay for their answer to one of the questions. They should be sure to begin with a thesis statement, include at least three specific examples to support this statement, and end with a restatement of the thesis or a summary of ideas. Prepare a scoring rubric based on the latest AP Scoring Guidelines. Some criteria might be: ease of expression, clarity of organization, accuracy of grammar and syntax, variety of vocabulary, topic development.

5 Calling on volunteers, make a list on the board of the things students say to describe the characters. After viewing the film, have students revise their descriptions.

Short Film

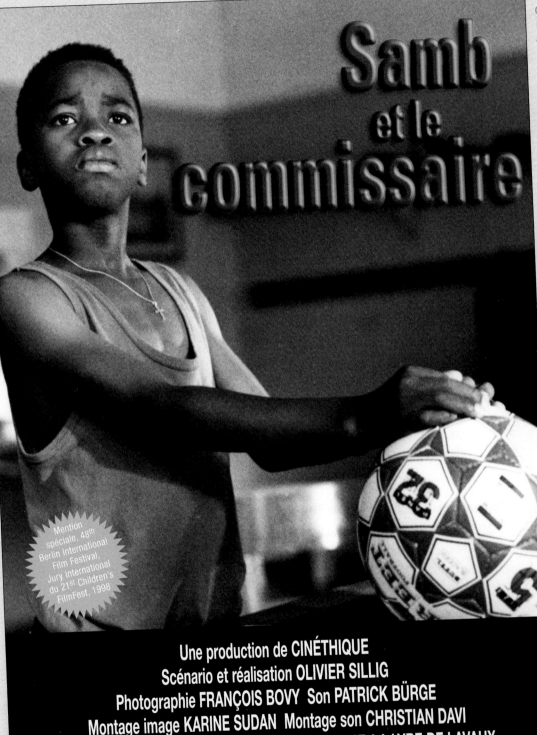

Samb et le commissaire

Mention spéciale, 48th Berlin International Film Festival, Jury international du 21st Children's FilmFest, 1998

Une production de CINÉTHIQUE
Scénario et réalisation OLIVIER SILLIG
Photographie FRANÇOIS BOVY Son PATRICK BÜRGE
Montage image KARINE SUDAN Montage son CHRISTIAN DAVI
Musique JEAN-FRANÇOIS BOVARD, JEAN ROCHAT, LA LYRE DE LAVAUX
Acteurs NARCISSE MANI / JEAN-LOUIS MILLET

Ask students for a description of the boy in the poster—physical appearance, age, clothing, facial expression, etc. Then ask them to imagine what he is thinking.

The film takes place in the French-speaking part of Switzerland. Ask students what they know about Switzerland

Explain to students that they do not need to understand every word they hear. They can rely on visual cues and should listen for cognates and words from the vocabulary. Have students work in pairs to help each other understand any difficult parts of the film.

INTRIGUE *Le jour de la Fête nationale, en Suisse, un commissaire de police interroge un jeune garçon d'origine africaine qui vient de voler un ballon.*

OFFICIER Ils en ont marre, les gens, ils en ont marre.
COMMISSAIRE Je sais, ils sont toujours plus nombreux. Enfin, appeler les flics pour un gamin. Ces stations-service, ils… ils exagèrent, vraiment. Envoyez-le-moi.

COMMISSAIRE Alors, c'est vrai ce qu'on dit? Vous êtes tous des voleurs. Incroyable! À ton âge, tu es déjà un voleur. Tu t'appelles comment? Ton nom?
SAMB S…
COMMISSAIRE Juste ton nom. Je vous connais, vous êtes des bavards terribles.

COMMISSAIRE Vingt francs. Vingt francs. Porter plainte pour vingt balles. Il faut vraiment que les gens en aient marre de vous. Et tes parents? Ils sont où aujourd'hui, tes parents? Ah, eux aussi, ils sont allés apprendre l'hymne° national?

SAMB Monsieur, je m'appelle Samb. Samb, et toi? Non, non. Juste votre nom.
COMMISSAIRE Knöbel.
SAMB Elle est en vie, votre maman?
COMMISSAIRE Ah oui. Bien sûr.
SAMB Et votre papa, aussi?
COMMISSAIRE Ah oui, aussi.

SAMB Vous avez de la chance.
COMMISSAIRE De la chance?
SAMB Oui. Mes parents à moi, ils sont morts. Kakachnikov! Ils se sont mis à tirer° sur moi, mais j'ai réussi à me cacher°. Quand je suis revenu, tout brûlait. Même mon ballon. Il n'y avait plus rien.

COMMISSAIRE Ah, c'est vous les parents? Ce n'est pas grave. C'est un môme. Bon, on laisse tomber la plainte, on écrase°.
Samb revient.
SAMB Eh, mon ballon!
COMMISSAIRE Ton ballon?

hymne *anthem* **tirer** *shoot* **me cacher** *hide* **écrase** *oublie*

Note CULTURELLE

La Fête nationale suisse

Célébrée le 1ᵉʳ août, la Fête nationale suisse commémore la naissance de ce pays en 1291. Les hommes politiques font des discours°. On voit des drapeaux sur toutes les façades. On allume° des feux de joie°. Les enfants défilent° dans les rues avec des lanternes en papier et les gens illuminent leurs fenêtres avec des bougies°. Enfin, on se réunit sur les places pour chanter ensemble l'hymne national. La journée se termine souvent par un feu d'artifice et par un barbecue en famille ou entre amis.

discours *speeches* **allume** *light* **feux de joie** *bonfires* **défilent** *parade* **bougies** *candles*

PREVIEW As a class, read the captions and discuss the visuals. In particular, point out the second video. Discuss the relevance of the «**Terroristes**» poster in the background. Then ask students to write a one-paragraph summary of what they think happens in the film. Ask: **Comment se terminera ce court métrage?**

TEACHING OPTION Have students working in pairs write on separate strips of paper ten sentences summarizing the events of the video. Then have them give the strips of paper to other pairs to put in chronological order.

TEACHING OPTION After viewing the film, have students revise their summaries.

TEACHING OPTION Have students read the **Note culturelle**. Then ask them to list and discuss the similarities and differences between the Swiss National Holiday and Independence Day in the U.S. or national holidays in other countries.

Analyse

1 Have students read the comprehension questions before viewing the film. Then have them answer the questions in pairs.

1 Ask follow-up questions to item 7: **Qu'avez-vous ressenti quand le garçon mimait la façon dont sa famille a été tuée? Qu'est-ce que ce moment du film marque dans l'attitude du commissaire?** Ask a follow-up question to item 10: **Quelle est la signification du ballon de football?**

2 Ask this additional question for class discussion: **Quelle sorte de société ce film représente-t-il? Multiculturelle et capable de s'adapter? Pleine de préjugés et instable? Citez des exemples.**

3A When assigning this activity, replay the portions of the film that contain the police commissioner's stereotypical comments.

3A Ask students: **À quoi pensez-vous quand vous entendez les mots «Fête nationale»? Selon vous, pourquoi le scénariste a-t-il choisi de situer cette histoire pendant la Fête nationale?**

3B Have pairs discuss whether **Commissaire Knöbel** reminds them of anyone they know in real life. Ask: **Jugez-vous cette personne différemment parce que vous la connaissez?**

Practice more at
vhlcentral.com.

1 **Compréhension** Répondez aux questions par des phrases complètes. Answers may vary slightly.

1. Quel jour sommes-nous dans le film? Que signifie cette date? Nous sommes le 1er août. C'est la Fête nationale suisse.

2. Comment s'appelle l'homme? Il s'appelle Hugo Knöbel.

3. Qui est-il? C'est le commissaire (de police).

4. Qu'est-ce que le garçon a volé? Il a volé un ballon de foot.

5. Pourquoi l'a-t-il volé? Il l'a volé parce que son ballon a brûlé.

6. Combien cet objet a-t-il coûté? Il a coûté vingt francs.

7. Qu'est-il arrivé aux parents du garçon? Ils sont morts.

8. Comment cela s'est-il passé? On les a tués.

9. Pourquoi le garçon dit-il que le commissaire a de la chance? Il dit que le commissaire a de la chance parce que ses parents sont encore en vie.

10. Avec qui part le garçon à la fin du film? Il part avec ses parents adoptifs/un couple blanc/suisse.

2 **Interprétation** À deux, répondez aux questions et expliquez vos réponses.

1. Pourquoi le commissaire est-il de mauvaise humeur au début du film?

2. De qui parle le commissaire quand il dit: «Vous êtes tous des voleurs»?

3. Pourquoi le commissaire pense-t-il que Samb ne mangera pas le hamburger?

4. Que veut dire le commissaire quand il dit que Samb «connaît» les bananes?

5. Que pense le commissaire quand on lui dit que les parents de Samb sont arrivés?

6. Pourquoi le commissaire met-il de l'argent sur son bureau à la fin du film?

3 **Stéréotypes**

A. Listez les commentaires du commissaire qui révèlent certains stéréotypes.

Vous êtes tous des voleurs.

Vous êtes des bavards terribles.
Il ne sait pas son âge... Tu ne sais pas dire ton nom?
[Tes parents] sont allés apprendre l'hymne national?
Les Africains sont musulmans.
Au moins, tu connais [les bananes].

B. Comparez votre liste avec celle d'un(e) camarade et discutez de chaque commentaire à l'aide de ces questions.

- Comment réagissez-vous à ce que dit le commissaire?
- Comment le jugez-vous? Pensez-vous que ce soit quelqu'un de bien?

4 **Rapports humains** Dans quel sens l'opinion du commissaire change-t-elle à propos de Samb? À deux, discutez-en et citez des exemples du film.

5 **Au tribunal** Imaginez que Samb soit jugé par un tribunal. Le jury n'est pas parvenu à un verdict, et vous êtes les jurés. Formez deux groupes et présentez cinq arguments pour ou contre Samb. Les injustices du passé excusent-elles ses actes d'aujourd'hui?

Pour	Contre

6 **Trois vœux** *Samb et le commissaire* témoigne des changements de la société actuelle et de la diversité culturelle de plus en plus grande dans les pays occidentaux (*western*). Par groupes de trois, imaginez les trois vœux qu'un génie vous accorde pour créer une société plus harmonieuse.

> Vous avez droit à trois vœux. Que me demandez-vous?

7 **Intégration** Par groupes de trois, commentez cette déclaration. Dans une société multiculturelle, qui doit s'adapter? Les immigrés ou les habitants? Discutez de cette question et comparez votre point de vue avec la classe.

> **"Les musulmans ne mangent pas de porc. Vous devriez savoir ça. Faut s'adapter, nom de bleu."**
> — COMMISSAIRE KNÖBEL

4 As a follow-up activity, ask students to think of a person who has changed their outlook on life, socially or personally. Have them write a brief description of how they met and what the person did to touch their lives.

4 Have students create a flowchart that shows how the attitude and actions of the commissioner evolve through the film.

5 Have groups decide on a verdict. If they find Samb guilty, what would the punishment be? If they find him not guilty, what would they say to him or recommend to him and his parents?

7 Encourage students to draw examples from their everyday lives. Ask questions to provoke a related discussion. Examples: **Comment réagissez-vous face à un étranger qui essaie de vous poser une question sans savoir parler l'anglais? Quand vous voyagez à l'étranger, vous attendez-vous à trouver des gens qui parlent votre langue?**

Arbres de la flore ouest-africaine

IMAGINEZ
L'Afrique de l'Ouest

KEY STANDARDS
2.1, 2.2, 3.2, 4.2, 5.1

INSTRUCTIONAL RESOURCES
Supersite: Teaching suggestions; SAM AK
SAM/WebSAM: WB

D'ailleurs...

Le **tô** est le plat national au Burkina Faso. Il consiste en une boule de mil ou de maïs accompagnée d'une sauce au gombo°. Au Bénin, c'est le **calalou**, un mélange de gombo, viande, crevettes, feuilles de manioc, oignon, piment et riz.

Sur les traces de mes ancêtres (S) Reading

Vous avez déjà été en Afrique? Moi, une fois, à l'âge de deux ans, mais j'étais trop petite pour m'en souvenir. Mon nom, Grace Kaboré, m'a toujours intriguée sur mes origines. J'habite à Marseille et maintenant que j'ai fini mes études, c'est le moment idéal pour partir! Mais par où commencer? Je décide de suivre les traces de mes ancêtres et commence par le **Burkina Faso**.

J'arrive à **Ouagadougou**, la capitale du «pays des hommes intègres°» fondée au 15e siècle. Les **Ouagalais** sont chaleureux° et je m'y sens comme chez moi. Je visite le Musée National, où j'en apprends plus sur l'histoire du pays et les différentes ethnies. Ensuite, je décide d'approfondir mes connaissances en artisanat burkinabé et me promène au Village Artisanal, un espace de production et de vente où plus de 500 artisans étalent° leurs créations. Après cinq jours dans la capitale dont le nom signifie « là où on reçoit des honneurs, du respect », je décide de faire un long safari en forme de boucle° **au parc national du W**, site

qui s'étend sur l'est du Burkina Faso, une partie du **Niger** et du **Bénin**.

Je commence donc le safari au Burkina Faso, puis continue au Niger. Une fois là-bas, j'en profite pour dévier de ma route et passer une journée sur **l'île de Kanazi**. Là-bas, je fais une ballade en pirogue° sur le **fleuve Niger**, prends en photo des hippopotames et admire le spectacle de la vie courante des habitants sur les berges° du fleuve.

Je reprends mon safari facilement car le parc du W est seulement à une heure et demie de la capitale, **Niamey**. D'ailleurs, les habitants de Kanazi m'ont expliqué que le nom du parc vient de la forme en W du fleuve Niger. La partie nigérienne du parc compte 335.000 hectares, autant vous dire que j'ai vu d'incroyables paysages! La savane avec ses baobabs, antilopes, babouins, et mon animal préféré, l'éléphant! Grâce au guide Djibril, nous avons pu voir cinq lionnes avec leurs lionceaux° boire sur le bord de l'eau. J'ai dormi dans le village de **Karey Kopto**, où les habitants

Place des Cinéastes, Ouagadougou, Burkina Faso

étaient hospitaliers. On a même pu échanger quelques mots en français!

Les jours suivants, je me dirige vers le site **Alfakoara** au nord du **Bénin**, et reste deux nuits chez une famille **Mokollé** du village **Tchoka**. Gloria, la fille de la famille, me dit que plus tard, elle veut enseigner le français à la capitale du Bénin, **Porto-Novo**.

Mon parcours touche bientôt à sa fin quand j'entre à la **Réserve Nationale de Faune d'Arly**. Cette zone est très prisée° par les chasseurs pour sa faune et sa flore. Je passe mes derniers jours entre Ouagadougou et le parc du W, à **Fada N'Gourma**, où j'assiste au Festival Dilembu au Gulmu pour fêter les récoltes du mil°. Il y a des activités comme la danse et la lutte° traditionnelles, le récit de contes°, la course d'ânes° et le tir à l'arc. Là-bas, j'ai parlé avec beaucoup de touristes et de locaux!

C'est malheureusement la fin de mon voyage… Je garde d'inoubliables souvenirs et prévois de revenir en Afrique de l'Ouest pour visiter le **Mali**, la **Mauritanie**, la **Côte d'Ivoire**, le **Togo**, le **Sénégal** et la **Guinée**.

intègres *honest* **chaleureux** *welcoming* **étalent** *display* **boucle** *loop* **pirogue** *canoe* **berges** *riverbank* **lionceaux** *lion cubs* **prisée** *valued* **mil** *millet* **lutte** *wrestling* **contes** *tales* **ânes** *donkeys* **gombo** *okra*

Le français parlé en Afrique de l'Ouest

Au Sénégal

aller sénégalaisement bien	aller très bien
un(e) chéri(e)-coco	un(e) petit(e) ami(e)
un pain chargé	un sandwich
une tablette de chocolat	un nid-de-poule; *pothole*

En Côte d'Ivoire

un maquis	un restaurant, un café
mettre papier dans la tête	éduquer

En Afrique de l'Ouest

payer	acheter
un taxi-brousse	un taxi collectif; *shared taxi*

Découvrons l'Afrique de l'Ouest

La Casamance Située au sud du **Sénégal**, c'est la région agricole la plus riche du pays, grâce au **fleuve Casamance** et à une abondante saison des pluies. La **Basse-Casamance**, à l'ouest, en est la partie la plus touristique. On y trouve de nombreux villages installés au milieu de canaux appelés «bolongs». À l'est de la ville de **Cap-Skirring**, on peut admirer le **parc national de Basse-Casamance** avec ses buffles°, ses singes°, ses léopards, ses crocodiles et ses nombreuses espèces d'oiseaux.

Djenné C'est une ville du **Mali** à environ 570 km de **Bamako**, la capitale. Fondée au 9e siècle, elle devient un important centre d'échanges commerciaux° au 12e siècle. Cette ville est connue pour son architecture exceptionnelle. Ses bâtiments sont construits en «banco», ou terre crue°, avec des morceaux de bois appelés «terrons» qui traversent les murs. Le marché du lundi attire le public par ses couleurs et son animation.

Les Touaregs On les appelle souvent «les hommes bleus», en raison de la couleur du turban, ou chèche, qu'ils portent sur la tête. C'est un peuple nomade d'origine berbère. Ils vivent en tribus dans une société très hiérarchisée. Leur territoire couvre la plus grande partie du désert du **Sahara** et une partie importante du **Sahel** central. C'est un peuple hospitalier° qui accueille les visiteurs de passage avec le cérémonial du thé. Le thé est servi trois fois, et il est impoli de refuser de le boire.

Le cacao et le café ivoiriens La culture du café et du cacao constitue l'activité économique la plus importante de Côte d'Ivoire. En effet, la moitié de la population vit de cette culture. La **Côte d'Ivoire** est le premier producteur mondial de cacao (40% de la production mondiale) et a également été un grand producteur de café. Mais depuis les années 2000, cette production est en baisse et les autorités ivoiriennes veulent maintenant la relancer°.

buffles *buffalos* **singes** *monkeys* **commerciaux** *trade* **terre crue** *mud* **hospitalier** *hospitable* **relancer** *revive*

Qu'avez-vous appris?

1

Vrai ou faux? Indiquez si ces affirmations sont vraies ou fausses, et corrigez les fausses. *Answers may vary slightly.*

1. Les habitants de Ouagadougou s'appellent les Kaboré. *Faux. Ils s'appellent les Ouagalais.*

2. Ouagadougou signifie "là où on reçoit des honneurs, du respect". *Vrai.*

3. Ouagadougou a été fondée au 17ᵉ siècle. *Faux. La ville a été fondée au 15ᵉ siècle.*

4. Le parc national du W s'étend sur trois pays. *Vrai.*

5. Le Village Artisanal est un espace d'exposition. *Faux. C'est un espace de production et de vente.*

6. Djenné est une ville du Mali fondé au 9ᵉ siècle. *Vrai.*

7. La Casamance est une région du Sénégal. *Vrai.*

8. Environ 40% de la production mondiale de cacao vient de Côte d'Ivoire. *Vrai.*

2

Questions Répondez aux questions. *Answers may vary slightly.*

1. Que signifie "Burkina Faso"? *"Burkina Faso" signifie "pays des hommes intègres".*

2. Où se trouve le village de Karey Kopto? *Il se trouve au Niger.*

3. Quel événement a lieu à Fada N'Gourma? *Le festival Dilembu au Gulmu y a lieu.*

4. À quelles activités physiques peut-on assister au Festival Dilembu au Gulmu? *On peut assister à la danse et la lutte traditionnelles, à la course d'ânes et au tir à l'arc.*

5. Pour quelle raison la Réserve Nationale de Faune d'Arly est très appréciée des chasseurs? *Elle est appréciée des chasseurs pour sa faune.*

6. Qu'est-ce qu'on peut voir en Casamance? *On y trouve des villages appelés «bolongs» et le parc national de Basse-Casamance.*

7. Qui sont les Touaregs? De quelle origine sont-ils? Où vivent-ils? *Les Touaregs sont un peuple nomade d'origine berbère. Ils vivent en tribus dans le désert du Sahara et au Sahel.*

8. Que veut faire la Côte d'Ivoire à propos de la production de café? *Elle veut la relancer.*

ÉPREUVE

Trouvez la bonne réponse.

1. Au parc du W, on peut voir des animaux comme _____.
   - a. des chiens
   - b. des antilopes
   - c. des ours
   - d. des tigres

2. Au festival Dilembu au Gulmu on célèbre la récolte _____.
   - a. du blé
   - b. du maïs
   - c. du mil
   - d. des bananes

3. Au Sénégal, on appelle aussi un sandwich _____.
   - a. un casse-croûte
   - b. un pain chargé
   - c. un pain au chocolat
   - d. une fougasse

4. Le maquis est un restaurant _____.
   - a. au Mali
   - b. en Mauritanie
   - c. en Côte d'Ivoire
   - d. au Niger

5. Le _____ est le plat national du Burkina Faso.
   - a. mafé
   - b. calalou
   - c. tô
   - d. yassa

6. La ville de Djenné est connue pour _____.
   - a. son architecture
   - b. sa gastronomie
   - c. ses danses
   - d. ses crocodiles

7. Les maisons de Djenné sont construites avec _____.
   - a. de la terre cuite
   - b. du banco
   - c. du sable
   - d. des pierres

8. La Côte d'Ivoire est le premier producteur mondial de _____.
   - a. tissus
   - b. riz
   - c. cacao
   - d. café

9. Les «bolongs» sont des _____.
   - a. pirogues
   - b. canaux
   - c. villages de pêcheurs
   - d. animaux

10. _____ sont souvent appelés «les hommes bleus».
   - a. Les Peuhls
   - b. Les Ivoiriens
   - c. Les Maliens
   - d. Les Touaregs

Practice more at **vhlcentral.com**.

Video

Aide au logement: Carton rouge du mal-logement

En France, on estime que 3,5 millions de personnes sont mal-logées, c'est-à-dire qu'elles sont soit sans abri, soit sans domicile fixe, soit logées dans des logements insalubres. La Fondation Abbé Pierre, une association à but non-lucratif (*non-profit*) qui aide les personnes dans la précarité, met un carton rouge au mal-logement au travers d'une campagne parrainée (*sponsored*), entre autres, par l'ancien footballeur Éric Cantona, qui joue dans le clip que vous allez regarder.

Alors, vous le prenez?

1 **Compréhension** Complétez les phrases avec le vocabulaire du clip.

1. Dans le clip, un __propriétaire sans scrupules__ fait visiter un appartement à un __locataire__ potentiel.

2. Le propriétaire dit que le salon est __lumineux__ mais que la cuisine nécessite peut-être __un petit coup de frais__.

3. L'appartement a besoin de __rénovations__ parce qu'il est totalement __insalubre__.

2 **Discussion** Répondez aux questions en donnant des détails.

1. Comment peut-on définir un «propriétaire sans scrupules»? Quel type de logement propose-t-il?

2. Quelle est l'attitude du propriétaire du clip? Semble-t-il être conscient de l'état de l'appartement?

3. Pourquoi quelqu'un pourrait-il être d'accord pour habiter dans un tel appartement?

4. Imaginez votre réaction si on vous proposait un appartement comme celui du clip. Que feriez-vous?

Et vous? Le problème du mal-logement existe-t-il aussi là où vous habitez? À votre avis, comment peut-on lutter contre ce problème? À qui en revient la responsabilité?

Practice more at **vhlcentral.com**.

INSTRUCTIONAL RESOURCES
Supersite: Video Script & Translation; Answer Key

COMPRÉHENSION Ask these follow-up questions: **Combien de pièces a l'appartement? Comment sont-elles? Quels mots vous viennent à l'esprit quand vous voyez l'état de cet appartement?**

DISCUSSION As a class, brainstorm ideas that could help solve the problems associated with substandard rentals. Then, have students work in small groups and investigate laws and initiatives that aim to regulate rental practices in order to guarantee decent living conditions for tenants in both France and where you live.

VOCABULAIRE

de la vidéo

un carton rouge *red card (in sports)*

être mal-logé(e) *to live in sub-standard housing*

lumineux/lumineuse *bright*

le mal-logement *sub-standard housing*

nécessiter *to be in need of*

un petit coup de frais *a little freshening up*

pour la conversation

l'état (m.) *condition*

insalubre *unhealthy*

un(e) locataire *tenant*

une location *rental*

une pièce *room*

la précarité *precariousness*

un(e) propriétaire sans scrupules *slumlord*

des rénovations *renovations*

GALERIE DE CRÉATEURS

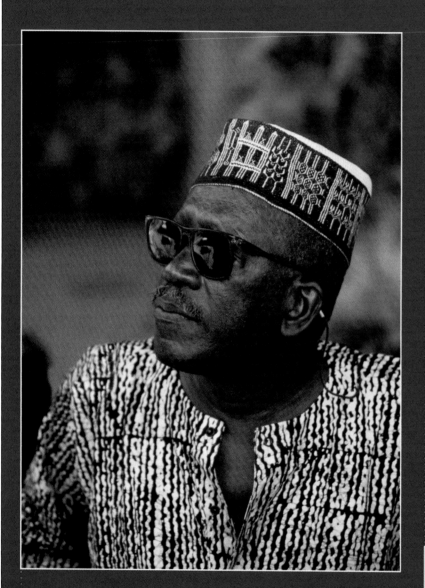

LITTÉRATURE
Véronique Tadjo (1955–)

Véronique Tadjo est une poétesse et romancière (*novelist*) ivoirienne qui a beaucoup voyagé, mais sa source d'inspiration est sans aucun doute le continent africain. Elle trouve le sujet de ses livres dans l'histoire, parfois bouleversante (*disturbing*), de pays africains comme le Rwanda ou son propre pays. Elle décrit des émotions et des scènes de la vie quotidienne en Afrique. Elle est aussi l'auteur de livres pour enfants qu'elle illustre elle-même. En 2005, elle a reçu le Grand prix littéraire d'Afrique noire et elle dirige aujourd'hui le département de français de l'université du Witwatersrand à Johannesburg.

CINÉMA/LITTÉRATURE Ousmane Sembène (1923–2007)

Ce réalisateur et écrivain sénégalais est d'abord soldat dans l'armée française, pendant la Seconde Guerre mondiale, puis il va travailler à Marseille et entre au Parti communiste français. Il milite alors contre la guerre d'Indochine et pour l'indépendance de l'Algérie. En 1956, il publie son premier livre, *Le Docker noir*, qui a une connotation sociale, comme tous ses autres livres. Puis en 1960, l'année de l'indépendance du Sénégal, il rentre en Afrique où il décide de faire du cinéma. Ses films dénoncent tous des injustices, et deux d'entre eux sont censurés. Cependant (*However*), son œuvre est très appréciée. Il reçoit de nombreuses récompenses (*awards*). Il a parcouru les villages d'Afrique pour montrer ses films et transmettre son message.

PHOTOGRAPHIE
Seydou Keïta (1921–2001)

Seydou Keïta était un photographe autodidacte. Son thème préféré était le portrait en noir et blanc. En 1948, il crée un studio de photographie dans sa maison. Il y reçoit ses clients et ses photos les immortalisent dans leurs vêtements traditionnels ou occidentaux. Quand le Mali devient indépendant en 1960, le gouvernement malien oblige Seydou Keïta à fermer son studio et à travailler comme photographe pour l'État. Il cache (*hides*) alors ses photographies dans son jardin, soit (*that is*) près de 7.000 négatifs. Un photographe français découvre cet artiste en 1990. L'art de Seydou Keïta est enfin révélé au public. Grâce à son œuvre, nous découvrons l'évolution des mœurs de la population malienne.

SCULPTURE Ousmane Sow (1935–)

Après une carrière d'infirmier et de kinésithérapeute (*physical therapist*), Ousmane Sow décide, à l'âge de 50 ans, de se tourner vers la sculpture, une passion de jeunesse. Jusque-là, il avait passé son temps libre à améliorer son style et sa technique. Celle-ci est très personnelle: il utilise une pâte (*paste*), dont lui seul connaît la composition, qu'il modèle sur une armature (*frame*). Ses sculptures sont d'un grand réalisme. Ce sont surtout des séries qui représentent des tribus africaines, mais l'une d'elle montre la bataille de Little Big Horn. Sow expose (*exhibits*) pour la première fois en 1988, à Dakar. Connu aujourd'hui dans le monde entier, il est considéré comme l'un des plus grands sculpteurs contemporains.

Compréhension

À compléter Complétez chaque phrase logiquement.

1. Le premier métier d'Ousmane Sembène était ____soldat____.

2. Le Mali et ____le Sénégal____ ont tous les deux obtenu leur indépendance en 1960.

3. Le thème ____des injustices____ est présent dans tous les films de Sembène.

4. L'œuvre de Véronique Tadjo s'inspire surtout ____du continent africain____.

5. Véronique Tadjo écrit et illustre aussi ____des livres pour enfants____.

6. Seydou Keïta a été obligé de travailler pour ____le gouvernement malien____

7. C'est ____un photographe français____ qui a découvert l'art de Keïta.

8. Keïta est surtout connu pour ses ____portraits en noir et blanc____

9. Les sculptures d'Ousmane Sow sont de style ____réaliste____.

10. Les ____tribus africaines____ sont souvent le sujet des sculptures de Sow.

Rédaction

À vous! Choisissez un de ces thèmes et écrivez un paragraphe d'après les indications.

- **La censure** Deux des films d'Ousmane Sembène ont été censurés. Que pensez-vous de la censure? Est-elle toujours une atteinte à la liberté personnelle et au droit d'expression ou bien est-elle parfois nécessaire? Expliquez votre opinion personnelle en utilisant quelques exemples précis.

- **L'art de Keïta** Décrivez la photo de Seydou Keïta. Que révèle celle-ci sur les modes de vie et les coutumes de la population malienne?

- **Avis personnel** Que pensez-vous de la sculpture d'Ousmane Sow? Son style vous plaît-il? Décrivez la sculpture présentée sur cette page, puis faites-en la critique.

Practice more at **vhlcentral.com.**

KEY STANDARDS
4.1, 5.1

INSTRUCTIONAL RESOURCES
Supersite: Lab Audioscript, SAM AK, Lab MP3s
SAM/WebSAM: WB, LM

BLOC-NOTES

For a review of definite and indefinite articles, see **Fiche de grammaire 2.4, p. 396.**

Explain to students that, although they learned to use partitives primarily with food, partitives can also be used in many other contexts. They will see this demonstrated in the **Structures 5.1** activities.

ATTENTION!

Unlike English contractions such as *don't* or *you're*, French contractions are *not* optional or considered informal.

Play the portion of the video where the commissioner receives a phone call from his mother. Have students listen for partitives as he writes a grocery list.

Call out various foods. Have students repeat them along with the appropriate partitive article.

Explain to students that, although they learned to use partitves primarily with food, partitives can also be used with other nouns. They will see this demonstrated in **Structures 5.1**.

Call on students to name other nouns that can be considered both countable and mass. Then have them write sample sentences on the board. Example: **Il voudrait de la soupe.** *He would like some soup.* **Il voudrait une soupe.** *He would like a (bowl of) soup.*

5.1

Partitives

—*Vous avez **de la** chance.*

- You already know how to use the indefinite articles **un**, **une**, and **des**. They are used to refer to whole items. When you want to talk about *part* of something, use partitive articles.

- Partitive articles refer to uncountable items or mass nouns. They usually correspond to *some* or *any* in English.

- The partitive articles are formed by combining **de** with the definite articles **le**, **la**, **l'**, and **les**. Notice that **de** contracts with **le** and **les**.

de + le	du
de + la	de la
de + l'	de l'
de + les	des

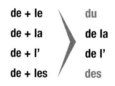

—*Il y a sans doute **du porc** là-dedans.*

- In English, sometimes the words *some* and *any* can be omitted. In French, the partitive *must* be used.

Cet écrivain a **du** courage.
That writer has (some) courage.

Elle lui a montré **de la** compréhension?
Did she show her (any) understanding?

- Some nouns can be countable or mass nouns, depending on the context. Compare these sentences.

Elle prend **un** café.   ***but***   Elle prend **du** café.
She's having a (cup of) coffee.   *She's having (some) coffee.*

- The article **des** can function as either a plural indefinite or plural partitive article, depending on whether the nouns can be counted.

Countable	Uncountable
Nous visiterons **des** musées à Dakar.	Nous avons mangé **des** pâtes.
We will visit (some) museums in Dakar.	*We ate (some) pasta.*

- In a negative sentence, all partitive articles become **de/d'**.

Les émigrés n'ont plus **de** travail.
The emigrants no longer have (any) work.

La météo n'a pas prédit **de** pluie.
The forecast didn't predict (any) rain.

- Use **de** with most expressions of quantity.

On va acheter **beaucoup de** viande.

- Here are some common expressions of quantity:

assez de *enough*	**un paquet de** *a package of*
beaucoup de *a lot of*	**(un) peu de** *few/(a) little of*
une boîte de *a can/box of*	**un tas de** *a lot of*
une bouteille de *a bottle of*	**une tasse de** *a cup of*
un kilo de *a kilogram of*	**trop de** *too much of*
un litre de *a liter of*	**un verre de** *a glass of*

- In a few exceptions, **des** is used with expressions of quantity:

bien des *many*
la moitié des *half of*
la plupart des *most of*

- No article is used with **quelques** (*a few*) or **plusieurs** (*several*).

Ils ont mentionné **quelques** incertitudes.
They mentioned a few uncertainties.

On utilise **plusieurs** langues officielles.
We use several official languages.

Model some affirmative sentences that contain partitives. Students should restate the sentences with **ne... pas.** Also do the reverse.

Create a "supermarket" with pictures of food items organized by category. Have students walk down the "aisles," choose various items, and say what they are buying. They should use partitive articles and expressions of quantity.

ATTENTION!

Remember that **des** changes to **de** before an adjective followed by a noun.

Ils préfèrent embaucher de jeunes travailleurs.
They prefer to hire young workers.

BLOC-NOTES

For more information about negation, see **Structures 4.2, pp. 138–139.**

Note CULTURELLE

French-speaking countries around the world use the metric system. Here are some conversions of metric liquid and dry measures:
25 centiliters = 1.057 cups
1 liter = 1.057 quarts
500 grams = 1.102 pounds
1 kilogram = 2.205 pounds

Point out that in **bien des, la moitié des,** and **la plupart des** (as well as **la majorité des**), **des** is simply the contraction of the preposition **de** and the definite article **les,** not a partitive article. Example: **En Suisse, la plupart des gens sont polyglottes.** *In Switzerland, most of the people are multilingual.*

Mise en pratique

1 As a follow-up activity, have students pretend they are Edwige and write a reply message.

2 Have students compare their sentences with a partner's.

2 Have students make their affirmative sentences negative and their negative sentences affirmative.

3 Before completing the activity, brainstorm with students a list of non-food words that might be used with partitives. Ex: **amitié, enthousiasme, joie, tristesse, compréhension, incertitude, liberté.**

3 Ask volunteer pairs to read a few of their sentences to the class, who will reply **logique** or **illogique**, depending on whether or not they think the sentence makes sense.

Practice more at
vhlcentral.com.

1 **Un week-end à Lomé** Thibault écrit un e-mail de Lomé, où il suit une conférence. Complétez le texte à l'aide d'articles indéfinis, de partitifs et d'expressions de quantité.

Suggested answers

De:	Thibault <thibault44@email.fr>
Pour:	Edwige <edwige.martin@email.fr>
Sujet:	Un petit coucou de Lomé

Je passe (1) _____plusieurs_____ jours à Lomé. C'est incroyable! Cette ville a (2) _____de_____ grandes plages, (3) _____de_____ petits restaurants où on sert (4) _____de la_____ nourriture très variée, et (5) _____des_____ boîtes de nuit. J'ai (6) _____du_____ temps le soir pour visiter un peu. Je suis sorti avec (7) _____quelques_____ collègues hier soir. Il y avait (8) _____beaucoup de_____ monde. Nous avons commandé (9) _____une bouteille de_____ champagne! C'est surprenant à quel point il y a (10) _____de la_____ diversité dans cette ville.

Grosses bises,
Thibault

2 **Un peu d'ordre** Reconstituez ces phrases. Utilisez votre imagination pour en créer d'autres. Suggested answers

As-tu	d'	respect de leur part.
Nous demandons	de	valeur à cet objet.
J'ai acheté	de l'	asperges dans le frigo.
Il n'y a plus	de la	courage dans votre vie!
Ces personnes donnent	des	argent dans ton sac?
Vous n'avez jamais eu	du	olives pour la salade de ce soir.
...?		...?

1. _____As-tu de l'argent dans ton sac?_____
2. _____Nous demandons du respect de leur part._____
3. _____J'ai acheté des olives pour la salade de ce soir._____
4. _____Il n'y a plus d'asperges dans le frigo._____
5. _____Ces personnes donnent de la valeur à cet objet._____
6. _____Vous n'avez jamais eu de courage dans votre vie!_____

3 **À finir** À deux, finissez les phrases à l'aide de partitifs et d'expressions de quantité.

1. Ce pays a beaucoup…

2. Je ne veux plus manger…

3. Je sais que la moitié…

4. Notre peuple a peu…

5. Veux-tu que je donne…

6. Mes amis ont manqué quelques…

7. La population de notre État a trop…

8. Nous sommes sortis pour acheter une boîte…

Communication

4 **Au supermarché** Vous rendez visite à un(e) ami(e) à Abidjan, en Côte d'Ivoire. Vous allez lui préparer un plat typique de votre pays, et vous êtes au supermarché pour acheter les ingrédients. À deux, créez un dialogue où vous expliquez ce qu'il vous faut, et puis échangez vos rôles. Utilisez les partitifs le plus possible.

> **Modèle** —Il te faut des tomates?
> —Non, mais je dois acheter de la crème.

5 **Le conseil** Le président du Bénin va parler à une conférence de presse. Vous préparez son discours sur les problèmes de son pays et sur leurs solutions. À deux, imaginez ce qu'il va dire. Servez-vous de la liste de vocabulaire. Ensuite, la classe choisira le meilleur discours.

s'améliorer	la mondialisation
augmenter	le niveau de vie
l'incertitude	parvenir à
l'intégration	la population
lutter	réaliser

6 **À votre avis?** Le monde moderne a beaucoup de problèmes. Lesquels? Selon vous, que doit-on faire pour les résoudre (*solve*)? Par groupes de trois, discutez de ces problèmes et essayez de trouver des solutions.

> **Modèle** —Il n'y a pas assez de compréhension entre les peuples.
> —Il faut encourager le dialogue international.

Problèmes	Solutions

4 Have a few pairs act out their conversations for the class.

Note
CULTURELLE
Petit pays d'Afrique de l'Ouest, le **Bénin** a un régime démocratique et connaît la stabilité politique depuis plusieurs années. Il vit de la culture du coton et de son port (*harbor*), **Cotonou**, qui permet beaucoup d'échanges commerciaux avec le **Niger** et le **Burkina Faso**.

6 After giving groups time to discuss, make a large version of the table below on the board. Have volunteers from different groups fill out the table with their ideas and discuss with the whole class how to implement the proposed solutions and the likelihood that they would be successful in a real society.

KEY STANDARDS
4.1, 5.1

INSTRUCTIONAL RESOURCES
Supersite: Lab Audioscript, SAM AK, Lab MP3s
SAM/WebSAM: WB, LM

Stress that, although they look small and have no clear-cut English counterpart, the adverbial pronouns **y** and **en** are crucial in French.

Explain that **y** can replace verbal expressions, as in **j'y arrive** and **je vais y parvenir**. Example: **Je suis arrivé à finir ce devoir. (J'y suis arrivé.)**

Mention that **y** is rarely used in the imperative with a second pronoun. One of the usages is with the verb **aller**. Example: **Allez-y!/ Vas-y!** *Go ahead.*

ATTENTION!

Remember, the indirect object pronouns **me, te, lui, nous, vous,** and **leur** stand for *human* objects of the preposition **à**.

—**Avez-vous répondu à Danielle?**

—**Non, je ne lui ai pas encore répondu.**

ATTENTION!

The prepositions used in English do not necessarily translate literally into French. Notice that sometimes no preposition is used at all in English.

—**Réponds tout de suite à Danielle!**

—*Answer Danielle right away!*

BLOC-NOTES

For more information about object pronouns, see **Fiche de grammaire 5.4, p. 408.**

5.2 The pronouns *y* and *en*

- The pronoun **y** often represents a location. In this case, it usually means *there*.

Nous allons **en Côte d'Ivoire**. *We're going to the Ivory Coast.*	Nous **y** allons. *We're going there.*
Mon sac est **dans ma chambre**. *My purse is in my room.*	Mon sac **y** est. *My purse is there.*
J'habite **à Ouagadougou**. *I live in Ouagadougou.*	J'**y** habite. *I live there.*

- The pronoun **y** can stand for these common prepositions of location and their objects.

> **à** *in* or *at*
>
> **chez** *at the place or home of*
>
> **dans** *in* or *inside*
>
> **derrière** *behind*
>
> **devant** *in front of*
>
> **en** *in* or *at*
>
> **sur** *on*

- **Y** can stand for *non-human* objects of the preposition **à**.

Tu penses toujours **à l'examen**? *Are you still thinking about the test?*	Oui, j'**y** pense toujours. *Yes, I'm still thinking about it.*
Il a répondu **à la question**? *Did he answer the question?*	Oui, il **y** a répondu. *Yes, he answered it.*

- You already know that the preposition **à** can be used in contractions. The pronoun **y** can represent the contraction and its object.

Vous assisterez **au cours de maths**? *Will you attend math class?*	Oui, nous **y** assisterons. *Yes, we will attend.*
Tu vas **aux États-Unis**? *Are you going to the U.S.?*	Oui, j'**y** vais. *Yes, I'm going there.*

- The pronoun **en** stands for the preposition **de** and its object.

  Ils n'ont pas **de villes surpeuplées**.
  They don't have overpopulated cities.

  Ils n'**en** ont pas.
  They don't have any.

- **En** can replace a partitive article and its object.

  Voudriez-vous **de la charcuterie**?
  Would you like some cold cuts?

  Nous **en** voudrions.
  We would like some.

- **En** can replace a noun that follows an expression of quantity. In this case, omit the noun and the preposition **de/d'**, but retain the expression of quantity.

  Les étudiants ont beaucoup **d'idéaux**.
  Students have a lot of ideals.

  Ils **en** ont beaucoup.
  They have a lot (of them).

- **En** can replace a noun that follows a number. In this case, omit the noun, but retain the number.

  Ils veulent **trois tomates**?
  Do they want three tomatoes?

  Non, ils **en** veulent **cinq**.
  No, they want five (of them).

- In a negative sentence, the number is not retained.

  Nathalie a acheté **deux litres de lait**?
  Did Nathalie buy two liters of milk?

  Non, elle n'**en** a pas du tout acheté.
  No, she didn't buy any at all.

- **En** can represent **de** plus a location. In this case, it usually means *from there*.

  Ils reviennent **de Lomé**.
  They are returning from Lomé.

  Ils **en** reviennent.
  They are returning from there.

- **En** can also stand for a verbal expression with **de**. In this case, **en** often means *about it, for it,* or *from it.*

  Avez-vous la force **de supporter ce chaos**?
  Are you strong enough to stand this chaos?

  Non, je n'**en** ai pas la force.
  No, I am not strong enough for it.

  Tu es capable **de manger tout le gâteau**?
  Are you capable of eating the whole cake?

  Non, je n'**en** suis pas capable.
  No, I am not capable of it.

Point out that, like definite and partitive articles, an English translation for **y** and **en** is often not required or non-existent (as with many **aller** expressions). Reiterate that this does not, however, subtract at all from their importance in French. Examples: **Il faut que j'y aille**. *I have to go.* **On y va**. *Let's go.* **Va-t-en!** *Get out!*

When negating a sentence with a specific number, if the negative sentence implies zero, add a modifier like **du tout**. Example: **Elle achète deux baguettes? Non, elle n'en achète pas du tout**. (The reply is expected to include a specific number, too, as is: **Non elle n'en achète qu'une**. This is why it seems like something is missing if one replies **Non, elle n'en achète pas**.)

ATTENTION!

Remember, the indefinite articles **un** and **une** are also numbers.

J'ai un frère.
I have one brother.

You can use **en** to represent the object of **un** or **une**. In an affirmative sentence, retain the number.

J'en ai un.
I have one.

As with other numbers, in a negative sentence, the number is not retained.

Je n'en ai pas.
I don't have one.

Remind students that the pronoun **en** has a homonym: the preposition **en**, as in **en Côte d'Ivoire, en français,** etc. Tell them to pay attention to context in order to tell the two apart

Mise en pratique

1 La Côte d'Ivoire was a French colony from 1893 to 1960. Since that time, it has maintained close ties with France. Have students research general facts about the country: history, geography, politics, demographics, economy, flag, etc.

2 Have students check each other's work. Then pairs could act out the conversations.

2 Ask students: **Êtes-vous déjà allé(e)s dans un autre pays? Y avez-vous suivi des cours de langue? Si non, aimeriez-vous être étudiant étranger pendant un semestre ou une année scolaire? Quelle est l'importance d'un séjour à l'étranger quand on fait des études universitaires?**

3 Have students form a paragraph that tells a brief story using a few of the sentences.

1 **Combien y en a-t-il?** Écrivez une phrase avec les pronoms **y** et **en** pour indiquer le nombre de choses mentionnées.

> **Modèle** **Pays francophones en Afrique de l'Ouest (8)**
> Il y en a huit.

1. Couleurs du drapeau togolais (4) Il y en a quatre.
2. Habitants de Bamako, au Mali, dans dix ans (2.000.000) Il y en aura deux millions.
3. Langues couramment employées en Côte d'Ivoire (65) Il y en a soixante-cinq.
4. Partis politiques en Guinée depuis 1992 (16) Il y en a seize.
5. Années de colonisation française au Niger dans le passé (60 environ) Il y en a eu soixante environ.
6. Festivals du film à Ouagadougou, au Burkina-Faso (1) Il y en a un.

2 **À compléter** Katie et Jabril se sont rencontrés aux États-Unis, dans un cours d'anglais pour étudiants étrangers. Complétez leur dialogue par le pronom qui convient: **y** ou **en**.

KATIE Salut, tu vas bien?

JABRIL Oui et non. J' (1) __en__ ai marre des cours.

KATIE Moi aussi! Qu'est-ce qu'on fait?

JABRIL Je projette un voyage en Afrique. J'aime ce continent. Je m' (2) __y__ intéresse beaucoup. Et toi?

KATIE Oui, beaucoup! Où comptes-tu aller?

JABRIL J'ai toujours voulu aller au Sénégal.

KATIE C'est vrai?! Pourquoi as-tu toujours voulu (3) __y__ aller?

JABRIL En fait, ma grand-mère est née au Sénégal. Elle m' (4) __en__ parle souvent.

KATIE Est-ce que tu prépares beaucoup de plats sénégalais?

JABRIL Non, je n' (5) __en__ prépare pas beaucoup.

KATIE D'où vient ton grand-père? Du Sénégal aussi?

JABRIL Non, il n' (6) __y__ est même jamais allé. Il est né en France.

KATIE En France? Moi aussi, j' (7) __y__ suis née!

JABRIL Tu ne m' (8) __en__ avais rien dit! Je croyais que tu avais grandi aux États-Unis.

KATIE Non, c'est ma mère qui a passé son enfance à New York.

JABRIL New York? J' (9) __y__ suis allé une fois, pendant une semaine seulement. J' (10) __en__ rêve souvent.

3 **Notre société** À deux, faites des phrases à propos de chaque idée donnée.

> **Modèle** **aller chez mes parents** J'y vais quand j'ai le mal du pays.

- habiter aux États-Unis J'y habite…/Je n'y habite pas…
- aller faire un séjour en Afrique Je (ne) vais (pas) y faire un séjour.
- avoir du courage face au danger J'en ai…/Je n'en ai pas…
- réaliser beaucoup de rêves J'en réalise…/Je n'en réalise pas/aucun…
- s'adapter à la mondialisation Je (ne) m'y adapte (pas)…
- faire partie du monde des humains J'en fais partie…

Communication

Sondage Circulez parmi vos camarades de classe afin de leur poser ces questions. Essayez de trouver au moins une personne qui réponde oui à chaque question et une qui réponde non.

Modèle **aimer aller à la campagne pour les vacances**
—Aimes-tu aller à la campagne pour les vacances?
—Non, je n'aime pas y aller pour les vacances.
—Moi si, j'aime y aller pour les vacances.

Et vous?	Noms
1. faire des commérages	_____
2. assister sans exception au cours de français	_____
3. s'attendre à réussir le prochain examen de français	_____
4. aller chez le président de l'université	_____
5. discuter souvent des polémiques	_____
6. souhaiter travailler en Côte d'Ivoire	_____
7. avoir beaucoup d'incertitudes	_____
8. accepter trop d'inégalités dans la vie	_____
9. être parvenu(e) à obtenir une bourse universitaire	_____
10. connaître des personnes d'Afrique de l'Ouest	_____

4 Before assigning this activity, you may wish to have individual students go through the list and note whether they should use **y** or **en** to talk about each item. Then have them indicate the part that **y** or **en** will replace. **(1. en; des commérages 2. y; au cours de français 3. y; à réussir le prochain examen de français 4. y; chez le président de l'université 5. en; des polémiques 6. y; en Côte d'Ivoire 7. en; d'incertitudes 8. en; d'inégalités dans la vie 9. y; à obtenir une bourse universitaire 10. en; des personnes d'Afrique de l'Ouest)**

5

Carte du monde À deux, demandez-vous dans quels pays vous avez déjà voyagé, ce que vous y avez vu et si vous aimeriez y retourner.

Modèle —Es-tu déjà allé(e) au Sénégal?
—Non, je n'y suis pas allé(e). Mais j'ai fait un séjour en Guinée.
—Qu'est-ce que tu y as vu?
—J'y ai vu…

5 To warm up for this activity, have volunteers point out different places they have visited on a world map or globe.

5 Variations for this activity: (a) Have students pretend they have visited various countries. (b) Focus on cities just in the United States. (c) Focus on cities and towns in your state.

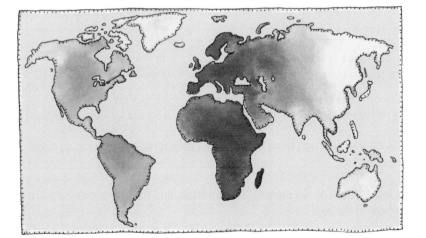

Write several sample sentences with direct and indirect objects on the board. Call on students to underline all the direct objects and circle the indirect objects. Then ask volunteers to rewrite the sentences using direct and indirect object pronouns.

Mention that double object pronoun sequences with **y** are very infrequent. Also point out that sequences of three object pronouns are practically non-existent, and found almost exclusively in a few rare literary contexts.

ATTENTION!

The pronouns **me, te, se, le,** and **la** drop their vowel before other vowel sounds. This always occurs before **y** and **en** and frequently occurs in the **passé composé**.

—**Nous t'avons parlé de la polémique?**
—*Did we talk to you about the controversy?*

—**Oui, vous m'en avez parlé.**
—*Yes, you talked to me about it.*

Remind students that all the pronouns are placed right before the verb *except* when the sentence is in the affirmative imperative, which is explained on **p. 181.**

5.3

Order of pronouns

—*Envoyez-**le-moi**.*

- French sentences may contain more than one object.

	DIRECT OBJECT	INDIRECT OBJECT
Le politicien explique	**ses principes**	**au reporter.**
The politician explains	*his principles*	*to the reporter.*

- You can replace multiple objects with multiple object pronouns. Use the same pronouns you would use if there were only one object.

Il **les** explique au reporter.
He explains them to the reporter.

Il **lui** explique ses principes.
He explains his principles to him.

> Il **les lui** explique.
> *He explains them to him.*

- Where there is more than one object pronoun, they are placed in this order.

me te se nous vous		le la les l'		lui leur		y		en
	before		before		before		before	

Le guide montre la **sculpture aux touristes**.
The guide shows the sculpture to the tourists.

Il **la leur** montre.
He shows it to them.

Qui s'occupe **des réservations**?
Who's taking care of the reservations?

Hubert **s'en** occupe.
Hubert is taking care of them.

- Double object pronouns are placed in the same position relative to verbs as single object pronouns.

- In simple tenses, such as the present, the **imparfait**, and the future, pronouns are placed in front of the verb.

Il apporte **le courrier à Mme Delorme**.
He brings the mail to Mrs. Delorme.

Il **le lui** apporte.
He brings it to her.

J'attendrai **Jules à la gare**.
I'll wait for Jules at the station.

Je **l'y** attendrai.
I'll wait for him there.

- In compound tenses, such as the **passé composé** and the **plus-que-parfait**, pronouns are placed in front of the helping verb.

  On **nous** a parlé **du patrimoine culturel**.
  They spoke to us about the cultural heritage.

  On **nous en** a parlé.
  They spoke to us about it.

  Vous aviez rendu **les passeports aux voyageurs**.
  You had returned the passports to the travelers.

  Vous **les leur** aviez rendus.
  You had returned them to them.

- When there is more than one verb, the pronouns are usually placed in front of the second verb, typically an infinitive.

  Tu vas offrir un **biscuit aux enfants**?
  Are you going to buy the children a cookie?

  Tu vas **leur en** offrir un?
  Are you going to buy them one?

  Je voudrais poser **cette question au prof**.
  I'd like to ask the professor this question.

  Je voudrais **la lui** poser.
  I'd like to ask it to her.

- When negating sentences with pronouns in simple tenses, place **ne** in front of the pronouns and **pas** after the verb. In compound tenses, place **ne... pas** around the pronouns and the helping verb. When there is more than one verb, **ne... pas** is usually placed around the first one.

  Il **ne** le lui apporte **pas**.   On **ne** nous en a **pas** parlé.   Je **ne** voudrais **pas** la lui poser.

- The order of object pronouns is different in affirmative commands. Notice that hyphens are placed between the verb and the pronouns.

le		moi				
la	before	toi	before	y	before	en
les		lui				
		nous				
		vous				
		leur				

  Apportez **le courrier à Mme Delorme**!
  Bring the mail to Mrs. Delorme!

  Apportez-**le-lui**!
  Bring it to her!

  Racontez **l'histoire aux gamins**.
  Tell the story to the kids.

  Racontez-**la-leur**.
  Tell it to them.

- Note that **me** and **te** become **moi** and **toi**. They revert to **m'** and **t'** before **y** or **en**.

  Parle-**moi de ta vie**.
  Talk to me about your life.

  Parle-**m'en**.
  Talk to me about it.

- The order of pronouns in negative commands is the same as in affirmative statements. Compare these sentences.

  Dis-**le-lui**!
  Tell it to him!

  Ne **le lui** dis pas!
  Don't tell it to him!

BLOC-NOTES

For a review of past participle agreement, see **Fiche de grammaire 5.5, p. 410.**

Point out that verbs that take direct objects in French do not always necessarily take direct objects in English, and vice versa. Examples: **écouter, attendre**, etc. take direct objects in French and indirect objects in English.

Throughout **Structures 5.3**, write the various pairs of sentences on the board. Have students come to the board and draw an arrow from the object pronoun back to the noun or phrase it replaces.

BLOC-NOTES

For a review of the imperative, see **Fiche de grammaire 1.5, p. 394.**

Explain how the pronoun **le** can function as a neuter object pronoun in some structures. It is often optional, formal, and for emphasis. When **le** acts in this way, there is seldom an English translation for it. Examples:

—**Voudrais-tu sortir avec moi?** *Would you like to go out with me?*

—**Pour la dernière fois, non, je ne le voudrais pas!** *For the last time, no, I would not.*

—**Tu pourrais y aller si tu le voulais.** *You could go if you wanted to.*

Mise en pratique

1 Have students turn items 2, 3, and 5 into commands. Tell them they can change the verb tenses. Example: **2. Apportez des cadeaux à mes parents. (Apportez-les-leur.)** Point out that for item 3, one would say **Emmenez-nous** and not **Emmenez-nous-y**, which, although correct, is awkward.

3 Have students read the post card. Then ask questions that elicit partial answers to the activity. Example: **Où Jérôme rencontre-t-il souvent les nomades mauritaniens? (Il les rencontre dans l'oasis.)**

1

À remplacer Remplacez les mots soulignés (*underlined*) par des pronoms.

1. N'oublions pas de mettre <u>les</u> <u>valises</u> dans <u>la</u> <u>voiture</u>. N'oublions pas de les y mettre.

2. Les voisins ont apporté <u>des</u> <u>cadeaux</u> <u>à</u> <u>mes parents</u>. Les voisins leur en ont apporté.

3. Pouvez-vous <u>nous</u> emmener <u>à</u> <u>la gare</u>? Pouvez-vous nous y emmener?

4. Laisse <u>son</u> <u>ballon</u> <u>à</u> <u>ton frère</u>! Laisse-le-lui!

5. Tu ne <u>m'</u>avais jamais dit <u>que</u> <u>tu voulais</u> <u>y</u> <u>aller</u>. Tu ne me l'avais jamais dit.

2

À transformer Faites des phrases avec les éléments et changez les objets en pronoms.

> **Modèle** **je / parler / à vous / de mes cours**
>
> Je vous parle de mes cours. Je vous en parle.

1. on / avoir / voir / émigrés / à la frontière / au sud de Sissako / hier soir
On a vu les émigrés à la frontière, au sud de Sissako, hier soir. On les y a vus hier soir.

2. Matthieu / donner / toujours / des conseils / à ses amis
Matthieu donne toujours des conseils à ses amis. Matthieu leur en donne toujours.

3. il faut / beaucoup / courage / à cet homme
Il faut beaucoup de courage à cet homme. Il lui en faut beaucoup.

4. Christine / ne / avoir / jamais / laisser / de pourboire / aux serveurs
Christine n'a jamais laissé de pourboire aux serveurs. Christine ne leur en a jamais laissé.

5. ma mère / aller / présenter / deux nouveaux produits / au directeur du marketing
Ma mère va présenter deux nouveaux produits au directeur du marketing. Ma mère va lui en présenter deux.

Carte postale Jérôme est en train de faire un trekking dans le désert mauritanien et raconte ses aventures à sa sœur. Trouvez les phrases qui ont deux objets et transformez-les en faisant attention à l'ordre des pronoms.

3

Note
CULTURELLE

Le désert du **Sahara** couvre une grande partie de la **Mauritanie**. Dans les oasis, le pays célèbre l'une des fêtes les plus importantes de l'année, la «**Guetna**». Aux mois de juillet et d'août, on y récolte les **dattes** qui serviront de base à un grand nombre de plats mauritaniens. La musique, la danse et les festins (*feasts*) durent tout le temps de la fête.

3 Write several sentences using multiple noun and phrase objects on slips of paper. Cut up the sentences and put the pieces in envelopes. Give three envelopes to pairs of students. Also give each pair an envelope with the pronouns on slips of paper. Students should put the words together to form sentences then remove the noun and phrase objects and replace them with pronouns.

Un grand bonjour de l'oasis de Chinguetti où je passe des moments incroyables! Je rencontre souvent les nomades mauritaniens dans cette oasis. Je leur montrerai mes photos pendant mon prochain séjour ici. Des guides locaux m'ont fait visiter l'oasis hier. En ce moment, c'est la grande fête des dattes. Tout le monde les cueille° et on m'a offert des pâtisseries délicieuses faites avec ces dattes. Les gens chez qui je suis m'ont donné leurs recettes.

Quand je partirai, je dirai à mes nouveaux amis que j'ai beaucoup apprécié mon séjour. J'espère que tu recevras bien cette carte du bout du monde.

À bientôt,

Jérôme

Viviane Dubosc

28, rue des Lilas

34000 Montpellier
France

---

cueille *picks*

1. Je les y rencontre souvent.

2. Je les leur montrerai pendant mon prochain séjour ici.

3. Des guides locaux me l'ont fait visiter hier.

4. On m'en a offert.

5. Les gens chez qui je suis me les ont données.

6. Quand je partirai, je le leur dirai.

Practice more at **vhlcentral.com.**

Communication

4 **Qui fait quoi?** À tour de rôle, posez-vous des questions à partir de ces illustrations, répondez-y et employez des pronoms. Utilisez votre imagination. Attention à l'ordre des pronoms.

1.   2.   3.

4.   5.   6.

5 **À votre avis** Que pensez-vous de ces affirmations? Discutez-en par groupes de trois. Chaque membre du groupe donne son avis et les deux autres réagissent. Ensuite, imaginez d'autres affirmations.

- L'immigration est une bonne chose pour l'économie d'un pays.
- Il n'est pas nécessaire de connaître la langue officielle du pays dans lequel on vit pour y habiter.
- La mondialisation est la cause de certains problèmes dans le monde.
- Le travail manuel a beaucoup de valeur.
- La lutte des classes est encore une réalité pour certaines personnes.
- La surpopulation diminue le niveau de vie d'un pays.
- …?

6 **Vos solutions** Vous n'êtes pas d'accord sur les solutions prévues par le gouvernement pour répondre aux problèmes que le pays connaît. Par groupes de trois, exprimez (*express*) votre mécontentement (*dissatisfaction*) par des verbes à l'impératif, à la forme affirmative et négative, et avec des pronoms.

Modèle　—Il faut que le gouvernement change de tactique immédiatement.
　　　　　　Pourquoi ne pas lui envoyer une pétition?
　　　　　　—Oui, écrivons-lui une pétition!
　　　　　　—Et envoyons-la-lui dès que possible!

4 Sample answer for item 1:

—Que disent-ils à leur copain?

—Ils lui demandent s'il veut sécher les cours.

—Pourquoi le lui demandent-ils?

—Ne t'inquiète pas. Il ne leur répond pas.

5 Have groups read through and discuss the affirmations. Then have them relate a few of the bullets back to *Samb et le commissaire*, pp. 162–163. Time permitting, show relevant clips of the film in conjunction with this activity.

5 Have students first read through the sentences individually. Tell them to take notes on each one, listing at least one pro and one con. Then have them work in their groups and discuss the sentences.

5 Have students choose one statement to expand on in an essay. Students should present both sides of the argument, providing examples for each. Then they should state their opinion along with an explanation. Provide a scoring rubric based on the latest AP Scoring Guidelines for students to use as a guide when writing their draft and when revising. Some criteria might be: ease of expression, clarity of organization, accuracy of grammar and syntax, variety of vocabulary, and support of argument.

KEY STANDARDS
1.1, 1.2

TEACHING OPTION
Preview the reading by asking students to describe the types of sacrifices young people in this country are expected to make for the sake of their families. Then ask them to explain whether cities here have encroached on surrounding suburban or rural areas, and if so, how.

Synthèse (S) Reading

Moussa est ivoirien et vit à Yamoussoukro. Il y a deux ans, il a décidé de quitter la campagne pour aller travailler en ville. C'est sa famille d'agriculteurs qui le lui a demandé, pour avoir une aide financière. Il lui a fallu du courage et de la ténacité pour faire face aux problèmes de la grande ville et pour réussir à atteindre son but.

Moussa est un homme parmi beaucoup d'autres qui ont fait le même choix. C'est une tendance qui s'est accélérée dans les années 1980 en Afrique de l'Ouest, mais surtout en Côte d'Ivoire. Beaucoup de villes ont connu une explosion démographique; le nombre des citadins s'est multiplié par dix. Plus d'une dizaine° de villes ont passé le cap du million d'habitants, alors qu'il n'y en avait qu'une dans les années 1960.

Mais ce phénomène d'«exode rural» n'en est pas vraiment un. En effet, si les villes ont bénéficié de la venue° des populations rurales, l'inverse est vrai aussi pour deux raisons principales. L'espace urbain a attiré les populations et empiété sur° l'espace rural où le nombre de villes, petites ou grandes, a augmenté, soit en élargissant un village, soit en créant une nouvelle ville. Mais au-delà de ces nouvelles villes, les campagnes existent toujours et continuent à nourrir les villes. Et celles-ci le leur rendent bien. Elles apparaissent comme un facteur de développement du monde rural. Donc tout le monde s'y retrouve. Et Moussa, comme tous les autres, prend part à cet échange. Mais il ne faudrait pas que la surpopulation de toutes ces villes en soit le résultat néfaste°.

arrivée

encroached u[pon]

ten

mauvais

1 **Révision de grammaire** Relisez l'histoire de Moussa et trouvez tous les exemples possibles pour chaque catégorie indiquée.

1. Partitifs et expressions de quantité du, de la, des; beaucoup de, plus d', une dizaine de
2. Pronoms d'objet direct et d'objet indirect le, lui, leur, y, en
3. Le(s) mot(s) que les pronoms **y** et **en** remplacent dans ces deux phrases
   - Les villes **en** ont bénéficié. de la venue des populations rurales
   - L'espace urbain **y** a empiété. sur l'espace rural

2 Call on volunteers to share ideas about item 4 with the class. List their thoughts on the board and discuss. Encourage students from different groups to defend and debate their opinions.

2 **Qu'avez-vous compris?** Répondez par des phrases complètes. Employez des pronoms d'objet, des partitifs et des expressions de quantité dans vos réponses.

1. Pourquoi Moussa a-t-il déménagé à Yamoussoukro? Qui le lui a demandé? Moussa y a déménagé pour trouver du travail. C'est sa famille qui le lui a demandé.
2. Qu'est-ce qu'il lui a fallu pour réussir à son but? Il lui a fallu du courage et de la ténacité pour y réussir.
3. Est-ce que Moussa est seul à décider de quitter la campagne pour aller en ville? Non, beaucoup d'autres ont fait le même choix.
4. Quelles sont les conséquences de l'exode rural où vous habitez?

Préparation Ⓢ Audio: Vocabulary

Vocabulaire de la lecture	Vocabulaire utile
le comportement *behavior*	**un(e) allié(e)** *ally*
un(e) gardien(ne) *keeper*	**s'assouplir** *to become more flexible*
un(e) guerrier/guerrière *warrior*	**hétérogène** *heterogeneous*
le patrimoine *cultural heritage*	**homogène** *homogeneous*
rapporter *to tell*	**maintenir** *to maintain*
une règle *rule*	**la mondialisation** *globalization*
un roi *king*	**transmettre** *to pass down*
le savoir *knowledge*	**une valeur** *value*

KEY STANDARDS
1.2, 2.1, 2.2, 4.2

SYNONYMES
le comportement ↔ la conduite
une règle ↔ une loi
rapporter ↔ raconter, conter
le savoir ↔ les connaissances

Point out that the verbs that correspond to **le comportement** and **la conduite** are reflexive verbs: **se comporter, se conduire**. Quickly review the conjugation of reflexive verbs with students, if needed.

Point out that **maintenir** is conjugated like **tenir**.

1

À compléter Complétez les phrases avec les mots de vocabulaire présentés sur cette page. Faites les changements nécessaires.

1. Dans une monarchie, ____un/le roi____ est à la tête du pays.
2. Dans toute société, il y a des ____règles____ qu'il ne faut pas transgresser.
3. Ce sont souvent les parents et les grands-parents qui ____transmettent____ les coutumes familiales aux enfants.
4. Les sites historiques et les monuments font partie du ____patrimoine____ culturel d'un pays.
5. On entend parfois dire que ____la mondialisation____ a rendu le monde plus homogène.

2

Discussion À deux, répondez aux questions.

1. Quelles coutumes, traditions et cérémonies sont importantes pour vous? Donnez-en quelques exemples et expliquez en quoi elles reflètent votre culture.
2. Dans votre famille ou dans votre communauté, comment transmet-on l'histoire et les valeurs? Y a-t-il une personne ou une institution en particulier qui est responsable de la transmission du patrimoine?
3. Les pratiques culturelles ancestrales sont-elles importantes dans une société? Faut-il les préserver, d'après vous? Pourquoi?
4. Les coutumes et les pratiques d'hier sont-elles compatibles avec la vie moderne ou pensez-vous qu'elles doivent évoluer au fil du temps (*over time*)?
5. À votre avis, quelle est l'influence de la mondialisation sur la culture au niveau local? Et au niveau global?

2 Have volunteers share their responses to questions 1 and 2 with the class.

2 Question 5 could be the basis for a whole-class discussion.

3

Pratiques culturelles Par petits groupes, réfléchissez aux traditions et aux pratiques culturelles des pays francophones que vous connaissez. Complétez le tableau suivant avec vos idées. Ensuite, présentez-les à la classe.

Tradition ou coutume	Pays ou région	Importance de cette pratique culturelle

3 As an expansion activity and to further prepare students for the reading, have them work in small groups to research traditions and customs specific to various countries in francophone Africa. Have groups report to the class orally.

Ⓢ Practice more at **vhlcentral.com.**

Les griots, maîtres de la tradition orale

I
l est bien connu que l'histoire de l'Humanité est essentielle pour comprendre le comportement de nos sociétés. En effet, les hommes et les
5 femmes qui contribuent à la préservation des traditions et coutumes de leurs communautés effectuent un travail inestimable. Cela permet aux futures générations non seulement de connaître leur passé, mais également de mieux
10 se connaître elles-mêmes. Historiens, artistes, philosophes et bien d'autres, tous contribuent à la sauvegarde° de la culture de leur société.

safeguarding

Il existe dans les ethnies° d'Afrique de l'Ouest (Sénégal, Guinée, Mali, Côte d'Ivoire, Burkina Faso, Niger, Bénin, Togo 15 et Mauritanie) une figure importante, appelée griot, qui combine simultanément les rôles de conteur°, historien, musicien et poète. Le terme «griot» est générique et peut varier selon le peuple qui l'utilise. Il arrive 20 qu'on parle de *guéwël* chez les Wolofs, de *gawlo* chez les Toucouleurs, de *djéli* chez les Mandingues, ou encore de *jasare* ou *hwaarayko* chez les Zarma. La multitude

ethnic groups

storyteller

Have students research the different languages spoken in West Africa along with French and the diverse ethnic groups that live in the same region.

Audio: Reading

25 de fonctions que le griot représente lui confèrent un statut très important dans les sociétés ouest-africaines.

Dans l'ancien empire Mandingue (régions plus ou moins étendues° du 30 Sénégal, du Mali, de la Mauritanie, du Niger, de la Guinée, du Burkina Faso et de la Côte d'Ivoire) les épopées° des rois étaient contées° par des griots qui accompagnaient leurs familles royales et de guerriers. Les 35 événements de la période coloniale de l'Afrique de l'Ouest ont aussi été rapportés par les griots de manière orale. C'est là que leur rôle d'historiens 40 est le plus évident, car° ce sont les gardiens du savoir historique des communautés ouest-45 africaines. Grâce à leurs récits° chantés, il est possible aujourd'hui de connaître la généalogie de ces peuples et de garder une trace de leurs 50 ancêtres.

Quant au° rôle de chanteur et musicien du griot, il possède des similitudes avec celui des troubadours de l'époque médiévale en France. Les troubadours étaient des poètes qui 55 composaient les fameuses *chansons de geste*, ces longs poèmes qui racontent les exploits héroïques des chevaliers°. Aujourd'hui, ces poèmes musicaux, comme les poèmes des griots, font partie du patrimoine culturel des 60 sociétés contemporaines.

La conservation de ce riche héritage a été possible notamment° parce que les griots constituaient une caste très hermétique qui obéissait à des règles strictes. Par exemple, 65 les enfants de griots étaient initiés très tôt à la tradition orale et au savoir de leurs ancêtres. Il était aussi interdit pour un griot de changer de caste par le mariage, car il devait préserver les techniques apprises 70 entre griots. L'idée dominante était qu'on ne devenait pas griot, mais qu'on naissait griot.

spread
epic poems
related

because

tales

as for

knights

notably

> **L'idée dominante était qu'on ne devenait pas griot, mais qu'on naissant griot.**

Ces maîtres° assistent à différentes célébrations comme les mariages, les circoncisions, les baptêmes ou les funérailles pour chanter les histoires des 75 familles et de leurs ancêtres. Cependant°, divers facteurs font que les griots deviennent une denrée° rare. Parmi° les causes principales, il y a le contact progressif avec d'autres cultures venues d'Europe, 80 d'Amérique et d'Asie et l'avancement des moyens de communication. De génération en génération, l'utilisation de la technologie et de l'écriture a repoussé° 85 l'art de la transmission orale. Les descendants de griots sont aussi de plus en plus intéressés par la poursuite d'études ou 90 bien par le travail dans des secteurs qui s'éloignent° de leurs responsabilités traditionnelles.

Certains griots ont réussi 95 à vivre de leur vocation par la musique. C'est le cas du chanteur sénégalais Youssou N'Dour, qui a commencé sa carrière en chantant dans des fêtes de famille. Connu internationalement, il chante en wolof, 100 français, anglais et a été fait docteur *honoris causa* en 2011 par l'université de Yale aux États-Unis. Un autre exemple est celui du chanteur Salif Keïta, un descendant du roi Sundjata Keïta, fondateur de l'ancien 105 Empire du Mali. Salif Keïta n'était pas né griot, c'est pourquoi il lui était interdit de chanter. Sa désobéissance aux règles l'a finalement mené à être un artiste reconnu dans le monde entier. Il chante en malinké 110 (langue parlée en Guinée, au Mali, au Sénégal et en Côte d'Ivoire), en anglais et en français.

Ainsi, les griots d'Afrique de l'Ouest sont le véritable ciment° de la cohésion 115 sociale et garantissent la survie° du savoir et des traditions de leurs peuples. ■

masters

However

commodity/Among

displaced

are moving away

glue

survival

Give students the demonyms for each one of the francophone West African countries. Alternatively, ask students to look up the terms themselves to share with the class. Ex: **Bénin: béninois(e)**

Analyse

1 For additional practice, have students come up with other **vrai/faux** statements. Call on them or have volunteers correct the false statements.

1 As a follow-up to question 7, ask students to do the following: **Trouvez dans le texte les raisons principales qui expliquent pourquoi il y a de moins en moins de griots en Afrique.** (le contact progressif avec d'autres cultures, l'avancement des moyens de communication, l'utilisation de la technologie et de l'écriture, la poursuite d'études, le monde du travail)

2 Tell students that **Youssou N'Dour** is considered to be the "king of Mbalax," a popular style of music in Senegal. Have them work in small groups and research Mbalax, as well as other types of francophone West African music. Ask the groups to share their findings with the class. Encourage them to bring recordings of the genres they discover.

1 **Vrai ou faux?** Décidez si ces affirmations sont vraies ou fausses d'après le texte, puis corrigez les fausses.

1. Le griot fait partie de la culture de plusieurs peuples d'Afrique de l'Ouest. Vrai.

2. Le griot joue un rôle très important parce qu'il transmet l'histoire et les connaissances de génération en génération. Vrai.

3. Les griots peuvent être comparés aux chevaliers médiévaux. Faux. Son rôle peut être comparé à celui des troubadours.

4. Pour devenir griot, il est nécessaire de poursuivre des études dans une école spécialisée. Faux. On naît griot, puis on est initié à cette tradition.

5. Il est interdit aux griots de participer aux cérémonies de la vie quotidienne. Faux. Ils assistent à différentes célébrations comme les mariages, les circoncisions, les baptêmes ou les funérailles.

6. C'est par ses récits écrits que le griot préserve l'histoire et la culture de son peuple. Faux. Le griot préserve l'histoire et la culture de son peuple grâce à la tradition orale.

7. Il y a de moins en moins de griots en Afrique aujourd'hui en raison de l'évolution de la société. Vrai.

8. Youssou N'Dour et Salif Keïta perpétuent la tradition des griots. Vrai.

2 **Un griot moderne** En 2013, Youssou N'Dour a reçu le Polar Music Prize pour sa contribution à la musique mondiale. À deux, lisez la déclaration du jury puis répondez aux questions.

> «Youssou N'Dour perpétue l'héritage griot et démontre qu'on peut s'en servir pour raconter non seulement l'Afrique mais le monde tout entier.»

- Quel lien voyez-vous entre la citation et l'article que vous venez de lire?
- Le rôle du griot est-il décrit de la même manière que dans l'article ou bien la citation va-t-elle encore plus loin? Expliquez.

3 Ask students to consider the last question in this activity in relation to the quote in Activity 2.

3 **Dans 50 ans** Comment imaginez-vous l'évolution de la caste des griots dans les années à venir? Discutez-en par petits groupes. Considérez les questions suivantes:

- Faut-il que des gens qui ne sont pas nés griots puissent le devenir?
- Les pratiques des griots devraient-elles changer pour s'adapter aux nouveaux modes de communication? Comment?
- À votre avis, les griots vont-ils de plus en plus s'orienter vers la musique pour faire passer leur message, comme le font Youssou N'Dour et Salif Keïta? Expliquez votre point de vue.
- La mondialisation pourrait-elle devenir une alliée des griots? Pensez au succès international de Youssou N'Dour et de Salif Keïta et au fait que tous les deux chantent en plusieurs langues.

Préparation

⑤ Audio: Vocabulary

KEY STANDARDS
1.2, 2.2, 3.1, 5.2

À propos de l'auteur

Ghislaine Sathoud (1969–), née à Pointe-Noire, capitale économique et grand port de la République du Congo, est une femme écrivain et une poétesse qui défend la cause des femmes. Elle publie son premier recueil (*collection*) de poèmes à l'âge de 18 ans. Elle part faire des études supérieures en France et au Québec, où elle habite actuellement. Elle écrit pour de grands journaux et participe à des activités qui ont pour but d'améliorer les conditions de vie des femmes immigrées. En 2004, elle sort un premier roman intitulé *Hymne à la tolérance*. Elle a aussi écrit deux pièces de théâtre, *Les maux du silence* (2000), qui parle des difficultés d'une Africaine en occident et *Ici, ce n'est pas pareil chérie!* (2005), qui traite de la violence conjugale.

INSTRUCTIONAL RESOURCES
Supersite: Littérature recording; Scripts; SAM AK
SAM/WebSAM: LM

Point out the play on words in the title *Les maux du silence* (**maux** à **mots**).

Point out that **haine** begins with an **h aspiré**. Have students repeat **la haine** after you.

Vocabulaire de la lecture

une bande *gang*
une couche sociale *social level*
en vouloir (à) *to have a grudge*
s'installer *to settle*
se lancer *to launch into*
mener *to lead*

pareil(le) *similar; alike*
raffoler de *to be crazy about*
une règle *rule*
sourd(e) *deaf*
soutenir *to support*
un(e) tel(le) *such a(n)*

Vocabulaire utile

s'acharner sur
 to persist relentlessly
se décourager *to lose heart*
s'en vouloir *to be angry with oneself*
la persévérance *perseverance*
la vengeance *revenge*

---

1 **Syllabes** Combinez les syllabes du tableau pour former quatre mots du nouveau vocabulaire. Ensuite, écrivez quatre phrases avec ces mots en utilisant des pronoms.

me	dé	ra	sta
vou	se	s'a	ger
s'in	char	ner	ner
ra	cer	cou	ller

s'acharner, se décourager, s'installer, mener

1 If students need a brief review of pronouns to write the five sentences, refer them back to **Structures 5.2, pp. 176–177** and **5.3, pp. 180–181**.

2 **Discussion** Avez-vous déjà vécu une tragédie? Connaissez-vous quelqu'un qui a été victime d'une tragédie? Comment explique-t-on ces tragédies qui surviennent (*happen*) dans notre vie ou dans le monde? Discutez-en par petits groupes.

2 Ask an additional question about tragedies: **Est-il important de comprendre les raisons d'une tragédie personnelle ou mondiale?**

3 **L'Afrique francophone** Que savez-vous de l'Afrique francophone et de son histoire? À deux, répondez à autant de questions de la liste que possible. Ensuite, comparez vos connaissances avec celles du reste de la classe.

- Combien de pays francophones y a-t-il en Afrique? Quels sont-ils?
- Quelles autres langues y parle-t-on?
- Quelles religions y pratique-t-on?
- Quels types de gouvernement y trouve-t-on?
- À quelle époque les Européens ont-ils commencé à coloniser le continent?
- Quels pays européens ont colonisé l'Afrique?
- Quels ont été les effets de la colonisation?

3 Have a contest to see which group can list 20 countries first: **l'Algérie, le Maroc, la Mauritanie, la Tunisie, le Mali, le Niger, le Tchad, le Sénégal, la Guinée, la Côte d'Ivoire, le Burkina-Faso, le Togo, le Bénin, le Cameroun, la Guinée équatoriale, le Gabon, le Congo, la République centrafricaine, la République démocratique du Congo, le Rwanda, le Burundi.**

⑤ Practice more at **vhlcentral.com**.

The characters in Ghislaine Sathoud's stories are often women who are able to use their strength and courage to survive tragedies. Have students research more information about Sathoud to analyze how her literary works reflect her educational and professional background.

Le Marché

Ghislaine Sathoud

Yaba était une femme au courage exceptionnel, une vraie légende. Il y a très longtemps de cela, elle avait décidé de se lancer dans la restauration. À l'époque, 5 personne ne se serait imaginé qu'avec la vie luxueuse qu'elle avait menée du vivant de son mari°, elle en aurait été réduite à s'installer dans un coin de notre rue pour y vendre du poisson grillé. Faute de° moyens 10 financiers, elle avait installé un petit marché de nuit dans un endroit proche de° son domicile. Une telle entreprise demandait beaucoup d'énergie et de courage, mais les clients accueillirent° favorablement l'idée 15 et ses efforts furent° récompensés.

    Elle travaillait fort, très fort pour subvenir aux° besoins de ses enfants et au fil des mois et des années° d'autres femmes étaient venues s'installer à côté 20 d'elle pour y vendre leurs spécialités et faire du commerce. La clientèle augmenta° sans qu'on ait besoin de faire de publicité. Pas d'affiches. Pas de publicité dans les journaux. Pas de publicité à la télévision! 25 Seulement du bouche à oreille. De fil en aiguille°, le marché de Yaba devint° un symbole de réussite: Jeunes, adultes, hommes et femmes se retrouvaient là le soir, après de longues journées de travail. 30 Chacun y trouvait son compte à sa manière.

while her husband was alive
Lacking
près de
ont accueilli
étaient
to provide for
over the months and years
a augmenté
One thing leading to another / est devenu

Audio: Reading

de l'espoir

Les enfants couraient, criaient, jouaient. Les garçons avec des ballons. Les filles avec des cordes à sauter°. De nombreuses 35 femmes vendaient du poisson cuit à la braise avec des bananes frites. Dieu° sait si les gourmands en raffolaient.

    Les vendeuses s'installaient là tous les soirs pour vendre leurs produits, se faire un 40 revenu et nourrir° leurs enfants. Chaque année, elles étaient plus nombreuses et les clients aussi. Des clients de toutes les couches sociales. Tout le monde aimait bien acheter du poisson auprès des femmes 45 de notre rue. Certains venaient de loin. On disait que ces femmes avaient une touche spéciale pour l'apprêter°, une façon à nulle autre pareille. Nuit et jour, la rue était noire de monde. Les jeunes y trouvaient 50 des occupations en assurant la sécurité des vendeuses. Les vieillards° discutaient en jouant à des jeux de cartes.

    Était-il vrai que le poisson vendu dans cette rue était meilleur que celui des 55 cuisines? Était-ce l'ambiance de fête qui y régnait qui donnait l'illusion d'un goût toujours imité mais jamais égalé? Était-ce la présence des filles de Yaba superbement habillées avec des ensembles aux couleurs 60 chatoyantes° et rayonnantes° qui donnait cette impression? Le poisson cuit à la braise servi dans des plats superbement

jump ropes

God

to nourish

to prepare

old men

shimmering / radiant

colorés et accompagné de bananes faisait le bonheur des clients. Les filles qui servaient ces mets° succulents faisaient aussi la réputation de l'endroit et on aurait eu du mal à savoir ce qui attirait le plus la clientèle, de la bonne chère° ou des vendeuses. Les deux sans doute!

Le succès des uns s'accompagnant souvent de la jalousie des autres, des rumeurs commencèrent° à circuler sur les raisons du succès du marché de Yaba. On prétendit° que certaines vendeuses ne respectaient pas les règles élémentaires d'hygiène. On disait aussi que d'autres poussaient° des pères de famille à la débauche° en les exposant à la tentation. Jalouses, les épouses de quelques clients habitués s'inquiétaient. On faisait courir diverses balivernes° pour décourager les clients, de toutes les façons possibles! Mais les vendeuses avaient un moral d'acier° et Yaba qui tenait à son marché comme à la prunelle de ses yeux° affirmait dur comme fer que rien ne pouvait empêcher sa prospérité et celle de ses filles; qu'elles devaient continuer contre vents et marées° leurs activités, des activités qui faisaient par ailleurs° vivre de nombreuses familles élargies°! C'étaient des familles de quatre, cinq voire° six enfants sans compter les autres parents° au sens large du terme.

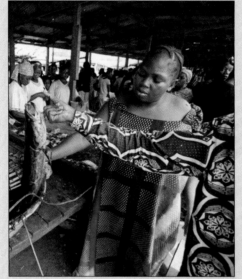

Sourde aux médisances°, une clientèle fidèle continuait à soutenir les vendeuses et à affluer°. Notre rue continuait à faire le bonheur des habitants de Dilalou. On y mangeait plus que jamais. On y riait. On y dansait. On y rencontrait aussi des amoureux...

Mais un jour, une bande de jeunes inconnus arrivèrent° au marché. Ils firent irruption° brusquement dans notre rue et tout se passa° très vite. Le coup avait certainement été préparé minutieusement°. Les vendeuses furent surprises. Les clients aussi. Et les assaillants devenus furieux cassèrent° tout ce qui pouvait l'être. Ils battirent° à mort les jeunes mères et les vieilles femmes. Ils battirent les clients. Et ceux qui furent les témoins de cette boucherie ne l'oublieront jamais.

La radio annonça° plusieurs morts et de très nombreux blessés, mais il était impossible d'en donner le nombre exact. On ne savait pas qui se trouvait là, le jour de la tragédie. En haut lieu°, on ne voulut pas° vraiment savoir qui étaient les victimes ni pourquoi on s'était acharné ainsi° sur des innocents. Comment avait-on pu mettre autant de vies en péril? Pourquoi? Pourquoi?

Par solidarité, nous serrions les coudes°. Nous refusions de donner raison aux responsables de cette tragédie. On

Marginal glosses (left column):
- delicacies — 65
- good food
- 70
- ont commencé
- claimed — 75
- drove — 80
- debauchery
- 85
- nonsense
- 90
- steel
- apple of her eye — 95
- against all odds
- in addition
- extended — 100
- or even
- relatives

Marginal glosses (right column):
- slander
- to flock — 105
- sont arrivés — 110
- burst into
- s'est passé
- consciencieusement — 115
- ont cassé — 120
- ont battu
- 125
- 130
- a annoncé
- In high places / n'a pas voulu — 135
- thus
- were sticking together — 140

parlait de règlements de compte°... On parlait de guerre... Mais pourquoi notre
145 marché? Qu'est-ce que notre rue avait fait? Notre marché avait-il vraiment quelque chose à voir dans cette impitoyable° tragédie qui transformait des enfants en véritables assassins? Comment pouvait-
150 on en vouloir à notre marché? Personne ne comprenait pourquoi ce marché avait été l'objet d'une telle violence, d'actes de vandalisme si démesurés°, pourquoi il avait été la scène de toutes ces
155 horreurs. Personne!

settling of scores (ligne 143)

merciless (ligne 147)

excessive (ligne 153)

Traumatisés, les habitants avaient perdu leur joie de vivre et quand le ciel revêtait° son manteau noir, on se réfugiait
160 dans les maisons. À la tombée de la nuit, notre rue était déserte. Pas un chat dehors. Nouvelles
165 habitudes et repli° sur soi-même. C'était tout le contraire du mode de vie d'ici. Seules les
170 bottes entonnaient° leur chant de désolation dans les rues et dans les esprits. Des soldats nouveaux modèles. Une jeunesse sacrifiée. Des soldats au sang frais. Des enfants soldats qui pillent°, qui tuent. Notre rue
175 n'était plus ce qu'elle était. Pour sortir, on attendait impatiemment le chant du coq qui annoncerait un jour nouveau, mais les pauvres coqs, eux aussi terrorisés, oubliaient d'annoncer le jour.
180 Comme de nombreux habitants de Dilalou, Yaba se retrouvait sans rien. À la

donned (ligne 158)

mouvement de retrait (ligne 165)

commençaient à chanter (ligne 170)

pillage (ligne 173)

suite° des pillages, elle avait tout perdu. La confusion qui s'était abattue° sur nous dans cette période tumultueuse ne l'épargnait°
185 pas. Mais comme à l'époque de ses débuts, elle refusait de se perdre dans une errance° éternelle, toujours à la recherche d'un refuge. Les souvenirs de la guerre la hantaient° et elle ne se sentirait jamais
190 plus vraiment en sécurité. Mais elle refusait l'idée de déambuler° encore et toujours à la recherche d'un refuge qu'elle ne trouverait jamais parce que l'esprit des lieux qu'elle aimait avait été changé à tout jamais par
195 la guerre. Rien n'était plus comme avant. Rien ne serait plus jamais comme avant.

Mais elle était en vie.

following (ligne 181)

beat down (ligne 183)

spared (ligne 184)

restless wandering (ligne 187)

haunted (ligne 189)

to wander (ligne 191)

> # Rien n'était plus comme avant. Rien ne serait plus jamais comme avant.

Comme les autres rescapées°
200 du marché, Yaba se remit° vaillamment° à la tâche. Elle remua° ciel et terre pour remettre les pendules à
205 l'heure° et redonner vie à son marché. Elle espérait que la guerre était bel et bien finie, que le marché ne serait pas détruit à nouveau.
210 Elle avait peur mais elle touchait du bois! Elle espérait que ces femmes dont elle était la doyenne° connaîtraient d'autres espaces de bonheur; que le souvenir des victimes innocentes de la
215 tragédie serait associé à une nouvelle prospérité de son marché, rebaptisé° «Marché de l'espoir». Elle espérait, encore et toujours, car avec l'espoir ne dit-on pas que tout est possible? ■
220

survivors (ligne 199)

s'est remise / courageusement (ligne 201)

moved (ligne 202)

to set the record straight (ligne 205)

la plus âgée (ligne 212)

renommé (ligne 216)

Analyse

1

1 Ask students to write a one-paragraph summary of the story, based on their answers to the activity.

Compréhension Répondez aux questions. Suggested answers

1. Comment les clients ont-ils reçu l'idée du marché de Yaba? Ils ont accueilli l'idée favorablement.

2. Qui venait au marché? Tout le monde: jeunes, adultes, hommes et femmes s'y retrouvaient.

3. Qu'est-ce qui faisait l'énorme succès du marché? Le poisson y était meilleur, une ambiance de fête y régnait, les filles servaient des mets succulents.

4. Quelles rumeurs ont commencé à circuler à propos du marché? On disait que les vendeuses ne respectaient pas les règles d'hygiène et qu'elles poussaient des pères de famille à la débauche.

5. Qu'est-ce qu'une bande de jeunes a fait un jour? Ils ont tout cassé, ils ont battu à mort les jeunes mères et les vieilles femmes et ils ont battu les clients.

6. Qu'est-ce que les habitants ont pensé de la tragédie? Personne ne comprenait pourquoi le marché avait été l'objet d'une telle violence.

7. Qu'est-ce que les habitants ont perdu à cause des pillages? Ils ont tout perdu.

8. Pourquoi est-ce que le marché de Yaba a été rebaptisé «Marché de l'espoir»? Yaba espérait que le souvenir des victimes innocentes serait associé à une nouvelle prospérité.

2 Discuss students' responses as a class, encouraging them to defend their opinions about the story. Ask students to analyze the importance of the setting. **Comment Sathoud décrit-elle l'ambiance du marché avant et après l'attaque?**

Interprétation À deux, répondez aux questions par des phrases complètes.

1. Que représente la période de paix et de prospérité de Dilalou?

2. Qu'est-ce que les personnes qui ont fait circuler des rumeurs espéraient gagner par cette réaction de jalousie?

3. Après la tragédie, les habitants de Dilalou ont parlé de règlements de compte. Que pensez-vous de la vengeance?

4. Que veut dire Sathoud quand elle parle de jeunesse sacrifiée et de soldats au sang frais?

5. Qu'est-ce que les habitants de Dilalou avaient en commun avec toutes les victimes de guerre?

6. Que pensez-vous de la fin de cette histoire? Que révèle-t-elle sur la condition humaine?

2 Ask these additional interpretive questions: **Pourquoi est-il important de savoir au début de l'histoire que le mari de Yaba est mort? Que veut dire la phrase: «En haut lieu, on ne voulut pas vraiment savoir qui étaient les victimes ni pourquoi on s'était acharné ainsi sur des innocents.»?**

La tragédie Par groupes de trois, discutez de la bande de jeunes assaillants qui ont terrorisé le marché. Répondez aux questions de la liste.

- Que voulaient-ils?
- Pourquoi ont-ils fait connaître leurs sentiments par la violence?
- Qui étaient-ils exactement? De quel groupe de la société faisaient-ils partie?
- Quel sentiment universel représentaient-ils?

Rédaction Imaginez que vous soyez journaliste et que vous ayez été témoin d'un acte de violence, réel ou fictif, contre un groupe de personnes. Suivez le plan de rédaction pour écrire un article sur cette tragédie. Employez des partitifs et des pronoms.

TEACHING OPTION Since students have already reflected upon the story's tragic aspects, have small groups discuss the encouraging and hopeful elements found in **Le Marché de l'espoir**. Ask: **Quelles sont les marques universelles d'optimisme qu'on retrouve dans cette histoire?**

Plan

1 Organisation Organisez les faits que vous avez observés. Commencez par les plus importants.

2 Historique Décrivez le contexte dans lequel les événements se sont passés.

3 Comparaison Pour terminer, expliquez les répercussions possibles que cet événement pourrait avoir.

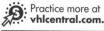 Practice more at **vhlcentral.com.**

La société en évolution

(S) Vocabulary Tools KEY STANDARDS 4.1

En mouvement

l'assimilation (f.) *assimilation*
un but *goal*
une cause *cause*
le développement *development*
la diversité *diversity*
un(e) émigré(e) *emigrant*
une frontière *border*
l'humanité (f.) *humankind*
l'immigration (f.) *immigration*
un(e) immigré(e) *immigrant*
l'intégration (f.) *integration*
une langue maternelle *native language*
une langue officielle *official language*
le luxe *luxury*
la mondialisation *globalization*
la natalité *birthrate*
le patrimoine culturel *cultural heritage*
les principes (m.) *principles*

aller de l'avant *to forge ahead*
s'améliorer *to better oneself*
attirer *to attract*
augmenter *to grow; to raise*
baisser *to decrease*
deviner *to guess*
prédire *(irreg.) to predict*

(non-)conformiste *(non)conformist*
exclu(e) *excluded*
polyglotte *multilingual*
prévu(e) *foreseen*
seul(e) *alone*

Les problèmes et les solutions

le chaos *chaos*
la compréhension *understanding*
le courage *courage*
un dialogue *dialogue*
une incertitude *uncertainty*
l'instabilité (f.) *instability*
la maltraitance *abuse*

un niveau de vie *standard of living*
une polémique *controversy*
la surpopulation *overpopulation*
un travail manuel *manual labor*
une valeur *value*
un vœu *wish*

avoir le mal du pays *to be homesick*
faire sans *to do without*
faire un effort *to make an effort*
lutter *to struggle*

dû/due à *due to*
surpeuplé(e) *overpopulated*

Les changements

s'adapter *to adapt*
appartenir (à) *to belong (to)*
dire au revoir *to say goodbye*
s'enrichir *to become rich*
s'établir *to settle*
manquer à *to miss*
parvenir à *to achieve*
projeter *to plan*
quitter *to leave behind*
réaliser (un rêve) *to fulfill (a dream)*
rejeter *to reject*

Court métrage

un(e) bavard(e) *chatterbox*
un châtiment *punishment*
un commissaire (de police) *(police) commissioner*
(un jour) férié *public holiday*
un flic *cop*
un(e) gamin(e) *kid*
un(e) môme *kid*
une supposition *assumption*
un témoin *witness*

avoir des préjugés *to be prejudiced*
brûler *to burn*
supposer *to assume*
témoigner de *to be witness to*
voler *to steal*

défavorisé(e) *underprivileged*
nombreux/nombreuse *numerous*

Culture

un(e) allié(e) *ally*
le comportement *behavior*
un(e) gardien(ne) *keeper*
un(e) guerrier/guerrière *warrior*
la mondialisation *globalization*
le patrimoine *cultural heritage*
une règle *rule*
un roi *king*
le savoir *knowledge*
une valeur *value*

s'assouplir *to become more flexible*
maintenir *to maintain*
rapporter *to tell*
transmettre *to pass down*

hétérogène *heterogeneous*
homogène *homogeneous*

Littérature

une bande *gang*
une couche sociale *social level*
la persévérance *perseverance*
une règle *rule*
la vengeance *revenge*

s'acharner sur *to persist relentlessly*
se décourager *to lose heart*
en vouloir (à) *to have a grudge*
s'en vouloir *to be angry with oneself*
s'installer *to settle*
se lancer *to launch into*
mener *to lead*
raffoler de *to be crazy about*
soutenir *to support*

pareil(le) *similar; alike*
sourd(e) *deaf*
un(e) tel(le) *such a(n)*

6

Les générations qui bougent

Les enfants vivent souvent des choses que leurs parents n'ont pas vécues. Si, pour cette raison, les générations ne se comprennent pas, cette incompréhension est-elle inévitable? L'affection qui existe entre les enfants et les parents ne permet-elle pas, au contraire, aux générations de se rejoindre et de se comprendre?

203

226

Destination:

AFRIQUE DU NORD ET LIBAN

PREVIEW Ask students to analyze the meaning of the lesson title both in the literal and figurative senses. Have pairs trace the geographical movement of their families over the last few generations. Then discuss how beliefs, priorities, culture, and traditions have evolved over time. Ask: **Les changements culturels qu'a connus une famille peuvent-ils provoquer des conflits entre générations? Si oui, de quelle façon?**

Les générations qui bougent

En famille Vocabulary Tools

Les membres de la famille

un(e) arrière-grand-père/-mère
great-grandfather/grandmother

un beau-fils/-frère/-père *son-/brother-/father-in-law; stepson/father*

une belle-fille/-sœur/-mère *daughter-/sister-/mother-in-law; stepdaughter/mother*

un(e) demi-frère/-sœur *half brother/sister*

un(e) enfant/fille/fils unique *only child*

un époux/une épouse *spouse; husband/wife*

un(e) grand-oncle/-tante *great-uncle/-aunt*

des jumeaux/jumelles *twin brothers/sisters*

un neveu/une nièce *nephew/niece*

un(e) parent(e) *relative*

un petit-fils/une petite-fille *grandson/granddaughter*

La vie familiale

déménager *to move*
élever (des enfants) *to raise (children)*
être désolé(e) *to be sorry*
gâter *to spoil*
gronder *to scold*

KEY STANDARDS
1.1, 1.2, 4.1

INSTRUCTIONAL RESOURCES
Supersite: Lab Audioscript, SAM AK, Lab MP3s
SAM/WebSAM: WB, LM

punir *to punish*
regretter *to regret*
remercier *to thank*
respecter *to respect*
surmonter *to overcome*

La cuisine

un aliment *(type or kind of) food*
une asperge *asparagus*
un citron *lemon*
un citron vert *lime*
un conservateur *preservative*
des épinards (m.) *spinach*
une fromagerie *cheese store*
un hypermarché *large supermarket*

un raisin *grape (du raisin grapes)*
un raisin sec *raisin*
le saumon *salmon*
une supérette *mini-market*
la volaille *poultry, fowl*

alimentaire *related to food*
bio(logique) *organic*

La personnalité

le caractère *character, personality*

autoritaire *bossy*
bien/mal élevé(e) *well-/bad-mannered*
égoïste *selfish*
exigeant(e) *demanding*

SYNONYMES
gronder ⟷ **réprimander**
un époux ⟷ **un mari**
une épouse ⟷ **une femme**
un beau-fils ⟷ **un gendre**

insupportable *unbearable*
rebelle *rebellious*
soumis(e) *submissive*
strict(e) *strict*
uni(e)/lié(e) *close-knit*

Les étapes de la vie

l'âge (m.) adulte *adulthood*
l'enfance (f.) *childhood*
la jeunesse *youth*
la maturité *maturity*
la mort *death*
la naissance *birth*

la vieillesse *old age*

Point out that **du raisin** is the common way to refer to plural grapes. However, the same does not apply to raisins, i.e., **des raisins secs**. You may also want to introduce the term **une grappe de raisin** (*bunch of grapes*).

Les générations

l'amour-propre (m.) *self-esteem*
le fossé des générations *generation gap*
la patrie *homeland*
une racine *root*
un rapport/une relation *relation/relationship*
un surnom *nickname*

hériter *to inherit*
ressembler (à) *to resemble*
survivre *to survive*

une belle-fille ⟷ **une bru**

Mention that **bru** is not used frequently.

Point out that the term **belle-famille** or **beaux-parents** means *in-laws*. Example: **Nous passons les vacances d'hiver avec ma belle-famille** (*spouse's family*).

Mise en pratique

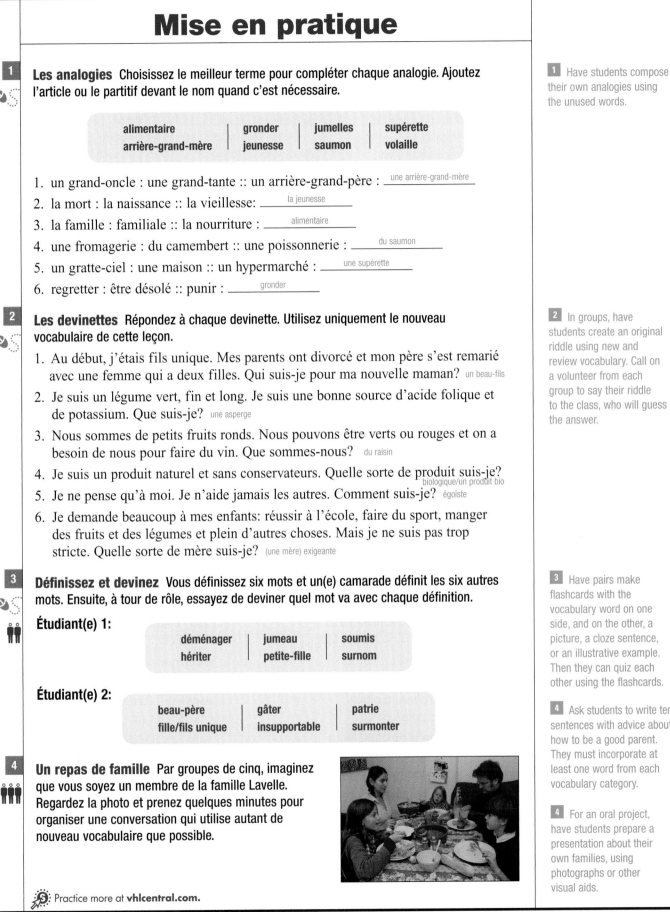

1 **Les analogies** Choisissez le meilleur terme pour compléter chaque analogie. Ajoutez l'article ou le partitif devant le nom quand c'est nécessaire.

alimentaire	gronder	jumelles	supérette
arrière-grand-mère	jeunesse	saumon	volaille

1. un grand-oncle : une grand-tante :: un arrière-grand-père : ___une arrière-grand-mère___

2. la mort : la naissance :: la vieillesse: ___la jeunesse___

3. la famille : familiale :: la nourriture : ___alimentaire___

4. une fromagerie : du camembert :: une poissonnerie : ___du saumon___

5. un gratte-ciel : une maison :: un hypermarché : ___une supérette___

6. regretter : être désolé :: punir : ___gronder___

2 **Les devinettes** Répondez à chaque devinette. Utilisez uniquement le nouveau vocabulaire de cette leçon.

1. Au début, j'étais fils unique. Mes parents ont divorcé et mon père s'est remarié avec une femme qui a deux filles. Qui suis-je pour ma nouvelle maman? ___un beau-fils___

2. Je suis un légume vert, fin et long. Je suis une bonne source d'acide folique et de potassium. Que suis-je? ___une asperge___

3. Nous sommes de petits fruits ronds. Nous pouvons être verts ou rouges et on a besoin de nous pour faire du vin. Que sommes-nous? ___du raisin___

4. Je suis un produit naturel et sans conservateurs. Quelle sorte de produit suis-je? ___biologique/un produit bio___

5. Je ne pense qu'à moi. Je n'aide jamais les autres. Comment suis-je? ___égoïste___

6. Je demande beaucoup à mes enfants: réussir à l'école, faire du sport, manger des fruits et des légumes et plein d'autres choses. Mais je ne suis pas trop stricte. Quelle sorte de mère suis-je? ___(une mère) exigeante___

3 **Définissez et devinez** Vous définissez six mots et un(e) camarade définit les six autres mots. Ensuite, à tour de rôle, essayez de deviner quel mot va avec chaque définition.

Étudiant(e) 1:

déménager	jumeau	soumis
hériter	petite-fille	surnom

Étudiant(e) 2:

beau-père	gâter	patrie
fille/fils unique	insupportable	surmonter

4 **Un repas de famille** Par groupes de cinq, imaginez que vous soyez un membre de la famille Lavelle. Regardez la photo et prenez quelques minutes pour organiser une conversation qui utilise autant de nouveau vocabulaire que possible.

Practice more at **vhlcentral.com.**

1 Have students compose their own analogies using the unused words.

2 In groups, have students create an original riddle using new and review vocabulary. Call on a volunteer from each group to say their riddle to the class, who will guess the answer.

3 Have pairs make flashcards with the vocabulary word on one side, and on the other, a picture, a cloze sentence, or an illustrative example. Then they can quiz each other using the flashcards.

4 Ask students to write ten sentences with advice about how to be a good parent. They must incorporate at least one word from each vocabulary category.

4 For an oral project, have students prepare a presentation about their own families, using photographs or other visual aids.

Préparation Ⓢ Audio: Vocabulary

KEY STANDARDS
1.2, 2.1, 2.2, 4.1, 4.2, 5.2

INSTRUCTIONAL RESOURCES
Supersite/DVD: Film Collection
Supersite: Script & Translation

SYNONYMES
traîner ⟷ vagabonder
un voyou ⟷ un vaurien

Point out that **traîner** in this sense is informal and has a pejorative connotation.

Vocabulaire du court métrage	
déranger *to bother*	
mépriser *to have contempt for*	
la pension *benefits*	
soûler *to bug; to talk to death*	
traîner *to hang around; to drag*	
un voyou *hoodlum*	

Vocabulaire utile	
chuchoter *to whisper*	**un(e) intellectuel(le)** *intellectual*
une cité *low-income housing development*	**tendu(e)** *tense*
un complexe d'infériorité *inferiority complex*	**traiter avec condescendance** *to patronize*
un foulard *headscarf*	**un(e) travailleur/travailleuse manuel(le)** *blue-collar worker*
la gêne *embarrassment*	

EXPRESSIONS

comme d'hab' *as usual*

faire son cinéma *to show off*

Qu'est-ce que tu me racontes? *What are you talking about?*

1 After completing the activity, ask if students heard about controversies like this in the news. Ask: **Pensez-vous qu'on devrait tous avoir le droit de porter ce qu'on veut à l'école? Y a-t-il des cas spéciaux?** Tell them to use the new vocabulary words whenever appropriate.

1 **Le foulard islamique** Complétez à l'aide des mots de vocabulaire.

En France, les écoles publiques sont laïques (*secular*). Les élèves n'ont pas le droit de montrer leur religion. Donc, les musulmanes ne peuvent pas porter leur (1) ____foulard____ à l'école. Quand on parle de ce sujet, l'ambiance est (2) ____tendue____. C'est un problème qui (3) ____dérange____ beaucoup de gens. Certains (4) ____méprisent____ ces filles, d'autres trouvent qu'elles devraient avoir le droit de le porter. Les filles ressentent de (5) ____la gêne____, quand un professeur leur demande de l'enlever. C'est une situation difficile où les enfants se retrouvent coincés (*stuck*) entre deux opinions.

2 Ask students to create additional sentences with the words not used in this activity.

2 Have small groups discuss movies or TV shows that involve immigrant families. Ask: **Comment est-ce que ces familles sont représentées? Quelle est la relation entre (a) les parents et leurs enfants, et (b) ces familles et les habitants de leur quartier?**

2 **Associez** Trouvez la fin logique de chaque phrase.

__b__ 1. Adolescente, Sophie avait un complexe d'infériorité…

__d__ 2. Tout le monde considère que Thomas est un voyou…

__a__ 3. Le père de Fatima touche aujourd'hui une très bonne pension…

__e__ 4. Sylvain a chuchoté pour ne pas déranger les gens…

__c__ 5. Éric me soûle chaque fois qu'il vient chez moi…

a. … parce qu'il était travailleur manuel et faisait partie d'un bon syndicat.

b. … parce que sa sœur était une grande intellectuelle.

c. … parce qu'il fait toujours son cinéma devant ma sœur.

d. … parce qu'il traîne tout le temps dans la rue avec ses amis.

e. … parce qu'il est arrivé à un moment assez tendu dans le film.

Ⓢ: Practice more at **vhlcentral.com**.

3 **Questions** À deux, répondez aux questions et expliquez vos réponses.

1. Vos parents s'inquiètent-ils beaucoup pour vous ou sont-ils heureux que vous soyez indépendant(e)?

2. Depuis que vous êtes à l'université, les relations que vous avez avec vos parents ont-elles changé? Si oui, dans quel sens?

3. Que ressentez-vous quand vous rentrez chez vos parents pour les vacances?

4 **Changements** À deux, discutez des changements des cinquante dernières années. Comment vivait-on avant et comment vit-on aujourd'hui? Remplissez le tableau et comparez vos réponses avec celles des autres groupes.

	Il y a 50 ans	Aujourd'hui
les relations personnelles		
les relations professionnelles		
les relations familiales		
la recherche d'un emploi		
les maisons		
les villes		
l'université		
les moyens de transport		
les moyens de communication		

5 **L'évolution de la famille** Répondez aux questions par groupes de trois et comparez vos réponses avec celles des autres groupes.

1. Pourquoi avez-vous une vie plus facile que celle qu'ont eue vos parents? Pourquoi est-elle plus difficile?

2. Êtes-vous fier/fière des origines de votre famille? Pourquoi?

3. Connaissez-vous des gens qui ont honte de leur famille ou de leurs parents? Pourquoi en ont-ils honte?

4. Pensez-vous que les enfants doivent s'occuper de leurs parents quand ils sont âgés?

6 **Qui est-ce?** Par petits groupes, regardez les trois images. Imaginez les relations entre tous les personnages. Décrivez comment chacun passe la journée en général.

3 Call on students to summarize their partner's answers.

3 For item 1, point out that the verb **s'inquiéter** is a spelling-change verb, similar to **préférer**.

4 Remind students to use the **imparfait** to describe how things *used to be*.

4 As a follow-up activity, add another column to the table called **Dans 50 ans**. Have students predict what changes will occur during the next 50 years. Example: **Dans 50 ans, on n'utilisera que le téléphone portable.**

5 Ask an additional question: **Si vous ne vous occupez pas de vos parents quand ils seront âgés, qui va s'occuper de vous quand vous serez âgé(e)?**

5 As an option for item 3, students can talk about a family situation from a movie or a talk show.

5 Have pairs compile a list of issues that first-generation adult immigrants face. Then, have them compile a list of issues that the children of immigrants face, especially in terms of their relationship with their parents. Finally, have students present their ideas to the class in an oral presentation to be graded based on appropriateness of ideas, range of vocabulary, pronunciation, and fluency.

Short Film

Une production des **FILMS DE CLÉOPÂTRE**
Scénario et réalisation **NASSIM AMAOUCHE**
Production **HAKIM SAHRAOUI/CHRISTINE BESSARD**
Direction de la photographie **CÉDRIC FRANÇOIS ASCENCIO**
Montage **AURÉLIE MONIER**   Son **JULIEN BROYER**   Décors **JOSEPH GUÉRIN**   Musique **CHEB KHALED**
Acteurs **BENAÏSSA AHOUARI/KEINE BOUHIZA/YASMINE BELMADI/ABDE DEEN**

Prix de la première œuvre au Festival du Court Métrage Méditerranéen de Tanger, 2004; Prix Découverte de la Critique Française, 2004

Tell students to look at the movie poster and describe what they see. Ask: **À votre avis, quelle est la relation entre ces deux personnes?**

Ask students to read the list of credits. Based on these names, what can they predict about the film?

Project the six stills from the film without the captions. Ask students to talk about possible familial relationships as well as the nature of those relationships.

Throughout history, Algeria has been attacked by various tribes and countries, including France. The country was granted full independence in 1962. Have students research the history of Algeria and list major events on a timeline.

INTRIGUE *Un jeune avocat d'origine algérienne retourne chez ses parents «de l'autre côté», pour la fête de circoncision de son petit frère.*

LA MÈRE Malik! Ton frère, il va arriver pour la fête. Il prend ta chambre.
MALIK Je vais dormir où, moi?
LA MÈRE Avec le petit.
MALIK S'il te plaît, ne me fais pas ça! Il va me soûler avec ses lapins… J'en ai marre!

SAMIR Ça n'a pas trop changé.
LA MÈRE Ah oui, on a fait un peu la peinture et tout ça.
SAMIR Et Malik, il est où?
LA MÈRE Oh, Malik, il traîne toujours… avec les voyous. Il ne change pas.

SAMIR Samedi, on va avoir une grande fête. Des gens que tu ne connais pas vont te donner plein d'argent, et tu pourras t'acheter plein de cadeaux!
LE PETIT Je sais, Malik m'a dit qu'avec cet argent je pourrai m'acheter une ferme°, des lapins, un coq°, et surtout des lapins!

LE PÈRE Allo? Je m'appelle BOUJIRA. Je vous téléphone au sujet d'un dossier°, là… Je me suis trompé…
LE FONCTIONNAIRE Mais quand même, faites un effort…
SAMIR Il te parle comme à un gamin… Il l'a sentie, ta honte.

MALIK Comment ça doit être dur de passer de l'autre côté… Avec tous ces cravatés°-là qui te regardent sûrement comme un objet exotique quand t'es avec eux. Tu crois que je vois pas?… Il [Le père] [n'] a pas gueulé° de la journée. J'ai été voir maman. Elle m'a tout raconté.

SAMIR Il n'y a que ça comme rasoir?
LE PÈRE Laisse, laisse… tu vas te couper. Tu sais, ton frère, il ne se rase pas. Il a la peau de bébé.
MALIK On y va quand vous voulez.

ferme *farm* **coq** *rooster* **dossier** *file* **cravatés** *businesspeople (slang);* "suits" **gueulé** *yelled*

FILM SYNOPSIS Samir, the son of Algerian immigrants living in France, left home and became a lawyer. When he returns to the old neighborhood for his younger brother's circumcision ceremony, he is confronted by an unexpected culture shock. While his life has taken on a new direction, Samir realizes that the lives of his friends and family have not.

PREVIEW In groups of five, have students read the scenes aloud, each playing a different role. (The students playing **le petit** can also be the **fonctionnaire**.) Say: **Étudiez les photos et le texte: Quel est le ton de ce court métrage? Optimiste? Émouvant? Drôle? Sombre?**

TEACHING OPTION After reading the **Note culturelle**, have students talk about their reactions in small groups. Ask: **Remarquez-vous des signes de discrimination et d'intolérance dans notre société? Citez un exemple, réel ou inventé. Que faites-vous face à une telle situation?**

Analyse

Have students work in pairs to answer the questions.

Compréhension Répondez aux questions par des phrases complètes. Answers may vary slightly.

1. Pourquoi Malik est-il fâché contre sa mère au début du film? Malik est fâché contre sa mère parce qu'elle donne la chambre de Malik à Samir, son frère.

2. Pour quelle raison Samir est-il revenu? Samir est revenu pour la fête de son petit frère.

3. Comment les parents réagissent-ils face à Malik? Et face à Samir? Le père se fâche contre Malik. Il montre beaucoup de respect pour Samir. La mère s'inquiète pour Malik, mais elle admire Samir.

4. Comment sont Malik et le petit frère quand ils revoient Samir? Ils sont contents de revoir Samir.

5. Pour qui la famille Boujira organise-t-elle une fête? Elle organise une fête pour le petit frère.

6. Pourquoi Samir est-il déçu après la conversation de son père avec le fonctionnaire? Samir est déçu parce que le fonctionnaire parle à son père comme à un enfant et qu'il pense que son père a honte.

7. Pourquoi Malik et ses copains passent-ils à la maison le samedi soir, avant la fête? Ils y passent pour faire une surprise au petit frère.

8. Quelle est la réaction de Malik quand Samir lui offre un emploi au cabinet où Samir travaille? Pourquoi Malik réagit-il de cette manière? Malik se sent insulté parce que Samir lui dit qu'il peut lui trouver un poste pas très compliqué, comme si Malik était trop bête pour faire un travail difficile.

Interprétation À deux, répondez aux questions et expliquez vos réponses.

1. Pourquoi Samir est-il venu tout seul, sans son amie?

2. Malik est-il jaloux de son frère, Samir?

3. Samir et Malik respectent-ils leurs parents?

4. Quelle est la nature des relations entre la mère et le père?

5. À votre avis, quel membre de la famille Boujira est le plus heureux? Pourquoi?

6. Comment Samir est-il passé «de l'autre côté»? Et pourquoi passer de l'autre côté est-il difficile (comme le dit Malik)?

7. Pourquoi Malik emploie-t-il souvent des mots arabes, et Samir pas du tout?

8. Imaginez l'avenir du petit frère. Deviendra-t-il comme Samir ou comme Malik?

Samir et Malik

A. À deux, discutez des différences et des points communs qui existent entre Samir et Malik. Comment se comportent-ils? Qu'est-ce qui les intéresse dans la vie?

B. Remplissez les deux premières colonnes du tableau. Ensuite, cochez les points communs dans la troisième colonne.

Comment est Samir?	Comment est Malik?	Points communs

1 Have students work in pairs to answer the questions.

2 Ask these additional questions: **Quelles similitudes voyez-vous entre les Boujira et vos propres parents? Avec quel personnage avez-vous le plus de points communs?**

2 Ask students to provide their answer to item 3 in writing. They should include reasons for their answer for each son and give specific supporting examples from the film. Tell students that they will be evaluated based on the strength of their reasoning in addition to grammatical accuracy and vocabulary.

3 Before assigning this activity, have students briefly discuss their relationships with their siblings. Ask: **Si vous avez des frères et des sœurs, vos rapports avec eux ont-ils changé au cours des années?**

3 Approximately 3 million of metropolitan France's 65 million people come from the Maghreb. Have students research France's historic and current immigrant demographics. Have them include information as to the economic and political reasons behind the various trends.

Practice more at **vhlcentral.com.**

4 **Les thèmes du film** À deux, réfléchissez aux thèmes du film. À votre avis, quel est le thème principal? Écrivez un paragraphe qui explique ce thème et pourquoi vous l'avez choisi. Suggérez au moins deux thèmes secondaires. Quel est le rapport avec le thème principal?

 La famille? *Le fossé des générations?* **La honte?** **L'immigration?**

5 **La fête** Regardez l'image ci-dessous et pensez à la scène de la fête, à la fin du film. Par petits groupes, décrivez la scène puis répondez aux questions.

- Pourquoi la scène de la fête est-elle différente de la vie quotidienne?
- Quel est le personnage dont le comportement est le plus différent, comparé à la vie de tous les jours? Pourquoi?
- Que ressent le petit frère? Et que ressentent ses parents?

6 **Les générations** À deux, écrivez un dialogue basé sur une de ces deux situations.

A

On vous offre la possibilité de travailler dans un pays étranger pendant un an, avant de terminer vos études. Vous devez en discuter avec vos parents. Votre père/mère préférerait que vous terminiez d'abord vos études.

B

Vous avez envie de retourner à l'université pour continuer vos études et vous devez en discuter avec votre fils/fille. Il/Elle ne pense pas que ce soit une bonne idée.

La porte Bab Bou Jeloud, à Fès, au Maroc

IMAGINEZ
L'Afrique du Nord et le Liban

INSTRUCTIONAL RESOURCES
Supersite: Teaching suggestions;
SAM AK
SAM/WebSAM: WB

Voyage inoubliable! Reading

KEY STANDARDS
2.1, 2.2, 3.2, 4.2, 5.1

D'ailleurs…

Le thé à la menthe est la boisson traditionnelle des pays du Maghreb. Il est aussi symbole d'hospitalité et ne peut se refuser. Contrairement à la cuisine préparée par les femmes, le thé est préparé et servi par les hommes, le chef de famille en général.

Parti au **Proche-Orient°** et en **Afrique du Nord**, notre reporter, Jean-Michel Caron, nous fait part de ses impressions de voyage.

«Après un long voyage en avion avec deux escales°, je suis enfin arrivé au **Liban**, le pays du cèdre°, arbre majestueux, qui est devenu le symbole du pays et l'emblème du drapeau. J'ai voulu visiter **Beyrouth**, sa capitale, port de commerce et centre financier, qui est aussi connue pour son intense vie culturelle et nocturne. Cette vie culturelle renaît aujourd'hui et le couturier° à la mode **Elie Saab**, spécialisé dans les somptueuses robes du soir, en est un bel exemple. Comme j'y étais au printemps, je n'ai pas voulu manquer cette expérience unique dont on m'avait parlé: skier le matin dans les montagnes enneigées° de la **chaîne du Liban**, puis aller se baigner dans la **Méditerranée**.

«J'ai repris l'avion pour me rendre au **Maghreb**, et je me suis d'abord arrêté en **Tunisie**. J'ai choisi d'aller à **Matmata**, au sud-est, où j'ai trouvé un paysage lunaire°, formé de cratères. Saviez-vous que **George Lucas** y avait filmé un épisode de *La Guerre des étoiles*? À **Carthage**, près de **Tunis**, la capitale du pays, j'ai visité un site archéologique majeur d'**Afrique du Nord**: les ruines d'une ville dont l'histoire a marqué l'**Antiquité**. Au 9e siècle avant J.-C. (*B.C.*), Carthage, qui veut dire *Nouvelle ville* en phénicien, était un empire tout-puissant. Après avoir été détruite une première fois, elle sera reconstruite et deviendra une grande rivale de **Rome**.

«Puis j'ai quitté la Tunisie pour aller en **Algérie**. **Alger** la blanche offre les charmes d'une capitale portuaire et une vue superbe sur la baie. Elle doit son surnom à la blancheur éclatante des murs de la **Casbah**. La Casbah… on ne peut pas visiter Alger sans passer par ce centre historique. C'est une ancienne forteresse magnifique qui domine la ville. Elle est entourée de petites rues et de maisons aux belles cours intérieures avec une fontaine en leur centre. On voit

Dromadaires dans les dunes du Sahara, au Maroc

aussi beaucoup de vestiges° historiques dans la région d'**Oran**, ville côtière à l'ouest d'Alger. Cette ville a aussi inventé le **raï traditionnel**, qui a donné naissance au pop raï moderne et aux artistes comme **Khaled** et **Cheb Mami**.

«J'ai terminé mon voyage par le **Maroc**. Si **Rabat** en est la capitale, **Casablanca** est plus moderne. J'y ai admiré la **place Mohamed V**, avec son architecture de style art-déco des années 1930 et sa très belle fontaine, j'ai fait mes courses au marché central et je me suis promené dans le quartier des **Habous**. Construit dans les années 1920, mais dans le style d'une vieille médina, j'ai aimé ce quartier qui mélange le traditionnel et le moderne. À **Fès**, j'ai visité la **médina**, l'une des plus anciennes du monde. On se promène dans de petites rues étroites, on s'arrête pour regarder travailler les artisans. J'ai d'ailleurs rapporté en souvenir un magnifique service à thé en céramique bleue, spécialité de Fès. Et un petit thé à la menthe, maintenant, ça vous dirait?»

Proche-Orient *Near East* **escales** *layovers* **cèdre** *cedar* **couturier** *fashion designer* **enneigées** *snowy* **lunaire** *lunar* **vestiges** *remains*

L'arabe dans le français

Mots

un bled	un village
une casbah	une maison
un chouïa	un peu
kiffer	aimer beaucoup
un riad	une villa traditionnelle
une smala	une famille
un souk	un désordre

Expressions

C'est pas bézef.	Ce n'est pas beaucoup.
C'est kif-kif.	C'est pareil.
faire fissa	se dépêcher
Il est maboul!	Il est fou!
Zarma!	Ma parole!; *No way!*

Découvrons le Maghreb!

Essaouira Essaouira est un petit port marocain connu pour la douceur de son climat et la gentillesse de ses habitants. Les touristes aiment aussi visiter ses fortifications, sa médina et ses «riads», maisons marocaines traditionnelles, car la ville possède un patrimoine architectural bien conservé. Ses rues, où se rencontrent petits pêcheurs, commerçants, artisans et artistes du monde entier, offrent une atmosphère unique.

Le site de Timgad Aux portes du désert en Algérie, c'est un site archéologique exceptionnel par sa beauté et son état de conservation remarquables, classé au Patrimoine mondial de l'humanité. C'est une ville romaine construite par l'**empereur Trajan**, en 100 après J.-C. Son architecture est unique car les artistes **numides** (qui habitaient cette région à l'époque des Romains) ont ajouté des détails qu'on ne trouve nulle part ailleurs.

Les Berbères Ils représentent le groupe ethnique le plus ancien d'**Afrique du Nord**. Nombreux au Maroc et en Algérie, ils vivent aussi en Mauritanie, en Tunisie, en Libye et dans le Sahara. Unifiés sous le terme *Imazighen*, «hommes libres», les **Berbères** se différencient par des dialectes locaux variés, comme le touareg ou le kabyle. Depuis l'an 2000, **Berbère Télévision** émet° à **Paris** et aide à promouvoir° cette culture.

Sidi Bou Saïd Ce petit village de pêcheurs, perché sur une falaise, a une vue superbe sur Carthage et sur la baie de Tunis. En 1912, l'arrivée du **baron** français **Rodolphe d'Erlanger**, peintre et musicologue spécialiste de la musique arabe, a transformé Sidi Bou Saïd. Le baron fait restaurer les anciennes maisons et y impose les couleurs **bleu** et **blanc**. Beaucoup d'artistes, comme **Paul Klee**, s'y sont installés pour profiter de la lumière et des couleurs fantastiques. **Camus**, **Hemingway** et **Flaubert** ont tous visité son mythique **Café des Nattes** et ses ruelles à l'ambiance tranquille et charmante.

émet *broadcasts* **promouvoir** *promote*

Qu'avez-vous appris?

1 **Vrai ou faux?** Indiquez si ces affirmations sont vraies ou fausses. Corrigez les fausses. Answers may vary slightly.

1. Le Liban est aussi grand que la France. Faux. C'est un petit pays.

2. Au Liban, vous pouvez, dans la même journée, faire du ski et vous baigner dans la mer. Vrai.

3. George Lucas a filmé un épisode de *La Guerre des étoiles* au Maroc. Faux. George Lucas a filmé un épisode de *La Guerre des étoiles* en Tunisie.

4. Matmata est une ville du nord-est de la Tunisie. Faux. C'est une ville du sud-est de la Tunisie.

5. Oran en Algérie est le lieu d'origine du raï traditionnel. Vrai.

6. Les maisons de la Casbah ont des cours intérieures. Vrai.

7. Oran est une ville du désert algérien. C'est une ville côtière à l'ouest d'Alger.

8. On peut admirer la place Mohamed V à Rabat. Faux. On peut admirer la place Mohamed V à Casablanca.

9. Essaouira est connue pour la douceur de son climat et la gentillesse de ses habitants. Vrai.

2 **Questions** Répondez aux questions. Answers may vary slightly.

1. Que représente le thé à la menthe au Maghreb? Il est le symbole de l'hospitalité.

2. Quel est le surnom de la ville d'Alger? C'est Alger la blanche.

3. Que doit-on visiter à Casablanca? Il faut voir la place Mohamed V et sa fontaine, le marché central et le quartier des Habous.

4. Qui sont les Berbères? C'est le plus ancien groupe ethnique d'Afrique du Nord.

5. Qu'est-ce qui caractérise les maisons de Sidi Bou Saïd? Elles sont peintes en bleu et blanc.

6. Quels écrivains célèbres ont visité Sidi Bou Saïd? Camus, Hemingway et Flaubert ont visité Sidi Bou Saïd.

7. Quelle est l'importance de la ville de Beyrouth? C'est la capitale du Liban, un port de commerce et un centre financier.

8. Qui sont Cheb Mami et Khaled? Ce sont des chanteurs de raï moderne.

9. Quel est le point commun des rues de la Casbah, de la médina de Fès et de Sidi Bou Saïd? Elles sont toutes étroites.

ÉPREUVE

Trouvez la bonne réponse.

1. Le Liban est aussi appelé _____.
   a. le petit pays
   b. le Paris du Moyen-Orient
   c. le pays du cèdre
   d. le pays du ski

2. Elie Saab est un _____ libanais.
   a. couturier
   b. sportif
   c. touriste
   d. voyageur

3. À Carthage, on peut visiter _____.
   a. des musées
   b. des ruines
   c. des oasis
   d. des riads

4. La Casbah est _____ d'Alger.
   a. le centre historique
   b. le palais
   c. la plage
   d. le marché

5. _____ est la capitale du Maroc.
   a. Essaouira
   b. Fès
   c. Rabat
   d. Casablanca

6. La Médina de _____ est l'une des plus anciennes du monde.
   a. Casablanca
   b. Rabat
   c. les Habous
   d. Fès

7. La ville d'Essaouira a un _____ architectural bien conservé.
   a. marché
   b. patrimoine
   c. palais
   d. musée

8. Le site de _____ est une ville romaine construite par l'empereur Trajan.
   a. Essaouira
   b. Sidi Bou Saïd
   c. Fès
   d. Timgad

9. Les Berbères vivent en Algérie, au Maroc, en Mauritanie, _____, en Tunisie et dans le Sahara.
   a. en Afrique du Nord
   b. en Égypte
   c. au Liban
   d. en Libye

10. Le verbe kiffer en français est d'origine arabe et veut dire _____.
    a. aimer
    b. boire
    c. voyager
    d. se dépêcher

Practice more at **vhlcentral.com**.

Video

INSTRUCTIONAL RESOURCES
Supersite: Video Script & Translation; Answer Key

Ados & portables

De nos jours, presque tous les adolescents français sont équipés d'un portable. En effet, 70% des plus de 12 ans et environ 95% des 15 à 18 ans en possèdent un. Comment les jeunes utilisent-ils cet outil (*tool*) technologique? Quelle place tient-il dans leur univers? A-t-il changé leur façon de communiquer avec leurs proches? Dans le clip que vous allez regarder, une mère décrit de manière humoristique le fossé technologique qui existe entre elle et ses enfants en ce qui concerne l'utilisation des portables.

Votre peine sera l'interdiction du téléphone portable.

1 **Compréhension** Répondez aux questions par des phrases complètes.

1. Qu'est-ce que l'adolescente était prête à faire pour avoir un portable?
Elle était prête à faire des tâches ménagères: vider la caisse du chat, descendre les poubelles, etc.

2. Quelle est la pire punition qu'on puisse donner à sa fille, d'après la mère?
La pire punition est de lui confisquer son portable.

3. Qu'est-ce que la mère est obligée de faire pour communiquer avec sa fille?
Elle doit l'appeler en appel masqué ou bien lui envoyer des SMS.

4. Pourquoi la mère a-t-elle un vieux portable?
Elle donne tous ses points à ses enfants pour qu'ils changent souvent leurs portables.

2 **Discussion** Répondez aux questions en donnant des détails.

1. Pourquoi la mère a-t-elle choisi des forfaits bloqués pour ses enfants? Cela réduit-il leur utilisation des portables de manière efficace? Expliquez.

2. Que veut dire la mère quand elle affirme qu'il y a un fossé technologique entre elle et ses enfants?

Et vous? Les adolescents américains ont-ils le même rapport aux portables que les adolescents français? Les parents américains font-ils face aux mêmes problèmes que la mère du clip? Y a-t-il aussi un fossé technologique entre votre génération et celle de vos parents?

Practice more at **vhlcentral.com**.

COMPRÉHENSION As a follow-up, ask students personalized questions about their mobile phone habits: **Et vous, est-ce que vous avez un portable? Vous en servez-vous beaucoup? Appelez-vous souvent vos proches ou bien préférez-vous communiquer par SMS? Expliquez. Quel genre de forfait avez-vous? Dépassez-vous parfois vos limites? Vos factures de portable sont-elles élevées en général?**

DISCUSSION For item 2, have students point out specific examples from the clip that illustrate the technological gap between the mother and her teenage children.

VOCABULAIRE

de la vidéo

un appel masqué *anonymous call*

une facture *bill*

un forfait bloqué *limited plan*

une interdiction *prohibition*

une peine *sentence*

un procureur *prosecutor*

vider la caisse du chat *to empty the cat's litter box*

pour la conversation

apprendre un métier *to learn a trade, a skill*

dépasser *to exceed*

élevé(e) *high*

un forfait illimité *unlimited plan*

un(e) proche *family member; close friend*

une punition *punishment*

une tâche ménagère *chore*

GALERIE DE CRÉATEURS

MUSIQUE
Djura (1952–)

D'origine berbère, cette chanteuse est aussi réalisatrice et femme écrivain. Elle s'oppose à sa famille, extrêmement traditionaliste, et décide de vivre sa vie comme elle le souhaite. En 1977, à Paris, elle forme le groupe Djur Djura (nom d'une montagne d'Algérie) avec ses deux sœurs puis plus tard, avec d'autres chanteuses. Le groupe mêle les rythmes et les sonorités d'Afrique du Nord aux instruments occidentaux.

Dans ses chansons, Djura, qui chante en français et en kabyle, parle des femmes et de leur condition, de la liberté et de l'Algérie. Elle aime marier différentes influences musicales — le classique, l'électronique, le rock, la salsa... Elle débute enfin une carrière solo en 2002 avec l'album Univers-elles. La chanteuse veut faire de la musique un moyen de soulager (*relieve*) toutes les souffrances. Et elle dédie (*dedicates*) ses chansons à toutes les femmes qui ont été privées (*deprived*) d'amour, de connaissance (*knowledge*) et de liberté.

MOTS D'ART

un atelier *workshop*
les beaux-arts *fine arts*
un défilé *fashion show*
la poésie *poetry*
un recueil *collection*

COUTURE
Azzedine Alaia (1939–)

Le couturier tunisien Azzedine Alaia a d'abord travaillé pour la maison Christian Dior puis pour d'autres couturiers. Il crée ensuite sa propre marque (*brand*), et présente son premier défilé en 1982, à New York. Son style cherche à mettre en valeur la silhouette féminine et son succès est tel que la presse l'appelle le *King of Cling*. Ses vêtements peuvent avoir jusqu'à 40 pièces individuelles liées (*linked*) les unes aux autres. Son atelier est à Paris, et c'est là qu'il organise des défilés, en toute simplicité, à son image. Plusieurs musées du monde ont déjà exposé ses vêtements et depuis 2011, il a aussi rejoint (*joined*) le monde très exclusif de la haute couture.

LITTÉRATURE
Nadia Tuéni (1935–1983)

Nadia Tuéni était la fille d'un diplomate libanais et d'une mère française. En 1963, elle écrit son premier recueil de poèmes, *Les textes blonds*, à la suite d'un drame personnel, la mort de sa fille âgée de sept ans. Elle découvre que la poésie est un merveilleux moyen d'exorciser ses douleurs. L'amour et la souffrance sont les thèmes principaux de ses œuvres. Son pays lui inspire aussi de magnifiques poèmes, et elle en évoque l'agonie dans *Archives sentimentales d'une guerre au Liban* (1982). À partir de 1967, elle écrit des articles littéraires pour le journal francophone libanais, *Le Jour*. Avec d'autres grands poètes libanais et arabes, elle contribue au développement culturel de Beyrouth et crée un des cercles littéraires les plus actifs de son temps.

COUTURE
Yves Saint Laurent (1936–2008)

«Je n'ai qu'un regret, ne pas avoir inventé le jean», dira-t-il. Ce grand couturier est né à Oran, en Algérie, où il passe toute son enfance. Il commence sa carrière dans la haute couture comme styliste pour Christian Dior. À la mort de celui-ci en 1957, Yves Saint Laurent, alors âgé de 21 ans, est chargé (a la responsabilité) de sauver la maison Dior de la ruine. Il obtient un grand succès avec sa robe trapèze, contraste avec la mode serrée de l'époque, mais est remplacé à la tête de la maison. Il crée alors sa propre maison de couture en 1962. Saint Laurent est un innovateur à l'origine de nombreuses révolutions dans la mode comme la robe transparente, la saharienne (*safari jacket*) et le smoking (*tuxedo*) féminin. Il veut donner ainsi plus de pouvoir aux femmes en leur offrant la possibilité de porter des vêtements dits masculins comme le pantalon. Il introduit les couleurs vives (*bright*), le noir, qui n'est plus réservé aux cérémonies, et l'univers oriental. La simplicité et l'originalité caractérisent depuis le début la maison YSL.

Compréhension

Questions Répondez à ces questions.

1. De quoi Djura parle-t-elle dans ses chansons?
   Elle parle de la condition des femmes, de la liberté et de l'Algérie.

2. Comment peut-on décrire le style musical de Djura?
   Sa musique est un mélange de rythmes, de sonorités et d'instruments avec des influences variées.

3. Qu'a fait Azzedine Alaia avant de fonder sa propre marque de vêtements?
   Il a travaillé pour la maison Christian Dior ainsi que pour d'autres couturiers.

4. Qu'est-ce qu'Alaia cherche à mettre en valeur par ses vêtements?
   Il cherche à mettre en valeur la silhouette féminine.

5. Comment Nadia Tuéni décrit-elle la poésie?
   Elle dit que c'est un moyen d'exorciser ses douleurs.

6. Quels sont les thèmes principaux de l'œuvre de Tuéni?
   L'amour et la souffrance en sont les thèmes principaux.

7. Quel vêtement a apporté son premier grand succès à Yves Saint Laurent?
   La robe trapèze a été son premier grand succès.

8. Citez trois autres vêtements créés par Saint Laurent qui montrent son désir d'innovation.
   La robe transparente, la saharienne et le smoking féminin montrent que Saint Laurent est un innovateur.

Rédaction

À vous! Choisissez un de ces thèmes et écrivez un paragraphe d'après les indications.

- **«La musique adoucit les mœurs»** est une citation française qu'on entend souvent. Djura dit qu'elle veut faire de la musique un moyen de «soulager toutes les souffrances». Pensez-vous que la musique puisse réellement avoir un effet sur les émotions et les comportements? Expliquez votre point de vue et donnez quelques exemples pour le justifier.

- **Mon auteur préféré** Inspirez-vous du texte sur Nadia Tuéni pour écrire un petit portrait de votre poète (ou autre auteur) préféré. Parlez de sa vie, de sa carrière littéraire, de ce qui l'inspire et des thèmes qui sont importants dans son œuvre. Expliquez aussi pourquoi cette personne est votre auteur préféré.

- **La mode—un art à part entière?** Pensez-vous que la mode soit une forme d'art au même titre que les beaux-arts, la musique, la littérature ou le cinéma? Donnez votre point de vue personnel sur cette question et justifiez votre opinion.

Practice more at **vhlcentral.com**.

KEY STANDARDS
4.1, 5.1

INSTRUCTIONAL RESOURCES
Supersite: Lab Audioscript, SAM AK, Lab MP3s
SAM/WebSAM: WB, LM

Remind students that the subjunctive also expresses uncertainty, necessity, and subjectivity in general.

BLOC-NOTES

To review imperfect forms, see **Fiche de grammaire 3.5, p. 402.**

Put questions with expressions that take the subjunctive on the board or on a handout. You may wish to use this lesson's **court métrage**, *De l'autre côté*, to contextualize the questions. Examples:
1. Est-il surprenant que Samir et Malik parlent de manière aussi différente? 2. Vaut-il mieux que Malik ne travaille pas avec Samir? 3. Souhaitez-vous que Samir rende plus souvent visite à sa famille à l'avenir? 4. Regrettez-vous que Samir choisisse de ne pas venir avec sa copine? 5. Ses parents sont-ils fâchés que Malik ne réussisse pas à passer «de l'autre côté» comme son frère? 6. Pensez-vous que Malik soit aussi intelligent que Samir?
Have students answer, and then identify the main and subordinate clauses, and why they used the subjunctive.

Mention that **penser que** is followed by the subjunctive if used in a question: **Pensez-vous qu'il soit en retard?**

6.1

The subjunctive: impersonal expressions; will, opinion, and emotion

*Samir ne veut pas que son père **ait** honte.*

Forms of the present subjunctive

- You have already been using verb tenses in the indicative mood. You can also use French verbs in the *subjunctive* mood, which is used to express an attitude, an opinion, or personal will, or to imply hypothesis or doubt.

- To form the present subjunctive of most verbs, take the **ils/elles** stem of the present indicative and add the subjunctive endings. For **nous** and **vous**, use their **imparfait** forms.

The present subjunctive			
	parler	**finir**	**attendre**
	parl**ent**	finiss**ent**	attend**ent**
que je/j'	parl**e**	finiss**e**	attend**e**
que tu	parl**es**	finiss**es**	attend**es**
qu'il/elle	parl**e**	finiss**e**	attend**e**
que nous	parl**ions**	finiss**ions**	attend**ions**
que vous	parl**iez**	finiss**iez**	attend**iez**
qu'ils/elles	parl**ent**	finiss**ent**	attend**ent**

- Use the same pattern to form the subjunctive of verbs with spelling or stem changes.

acheter	achète, achètes, achète, achetions, achetiez, achètent
croire	croie, croies, croie, croyions, croyiez, croient
prendre	prenne, prennes, prenne, prenions, preniez, prennent
recevoir	reçoive, reçoives, reçoive, recevions, receviez, reçoivent

- Some verbs are unpredictably irregular in the present subjunctive.

aller	aille, ailles, aille, allions, alliez, aillent
avoir	aie, aies, ait, ayons, ayez, aient
être	sois, sois, soit, soyons, soyez, soient
faire	fasse, fasses, fasse, fassions, fassiez, fassent
pouvoir	puisse, puisses, puisse, puissions, puissiez, puissent
savoir	sache, saches, sache, sachions, sachiez, sachent
vouloir	veuille, veuilles, veuille, voulions, vouliez, veuillent

Impersonal expressions and verbs of will and emotion

- Sentences calling for the subjunctive fit the pattern [*main clause*] + **que** + [*subordinate clause*]. In each case, the subjects of the two clauses are different and **que** is used to connect the clauses. Note that although the word *that* is optional in English, the word **que** *cannot* be omitted in French.

MAIN CLAUSE	CONNECTOR	SUBORDINATE CLAUSE
Il est étonnant	**que**	**Thierry ne connaisse pas ses parents.**
It is surprising	*(that)*	*Thierry doesn't know his parents.*

- The subjunctive is used after many impersonal expressions that state an opinion.

Impersonal expressions followed by the subjunctive

Ce n'est pas la peine que...
It is not worth the effort...

Il est bon que... *It is good that...*

Il est dommage que... *It is a shame that...*

Il est essentiel que... *It is essential that...*

Il est étonnant que... *It is surprising that...*

Il est important que... *It is important that...*

Il est indispensable que... *It is essential that...*

Il est nécessaire que... *It is necessary that...*

Il est possible que... *It is possible that...*

Il est surprenant que... *It is surprising that...*

Il faut que... *One must... / It is necessary that...*

Il vaut mieux que ... *It is better that...*

- When the main clause of a sentence expresses will or emotion, use the subjunctive in the subordinate clause.

Expressions of will

demander que... *to ask that...*

désirer que... *to desire that...*

exiger que... *to demand that...*

préférer que... *to prefer that...*

proposer que... *to propose that...*

recommander que... *to recommend that...*

souhaiter que... *to hope that...*

suggérer que... *to suggest that...*

vouloir que... *to want that...*

Expressions of emotion

aimer que... *to like that...*

avoir peur que... *to be afraid that...*

être content(e) que... *to be happy that...*

être désolé(e) que... *to be sorry that...*

être étonné(e) que... *to be surprised that...*

être fâché(e) que... *to be mad that...*

être fier/fière que... *to be proud that...*

être ravi(e) que... *to be delighted that...*

regretter que... *to regret that...*

Notre grand-père **désire qu'**on lui **rende** visite cet été.
Our grandfather wants us to visit him this summer.

Je **suis ravie que** nous **allions** chez notre oncle.
I'm delighted that we're going to our uncle's house.

- Although the verb **espérer** expresses emotion, it does not trigger the subjunctive.

J'**espère** que le nouveau prof n'**est** pas trop strict.
I hope that the new professor isn't too strict.

Nous **espérons** qu'ils **ont** des citrons à la supérette.
We hope they have lemons at the mini-market.

BLOC-NOTES

If there is no change of subject in the sentence, an infinitive is used after the main verb and **que** is omitted. To learn more about using infinitives in place of the subjunctive, see **Structures 8.1, pp. 288–289.**

ATTENTION!

Some verbs used only in the third person singular, including some used in impersonal expressions, have irregular present subjunctive forms.

valoir (*to be worth it*): qu'il **vaille**

falloir (*to be necessary*): qu'il **faille**

pleuvoir (*to rain*): qu'il **pleuve**

Je ne pense pas que ça en vaille la peine.
I don't think it's worth the effort.

Mention that the subjunctive is used after **Il est triste que...**. It is usually found in literary contexts, not often in conversational French.

ATTENTION!

The verb **demander** is often used with an indirect object + **de** + [*infinitive*].

Papa nous demande de rentrer avant minuit.
Dad is asking us to come home before midnight.

Some additional impersonal expressions followed by the subjective include: **Il est bizarre/étrange que, Il est heureux que..., Il est honteux que..., Il est (in)utile que..., Il est juste que..., Il est temps que...**

Point out that the impersonal expressions **il est heureux/honteux que** are usually found in literary contexts.

Mise en pratique

1 Have pairs check each other's work. Then have them rephrase some of the items as personal, inventing their own endings. Example: **Je suis étonné(e) que tu saches toutes les réponses!**

2 Have students research Djerba and prepare an itinerary for Géraldine, complete with photos and detailed descriptions of places she will visit.

À lier Reliez les éléments de chaque colonne pour former des phrases cohérentes.

_e_ 1. Ils sont étonnés que vous…   a. parler avec ton amie au téléphone?

_c_ 2. Il est impossible qu'ils…   b. mangions des épinards.

_b_ 3. Il est bon que nous…   c. finissent à temps.

_a_ 4. As-tu fini de…   d. sois si insupportable?

_f_ 5. Vous souhaitez que je/j'…   e. ayez encore vos arrière-grands-parents.

_d_ 6. Faut-il que tu…   f. apprenne plus de langues.

Vacances à Djerba Complétez l'e-mail que Géraldine écrit à son agent de voyages. Mettez au présent du subjonctif les verbes entre parenthèses.

De:	Géraldine Lastricte <géraldine.lastricte@email.fr>
Pour:	Marion Cantou <marion.cantou@email.fr>
Sujet:	Recommandations

Madame,

J'espère que vous avez bien pris en considération les souhaits (*wishes*) que j'ai formulés pour mon voyage à Djerba. Je vous les rappelle, au cas où. Il est évidemment essentiel que je (1) ___voyage___ (voyager) en première classe. Il faut que mon hôtel (2) ___soit___ (être) situé près de la plage et que ma chambre (3) ___ait___ (avoir) vue sur la mer. Je désire que tout le monde à l'hôtel (4) ___connaisse___ (connaître) mes goûts. Je préférerais que le quartier (5) ___soit___ (être) vivant, mais pas trop bruyant. Je veux, bien sûr, qu'une voiture (6) ___vienne___ (venir) me chercher à l'aéroport, et dites à la compagnie de limousine qu'il vaut mieux pour elle que je n' (7) ___attende___ (attendre) pas. Je tiens à ajouter qu'il serait dommage pour votre avenir que vous ne (8) ___puissiez___ (pouvoir) pas répondre à ces simples souhaits.

Cordialement,

Géraldine Lastricte

L'homme idéal Léo, qui habite à Beyrouth, au Liban, est amoureux de Sarah et veut l'inviter à passer une journée à Byblos. Il veut faire bonne impression. Regardez les images et, avec les éléments de la liste, dites à Léo ce qu'il doit faire pour devenir l'homme idéal.

il est nécessaire que	il vaut mieux que	recommander que
il est possible que	préférer que	suggérer que
il faut que	proposer que	vouloir que

Léo   L'homme idéal

Note CULTURELLE

Djerba est une île au large des **côtes tunisiennes**. Connue dans le monde entier pour ses plages, elle est la première destination touristique du pays. Les touristes viennent surtout d'Italie, d'Allemagne et de France. Bien que (*Although*) très tournée vers le tourisme, l'île est restée traditionnelle: on y compte plus de 300 mosquées.

3 Before students prepare their answers, have them describe what they see in each picture.

Note CULTURELLE

Byblos est la première ville construite par le **peuple phénicien**. Ce port envoyait le bois du **Liban** vers l'**Égypte** et le **papyrus** d'Égypte, ou «byblos» en grec, vers le reste du monde **méditerranéen**. La ville a alors hérité du nom qui, plus tard, sera à l'origine du mot «livre» en grec, et du mot «Bible». C'est à Byblos qu'est né l'ancêtre de l'alphabet occidental.

Practice more at **vhlcentral.com**.

Communication

4

Rêve et réalité À deux, faites des comparaisons entre ce que vous avez et ce que vous rêvez d'avoir. Aidez-vous des éléments de la liste. N'oubliez pas d'utiliser le présent du subjonctif si nécessaire.

> **Modèle** —As-tu un appartement?
> —Oui, j'ai un appartement, mais j'aimerais qu'il soit plus grand.

aimer que	parents
appartement	préférer que
enfance	regretter que
être content(e) que	relation
frère(s)/sœur(s)	souhaiter que
ordinateur	vouloir que

4 Have each pair add two more words/expressions to the list and create additional statements. Call on volunteers to share their partner's responses with the class.

5

Recherche... À deux, regardez les deux annonces et imaginez que vous soyez d'abord la personne qui vende le chiot, puis les touristes qui cherchent un guide. Écrivez la suite des annonces à l'aide du présent du subjonctif. Ensuite, présentez-les à la classe.

> **Modèle** Il est indispensable que la famille adoptive soit gentille.
> Il est important que notre guide habite à Alger.

5 For each situation, call on students to answer specific questions. Examples: **Faut-il que la famille adoptive ait un grand jardin? N'est-il pas nécessaire que le guide comprenne le français?**

La famille Ouagued vend un chiot (puppy) de la race des épagneuls. Voici une photo de sa mère...

Touristes français recherchent un guide pour leur séjour en Algérie...

6

Dialogue parents-enfant Par groupes de trois, imaginez une conversation entre des parents et leur enfant adolescent(e). Ensuite, jouez la scène devant la classe. Utilisez le plus possible le présent du subjonctif.

> **Modèle** **MÈRE** Il faut que tu comprennes que tu passes le bac cette année.
> **ENFANT** Je veux que vous me laissiez tranquille avec mes amis!
> **PÈRE** On préfère que tu ne sortes pas avec eux ce soir.

6 As a variation, have students think of an argument they have had with a friend or significant other. Have them act it out with a partner, using as many different expressions of will and emotion as they can.

6 Brainstorm a list of possible problems about which someone might write to an advice columnist. Then have students use the present subjunctive to write a response letter giving advice.

KEY STANDARDS
4.1, 5.1

6.2

INSTRUCTIONAL RESOURCES
Supersite: Lab Audioscript, SAM AK, Lab MP3s
SAM/WebSAM: WB, LM

Tell students that relative pronouns can be used in both restrictive (no commas) and nonrestrictive (usually with commas) clauses. Examples: **C'est la fromagerie que je préfère.** *That's the cheese store I like best.* **Cette fromagerie, que je fréquente souvent, est rue Dumas.** *This cheese store, which I visit often, is on Dumas Street.*

Point out that **que** and **qui** are the most commonly used relative pronouns. Since **que** replaces a direct object, it can mean *that*, *which*, or *whom.* Correspondingly, since

---

ATTENTION!

In English, relative pronouns can sometimes be omitted. Relative pronouns cannot be omitted in French.

Le parent que j'ai perdu récemment était mon arrière-grand-père.

The relative (whom) I recently lost was my great-grand-father.

---

qui replaces a subject, it can mean *who, that,* or sometimes *which.*

Explain that **que** is typically followed by a noun or pronoun, as in **Les épinards que nous avons achetés...,** whereas **qui** is more often than not followed by a verb, as in **Les épinards qui sont si bons....**

Relative pronouns

—*Mais j'ai téléphoné chez toi. Je suis tombée sur une fille **qui** était très gentille.*

- Relative pronouns are used to link two ideas containing a common element into a single, complex sentence, thereby eliminating the repetition of the common element. The relative pronoun to use is determined by the part of speech of the word it represents, called the *antecedent.*

- In the sentences below, the common element, or antecedent, is **l'enfant**. Because **l'enfant** is the subject of the second sentence, the relative pronoun **qui** replaces it.

La mère a grondé **l'enfant**.	**L'enfant** était **insupportable**.	La mère a grondé l'enfant **qui** était **insupportable**.
The mother scolded the child.	*The child was unbearable.*	*The mother scolded the child who was unbearable.*

- The relative pronoun **que** replaces a direct object.

Le saumon est excellent.	J'ai trouvé **le saumon.**	Le saumon **que** j'ai trouvé est excellent.
The salmon is excellent.	*I found the salmon.*	*The salmon that I found is excellent.*

- A past participle that follows the relative pronoun **que** agrees in gender and number with its antecedent.

La tarte **que** tu as **faite** était délicieuse.
The pie that you made was delicious.

- The relative pronoun **où** can stand for a place or a time, so it can mean *where* or *when.*

C'est une supérette **où** on peut trouver des produits biologiques.
It's a mini-market where you can find organic food.

Téléphone-moi au moment **où** notre nièce arrive.
Call me the moment that (when) our niece arrives.

- The relative pronoun **dont** replaces an object of the preposition **de**.

| On est allés à **l'hypermarché**. *We went to the supermarket.* | > | Je t'ai parlé **de l'hypermarché.** *I talked to you about the supermarket.* | > | On est allés à l'hypermarché **dont** je t'ai parlé. *We went to the supermarket (that) I talked to you about.* |

- Since the preposition **de** can indicate possession, **dont** can mean *whose*.

> Les enfants, **dont** le père est autoritaire, sont souvent punis.
> *The children, whose father is strict, are often punished.*

- Use **lequel** as a relative pronoun to represent the object of a preposition. Note that the preposition is retained in the clause containing the relative pronoun.

> C'est le citron bio **avec lequel** je vais faire la sauce
> *That's the organic lemon with which I am going to prepare the sauce.*

> C'est la raison **pour laquelle** je suis venu.
> *This is why (the reason for which) I came.*

- Remember that **lequel** and its forms **laquelle**, **lesquels**, and **lesquelles** agree in gender and number with the objects they represent. Remember, too, that when **lequel** combines with **à** or **de**, contractions may be formed.

With *à*	With *de*
auquel	duquel
auxquels	desquels
auxquelles	desquelles

- The relative pronoun **lequel** usually does not refer to people. If the object of the preposition is human, use the relative pronoun **qui** along with the preposition.

| C'est une relation **sur laquelle** je peux compter. *That's a relationship I can count on.* | *but* | C'est la femme **avec qui** Paul est très lié. *This is the woman to whom Paul is very close.* |

- If a relative pronoun refers to an unspecified antecedent, use **ce que**, **ce qui**, or **ce dont**, which often mean *what*.

Le problème **qui** m'inquiète, c'est le fossé des générations. *The problem that worries me is the generation gap.*	Ce qui m'inquiète, c'est le fossé des générations. *What worries me is the generation gap.*
La viande **que** je préfère, c'est la volaille. *The meat that I prefer is poultry.*	Ce que je préfère, c'est la volaille. *What I prefer is poultry.*
L'ingrédient **dont** elle a besoin, c'est un conservateur. *The ingredient that she needs is a preservative.*	Ce dont elle a besoin, c'est un conservateur. *What she needs is a preservative.*

Point out common verbs that are often used with **dont: parler de, rêver de, se souvenir de**, etc. Show additional sample sentences, such as: **J'ai enfin revu Tante Julie, dont je ne me souvenais pas bien!** / *finally saw again Aunt Julie, whom I did not remember well!* **Mon neveu a dix-huit ans aujourd'hui. C'est le jour dont il rêvait!** *My nephew is eighteen today. It's the day he was dreaming of/about.*

BLOC-NOTES

To review all the forms of **lequel**, see **Structures 1.3, pp. 26–27**.

Mention that, usually in formal or literary French, forms of **lequel** can be used to refer to people. Example: **Sa mère était la seule personne sur laquelle il pouvait toujours compter.** *His mother was the only person on whom he was always able to count.*

In a literary context, it is also used as subject: **La vendeuse est venue parler au client, lequel lui a dit ce qu'il cherchait.** *The saleswoman came to talk to the customer, who told her what he was looking for.*

Mention that, in informal French, it is not incorrect to say **C'est** or **Voilà pourquoi je suis venu(e)**.

Mise en pratique

1 Have students make up two fill-in-the-blank sentences, modeled on those in the activity, for their partner to complete.

1

À choisir Choisissez le bon mot pour compléter la phrase.

1. Je viens de voir le garçon _____ est le plus égoïste de tous les enfants que je connais.

   (a.) qui   b. que   c. dont

2. La supérette _____ je faisais mes courses a brûlé!

   a. laquelle   b. dont   (c.) où

3. «Jojo» est le seul surnom de Joël _____ je connaisse.

   (a.) que   b. duquel   c. auquel

4. C'est la réunion de famille pendant _____ Paulette a été si rebelle.

   a. qui   b. que   (c.) laquelle

5. Nous avons dépensé l'argent _____ nous devions acheter les asperges.

   a. que   (b.) avec lequel   c. lequel

6. Ce garçon _____ on nous a parlé avant-hier a un frère jumeau.

   (a.) dont   b. laquelle   c. qui

2 Remind students to identify the antecedent, if it exists, and pay attention to its gender/number when necessary.

2

Fès Le grand-père de Mohammed lui parle de la ville de Fès. Complétez le paragraphe à l'aide des pronoms relatifs de la liste.

auxquels	dont	où	que
avec qui	duquel	pour laquelle	qui

Fès, la quatrième ville du Maroc, est la ville (1) _____qui_____ m'est le plus chère parce que j'y ai passé toute mon enfance et donc c'est la ville (2) _____dont_____ je me souviens le mieux. C'est la raison (3) _____pour laquelle_____ j'y retourne souvent en vacances. J'aime me promener en ville avec mon frère (4) _____avec qui_____ je voyage souvent. Nous aimons découvrir des endroits (5) _____que_____ nous ne connaissons pas encore. L'hôtel (6) _____où_____ nous descendons toujours est formidable. Dans la cour, il y a des citronniers qui donnent d'excellents citrons (7) _____auxquels_____ on ne peut pas résister! Prendre un bon citron pressé au restaurant de cet hôtel est un vrai plaisir. En général, je m'installe dans un canapé confortable (8) _____duquel/d'où_____ je regarde passer les gens dans la rue. C'est très relaxant!

3 Give these additional items: 7. Le père a grondé son fils. Son fils ennuyait sa grand-mère. (Le père a grondé son fils qui ennuyait sa grand-mère.) 8. J'aime bien les aliments biologiques. Ce magasin vend ces aliments biologiques. (J'aime bien les aliments biologiques que ce magasin vend.)

3

À lier Liez (*Connect*) les deux phrases avec le bon pronom relatif. Suggested answers

> **Modèle** **Le saumon est très bon. Je mange ce saumon.**
>
> Le saumon que je mange est très bon.

1. L'homme est gentil, intelligent et beau. Je rêve de cet homme.
   L'homme dont je rêve est gentil, intelligent et beau.
2. Mes petits-enfants déménagent à La Rochelle. Ils habitent actuellement à Paris.
   Mes petits-enfants, qui habitent actuellement à Paris, déménagent à La Rochelle.
3. Ma grand-tante élève deux enfants adoptés. Je ne connais pas encore ces enfants.
   Ma grand-tante élève deux enfants adoptés que je ne connais pas encore.
4. Je sors souvent avec des frères jumeaux. Ces jumeaux sont très sympas!
   Je sors souvent avec des frères jumeaux qui sont très sympas!
5. Tu parles de la petite-fille de Josie? Je ne me souviens pas de sa petite-fille.
   Je ne me souviens pas de la petite-fille de Josie dont tu parles.
6. La patrie est un sujet. Je dois écrire une rédaction.
   La patrie est un sujet sur lequel je dois écrire une rédaction.

Communication

4 **Une rencontre** Imaginez que vous rencontriez un(e) ancien(ne) camarade de classe dans la rue. Vous parlez de vos familles respectives. À deux, créez la conversation à l'aide des éléments de la liste.

avec lequel	dont	que
de laquelle	où	qui

Modèle —Tu te souviens de Richard? C'est mon demi-frère que tu connaissais au lycée.
—Bien sûr! C'est le garçon qui était toujours insupportable en cours de chimie.

5 **Des parents** Sur une feuille de papier, notez les noms de quelques-uns des membres de votre famille (ou ceux d'une famille célèbre ou imaginaire). Pour chacun(e), écrivez une phrase pour le/la décrire à l'aide d'un pronom relatif. Ensuite, comparez vos phrases avec la classe.

Valérie	Valérie est la femme avec laquelle mon demi-frère s'est marié récemment.

6 **Étapes de vie** Par petits groupes, décrivez ce qui constitue, à votre avis, l'enfance ou la jeunesse idéale, à l'aide de ces éléments. Vos camarades de classe vous poseront des questions qui contiennent des pronoms relatifs.

Modèle —Quelle est la personne dont tu te souviens le mieux?
—Ma grand-mère. C'était la personne avec qui je m'entendais le mieux.

- vos parents
- vos amis
- vos professeurs
- votre école

4 Brainstorm conversation topic ideas with students.

4 Call on two volunteers to act out the **modèle**. Then have them identify the relative pronouns and explain their function.

5 Have students write one of their sentences on the board, leaving a blank in place of the relative pronoun. Then have the class complete the sentences.

5 Ask students to read their sentences aloud but use the word **quelqu'un** in place of each student's name. The class guesses who is being described.

6 As an alternative, have students describe how they picture their ideal lives as they grow older.

KEY STANDARDS
4.1, 5.1

INSTRUCTIONAL RESOURCES
Supersite: Lab Audioscript, SAM AK, Lab MP3s
SAM/WebSAM: WB, LM

To introduce the forms of the **-re** verbs, share an anecdote that includes examples of the verbs in the present and the past. Write the verb forms on the board as you tell the story.

ATTENTION!

Croire à + [*noun*] means to believe in something; **croire en** + [*noun*] means to believe in someone.
Blaise Pascal croyait-il en Dieu?
Did Blaise Pascal believe in God?

Décrire and **s'inscrire** (*to enroll*) are conjugated like **écrire**.
Remember that **apprendre** and **comprendre** are conjugated like **prendre**

Point out that **se méprendre, reprendre**, and **surprendre** are also in the **prendre** verb family.

Explain that **plaire** and **déplaire** can also be used in the first and second persons. These cases are most often in the context of personal relationships. Examples: **Je lui plais.** *He/She likes me.* **Est-ce que je te plais?** *Do you like me?* **Tu lui plais beaucoup.** *He/She likes you a lot.* **Plaire** is more commonly used than **déplaire**, which is more literary. In everyday language, one would say: **Il ne me plaît pas** rather than **Il me déplaît.**

6.3

Irregular *-re* verbs

—*Maman t'**a mis** des draps propres.*

- You can see patterns in irregular **-re** verbs, but it is best to learn each verb individually.

	boire	**croire**	**dire**	**écrire**
je/j'	bois	crois	dis	écris
tu	bois	crois	dis	écris
il/elle	boit	croit	dit	écrit
nous	buvons	croyons	disons	écrivons
vous	buvez	croyez	dites	écrivez
ils/elles	boivent	croient	disent	écrivent
past participle	bu	cru	dit	écrit

	lire	**prendre**	**craindre** (*to fear*)	**se plaindre**
je	lis	prends	crains	me plains
tu	lis	prends	crains	te plains
il/elle	lit	prend	craint	se plaint
nous	lisons	prenons	craignons	nous plaignons
vous	lisez	prenez	craignez	vous plaignez
ils/elles	lisent	prennent	craignent	se plaignent
past participle	lu	pris	craint	plaint(e)(s)

Mon neveu **a bu** trois verres de lait.
My nephew drank three glasses of milk.

Mais **dis** quelque chose!
Well, say something!

Mes petits-enfants ne m'**écrivent** jamais.
My grandchildren never write me.

Est-ce que vous **comprenez** votre oncle?
Do you understand your uncle?

Je **crains** qu'elle ne m'aime plus.
I'm afraid she doesn't love me anymore.

Nous **nous sommes plaints** du service.
We complained about the service.

- The verb **plaire** (*to please*) is often used in the third person and usually takes an indirect object. Its past participle is **plu**. The English verb *to like* is typically used to translate it.

Cette fromagerie **leur plaît**.
They like this cheese shop.

Les produits bio **vous plaisent**?
Do you like organic food?

Le repas **lui a plu**.
She liked the meal.

	mettre	suivre	vivre
je/j'	mets	suis	vis
tu	mets	suis	vis
il/elle	met	suit	vit
nous	mettons	suivons	vivons
vous	mettez	suivez	vivez
ils/elles	mettent	suivent	vivent
past participle	mis	suivi	vécu

	rire	conduire	connaître
je/j'	ris	conduis	connais
tu	ris	conduis	connais
il/elle	rit	conduit	connaît
nous	rions	conduisons	connaissons
vous	riez	conduisez	connaissez
ils/elles	rient	conduisent	connaissent
past participle	ri	conduit	connu

ATTENTION!

Remember that **permettre** and **promettre** are conjugated like **mettre**.

Survivre is conjugated like **vivre**.

Use the expression **suivre un/des cours** to say *to take a class*.

Je suis un cours d'histoire de l'art.
I'm taking an art history course.

Sourire is conjugated like **rire**.

Remember that **construire**, **détruire**, **produire**, **réduire**, and **traduire** are conjugated like **conduire**.

Disparaître, **paraître**, and **reconnaître** are conjugated like **connaître**.

Paraître is often used in the third person with an indirect object to say that something seems a certain way.

Ça me paraît difficile.
That seems difficult to me.

Nous **avons mis** un pull pour sortir.
We put on sweaters to go out.

Mes ancêtres **ont vécu** à Abidjan.
My ancestors lived in Abidjan.

Mes petits-enfants me **sourient** quand je chante pour eux.
My grandchildren smile at me when I sing to them.

Mon grand-père ne **conduit** plus.
My grandfather no longer drives.

Vous ne me **reconnaissez** pas?
Don't you recognize me?

Mon grand-oncle **a disparu** pendant la guerre.
My great uncle disappeared during the war.

- **Se mettre**, when followed by à + [*infinitive*], means *to start* (doing something).

  Elle **s'est mise à pleurer**!
  She started crying!

  À six heures, je **me mets à faire** la cuisine.
  At 6 o'clock, I start cooking.

- Note the double **i** spelling in the **nous** and **vous** forms of **rire** and **sourire** in the **imparfait**.

  Nous **riions** beaucoup à l'école.
  We used to laugh a lot at school.

  Vous **souriiez** quand votre tante téléphonait.
  You used to smile when your aunt called.

- The verb **naître**, conjugated like **connaître** in the present, is rarely used in this tense. Remember that the past participle agrees with the subject in compound tenses such as the **passé composé** and **plus-que-parfait**.

  Ma grand-mère est **née** en 1940.
  My grandmother was born in 1940.

  Les jumeaux étaient-ils **nés** à cette époque?
  Had the twins been born at that time?

BLOC-NOTES

For a review on how **connaître** differs from **savoir**, see **Fiche de grammaire 9.4, p. 424.**

Point out that **admettre**, **commettre**, **remettre**, and **soumettre** are also in the **mettre** verb family.

Model the slight difference in pronunciation between **nous rions** and **nous riions**.

Tell students that they may notice **naître** in the present tense in a literary context. Example: **On ne naît pas femme; on le devient.**
—Simone de Beauvoir

Mise en pratique

1

Note CULTURELLE

À **Tunis**, capitale et centre administratif de la **Tunisie**, la ville moderne et la **médina** (vieille ville) offrent un contraste saisissant (*striking*). D'un côté, on peut admirer les grandes villas des quartiers résidentiels. De l'autre, on peut entrer dans la médina par de vieilles portes, vestiges des fortifications qui entouraient autrefois la ville. On trouve dans la médina des souks (marchés) et des monuments historiques.

Un repas authentique Claudia passe un semestre à Tunis, dans une famille. Ils voudraient préparer un repas traditionnel. Complétez la conversation logiquement.

apprendre	croire	plaire
comprendre	mettre	prendre
connaître	se plaindre	rire

MÈRE Alors, Claudia, quels plats tunisiens (1) ___connais___-tu?

CLAUDIA Une fois, dans un resto maghrébin, je/j' (2) ___ai pris___ du couscous.

PÈRE Je/J' (3) ___crois___ que ça ferait un bon repas authentique.

GRAND-MÈRE Je ne/n' (4) ___me plains___ pas — j'adore le couscous!

Plus tard dans la cuisine…

CLAUDIA Je ne/n' (5) ___comprends___ pas cette recette. Peux-tu la traduire en anglais?

FILLE Non, moi non plus. Nous avons bien lu la recette. Nous (6) ___avons mis___ tous les ingrédients dans le bol. Maman, ce n'est pas drôle! Pourquoi est-ce que tu (7) ___ris___?

MÈRE Désolée, mais apparemment vous deux, vous ne/n' (8) ___avez___ jamais ___appris___ à cuisiner!

2 Ask this additional item:
5. Ils <u>ont trouvé</u> la nouvelle de l'accident dans le journal local. (Ils ont lu la nouvelle de l'accident dans le journal local.)

2

Autrement dit Réécrivez chaque phrase et remplacez le(s) mot(s) souligné(s) par un verbe irrégulier en **-re**. Ajoutez d'autres mots, si nécessaire. Suggested answers

1. Ma demi-sœur <u>est venue au monde</u> en 1998.

  Ma demi-sœur est née en 1998.

2. Tu n'aimes pas ton plat? Appelle le serveur et <u>dis-lui que tu n'es pas satisfait!</u>

  Appelle le serveur et plains-toi!

3. <u>Avez-vous peur des</u> gens rebelles?

  Craignez-vous les gens rebelles?

4. Ma famille <u>pense</u> que je n'ai pas assez d'amour-propre.

  Ma famille croit que je n'ai pas assez d'amour-propre.

3 Suggested answers:
1. Mes parents ont construit une nouvelle maison il y a cinq ans.
2. Je crains de faire du mal à mon copain/ma copine.
3. Le fossé des générations disparaît quand les gens se parlent. 4. Les gens bien élevés écrivent des cartes de remerciement. 5. Mon arrière-grand-mère est née…

3

Phrases logiques

A. Écrivez cinq ou six phrases à l'aide des éléments de chaque colonne. Employez les verbes à des temps différents.

A	B	C
Mes parents	construire	une nouvelle maison…
Je	craindre	faire du mal à…
Le fossé des générations	disparaître	dans quelles circonstances?
Les gens bien élevés	écrire	des cartes de remerciement…
Mon arrière-grand-mère/père	naître	où et quand?
…?	survivre	…?

Point out the difference in meaning between **faire mal** *to hurt physically* and **faire du mal** *to hurt emotionally*.

B. À deux, créez un dialogue qui inclut au moins trois de vos phrases de la partie A.

Practice more at **vhlcentral.com.**

Communication

4 **Questions spécifiques** À deux, répondez aux questions par des phrases complètes.

1. Combien d'e-mails écris-tu chaque jour? Combien en lis-tu?

2. Écris-tu des cartes de vœux? Ça te plaît? Pourquoi?

3. Quel genre de littérature lis-tu le plus souvent?

4. Quel membre de ta famille se plaint le plus? Et qui rit le plus?

5. T'es-tu déjà plaint(e) de ton père ou de ta mère? Pourquoi?

6. Connais-tu quelqu'un qui vit dans une région francophone? Si oui, laquelle?

7. Quel âge avais-tu quand tu as conduit une voiture pour la première fois?

8. Tes parents te permettent-ils toujours de suivre les cours que tu veux?

5 **Une famille unie** Même les membres d'une famille unie ne s'entendent pas toujours parfaitement bien. À deux, posez des questions et décrivez cette scène à l'aide des verbes de la liste. Ensuite, imaginez une conversation entre les membres de la famille sur la photo.

Modèle —Où vivent-ils?
—Je crois qu'ils vivent aux États-Unis.

apparaître	craindre	permettre
boire	croire	se plaindre
(se) comprendre	dire	plaire
contredire	écrire	prendre

6 **À votre santé!** Imaginez que vous soyez une équipe de rédacteurs qui travaillent pour un magazine de santé. Par petits groupes, discutez de ce qu'il faut faire pour rester en bonne santé physique et mentale. Ensuite, écrivez un article qui inclut vos suggestions et au moins huit verbes irréguliers en -**re**.

Prenez en charge votre santé!

Pour rester en bonne santé, riez souvent! Ce qu'il faut faire pour ne pas être malade…

4 Take a class survey based on items 1, 4, and 7. Using the answers, ask questions with the comparative and superlative. Examples: **Quel(le) étudiant(e) écrit le plus d'e-mails? Et quel(le) étudiant(e) en écrit le moins? L'oncle de Brittany se plaint-il autant que la mère de Justin? Qui a conduit le plus tôt dans sa vie?** This will serve as a brief preview for **Structures 7.1, pp. 250–251.**

5 Suggested questions and answers: **Que boivent-ils? Ils boivent du jus d'orange. Que prennent-ils? Ils prennent leur petit-déjeuner. Penses-tu que la fille et le père se comprennent bien? Non, ils ne se comprennent pas du tout. Qui contredit qui? À mon avis, la fille contredit son père. Que se disent-ils à ton avis? Je crois que la fille dit: Je ne peux pas croire que tu ne me permets pas de sortir vendredi soir! Qu'est-ce que le fils écrit? Il écrit un essai. Que fait la mère? Elle paraît chercher quelque chose dans le frigo.**

5 Find additional photos of people talking in different situations. You can also point students to photos in the text. Have students write mini-conversations for these photos using the same list of verbs.

6 If class time does not suffice, give this as a homework writing assignment. You may wish to grade the article on grammatical accuracy, as well as creativity and organization.

Synthèse (S) Reading

Mariage toujours

Recherchons organisateur/organisatrice de mariages rapide et efficace. Nous retiendrons la personne qui ne craint pas les obstacles, qui plaît et sourit aux clients. Contactez Samira à samira.alhafta@mariage.toujours.tn

Petits anges à garder

Un(e) baby-sitter est demandé(e) pour garder° deux enfants qui sont bien élevés et obéissants°. Il est indispensable que cette personne connaisse au moins une langue étrangère pour la leur enseigner. Appelez le 01.62.74.02.16.

À TABLE!

Un restaurant trois étoiles recherche un chef cuisinier qui connaisse la gastronomie maghrébine. Il est nécessaire que le candidat sache accommoder viandes et poissons avec les saveurs orientales. Il est recommandé que la personne ne se plaigne jamais. Le candidat dont les qualités correspondent à ces critères doit téléphoner au 04.78.96.29.54.

Appart' à partager

Jeunes filles recherchent un(e) colocataire pour partager un appartement qui se trouve au centre-ville. Il est essentiel que la personne qu'on choisira ne soit pas égoïste et rie souvent. Toute personne stricte et insupportable s'abstenir! Contactez-nous au 02.96.08.21.17.

garder *to look after*

obéissants *obedient*

Have students work in pairs to practice their reading fluency. Students take turns reading each ad, and the partner corrects any mispronunciations. Students should then record their readings of the ads and submit the recordings for a grade.

1 **Révision de grammaire** Choisissez l'annonce qui correspond à chaque description.

1. Contient le subjonctif du verbe **savoir**: _____À table!_____
2. Contient le subjonctif du verbe **être**: __Appart' à partager__
3. Contient le subjonctif du verbe **rire**: __Appart' à partager__
4. Contient un seul pronom relatif: __Petits anges à garder__
5. Contient le plus grand nombre de verbes irréguliers en -**re**: __Mariage toujours__

2 Encourage students to use the subjunctive with all sorts of expressions: impersonal, will, emotion, etc.

2 Qu'avez-vous compris? Répondez par des phrases complètes. Utilisez les structures de cette leçon dans vos réponses.

1. Qu'est-ce qui est indispensable pour la personne qui veut être baby-sitter?
   Il est indispensable qu'elle connaisse une langue étrangère.
2. Qu'est-ce qui est nécessaire pour le candidat qui veut être chef cuisinier?
   Il est nécessaire qu'il sache accommoder viandes et poissons avec les saveurs orientales.
3. Quelle personne retiendra-t-on comme organisateur/organisatrice de mariages?
   On retiendra la personne qui ne craint pas les obstacles, qui plaît et sourit aux clients.
4. D'après vous, quelles qualités le/la colocataire idéal(e) a-t-il/elle?

Préparation 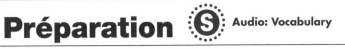 Audio: Vocabulary

Vocabulaire de la lecture

les affaires (f.) *belongings*
affronter *to face*
confier *to confide; to entrust*
débuter *to begin*
se dérouler *to take place*
faire une demande en mariage *to propose*
les fiançailles (f.) *engagement*
une mariée *bride*
nécessiter *to require*

Vocabulaire utile

une alliance *wedding ring*
une bague de fiançailles *engagement ring*
le bouquet de la mariée *bouquet*
un marié *groom*
une robe de mariée *wedding gown*
un témoin *witness; best man; maid of honor*

1 **Le mariage** Vous allez vous marier et vous lisez un livre pour tout savoir sur les éléments-clés de la cérémonie. Trouvez le titre de chaque chapitre.

Sommaire

Chapitre 1: _____ Les fiançailles _____ 7

Vous êtes fiancés? Félicitations! C'est pendant cette période que vous préparez votre mariage.

Chapitre 2: _____ L'alliance _____ 15

C'est le symbole de votre union. Comment la choisir?

Chapitre 3: _____ Les témoins _____ 21

Ils sont à côté de vous pendant la cérémonie. Qui choisir? Quel cadeau leur offrir? Tout ce qu'il faut faire.

Chapitre 4: _____ La robe de mariée _____ 28

C'est la journée de la mariée! Les hommes seront beaux dans leur costume, mais tout le monde s'intéressera à ce qu'elle portera! Voici notre sélection.

Chapitre 5: _____ Le bouquet de la mariée _____ 35

Qu'est-ce qu'un mariage sans fleurs? Il faut choisir avec soin cet accessoire très important pour la mariée! Lisez nos conseils.

---

2 **Célébrations** Répondez aux questions et comparez avec un(e) camarade.

1. Dans votre famille, les traditions du mariage sont-elles similaires à celles mentionnées dans l'activité 1? En avez-vous d'autres? Décrivez-les.

2. Vos traditions incluent-elles une demande en mariage officielle? Offre-t-on une bague de fiançailles?

3. Quelles sont les étapes de la cérémonie du mariage?

4. Célébrez-vous d'une manière particulière d'autres étapes marquantes de la vie? Lesquelles? Comment les célébrez-vous?

KEY STANDARDS
1.2, 2.1, 2.2, 4.2

SYNONYMES
faire une demande en mariage ⟷ demander quelqu'un en mariage

Point out that **une alliance** also means *alliance* and *union (of marriage)*, depending on the context.

Mention the phrase **par alliance,** which means *by marriage.* Example: **Il est mon neveu par alliance.** *He is my nephew by marriage.*

1 Have students rewrite one of the chapter descriptions using more words from the new vocabulary list.

2 Teach or remind students of the expression **ça dépend** so they can comfortably explain any exceptions or additions to celebratory traditions in their culture.

TEACHING OPTION Play a game of *Dans la boule de cristal.* Have individuals list three important things about themselves (their major, what they like, something about their family, etc.). Then have them exchange their lists with a partner, who will use the information to predict that student's future. Encourage creativity and productive reactions to their partner's predictions.

 Practice more at **vhlcentral.com.**

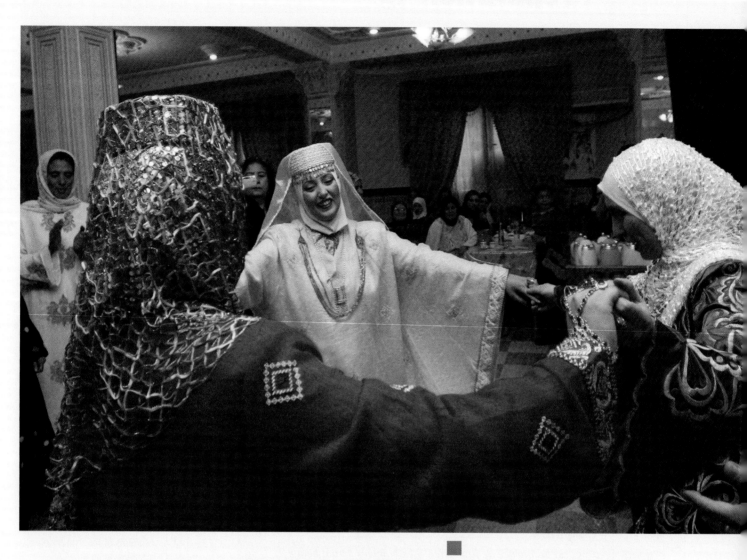

Jour de mariage

Hier, vendredi, j'étais invité au mariage d'un charmant couple algérien, Yasmina et Salim. Pour moi, Occidental, ce fut l'occasion d'ouvrir les yeux sur des traditions et un monde différents. Un peu perdu dans cette succession de cérémonies, j'ai posé des
5 questions au jeune couple.

Audio: Reading

PAUL Quels ont été les grands moments de la journée?

SALIM Tout a commencé en fin d'après-midi. Yasmina est arrivée chez moi, où elle
10 est restée dans une pièce avec ses amies. La fête a vraiment débuté quand je suis arrivé pour la cérémonie avec les hommes, en marchant° au rythme de la musique. Tu as vu que les hommes et les femmes, et
15 notre couple, sont restés séparés pendant toute la fête. Tout était fait pour rendre plus intense le moment où Yasmina et moi nous retrouverions en fin de soirée. Après le repas, les hommes, les femmes âgées et les enfants
20 ont dansé. D'ailleurs°, je t'ai vu danser avec eux. Tu avais l'air de bien t'amuser. Puis, plus tard dans la soirée, la hennayat a tatoué mon index° avec du henné° pour me porter bonheur°. J'ai reçu de l'argent des invités, et
25 j'ai enfin pu rejoindre Yasmina.

PAUL On m'a dit que «le mariage d'une nuit nécessite une année de préparation». Est-ce que cela a été le cas pour le vôtre?

YASMINA À peu près°. Il y a une semaine,
30 Salim et moi sommes allés à la mosquée pour recevoir la bénédiction de l'imam, puis à la mairie pour signer les documents officiels. Deux jours avant la cérémonie du vendredi, j'ai célébré la fête de l'«Outia»
35 qui symbolise le début de la préparation de la mariée. C'est aussi «la nuit du henné», la troisième et dernière nuit où on m'a tatoué les mains au henné. Ce produit végétal a une valeur spirituelle et protectrice. Plus le
40 tatouage est foncé, plus il est beau et plus il a de la valeur. Il faut que le produit soit appliqué° trois fois pour qu'il imprègne la peau. Jeudi, j'ai envoyé toutes mes affaires chez Salim, et j'ai passé la journée à me
45 reposer, afin d'affronter le rythme effréné° du lendemain.

Plus tard, on m'a expliqué que Salim avait fait une demande en mariage traditionnelle qu'on appelle la «shart». Il y a
50 a deux mois, il est venu demander la main

walking (line 13)
By the way (line 20)
forefinger / henna (line 23)
to bring happiness (line 24)
Practically (line 29)
applied (line 42)
frantic (line 45)

Le henné

Le henné est une plante qu'on trouve au **Maghreb**. Les femmes, mais aussi les hommes, se servent de cette poudre comme produit de tatouage, après l'avoir mélangée avec de l'eau. La «**hennayat**», ou tatoueuse, l'applique parfois avec de la dentelle pour créer de jolis motifs. C'est aussi une substance qui sert à la teinture des cheveux.

de Yasmina à ses parents et leur a offert la somme habituelle, équivalente à 1.500 $. Une semaine après, ils ont fêté la «djeria», les fiançailles. La hennayat a appliqué du 55 henné et un Louis d'or° sur la paume de la main de Yasmina, et Salim a offert à sa fiancée un tailleur° blanc pour le mariage.

Salim m'a confié que toute cette effervescence lui a rappelé la cérémonie de 60 sa circoncision. Il avait six ans. Il a vécu là un moment capital de son existence: Il faut passer par ce rite pour devenir musulman. En général, un garçon est circoncis entre la naissance et l'âge de six ans. Quand 65 le garçon est plus âgé, le rite prend plus d'importance, parce qu'il se rend compte de sa signification et il reçoit plein de cadeaux.

Ces fêtes maghrébines ont au moins un point commun. Toutes les femmes 70 mariées de la famille se réunissent dans la maison où vont se dérouler les festivités. Elles procèdent toujours au même rituel: le roulage°, étape importante dans la préparation du couscous. C'est toujours 75 le plat principal des fêtes familiales, en Afrique du Nord.

Je me souviendrai de l'ambiance et des odeurs envoûtantes° qui m'auront fait découvrir un autre univers. Pendant un 80 moment, j'étais à l'autre bout de la Terre. Me voilà de retour. Dommage°... ∎

gold Louis coin (line 55)
woman's suit (line 57)
rolling (line 73)
enchanting (line 78)
Too bad (line 82)

Analyse

1

Compréhension Répondez aux questions par des phrases complètes. Answers may vary slightly.

1. À quelle cérémonie l'auteur a-t-il été invité? Il a été invité au mariage d'un couple algérien.

2. Connaît-il bien les traditions de cette culture? Non, il ne connaît pas bien les traditions algériennes.

3. Les hommes et les femmes font-ils la fête ensemble dans la culture algérienne?
Non, ils sont séparés pendant toute la fête. Les jeunes mariés se retrouvent à la fin.

4. Où va le couple pour officialiser son union? Le couple va à la mairie.

5. Qu'est-ce que le henné? C'est une plante qu'on trouve au Maghreb.

6. Quel est le rôle de la hennayat dans la cérémonie? Elle applique du henné sur les mains du marié et de la mariée.

7. Qu'est-ce que la «shart»? C'est une demande en mariage traditionnelle. Le jeune homme demande la main de la jeune fille à ses parents et leur offre une somme d'argent.

8. Comment appelle-t-on les fiançailles algériennes? Quand ont-elles lieu?
On les appelle la «djeria» et elles ont lieu une semaine après la «shart».

9. Quelle autre cérémonie traditionnelle le marié mentionne-t-il? Que signifie cette cérémonie? Il mentionne sa circoncision. Un garçon doit passer par ce rite pour devenir musulman.

10. En Afrique du Nord, quel plat fait toujours partie des fêtes familiales? En Afrique du Nord, le couscous fait toujours partie des fêtes familiales.

2

Traditions Dans l'article, vous avez vu qu'au Maghreb les fêtes sont basées sur un rituel qui peut durer plusieurs jours. Ces grandes cérémonies sont l'essence même de la société maghrébine. À deux, répondez à ces questions.

1. Ce genre de grande cérémonie existe-t-il dans votre famille? Sinon, aimeriez-vous qu'elle joue un plus grand rôle dans votre vie?

2. Connaissez-vous d'autres cultures qui ont cette caractéristique?

3

«Mariage pluvieux, mariage heureux» Il paraît qu'il y a une erreur dans la transcription de ce proverbe et qu'il faudrait dire: «Mariage plus vieux, mariage heureux». Aujourd'hui, on se marie de plus en plus tard. Par groupes de trois, répondez aux questions.

- Comment expliquez-vous ce phénomène?
- Pensez-vous que si on se marie plus vieux, on a vraiment de meilleures chances d'avoir un mariage heureux?

4

Les grands événements de la vie

A. Quels sont les événements les plus importants de votre vie? Ajoutez quatre autres événements au tableau, puis classez-les (*rank them*) par ordre d'importance.

	Classement
Passer son permis de conduire	
Commencer ses études universitaires	
Habiter loin de ses parents pour la première fois	
?	
?	
?	
?	

B. Pensez-vous que vos parents, quand ils étaient jeunes, aient donné la même importance que vous à ces événements? Par groupes de trois, discutez-en.

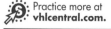
Practice more at
vhlcentral.com.

Préparation

(S) KEY STANDARDS 1.2, 2.2, 3.1, 5.2
Audio: Vocabulary

INSTRUCTIONAL RESOURCES
Supersite: Littérature recording; Scripts; SAM AK
SAM/WebSAM: LM

À propos de l'auteur

Maryse Condé est une femme écrivain née en 1937 à Pointe-à-Pitre, en Guadeloupe. En 1953, elle part étudier au lycée Fénelon, à Paris, puis elle poursuit ses études à l'université de la Sorbonne. Enseignante en Afrique, en France, puis à Columbia University, elle est l'auteur de nombreux romans, dont certains lui ont valu des prix prestigieux, tels que le Prix Marguerite Yourcenar pour *Le Cœur à rire et à pleurer* dont vous allez lire un extrait. Maryse Condé s'intéresse tout particulièrement à la question de l'identité noire. Ses œuvres les plus connues sont *Heremakhonon, Ségou, Desirada, La Vie scélérate* et *Traversée de la mangrove.*

Point out that in *Le Cœur à rire et à pleurer,* an autobiography comprised of 17 vignettes, Condé, the youngest of eight children, describes her childhood. She grew up in a prominent, class-conscious, and highly educated Guadeloupean family fascinated by all things French. In this excerpt, Condé is confused by and upset at her parents' feelings of alienation while in Paris.

Vocabulaire de la lecture

accoucher *to give birth; to deliver a baby*
compter *to matter*
éprouver *to feel*
un(e) fonctionnaire *civil servant*
la grossesse *pregnancy*
instruit(e) *educated*
la métropole *metropole (mainland France)*
navrer *to upset*
un paquebot *ocean liner*
se plaindre *to complain*
privé(e) de *deprived of*

Vocabulaire utile

un(e) aliéné(e) *outsider*
un conflit *conflict*
la honte *shame*
l'incompréhension (f.) *lack of understanding*
un malentendu *misunderstanding*
se rebeller *to rebel*
un sentiment d'appartenance *feeling of belonging*
en vouloir à quelqu'un *to resent someone*

1 Have pairs write fill-in-the-blank sentences for four of the words that are not correct answers. Then, have pairs switch papers and try to complete each other's sentences.

1 Vocabulaire Complétez ces phrases logiquement.

1. J'adore ma famille; c'est ce qui _____ le plus pour moi.
   a. compte   b. navre

2. Quand on se sent _____, on n'éprouve pas de sentiment d'appartenance.
   a. fonctionnaire   b. aliéné

3. La France est _____ de grands écrivains, tels que Victor Hugo.
   a. le paquebot   b. la patrie

4. Les gens qui se comportent mal éprouvent parfois ensuite _____.
   a. de la honte   b. de la grossesse

5. Cette année, pas question de/d' _____ de vacances. On partira en juillet!
   a. compter   b. être privés

2 As a follow-up, expand on item 2 by asking students: **Est-il normal qu'il y ait des malentendus ou de l'incompréhension entre parents et enfants? Dans quelles circonstances? Quels genres d'événements peuvent créer des conflits entre eux? Pourquoi?**

2 Questions À deux, posez-vous ces questions et expliquez vos réponses.

1. Quand tu étais enfant, où ta famille prenait-elle ses vacances en général? Que faisiez-vous là-bas? Aimais-tu ce lieu? Pourquoi ou pourquoi pas?

2. Te souviens-tu d'un événement marquant (*memorable*) de ton enfance ou de ton adolescence où tu n'as pas compris l'attitude de tes parents? Que s'est-il passé? Pourquoi cet événement t'a-t-il marqué(e)?

TEACHING OPTION Remind students that Guadeloupe became an overseas department of France in 1946. Before that time, it was a European colony, usually of France, but at certain moments of Great Britain.

Practice more at **vhlcentral.com.**

Le Cœur à rire et à pleurer

Maryse Condé

S i quelqu'un avait demandé à mes parents leur opinion sur la Deuxième Guerre mondiale, ils auraient répondu sans hésiter que c'était la période la plus
5 sombre° qu'ils aient jamais connue. Non pas à cause de la France coupée en deux, des camps de Drancy ou d'Auschwitz, de l'extermination de six millions de Juifs°,
10 ni de tous ces crimes contre l'humanité qui n'ont pas fini d'être payés, mais parce que pendant sept interminables années, ils avaient été privés de ce qui comptait le plus pour eux: leurs voyages en France. Comme
15 mon père était un ancien fonctionnaire et ma mère en exercice°, ils bénéficiaient régulièrement d'un congé «en métropole» avec leurs enfants. Pour eux, la France n'était nullement° le siège° du pouvoir colonial. C'était véritablement la mère 20 patrie et Paris, la Ville Lumière qui seule donnait de l'éclat° à leur existence. Ma mère nous chargeait la tête de descriptions des merveilles du carreau du Temple° et du marché Saint-Pierre avec, en prime, la 25 Sainte-Chapelle et Versailles. Mon père préférait le musée du Louvre et le dancing la Cigale où il allait en garçon se dégourdir les jambes°. Aussi, dès le mitan° de l'année 1946, ils reprirent° avec délices le paquebot 30

dark

Jews

still working as one

by no means / seat

brightness

covered market in Paris

stretch his legs / middle
*boarded again (from **reprendre**)*

Audio: Reading

qui devait les mener au port du Havre, *port of call* première escale° sur le chemin du retour au pays d'adoption.

J'étais la petite dernière. Un des 35 récits mythiques de la famille concernait ma naissance. Mon père portait droit ses soixante-trois ans. Ma mère venait de fêter ses quarante-trois ans. Quand elle ne vit° *saw (from voir)* plus son sang°, elle crut° aux premiers *blood / believed (from croire)* 40 signes de la ménopause et elle courut° *ran (from courir)* trouver son gynécologue, le docteur Mélas qui l'avait accouchée sept fois. Après l'avoir examinée, il partit d'un grand éclat de rire°. *roared with laughter*

45 —Ça m'a fait tellement honte, racontait ma mère à ses amies, que pendant les premiers mois de 50 ma grossesse, c'était comme si j'étais une fille-mère. J'essayais de cacher mon ventre devant moi.

55 Elle avait beau ajouter° en me couvrant de baisers° que sa *She added in vain / kisses* kras à boyo° était devenue son petit bâton *child born to older parents* de vieillesse°, en entendant cette histoire, *support in old age* j'éprouvais à chaque fois le même chagrin: 60 je n'avais pas été désirée.

Aujourd'hui, je me représente le spectacle peu courant° que nous offrions, *uncommon* assis aux terrasses du Quartier latin dans le Paris morose de l'après-guerre. Mon père 65 ancien séducteur au maintien avantageux, ma mère couverte de somptueux bijoux° *jewelry* créoles, leurs huit enfants, mes sœurs yeux baissés, parées comme des châsses°, *dressed in their finest* mes frères adolescents, l'un d'eux déjà 70 à sa première année de médecine, et moi, bambine outrageusement gâtée, l'esprit précoce pour son âge. Leurs plateaux° en *trays*

équilibre sur la hanche°, les garçons de *hip* café voletaient° autour de nous remplis *fluttered* d'admiration comme autant de mouches 75 à miel°. Ils lâchaient° invariablement en *honey bees / exclaimed* servant les diabolos menthe°: *mint lemonade*

—Qu'est-ce que vous parlez bien le français!

Mes parents recevaient le compliment 80 sans broncher° ni sourire et se bornaient à *flinching* hocher du chef°. Une fois que les garçons *limited themselves to a nod* avaient tourné le dos, ils nous prenaient à témoin:

—Pourtant, nous sommes aussi 85 français qu'eux, soupirait° *sighed* mon père.

—Plus français, renchérissait° ma *added* mère avec violence. 90 Elle ajoutait en guise d'explication: Nous sommes plus instruits. Nous avons de meilleures manières. Nous lisons 95 davantage°. Certains *more* d'entre eux n'ont jamais quitté Paris alors que nous connaissons le Mont-Saint-Michel, la Côte d'Azur et la Côte basque. 100

Il y avait dans cet échange un pathétique qui, toute petite que j'étais, me navrait. C'est d'une grave injustice qu'ils se plaignaient. Sans raison, les rôles s'inversaient. Les ramasseurs de pourboires 105 en gilet° noir et tablier° blanc se hissaient *vest / apron* au-dessus de° leurs généreux clients. Ils *thought themselves superior to* possédaient tout naturellement cette identité française qui, malgré leur bonne mine°, *respectable appearance* était niée°, refusée à mes parents. Et moi, 110 *denied* je ne comprenais pas en vertu de quoi ces gens orgueilleux, contents d'eux-mêmes, notables dans leur pays, rivalisaient avec les garçons qui les servaient. ∎

> **C'est d'une grave injustice qu'ils se plaignaient. Sans raison, les rôles s'inversaient.**

Analyse

Compréhension Répondez aux questions.

1. Comment est la famille de Maryse? Décrivez-la en quelques phrases. Ses parents sont des gens instruits. Ils adorent la France et y passent toutes leurs vacances. Ils ont huit enfants.
2. Pourquoi Maryse est-elle triste quand elle pense à sa naissance? Elle sait qu'elle n'était pas désirée. Sa mère a été surprise d'apprendre sa grossesse.
3. Pourquoi les parents de Maryse pensent-il que la Deuxième Guerre mondiale est une période sombre de l'histoire de France? Parce que pendant la guerre, ils ont été privés de leurs voyages en France.
4. Comment sait-on que la famille de Maryse est fière de sa réussite et de son statut social? Ils sont toujours bien habillés. La mère porte beaucoup de bijoux. Maryse est gâtée. Un de leurs fils fait des études de médecine.
5. Que se passe-t-il dans le café parisien? Le serveur dit aux parents de Maryse qu'ils parlent bien français.
6. Comment la mère réagit-elle au commentaire du serveur? Elle est furieuse. Elle dit qu'ils sont encore plus français que lui parce qu'ils connaissent plus de choses.

Discussion À deux, discutez des questions suivantes.

1. Que pensez-vous de la raison pour laquelle les parents de Maryse pensent que la Deuxième Guerre mondiale est une période sombre? Pensez-vous que ce soit une raison valable? Qu'est-ce que cela indique à leur sujet?
2. Décrivez la fascination des parents de Maryse pour la «métropole», en citant des exemples du texte qui l'illustre. Que pensez-vous du sentiment qu'ils éprouvent envers cette patrie, eux qui sont Guadeloupéens?
3. Parlez de la réaction des parents face à la condescendance du serveur parisien. Pensez-vous que cette réaction soit justifiée? Les arguments qu'ils avancent sont-ils valables, d'après vous? Pourquoi ou pourquoi pas?
4. Quelle est l'attitude de la petite Maryse devant cette scène? Comprend-elle la réaction de ses parents? Décrivez ses sentiments et essayez de les expliquer.

Interprétation Suite à l'épisode marquant dans le café parisien, la petite fille cherche à comprendre la réaction de ses parents face à la remarque du serveur. Elle interroge alors un de ses frères aînés, qui offrira l'explication ci-dessous. Qu'a-t-il voulu dire, d'après vous? Par petits groupes, discutez d'interprétations possibles pour cette phrase énigmatique.

> «Papa et maman sont une paire d'aliénés.»

Rédaction À la suite de cet épisode, la petite Maryse, qui ne voit plus ses parents de la même manière, deviendra de plus en plus critique et rebelle. L'extrait amorce (*takes on*) donc le thème de l'incompréhension entre les générations. D'après vous, est-elle inévitable dans les relations parents-enfants? Écrivez un essai dans lequel vous discutez de ce sujet. Suivez le plan de rédaction. Employez le présent du subjonctif, des pronoms relatifs et des verbes irréguliers en **-re**.

Plan

1. **Thèse** Exposez votre thèse: Êtes-vous d'accord avec cette idée? Comment organiserez-vous vos arguments?

2. **Exemples** Citez le texte, votre réflexion au sujet de celui-ci et des exemples de votre expérience personnelle pour appuyer (*support*) votre thèse.

3. **Conclusion** Pour terminer, résumez vos idées principales et votre opinion sur le sujet.

---

1 Remind students that Guadeloupe is a French overseas **département** and that its residents are French citizens. As an expansion activity, have students work in small groups and research the history and relations between **la France métropolitaine** and its overseas **départements** of Guadeloupe and Martinique. Have each group share an interesting fact they discovered with their classmates.

2 As an additional activity, ask students to write a paragraph to answer the following questions: **À votre avis, est-il difficile, pour un(e) enfant, de savoir que sa naissance était un "accident"? Quel impact cela peut-il avoir sur les relations parents-enfants? Pensez-vous que Maryse en veuille à ses parents?**

3 As a follow-up, discuss the following excerpt, in which Maryse gives her own interpretation of her brother's assertion: «**Une personne aliénée est une personne qui cherche à être ce qu'elle ne peut pas être parce qu'elle n'aime pas être ce qu'elle est.**»

4 As a pre-writing activity, have pairs brainstorm ideas for their thesis and give constructive feedback. After they have written a draft of their essay, have the same pairs check each other's work.

TEACHING OPTION Have small groups discuss how they think the relationship between Maryse and her parents will evolve over time.

 Practice more at **vhlcentral.com.**

Les générations qui bougent

(S) Vocabulary Tools

INSTRUCTIONAL RESOURCES Supersite: Testing Program

KEY STANDARDS 4.1

Les membres de la famille

un(e) arrière-grand-père/mère
great-grandfather/grandmother

un beau-fils/-frère/-père *son-/brother-/father-in-law; stepson/father*

une belle-fille/-sœur/-mère
daughter-/sister-/mother-in-law; stepdaughter/mother

un(e) demi-frère/-sœur *half brother/sister*

un(e) enfant/fille/fils unique *only child*

un époux/une épouse *spouse; husband/wife*

un(e) grand-oncle/-tante *great-uncle/-aunt*

des jumeaux/jumelles
twin brothers/sisters

un neveu/une nièce *nephew/niece*

un(e) parent(e) *relative*

un petit-fils/une petite-fille
grandson/granddaughter

La vie familiale

déménager *to move*
élever (des enfants) *to raise (children)*
être désolé(e) *to be sorry*
gâter *to spoil*
gronder *to scold*
punir *to punish*
regretter *to regret*
remercier *to thank*
respecter *to respect*
surmonter *to overcome*

La cuisine

un aliment *(type or kind of) food*
une asperge *asparagus*
un citron *lemon*
un citron vert *lime*
un conservateur *preservative*
des épinards (m.) *spinach*
une fromagerie *cheese store*
un hypermarché *large supermarket*
un raisin *grape (du raisin grapes)*
un raisin sec *raisin*
le saumon *salmon*

une supérette *mini-market*
la volaille *poultry/fowl*

alimentaire *related to food*
bio(logique) *organic*

La personnalité

le caractère *character, personality*

autoritaire *bossy*
bien/mal élevé(e) *well-/bad-mannered*
égoïste *selfish*
exigeant(e) *demanding*
insupportable *unbearable*
rebelle *rebellious*
soumis(e) *submissive*
strict(e) *strict*
uni(e)/lié(e) *close-knit*

Les étapes de la vie

l'âge (m.) adulte *adulthood*
l'enfance (f.) *childhood*
la jeunesse *youth*
la maturité *maturity*
la mort *death*
la naissance *birth*
la vieillesse *old age*

Les générations

l'amour-propre (m.) *self-esteem*
le fossé des générations *generation gap*
la patrie *homeland*
une racine *root*
un rapport/une relation
relation/relationship
un surnom *nickname*

hériter *to inherit*
ressembler (à) *to resemble*
survivre *to survive*

Court métrage

une cité *low-income housing development*
un complexe d'infériorité
inferiority complex
un foulard *headscarf*
la gêne *embarrassment*
un(e) intellectuel(le) *intellectual*
la pension *benefits*
un(e) travailleur/travailleuse manuel(le) *blue-collar worker*
un voyou *hoodlum*

chuchoter *to whisper*

déranger *to bother*
mépriser *to have contempt for*
soûler *to bug; to talk to death*
traîner *to hang around; to drag*
traiter avec condescendance *to patronize*

tendu(e) *tense*

Culture

les affaires (f.) *belongings*
une alliance *wedding ring*
une bague de fiançailles *engagement ring*
le bouquet de la mariée *bouquet*
les fiançailles (f.) *engagement*
un marié *groom*
une mariée *bride*
une robe de mariée *wedding gown*
un témoin *witness; best man; maid of honor*

affronter *to face*
confier *to confide; to entrust*
débuter *to begin*
se dérouler *to take place*
faire une demande en mariage *to propose*
nécessiter *to require*

Littérature

un(e) aliéné(e) *outsider*
un conflit *conflict*
un(e) fonctionnaire *civil servant*
la grossesse *pregnancy*
la honte *shame*
l'incompréhension (f.) *lack of understanding*
un malentendu *misunderstanding*
la métropole *mainland France*
un paquebot *ocean liner*
un sentiment d'appartenance *feeling of belonging*

accoucher *to give birth; to deliver a baby*
compter *to matter*
éprouver *to feel*
navrer *to upset*
se plaindre *to complain*
se rebeller *to rebel*
en vouloir à quelqu'un *to resent someone*

instruit(e) *educated*
privé(e) de *deprived of*

Les sciences et la technologie

Depuis la naissance de l'humanité, les sciences et la technologie ont tellement progressé qu'on se demande s'il y a des limites à ce que les humains peuvent faire dans ce domaine. Et aujourd'hui, quelle place la technologie a-t-elle dans notre société? Les nouvelles technologies et les découvertes scientifiques ouvrent de nouveaux horizons. Mais que penser de leur mise en application? Est-elle vraiment toujours celle que les scientifiques avaient prévue?

241

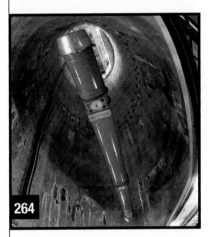

264

Destination:

BELGIQUE, SUISSE ET LUXEMBOURG

PREVIEW Have small groups make a timeline that charts important scientific and technological advances over the past 100 years. Have them exchange timelines with another group to compare and discuss. Introduce new vocabulary from **Pour commencer, p. 236**, as needed. Then ask: **Quelle invention, à votre avis, a pris le plus d'importance dans notre société? En a-t-elle trop?**

Le progrès et la recherche Ⓢ Vocabulary Tools

La technologie

une adresse e-mail *e-mail address*
un appareil (photo) numérique
    digital camera
un correcteur orthographique *spell check*
le cyberespace *cyberspace*
l'informatique (f.) *computer science*
un lecteur de DVD *DVD player*
un mot de passe *password*
un moteur de recherche *search engine*
un ordinateur portable *laptop*

un outil *tool*
un (téléphone) portable *cell phone*

une puce (électronique) *(electronic) chip*

un smartphone *smartphone*
une tablette (tactile) *tablet computer*
un texto/SMS *text message*

effacer *to erase*
graver (un CD) *to burn (a CD)*
sauvegarder *to save*
télécharger *to download*

avancé(e) *advanced*
innovant(e) *innovative*
révolutionnaire *revolutionary*

KEY STANDARDS
1.1, 1.2, 4.1

INSTRUCTIONAL RESOURCES
Supersite: Lab Audioscript, SAM AK, Lab MP3s
SAM/WebSAM: WB, LM

Les inventions et la science

l'ADN (**m.**) *DNA*
un brevet d'invention *patent*
une cellule *cell*

une découverte (capitale)
    (breakthrough) discovery
une expérience *experiment*
un gène *gene*
la génétique *genetics*
une invention *invention*
la recherche *research*
une théorie *theory*

cloner *to clone*
contribuer (à) *to contribute*
créer *to create*
guérir *to cure; to heal*
inventer *to invent*
prouver *to prove*
soigner *to treat; to look after (someone)*

biochimique *biochemical*
contraire à l'éthique *unethical*
éthique *ethical*
spécialisé(e) *specialized*

L'univers et l'astronomie

l'espace (**m.**) *space*

une étoile (filante) *(shooting) star*
un(e) extraterrestre *alien*
la gravité *gravity*
un ovni *U.F.O.*

la survie *survival*
un télescope *telescope*

atterrir *to land*
explorer *to explore*

Les gens dans les sciences

un(e) astrologue *astrologer*
un(e) astronaute *astronaut*
un(e) astronome *astronomer*
un(e) biologiste *biologist*
un(e) chercheur/chercheuse *researcher*

un(e) chimiste *chemist*

un(e) ingénieur *engineer*
un(e) mathématicien(ne) *mathematician*
un(e) scientifique *scientist*

SYNONYMES
innovant ⟷ innovateur/innovatrice
soigner ⟷ guérir

Point out that it is more common to say **un portable** instead of **un téléphone portable** and **un appareil numérique** instead of **un appareil photo numérique**.

Un ordinateur portable is also called **un portable**. Tell students to look at context to differentiate between the two. In a colloquial context, any computer can be called **un ordi** for short.

Mise en pratique

1 Check comprehension by asking volunteers to explain their answers.

1 Have pairs make up five groupings. Each grouping should include four expressions, only three of which are associated. Have each pair exchange activities with another pair to circle the **intrus**.

1

Associations Trouvez le mot de la colonne de droite qui est associé aux termes de la colonne de gauche. Soyez logique!

___d___ 1. un extraterrestre, l'espace, atterrir

___c___ 2. une astronome, un biologiste, une chimiste

___f___ 3. télécharger, sauvegarder

___b___ 4. une nouveauté, une invention, une création

___a___ 5. avancé, innovant

___e___ 6. la génétique, un gène

a. révolutionnaire

b. une découverte

c. des scientifiques

d. un ovni

e. ADN

f. graver

2

Mots mélangés Cherchez les mots qui correspondent aux définitions et qui sont cachés dans la grille. Puis entourez-les (*circle them*).

2 Have students convert the definitions into questions and take turns asking and answering in order to check their answers with one another. Example: **1. Comment appelle-t-on une personne qui dirige un projet industriel? (On l'appelle un ingénieur.)**

1. Personne qui dirige un projet industriel.
   ingénieur

2. Force qui attire les corps vers le centre de la Terre.
   gravité

3. Établir la vérité d'un fait.
   prouver

4. Ensemble des informations que l'on trouve sur Internet.
   cyberespace

5. S'occuper de quelqu'un pour le guérir.
   soigner

C	H	E	R	C	H	E	U	S	E
O	O	Q	P	Y	T	É	A	O	É
N	N	I	C	B	P	P	A	I	F
T	I	A	T	E	G	R	S	G	Y
R	N	V	R	R	R	O	T	N	G
I	G	É	N	E	I	U	R	E	R
B	É	T	T	S	N	V	O	R	A
U	N	H	S	P	G	E	L	É	V
E	I	I	E	A	E	R	O	S	I
R	E	Q	U	C	V	B	G	D	T
T	U	U	C	E	U	R	U	U	É
I	R	E	C	L	O	N	E	R	E

6. Femme qui fait de la recherche scientifique.
   chercheuse

7. Relatif à la morale.
   éthique

8. Créer un être qui est identique à l'original.
   cloner

9. Participer à un travail fait en commun.
   contribuer

10. Personne qui étudie les étoiles pour prédire les événements futurs.
    astrologue

3

Que faut-il pour...? À deux, dites ce qu'il vous faut dans chaque cas.

3 In pairs, have students write sentences for the unused item (**moteur de recherche**) and other new vocabulary words, such as **lecteur de DVD** and **portable**.

adresse e-mail	correcteur orthographique	moteur de recherche
appareil numérique	étoile filante	ordinateur portable
brevet d'invention	mot de passe	télescope

1. Pour recevoir des messages électroniques, il faut ___une adresse e-mail___.

2. Pour que votre rêve se réalise, il faut regarder ___une étoile filante___ et faire un vœu.

3. Pour surfer sur le web à la plage, il faut ___un ordinateur portable___.

4. Pour taper (*type*) sans faire d'erreurs, il faut ___un correcteur orthographique___.

5. Pour entrer sur un site web protégé, il faut ___un mot de passe___.

6. Pour prendre des photos que vous pouvez télécharger plus tard, il faut ___un appareil numérique___.

7. Pour observer les étoiles et les planètes, il faut ___un télescope___.

8. Pour obtenir le droit exclusif de vendre sa dernière nouveauté, il faut ___un brevet d'invention___.

TEACHING OPTION Survey the class about science courses they have taken. Ask students about their interests and future plans, encouraging them to use as many vocabulary words as possible. Example: **Aimeriez-vous avoir un métier dans le domaine scientifique? Lequel?**

Practice more at **vhlcentral.com**.

Préparation 🅢 Audio: Vocabulary

KEY STANDARDS
1.2, 2.1, 2.2, 4.1, 4.2, 5.2

INSTRUCTIONAL
RESOURCES
Supersite/DVD: Film
Collection
Supersite: Script &
Translation

Have students read the
vocabulary lists and
hypothesize about the subject
matter of the short film.

Ask students to use six
words and expressions from
the vocabulary in sentences
that show the meaning of
each term. As an alternative,
have students do this in
pairs: one partner explains
the meaning of a word or
expression without using it
and the other one identifies
the correct term.

Point out that **vacherie**
comes from the noun **vache**
(*cow*) and that when used
alone, as in **une vacherie**,
it is a colloquial expression
that means *a dirty trick*.
Point out that **miteux** comes
from the noun **mite**, meaning
moth. Point out that the literal
meaning of **un trou** is *a hole*.

1 For additional practice,
have students come up with
other **vrai/faux** statements.
Call on volunteers to correct
the false statements.

2 Ask two volunteers
to act out the conversation.
Then, with the entire
class, brainstorm possible
continuations. What else
could happen? Where could
the person who no longer
wishes to live in the suburbs
go? How would his/her
everyday life be different if
he/she did make the move
to the countryside? Write a
list of ideas on the board.

Vocabulaire du court métrage	
ameuter	*to rouse*
une clé	*wrench*
coincé(e)	*stuck*
démarrer	*to start up*
miteux/miteuse	*dingy*
nulle part	*nowhere*
un pavillon	*suburban house*
pourri(e)	*lousy*

Vocabulaire utile	
la banlieue	*suburb*
des boîtes (f.) gigognes	*nested boxes*
une boule à neige	*snow globe*
le cadre de vie	*living environment*
un(e) conjoint(e)	*spouse*
un lieu de vie	*place to live*
le logement	*housing*
le paysage	*landscape*
la routine	*everyday life*
une secousse sismique	*seismic tremor*
la tapisserie	*wallpaper*

EXPRESSIONS

Vacherie de bagnole! *Stupid car!*

J'en ai marre (de)… *I'm fed up (with)…*

trouver son bonheur *to find what one longs for*

un trou perdu *a place in the middle of nowhere*

N'importe quoi! *Nonsense!*

1 Vrai ou faux? Indiquez si ces affirmations sont vraies ou fausses. Corrigez les phrases
qui sont fausses.

1. Un trou perdu est un endroit surpeuplé (*overpopulated*). Faux. C'est un endroit où il n'y a personne / rien à faire.
2. Quand il y a un tremblement de terre, il y a des secousses sismiques. Vrai.
3. Le mot «routine» fait référence à la vie de tous les jours. Vrai.
4. Si on écoute de la musique très fort, on risque d'ameuter le quartier. Vrai.
5. Un pavillon est situé en centre-ville. Faux. Un pavillon est en banlieue.
6. Quand on fait des travaux, on a parfois besoin d'une clé. Vrai.
7. Quand on en a marre de quelque chose, on préfère prolonger la situation. Faux. On ne tolère plus la situation.
8. On pose la tapisserie sur les murs d'une maison. Vrai.

2 À compléter Complétez le dialogue avec les mots et les expressions appropriés du vocabulaire.

— (1) ____J'en ai marre____ de la situation chez moi. Il faut vraiment que ça change!

—Pourquoi? Qu'est-ce qui se passe?

—C'est toujours la (2) ____routine____. Rien ne change.

—Tu habites toujours en (3) ____banlieue____ ou est-ce que tu as déménagé?

—Non, j'ai toujours mon (4) ____pavillon____ en banlieue. Et je le déteste!

—C'est sûr qu'en banlieue, le (5) ____paysage____ n'est pas très beau. Aucun arbre, pas
de parcs…

—Du coup, j'ai envie de partir à la campagne, et j'espère (6) ____trouver mon bonheur____ là-bas!

—Eh bien, bonne chance à toi!

3 **Questions** Répondez aux questions par des phrases complètes.

1. Connaissez-vous des gens qui vivent dans un pavillon en banlieue? À quoi ressemble leur vie? Enviez-vous cette vie ou préféreriez-vous quelque chose de différent? Expliquez votre réponse.

2. Comment voyez-vous votre vie actuelle? Est-ce que vous en êtes satisfait(e)? Pourquoi ou pourquoi pas? Aimeriez-vous en changer certains aspects? Lesquels? Pourquoi?

3. Quel serait, pour vous, le cadre de vie idéal? Décrivez-le en donnant des justifications et des exemples précis.

4 **Anticipation** Avec un(e) camarade, observez ces images du court métrage et répondez aux questions.

A   B

Image A

- Que voyez-vous sur l'image? Où est le personnage? Que voit-on à côté de lui? Que fait-il, d'après vous?

- Quel temps fait-il à l'endroit où se passe la scène? À votre avis, on est en quelle saison? Est-ce que le temps qu'il fait peut avoir une influence sur le moral des gens? Expliquez votre réponse.

Image B

- Décrivez la scène et le lieu sur la photo. Où se trouve-t-on? Comment est ce logement? Qu'en pensez-vous? Auriez-vous envie d'y vivre?

- Décrivez les personnages. Que font-ils? Pourquoi, à votre avis? D'après vous, quelle est leur relation? Ont-ils l'air heureux? Imaginez ce qu'ils pourraient se dire.

5 **Le titre** Le titre de ce court métrage est *Strict Eternum*. Par petits groupes, essayez de deviner de quoi le film va parler. Considérez les images ci-dessus et le titre et inventez votre propre résumé (*summary*) du film. Écrivez un paragraphe d'environ huit phrases.

6 **La routine** À deux, discutez de ces questions.

- Qu'évoque, pour vous, le mot «routine»?

- Est-ce que c'est quelque chose de positif ou de négatif? Pourquoi?

- Aimez-vous que votre vie soit prévisible, ou préférez-vous l'inconnu? Pourquoi?

4 Ask students to write a paragraph in which they describe the relationship between the two people in **Image B** ten years from now. Their paragraph should address these questions: **Que sont devenus ces deux personnages? Sont-ils toujours ensemble? Comment leur relation a-t-elle évolué au cours des années? Leur vie a-t-elle changé? Sont-ils heureux?**

5 Have a volunteer from each group summarize the group's conclusions for the class.

6 Have pairs share their responses with the class.

Practice more at **vhlcentral.com**.

Short Film

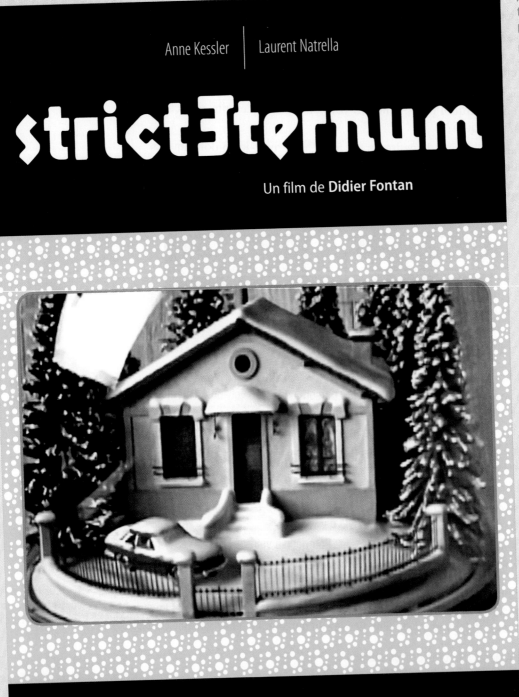

Ask the class to describe the scene depicted in the poster.

Have small groups attempt to interpret the film's title. After students have watched the film and discussed it, ask them to reconsider their initial interpretations.

INTRIGUE *Un couple qui habite dans une maison de banlieue se dispute à cause de leurs activités respectives. Confusion et surprise risquent de renverser le spectateur.*

LA FEMME Tu as bientôt fini? Dépêche-toi°, sinon° tu vas être surpris par la neige!
L'HOMME Sinon tu vas être surpris par la neige… Hein… Et puis quoi encore! Il n'en est pas tombé depuis trois jours.

L'HOMME Tu n'en as pas assez de regarder toujours le même programme?
LA FEMME Et toi, de réparer ta voiture?

LA FEMME Tu sais bien que c'est tout ce qu'on a ici. De toute façon tu perds ton temps, ça ne marchera jamais.
L'HOMME On pourrait quand même essayer une dernière fois.
LA FEMME Mais arrête de rêver°!

LA FEMME Écoute-moi bien. J'en ai marre de ce pavillon miteux et de ce temps pourri. Quand je pense qu'on passe nos journées à attendre la prochaine chute de neige° et à réparer cette… Parce que tu crois vraiment qu'elle va démarrer, cette voiture?!

LA FEMME On avait l'impression d'aller si loin… alors qu'en fait, on n'allait nulle part.
L'HOMME Tu n'as vraiment aucune mémoire°.
LA FEMME Là, tu exagères!

LA FEMME On pourrait quand même essayer une dernière fois.

Dépêche-toi *Hurry up* **sinon** *otherwise* **rêver** *to dream*
chute de neige *snowfall* **mémoire** *memory*

Note CULTURELLE

La boule à neige

La boule à neige est un objet sphérique en verre ou en plastique. Il contient un motif décoratif, de l'eau et des paillettes°. Quand on le retourne, il neige dans la boule. Son origine pourrait remonter à l'Exposition universelle de 1878 à Paris. À l'époque°, de nombreux artistes renommés créaient des boules à neige.

paillettes *glitter* **À l'époque** *At the time*

PREVIEW Call on students or have volunteers describe the characters and the images. Ask them to make predictions about the story.

TEACHING OPTION Before students watch the film on their own, play it for them with the sound off. Students will find understanding the spoken language in the audio less challenging if they are already familiar with the plot via the images.

Analyse

1 Have students create additional sentences describing the main characters. Have them read their sentences to a partner, who will guess which character is being described.

1

De qui s'agit-il? Indiquez de quel personnage principal on parle dans chaque phrase:

 A   B

Cette personne…

____a____ 1. …essaie de réparer une voiture.

____c____ 2. …en a marre de sa routine quotidienne.

____b____ 3. …trouve des outils dans un placard.

____b____ 4. …regarde beaucoup la télévision.

____c____ 5. …dit que la voiture ne va plus démarrer.

____a____ 6. …cherche quelque chose dans des boîtes.

____c____ 7. …a peur des secousses sismiques.

____a____ 8. …cherche un outil.

____c____ 9. …se plaint du comportement de son conjoint.

____c____ 10. …n'aime pas l'endroit où elle vit.

a. l'homme

b. la femme ou

c. les deux

2 Have pairs come up with three additional events from the film and insert them in chronological order.

2

Chronologie Numérotez ces événements dans l'ordre chronologique. Ensuite, faites deux prédictions pour l'avenir du couple principal.

Numéro	Événement
4	Un homme critique les habitudes de sa femme en ce qui concerne ses loisirs.
1	Un homme essaie de réparer sa voiture.
6	Il y a des secousses sismiques dans la région.
7	Un homme et une femme s'attachent à des fauteuils.
2	Un homme se blesse en faisant des réparations.
8	Une femme retourne une boule à neige.
9	Un homme répare son bateau.
5	Une femme trouve plusieurs clés dans un placard.
3	Un homme rentre dans sa maison.

Prédiction 1: _____

Prédiction 2: _____

3 **Le bon choix** Complétez chaque phrase de façon logique d'après le court métrage.

1. D'après la femme, le quartier où le couple vit est _____.

  a. un trou perdu   b. vivant   c. dangereux

2. La femme ne pense pas que/qu' _____.

   a. le quartier va s'améliorer   b. il va neiger   c. la voiture va démarrer

3. L'homme dit qu'il a besoin _____.

  a. d'un outil   b. de vacances   c. de s'occuper d'un enfant

4. Tout à coup, il y a _____.

   a. une photo d'enfant b. une secousse sismique   c. un couple d'invités qui arrive

5. Le deuxième couple _____ le premier couple.

   a. connaît   b. n'a rien à voir avec   c. est dans la même situation que

4 **Questions** Répondez aux questions d'après le court métrage.

1. Qui interrompt l'homme pendant qu'il répare sa voiture? Pourquoi?

2. Comment est la maison du couple principal? Décrivez-la en donnant des détails.

3. De quoi la femme se plaint-elle? Et l'homme? Comparez leurs problèmes.

4. Que se passe-t-il tout à coup? Comment les personnages réagissent-ils? Et vous, réagiriez-vous de la même façon? Expliquez votre réponse.

5. À votre avis, pourquoi voit-on plusieurs poupées dans ce court métrage? Qu'est-ce que celles-ci symbolisent?

6. Qui sont les deux personnages qu'on voit à la fin du court métrage? En quoi sont-ils connectés aux personnages du début du film?

5 **Interprétation** Dans le court métrage, le personnage féminin principal fait la remarque ci-dessous. À votre avis, qu'est-ce qu'elle veut dire? Discutez-en par petits groupes.

> «De toute façon, tu perds ton temps. Ça ne marchera jamais.»

6 **Un e-mail** Imaginez que vous soyez un(e) ami(e) du personnage féminin principal. Écrivez-lui un e-mail dans lequel vous lui exprimez vos sentiments au sujet de sa situation. Donnez-lui aussi des conseils pour améliorer sa routine.

7 **Jeu de rôles** Imaginez la conversation qui va avoir lieu entre la deuxième femme et son compagnon. À deux, préparez le dialogue, puis jouez-le devant la classe.

8 **Le titre** L'expression *ad vitam æternam* signifie «pour l'éternité» en latin. En quoi illustre-t-elle le sujet de ce court métrage? Quel rapport a-t-elle avec le titre du film? Discutez de ces questions par petits groupes.

4 As a follow-up to item 6, ask students to compare and contrast the two couples featured in the film.

5 Ask students to describe the man's actual response to the woman's statement. Alternatively, ask them to invent a different response and instead describe that one.

6 For variety, have half the students write a letter to the main male character instead.

7 Before students complete this activity, replay the end of the short film to make sure students realize that the situation is similar.

Practice more at vhlcentral.com.

La Grand-Place, à Bruxelles

IMAGINEZ

INSTRUCTIONAL RESOURCES
Supersite: Teaching suggestions; SAM AK
SAM/WebSAM: WB

KEY STANDARDS
2.1, 2.2, 3.2, 4.2, 5.1

la Belgique, la Suisse et le Luxembourg

Des cités cosmopolites Ⓢ Reading

Découvrir l'**Europe** francophone, c'est aussi partir à la rencontre de la **Belgique**, du **Luxembourg** et de la **Suisse**.

En Belgique, on parle le français dans la partie sud du pays, dans la région de la **Wallonie**, et à **Bruxelles**, qui est la capitale du royaume°. Elle abrite° le siège du **Conseil**, de la **Commission** et du Parlement européens. Des gens de toute l'Europe viennent donc vivre et travailler à Bruxelles. Cette partie-là de la ville est très moderne. Tout autour de la **Grand-Place**, Bruxelles a aussi une partie historique. Le **Manneken-Pis** et l'**Atomium** en sont sans doute les deux plus grandes attractions. Le Manneken-Pis est le **Belge** le plus célèbre du monde: c'est la petite statue en bronze d'un jeune garçon qui urine dans une fontaine. Il représente l'indépendance d'esprit des Bruxellois. L'**Atomium** est une construction géante de 102 mètres de haut, en forme de molécule de fer° qui a été assemblée pour l'**Exposition universelle** de 1958. De son «atome» le plus élevé, on peut admirer le panorama de la ville entière.

Plus au sud, il y a le **Luxembourg** et sa capitale qui porte le même nom. À l'image de Bruxelles, la population y est très cosmopolite: on dit que 60% seulement des habitants sont luxembourgeois d'origine. La ville, mondialement connue pour son système bancaire, est aussi réputée pour le shopping de luxe et ses magasins. Il y a également beaucoup de musées dédiés à l'art, à la culture, à l'industrie ou à la nature. La partie historique de Luxembourg et les fortifications sont classées au patrimoine mondial de l'**UNESCO**. Pour aller au café ou au restaurant, il faut se diriger vers sa splendide **place d'Armes**. Après avoir bien profité des terrasses, on peut se balader dans les rues piétonnes et admirer l'architecture.

Certains de ces traits se retrouvent aussi à **Genève**, la plus grande ville francophone de **Suisse**. C'est le siège de nombreuses multinationales et d'organisations internationales et non gouvernementales, dont l'**ONU**° et la **Croix-Rouge**°. C'est également un grand centre bancaire,

Un horloger travaille sur une montre suisse.

comme le Luxembourg. La rade° est connue pour son jet d'eau° illuminé, mais aussi pour ses quais° fleuris, ses jardins botaniques et ses maisons historiques. Les bains publics des **Pâquis** sont une véritable institution. Tous s'y réunissent dans une atmosphère typiquement genevoise pour profiter de la plage, des saunas et des plongeoirs°. Sur la rive gauche de la rade, il y a aussi le **Jardin anglais** et sa célèbre **horloge° fleurie**, en référence à la spécialité d'horlogerie° de luxe de la ville. Enfin, Genève est la capitale culinaire de la Suisse. Sa spécialité: le filet de perche° du **lac Léman**.

En somme, ces trois métropoles marient parfaitement leur art de vivre traditionnel et leur grande modernité.

royaume *kingdom* **abrite** *houses* **fer** *iron* **ONU** *UNO* **Croix-Rouge** *Red Cross* **rade** *harbor* **jet d'eau** *fountain* **quais** *wharves* **plongeoirs** *diving boards* **horloge** *clock* **horlogerie** *clock- and watch-making* **perche** *perch*

Le français parlé en Belgique et en Suisse

Les belgicismes

le bassin de natation	la piscine
blinquer	briller; *shine*
un essuie	une serviette
une heure de fourche	une heure de libre
octante	quatre-vingts
savoir	pouvoir

La Suisse

c'est bonnard!	c'est sympa!
un cheni	un désordre
une chiclette	un chewing-gum
un cornet	un sac plastique
fais seulement!	je t'en prie!
huitante	quatre-vingts
un linge	une serviette de bain
un natel	un téléphone portable
poutser	nettoyer

En Suisse et en Belgique

le déjeuner	le petit-déjeuner
le dîner	le repas de midi
nonante	quatre-vingt-dix
septante	soixante-dix

Découvrons
la Belgique, le Luxembourg et la Suisse

La montagne de Bueren Ce n'est pas une montagne, mais un escalier monumental, à **Liège**, en Belgique. Ses **374 marches°** ont été construites en 1875 pour faciliter l'ascension des soldats vers la citadelle et on leur a donné le nom d'un défenseur historique de Liège, **Vincent de Bueren**. La montée est dure, mais on peut se reposer sur les bancs installés sur des paliers°, et en haut, la vue est magnifique!

Le chocolat belge Qualité et tradition ont fait la réputation du chocolat belge. L'histoire commence avec **Jean Neuhaus** en 1857, qui vendait du chocolat amer° dans sa pharmacie, à **Bruxelles**. Avec son fils, il invente ensuite les **confiseries°**. En 1912, son petit-fils crée la **praline**, le premier chocolat fourré° puis le **ballotin°** à offrir. Aujourd'hui, cette tradition belge est bien vivante. **Léonidas**, la fameuse compagnie belge, est un des leaders mondiaux de la vente de pralines.

Banques luxembourgeoises Le Luxembourg est un paradis bancaire. On compte plus de **140 banques** sur le territoire, et le secret bancaire y est garanti par la constitution. Environ 30% de l'économie du pays dépend des banques et de leur rôle financier international. Résultat: le PNB° par habitant est l'un des plus élevés du monde, et les **Luxembourgeois** bénéficient d'un excellent niveau de vie.

Bertrand Piccard Ce fils et petit-fils d'inventeurs suisses a en effet réalisé en 1999 le premier tour du monde en ballon°. Avec **Brian Jones**, son coéquipier°, ils ont mis 20 jours. C'est un aventurier qui a aussi du cœur. Il a financé une campagne de lutte° en **Afrique** contre le **noma**, une maladie qui touche les enfants. Son dernier projet en date? Faire le tour du monde en avion solaire!

marches *steps* **paliers** *landings* **amer** *bitter* **confiseries** *confectioneries* **fourré** *filled* **ballotin** *box of chocolates* **PNB** *GNP* **ballon** *hot air balloon* **coéquipier** *teammate* **lutte** *fight*

Qu'avez-vous appris?

1   Vrai ou faux? Indiquez si ces affirmations sont vraies ou fausses. Corrigez les fausses. Answers may vary slightly.

1. La Belgique, le Luxembourg et la Suisse font partie de l'Europe francophone. Vrai.

2. On parle le français en Flandre, la partie sud de la Belgique. Faux. On parle le français en Wallonie et à Bruxelles.

3. Bruxelles abrite le siège du Conseil, de la Commission et du Parlement européens. Vrai.

4. Des gens de Belgique uniquement viennent vivre à Bruxelles. Faux. Des gens de toute l'Europe viennent à Bruxelles.

5. L'Atomium est une petite statue en bronze d'un jeune garçon qui urine dans une fontaine. Faux. Le Manneken-Pis est une petite statue en bronze d'un jeune garçon qui urine dans une fontaine.

6. Le quartier historique et les fortifications de Bruxelles sont classés au patrimoine mondial de l'UNESCO. Faux. Le quartier historique et les fortifications de Luxembourg sont classés au patrimoine mondial de l'UNESCO.

7. L'ONU et la Croix-Rouge sont situées à Zurich. Faux. Leur siège est à Genève.

8. La montagne de Bueren est un grand escalier de 374 marches. Vrai.

9. Le chocolat belge est réputé pour sa qualité. Vrai.

2   Complétez Complétez chaque phrase logiquement.
Answers may vary slightly. Possible answers provided.

1. L'Atomium est… qui a été assemblée pour l'Exposition universelle de 1958. une construction géante en forme de molécule de fer

2. En référence à sa spécialité d'horlogerie de luxe, … la ville de Genève a une horloge fleurie.

3. Le filet de perche est… la spécialité culinaire de Genève.

4. La famille Neuhaus de Bruxelles a inventé… les confiseries au chocolat, la praline et le ballotin.

5. Les marches de la montagne de Bueren ont été construites pour… faciliter l'ascension des soldats vers la citadelle.

6. Le Luxembourg est un paradis bancaire car… on y compte plus de 140 banques et le secret bancaire y est garanti par la constitution.

7. Avec Brian Jones, Bertrand Piccard est le premier homme à… avoir fait le tour du monde en ballon.

8. Le dernier projet de Piccard est de… faire le tour du monde en avion solaire.

ÉPREUVE

Trouvez la bonne réponse.

1. Depuis l'Atomium, on voit _____.
   - a. le Jardin anglais
   - b. la place d'Armes
   - c. la campagne
   - d. le panorama de Bruxelles ✓

2. La capitale du Luxembourg s'appelle _____.
   - a. Luxembourg ✓
   - b. Genève
   - c. Bueren
   - d. Piccard

3. _____ seulement des habitants de Luxembourg sont luxembourgeois d'origine.
   - a. 40 %
   - b. 50 %
   - c. 60 % ✓
   - d. le tiers

4. Le symbole de la rade de Genève est _____.
   - a. son jet d'eau ✓
   - b. son horloge fleurie
   - c. sa buvette
   - d. ses restaurants

5. Genève est connue pour la fabrication _____.
   - a. de montres de luxe ✓
   - b. de ballons
   - c. de fusées
   - d. d'ordinateurs

6. Genève est _____ de la Suisse.
   - a. le centre financier
   - b. la capitale
   - c. le port
   - d. la capitale culinaire ✓

7. Quand on monte les marches de la montagne de Bueren, on _____.
   - a. doit se dépêcher
   - b. peut s'arrêter sur des paliers pour se reposer ✓
   - c. ne voit rien de spécial
   - d. est suivi par des soldats

8. Léonidas vend beaucoup _____.
   - a. ballotins
   - b. confiseries
   - c. chocolats
   - d. pralines ✓

9. Bertrand Piccard est non seulement un aventurier, mais il a aussi _____.
   - a. une sœur
   - b. des enfants
   - c. un avion
   - d. du cœur ✓

10. Les Suisses et les Belges disent septante et nonante pour _____.
    - a. soixante-dix et quatre-vingts
    - b. cinquante et quatre-vingts
    - c. soixante-dix et quatre-vingt-dix ✓
    - d. soixante et quatre-vingt-dix

Practice more at **vhlcentral.com**.

Le Zapping

S Video

INSTRUCTIONAL RESOURCES
Supersite: Video Script & Translation; Answer Key

Le robot à la française

Préparez-vous à vivre dans le futur: Nao le robot arrive bientôt chez vous! Ce robot humanoïde unique a été mis au point (*developed*) par Aldebaran Robotics, une compagnie française installée à Paris. Ce petit robot est équipé d'un outil de programmation qui permet de lui faire apprendre toutes sortes de comportements (*behaviors*) nouveaux. Ainsi, Nao peut devenir un robot de compagnie, un garde-malade infatigable ou, tout simplement, votre partenaire de jeu favori.

Aujourd'hui, c'est vraiment un des [robots les] plus sophistiqués qui existent, quoi... Et c'est un robot entièrement français.

1

Compréhension Répondez aux questions par des phrases complètes.

1. Qu'est-ce que Nao peut faire grâce au wifi et à la synthèse vocale?
   Il peut être connecté sur Internet pour vous lire vos e-mails ou des histoires.

2. À quoi servent les outils de programmation qui viennent avec Nao?
   Ils permettent de lui enseigner d'autres comportements.

3. Quel type de public est visé par les créateurs de Nao? Ils visent surtout les fanas de technologie, les techno-addicts, les ingénieurs, les techniciens et les gens qui aiment bricoler des ordinateurs.

2

Discussion Répondez aux questions en donnant des détails.

1. D'après vous, à quoi pourrait servir un robot comme Nao à l'avenir?

2. Nao pourrait avoir une personnalité. À votre avis, est-ce une bonne chose? Pourquoi?

3. À votre avis, ce type de robot va-t-il avoir du succès dans les années à venir? Pourquoi?

Et vous? Si vous aviez la possibilité de créer le robot idéal, que ferait-il? Quelle gamme de comportements aimeriez-vous que ce robot possède? Comment l'utiliseriez-vous?

🔍 Practice more at **vhlcentral.com.**

COMPRÉHENSION Have students work as a class to compile a list of all the features of Nao on the board. Then have them rank them from most to least useful. Ask students to come up with other features and capabilities that they feel would be useful in a robot such as Nao.

DISCUSSION As a follow-up, have students write a 10-line paragraph by following these directions: **Connaissez-vous des livres ou des films de science-fiction qui mettent en scène un monde dont les robots ont pris le contrôle? Décrivez-en un et dites ce que vous en pensez.**

VOCABULAIRE

de la vidéo

cabochard(e) *stubborn*

une cannette *(beverage) can*

le champ visuel *field of vision*

une gamme *range; model*

la synthèse vocale *vocal synthesis module*

des systèmes de traitement d'images embarqués *built-in image processing systems*

viser *to target*

pour la conversation

dangereux/dangereuse *dangerous*

envahir *to invade*

grâce à *thanks to*

inestimable *invaluable*

l'intelligence artificielle (f.) *artificial intelligence*

perdre le contrôle (de) *to lose control (of)*

prendre le contrôle (de) *to take over*

la recherche et l'exploration *research and exploration*

GALERIE DE CRÉATEURS

ART Sylvie Fleury (1961–)

Née à Genève où elle habite, Sylvie Fleury est une artiste contemporaine suisse, une plasticienne du pop art qui s'intéresse surtout au monde de l'élégance et au consumérisme. Elle crée ses œuvres autour d'objets de luxe, souvent liés (*linked*) à la femme. Elle désire mettre ces objets en valeur (*highlight*) et dépasser (*go beyond*) la simple représentation publicitaire. En effet, elle les montre tels qu'ils sont vraiment et révèle leur pouvoir de séduction. Pour Sylvie Fleury, tout ce qui représente le monde du luxe est source d'inspiration: les flacons (*bottles*) de parfum, les crèmes cosmétiques coûteuses, les sacs, les chaussures ou les voitures… Elle leur confère une valeur artistique au même titre qu'un tableau ou une sculpture.

POLITIQUE Robert Schuman (1886–1963)

Robert Schuman, allemand de naissance, est né au Luxembourg, d'un père français de nationalité allemande originaire de Lorraine et d'une mère luxembourgeoise. Après la Première Guerre mondiale, la Lorraine redevient française, et Robert Schuman acquiert la nationalité française. Cette multi-nationalité influencera sa vision d'une Europe unie. Il fait des études de droit pour devenir avocat. Puis, à la fin de la Seconde Guerre mondiale, il se lance dans la politique. Il devient le grand négociateur de tous les traités majeurs de l'après-guerre. Persuadé de la nécessité d'une paix stable en Europe, Schuman est à l'origine de la création de la Communauté Européenne du Charbon (*Coal*) et de l'Acier (*Steel*) (CECA) qui regroupait la Belgique, la France, l'Italie, la République fédérale d'Allemagne, le Luxembourg et les Pays-Bas (*Netherlands*). Cette communauté deviendra plus tard l'Union européenne. En 1960, le Parlement européen, dont il est le premier président, lui donne le titre de «Père de l'Europe».

LITTÉRATURE
Amélie Nothomb (1967–)

Amélie Nothomb est née au Japon. Elle a été profondément marquée par la culture japonaise, même si, enfant, elle a suivi son père, ambassadeur de Belgique, aux États-Unis et en Asie du Sud-Est. En 1984, lors de son arrivée en Europe, à Bruxelles, Amélie Nothomb, âgée de 17 ans, subit (souffre) un choc culturel qu'elle vit assez mal, et qui la pousse à écrire. Elle publie alors son premier livre en 1992, *Hygiène de l'assassin*, qui est aussi son premier succès. Depuis, elle écrit environ (*about*) trois livres par an, mais décide de n'en publier qu'un chaque année. Elle a un style romanesque et décalé, toujours caractérisé par un humour subtil, parfois noir. Certains de ses livres ont été adaptés au cinéma, comme *Hygiène de l'assassin* et *Stupeur et tremblements*. Dans celui-ci, paru en 1999, elle parle de son retour au Japon où elle était partie travailler comme interprète.

CINÉMA
Jean-Pierre (1951–) et Luc (1954–) Dardenne

Jean-Pierre et Luc Dardenne ont grandi dans une banlieue industrielle de Liège, grande ville économique et culturelle de Belgique. C'est dans cette banlieue qu'ils tourneront la plupart de leurs films. Jean-Pierre étudie l'art dramatique et Luc la philosophie. En 1974, Luc et Jean-Pierre unissent leurs talents pour faire du cinéma. Ils tourneront d'abord des documentaires à caractère social. Puis ils passent à la réalisation de fictions avec le film *Falsch* en 1987, toujours engagés socialement. D'autres œuvres suivront. Mais ils connaissent la consécration (*recognition*) en gagnant (*by winning*) la Palme d'or au Festival de Cannes en 1999, avec *Rosetta*. Ce succès est doublé d'une deuxième Palme d'or en 2005 avec le film *L'Enfant*. Excellents représentants du cinéma-vérité, leurs films ont un style proche du documentaire: peu de dialogues, peu ou pas de musique et beaucoup de gros plans (*close-ups*).

Compréhension

Vrai ou faux? Indiquez si chaque phrase est vraie ou fausse. Corrigez les phrases fausses.

1. Les créations de Sylvie Fleury ont souvent pour thème les objets de luxe et la femme. Vrai.

2. Le cubisme est une source d'inspiration importante pour Sylvie Fleury. Faux. Le pop art est une source d'inspiration pour elle.

3. Robert Schuman a toujours eu la nationalité française. Faux. Il l'a obtenue après la Première Guerre mondiale.

4. Schuman était contre l'idée de la création d'une Europe unie. Faux. Il était pour cette idée.

5. Amélie Nothomb a beaucoup été influencée par les nombreux voyages de sa jeunesse. Vrai.

6. Nothomb a commencé à écrire parce qu'elle voulait partager sa joie de vivre. Faux. Elle a commencé à écrire parce qu'elle avait mal vécu son choc culturel à son retour en Europe.

7. Les premiers films des frères Dardenne étaient surtout des documentaires socialement engagés. Vrai.

8. Dans les films des frères Dardenne, il y a peu de dialogues mais il y a toujours de la musique. Faux. Il y a peu de dialogues, peu ou pas de musique et beaucoup de gros plans.

Rédaction

À vous! Choisissez un de ces thèmes et écrivez un paragraphe d'après les indications.

- **Une machine à voyager dans le temps** Imaginez que vous soyez Robert Schuman. Grâce à une machine à voyager dans le temps, vous avez l'occasion de visiter l'Europe du 21e siècle. Écrivez un paragraphe dans lequel vous donnez vos impressions de l'Europe d'aujourd'hui.

- **Choc culturel** Avez-vous déjà eu un choc culturel comme celui d'Amélie Nothomb? Si oui, racontez cette expérience en détails. Sinon, essayez d'imaginer une telle expérience.

- **Idée de film** Vous allez faire un documentaire à caractère social sur un grave problème actuel de votre région ou pays. Rédigez un synopsis pour votre documentaire.

Practice more at **vhlcentral.com.**

KEY STANDARDS
4.1, 5.1

7.1

INSTRUCTIONAL RESOURCES
Supersite: Lab Audioscript, SAM AK, Lab MP3s
SAM/WebSAM: WB, LM

Practice the comparative and superlative forms by asking students questions. Examples: **Est-ce que vous trouvez la biologie plus difficile que les maths? Quelle matière est-ce que vous trouvez la plus facile?**

ATTENTION!

Remember that **que** becomes **qu'** before a vowel sound.
Caroline est plus jeune qu'Ousmane.

Tell students that they must repeat the comparative word before each adjective. Example: **Ce portable est plus performant et plus cher que l'appareil numérique.** *This cell phone is more powerful and expensive than the digital camera.*

Point out that, to express the comparative and superlative of nouns and verbs, **autant** is required instead of **aussi**. Examples: **Étudiez-vous autant que votre camarade de chambre? Avez-vous autant de devoirs que lui/qu'elle?**

BLOC-NOTES

For a review of adjectives that are placed in front of the nouns they modify, see **Structures 2.2, pp. 60–61.**

The comparative and superlative of adjectives and adverbs

*L'homme est **aussi énervé** que la femme.*

Adjectives

- To make comparisons between people or things, place **plus** (*more*), **moins** (*less*), or **aussi** (*as*) before the adjective, and **que** (*than or as*) after it.

Cette invention est **plus** innovante **que** la précédente.
This invention is more innovative than the previous one.

Les planètes Uranus et Neptune sont **moins** lumineuses **que** les étoiles.
The planets Uranus and Neptune are less bright than the stars.

Ce moteur de recherche est **aussi** efficace **que** celui-là.
This search engine is as efficient as that one.

- Form the superlative by using the appropriate definite article along with the comparative form.

C'est **l'**ordinateur **le plus rapide** de la faculté de médecine.
It is the fastest computer in the medical school.

C'est elle qui a proposé **la** théorie **la plus révolutionnaire.**
She proposed the most revolutionary theory.

- The preposition **de** following the superlative means *in* or *of*.

*Voici **la meilleure** invention **du** monde.*

- When using the superlative of an adjective that precedes the noun it modifies, the superlative form also precedes the noun.

Vous travaillez sur **le plus vieil** ordinateur de la fac.
You're working on the oldest computer on campus.

As-tu visité **les plus beaux** monuments de la ville?
Did you visit the most beautiful monuments in town?

- The adjectives **bon** and **mauvais** have irregular comparative and superlative forms.

Adjective	Comparative	Superlative
bon(ne)(s) *good*	**meilleur(e)(s)** *better*	**le/la/les meilleur(e)(s)** *the best*
mauvais(e)(s) *bad*	**pire(s)** *or* **plus mauvais(e)(s)** *worse*	**le/la/les pire(s)** *or* **le/la/les plus mauvais(e)(s)** *the worst*

Djamel a acheté un télescope de **meilleure** qualité.
Djamel bought a better quality telescope.

Charlotte a écrit **le plus mauvais** discours de la classe.
Charlotte wrote the worst speech in the class.

Adverbs

- When comparing adverbs, place **plus**, **moins**, or **aussi** before the adverb and **que** after it.

Romane surfe sur le web **plus** rapidement **qu'**Émilie.
Romane surfs the Web faster than Émilie.

Ce moteur de recherche va **moins** vite **que** l'autre.
This search engine works less quickly than the other one.

- Because adverbs are invariable, the definite article used in the superlative is always **le**.

C'est Laure et moi qui travaillons **le plus sérieusement.**
Laure and I work the most seriously.

C'est mon frère qui conduit **le moins patiemment.**
My brother drives the least patiently.

- The adverbs **bien** and **mal** have irregular comparative and superlative forms.

Adverb	Comparative	Superlative
bien *well*	**mieux** *better*	**le mieux** *the best*
mal *badly*	**plus mal** *or* **pis** (seldom used) *worse*	**le plus mal** *or* **le pis** (seldom used) *the worst*

Cet outil-ci marche **mieux que** celui-là.
This tool works better than that one.

C'est cet outil-là qui marche **le plus mal**.
That tool works the worst.

*C'est Léonie qui joue **le mieux** du violon.*

Point out that **mauvais(e)** has irregular (**pire**) and regular (**plus mauvais[e]**) forms. Examples are: **Cet article est pire que le précédent. Aujourd'hui, il fait plus mauvais qu'hier.**

Practice the structures by asking volunteers questions about classrooms objects. Ex: **Est-ce que ce sac-ci est plus grand que celui-là? (Non. Il est plus petit.)**

BLOC-NOTES

To review adverbs, see **Structures 2.3, pp. 64–65.**

Students might learn the comparative and superlative forms more quickly if they use them in a personal context. Have them write original sentences where they compare themselves to friends and family members.

ATTENTION!

Be careful not to confuse the adjectives **bon** (*good*) and **mauvais** (*bad*) with the adverbs **bien** (*well*) and **mal** (*badly*).

La chanson est bonne/mauvaise.
The song is good/bad.

Elle chante bien/mal.
She sings well/badly.

Even though **pis** is seldom used, point out the common expression **tant pis** (*too bad*), as opposed to **tant mieux** (*so much the better*). **Pis** would be used in literary contexts, particularly in the classics.

Mise en pratique

1 Have two students act out the conversation for the class.

1

Le meilleur Patricia et Fabrice parlent des moyens de transport et ils ne sont pas d'accord. Complétez leur dialogue à l'aide des éléments de la liste.

aussi	le pire	mieux que	plus
la plus	le plus	moins	que

PATRICIA Je refuse de prendre l'avion. J'ai trop peur.

FABRICE Mais l'avion est le transport (1) _____le plus_____ sûr du monde!

PATRICIA Peut-être, mais c'est (2) _____plus_____ agréable de prendre le train, parce que tu peux regarder le paysage. Et puis, le train est (3) _____moins_____ cher.

FABRICE Mais voler, c'est la façon de voyager (4) _____la plus_____ avantageuse! Tu peux regarder des films et on te sert à manger.

PATRICIA Et l'attente à l'aéroport? C'est (5) _____le pire_____ moment du voyage.

FABRICE Eh bien, je trouve qu'attendre à l'aéroport est toujours (6) _____mieux que_____ passer des jours à voyager pour arriver à la même destination.

PATRICIA Je t'assure que je ne suis toujours pas convaincue que l'avion soit (7) _____aussi_____ pratique (8) _____que_____ le train. Alors, je propose que tu prennes l'avion et moi le train, et on se retrouve à l'hôtel.

Note CULTURELLE

La compagnie aérienne nationale belge, la **Sabena,** est créée en 1923 et disparaît en 2001. **Swissair** était la compagnie aérienne nationale suisse. Elle est créée en 1931 et fusionne avec Crossair en 2002, sous le nom de **Swiss.** En 1934, Swissair est la première à engager (*hire*) des hôtesses de l'air.

À former

2

A. Utilisez le superlatif pour faire des phrases complètes avec les éléments proposés.

> **Modèle** L'avion est le mode de transport le plus sûr du monde.

l'avion	le mode de transport	sûr	du monde
Einstein	scientifique	connu	du 20e siècle
Genève	ville	cosmopolite	de Suisse
Jacques Brel	chanteur	célèbre	de Belgique
Harry Potter	livre	populaire	du moment

2 Suggested answers: A. Einstein est le scientifique le plus connu du 20e siècle. Genève est la ville la plus cosmopolite de Suisse. Jacques Brel est le chanteur le plus célèbre de Belgique. *Harry Potter* est le livre le plus populaire du moment. B. Einstein est plus connu que Bose. Berne est moins cosmopolite que Genève. Jacques Brel est plus célèbre qu'Edmée Daenen. *Harry Potter* est aussi populaire que *Le Seigneur des anneaux* (The Lord of the Rings).

B. Maintenant, faites des phrases avec le comparatif.

> **Modèle** L'avion est plus sûr que la voiture.

3

Plus ou moins Avec un(e) camarade de classe, comparez ces éléments à tour de rôle. Soyez inventifs.

> **Modèle** —L'écran de mon ordinateur fait 17 pouces.
> —Le mien fait 15 pouces. Il est moins grand que le tien.
> —Ton écran est le moins grand des deux.

3 To teach or review possessive pronouns **le mien, le tien,** etc., see Fiche de grammaire 6.5, p. 414.

3 To teach or review possessive pronouns **le mien, le tien,** etc., see Fiche de grammaire 6.5, p. 396.

- votre appareil (photo) numérique
- votre voiture
- votre téléphone portable
- votre maison/appartement
- votre ordinateur
- vos parents
- votre vie nocturne
- votre film préféré
- votre connexion Internet
- ?

Practice more at **vhlcentral.com.**

Communication

4

Rendez-vous Hier soir, vous aviez rendez-vous avec un(e) inconnu(e) (*blind date*). À deux, employez des comparatifs et des superlatifs pour parler du rendez-vous. Aidez-vous des mots de la liste.

> **Modèle** C'était le pire rendez-vous de ma vie!

blagues	film	vêtements
cheveux	restaurant	viande
conversation	salade	voiture

5

Au musée des Sciences Vos camarades et vous êtes au musée des Sciences où vous découvrez les progrès technologiques des siècles passés. Par groupes de trois, imaginez la vie aux périodes proposées et faites trois comparaisons pour chacune.

> **Modèle** Au Moyen Âge, la vie était plus difficile sans le radiateur.

au Moyen Âge (*Middle Ages*)	à la création des États-Unis	au début du 20ᵉ siècle	il y a vingt ans

6

Et votre vie à vous? Par groupes de trois, discutez des aspects de votre vie quotidienne qui bénéficient des progrès technologiques. Comment était votre vie avant l'arrivée de ces technologies? Comment est-elle aujourd'hui? Employez des comparatifs et des superlatifs.

4 Have students ask each other questions that elicit more comparatives and superlatives. Example: **Le restaurant était-il meilleur que le resto U au moins?**

5 Before beginning the activity, have students brainstorm a list of items one typically finds in a museum.

5 Have students say during which time period they would prefer to live. Then have groups discuss their preferences using comparatives and superlatives.

6 As an expansion, have students interview older generations in their family to see how certain technological advances affected their lives. Then have a class discussion based on what students found out.

KEY STANDARDS
4.1, 5.1

7.2

INSTRUCTIONAL
RESOURCES
Supersite: Lab Audioscript,
SAM AK, Lab MP3s
SAM/WebSAM: WB, LM

BLOC-NOTES

To review the **futur proche**, see
Structures 1.2, pp. 22–23.

More examples of definite
difference between the
use of **futur proche** and
**futur simple: Il va bientôt
arriver. Il arrivera dans
quelques jours.**

The **futur proche** is used
mostly in spoken language
to indicate things that will
happen soon. The **futur
simple** is used more in
written language and
when it is used in the
spoken language, there is
a connotation of will and
determination.

Examples: **Je vais y arriver.**
I'll manage.

J'y arriverai. *I will make it.*

Remind students that the English
auxiliary *will* does not have a
single-word French equivalent.

Have pairs write a short
horoscope. Tell them to make
only positive predictions about
their partners. Have volunteers
read their partner's horoscope
aloud twice. On the first reading,
ask students to raise their hands
each time they hear a future verb
form. On the second one, record
the verbs on the board.

The *futur simple*

*De toute façon tu perds ton temps, ça ne **marchera**
jamais...*

- You have learned to use **aller** + [*infinitive*] to say that something is going to happen in
  the immediate future (the **futur proche**). To talk about something that will happen further
  ahead in time, use the **futur simple**.

Futur proche	Futur simple
Je **vais effacer** la dernière phrase avant de sauvegarder mon essai.	Nous **effacerons** les photos de l'appareil après les avoir imprimées.
I'm going to erase the last sentence before saving my essay.	*We will erase the pictures on the camera after printing them.*

- Form the simple future of regular **-er** and **-ir** verbs by adding these endings to the
  infinitive. For regular **-re** verbs, take the **-e** off the infinitive before adding the endings.

	parler	**réussir**	**attendre**
je/j'	parlerai	réussirai	attendrai
tu	parleras	réussiras	attendras
il/elle	parlera	réussira	attendra
nous	parlerons	réussirons	attendrons
vous	parlerez	réussirez	attendrez
ils/elles	parleront	réussiront	attendront

- Spelling-change **-er** verbs undergo the same change in the future tense as they do
  in the present.

je me promène	je me promènerai
j'emploie	j'emploierai
j'essaie *or* j'essaye	j'essaierai *or* j'essayerai
j'appelle	j'appellerai
je projette	je projetterai

- Verbs with an **é** before the infinitive ending, such as **espérer**, **préférer**, and **répéter**, do
  not undergo a spelling change in the future tense.

Nous **suggérerons** à Fatih qu'il reste chez nous.	*We will suggest to Fatih that he stay with us.*

- Many common verbs have an irregular future stem. Add the future endings to these stems.

infinitive	stem	future	infinitive	stem	future
aller	ir-	j'irai	pleuvoir	pleuvr-	il pleuvra
avoir	aur-	j'aurai	pouvoir	pourr-	je pourrai
courir	courr-	je courrai	recevoir	recevr-	je recevrai
devoir	devr-	je devrai	savoir	saur-	je saurai
envoyer	enverr-	j'enverrai	tenir	tiendr-	je tiendrai
être	ser-	je serai	valoir	vaudr-	il vaudra
faire	fer-	je ferai	venir	viendr-	je viendrai
falloir	faudr-	il faudra	voir	verr-	je verrai
mourir	mourr-	je mourrai	vouloir	voudr-	je voudrai

- Verbs in the simple future are usually translated with *will* or *shall* in English.

Nous **aurons** un lecteur de DVD dans notre chambre.
We will have a DVD player in our room.

Un jour, on **pourra** se promener sur la planète Mars.
One day, we will be able to walk on Mars.

- Use the future tense instead of the imperative to make a command sound more forceful.

Tu **viendras** au restaurant avec nous ce soir.
You will come to the restaurant with us tonight.

Vous **ferez** passer le message à votre professeur.
You'll pass along the message to your professor.

- After **dès que** (*as soon as*) or **quand** put the verb in the future tense if the action takes place in the future. The verb in the main clause should be in the future or the imperative.

	FUTURE	MAIN CLAUSE: FUTURE OR IMPERATIVE
Dès que	vous **aurez** un brevet,	vous **pourrez** vendre votre invention.
Quand	tu **seras** dans l'ovni,	pose des questions aux extraterrestres!

- The same kind of structure can be used with the conjunctions **aussitôt que** (*as soon as*), **lorsque** (*when*), and **tant que** (*as long as*). Note that in English, the verb following them is most often in the present tense.

Nous vous recevrons **aussitôt que** vous arriverez au laboratoire.
We will welcome you as soon as you arrive at the laboratory.

Tant qu'ils seront curieux, les astronomes étudieront l'origine de l'univers.
As long as they're curious, astronomers will study the universe's origin.

- To talk about events that might occur in the future, use a **si...** (*if...*) construction. Use the present tense in the **si** clause and the **futur proche**, **futur simple**, or imperative in the main clause. Remember that **si** and **il** contract to become **s'il**.

S'il y **a** un film intéressant à la télé ce soir, **dis**-le-moi.
If there's an interesting movie on TV tonight, tell me.

Si Aïcha **achète** un appareil numérique, elle me **donnera** son appareil traditionnel.
If Aïcha buys a digital camera, she'll give me her traditional camera.

ATTENTION!

Apercevoir has a future stem like that of **recevoir**. Similarly, **devenir** and **revenir** are like **venir**, and **maintenir** and **retenir** are like **tenir**.

J'apercevrai.

Vous reviendrez.

Ils maintiendront.

Ask students to each state one New Year's resolution using the **futur simple**.

ATTENTION!

In spoken French, the present tense is used sometimes to express future actions.

Nous nous retrouvons au cybercafé.
We're meeting at the cybercafé.

Use the present tense of **devoir** + [*infinitive*] to express an action that you suppose will happen.

Benoît doit arriver dans les prochains jours.
Benoît must be arriving in the next few days.

Mention that using the **futur** in place of the imperative can also make it sound like a more polite request. Example: **Vous éteindrez la lumière, s'il vous plait.** *Turn out the light, please.*

BLOC-NOTES

To learn how to use **si** clauses to express contrary-to-fact situations, see **Structures 10.3, pp. 374–375.**

Mise en pratique

1 Remind students to watch for irregular verbs as they complete the activity.

1 Have students search a French-language website for their horoscope for a week. Tell them to print out each day's horoscope and highlight the uses of the **futur simple**.

1

L'horoscope vietnamien Lisez les prédictions de l'horoscope chinois pour le signe du dragon. Mettez les verbes au futur simple.

TRAVAIL Cette semaine, vous (1) _____devrez_____ (devoir) travailler dur. Vous ne
(2) _____pourrez_____ (pouvoir) pas vous reposer, parce que votre patron
(3) _____sera_____ (être) très exigeant. Mais ça (4) _____vaudra_____
(valoir) la peine. On vous (5) _____donnera_____ (donner) une augmentation
et vos collègues (6) _____seront_____ (être) jaloux.

ARGENT Dès que vous (7) _____comprendrez_____ (comprendre) qu'il ne faut pas trop
dépenser, votre situation financière (8) _____ira_____ (aller) mieux. Pour
devenir millionnaire, il vous (9) _____faudra_____ (falloir) beaucoup de
volonté et de patience. Mais vous (10) _____tiendrez_____ (tenir) bon. Peut-être
que vous (11) _____recevrez_____ (recevoir) l'héritage d'une tante éloignée.

SANTÉ Vous (12) _____aurez_____ (avoir) des problèmes respiratoires. Mais vous
(13) _____saurez_____ (savoir) y faire face. Des membres de votre famille
vous (14) _____suggéreront_____ (suggérer) sûrement des moyens de combattre
ce trouble.

AMOUR Quelqu'un (15) _____voudra_____ (vouloir) faire votre connaissance et
(16) _____réussira_____ (réussir) à vous rendre heureux/heureuse.

2 Review how to say years in French by having volunteers read aloud each sign of the Vietnamese calendar.

2 Point out that the Vietnamese calendar has a 12-year cycle. If a student's year of birth is not listed, he/she may add or subtract 12 to find his/her sign.

2 Have pairs exchange papers and ask them to speculate about whether each prediction will come true. Examples:

—**Tu prouveras qu'une nouvelle théorie mathématique est vraie.**

—**Je réussirai au prochain examen de maths!**

2

Un autre horoscope À deux, écrivez l'horoscope de votre camarade de classe. Utilisez les éléments de la liste. Ensuite, comparez vos horoscopes à ceux du reste de la classe.

aller	devoir	finir	quand	si
créer	être	maintenir	réussir	tant que
dès que	faire	prouver	savoir	venir

Dragon:
1952-1964-
1976-1988-2000

Serpent:
1953-1965-
1977-1989-2001

Cheval:
1954-1966-
1978-1990-2002

Chèvre:
1955-1967-
1979-1991-2003

Singe:
1956-1968-
1980-1992-2004

Coq:
1957-1969-
1981-1993-2005

Chien:
1958-1970-
1982-1994-2006

Cochon:
1959-1971-
1983-1995-2007

Rat:
1960-1972-
1984-1996-2008

Buffle:
1961-1973-
1985-1997-2009

Tigre:
1962-1974-
1986-1998-2010

Chat:
1963-1975-
1987-1999-2011

3 Have students use the **il/elle** forms of the **futur** to summarize their partner's responses to the class.

3

Vos projets Comment passerez-vous l'été? Répondez à ces questions avec des verbes au futur simple. Expliquez vos réponses à un(e) camarade de classe.

1. Est-ce que vous travaillerez? Où?

2. Que ferez-vous le soir et le week-end?

3. Suivrez-vous des cours? Lesquels?

4. Partirez-vous en vacances? Où?

Practice more at
vhlcentral.com.

Communication

4 **Invention**

A. Avec un(e) camarade de classe, vous devez vous préparer pour une conférence de presse où vous présenterez votre invention. À l'aide du tableau, imaginez ce que vous direz à la presse. Employez le futur simple.

Titre de l'invention	
À quoi servira-t-elle?	
À qui sera-t-elle destinée?	
Comment fonctionnera-t-elle?	
Améliorera-t-elle la vie quotidienne?	

B. Ensuite, présentez votre invention à la classe, sans dire exactement ce que c'est. Vos camarades doivent poser des questions pour deviner de quelle sorte d'objet il s'agit. Utilisez le futur simple.

Modèle À quel moment de la journée s'en servira-t-on?

5 **Que se passera-t-il?** Tout change avec le temps. À deux, discutez de l'avenir des éléments suivants.

- la télévision
- New York
- Internet
- les livres
- la génétique
- le clonage
- la conquête spatiale
- l'humanité
- l'ADN
- la religion

6 **Dans 20 ans** Par petits groupes, faites une liste de cinq personnes ou compagnies célèbres dans le domaine de la science et la technologie, et imaginez comment elles seront dans 20 ans.

7 **Situations** À deux, choisissez un de ces thèmes et inventez une conversation au futur simple entre les deux personnes décrites.

1. Deux étudiant(e)s viennent d'obtenir leur diplôme scientifique et parlent de ce qu'ils/elles feront pour devenir riches et célèbres.

2. Deux astronautes se dirigent vers la planète Mars. Ils/Elles sont les premiers/premières à faire ce voyage et discutent de ce qu'ils/elles feront une fois sur place.

3. Deux chercheurs/chercheuses scientifiques viennent de faire une découverte capitale et parlent de ce qu'elle apportera au monde.

4. Deux informaticien(ne)s créent un site web et parlent de ses avantages comparé à celui de la concurrence (*competition*).

Note CULTURELLE

La **Belgique** et la **Suisse** sont à l'origine de certains objets qui font partie de notre quotidien: de Belgique, les patins à roulette de **Jean-Joseph Merlin** et le saxophone d'**Adolphe Sax**; de Suisse, le velcro de **Georges de Mestral** et le moteur à explosion de **François Isaac de Rivaz**. Cette dernière invention a révolutionné notre monde parce qu'on s'en sert tous les jours pour faire fonctionner nos moyens de transport.

5 Tell students to think of a particular year in the future to describe each item from the list. Example: **La télévision en 2057 aura mille chaînes.**

5 Tell students to think about what their life will be like in the future. Then have them draw a series of illustrations showing what they will be doing next summer, in two years, in 20, and in 50. Students should work in small groups to orally present their illustrations using the **futur simple**. Other group members should ask questions about their classmates' future.

6 Model the activity by citing an example and briefly talking about it as a class.

7 Have volunteers perform their conversations for the class. For listening comprehension, ask students to write down the verbs used in the future tense.

KEY STANDARDS
4.1, 5.1

7.3

INSTRUCTIONAL RESOURCES
Supersite: Lab Audioscript,
SAM AK, Lab MP3s
SAM/WebSAM: WB, LM

Remind students that the subjunctive is required for many expressions of will, opinion, and emotion. Refer them to **Structures 6.1, pp. 212–213** for review.

Teach the class these additional expressions of doubt that are followed by the subjunctive: **Il n'est pas certain que…, Il n'est pas clair que…**

BLOC-NOTES

To review other expressions that are used with the subjunctive, see **Structures 6.1, pp. 212–213.**

Remind students that although the word *that* is optional in English, **que** must be used in French. **Ex: Il est peu probable qu'il vienne.** *It's unlikely (that) he's coming.*

Read the expressions of doubt and uncertainty aloud. Point to various students to complete them with a personalized subordinate clause.

ATTENTION!

Not all questions containing **croire, espérer,** or **penser** require the subjunctive. In a negative question, the subordinate clause takes the indicative.

Ne penses-tu pas que c'est une découverte capitale?
Don't you think it's a breakthrough discovery?

The subjunctive with expressions of doubt and conjunctions; the past subjunctive

*Mais c'est toi qui as insisté **pour qu'on s'installe** ici!*

The subjunctive with expressions of doubt and conjunctions

- Use the subjunctive in subordinate clauses after expressions of doubt or uncertainty.

    Il est peu probable qu'il **soit** astronaute.
    It's unlikely that he's an astronaut.

    Il est possible qu'on **atterrisse** en avance.
    It's possible that we're landing early.

- These expressions of doubt or uncertainty are typically followed by the subjunctive.

douter que… *to doubt that…*	**Il n'est pas évident que…** *It's not obvious that…*
Il est douteux que… *It's doubtful that…*	**Il n'est pas sûr que…** *It's not sure that…*
Il est impossible que… *It's impossible that…*	**Il n'est pas vrai que…** *It's not true that…*
Il est peu probable que… *It's unlikely that…*	**Il semble que…** *It seems that…*
Il est possible que… *It's possible that…*	**Il se peut que…** *It's possible that…*

- Some expressions call for the subjunctive in the negative, but take the indicative in the affirmative. This is because only the negative statements express uncertainty or doubt.

Indicative	Subjunctive
Je suis sûr qu'elle **vient** aujourd'hui. *I'm sure she's coming today.*	Je ne suis pas sûr qu'elle **vienne** demain. *I'm not sure she's coming tomorrow.*

- The verbs **croire**, **espérer**, and **penser** in negative statements or in questions also require the subjunctive in the subordinate clause. In affirmative statements, the verb in the subordinate clause is in the indicative.

Indicative	Subjunctive	Subjunctive
Je crois qu'elle **part**. *I believe she's leaving.*	Je ne crois pas qu'elle **parte**. *I don't believe she's leaving.*	Croyez-vous qu'elle **parte**? *Do you believe she's leaving?*

● The subjunctive is also required after these conjunctions.

à condition que *on the condition that*	**en attendant que** *waiting for*
à moins que *unless*	**jusqu'à ce que** *until*
afin que *in order that*	**pour que** *so that*
avant que *before*	**pourvu que** *provided that*
bien que *although*	**quoique** *although*
de peur que *for fear that*	**sans que** *without*

Bien que ses intentions **soient** bonnes, elle se trompe souvent.
Although her intentions are good, she is often mistaken.

Ils expliquent leur recherche pour que nous en **connaissions** les conséquences.
They explain their research so that we know the consequences.

The past subjunctive

● If the verb in a subordinate clause following a subjunctive trigger took place in the past, use the past subjunctive.

● Like the **passé composé** and the **plus-que-parfait**, the past subjunctive is formed by combining a helping verb (**avoir** or **être**) with a past participle. In the past subjunctive, the helping verb is in the present subjunctive.

Il se peut qu'ils **aient oublié** la réunion de neuf heures.
It's possible that they forgot the 9 o'clock meeting.

Nous ne sommes pas certains qu'elle **soit arrivée** avant nous.
We are not certain that she arrived before us.

● If a verb takes the helping verb **avoir** in **the passé composé** or **plus-que-parfait**, it also takes **avoir** in the past subjunctive.

j'ai téléchargé	que j'aie téléchargé
tu as téléchargé	que tu aies téléchargé
il/elle a téléchargé	qu'il/elle ait téléchargé
nous avons téléchargé	que nous ayons téléchargé
vous avez téléchargé	que vous ayez téléchargé
ils/elles ont téléchargé	qu'ils/elles aient téléchargé

● If a verb takes the helping verb **être** in the **passé composé** or **plus-que-parfait**, it also takes **être** in the past subjunctive.

je me suis adapté(e)	que je me sois adapté(e)
tu t'es adapté(e)	que tu te sois adapté(e)
il/elle s'est adapté(e)	qu'il/elle se soit adapté(e)
nous nous sommes adapté(e)s	que nous nous soyons adapté(e)s
vous vous êtes adapté(e)(s)	que vous vous soyez adapté(e)(s)
ils/elles se sont adapté(e)s	qu'ils/elles se soient adapté(e)s

ATTENTION!

If the subject of the main clause is the same as the subject of the subordinate clause, these conjunctions are followed by the infinitive instead of the subjunctive: **à condition de, à moins de, afin de, avant de, de peur de, en attendant de, pour**, and **sans**.

Il est entré sans parler.
He came in without speaking.

On arrivera en retard à moins de prendre le train.
We'll arrive late unless we take the train.

ATTENTION!

The expressions **à moins que, de peur que, de crainte que, sans que**, and **avant que** are often accompanied by the **ne explétif**. The word **ne** is placed before the subjunctive form of the verb; it is not a negation and adds no meaning to the statement.

Les étudiants arrivent avant que le professeur ne commence son cours.
The students arrive before the professor starts his class.

Give students sentence starters with conjunctions that require the subjunctive. Have them complete the sentences. Ex: **Elle a réussi à l'examen bien que...** Remind students that there must be a change of subject.

Ask students to explain when and why the present subjunctive is used. (To express doubt, emotion, opinion, etc.) Point out that the past subjunctive is used for the same reasons.

Mise en pratique

1

À choisir Choisissez la forme correcte du verbe pour compléter les phrases.

1. Il est évident qu'il _____ (n'est pas venu / ne soit pas venu) nous voir.

2. Il faut y croire jusqu'à ce qu'on _____ (réussit / réussisse).

3. Nous sommes sûrs que tu _____ (vas mettre au point / ailles mettre au point) ton invention.

4. Vous avez visité toute la ville sans qu'elles _____ (se soient reposées / se sont reposées) une seule fois?

5. Il est impossible que vous _____ (avez vu / ayez vu) ce film; il n'est pas encore sorti.

6. Va dire à ta mère que Lucie _____ (dort / dorme) toujours.

7. Quoique nous ne leur _____ (ayons pas rendu / avons pas rendu) visite, nous avons beaucoup pensé à eux.

8. Ils vont m'aider pour que je _____ (finis / finisse) plus tôt.

2

Le Thalys Complétez cet e-mail avec les formes correctes des verbes entre parenthèses.

De:	Caroline <caroline.romain@email.fr>
Pour:	Stéphane <stéphane.Bertaud@email.fr>
Sujet:	Qu'en penses-tu?

Je prévois d'aller à Bruxelles la semaine prochaine. Avant de confirmer ma réservation sur le Thalys, je veux m'assurer que c'est une bonne idée. J'ai écrit un e-mail à un ami qui habite là-bas, mais il est peu probable qu'il l' (1) ___ait lu___ (lire). Je sais qu'il (2) ___est___ (être) très occupé et je crois qu'il n' (3) ___a___ (avoir) jamais le temps de répondre à ses e-mails. Alors il se peut que j' (4) ___arrive___ (arriver) sans que sa famille et lui le (5) ___sachent___ (savoir). Alors, de peur que je ne (6) ___visite___ (visiter) cette ville toute seule, pourrais-tu m'y accompagner pour que je ne me (7) ___sente___ (sentir) pas isolée?
Réponds-moi vite!
Caroline

3

Logique ou illogique? Par groupes de trois, dites si les phrases sont logiques ou illogiques et employez le subjonctif, si nécessaire, pour justifier votre opinion.

> **Modèle** **Il n'est pas certain que la technologie rende la vie plus facile.**
> C'est illogique! Il est sûr que la technologie rend la vie plus facile.

	Logique	Illogique
1. Il est évident que les voyages sur la Lune sont inutiles.	☐	☐
2. Il est douteux qu'on puisse améliorer les ordinateurs.	☐	☐
3. Il est vrai que les humains ont marché sur la planète Vénus.	☐	☐
4. Il est possible que les scientifiques aient commencé à cloner des humains.	☐	☐
5. Il est peu probable que nous connaissions les conséquences de la recherche génétique.	☐	☐

Communication

4 Conseils Voici Bernard. Il déteste les sciences, mais il veut quand même devenir astronaute. À deux, utilisez ces éléments pour lui dire ce que vous en pensez.

Modèle —Il est possible que tu deviennes astronaute, mais tu devras d'abord avoir de meilleures notes en maths.

—Tu y arriveras, à condition que tu fasses tes devoirs tous les jours.

à condition que	Il est vrai que
afin que	Il se peut que
croire	jusqu'à ce que
(ne pas) douter que	penser
Il est possible que	pour que

5 L'avenir Par groupes de trois, imaginez comment sera l'avenir en 2050 et en 2100. Utilisez le plus possible des expressions du subjonctif et présentez vos idées à la classe.

Modèle Il est peu probable que les pays arrêtent de faire la guerre.

- la population
- les relations internationales
- la technologie
- la conquête de l'espace

6 Voyage dans l'espace Imaginez que vous fassiez un voyage dans l'espace pour fonder une nouvelle civilisation sur une autre planète. Par groupes de trois, employez le subjonctif pour discuter de vos craintes et des nouvelles possibilités.

Craintes concernant la survie	Nouvelles possibilités
_____	_____
_____	_____
_____	_____
_____	_____

4 Ask students to personalize the activity by talking about the profession they would like to pursue. Remind them of the science professions on **p. 236**. You may want to brainstorm a list of other professions, as well.

4 As a variation, have students think of a time when they or someone they know wanted to do something unrealistic. Have pairs discuss advice they received or gave others using as many expressions of doubt as appropriate.

5 Have students compare the uses of the future versus the subjunctive. Example: **Il est douteux que les nations s'arrêtent de faire la guerre, mais j'espère qu'elles s'arrêteront.**

6 Encourage students to be creative. Have them look at the **Pour commencer** vocabulary on **p. 236** if they need ideas.

6 Have pairs make up an imaginary story about something that happened to them. Ex: they encountered a UFO and went into space, they won a million dollars and spent it, they discovered a cure for cancer and won the Nobel Prize. Some details of the story should be possible and some should be unlikely. Then have students present their story to another pair. These students should listen to the story, interrupting to give their reaction to the details. Ex: **Nous avons trouvé un billet de loterie sur le trottoir. (Il se peut que vous ayez trouvé un billet de loterie sur le trottoir.)** Have a few groups present their story and reaction to the class.

Synthèse Reading

KEY STANDARDS
1.1, 1.2

However

technique

TEACHING OPTION Assign the reading as homework. Have students take notes about what they think of Gérard's ideas versus those of Pascal. Briefly discuss students' impressions as a class. Tell them to keep the notes for a subsequent activity. (See annotation at the bottom of this page.)

disturbs

Pascal va bientôt hériter d'une grande fortune. Il se rend compte qu'il pourra réaliser ses rêves les plus fous. Cependant°, son seul désir est de devenir immortel. D'après lui, le procédé° capable de répondre à cette demande, c'est le clonage. Mais le clonage reproductif, ou humain, est interdit dans de nombreux pays. Il décide d'en parler à un ami, Gérard, qui est scientifique. Celui-ci va alors tout faire pour convaincre Pascal de ne pas se lancer dans cette entreprise, qui est l'idée la moins intelligente qu'il ait eue.

GÉRARD D'un point de vue éthique, c'est un concept qui dérange°. L'ONU et l'UNESCO ont déclaré la manipulation de l'ADN à des fins reproductives contraire à l'éthique. De plus, être cloné ne rend pas immortel. Ensuite, du point de vue scientifique, l'expérience a montré que ces progrès avaient leurs limites. Les cellules clonés des animaux présentaient des tares. Il n'est donc pas évident que le clonage d'un humain puisse marcher. Je doute que cela soit possible un jour.

PASCAL Mais il est possible qu'ils aient fait des erreurs. Et le clonage n'est pas forcément mauvais; il sert aussi à soigner.

GÉRARD Il est vrai que, d'un autre côté, les chercheurs qui ont fait cette découverte capitale ont permis d'inventer d'autres moyens de guérir. Mais ce dont tu rêves est différent. En résumé, la génétique n'est pas une chose à prendre à la légère. Tu réussiras mieux ta vie si tu arrêtes de penser à ça.

Finalement, bien que cela ait été son vœu le plus cher, Pascal se rend compte que c'était une excentricité de sa part. Il décide d'oublier l'idée du clonage et de dépenser son argent autrement. ∎

1

Révision de grammaire Relisez la lecture. Ensuite, choisissez la bonne réponse. N'oubliez pas de conjuguer les verbes au temps convenable.

1. S'il peut, Gérard <u>essayera/essaiera</u> (décider / essayer / savoir) tout pour convaincre Pascal de ne pas dépenser sa fortune sur le clonage.

2. Gérard croit que l'idée de Pascal ___<u>est</u>___ (avoir / être / tenir) mauvaise.

3. D'après les expériences scientifiques, il est peu probable qu'on ___<u>réussisse</u>___ (commencer / devoir / réussir) à cloner un humain.

4. Si Pascal oublie son idée de clonage, il ___<u>pourra</u>___ (venir / pouvoir / savoir) utiliser son argent autrement.

5. Pascal fera ___<u>mieux</u>___ (meilleur / mal / mieux) de ne pas dépenser sa fortune dans l'entreprise du clonage.

2 Give a related interpretation activity: **Qu'est-ce que Pascal décidera de faire avec son argent? Imaginez plusieurs possibilités et discutez-en à deux.**

2 Have students look back at their notes about Pascal and Gérard, then further research the topic of cloning. Divide the class into two groups, **pour** and **contre**, to conduct a formal debate.

2

Qu'avez-vous compris? Répondez par des phrases complètes.

1. Quel est le rêve le plus cher de Pascal? Devenir immortel est le rêve le plus cher de Pascal.

2. Gérard pense-t-il que le clonage humain soit possible? Expliquez. Non, il doute que cela soit possible un jour.

3. Êtes-vous pour ou contre le clonage? Discutez de ce sujet à l'aide des structures de cette leçon.

Préparation Audio: Vocabulary

Vocabulaire de la lecture		Vocabulaire utile
l'antimatière (*m.*) *antimatter*	**porter plainte** *to file a complaint*	**faire une expérience** *to conduct an experiment*
c'est-à-dire *that is to say*	**prédire** *predict*	**une innovation** *innovation*
de pointe *cutting edge*	**la recherche fondamentale** *basic research*	**la recherche appliquée** *applied research*
détruire *to destroy*	**repousser les limites** *to push boundaries*	
envisager *to envision*	**un trou noir** *black hole*	
la mise en marche *start-up*		
nucléaire *nuclear*		
une particule *particle*		

KEY STANDARDS
1.2, 2.1, 2.2, 4.2

SYNONYMES
prédire ⟷ pronostiquer, présager

1 Complétez Utilisez le vocabulaire qui convient pour compléter les phrases.

1. Un chimiste doit ___faire une expérience___ pour avoir un résultat.

2. Ma meilleure amie dit qu'elle peut ___prédire___ l'avenir en lisant les lignes de ma main.

3. Manon est arachnophobe, ___c'est-à-dire___ qu'elle a peur des araignées (*spiders*).

4. La ___mise en marche___ d'une machine précède toujours son extinction.

5. Si quelqu'un pouvait inventer un robot capable de faire la cuisine, ce serait ___une innovation___ révolutionnaire!

6. Il est plus facile de ___détruire___ que de construire.

7. Quand vous êtes agressé(e) dans la rue, il faut aller au commissariat de police pour ___porter plainte___.

8. Mon frère voudrait être ingénieur dans une industrie ___de pointe___ comme l'informatique ou l'aérospatiale.

2 La science dans le monde Répondez aux questions et comparez vos réponses avec celles d'un(e) camarade.

1. Aimez-vous les sciences? Expliquez.

2. Aimeriez-vous être un(e) scientifique? Dans quel domaine?

3. La science joue-t-elle un rôle dans votre vie de tous les jours? Si oui, de quelle manière? Comment est-ce que la recherche scientifique pourrait améliorer votre quotidien?

4. Y a-t-il des inventions ou de nouvelles technologies qui ont rendu votre vie quotidienne plus facile?

5. Que pensez-vous du travail en équipe? Quels en sont les avantages?

6. Est-ce que la recherche scientifique vous inquiète dans certains domaines?

3 L'union fait la force L'article que vous allez lire évoque la collaboration scientifique entre différents pays. Par groupes de trois ou quatre, imaginez que vous soyez des scientifiques internationaux qui décident de s'associer dans un but commun. Quel mystère voulez-vous percer (*unravel*)? Comment avez-vous l'intention de procéder?

1 Have students scan the sentences for vocabulary with which they might not be familiar. Write the words on the board and go over their meanings.

1 Provide students with two or three answers to choose from for each item. Then have students work in pairs to correct their answers and explain their choices. You may also want to provide additional items to help students learn and practice all the new vocabulary.

2 As a warm-up, ask questions using the new vocabulary. Ex: **Avez-vous déjà porté plainte? Pourquoi? Avez-vous déjà fait des expériences scientifiques? Qu'avez-vous constaté?**

2 Encourage students who answer no to item 1 to look at all aspects of science and discuss areas that might be of interest to them, such as health or meteorology.

Practice more at **vhlcentral.com.**

Mise en place du dernier tube contenant les électroaimants (*electromagnets*) supraconducteurs qui parcourent la circonférence du Grand collisionneur de hadrons. Un coup d'œil aux personnes en bas à droite de la photo permet de prendre conscience du gigantisme du LHC.

CERN À la découverte d'un univers particulier

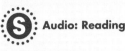

Audio: Reading

Big Bang!

C'est ce que certains avaient prédit qu'il arriverait à l'automne 2008. La terre devait exploser ou être engloutie° dans un trou noir! Pourquoi? À cause du LHC du CERN. Toutefois°, rien de ce que les scientifiques craignaient° ne s'est produit. Mais qu'est-ce que le CERN exactement? Et le LHC?

Le CERN est l'Organisation européenne pour la recherche nucléaire. Créé en 1952, le CERN se trouve à la frontière franco-suisse, à proximité de Genève. Il regroupe° près de 8.000 scientifiques de plus de 85 nationalités différentes qui travaillent ensemble. Il compte 20 états membres°.

À l'origine, l'objectif du CERN était de comprendre de quoi était constitué un atome. Aujourd'hui, ses scientifiques se concentrent sur la physique des particules. Si trouver des réponses aux grandes questions de l'univers et repousser les limites de la technologie font bien sûr partie des missions essentielles du CERN, le centre espère aussi rassembler les nations du monde autour de la science et former les scientifiques de demain.

La recherche fondamentale, c'est-à-dire sans but économique initial, est la raison d'être du CERN. Une des plus fameuses innovations issues de la recherche fondamentale du CERN est le World Wide Web. Eh, oui! Imaginez le monde sans la «toile°»! Mais qui se souvient encore de son origine? C'est pourtant au CERN que l'idée du Web a germé° dans la tête de Tim Berners-Lee et de son collègue Robert Cailliau. Leur idée était d'élaborer un système puissant et convivial alliant° les technologies des ordinateurs personnels, des réseaux informatiques et de l'hypertexte pour permettre aux scientifiques du monde entier de partager des informations. C'est ainsi que le premier site Web a vu le jour en 1991. Et, le 30 avril 1993, le CERN annonçait que le Web serait gratuit pour tout le monde.

Plus récemment, le CERN a fait la une des journaux en raison de la mise en marche de son Grand collisionneur de Hadrons (Large Hadron Collider — LHC). Le LHC est un gigantesque accélérateur de particules de 27 kilomètres de circonférence grâce auquel° les physiciens peuvent étudier les plus petites particules connues, les trous noirs et l'antimatière, et peut-être ainsi en savoir plus sur la formation de l'univers. Pendant des mois avant sa mise en marche, nombreux étaient ceux qui prédisaient la destruction de la terre, aspirée° dans un trou noir produit par le LHC. Ainsi, deux Américains ont même porté plainte auprès d'°un juge à Hawaii dans l'espoir d'empêcher la mise en marche du LHC. Depuis, celui-ci a aidé à révolutionner la physique. En juillet 2012, les chercheurs du CERN ont annoncé qu'ils avaient fait la découverte d'une nouvelle particule et en 2013, ils ont confirmé que c'était bien le boson de Higgs.

> **(…) en apprenant comment le monde avait été créé, on risquait de le détruire par la même occasion.**

The acronym CERN stands for **Conseil européen pour la recherche nucléaire.**

Several strategies can be used to make the text more approachable. Ex: activating students' prior knowledge, providing background information, scanning for cognates.

Le CERN joue donc un rôle clé dans le développement des technologies du futur. Il tient aussi un rôle primordial dans l'enseignement des technologies de pointe. Et, malgré° les doutes et les inquiétudes de certains, il est désormais° aussi difficile d'envisager l'avenir sans le CERN que d'imaginer le monde moderne sans le World Wide Web! ■

Margin glosses: engulfed · However · feared · brings together · member nations · web · formed · combining · thanks to which · sucked up · to · despite · now

Line numbers: 5, 10, 15, 20, 25, 30, 35, 40, 45, 50, 55, 60, 65, 70, 75

Analyse

1

Compréhension Répondez aux questions par des phrases complètes.

1. Qu'est-ce qui s'est passé au CERN à l'automne 2008?

2. Qu'est-ce que le CERN?

3. Quels sont les objectifs du CERN?

4. Qu'est-ce que la recherche fondamentale?

5. Quelle invention du CERN est la plus connue et la plus utilisée au quotidien?

6. Qu'est-ce que le Grand Collisionneur de Hadrons?

7. À quoi est supposé servir le LHC?

8. Qu'est ce que les chercheurs du CERN ont découvert en 2012 avec le LHC?

2

3

4

La science utile La recherche scientifique doit-elle être avant tout pratique ou bien nous permettre de trouver des réponses à des questions métaphysiques? Qu'en pensez-vous? À deux, faites une liste des problèmes pratiques ainsi que des questions théoriques auxquels vous espérez que la science puisse un jour apporter une réponse. Classez cette liste selon vos priorités et comparez-la à celle d'une autre paire.

Peur de l'inconnu De nos jours, certains sont préoccupés par la recherche scientifique, et tout particulièrement par les recherches effectuées par le CERN. En petits groupes, discutez de ce phénomène.

- Est-ce un sentiment nouveau ou bien cette peur a-t-elle toujours existé?

- Certaines innovations ou figures de l'histoire ont-elles provoqué une réaction similaire au sein de l'opinion publique? Pensez par exemple à Christophe Colomb et son projet de rejoindre les Indes par l'ouest. Qu'en pensaient les gens à son époque?

- Plus généralement, faut-il se méfier (*distrust*) de ce qu'on ne connaît pas?

Sciences et francophonie En petits groupes, choisissez une innovation technologique ou scientifique issue de la recherche effectuée dans un pays francophone. Préparez une présentation sur cette technologie ou cette avancée scientifique et expliquez comment elle améliore le quotidien de chacun. Vous pourriez par exemple parler des inventions suivantes:

- le TGV (France)

- le cinématographe (France)

- le Velcro® (Suisse)

- l'anti-histamine (Suisse)

- le moteur à combustion interne (Belgique)

- …

Practice more at **vhlcentral.com.**

Préparation

 S Audio: Vocabulary

KEY STANDARDS
1.2, 2.2, 3.1, 5.2

À propos de l'auteur

Didier Daeninckx (1949–) est né à Saint-Denis, banlieue parisienne, dans une famille modeste. En 1984, son deuxième roman, *Meurtres pour mémoire*, le fait connaître. Porte-drapeau (*Flag bearer*) du roman noir, Daeninckx place toujours ses œuvres dans la réalité sociale et politique de leur époque. Il écrit aussi des bandes dessinées, des livres pour la jeunesse, des pièces de théâtre et des nouvelles. Aujourd'hui, il travaille pour un journal en ligne, amnistia.net, où il dénonce ce qu'il appelle le négationnisme: la tendance à oublier certains événements historiques.

INSTRUCTIONAL RESOURCES
Supersite: Littérature
recording; Scripts; SAM AK
SAM/WebSAM: LM

SYNONYMES
hurler ⟷ crier
contrarier ⟷ contrecarrer

Vocabulaire de la lecture

un abonnement *subscription*
s'adresser la parole *to speak to one another*
couper de *to cut off from*
le désespoir *despair*
une échelle *ladder*
hurler *to shout*

un loyer *rent*
numérique *digital*
une parabole *satellite dish*
régler *to adjust*
une retransmission *broadcast*
se taire *(irreg.) to be quiet*

Vocabulaire utile

agir *to take action*
contrarier *to thwart*
obsédé(e) *obsessed*

1 **Énigmes** Lisez les définitions et associez un terme des listes de vocabulaire ci-dessus à chacune d'entre elles.

1. Il peut être mensuel ou annuel. *un abonnement*
2. Si vous ne parlez pas, c'est ce que vous faites. *se taire*
3. C'est une bonne idée de vérifier qu'elle est stable avant d'y monter. *une échelle*
4. On doit le payer chaque mois au propriétaire quand on est locataire. *un loyer*
5. Deux personnes ne le font pas quand elles sont très fâchées. *s'adresser la parole*
6. C'est ce qu'on a envie de faire quand le dentiste n'utilise pas d'anesthésie. *hurler*
7. C'est ce qu'il faut faire à votre antenne quand votre réception est mauvaise. *régler*
8. Vous pouvez la trouver sur un toit ou dans un livre de maths. *une parabole*
9. Une personne passive ne le fait pas. *agir*
10. Vous l'êtes si vous pensez à quelque chose constamment. *obsédé(e)*

2 **Discussion** À votre avis, que veut dire le titre *Solitude numérique*? Discutez-en à deux puis présentez vos idées à la classe.

3 **La vie quotidienne et la technologie** Par groupes de trois, répondez aux questions.

1. Quelle invention électronique particulière utilisez-vous le plus souvent?
2. Votre vie serait-elle différente sans cette invention? Expliquez.
3. Combien de temps par jour passez-vous à regarder la télé, à surfer sur Internet, à parler au téléphone ou à écouter de la musique?
4. Quelle influence l'utilisation d'appareils électroniques a-t-elle sur vos rapports avec les autres?

2 Give students an outline for their discussion: **1. la signification du titre 2. le thème de la lecture 3. les choses qui, dans la vie, contribuent à la solitude**

3 Tell students to draw specific examples from various everyday situations. At first, they may not even realize how many hi-tech devices they use.

Practice more at **vhlcentral.com.**

Ask students to write a brief description of the photo. They should describe what the people look like, what they are doing, and how they both feel.

Have students work in pairs to make up a brief conversation between the two people in the photo. Ask a few pairs to present their conversations to the class.

solitude **NUMÉRIQUE**

Didier Daeninckx

Have students note the first words in the reading: **Le pire**... Ask them what this tells them about the probable tone of the story.

Tell students that as they read *Solitude numérique*, they should relate the characters' experiences and the events to their own lives. This will help them relate to the story and understand it better.

Play the dramatic recording of the story for students to get the gist. Then have them listen to the recording again for full comprehension and for correct pronunciation and intonation. Finally, have them work in small groups to take turns reading blocks of text aloud to practice fluency.

Le pire, si Martine y réfléchissait, c'est que c'était elle qui avait enclenché° le processus en lui offrant tout le matériel° et l'abonnement à Gold-Sport, deux ans
5 plus tôt pour son anniversaire... Et quand elle voulait être sincère, elle arrivait à s'avouer° qu'elle avait une idée derrière la tête en choisissant ce cadeau: le retenir à la maison, samedis soir et dimanches
10 après-midi tout au long de la saison footballistique. Le couper de toute cette bande de supporters assoiffés° qui lui volait ses week-ends. Elle le revoyait qui déballait° la parabole, plus heureux
15 encore que le gamin qu'elle imaginait, agenouillé° près du sapin de Noël° devant son premier vélo. Ils avaient passé deux jours entiers à déterminer le meilleur angle de la réception, puis à installer
20 la coupole° sur le toit° du pavillon°, à régler la monture° polaire motorisée afin de capter° aussi bien le satellite

had set in motion

equipment

to admit to oneself

thirsty

was unpacking

kneeling/ Christmas tree

Explain that **pavillon** is used to describe a one-family house in suburbs of Paris.

dome/roof/house

mounting

to pick up (a signal)

Ask the class: **Est-ce que le titre *Solitude numérique* résume bien l'histoire? Pourquoi? Suggérez d'autres titres.**

Audio: Reading

Astra qu'Eutelstat. Régis, qui déprimait dès qu'il fallait changer le sac de l'aspirateur ou nettoyer le filtre du lave-vaisselle, se révéla° un pilote hors pair° dans la conduite du numérique. Les caractéristiques des décodeurs Vidéocrypt et Syster n'eurent plus de secrets pour lui, de même que les signaux oscillants°, les angles d'azimut satellitaires, les Puissances Isotropes Rayonnées Équivalentes° ou l'activation des circuits de clamp°! Il se mit à parler une langue dont elle perdit rapidement la grille de décryptage°, où il était question de «source duo-bloc», de «réchauffeurs souples°», de «doublement de câble coaxial», de «polariseur mécanique», sans même tenir compte des «Low Noise Block» et autres «Duobinaire Multiplexed Analog Components»! Ils ne s'adressèrent plus la parole qu'en de rares occasions, entre deux retransmissions. Le plus souvent elle dormait, quand il venait se coucher, gavé° d'émotions. Un an plus tard, c'est lui qui lui fit un cadeau: la première parabole fut rejointe par sa sœur presque jumelle afin de détecter les signaux d'autres satellites évoluant° plus à l'est ou plus à l'ouest. Au lieu de suivre les péripéties° d'un match P.S.G.-Auxerre sur le plastique froid des fauteuils du Parc, Régis pouvait assister, confortablement installé sur son canapé°, en direct aux matchs de championnat d'Indonésie, de Colombie, de Chine, se tenir au courant°, heure par heure, du goal-average de la troisième division camerounaise, vibrer aux tirs au but° d'une finale amateur disputée au fin fond° de la Finlande. Le budget consacré° aux abonnements atteignait maintenant celui du loyer. Le quatrième décodeur, une merveille permettant également de compresser les images, de les stocker° sur vidéodisques tout en regardant un autre programme, arriva dans le salon débordant° d'électronique pour le deuxième anniversaire de l'abonnement à Gold-Sport. Martine fit une ultime tentative° pour renouer° le dialogue avec Régis en lui apportant son habituel plateau-repas°. Il lui fit signe de se taire, de la main, absorbé par le ralenti° séquentiel qu'il venait de programmer sur une antique lucarne de Platini° dans un but italien. Elle traversa le jardin, sortit l'échelle double du garage pour aller l'appuyer° contre l'arrière du pavillon. Parvenue sur le toit, elle vint se placer à genoux entre les deux paraboles dans lesquelles, pour qu'il l'entende enfin, elle se mit à hurler son désespoir. ■

Ils ne s'adressèrent plus la parole qu'en de rares occasions...

turned out to be

outstanding 25

fluctuating signals

Equivalent Radiated Isotropic Powers/ clamp circuits

decyphering grid 30

flexible heaters

filled 35

moving 40

events

couch

to keep informed 45

penalty shots/in the farthest reaches

devoted to

to store 50

overflowing

last attempt/to resume

meal on a tray

slow-motion 55

Platini's shot in a top corner of the net

to lean

60

Have groups of three prepare a three-sentence summary of the story and write it on the board. Read all the summaries and have the class vote on the best one.

Ask students to think about how much time they spend online per day, sending text messages, playing video games, etc. Then have them write an essay including this information as well as whether they feel that the time they spend with technology interferes with other activities and with face-to-face communication with friends and family.

Point out that the **Parc** refers to **Parc des Princes**, which is the oldest soccer stadium in Paris.

Explain that Michel Platini (1955–) was the best French soccer player in the 70s and 80s. He is still regarded as one of the best soccer players in the world.

Analyse

1 **Compréhension** Répondez aux questions. Suggested answers

1. Qui sont les deux personnages principaux de cette lecture? Quelles relations ont-ils? Régis et Martine. Ils sont mariés ou ils vivent en union libre.

2. Quel cadeau Martine a-t-elle offert à Régis? Elle lui a offert du matériel et un abonnement à Gold-Star.

3. Quelle idée Martine avait-elle en tête en lui offrant ce cadeau? Elle voulait retenir Régis à la maison le week-end.

4. Quelle est la réaction de Régis en recevant le cadeau? Il est très content, comme un enfant à Noël.

5. Est-ce que Martine est contente de la réaction de Régis? Pourquoi? Non, parce qu'il passe trop de temps devant la télé.

6. Qu'est-ce que Martine fait à la fin de l'histoire? Pourquoi réagit-elle comme ça? Elle va sur le toit et elle hurle son désespoir. Elle est malheureuse parce qu'elle n'arrive plus à communiquer avec Régis.

2 **Les événements** À deux, mettez les événements de l'histoire dans l'ordre chronologique. Ensuite, comparez vos résultats avec ceux des autres groupes.

___3___ Régis passe deux jours à déterminer le meilleur angle de réception.

___4___ Régis achète une deuxième parabole.

___2___ Régis déballe la parabole.

___6___ Martine va sur le toit et hurle.

___5___ Martine essaie de parler à Régis.

___1___ Martine offre à Régis un abonnement à Gold-Star.

3 **Les rapports** Par groupes de trois, discutez des rapports entre Régis et Martine.

1. Décrivez les rapports entre Régis et Martine.

2. Comment sait-on que tout ne va pas bien entre eux? Citez des exemples.

3. Cette lecture contient beaucoup de vocabulaire technique. Pourquoi l'utilisation de ces mots vous aide-t-elle à vous mettre dans la peau de Martine?

4. À votre avis, quelle est la cause des problèmes entre Martine et Régis?

4 **Jeu de rôles** Par groupes de trois, jouez les rôles de Régis, de Martine et d'un conseiller matrimonial. À tour de rôle, Martine et Régis expliquent leur point de vue sur la situation, puis le conseiller leur dit ce qu'ils devraient faire. Jouez la scène devant la classe.

5 **Rédaction** Imaginez une technologie qui est peut-être pratique aujourd'hui, mais qui, à votre avis, deviendra bientôt obsolète. Suivez le plan de rédaction pour écrire un article qui explique pourquoi. Employez des comparatifs et des superlatifs, le futur simple et le subjonctif.

> ### Plan
>
> **1** **Organisation** Faites une liste des avantages et des inconvénients de cette technologie.
>
> **2** **Une technologie** Dans un paragraphe, décrivez cette technologie. Dans un autre paragraphe, explorez les problèmes qui lui sont associés.
>
> **3** **Conclusion** Pour terminer, décrivez la technologie qui la remplacera.

---

2 Have students write a brief summary of the story using their answers from activity 1 and the statements in this activity as a guide.

3 In pairs, have students describe a situation in which technology (satellite TV/radio, video games, etc.) had a negative effect on their personal life or that of someone they know. Have them draw comparisons between their situation and that of the characters from the story.

TEACHING OPTION As an alternate writing assignment, have students write a one-page story about how science or technology affected the main character(s).

TEACHING OPTION Refer students back to the questions posed in the lesson opener. Ask: **Après avoir lu** *Solitude numérique*, **avez-vous changé d'avis à propos de l'influence qu'a la technologie sur la vie des gens? Comment répondrait Daeninckx à ces questions?**

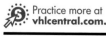

Les sciences et la technologie Ⓢ Vocabulary Tools

La technologie

une adresse e-mail *e-mail address*
un appareil (photo) numérique *digital camera*
un correcteur orthographique *spell check*
le cyberespace *cyberspace*
l'informatique (f.) *computer science*
un lecteur de DVD *DVD player*
un mot de passe *password*
un moteur de recherche *search engine*
un ordinateur portable *laptop*
un outil *tool*
un (téléphone) portable *cell phone*
une puce (électronique) *(electronic) chip*
un smartphone *smartphone*
une tablette (tactile) *tablet computer*
un texto/SMS *text message*

effacer *to erase*
graver (un CD) *to burn (a CD)*
sauvegarder *to save*
télécharger *to download*

avancé(e) *advanced*
innovant(e) *innovative*
révolutionnaire *revolutionary*

Les inventions et la science

l'ADN (m.) *DNA*
un brevet d'invention *patent*
une cellule *cell*
une découverte (capitale) *(breakthrough) discovery*
une expérience *experiment*
un gène *gene*
la génétique *genetics*
une invention *invention*
la recherche *research*
une théorie *theory*

cloner *to clone*
contribuer (à) *to contribute*
créer *to create*
guérir *to cure; to heal*
inventer *to invent*

KEY STANDARDS
4.1

INSTRUCTIONAL RESOURCES
Supersite: Testing Program

prouver *to prove*
soigner *to treat; to look after (someone)*

biochimique *biochemical*
contraire à l'éthique *unethical*
éthique *ethical*
spécialisé(e) *specialized*

L'univers et l'astronomie

l'espace (m.) *space*
une étoile (filante) *(shooting) star*
un(e) extraterrestre *alien*
la gravité *gravity*
un ovni *U.F.O.*
la survie *survival*
un télescope *telescope*

atterrir *to land*
explorer *to explore*

Les gens dans les sciences

un(e) astrologue *astrologer*
un(e) astronaute *astronaut*
un(e) astronome *astronomer*
un(e) biologiste *biologist*
un chercheur/une chercheuse *researcher*
un(e) chimiste *chemist*
un(e) ingénieur *engineer*
un(e) mathématicien(ne) *mathematician*
un(e) scientifique *scientist*

Court métrage

la banlieue *suburb*
des boîtes (f.) gigognes *nested boxes*
une boule à neige *snow globe*
le cadre de vie *living environment*
une clé *wrench*
un(e) conjoint(e) *spouse*
un lieu de vie *place to live*
le logement *housing*
un pavillon *suburban house*
le paysage *landscape*
la routine *everyday life*
une secousse sismique *seismic tremor*
la tapisserie *wallpaper*

ameuter *to rouse*
démarrer *to start up*

coincé(e) *stuck*
miteux/miteuse *dingy*
pourri(e) *lousy*

nulle part *nowhere*

Culture

l'antimatière (m.) *antimatter*
une innovation *innovation*
la mise en marche *start-up*
une particule *particle*
la recherche appliquée *applied research*
la recherche fondamentale *basic research*
un trou noir *black hole*

détruire *to destroy*
envisager *to envision*
faire une expérience *to conduct an experiment*
porter plainte *to file a complaint*
prédire *predict*
repousser les limites *to push the boundaries*

nucléaire *nuclear*

c'est-à-dire *that is to say*
de pointe *cutting edge*

Littérature

un abonnement *subscription*
le désespoir *despair*
une échelle *ladder*
un loyer *rent*
une parabole *satellite dish*
une retransmission *broadcast*

s'adresser la parole *to speak to one another*
agir *to take action*
contrarier *to thwart*
couper de *to cut off from*
hurler *to shout*
régler *to adjust*
se taire (irreg.) *to be quiet*

numérique *digital*
obsédé(e) *obsessed*

S'évader
et s'amuser

La montagne, imposante et impressionante, constitue un paysage naturel spectaculaire. Elle donne au visiteur le sentiment d'être libre. Est-ce pour cela aussi qu'on aime y pratiquer des sports extrêmes? Pourquoi des gens risquent-ils leur vie pour s'amuser? D'autres prennent leur sport préféré très au sérieux. Mais quand le jeu n'est plus qu'une compétition, quand un loisir devient une raison de vivre, que se passe-t-il?

Courchevel, station de sports d'hiver située dans le département de la Savoie en France.

279

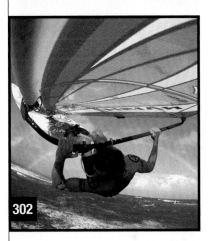

302

Destination:
OCÉAN INDIEN

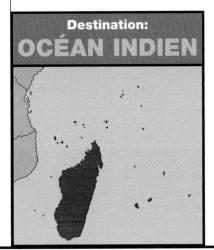

PREVIEW Discuss the photo and text on **p. 272** as a class. Then have students ask each other questions in pairs: **Que fais-tu pour te divertir quand tu as deux heures de liberté? Et si tu as deux jours? Si tu as deux semaines?** Have students share their partner's answers with the class. Then ask specific questions to preview the new vocabulary on **p. 274**. Examples: **Qui est déjà allé à un vernissage ou à une exposition? Êtes-vous membre d'un club sportif?**

Les passe-temps Vocabulary Tools

Le sport

l'alpinisme (*m.*) *mountain climbing*

un arbitre *referee*
un club sportif *sports club*
une course *race*
un(e) fan (de) *fan (of)*
un pari *bet*
une patinoire *skating rink*
le saut à l'élastique *bungee jumping*
le ski alpin/de fond *downhill/cross-country skiing*

un supporter (de) *fan; supporter (of)*

admirer *to admire*
(se) blesser *to get hurt*
s'étonner *to be amazed*
faire match nul *to tie (a game)*
jouer au bowling *to go bowling*
marquer (un but/un point) *to score (a goal/a point)*
siffler *to whistle (at)*

Le temps libre

le billard *pool*

KEY STANDARDS
1.1, 1.2, 4.1

INSTRUCTIONAL RESOURCES
Supersite: Lab Audioscript, SAM
AK, Lab MP3s **SAM/WebSAM:** WB, LM

les boules (*f.*)/**la pétanque** *petanque*
les cartes (*f.*) (**à jouer**) *(playing) cards*
les fléchettes (*f.*) *darts*

un jeu vidéo/de société
video/board game

des loisirs (*m.*) *leisure; recreation*
un parc d'attractions *amusement park*
un rabat-joie *party pooper*

bavarder *to chat*
célébrer/fêter *to celebrate*
se divertir *to have a good time*
faire passer *to spread (the word)*
porter un toast (à quelqu'un) *to propose a toast*
prendre un verre *to have a drink*
se promener *to take a stroll/walk*
valoir la peine *to be worth it*

Les arts et le théâtre

un billet/ticket *ticket*
une comédie *comedy*
une exposition *exhibition*

SYNONYMES
complet ⟷ à guichets fermés
prendre un verre ⟷ aller boire un coup
⟷ prendre une boisson

Un guichet is a box office, so the phrase literally means that the box offices are closed because all the tickets have been sold.

Point out that **prendre un verre** and **aller boire un coup** would often imply having an alcoholic drink. On the other hand, **prendre une boisson** refers to any kind of drink.

Explain that **faire match nul** is the final result of a game. To say *to tie* during the game, use **égaliser**. Examples: **Lyon et**

un groupe *music band*
un(e) musicien(ne) *musician*
une pièce (de théâtre) *(theater) play*
un spectacle *show; performance*
un spectateur/une spectatrice *spectator*
un tableau *painting*
un vernissage *art exhibit opening*

applaudir *to applaud*
faire la queue *to wait in line*

obtenir (des billets) *to get (tickets)*

complet *sold out*
divertissant(e) *entertaining*
émouvant(e) *moving*

Le shopping et les vêtements

des baskets (*f.*)/**des tennis** (*f.*)
sneakers/tennis shoes
un bermuda *(a pair of) bermuda shorts*
une boutique de souvenirs *gift shop*
un caleçon *boxer shorts*
une culotte *underpants (for females)*
une garde-robe *wardrobe*
un gilet *sweater/sweatshirt (with front opening)*
une jupe (plissée) *(pleated) skirt*
un magasin de sport *sporting goods store*
un nœud papillon *bow tie*
une robe de soirée *evening gown*
un slip *underpants (for males)*
des souliers (*m.*) *shoes*
des talons (*m.*) (**aiguilles**) *(stiletto) heels*

Paris ont fait match nul, deux partout. À la dixième minute du match, Lyon a égalisé.

Point out that **inspirateur** and **inspiratrice** usually describe people. To say that something is inspiring, use **qui inspire**.

Pétanque, invented in Provence in the early 1900s, is closely related to the game "Bocce balls" and more distantly related to "Horseshoes."

Remind the students that **un ticket** (**de métro**, **d'autobus**), is usually a smaller, simpler document than **un billet** (**d'avion, de train**).

Mise en pratique

1 **Les catégories** Mettez chaque mot de la liste dans la bonne catégorie. N'oubliez pas de rajouter l'article qui convient. *Answers may vary slightly.*

alpinisme	course	jeu de société	pièce	souliers
caleçon	gilet	musicien(ne)	se promener	tableau
comédie	groupe	pétanque	saut à l'élastique	vernissage

Les sports extrêmes (1) _____l'alpinisme_____, (2) _____le saut à l'élastique_____, (3) _____une course_____

Les loisirs (4) _____la pétanque_____, (5) _____se promener_____, (6) _____un jeu de société_____

Le théâtre (7) _____une comédie_____, (8) _____une pièce (de théâtre)_____

La musique (9) _____un(e) musicien(ne)_____, (10) _____un groupe_____

Les beaux-arts (11) _____un vernissage_____, (12) _____un tableau_____

Les vêtements (13) _____un caleçon_____, (14) _____un gilet_____, (15) _____des souliers_____

2 **Conversation** Complétez la conversation entre ces trois amis.

GAVIN Alors, qu'est-ce que vous faites cet été? Du sport?

JOCELYNE Lundi prochain, je pars à la montagne pour faire de (1) _____l'alpinisme_____ toute la semaine!

COLLINE Toute seule?

JOCELYNE Mais non, je préfère en faire avec des amis. Je vous invite. Faites (2) _____passer_____! Parlez-en aux copains.

COLLINE Moi, je ne peux pas y aller. Mercredi, mon ami le sculpteur va avoir son premier (3) _____vernissage_____ au musée d'Art moderne.

GAVIN Et moi aussi, j'ai un engagement: mon (4) _____groupe_____ donne un concert jeudi soir.

COLLINE Génial! Comment est-ce que j'obtiens (5) _____des billets_____?

GAVIN Tu ne peux plus en (6) _____obtenir_____. C'est (7) _____complet_____ en fait.

COLLINE Dommage… mais tant mieux pour ton (8) _____spectacle_____!

JOCELYNE Allons prendre (9) _____un verre_____ à la brasserie. Il faut porter un toast et (10) _____célébrer/fêter_____ tous ces événements!

3 **Conversez** À deux, posez-vous ces questions. Ensuite, discutez de vos réponses.

1. À quoi préfères-tu occuper ton temps libre? Quels sont tes loisirs préférés?

2. De quels sports es-tu fan? Lequel aimes-tu le mieux?

3. T'es-tu déjà blessé(e) quand tu pratiquais un sport ou une autre activité?

4. Quel est le spectacle que tu as trouvé le plus émouvant récemment? Pourquoi?

5. Est-ce que quelqu'un t'a déjà traité(e) de (*called*) rabat-joie? Pour quelle raison?

6. Décris ta garde-robe. Que portes-tu quand tu pratiques ton sport préféré ou pendant tes heures de loisirs?

4 **Du temps libre** Imaginez que vous et un groupe de vos amis ayez une semaine de libre. Pour en profiter autant que possible, vous faites des projets. Quelles activités pratiquerez-vous? Où irez-vous? Discutez de vos idées avec trois camarades de classe.

Practice more at **vhlcentral.com.**

1 Have students check their answers in pairs.

1 While students have their books closed, hold up pictures (from magazines or the Internet) of people spending free time together and then name the activity they are doing. Have students repeat after you. Then point to the pictures, asking **Sont-ils à un concert?**, etc. Follow up by asking students what they do in their free time.

2 As an expansion, have students use the vocabulary on **p. 311** to write down five activities they think their partners enjoy. Then have them exchange lists to see how well they know each other.

3 Ask volunteers to list some weekend events on campus. In pairs, have students write a dialogue in which they try to decide on an activity to do together that weekend.

TEACHING OPTION Bring in photos of recreational activities from the vocabulary on **p. 274**. In small groups, have students pass the images around the class. Give groups two minutes to discuss each photo, encouraging them to use as many new vocabulary words as possible. Then have a member from each group describe one of the photos to the class.

Préparation (S) Audio: Vocabulary

KEY STANDARDS
1.2, 2.1, 2.2, 4.1, 4.2, 5.2

INSTRUCTIONAL
RESOURCES
Supersite/DVD: Film
Collection
Supersite: Script &
Translation

Ask personalized questions
to practice the new
vocabulary. Example: **Avez-
vous déjà vécu quelque
chose par l'intermédiaire
de quelqu'un? Qui était
cette personne? Expliquez
la situation**.

Call out vocabulary words
for students to mime, draw,
or explain. Students should
choose the mode they feel
is most appropriate for each
expression.

Have small groups work
together to create a mini-
conversation between a
coach and a soccer team.
They should use at least
three words or expressions
from each vocabulary list.
Have groups present their
conversations for the class
to evaluate for range of
vocabulary and interest level.

1 Have students think of
an additional **logique ou
illogique** statement to ask
their partner.

2 To inspire a related
discussion, ask:
**Quelqu'un a-t-il déjà
vécu quelque chose
par votre intermédiaire?**

Vocabulaire du court métrage

un capitaine *captain*
un centre de formation
  sports training school
un club *team*
un coup franc *free kick*
en pointe *forward, up front*
une faute *foul*

lâcher *to let go*
une revanche *revenge*
la veille *day before*

Vocabulaire utile

un entraîneur *coach*
un maillot *jersey*
un terrain (de foot) *(soccer) field*
les vestiaires (*m.*) *locker room*
vivre quelque chose par
  l'intermédiaire de quelqu'un
  to live something through someone
vivre (quelque chose) par procuration
  to live (something) vicariously

EXPRESSIONS

avoir les jambes coupées *to have legs like lead*

bourrer le crâne à quelqu'un *to fill someone's head*

faire un dessin à quelqu'un *to spell it out for someone*

sortir du lot *to stand out*

1 Logique ou illogique? Décidez si ces phrases sont logiques ou illogiques et corrigez celles qui sont illogiques. Answers may vary.

1. J'ai les jambes coupées d'avoir couru si vite. logique

2. Leur entraîneur est un enfant de trois ans. illogique; Leur entraîneur est un homme de trente ans.

3. Ce terrain de foot est en mauvais état. logique

4. Le match de demain aura lieu dans les vestiaires. illogique; Le match de demain aura lieu sur le terrain de foot, près de chez moi.

5. Il a bourré le crâne à son maillot. illogique; Il a bourré le crâne à son fils.

6. C'est le capitaine qui va tirer le coup franc. logique

7. Voilà! Vous avez enfin réalisé votre rêve de vous battre en duel! logique

8. Tu vas la lâcher, la faute, oui ou non? illogique; Tu vas le lâcher, le ballon/le maillot, oui ou non?

2 Vivre par procuration Lisez les phrases suivantes et décidez si oui ou non elles décrivent des situations où les gens vivent par procuration.

	oui	non
1. En ce moment, mes amis d'enfance vivent des choses formidables et j'adore entendre parler de ce qui leur arrive.	■	☐
2. Toute la famille a fait une partie (*game*) de foot ensemble.	☐	■
3. Michel lit beaucoup de magazines de voyage, mais ne part jamais.	■	☐
4. Elle vit devant son poste de télévision.	■	☐
5. Mme Vendel voulait devenir joueuse professionnelle de tennis, et aujourd'hui, elle est heureuse, car son fils a peut-être une carrière devant lui, dans ce sport.	■	☐
6. Nous avons toujours rêvé de vivre ailleurs, et maintenant, c'est fait.	☐	■

Practice more at **vhlcentral.com.**

3 **Enquête** Demandez à des camarades quels sont leurs loisirs ou quels sports ils pratiquent et pourquoi. À deux, discutez des résultats. Y a-t-il une activité qui est pratiquée plus que les autres? Pour quelles raisons vos camarades la pratiquent-ils?

Loisirs	Sports

4 **Préparation** À deux, discutez des questions et répondez-y par des phrases complètes.
1. Avez-vous les mêmes goûts que vos parents en matière de sports ou de loisirs?
2. Quel âge aviez-vous quand vous avez commencé votre sport préféré ou votre activité préférée?
3. Pourquoi avez-vous décidé d'arrêter ou de continuer cette activité?
4. Qu'est-ce qui vous influence le plus dans le choix d'une activité?

5 **Devenir pro** Par groupes de quatre, répondez aux questions suivantes.
1. Peut-on faire des études et du sport, sans sacrifier l'un ou l'autre?
2. Les parents doivent-ils soutenir leurs enfants coûte que coûte (*at all costs*)? Vaut-il mieux qu'ils soient réalistes et les encouragent à choisir une autre voie?
3. Parfois, les parents cherchent à vivre un rêve par l'intermédiaire de leurs enfants. Que pensez-vous de cette attitude?

6 **Que se passe-t-il?** Par petits groupes, regardez les images du film et décrivez ce que vous voyez. Ensuite, imaginez ce qui va se passer.

1.

2.

3.

4.

3 Ask this follow-up question: **Quelles activités de la liste aimeriez-vous essayer?**

4 To give students ideas for item 4, put these options on the board to discuss: **1. le coût, 2. la proximité des équipements** (*sports facilities*), **des terrains, du court, 3. la mode,** and **4. la curiosité.**

5 Encourage students to draw upon their own childhood experiences with sports or other competitive activities in order to answer and discuss the questions.

6 Have volunteers read their descriptions of the images to the class, who will say which image was being depicted.

6 Have students work in small groups to research the history of soccer, the names of the positions, and the basic rules. Groups should prepare an oral presentation of this information, as well as a narrated demonstration of how the game is played. They should then call on students from the "audience" to participate in the demonstration.

Short Film

Le ballon prisonnier

Une production de LA LUNA PRODUCTIONS et 6 PHALANGES FILMS
Scénario et réalisation CYRIL GELBLAT
Production SÉBASTIEN HUSSENOT
Direction de la photographie FRANK VAN VUGHT   Montage image PAULINE DAIROU
Montage son GILLES BÉNARDEAU   Son ARNAUD MOMENCEAU   Musique LAURENT PÉREZ
Décors FRED BERGE   Acteurs YANNIS BELAL/ZINEDINE SOUALEM/MARILYNE CANTO/MALCOLM CONRATH

Have students describe th
images in the movie post
Ask: **Selon vous, quel va
être le ton du film?**

You might tell students
that **le ballon prisonnie**
or **la balle aux
prisonniers**, is also the
name of the playground
game known as dodge b
in the U.S. As they watc
the film, ask students to
think about the meaning
of the title.

Let students know that
they should draw on
prior knowledge and
experiences to help
themselves understand
new material. **Le ballo
prisonnier** is a film bu
around young people,
their parents, and spor
dreams. Have student
work in pairs to talk
about movies or TV
shows that portray th
ideas.

Play the film up to
the point where the
soccer team takes th
field. Have students
describe and analyze
the people and even
up to this point. Ther
have them predict w
will happen during t
game. Play the gam
portion of the film fo
students to check th
predictions.

INTRIGUE *Le jeune Dylan souhaite réaliser le rêve de son père et devenir footballeur professionnel.*

DYLAN Il a le ballon… Zidane qui passe à Dylan Belgazi… qui accélère et… but! (*Il imite un commentateur*) … — Dylan, Dylan… on parle de vous dans les plus grands clubs. — Oui, c'est vrai. Il y a des contacts…

DYLAN Maman, je peux avoir du poulet?
PÈRE Tu le fais exprès ou quoi? Les veilles de matchs, c'est féculents° et sucres lents°, sinon tu as les jambes coupées. Demain, c[e n]'est pas des rigolos° en face.

MÈRE Tu ne veux pas arrêter de lui bourrer le crâne avec ça? Il y en a combien, un sur cent qui finit professionnel.
PÈRE Je n'ai pas dit que je voulais qu'il soit professionnel, j'ai juste dit qu'on allait tout faire pour, c'est tout. Demain, il y aura tous les recruteurs.

ENTRAÎNEUR Salut les gars! Vous savez contre qui on joue aujourd'hui. Dylan, tu joues en pointe. Leur libero°, il est pour toi. Il monte souvent sur les corners. Tu [ne] le lâches pas, Dylan.

ENTRAÎNEUR Dylan, tu le prends!
PÈRE Allez! Allez! Allez!… Mets le pied°! Cours! Cours! Dylan! Ne le lâche pas! Qu'est-ce que tu fais? Tu regardes!

ENTRAÎNEUR Qu'est-ce qui se passe en attaque, là? Il faut provoquer! Bon, Jeff, tu vas remplacer Dylan en pointe. Allez, on y va! On se motive, là!

féculents *starches* **sucres lents** *carbohydrates*
rigolos *jokers* **libero** *sweeper*
Mets le pied! *Get your foot in there!*

Note
CULTURELLE

L'argent dans le foot

Pour beaucoup, le foot est un ascenseur social. C'est le sport qui reste de loin le mieux payé de France. Au plus haut niveau, le salaire moyen des joueurs est de 400.000 euros par an. Les meilleurs joueurs gagnent tous des salaires supérieurs au million d'euros. Depuis récemment, les amateurs de foot peuvent investir en bourse dans leurs clubs préférés. Plusieurs clubs européens ont déjà tenté l'expérience, mais rares sont ceux qui sont prouvés rentables. Cela n'arrêtera sans doute pas les investisseurs français: quand on aime, on ne compte pas!

PREVIEW Divide the class into groups of four and assign a role to each student. Have groups read the dialogue aloud, then have them characterize the father. Ask: **Que veut M. Belgazi pour son fils, à votre avis? Qu'est-ce qui le motive?** Note students' responses on the board both before and after viewing the film. Then discuss any differences in their answers and why their opinions changed.

TEACHING OPTION Have students read the **Note culturelle** and discuss these questions in groups: **Quels sont vos athlètes professionnels préférés? Qu'est-ce qui les motive le plus? L'amour du sport, l'argent ou autre chose?**

Analyse

1 To check students' comprehension, call on volunteers to answer the questions.

1 **Compréhension** Répondez aux questions par des phrases complètes. *Answers may vary slightly.*

1. Qu'est-ce que Dylan imagine quand il joue tout seul au foot? *Il imagine qu'il joue avec des joueurs professionnels et qu'il marque des buts.*

2. Qu'est-ce que Dylan imagine quand il s'arrête de jouer? *Il imagine qu'il est interviewé par des journalistes sur sa carrière de footballeur professionnel.*

3. Pendant le repas, qu'est-ce que son père conseille à Dylan? *Il lui conseille de manger ses pâtes et de ne pas manger de poulet.*

4. Que fait Dylan avec sa mère après le dîner? *Il fait ses devoirs. / Il étudie l'anglais.*

5. Le père croit connaître la vraie raison pour laquelle Djibrill est numéro dix. Quelle est cette raison? *Le père de Djibrill et l'entraîneur se connaissent bien. Ils travaillent ensemble depuis dix ans.*

6. Que font les joueurs avant que l'entraîneur arrive dans les vestiaires? *Ils échangent des photos de joueurs de foot pour leurs albums.*

7. À quel poste joue Dylan? *Dylan joue en pointe.*

8. Qu'est-ce que Dylan doit faire pendant le match? *Il ne doit pas lâcher le grand joueur de l'autre équipe.*

9. Qui remplace Dylan sur le terrain? *Jeff remplace Dylan.*

10. Qui gagne le match? *L'équipe de Dylan gagne le match.*

2 Ask this additional follow-up analysis question: **Dylan serait-il aussi triste si son père s'impliquait moins dans le foot? Pourquoi?**

2 Have students describe where Dylan lives. Then ask: **Pensez-vous que le rêve du père soit influencé par l'endroit où ils habitent? Si oui, de quelle manière?**

2 **Interprétation** À deux, répondez aux questions et expliquez vos réponses.

1. Pourquoi la mère n'est-elle pas contente quand le père offre à Dylan des photos de joueurs pour son album?

2. Est-ce que Dylan écoute les conseils de son père? Donnez des exemples.

3. Quelle est l'attitude du père pendant le match?

4. Comprenez-vous la réaction de Dylan quand il est remplacé?

5. Que ressent le père quand il voit Dylan pleurer?

6. Que ressent chaque personnage à la fin, dans la voiture?

3 For item 2, work with the whole class to come up with a list of as many places and situations in which students might have witnessed similar events. Then have volunteers point out one of the items on the list and explain what they witnessed there. Possible items to include: **dans un centre de formation, pendant une course, à la patinoire (pendant une compétition), sur un terrain de foot (pendant un match),** etc.

3 **Et les parents?** Par petits groupes, répondez aux questions.

1. Que pensez-vous du père et de la mère? D'après vous, lequel des deux a la meilleure approche? Justifiez votre réponse.

2. Avez-vous déjà été témoin ou avez-vous déjà entendu parler d'une situation comme celle qui est présentée dans le film? Où cela?

3. Comment les parents devraient-ils se comporter pendant une compétition à laquelle leur enfant participe?

4. Pensez-vous que les enfants soient motivés par l'attitude des parents?

5. Quelles devraient être les raisons pour lesquelles un enfant pratique un sport ou participe à une activité?

Practice more at **vhlcentral.com.**

4 **Les thèmes du film** Par groupes de trois, réfléchissez aux thèmes du film. Choisissez chacun un thème et expliquez ce qui le relie à l'histoire. Ensuite, décidez quel est le thème principal du film. N'hésitez pas à en suggérer d'autres.

- La fascination pour le monde du football
- Vivre par procuration
- Réaliser un rêve
- Pousser un enfant à la compétition
- Donner à quelqu'un la possibilité de réussir

5 **Monologues** À deux, écrivez un petit monologue où chaque personnage du film se présente et raconte son histoire.

Modèle Bonjour. Je m'appelle Dylan…

6 **Moi, si…** Et si vous pouviez changer l'histoire? À deux, pensez à deux ou trois scènes du film et modifiez-les en fonction de vos envies. Comparez votre nouveau scénario avec celui d'un autre groupe.

Modèle **DYLAN** Maman, je peux avoir du poulet?
PÈRE Tu peux, Dylan, mais rappelle-toi que tu as un match demain. Il y aura tous les recruteurs.

7 **La conversation** À deux, imaginez la conversation entre Dylan et son père une fois qu'ils sont arrivés à la maison. Présentez votre dialogue à la classe.

- Qui parle le premier?
- Quel est le ton de la conversation?
- Que font-ils à la fin de la conversation?

4 As an optional writing assignment, have students choose one of the given themes or a theme of their own. Then ask them to write a few paragraphs explaining what the theme means to them, why it is the main theme of the film, and their own beliefs about the role parents ought to play in amateur sports.

5 Ask a few volunteers to read their monologues to the class without revealing the name of the person. Call on other students to say which character is speaking.

5 At the dinner table, the mother and father speak aloud to Dylan and to each other. Based on what students saw throughout the film, what do they think the parents were also thinking about during dinner? Have students write the inner monologue of each parent. Remind students to first organize their ideas in a graphic organizer of their choosing.

6 Have pairs act out their adapted scenes for the class.

7 As a variation, ask: **Que dirait la mère si elle était là? Comment traiterait-elle Dylan par rapport à son mari?**

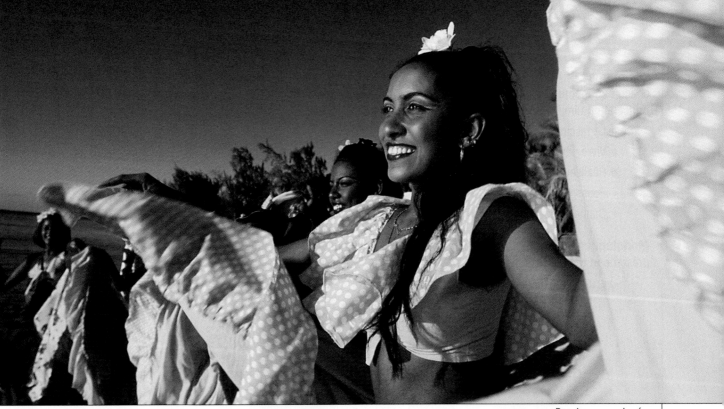

Des danseuses de séga

IMAGINEZ

L'océan Indien

KEY STANDARDS
2.1, 2.2, 3.2, 4.2, 5.1

INSTRUCTIONAL RESOURCES
Supersite: Teaching suggestions; SAM AK
SAM/WebSAM: WB

Dépaysement garanti! (S) Reading

Les îles francophones de l'**océan Indien** ont tout pour charmer le voyageur.

Madagascar, la «**perle de l'océan Indien**», située à 400 km à l'est du **Mozambique**, est la plus grande île de cette région du monde. Les habitants, les **Malgaches**, vous saluent d'un «tonga soa» qui signifie «bienvenue» en malgache. L'île est connue pour ses parcs naturels, mais elle vit aussi de la production d'épices comme la cannelle°, le poivre et la **vanille**, dont elle est le premier producteur mondial. À l'origine la vanille vient du Mexique. Les conquistadors espagnols en ont rapporté en Espagne. Et ce sont des colons français qui l'ont importée à Madagascar. La vanille est en fait le fruit d'une orchidée grimpante°, la seule qui produise des fruits.

Dans le **canal du Mozambique**, qui sépare Madagascar du continent africain, on trouve **Mayotte**, collectivité d'outre-mer française, et l'archipel des **Comores**. Le **lagon de Mayotte**, qui entoure l'île, est l'un des plus grands du monde avec plus de 200 espèces de coraux° et 100 espèces de mollusques. Et seulement 4% des récifs° ont été explorés! Aux **Comores**, à l'ouest de Mayotte, on trouve l'ilang-ilang, plante dont on se sert en parfumerie. L'archipel en est le premier producteur du monde. On peut y voir aussi une faune unique: les makis, de grands lémuriens venus de Madagascar, et les margouillats, petits lézards de couleur crème dévoreurs de moustiques. Faire de la voile° aux **Seychelles** est le meilleur moyen de découvrir les 115 îles qui composent cet archipel, situé au nord-est de Madagascar. Réputées pour leur climat tropical et leurs plages idylliques, les Seychelles vivent essentiellement du tourisme.

L'**île de la Réunion**, à l'est de Madagascar, se distingue par ses paysages volcaniques époustouflants°. Pour vraiment l'apprécier, il faut l'explorer à pied et faire de longues randonnées autour de ses pitons° volcaniques et de ses cirques. Après l'effort, les visiteurs pourront déguster un

La colline de Chamarel, à l'île Maurice

cari° au son du **séga** et du **maloya**, chants° et danses typiques de l'océan Indien dont le rythme varie d'une île à l'autre. À 250 kilomètres de la Réunion, on trouve l'**île Maurice**. La **colline°** de Chamarel, mosaïque bleue, verte, jaune et rouge, est une curiosité de la nature à voir absolument. Ces couleurs étonnantes seraient dues à l'érosion de roches volcaniques.

Oui, pour celui qui est prêt à faire le voyage, il y a tout un monde à découvrir.

cannelle *cinnamon* **grimpante** *climbing* **coraux** *coral* **récifs** *reefs* **Faire de la voile** *Sailing* **époustouflants** *breathtaking* **pitons** *peaks* **cari** *curry* **chants** *songs* **colline** *hill* **féconder** *pollinate*

Le français parlé dans l'océan Indien

Mots

un baba	un bébé
une eau sucrée	une boisson au citron
un gazon	une boule de riz ou de maïs (*corn*) froide
l'île rouge	Madagascar
la langue zoreille	le français
une magination	une pensée; *thought*
une tortue bon-dieu	une coccinelle; *ladybug*

Expressions

à coup de main	à la main
débasculer une porte	ouvrir une porte
ouvrir le linge	étendre le linge; *to hang out the laundry*
partager un grain de sel	se connaître, avoir une relation
prendre pied	s'installer chez quelqu'un

Découvrons des merveilles de la nature

Le piton de la Fournaise Il appartient à un grand massif volcanique qui couvre le sud-est de l'île de la Réunion. Son sommet° est à 2.631 mètres. À côté, se trouve le piton des Neiges à 3.070 mètres. Le piton de la Fournaise est moins haut, mais c'est le volcan actif de l'île. Malgré ses éruptions régulières, il n'est pas considéré comme dangereux car ses laves° sont liquides.

L'île d'Aldabra C'est un îlot° très sec° et sauvage des Seychelles, et c'est un véritable paradis terrestre pour les tortues géantes. Des espèces qui vivaient à la Réunion, à Madagascar ou sur l'île Maurice ont disparu, mais sur Aldabra, on compte plus de 150.000 individus. Ces tortues sont les plus grosses du monde: elles peuvent peser jusqu'à 300 kilogrammes, et vivre jusqu'à 150 ans!

Le jardin de Pamplemousse Pierre Poivre, botaniste royal, a créé ce jardin sur l'île Maurice en 1767. Avec ses 85 variétés de palmiers°, ce jardin est une invitation au voyage. Le jardin de Pamplemousse° abrite° de vrais trésors botaniques, comme de nombreuses plantes tropicales, des nénuphars° géants et le tallipot, un palmier aux feuilles immenses qui fleurit une fois tous les 60 ans.

Le dodo Gros oiseau gris, le dodo est proche du pigeon, avec un bec recourbé°. Il pesait 20 kilogrammes et pouvait vivre jusqu'à 30 ans. Le dodo habitait l'île Maurice à l'époque de sa découverte par le Portugais Alfonso de Albuquerque, en 1598. Comme il ne volait° pas, les marins° le chassaient° pour le manger et il a été rapidement exterminé. Aujourd'hui, on peut en voir une reproduction au musée d'Histoire naturelle de Port-Louis, la capitale.

sommet *summit* **laves** *lava* **îlot** *petite île* **sec** *dry* **palmiers** *palm trees* **Pamplemousse** *Grapefruit* **abrite** *houses* **nénuphars** *lili pads* **bec recourbé** *curved beak* **volait** *fly* **marins** *sailors* **chassaient** *hunted*

Qu'avez-vous appris?

1 Associez Faites correspondre les mots et les noms avec les définitions.

1. __d__ Séga et maloya
2. __b__ Les Comores
3. __h__ Le lagon de Mayotte
4. __i__ Les colons français
5. __g__ L'île Maurice
6. __c__ L'île d'Aldabra
7. __f__ La colline de Chamarel
8. __e__ La cannelle et le poivre
9. __a__ L'île de Madagascar

a. C'est la plus grande île de l'Océan Indien.
b. On y trouve des makis et des margouillats.
c. Un îlot sec qui est un véritable paradis terrestre pour les tortues géantes.
d. Les chants et danses typiques de l'océan Indien.
e. Madagascar les produit avec la vanille.
f. L'érosion de roches volcaniques serait la cause de ses couleurs variées.
g. Une île où se trouve le jardin de Pamplemousse.
h. On y recense plus de 200 espèces de coraux et 100 espèces de mollusques.
i. Ce sont eux qui ont importé la vanille à Madagascar.

2 Questions Répondez aux questions. *Answers may vary slightly.*

1. Que faut-il faire pour vraiment apprécier la Réunion? *Il faut l'explorer à pied et faire de grandes randonnées autour de ses pitons et de ses cirques.*

2. Quel est le produit principal de Madagascar? *La vanille est le produit principal de Madagascar.*

3. Combien de kilomètres séparent la Réunion de l'île Maurice? *250 km les séparent.*

4. Où se trouve le piton de la Fournaise? *Il se trouve dans un grand massif volcanique qui couvre le sud-est de l'île de la Réunion.*

5. Qui a créé le jardin de Pamplemousse et quand? *Pierre Poivre, botaniste royal, l'a créé en 1767.*

6. À quoi ressemblait le dodo? *Il ressemblait à un gros oiseau gris, proche du pigeon, avec un bec recourbé.*

7. Comment s'appellent les habitants de Madagascar? *Ils s'appellent les Malgaches.*

8. Quelle plante utilisée pour faire des parfums trouve-t-on aux Comores? *On y trouve l'ilang-ilang.*

9. Pourquoi la culture de la vanille se fait-elle à la main à Madagascar? *Parce que la fleur n'est pas originaire de l'île et qu'il n'y a pas d'insectes pour la féconder.*

ÉPREUVE

Trouvez la bonne réponse.

1. _____ est la «perle de l'océan Indien».
   a. La Réunion   b. Madagascar
   c. Le Mozambique   d. L'île Maurice

2. Sur l'île Maurice, _____ est une curiosité de la nature.
   a. la colline de Chamarel
   b. le canal du Mozambique
   c. Aldabra
   d. la plage

3. _____ est un plat typique de la cuisine réunionnaise.
   a. La salade   b. Le riz froid
   c. Le cari   d. Le malayo

4. Seulement _____ des récifs de Mayotte ont été explorés.
   a. 4%   b. 6%
   c. 20%   d. 14%

5. _____ est originaire du Mexique.
   a. Le dodo   b. La vanille
   c. L'ilang-ilang   d. Le séga

6. «Tonga soa» veut dire _____ en malgache.
   a. «bonjour»   b. «comment ça va?»
   c. «merci»   d. «bienvenue»

7. _____ entoure l'île de Mayotte.
   a. Un Malgache   b. Un lagon
   c. Madagascar   d. L'océan Pacifique

8. Le dodo habitait _____.
   a. Madagascar   b. les Seychelles
   c. les Comores   d. l'île Maurice

9. Les Seychelles sont un archipel de _____ îles.
   a. 2   b. 7
   c. 100   d. 115

10. Le piton de la Fournaise n'est pas dangereux parce que/qu' _____.
    a. c'est un volcan actif
    b. il est à côté du piton des Neiges
    c. il ne mesure que 2.631 mètres
    d. ses laves sont liquides

Practice more at **vhlcentral.com**.

Video

Mission Missile

AlloCiné est un site d'information pour les passionnés de cinéma et de télévision. Il permet de s'informer sur les derniers films sortis en salles (*movie theaters*) et sur la programmation des cinémas. On peut également y lire des critiques de films et y regarder des bandes-annonces. Il offre aussi toute l'actualité du monde du divertissement, des dossiers sur de très nombreux films et séries, et un programme TV. Bref, il propose tout pour ne pas rester «simple spectateur», comme l'affirme le slogan d'AlloCiné.

C'est bien, ça, pour le petit...

1

Compréhension Répondez aux questions par des phrases complètes.

1. Qu'est-ce que l'homme à la chemise blanche explique au président?
   Il lui explique qu'il y a un risque important de victimes et de dégâts. Un porte-avion peut intercepter le missile si le président en donne l'ordre.

2. Pourquoi la femme du président lui téléphone-t-elle?
   Elle lui téléphone pour qu'il l'aide à choisir un film pour leur fils.

3. Le président remplit-il son devoir à la fin du clip? Expliquez.
   Non, parce qu'il est sur le site d'AlloCiné.

2

Discussion Répondez aux questions en donnant des détails.

1. Au début du clip, de quoi pensiez-vous qu'il allait s'agir? Pourquoi?

2. Que pensez-vous du choix d'AlloCiné d'utiliser une situation de crise dans ce clip publicitaire?

Et vous? Êtes-vous passionné(e) de cinéma ou de séries TV? Desquels et pourquoi? Consultez-vous des sites Internet avant de choisir un film à voir en salle ou un DVD à regarder? Qu'est-ce qui vous aide le plus pour choisir un film?

Practice more at **vhlcentral.com**.

INSTRUCTIONAL RESOURCES
Supersite: Video Script & Translation; Answer Key

COMPRÉHENSION Ask students: **Quel est le film que le président recommande pour son fils? De quel genre de film s'agit-il? L'avez-vous vu? De quoi parle-t-il?** Then, as a follow-up to the activity, have pairs write a 10-sentence summary of the clip.

DISCUSSION As a class, have students debate the following question: **Le fait de développer une véritable passion pour une activité de loisir peut-il avoir des conséquences négatives?**

ET VOUS? Have students use the AlloCiné website to research a French movie currently playing in theaters. Then, have them write a paragraph about it. They should include a summary of the film, information about its director and actors, and the opinions of film critics, as well as their own opinions.

VOCABULAIRE

de la vidéo

> **une bande-annonce** *movie trailer*
> **chéri(e)** *sweetie*
> **le dégât** *damage*
> **un ordre** *command*
> **un porte-avion** *aircraft carrier*

pour la conversation

> **une cible** *target*
> **un(e) conseiller/ conseillère** *advisor*
> **une crise** *crisis*
> **détruire** *to destroy*
> **un(e) militaire** *serviceman/ servicewoman*
> **remplir son devoir** *to fulfill one's duty*

GALERIE DE CRÉATEURS

MOTS D'ART

un(e) adepte *enthusiast*
l'éclairage (*m.*) *lighting*
un maître *master*
un(e) peintre *painter*
un(e) photographe *photographer*

PHOTOGRAPHIE

Pierrot Men (1954–)

Pierrot Men est un des précurseurs et grands maîtres de la photographie malgache. Dans les années 1970, il ouvre le premier laboratoire photo de Finarantsoa, l'un des centres culturels de Madagascar. À l'époque, il veut devenir peintre, mais il utilise la photographie pour gagner sa vie. Déçu (*Disappointed*) par la qualité du développement de la couleur, il se spécialise très vite dans le noir et blanc. Le succès vient quand il commence à exposer à Madagascar dans les années 1980, puis à l'étranger. Men joue sur la composition de ses images et crée des éclairages basés sur les contrastes entre l'ombre (*shadow*) et la lumière. Ses photos capturent des gestes, des expressions et des moments qui reflètent sa grande compassion et son amour de l'humanité.

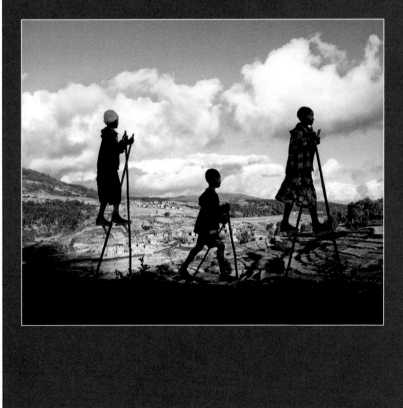

LITTÉRATURE/CINÉMA

Khaleel «Khal» Torabully (1956–)

Né à l'île Maurice, Khal Torabully est un poète et un réalisateur qui a étudié en France. Son œuvre abondante raconte l'histoire de son île et de la population mauricienne. Il aime jouer avec les rythmes et les mots. Il révèle dans sa poésie son

concept de la «coolitude», le fait de voir au-delà de (*beyond*) l'époque colonialiste et de créer des ponts entre les peuples, entre les continents et entre les cultures. Il se base sur l'histoire de son peuple pour s'interroger (*wonder*) sur le monde contemporain. Avec deux autres auteurs, Khal Torabully est à l'origine de la fondation d'une association littéraire, l'Internationale des poètes. Il est aussi à l'origine du tout premier livre humanitaire sur Internet, en lançant en 2010, après le tremblement de terre, le projet «Poètes pour Haïti».

ÉCOLOGIE
Kantilal Jivan Shah (1924–2010)

Kantilal Jivan Shah, «Kanti», né aux Seychelles, était un homme aux connaissances (*knowledge*) multiples, comme Léonard de Vinci en son temps. Il a fait beaucoup de choses dans sa vie: gourou, historien, expert en histoire naturelle, cuisinier végétarien, photographe, sculpteur, agronome… Des personnalités comme la reine d'Angleterre Élisabeth II ou Mère Térésa l'ont rencontré, impressionnées par son savoir (*body of knowledge*). Âgé de plus de 80 ans, il s'occupait encore de l'entreprise d'import-export que son père avait créée en 1895. Mais à la fin de sa vie, il est surtout connu comme pionnier de l'écologie et de l'écotourisme. Il a en effet contribué à la création de réserves marines et de réserves naturelles. Il était aussi membre de diverses organisations comme l'Alliance française ou le Fonds (*Fund*) des Seychelles pour l'environnement.

DANSE
Jeff Mohamed Ridjali (1966–)

Jeff Mohamed Ridjali, danseur et chorégraphe né à Mayotte, est un adepte de la danse contemporaine.
Il découvre le monde de la danse à Paris où il est fasciné par ce langage du corps. Après avoir étudié cet art, il crée une école de danse à Marseille, l'Institut de cultures chorégraphiques. Cet institut a pour but d'aider les jeunes de la rue, grâce à l'enseignement de la danse. Certains de ces jeunes sont maintenant des danseurs professionnels qui font partie de sa compagnie, Urban Concept Danse Cie. Mais la plus grande entreprise de sa carrière, c'est la fondation du Ballet de Mayotte, une troupe professionnelle avec une école de danse mahoraise (*from Mayotte*). Il désire faire connaître cette danse bien particulière dans le monde, et lui donner sa place parmi les styles existants.

Compréhension

À compléter Complétez chaque phrase logiquement.

1. La création de réserves marines et naturelles était une des nombreuses activités de _Kantilal Jivan Shah_.

2. Pierrot Men est un grand _photographe_ originaire de Madagascar.

3. L'institut créé par Jeff Mohamed Ridjali a pour but _d'aider les jeunes de la rue_ grâce à la danse.

4. La _coolitude_ est un concept qui vise à créer des ponts entre les peuples.

5. L'œuvre de Khal Torabully raconte l'histoire de son peuple et de son _île_.

6. La _danse mahoraise_ est une danse originaire de Mayotte.

7. Déçu par la qualité du développement de la couleur, _Pierrot Men_ se spécialise dans le noir et blanc.

8. Kantilal Jivan Shah est connu comme pionner de l'écologie et de _l'écotourisme_.

9. Jeff Mohamed Ridjali est un adepte de la _danse contemporaine_.

10. Dans son travail, Pierrot Men fait attention à _l'éclairage_ et à la composition de l'image.

Rédaction

À vous! Choisissez un de ces thèmes et écrivez un paragraphe d'après les indications.

- **La «coolitude»** Khal Torabully veut créer des ponts entre les peuples et les cultures par l'intermédiaire de la littérature et du cinéma. Pensez-vous que cela soit possible? Expliquez votre opinion personnelle en utilisant des exemples précis.

- **L'œil de Pierrot Men** Décrivez la photo de Pierrot Men. Que révèle-t-elle sur la vie quotidienne malgache? Aimez-vous cette photo? Pourquoi?

- **Écotourisme** Décrivez le concept de l'écotourisme. Avez-vous déjà fait de l'écotourisme? Si oui, décrivez votre expérience. Sinon, dites si vous aimeriez en faire et pourquoi.

Practice more at **vhlcentral.com**.

KEY STANDARDS
4.1, 5.1

8.1

INSTRUCTIONAL
RESOURCES
Supersite: Lab Audioscript,
SAM AK, Lab MP3s
SAM/WebSAM: WB, LM

Have a student explain what
an infinitive is. (It is the most
basic, unconjugated form of
a verb.)

ATTENTION!

Remember that **aller** +
[*infinitive*] describes actions
occurring in the near future and
venir de + [*infinitive*] describes
actions that have or had *just*
occurred.

Ils vont marquer un but!
They're going to score a goal!

**Il venait de fêter son 100ᵉ
anniversaire quand il est mort.**
*He had just celebrated his 100ᵗʰ
birthday when he died.*

BLOC-NOTES

The **faire causatif**, formed with
faire + [*infinitive*], means *to
have (someone) do something*.
For an explanation of this
construction, see **Fiche de
grammaire 9.5, p. 426.**

BLOC-NOTES

For a list of verbs accompanied
by a preposition and an infinitive,
see **Fiche de grammaire 8.4,
p. 420.**

Teach students the French
version of Shakespeare's quote
from Hamlet, «**Être ou ne pas
être**», so they memorize how to
negate an infinitive.

Remind students that impersonal
expressions can be in any tense:
Il <u>était</u> bon de vous revoir. Il
<u>faudra</u> se réunir plus souvent.

Infinitives

—*Je ne veux rien **voir passer**!*

- An infinitive can follow many conjugated verbs directly. To negate the conjugated verb, place **ne… pas** (**jamais**, etc.) around it.

aimer *to like to*	**entendre** *to hear*	**prétendre** *to claim to*
compter *to expect to*	**espérer** *to hope to*	**regarder** *to watch*
croire *to believe to be (doing something)*	**laisser** *to allow to*	**savoir** *to know how to*
	oser *to dare to*	**sembler** *to appear to*
désirer *to want to*	**paraître** *to seem to*	**souhaiter** *to wish to*
détester *to hate to*	**penser** *to intend to*	**venir** *to come to*
devoir *to have to/must*	**pouvoir** *to be able to/can*	**voir** *to see*
écouter *to listen to*	**préférer** *to prefer to*	**vouloir** *to want to*

Nous **comptons obtenir** des billets.
We're expecting to get tickets.

Il **ne prétend pas être** un fan de l'équipe.
He doesn't claim to be a fan of the team.

- Many verbs are used with a preposition, usually **à** or **de**, before the infinitive.

Les meilleurs athlètes **arrivent à finir** la course.
The best athletes manage to finish the race.

Ils **n'oublient jamais de siffler** pendant le match.
They never forget to whistle during the game.

- Remember to place any pronouns before either the conjugated verb or the infinitive, depending on which one they are the objects of. Do not contract the prepositions **à** and **de** with the direct object pronouns **le** and **les**.

Je **l'ai entendue chanter** une fois.
I heard her sing once.

Tu n'**oublieras** pas **de le faire**.
You won't forget to do it.

- To negate an infinitive after a conjugated verb, place both **ne** *and* **pas** directly before the infinitive. Place **ne** and **pas** directly before any pronouns that accompany the infinitive.

Le prof a décidé de **ne pas venir**.
The prof decided not to come.

Vous préférez **ne pas leur en parler**?
You prefer not to speak to them about it?

- Impersonal expressions of the type **Il est…** + [*adjective*] are followed by **de** + [*infinitive*] to describe a general opinion. **Il faut…** and **Il vaut mieux…** can be followed directly by an infinitive to express obligation.

Il est important de faire de la gym.
It's important to work out.

Il faut se détendre après le travail.
One has to relax after work.

- Some verbs usually take an indirect object before **de** + [*infinitive*]. Such verbs include **commander**, **conseiller**, **demander**, **dire**, **permettre**, **promettre**, and **suggérer**.

> Maman **lui a demandé d'acheter** des épinards.
> *Mom asked him to buy spinach.*

> Nous **leur permettons de rentrer** à onze heures.
> *We let them come home at 11 o'clock.*

- The present participle can act as the subject of a verb in English, but in this case French uses the infinitive.

> **Être** un enfant n'est pas toujours facile.
> *Being a child is not always easy.*

> **Voir**, c'est **croire**.
> *Seeing is believing.*

- The infinitive is often used to give instructions or commands, as in recipes or on public signs.

> **Mettre** au four pendant 15 minutes.
> *Put in the oven for 15 minutes.*

> Ne pas **toucher!**
> *Do not touch!*

- The past infinitive is formed with the infinitive of **avoir** or **être** plus the past participle of the verb. The past infinitive is often used with **après**.

> **Après avoir crié** pendant deux heures au match, j'avais mal à la gorge.
> *After shouting for two hours at the game, my throat hurt.*

> Hier soir, ils ont décidé de voir une pièce **après être sortis**.
> *Last night, they decided to see a play after going out.*

- A past participle used with the past infinitive agrees just as it would if the helping verb were conjugated. Place object pronouns before the helping verb.

> On n'aimait plus la comédie **après l'avoir vue** cinq fois.
> *We didn't like the comedy any more after seeing it five times.*

> **Après s'être promenée** sous la pluie, elle a attrapé un rhume.
> *After walking in the rain, she caught a cold.*

- Use an infinitive instead of the subjunctive when there is no change of subject between clauses or with impersonal expressions that have a general meaning and no true subject.

Subjunctive: subject change between clauses	Infinitive: no subject change between clauses
Papa désire que **nous allions** à la plage. *Dad wants us to go to the beach.*	**Papa désire aller** à la plage. *Dad wants to go to the beach.*
Stéphanie et Lionel préfèrent que **leurs enfants ne regardent pas** trop la télévision. *Stéphanie and Lionel prefer that their children not watch too much television.*	**Stéphanie et Lionel préfèrent ne pas trop regarder** la télévision. *Stéphanie and Lionel prefer to not watch too much television.*
Il vaut mieux qu'**elle mette** un anorak pour faire du ski. *She should wear a parka to go skiing.*	**Il vaut mieux mettre** un anorak pour faire du ski. *It's best to wear a parka to go skiing.*

Point out that these verbs follow the pattern verb + **à quelqu'un de**. Give examples with object nouns. Ex: **Mes parents permettent à mon frère d'aller au match de foot.**

Point out that, in these cases, the infinitive acts as a noun. For example, **voir** is the subject of the sentence **Voir, c'est croire.**

Tell students to use the **infinitive** instead of a **tu** or **vous** form of the imperative when the command is impersonal, that is, when the audience is unknown.

Explain that the past infinitive is used to express an action that took place prior to the action of the verb in the main clause, but explicitly when the subordinate and main subjects are the same. Example: **Après avoir dansé toute la nuit, nous étions épuisés.**

BLOC-NOTES

To review past participle agreement, see **Fiche de grammaire 5.5, p. 410.**

BLOC-NOTES

To review the use of **il est/ c'est** + [*adjective*] + **de/à** + [*infinitive*], see **Fiche de grammaire 2.5, p. 398.**

Write the sample sentences for past infinitive agreement on the board. Circle each past participle; then draw an arrow to the subject or object that dictates the agreement.

Mise en pratique

1

À compléter Décidez si le verbe entre parenthèses doit rester à l'infinitif ou être conjugué.

1. Veux-tu _____venir_____ (venir) avec moi à la plage?

2. Il croit qu'il _____a_____ (avoir) toujours raison.

3. Nous aimons _____regarder_____ (regarder) les gens qui _____marchent_____ (marcher) dans la rue.

4. Nathalie ne veut pas _____lire_____ (lire) ce livre; il est trop difficile à _____comprendre_____ (comprendre).

5. Vous désirez _____participer_____ (participer) aux Jeux des îles de l'océan Indien?

6. J'ai besoin que tu _____fasses_____ (faire) les courses aujourd'hui.

7. L'agent de voyage m'a suggéré d' _____attendre_____ (attendre) un peu avant de _____réserver_____ (réserver) une chambre d'hôtel.

8. Il semble que vous _____ayez peur de_____ (avoir peur de) peu de choses.

2

À relier Formez des phrases complètes à l'aide des éléments donnés.

1. les enfants / aimer / manger / des glaces Les enfants aiment manger des glaces.

2. nous / venir de / participer / à une course nautique Nous venons de participer à une course nautique.

3. tu / ne pas / oser / jouer / aux fléchettes Tu n'oses pas jouer aux fléchettes.

4. mes parents / avoir l'intention de / prendre / des vacances / à l'île Maurice Mes parents ont l'intention de prendre des vacances à l'île Maurice.

5. je / ne pas / avoir / vouloir / sortir / hier soir Je n'ai pas voulu sortir hier soir.

6. il / désirer / vous / aller / voir / le spectacle Il désire que vous alliez voir le spectacle.

7. le guide / souhaiter / faire / visiter / les maisons coloniales Le guide souhaite faire visiter les maisons coloniales.

8. vous / aller / prendre un verre / après le travail Vous allez prendre un verre après le travail.

3

Projets de week-end Mathilde et Chloé se racontent ce qu'elles prévoient de faire le week-end prochain. Complétez la conversation à l'aide des éléments de la liste. Answers may vary slightly.

compter faire	falloir faire	paraître	préférer rester
à découvrir	avoir l'intention de	penser faire	à préparer
entendre dire	laisser bouillir	avoir peur de	vouloir

CHLOÉ Alors? Tu (1) _____comptes faire_____ quoi ce week-end?

MATHILDE Eh bien, je/j' (2) _____ai l'intention de_____ faire un tour à la campagne.

CHLOÉ Et tu sais où exactement?

MATHILDE Je/J' (3) _____ai entendu dire_____ que la forêt de l'Est est (4) _____à découvrir_____. On y trouve pleins de lémuriens (*lemurs*).

CHLOÉ Oui, c'est vrai. Il (5) _____paraît_____ qu'il y en a beaucoup.

MATHILDE Et toi? Que (6) _____penses_____ -tu _____faire_____?

CHLOÉ Oh, je/j' (7) _____préfère rester_____ à la maison. J'ai une tonne de choses (8) _____à préparer_____ pour la fête de samedi soir et je/j' (9) _____ai peur de_____ ne pas avoir le temps de tout faire.

MATHILDE Eh! (10) _____Vouloir_____, c'est pouvoir! Bon. Maintenant, il (11) _____faut faire_____ ce gâteau. Que dit la recette?

CHLOÉ «(12) _____Laisser bouillir_____ pendant 5 minutes.»

Communication

4 **Achats de vêtements** Vous êtes dans un grand magasin de vêtements. À deux, créez un dialogue où votre camarade et vous êtes le client/la cliente et le vendeur/la vendeuse. Utilisez l'infinitif. Ensuite, jouez la scène devant la classe.

Modèle —Que désirez-vous?

—Je souhaite acheter une robe noire que j'ai vue la semaine dernière, mais elle semble ne plus être dans votre magasin.

5 **Votre opinion** Que pensez-vous de ces formes de loisirs? À deux, faites part de votre opinion à l'aide de l'infinitif.

- fêter le Nouvel An à Paris
- le saut à l'élastique
- l'alpinisme
- le ski de fond
- sortir tous les soirs
- aller à un concert de hard rock
- le ski nautique
- faire une croisière (*cruise*)

6 **Vos projets** Que souhaitez-vous faire la prochaine fois qu'il y aura un long week-end? Par petits groupes, expliquez vos projets à vos camarades de classe qui vont vous poser des questions pour en savoir plus. Utilisez l'infinitif le plus possible.

Modèle Le prochain long week-end, j'espère aller faire du camping avec ma famille...

4 Before assigning the activity, call on students to read the **modèle** for the class.

4 For inspiration, have students look at the **Le shopping et les vêtements** portion of the vocabulary on **p. 274**.

5 Encourage students to think of their own ideas for discussion, in addition to those given.

5 You may want to provide students with a word bank for each activity.

6 Conduct a brief brainstorming session for activities to do on a long weekend and note them on the board to facilitate students' discussion.

6 Have students write a 200-word essay for this activity. Tell them to first determine a format for their essay, or a note to a parent explaining the merits of the activities. Remind them to include examples of the various infinitive constructions.

KEY STANDARDS
4.1, 5.1

INSTRUCTIONAL
RESOURCES
Supersite: Lab Audioscript,
SAM AK, Lab MP3s
SAM/WebSAM: WB, LM

Point out that a few countries
do not take an article: **Israël,
Saint-Marin**, and **Monaco**.

ATTENTION!

In French, **Mexico** is a false cognate.
It means Mexico City, not Mexico.

Have students research the
French name for any other
countries they are interested in,
such as where they would like
to visit or where their ancestors
are from.

Have students complete a map
of the United States (blank
except for the borders) with the
names of the states in French.

Point out that the c in
Antarctique may not always
be pronounced. Have students
repeat both pronunciations
after you.

ATTENTION!

Do not use an article with
a city unless the article is a
part of the name, such as
**Le Caire, Le Havre, Le Mans,
La Nouvelle-Orléans**, and
La Rochelle.

Tell students that
Antarctique is an exception
to the rule about prepositions
with continents (which
are all feminine except for
Antarctique). The correct
prepositions are **dans
l'Antarctique** and
de l'Antarctique.

8.2

Prepositions with geographical names

Dylan et ses parents habitent à Nice.

- Like other French nouns, geographical place names have gender.

- Countries that end in **-e** are feminine, except for **le Belize, le Cambodge, le Mexique, le Mozambique**, and **le Zimbabwe**, which are masculine.

- Countries that do not end in **-e** are masculine.

Masculine countries		Feminine countries	
l'Afghanistan	*Afghanistan*	**l'Algérie**	*Algeria*
le Brésil	*Brazil*	**l'Allemagne**	*Germany*
le Cambodge	*Cambodia*	**l'Angleterre**	*England*
le Canada	*Canada*	**l'Argentine**	*Argentina*
le Danemark	*Denmark*	**la Belgique**	*Belgium*
l'Iran	*Iran*	**la Colombie**	*Colombia*
l'Irak	*Iraq*	**la Côte d'Ivoire**	*Ivory Coast*
le Japon	*Japan*	**l'Espagne**	*Spain*
le Luxembourg	*Luxemburg*	**la France**	*France*
le Maroc	*Morocco*	**la Grèce**	*Greece*
le Mexique	*Mexico*	**l'Italie**	*Italy*
le Pérou	*Peru*	**la Russie**	*Russia*
le Sénégal	*Senegal*	**la Suisse**	*Switzerland*
le Viêt-nam	*Vietnam*	**la Turquie**	*Turkey*

- Some country names are plural: **les États-Unis** and **les Pays-Bas** (*the Netherlands*).

- Islands like **Cuba, Madagascar**, and **Maurice** never take an article. The same is true of small European islands like **Malte** and **Chypre**. Though located on an island but not one itself, the same applies to **Haïti**.

- Provinces and regions generally follow the same rules as countries: **la Bretagne, le Manitoba, la Normandie, la Provence, le Québec**.

- States that end in **-e** are usually feminine: **la Floride, la Louisiane, la Géorgie, la Virginie (occidentale), la Californie, la Pennsylvanie**, and **la Caroline du Nord/du Sud. Le Maine, le Tennessee**, and **le Nouveau-Mexique** are exceptions.

- States that do not end in **-e** are masculine: **le Kansas, le Michigan, l'Oregon, le Texas**, etc.

- All but one of the continents are feminine: **l'Afrique, l'Amérique du Nord, l'Amérique du Sud, l'Asie, l'Australie**, and **l'Europe**. However, **l'Antarctique** is masculine.

- The gender of a place name usually determines the preposition you use. Use this chart to determine which preposition to use to say *to*, *in*, or *at*.

With...	use:
Cities	**à**
Continents	**en**
feminine countries and provinces	**en**
masculine countries and provinces	**au**
masculine countries and provinces that begin with a vowel	**en**
plural countries	**aux**
feminine states	**en**
most masculine states	**dans le/l'** *or* **dans l'état de/d'/du/de l'**

Vous allez **à** Londres?
Are you going to London?

La France est **en** Europe.
France is in Europe.

Lucie va **en** Côte d'Ivoire.
Lucie is going to the Ivory Coast.

Ils sont **aux** Pays-Bas.
They're in the Netherlands.

Je vais **au** Maroc.
I'm going to Morocco.

Mon cousin est **en** Irak.
My cousin is in Iraq.

- Use this chart to determine which preposition to use to say *from*.

With...	use:
Cities	**de/d'**
Continents	**de/d'**
feminine countries and provinces	**de/d'**
masculine countries and provinces	**du**
masculine countries and provinces that begin with a vowel	**d'**
plural countries	**des**
feminine states	**de/d'**
most masculine states	**du/de l'**

Nous arrivons **de** New York.
We are arriving from New York.

Nous sommes **des** États-Unis.
We're from the United States.

Tu es **d'**Asie?
Are you from Asia?

Elle est **du** Japon.
She's from Japan.

- The prepositions used with certain islands are exceptions to these rules.

With...	to say *to, in,* or *at,* use:	to say *from* use:
Cuba	à	de
Haïti	en	d'
Madagascar	à	de
Martinique	à la	de *or* de la

ATTENTION!

To say someone is *in*, *at*, or going *to* a masculine state, you can use either **dans le** or **dans l'état de/du/de l'**. With **Texas** and **Nouveau-Mexique**, use **au**.

Chicago est dans (l'état de) l'Illinois.
Chicago is in (the state of) Illinois.
but
Nous sommes au Texas.
We are in Texas.

Ask volunteers to give a sample sentence for each instance in the charts. You may want to provide sentence starters: **Cet été, j'ai l'intention de visiter... / Je voudrais habiter... / Mes ancêtres viennent...**

ATTENTION!

If the definite article is part of a city name, include the article along with the preposition. In this case, form the usual contractions with **à** and **de**.

Ils sont au Caire.
They are in Cairo.

Il vient de la Nouvelle-Orléans.
He is from New Orleans.

TEACHING OPTION To help students memorize the gender of geographical place names, divide the class into two teams. Call out names of countries, cities, states, provinces, etc. Individuals from each team take turns answering **C'est masculin** or **C'est féminin**. Teams earn one point per correct answer. The team with the most points after every student in the class has taken a turn wins.

Elle rêve d'aller **à la Martinique.**

Mise en pratique

1 Give these additional items: **7. Mes parents veulent aller _____ Mexique l'année prochaine.** a. à b. en c. au (c. au) **8. Pendant mon retour de vacances _____ Australie, mon avion a été bloqué _____ Hong-Kong.** a. dans l'… à b. à l'… en c. en… à (c. en… à)

2 Have students write a brief postcard to the person of their choice, modeled on the one in the activity. Allow them to choose the places, but require that they include at least six geographical prepositions.

Note CULTURELLE

Des personnalités françaises du 18e siècle sont à l'origine du nom de certains endroits, dans l'océan Indien. **Jean Moreau de Séchelles**, contrôleur des finances sous Louis XV, a donné son nom à l'archipel des **Seychelles**, et le navigateur **Bertrand-François Mahé de La Bourdonnais** à son île principale, **Mahé**, après que les Français ont découvert l'archipel en 1756. Les noms sont restés depuis, même sous domination britannique.

2 Point out to students the closing of the postcard: **À +**. This is short for **À plus tard**. The abbreviation is often used at the end of an informal note, e-mail, or text message.

3 Have pairs read their conversations for the class, who will vote on their favorite one.

1 Où? Choisissez la bonne réponse parmi celles proposées.

1. _____ Alaska est à l'ouest _____ Canada.
   a. La… de   b. L'… du   c. Le… de la

2. Dans quelle ville es-tu? _____ Saint-Denis?
   a. En   b. À   c. Au

3. Je vais souvent _____ Madagascar et _____ la Réunion pour mes vacances.
   a. à… à   b. en… à   c. au… au

4. _____ Groenland appartient _____ Danemark.
   a. Le… au   b. Le… en   c. La… dans le

5. Mes parents habitent _____ Pierre, _____ Dakota du Sud.
   a. en… en   b. à… dans le   c. à… au

6. Il s'est perdu quelque part _____ Pérou, _____ Amérique du Sud.
   a. dans le… dans l'   b. dans le… à l'   c. au… en

2 L'océan Indien Louis envoie une carte postale à son frère. Choisissez les bonnes prépositions pour compléter le texte.

Salut Juju!

Mercredi soir, nous avons fêté notre anniversaire de mariage (1) __à__ Port-Louis. Au bout de quelques jours, nous avons pris l'avion pour aller (2) __à__ la Réunion. Ensuite, nous avons pu admirer la somptueuse île de Madagascar, et surtout l'art de la marqueterie, (3) __à__ Ambositra, une ville située (4) __dans la__ province de Fianarantsoa. Et voilà! Aujourd'hui, nous sommes (5) __aux__ Seychelles où le temps est magnifique. Nous sommes arrivés hier matin (6) __de__ Madagascar. L'archipel des Seychelles est merveilleux. Demain, nous avons prévu d'aller (7) __à__ Mahé, l'île principale. L'année prochaine, nous souhaitons aller (8) __en__ Afrique. Quand nous pensons au temps pluvieux qu'il doit faire (9) __au__ Havre, nous n'avons pas envie de rentrer (10) __en__ France.

À +
Louis et Carole

Julien Lacour

74, rue Vendôme

76600 Le Havre

France

3 À vous d'écrire Créez des phrases complètes à l'aide des éléments de chaque colonne. Ensuite, à deux, imaginez une conversation avec les phrases que vous venez d'écrire.

aller	à	Caire
arriver	au(x)	Europe
se divertir	dans le/l'	Massachusetts
être	de(s)/d'	Portugal
se promener	de l'	Saint-Pétersbourg
venir	du	Seychelles
?	en	?

Communication

4

Votre rêve Passez dans la classe et demandez à dix camarades à quel endroit précis de la planète ils rêvent d'habiter. Collectez les informations sur une feuille de papier, puis présentez-les à la classe. N'oubliez pas d'écrire les prépositions correspondantes.

	Ville	Pays	Continent
Delphine	à Florence	en Italie	en Europe

5

Un tour du monde À deux, créez l'itinéraire d'un fabuleux tour du monde. Donnez les détails de la localisation de chaque étape: la ville, la région ou l'état (si c'est le cas), le pays et le continent.

Modèle   Jour 1: départ d'Albany, dans l'état de New York, aux États-Unis, en Amérique du Nord et arrivée à Mexico, au Mexique.

Jour 2: départ de Mexico, au Mexique, en Amérique du Nord et arrivée à Buenos Aires, en Argentine, en Amérique du Sud.

6

Et vous? Racontez vos dernières vacances. À quel endroit êtes-vous allé(e)? Quel était votre itinéraire? Montrez-le sur une carte pour aider vos camarades de classe à visualiser votre voyage. Ensuite, vos camarades vous posent des questions pour savoir ce que vous avez fait.

Modèle   Je suis allé(e) à San Diego, en Californie, pour voir mes grands-parents. Ensuite, je suis allé(e) à Tijuana, au Mexique…

4 Tell students to ask each other this question each time: **À quel endroit de la planète rêves-tu d'habiter?**

4 Do a variation of the activity where students choose only francophone places. Compile a class list of the places chosen in order of preference to determine which francophone place is most attractive to students.

5 Have students present their itineraries to the class. Encourage students to ask their classmates questions at the end of each presentation. Example: **Pourquoi cette région t'intéresse-t-elle?**

6 Use this activity to review and recycle the pronouns **y** and **en**. Example: **Depuis combien de temps tes grands-parents y habitent-ils?**

6 Tell students that the vacation can be a real or made-up one. Have group members guess if the itinerary is fictitious.

S'évader et s'amuser

KEY STANDARDS
4.1, 5.1

INSTRUCTIONAL RESOURCES
Supersite: Lab Audioscript, SAM AK, Lab MP3s
SAM/WebSAM: WB, LM

Briefly review that the conditional is a <u>mood</u>, like the subjunctive, and not a <u>tense</u>, like the future.

Point out that, since the English auxiliary *would* does not have an exact French equivalent, its meaning is expressed by the conditional verb formation as a whole.

BLOC-NOTES

To review formation of the **futur simple**, see **Structures 7.2, pp. 254–255**.

To translate some English conditional expressions, such as *I would* and *Would you?* tell students to ask themselves the questions *I would what?* and *Would you…?* This will give them the context they need to express the idea in French. Example: **Irais-tu en vacances aux Comores?** *Would you go on vacation to the Comoros islands?* **Moi non, je n'irais pas.** *I wouldn't.* **Moi si, j'irais.** *I would.*

ATTENTION!

Remember that the English *would* can be translated with the **imparfait** or the **conditionnel**. To express ongoing or habitual actions in the past in French, use the **imparfait**.

Pépé parlait souvent de son enfance.
Gramps would (used to) talk often about his childhood.

but

Pépé parlerait de son enfance s'il était là.
Gramps would talk about his childhood if he were here.

The *conditionnel*

8.3

—*Il y en a combien, un sur cent qui finit professionnel. Pourquoi ce **serait** lui?*

- The **conditionnel** is used to soften a request, to indicate that a statement might be contrary to reality, or to show that an action was going to happen at some point in the past. It is often translated into English as *would…* or *could…*

- The **conditionnel** is formed with the same stems as the **futur simple**. The endings for the **conditionnel** are the same as those for the **imparfait**.

The **conditionnel** of regular verbs			
	parler	**réussir**	**attendre**
je/j'	parlerais	réussirais	attendrais
tu	parlerais	réussirais	attendrais
il/elle	parlerait	réussirait	attendrait
nous	parlerions	réussirions	attendrions
vous	parleriez	réussiriez	attendriez
ils/elles	parleraient	réussiraient	attendraient

- Any **-er** verbs with spelling changes in their **futur simple** stem have the same changes in the **conditionnel**.

je me promènerai	je me promènerais
j'emploierai	j'emploierais
j'essaierai *or* j'essayerai	j'essaierais *or* j'essayerais
j'appellerai	j'appellerais
je projetterai	je projetterais

- Verbs that have an irregular stem in the **futur simple** have the same stem in the **conditionnel**.

Nous **irions** au cinéma s'il y avait des films intéressants à voir.
We'd go to the movies if there were interesting films to see.

Qu'est-ce que tu **ferais**, toi, dans les circonstances actuelles?
What would you do under the present circumstances?

- Use the **conditionnel** to describe hypothetical events.

Vous **pourriez** venir à cinq heures.
You could come at 5 o'clock.

Un jour, j'**aimerais** visiter les Seychelles.
One day, I'd like to visit the Seychelles.

- The hypothetical aspect of the **conditionnel** makes it useful in polite requests and propositions. The verbs most often used in phrases of this type are **aimer**, **pouvoir**, and **vouloir**.

  Nous **aimerions** vous poser
  des questions.
  We would like to ask you
  some questions.

  Je **voudrais** porter
  un toast.
  I would like to make
  a toast.

  Est-ce que je **pourrais** parler
  à Bertrand?
  May I speak to Bertrand?

  Pardon, monsieur, **auriez**-vous l'heure,
  s'il vous plaît?
  Pardon, sir, would you have the time,
  please?

- Conditional forms of **devoir** followed by an infinitive tell what *should* or *ought to* happen. Conditional forms of **pouvoir** followed by an infinitive tell what *could* happen.

  Tu **devrais sortir** plus souvent
  avec nous.
  You should go out with us more often.

  On **pourrait passer** la matinée
  au parc.
  We could spend the morning at the park.

- Another use for the **conditionnel** is in a clause after **au cas où** (*in case*). Note that English uses the indicative for these phrases.

  Apportez de l'argent **au cas où** il y
  aurait encore des tickets à vendre.
  Bring some money in case there are
  still tickets for sale.

  Je mettrai des baskets **au cas où** on **irait** à
  pied au vernissage.
  I'll wear sneakers in case we go to the art
  opening on foot.

- In some cases, the **conditionnel** is used to express uncertainty about a fact.

  Selon le journal, il y **aurait** plus
  de 100 parcs d'attractions au Texas.
  According to the newspaper, there
  are more than 100 amusement parks
  in Texas.

  Le film prétend que nous n'**aurions** plus
  le temps de sauver la planète.
  The movie claims that we don't have any
  more time to save the planet.

- The **conditionnel** is used sometimes in the context of the past to indicate what was to happen in the future. This usage is called the *future in the past*.

  Pépé a dit qu'il **fêterait** son
  95ᵉ anniversaire dans un
  parc d'attractions.
  Gramps said he'd celebrate his
  95ᵗʰ birthday at an amusement park.

  Je pensais que maman **mettrait** mes
  affaires dans ma chambre, mais elle
  les a mises dehors.
  I thought Mom would put my things
  in my room, but she put them outside.

- Form contrary-to-fact statements about what *would happen* if something else *were to occur* by using the **imparfait** and the **conditionnel**.

  Si j'**étais** toi, je **mettrais** des baskets
  pour aller me promener.
  If I were you, I'd put on sneakers
  to take a walk.

  On **pourrait** arriver avant l'ouverture **si**
  Jean-Yves **faisait** la queue pour nous.
  We could arrive before the opening if
  Jean-Yves stood in line for us.

Point out that inversions like **Pourrais-je**, **Devrais-je**, etc. are correct, but usually only seen in literary or formal contexts. So, tell them to use **Est-ce que je pourrais/devrais/etc.** in everyday conversation. **Pourrais-je** is used when one makes a business phone call: Example: **Pourrais-je parler à M. Dupont, s'il vous plaît?** *May I speak with Mr. Dupont please?*

Ask students to turn to a partner and make a polite request using the conditional. Ex: **Est-ce que je pourrais emprunter ton stylo?**

Have students working in pairs give each other two pieces of advice using the conditional of **devoir**.

Give students a series of sentence starters to complete with a verb in the conditional. Ex: **Si j'avais une nouvelle voiture... / Si je parlais avec le président...**

ATTENTION!

To indicate that an event was going to happen in the past, you can also use the verb **aller** in the **imparfait** plus an infinitive.

M. LeFloch a dit qu'il allait bavarder avec un ami.
Mr. LeFloch said he was going to chat with a friend.

BLOC-NOTES

To review **si** clauses, see **Structures 10.3, pp. 374–375.**

Mise en pratique

1 **À compléter** Complétez la conversation qu'Aurélie a avec ses copains. Employez le conditionnel du verbe le plus logique. Vous pouvez utiliser certains verbes plus d'une fois.

aller	avoir	dire	être	hurler	pouvoir
appeler	devoir	se divertir	faire	mettre	vouloir

GAVIN Qu'est-ce que tu (1) ___voudrais___ faire pour fêter ton anniversaire?

AURÉLIE Je ne sais pas… Que (2) ___feriez___-vous à ma place?

LEENA Moi, je/j' (3) ___irais___ jouer au bowling avec des copains.

AURÉLIE Je suis nulle au bowling. Je ne me (4) ___divertirais___ pas.

GAVIN Nous (5) ___pourrions___ passer une journée au parc d'attractions!

AURÉLIE Non, mes parents m'ont dit que je/j' (6) ___aurais___ si peur des montagnes russes (*roller coasters*) que je/j' (7) ___hurlerais___ sans arrêt. Mes amis ne (8) ___pourraient___ rien faire pour me calmer.

GAVIN Je vois. Je/J' (9) ___dirais___ que tu n'en as pas de bons souvenirs.

LEENA Faisons un pique-nique — ce (10) ___serait___ plus simple.

AURÉLIE Quelle bonne idée! Au cas où il (11) ___ferait___ frais, on (12) ___devrait___ apporter un gilet.

2 **Si vous étiez là…** Quelle activité pratiqueriez-vous si vous étiez à ces endroits?

Suggested answers

Modèle **jouer**
Si j'étais dans un gymnase, je jouerais au basket.

1. regarder
Si j'étais au cinéma, je regarderais un film.

2. prendre
Si j'étais au café, je prendrais un chocolat ou un sandwich.

3. acheter
Si j'étais au marché, j'achèterais des produits frais.

4. patiner
Si j'étais à la patinoire, je patinerais.

5. faire
Si j'étais à la mer, je ferais de la planche à voile.

6. aller voir
Si j'étais à Paris, j'irais voir la tour Eiffel.

3 **Le loto** Imaginez que vous gagniez à la loterie. Que feriez-vous avec cet argent? Expliquez votre réponse en huit ou dix phrases. Utilisez le conditionnel dans chaque phrase.

Practice more at **vhlcentral.com.**

Communication

4

Un voyage

A. Un de vos amis projette de faire avec sa famille un voyage à Madagascar, que vous avez visité l'an dernier. Il vous demande des conseils sur le logement, la meilleure date de départ et sur les activités possibles là-bas. À deux, jouez les rôles à l'aide des éléments ci-dessous et des informations données dans la Note culturelle.

> **Modèle** —Où devrions-nous rester?
> —Je pense que vous devriez rester à Antananarivo.

aimer	aller au musée	prendre une chambre à l'hôtel
devoir	faire une randonnée	visiter des sites historiques
pouvoir	faire du camping	?
vouloir	nager en piscine/dans l'océan	

Ma sœur, Julie, adore les animaux sauvages
et les sciences, surtout la biologie.

Moi, c'est Mike, j'adore l'histoire, l'art,
et j'aime aussi beaucoup lire et écrire.

Ma mère, Suzanne, n'aime pas rester dehors
trop longtemps parce qu'elle déteste les insectes.

B. Imaginez que d'autres membres de la famille voyagent avec Mike, sa sœur et sa mère. Qu'aiment-ils faire en général? Qu'aimeraient-ils faire et voir à Madagascar?

5

Que feriez-vous? Pensez à ce que vous feriez dans ces situations. Discutez de chacune d'elles par petits groupes.

Note CULTURELLE

Le meilleur moment pour venir visiter **Madagascar**, c'est en hiver et au printemps, entre juillet et octobre. Pendant cette période, il ne fait pas trop chaud et il pleut moins. Avec sa faune et sa flore uniques au monde, on y appréciera les randonnées, le camping, les parcs nationaux et les réserves naturelles. Pour ceux qui préfèrent l'art et l'histoire, il y a le **Palais de la reine** à **Antananarivo**, la capitale. On peut y visiter plusieurs autres musées et sites historiques, par exemple, le **Musée d'art et d'archéologie** et le **Palais de justice**.

4 Encourage students to use additional verbs and to add their own ideas.

4 Ask students related personalized questions. Examples: **À quelle saison de l'année iriez-vous à Madagascar? Où aimeriez-vous faire un séjour?**

5 Initiate a discussion about the images before assigning the activity. Example: **Que ressent le jeune homme sur l'illustration de gauche? Que ressentiriez-vous à sa place?**

Synthèse (S) Reading

1 Sport ou loisir? Quand un loisir devient-il un sport? Certains, comme en Russie et dans d'autres pays d'Europe, considèrent que la gymnastique et le patinage artistique sont des sports, et ils aimeraient voir cette idée plus généralement acceptée. Pour d'autres, ce sont des loisirs. De même, le poker, le golf et le bowling peuvent être vus comme de simples passe-temps ou des sports à part entière.

2 Légitime ou illégitime? Depuis plusieurs années, aux États-Unis comme ailleurs, la copie illégale de musique sur Internet a eu un impact néfaste° sur l'industrie des CD et des DVD. D'après certains défenseurs de cette pratique, la raison en est que les produits originaux sont devenus trop chers. D'autres disent que la piraterie est inévitable, parce que tout le monde peut copier de la musique et des films, confortablement installé chez soi.

3 Violence et divertissement La violence dans les médias est de plus en plus choquante. Beaucoup de personnes sont préoccupées par l'impact que ces divertissements peuvent avoir sur les enfants et les adultes, et voudraient que leur utilisation ait des limites. Leurs créateurs croient se défendre en disant que ces produits n'influencent ni le comportement de l'utilisateur ni celui du spectateur.

4 L'argent et le jeu Dans la plupart des états américains, on peut acheter des tickets de grattage°, jouer au loto et faire des paris. En même temps, il est illégal de jouer aux jeux d'argent, comme on le ferait dans les casinos. Quelle est la différence entre les jeux de hasard des établissements spécialisés et ceux auxquels on peut jouer chez soi?

1

Révision de grammaire Relisez le texte et trouvez des exemples pour chaque catégorie ci-dessous.

1. Pays féminin la Russie

2. Pays masculin les États-Unis

3. Le conditionnel aimeraient, voudraient, ferait

4. Verbes suivis d'un infinitif sans préposition: aimer, pouvoir, croire

2

À votre avis? Répondez par des phrases complètes.

1. Que souhaiteraient certaines personnes pour la gymnastique et le patinage artistique?
Certaines personnes aimeraient que ces activités soient considérées comme des sports.

2. Que peut-on faire chez soi avec Internet? On peut copier de la musique et des films.

3. Que voudraient certaines personnes concernant la violence dans les médias?
Certaines personnes voudraient que son utilisation ait des limites.

4. Dans la plupart des états américains, à quoi ne peut-on pas jouer?
On ne peut pas jouer à des jeux d'argent, comme dans les casinos.

5. À votre avis, la violence dans les médias semble-t-elle influencer le comportement des gens? Donnez votre opinion à l'aide des structures de cette leçon.

Préparation (S) Audio: Vocabulary

Vocabulaire de la lecture

escalader *to climb*
glisser *to glide*
grimper à *to climb*
le parapente *paragliding*
parcourir *to go across*
la roche *rock*
sauter *to jump*
tenter *to attempt; to tempt*
un(e) vacancier/ère *vacationer*
voler *to fly*
un VTT (vélo tout terrain) *mountain bike*

Vocabulaire utile

un casse-cou *daredevil*
se dépasser *to go beyond one's limits*
un frisson *thrill*
lézarder au soleil *to bask in the sun*
une montée d'adrénaline *adrenaline rush*
vaincre ses peurs *to confront one's fears*

KEY STANDARDS
1.2, 2.1, 2.2, 4.2

SYNONYMES
parcourir ⟷ traverser
une roche ⟷ un rocher
un frisson ⟷ un frissonnement

Point out that **frissonnement** is found in a literary context. It can also refer to the rustling of leaves in a tree.

Explain that **frisson** and **frissonnement** are synonyms only when they mean *shiver* or *shudder*.

1 Ask this related question and discuss as a class: **Tenez-vous un journal de voyage? Quels sont les avantages d'en tenir un?**

2 One of France's most famous climbers is Alain Robert, also known as the "French Spider-Man." But Alain Robert's extreme sport is climbing buildings, not rocks or mountains. Have students research a few articles about Robert's accomplishments and watch a few videos. Then have them present a brief report about what Robert does and their opinion about this extreme sport.

2 Ask these additional questions: **Si vous pratiquez un sport extrême, avez-vous peur quand vous le pratiquez? Si vous faisiez du saut à l'élastique pour la première fois, auriez-vous peur? Et si c'était pour la dixième fois?**

3 Make a table on the board with the two columns **Titre du film/de l'émission** and **Sport extrême pratiqué**. Have students fill out the table and compare ideas as a class.

1

Journal de vacances Patrick, un jeune Français qui est en vacances à la Réunion avec des amis, tient un journal (*keeps a diary*). Complétez cet extrait à l'aide des mots de vocabulaire.

---

mercredi 12 juillet

Nous voici à la Réunion depuis une semaine. C'est assez calme car il n'y a pas trop de (1) __vacanciers__ en ce moment. L'île est tellement belle qu'en arrivant, nous avons abandonné l'idée de voyager en bus. Nous avons décidé de (2) __parcourir__ l'île en (3) __VTT__ pour mieux profiter des paysages. Véritable (4) __casse-cou__ qui n'a peur de rien, Gilles a voulu tenter (5) __le parapente__ et il a réussi à me convaincre d'essayer aussi. Quelle expérience! On a vraiment l'impression de (6) __voler__ comme un oiseau. Demain, nous allons escalader le piton de la Fournaise, un des volcans les plus actifs du monde! Après tout ça, je pense qu'on va avoir envie d'aller sur la plage pour (7) __lézarder au soleil__!

2

Les sports extrêmes Répondez aux questions et comparez vos réponses avec celles d'un(e) camarade.

1. Qu'est-ce que c'est pour vous, un sport extrême? Donnez quelques exemples de sports que vous considérez extrêmes.

2. Avez-vous déjà essayé ou bien pratiquez-vous régulièrement un sport extrême? Si oui, lequel? Sinon, aimeriez-vous essayer? Expliquez.

3. Connaissez-vous des endroits dans le monde qui sont réputés pour la pratique des sports extrêmes? Lesquels? Quels sports y pratique-t-on?

3

À l'écran Vous regardez la télé? Vous allez souvent au cinéma? Par groupes de trois, listez quatre films ou émissions de télé et le sport extrême qui y est pratiqué. Comparez vos idées avec celles des autres groupes.

Practice more at **vhlcentral.com.**

Have each student research and print out from the Internet three photos from **la Réunion** of places or activities that interest them. Students should write a caption for each one. Display all the photos and have students walk around the room and review them.

La Réunion, île intense

The island of **la Réunion** is one of France's **départements d'outre-mer**. Its culture is a blend of European, African, Chinese, and indigenous traditions. Have students research and present information on the following topics: its history, geography, economy, demographics, and ecology.

Have students go through the text and locate examples of articles and prepositions used with geographical names. Ask them to explain each use.

coconut palms

Aaah! La plage! Les cocotiers°! Les bains de soleil! Des vacances de rêve sur une île de l'océan Indien! Qui ne serait pas tenté? Mais... et
5 s'il y avait autre chose à faire sur l'île de la Réunion? Si vous aimez marcher, grimper, escalader, sauter, glisser, voler... c'est bien à la Réunion, à 800 kilomètres à l'est de Madagascar, qu'il faut aller passer vos
10 prochaines vacances. D'ailleurs, ce n'est certainement pas par hasard qu'on la surnomme «l'île intense».

Il ne fait aucun doute que
15 pour l'esprit aventureux, on a l'embarras° du choix. On peut pratiquer les nombreuses activités sportives, souvent extrêmes, présentes sur l'île. Il
20 y en a pour tous les goûts.

predicament

L'océan, les rivières, les cascades... l'eau est omniprésente. Côté océan, le fly surf ou kite surf est devenu très à la mode. On se sert d'un immense
kite 25 cerf-volant° pour surfer autant sur l'eau que dans les airs. Côté rivières et cascades, les aventuriers trouveront leur bonheur avec le canyoning. Il existe sur l'île plus de 70 canyons praticables. Certains diront que
30 le canyon du Trou blanc, situé à l'ouest de l'île, est celui qu'il faut absolument essayer. C'est ce qu'on appelle un aqualand naturel, fait de nombreux toboggans° formés dans la roche. Par contre, les intrépides tenteront de
slides 35 descendre le Trou de Fer, canyon grandiose, situé dans la partie nord de l'île. Il faut deux à trois jours pour le parcourir.

La Réunion est aussi un vrai paradis pour les amateurs de courses d'endurance.
40 Depuis quelques années, elle est le théâtre de plusieurs courses à pied extrêmes. La plus impressionnante est sans aucun doute le Grand Raid, surnommée la Diagonale

Ce n'est certainement pas par hasard qu'on la surnomme «l'île intense».

des Fous. Il s'agit de traverser l'île de part en part°. Le parcours équivaut à° huit 45
marathons classiques. Les 2.000 concurrents doivent «survivre» à un dénivelé° de 8.000 mètres formé par cinq sommets dont le plus haut atteint 2.411 mètres. Les trois quart des participants finissent la course et gagnent 50 alors le fameux t-shirt jaune, «J'ai survécu».

straight through/ est égal à

difference in altitude

La Mégavalanche est une autre épreuve sportive° qui est de plus en plus en vogue. Imaginez plus de 400 concurrents qui descendent à 55 grande vitesse une montagne en VTT. Le départ est à 2.200 mètres d'altitude et l'arrivée au bord de la mer.

sports event

L'île est un lieu idéal pour 60 ceux qui rêvent de voler. Il y a plusieurs choix possibles, dont le parapente, le saut à l'élastique et la tyrolienne. Celle-ci compte de plus en plus d'amateurs. Les 65 gens aiment la sensation que leur procure° la traversée d'un ravin à 100 km/h (*65 m/h*), attachés à un câble. Ils ont le sentiment extraordinaire de voler.

donne

Enfin, les fous de vulcanologie, aussi 70 bien que les vacanciers en manque de sensations fortes, seront ravis° de leur ascension du piton de la Fournaise. Mais attention aux éruptions! C'est l'un des quatre volcans les plus actifs du monde et l'un des 75 plus impressionnants.

très heureux

Les 2.500 km² de l'île, soit deux fois la taille de la ville de New York, offrent une succession de paysages aussi divers que ceux d'un continent. Cela explique le 80 grand nombre d'activités sportives et de sports extrêmes qu'on peut y pratiquer. Alors, cette petite île perdue au milieu de l'océan Indien mérite le détour, non? Allez! Patience! Plus que quelques heures d'avion, 85 et vous y serez! ■

Analyse

1

Compréhension Répondez aux questions par des phrases complètes. Answers may vary slightly.

1. Où se trouve l'île de la Réunion? Elle se trouve dans l'océan Indien, à 800 kilomètres à l'est de Madagascar.

2. Pourquoi l'île de la Réunion est-elle surnommée «l'île intense»? Elle est surnommée «l'île intense» parce qu'on peut y pratiquer de nombreuses activités sportives extrêmes.

3. Quelle activité mélange l'escalade et l'eau? Le canyoning mélange l'escalade et l'eau.

4. Quel sport extrême se fait avec un énorme cerf-volant? Le kite surf se fait avec un énorme cerf-volant.

5. Qu'est-ce que c'est, le Grand Raid? C'est une course d'endurance pendant laquelle on traverse toute l'île à pied.

6. À quelle course les fans de VTT peuvent-ils participer? Décrivez-la en une phrase. Ils peuvent participer à la Mégavalanche. C'est une course où les concurrents descendent une montagne à grande vitesse en VTT.

7. Pour quel sport faut-il utiliser un câble? Décrivez-le. Il faut utiliser un câble pour la tyrolienne. On traverse des ravins à 100 km/h, attaché à un câble.

8. Si on s'intéresse à la vulcanologie, qu'est-ce qu'on peut faire à la Réunion? On peut escalader le piton de la Fournaise, un des quatre volcans les plus actifs du monde.

2

En voyage Répondez aux questions et comparez vos réponses avec celles d'un(e) camarade.

1. L'article vous donne-t-il envie de visiter l'île de la Réunion? Pourquoi?

2. Quand vous voyagez, préférez-vous pratiquer des activités sportives — qu'elles soient extrêmes ou non — ou lézarder au soleil? Pourquoi?

3. Quelles sont les trois choses qui déterminent le plus le choix de votre destination (le climat, l'histoire, les musées, les logements, les restaurants, la vie nocturne, les prix, les magasins, etc.)? Expliquez.

3

Le sport en évolution? La pratique des sports extrêmes est un phénomène grandissant. Aujourd'hui en effet, ils sont de plus en plus populaires, surtout auprès (*with*) des jeunes, et on peut en pratiquer presque partout. Pourquoi, à votre avis? Par petits groupes, discutez de cette évolution.

4

Pourquoi visiter... Par petits groupes, choisissez un endroit que vous connaissez et qui offre un grand choix d'activités (sportives ou non). Faites une liste de tout ce qu'on peut y faire et écrivez un article de trois paragraphes. Puis, présentez ce lieu à la classe et expliquez pourquoi il est, à votre avis, l'endroit idéal.

Endroit idéal	Activités
_____	1. _____
	2. _____
	3. _____
	4. _____

Préparation

(S) Audio: Vocabulary

KEY STANDARDS
1.2, 2.2, 3.1, 5.2

À propos des auteurs

Jean-Jacques Sempé (1932–) est né à Bordeaux, en France. En 1954, il crée avec René Goscinny une bande dessinée, *Les Aventures du Petit Nicolas*. Ensemble, ils écriront cinq romans du petit Nicolas. Depuis 1960, Sempé publie ses propres recueils de dessins humoristiques, comme *Les Musiciens* en 1979. C'est aussi en 1979 qu'il commence à dessiner régulièrement pour la couverture du magazine *The New Yorker*. Depuis plus de 40 ans, Sempé crée des œuvres à l'humour subtil pour les enfants et pour les adultes.

René Goscinny (1926–1977) est né à Paris, mais a passé toute son enfance à Buenos Aires, en Argentine. En 1945, il est allé s'installer avec sa mère, aux États-Unis où il a travaillé comme traducteur. Pendant sa carrière, en collaboration avec plusieurs artistes, il a écrit les scénarios de bandes dessinées célèbres, comme *Lucky Luke* avec Morris, *Le Petit Nicolas* avec Jean-Jacques Sempé, *Astérix et Obélix* avec Albert Uderzo. C'est un des scénaristes les plus connus d'Europe. Il est mort à Paris, à l'âge de 51 ans.

INSTRUCTIONAL RESOURCES
Supersite: Littérature recording; Scripts; SAM AK
SAM/WebSAM: LM

SYNONYMES
s'apercevoir ⟷ remarquer

Vocabulaire de la lecture

s'apercevoir *to realize, to notice*
le ballon *ball*
se battre *(irreg.) to fight*
chouette *great, cool*
déchirer *to tear*
de nouveau *again*

dedans *inside*
un mouchoir *handkerchief*
une partie *game, match*
sauf *except*
un sifflet *whistle*
souffler *to blow*
surveiller *to keep an eye on*

Vocabulaire utile

la concurrence *competition*
le personnage *character (in a story or play)*

1 **Définitions** Faites correspondre chaque mot à sa définition.

_c_ 1. se rendre compte   a. surveiller
_e_ 2. un objet dont se sert l'arbitre   b. de nouveau
_d_ 3. un match   c. s'apercevoir
_a_ 4. regarder de près   d. une partie
_b_ 5. encore une fois   e. un sifflet
_f_ 6. super, excellent   f. chouette

2 **Préparation** À quels jeux jouiez-vous avec vos ami(e)s quand vous étiez petit(e)? Quelles sortes de problèmes se présentaient pendant le jeu? Discutez-en avec un(e) camarade de classe.

3 **Discussion** Quel sera le thème de cette lecture? Par groupes de trois, discutez de vos idées.
- Réfléchissez au titre.
- Regardez les illustrations.
- Donnez votre opinion sur ce qui va se passer.

Note
CULTURELLE

Il y a 80 aventures du **Petit Nicolas** illustrées par 259 dessins de **Sempé**. Pour écrire ces histoires, **Goscinny** s'est servi du langage plein de charme des enfants. D'ailleurs, beaucoup de jeunes Français connaissent le petit Nicolas et ses aventures. Ils connaissent aussi: Alceste, son meilleur copain; Agnan, le chouchou de la maîtresse (*teacher's pet*); Geoffroy, dont le papa est très riche; Rufus, fils d'un agent de police; Eudes; Clotaire et les autres.

Practice more at **vhlcentral.com.**

Tell students that **Le football** is a first-person narrative—that is, the story is told by the main character, Nicolas. Ask: **Est-ce que le fait que le narrateur soit un jeune garçon change votre vision de l'histoire? Expliquez.**

Soccer (**le football**) is the most popular sport in France. Children can be found playing **le foot** every chance they get and wearing shirts with their favorite player's number on them. Ask students what the most popular sports in their country or town are. Discuss children's involvement in sports. Include ideas of what they play, when they play, where they play, and how else they show their love of the sport.

Ask students to recall a time when they and their friends decided to play a pick-up game of basketball, hide-and-seek, etc. Have them describe where they played, who played, who had what position, etc. Then have them analyze the situation. Ask: **Est-ce que c'était un match amical? Y a-t-il eu des désaccords? Comment ont-ils été résolus? Y avait-il un meneur et, si oui, pourquoi?**

Le **Football**

Sempé-Goscinny

Audio: Reading

Il a fallu décider comment former les équipes, pour qu'il y ait le même nombre de joueurs de chaque côté.

A lceste nous a donné rendez-vous, à un tas de° copains de la classe, pour cet après-midi dans le terrain vague°, pas loin de la maison. Alceste c'est mon ami, il est gros, il aime bien manger, et s'il nous a donné rendez-vous, c'est parce que son papa lui
5 a offert un ballon de football tout neuf° et nous allons faire une partie terrible°. Il est chouette, Alceste.

Nous nous sommes retrouvés sur le terrain à trois heures de l'après-midi, nous étions dix-huit. Il a fallu décider comment
10 former les équipes, pour qu'il y ait le même nombre de joueurs de chaque côté.

Pour l'arbitre, ça a été facile. Nous avons choisi Agnan. Agnan c'est le premier de la classe, on ne l'aime pas trop, mais comme il porte des lunettes on ne peut pas lui taper dessus°, ce
15 qui, pour un arbitre, est une bonne combine°. Et puis, aucune équipe ne voulait d'Agnan, parce qu'il est pas très fort pour le sport et il pleure trop facilement. Là où on a discuté, c'est quand Agnan a demandé qu'on lui donne un sifflet. Le seul qui en avait un, c'était Rufus, dont le papa est agent de police.
20 «Je ne peux pas le prêter, mon sifflet à roulette, a dit Rufus, c'est un souvenir de famille°.» Il n'y avait rien à faire. Finalement, on a décidé qu'Agnan préviendrait° Rufus et Rufus sifflerait à la place d'Agnan.

«Alors? On joue ou quoi? Je commence à avoir faim, moi!»
25 a crié Alceste.

Mais là où c'est devenu compliqué, c'est que si Agnan était arbitre, on n'était plus que dix-sept joueurs, ça en faisait un de trop pour le partage. Alors, on a trouvé le truc: il y en a un qui serait arbitre de touche° et qui agiterait un petit drapeau, chaque
30 fois que la balle sortirait du terrain. C'est Maixent qui a été choisi. Un seul arbitre de touche, ce n'est pas beaucoup pour

Marginal glosses (left):
beaucoup de
vacant lot
nouveau
fantastique
frapper
clever trick
heirloom
would tell
linesman

Play the dramatic recording of the story through once. Then play it again, stopping after a few paragraphs to ask yes/no or short-answer questions.

In line 7, point out that this is a colloquial meaning of the word **terrible**. Also point out **chouette**, a colloquial word that means great, cool. Ask students: **Pourquoi l'auteur utilise-t-il un langage familier dans ce texte?**

Ask volunteers if they have ever experienced a situation of choosing players for a team such as the one depicted here. Ask: **Quels étaient les critères de sélection dans votre cas?**

surveiller tout le terrain mais Maixent court très vite, il a des jambes très longues et toutes maigres, avec de gros genoux sales. Maixent, 35 il ne voulait rien savoir, il voulait jouer au ballon, lui, et puis il nous a dit qu'il n'avait pas de drapeau. Il a tout de même accepté d'être arbitre de touche pour la première mi-temps°. Pour le drapeau, il agiterait son mouchoir qui 40 n'était pas propre, mais bien sûr, il ne savait pas en sortant de chez lui que son mouchoir allait servir de drapeau.

«Bon, on y va?» a crié Alceste.

Après, c'était plus facile, on n'était plus 45 que seize joueurs.

Il fallait un capitaine pour chaque équipe. Mais tout le monde voulait être capitaine. Tout le monde sauf Alceste, qui voulait être goal, parce qu'il n'aime pas 50 courir. Nous, on était d'accord, il est bien, Alceste, comme goal; il est très large et il couvre bien le but. Ça laissait tout de même quinze capitaines et ça en faisait 55 plusieurs de trop.

«Je suis le plus fort, criait Eudes, je dois être capitaine et je donnerai un coup de poing° sur le nez de celui qui n'est 60 pas d'accord!

—Le capitaine c'est moi, je suis le mieux habillé!» a crié Geoffroy, et Eudes lui a donné un coup de poing sur le nez.

65 C'était vrai, que Geoffroy était bien habillé, son papa, qui est très riche, lui avait acheté un équipement complet de joueur de football, avec une chemise rouge, blanche et bleue.

«Si c'est pas moi le capitaine, a crié 70 Rufus, j'appelle mon papa et il vous met tous en prison!»

Moi, j'ai eu l'idée de tirer au sort° avec une pièce de monnaie. Avec deux pièces de monnaie, parce que la première s'est perdue 75 dans l'herbe et on ne l'a jamais retrouvée. La pièce, c'était Joachim qui l'avait prêtée et il n'était pas content de l'avoir perdue; il s'est mis à la chercher, et pourtant Geoffroy lui avait promis que son papa lui enverrait un chèque 80 pour le rembourser. Finalement, les deux capitaines ont été choisis: Geoffroy et moi.

«Dites, j'ai pas envie d'être en retard pour le goûter, a crié Alceste. On joue?»

Après, il a fallu former les équipes. Pour 85 tous, ça allait assez bien, sauf pour Eudes.

Geoffroy et moi, on voulait Eudes, parce que, quand il court avec le ballon, personne ne l'arrête. Il ne joue pas très bien, 90 mais il fait peur. Joachim était tout content parce qu'il avait retrouvé sa pièce de monnaie, alors on la lui a demandée pour tirer Eudes au sort, et on a perdu 95 la pièce de nouveau. Joachim s'est remis à la chercher, vraiment fâché, cette fois-ci, et c'est à la courte paille° que Geoffroy a gagné Eudes. 100 Geoffroy l'a désigné comme gardien de but, il s'est dit que personne n'oserait s'approcher de la cage et encore moins° mettre le ballon dedans. Eudes se vexe facilement. Alceste 105 mangeait des biscuits, assis entre les pierres qui marquaient son but. Il n'avait pas l'air

to draw lots

by drawing straws

much less

Ask students to give their impressions of the story.

Ask students to evaluate the effectiveness of the story. Ask: **Est-ce que l'histoire a capté votre attention? Pensez-vous que l'auteur et l'artiste dépeignent bien l'enfance?** Then have students write a brief review. Provide some book review samples as a reference.

Bring in several examples of French comic books (especially those that were illustrated by Goscinny) and examples of English-language comic books. Have students evaluate the books for content, style, artwork, format, etc. Then have a compare-and-contrast discussion.

content. «Alors, ça vient, oui?» il criait.

On s'est placés sur le terrain. Comme 110 on n'était que sept de chaque côté, à part les gardiens de but, ça n'a pas été facile. Dans chaque équipe on a commencé à discuter. Il y en avait des tas qui voulaient être avant-*center forwards* 115 centres°. Joachim voulait être arrière-*right back* droit°, mais c'était parce que la pièce de monnaie était tombée 120 dans ce coin et il voulait continuer à la chercher *while still playing* tout en jouant°.

Dans l'équipe de Geoffroy ça s'est arrangé très vite, parce que 125 Eudes a donné des tas de coups de poing et les joueurs se sont mis à leur place sans protester *while rubbing* et en se frottant° le nez. C'est qu'il frappe dur, Eudes!

Dans mon équipe, on n'arrivait pas à se *to come to* 130 mettre d'accord°, jusqu'au moment où Eudes a *an agreement* dit qu'il viendrait nous donner des coups de poing sur le nez à nous aussi: alors, on s'est placés.

Agnan a dit à Rufus: «Siffle!» et Rufus, qui jouait dans mon équipe, a sifflé le coup *kick-off* 135 d'envoi°. Geoffroy n'était pas content. Il a *Nice going!* dit: «C'est malin°! Nous avons le soleil dans les yeux! Il n'y a pas de raison que mon équipe joue du mauvais côté du terrain!»

Moi, je lui ai répondu que si le soleil ne 140 lui plaisait pas, il n'avait qu'à fermer les yeux, qu'il jouerait peut-être même mieux comme ça. Alors, nous nous sommes battus. Rufus s'est mis à souffler dans son sifflet à roulette.

«Je n'ai pas donné l'ordre de siffler, a 145 crié Agnan, l'arbitre c'est moi!» Ça n'a pas plu à Rufus qui a dit qu'il n'avait pas besoin de la permission d'Agnan pour siffler, qu'il sifflerait quand il en aurait envie, non mais tout de même. Et il s'est mis à siffler comme un fou. «Tu es méchant, voilà ce que tu es!» 150 a crié Agnan, qui a commencé à pleurer.

«Eh, les gars!°» a dit *guys* Alceste, dans son but.

Mais personne 155 ne l'écoutait. Moi, je continuais à me battre avec Geoffroy, je lui avais déchiré sa belle chemise rouge, blanche 160 et bleue, et lui il disait: «Bah, bah, bah! Ça ne fait rien! Mon papa, il m'en achètera des tas d'autres!» Et il me donnait des coups de pied°, dans les chevilles. *kicks* Rufus courait après Agnan qui criait: «J'ai 165 des lunettes! J'ai des lunettes!» Joachim, il ne s'occupait de personne, il cherchait sa monnaie, mais il ne la trouvait toujours pas. Eudes, qui était resté tranquillement dans son but, en a eu assez et il a commencé à distribuer 170 des coups de poing sur les nez qui se trouvaient le plus près de lui, c'est-à-dire sur ceux de son équipe. Tout le monde criait, courait. On s'amusait vraiment bien, c'était formidable!

«Arrêtez, les gars!» a crié Alceste 175 de nouveau.

Alors Eudes s'est fâché. «Tu étais pressé de jouer, il a dit à Alceste, eh! bien, on joue. Si tu as quelque chose à dire, attends la mi-temps!» 180

«La mi-temps de quoi? a demandé Alceste. Je viens de m'apercevoir que nous n'avons pas de ballon, je l'ai oublié à la maison!» ∎

> # Tout le monde criait, courait. On s'amusait vraiment bien, c'était formidable!

Analyse

1 Compréhension Répondez aux questions. <small>Suggested answers</small>

1. Pourquoi les enfants sont-ils allés sur le terrain vague? Qu'est-ce qui leur a donné cette idée? <small>Ils voulaient jouer au football parce que le papa d'Alceste lui a offert un ballon.</small>

2. Qui ont-ils choisi pour arbitre? Pourquoi? <small>Ils ont choisi Agnan parce qu'il porte des lunettes et qu'on ne peut pas lui taper dessus.</small>

3. Qu'est-ce qui servait de drapeau? Comment était cet objet? <small>Le mouchoir de Maixent servait de drapeau. Il n'était pas propre.</small>

4. Qui voulait être capitaine? <small>Tout le monde, sauf Alceste.</small>

5. Pourquoi Alceste ne voulait-il pas être capitaine? <small>Il n'aime pas courir.</small>

6. Comment ont-ils choisi les deux capitaines? <small>Ils ont tiré au sort avec une pièce de monnaie.</small>

7. Quels garçons ont été choisis pour être capitaines? <small>Geoffroy et Nicolas</small>

8. Pourquoi les garçons n'ont-ils pas pu faire une partie de football après tout? <small>Alceste avait oublié son ballon à la maison.</small>

2 Les personnages À deux, décrivez le caractère de ces personnages de l'histoire. Comment sont-ils? Qu'est-ce qui les distingue les uns des autres? Ensuite, comparez vos descriptions avec celles de la classe.

1. Alceste   3. Maixent   5. Eudes

2. Agnan   4. Geoffroy   6. Nicolas

3 Interprétation À deux, racontez l'essentiel de cette histoire en huit ou dix phrases. Utilisez au moins huit verbes de la liste. Comparez votre résumé avec ceux de la classe.

s'amuser	se battre	courir	jouer	siffler
s'apercevoir	choisir	crier	oublier	vouloir

4 Discussion Par groupes de trois, répondez aux questions suivantes pour donner votre opinion sur les personnages principaux.

1. Quel est le personnage que vous aimez le mieux? Pourquoi vous plaît-il?

2. Quel est le personnage que vous aimez le moins? Pourquoi ne vous plaît-il pas?

3. Avez-vous connu des personnes qui ressemblaient aux personnages de cette histoire? Étaient-ce des enfants ou des adultes? Expliquez.

4. Avec quel personnage de l'histoire vous identifiez-vous? Pourquoi?

5 Rédaction Racontez une histoire drôle de votre enfance. Suivez le plan de rédaction.

Plan

1 Organisation Choisissez l'histoire que vous allez raconter. Faites une liste des événements et mettez-les dans l'ordre chronologique.

2 Histoire Racontez les événements dans un paragraphe. Utilisez le discours direct (*direct quotations*) pour ajouter de l'humour à votre histoire.

3 Conclusion Terminez votre histoire par une phrase qui en sera la chute (*punch line*).

S'évader et s'amuser

Ⓢ Vocabulary Tools

Le sport

l'alpinisme (*m.*) mountain climbing
un arbitre referee
un club sportif sports club
une course race
un(e) fan (de) fan (of)
un pari bet
une patinoire skating rink
le saut à l'élastique bungee jumping
le ski alpin/de fond downhill/
cross-country skiing
un supporter (de) fan; supporter (of)

admirer to admire
(se) blesser to get hurt
s'étonner to be amazed
faire match nul to tie (a game)
jouer au bowling to go bowling
marquer (un but/un point) to score
(a goal/a point)
siffler to whistle (at)

Le temps libre

le billard pool
les boules (*f.*)/**la pétanque** petanque
les cartes (*f.*) **(à jouer)** (playing) cards
les fléchettes (*f.*) darts
un jeu vidéo/de société video/board game
des loisirs (*m.*) leisure; recreation
un parc d'attractions amusement park
un rabat-joie party pooper

bavarder to chat
célébrer/fêter to celebrate
se divertir to have a good time
faire passer to spread (the word)
porter un toast (à quelqu'un)
to propose a toast
prendre un verre to have a drink
se promener to take a stroll/walk
valoir la peine to be worth it

Les arts et le théâtre

un billet/ticket ticket
une comédie comedy
une exposition exhibition
un groupe music band

un(e) musicien(ne) musician
une pièce (de théâtre) (theater) play
un spectacle show; performance
un spectateur/une spectatrice spectator
un tableau painting
un vernissage art exhibit opening

applaudir to applaud
faire la queue to wait in line
obtenir (des billets) to get (tickets)

complet sold out
divertissant(e) entertaining
émouvant(e) moving

Le shopping et les vêtements

des baskets (*f.*)/**des tennis** (*f.*)
sneakers/tennis shoes
un bermuda (a pair of) bermuda shorts
une boutique de souvenirs gift shop
un caleçon boxer shorts
une culotte underpants (for females)
une garde-robe wardrobe
un gilet sweater/sweatshirt
(with front opening)
une jupe (plissée) (pleated) skirt
un magasin de sport sporting goods store
un nœud papillon bow tie
une robe de soirée evening gown
un slip underpants (for males)
des souliers (*m.*) shoes
des talons (*m.*) **(aiguilles)** (stiletto) heels

Court métrage

un capitaine captain
un centre de formation
sports training school
un club team
un coup franc free kick
un duel one-on-one
un entraîneur coach
une faute foul
un maillot jersey
une revanche revenge
un terrain (de foot) (soccer) field
la veille day before

les vestiaires (*m.*) locker room

lâcher to let go
vivre quelque chose par l'intermédiaire
de quelqu'un to live something
through someone
vivre (quelque chose) par procuration
to live (something) vicariously

en pointe forward, up front

Culture

un casse-cou daredevil
un frisson thrill
une montée d'adrénaline adrenaline rush
le parapente paragliding
la roche rock
un(e) vacancier/ère vacationer
un VTT (vélo tout terrain) mountain bike

se dépasser to go beyond one's limits
escalader to climb
glisser to glide
grimper à to climb
lézarder au soleil to bask in the sun
parcourir to go across
sauter to jump
tenter to attempt; to tempt
vaincre ses peurs to confront one's fears
voler to fly

Littérature

le ballon ball
la concurrence competition
un mouchoir handkerchief
une partie game, match
le personnage character (in a story or play)
un sifflet whistle

s'apercevoir to realize, to notice
se battre (*irreg.*) to fight
déchirer to tear
souffler to blow
surveiller to keep an eye on

chouette great, cool
de nouveau again
dedans inside
sauf except

INSTRUCTIONAL RESOURCES **Supersite:** Testing Program

Perspectives de travail

A près avoir fait des études, on est souvent plein d'ambition. On veut réussir sa carrière professionnelle. Mais qu'est-ce que cela veut dire? Faire ce qu'on aime? Avoir un impact positif sur les autres? Pour ceux qui n'ont pas fait d'études, est-ce qu'il y a la possibilité d'une carrière professionnelle? Pourquoi? N'avons-nous pas tous un talent que nous pouvons transformer en une entreprise?

319

342

Destination:
AFRIQUE CENTRALE

PREVIEW Discuss the photo and text on **p. 312**. Follow up with questions about students' personal career goals. Examples: **Dans quel domaine aimeriez-vous faire votre carrière? Quels avantages ont ceux qui réussissent leurs études? Connaissez-vous quelqu'un qui n'a pas de diplômes? Quelles possibilités a-t-il/elle maintenant? Fait-il/elle un travail important ou intéressant? Avons-nous le droit de dire qu'un emploi n'est ni important ni intéressant?**

Le travail et les finances Vocabulary Tools

Le monde du travail

une augmentation (de salaire) *raise (in salary)*
un budget *budget*
le chômage *unemployment*
un(e) chômeur/chômeuse *unemployed person*
un entrepôt *warehouse*
une entreprise (multinationale) *(multinational) company*
un(e) fainéant(e) *slacker*

une formation *training*
un grand magasin *department store*
un poste *position, job*
une réunion *meeting*
le salaire minimum *minimum wage*
un syndicat *labor union*
une taxe *tax*
le temps de travail *work schedule*

avoir des relations (f.) *to have connections*
démissionner *to quit*
embaucher *to hire*
être promu(e) *to be promoted*
être sous pression (f.) *to be under pressure*

exiger *to demand*
gagner sa vie *to earn a living*
gérer/diriger *to manage; to run*
harceler *to harass*
licencier *to lay off; to fire*

KEY STANDARDS
1.1, 1.2, 4.1

INSTRUCTIONAL RESOURCES
Supersite: LAB AUDIOSCRIPT, SAM AK, LAB MP3S
SAM/WebSAM: WB, LM

poser sa candidature à/pour *to apply for*
solliciter un emploi *to apply for a job*

au chômage *unemployed*
(in)compétent(e) *(in)competent*
en faillite *bankrupt*

Les finances

la banqueroute *bankruptcy*
une carte de crédit/de retrait *credit/ATM card*
un chiffre *figure; number*
un compte de chèques *checking account*
un compte d'épargne *savings account*
la crise économique *economic crisis*
une dette *debt*
un distributeur automatique *ATM*
des économies (f.) *savings*
un marché (boursier) *(stock) market*
la pauvreté *poverty*

les recettes (f.) et les dépenses (f.) *receipts and expenses*

avoir des dettes *to be in debt*
déposer *to deposit*
économiser *to save*
investir *to invest*
profiter de *to take advantage of; to benefit from*
toucher *to receive (a salary)*

SYNONYMES
diriger ⟷ administrer, gérer
exiger ⟷ requérir
licencier ⟷ renvoyer

Fainéant can also be an adjective, synonymous to **paresseux**.
une carte de crédit/de retrait ⟷ une carte bancaire
un(e) gérant(e) ⟷ un(e) directeur/directrice

à court/long terme *short-/long-term*
disposé(e) (à) *willing (to)*
épuisé(e) *exhausted*

financier/financière *financial*
prospère *successful; flourishing*

Les gens au travail

un cadre *executive*
un(e) comptable *accountant*
un(e) conseiller/conseillère *advisor*
un(e) consultant(e) *consultant*
un(e) employé(e) *employee*
un(e) gérant(e) *manager*
un homme/une femme d'affaires *businessman/woman*

un(e) membre/un(e) adhérent(e) *member*
un(e) propriétaire *owner*
un(e) vendeur/vendeuse *salesman/woman*

Point out that **licencier** means more *to lay off* while **renvoyer** means more *to fire*.

Mention that **un gérant** is a term more specifically used for a manager of a store or of a bank agency, while **un directeur** is a very general term that's applied to a number of management positions. **Chef** is used for mid-management positions as in **un chef de service** *department head*.

A *CEO* is called **un PDG (président directeur général)**

Reintroduce review words: **dépenser** (*to spend*), **emprunter** (*to borrow*), and **prêter** (*to loan*).

Mise en pratique

1 Au travail Choisissez le meilleur terme pour compléter chaque phrase.

adhérent	compte d'épargne	fainéant	licencier	promu
comptable	dettes	gérant	pression	syndicats

1. Je suis ___gérant(e)___ d'un magasin, je le dirige.
2. Ma patronne m'a ___licencié(e)___, je suis donc au chômage.
3. Je dépense plus d'argent que je n'en touche, alors j'ai des ___dettes___.
4. Pour économiser, mon ami dépose souvent de l'argent sur son ___compte d'épargne___.
5. Je veux devenir ___comptable___ parce que j'aime travailler avec les chiffres.
6. J'étais heureux d'être ___promu___ avec augmentation de salaire.
7. Je l'ai licencié parce que c'était un ___fainéant___.
8. Une femme d'affaires est souvent sous ___pression___.

2 Mots croisés Complétez la grille par les mots qui correspondent aux définitions.

Horizontalement
A. Un rendez-vous entre collègues
C. Calcul des recettes et des dépenses
F. Décider d'abandonner son emploi
J. Elle peut être de crédit ou de retrait
M. Somme à payer au gouvernement sur le prix des objets achetés

	1	2	3	4	5	6	7	8	9	10	11	12
A	R	É	U	N	I	O	N				B	
B		P									A	
C	B	U	D	G	E	T					N	
D		I									Q	
E		S					S				U	
F	D	É	M	I	S	S	I	O	N	N	E	R
G	I				Y			L			R	
H	S				N			L			O	
I	P				D			I			U	
J	O				I			C	A	R	T	E
K	S				C			I			E	
L	É				A			T				
M				T	A	X	E					
N								R				

Verticalement
1. Prêt à faire quelque chose
2. Très fatigué
5. Association qui défend les intérêts professionnels communs
8. Poser sa candidature
11. Ce qu'on déclare quand on est en faillite

3 Les solutions Discutez de ces problèmes à deux. Ensuite, trouvez des solutions.

A. Après avoir terminé mes études de finances, j'ai obtenu mon premier emploi à la bourse. J'ai perdu ce travail et j'ai de plus en plus de dettes. Je sollicite toutes sortes d'emplois, mais personne ne m'embauche. Faut-il avoir des relations bien placées?

B. Je dirige une entreprise très prospère, et j'ai donc beaucoup d'argent sur mon compte d'épargne. J'ai envie de faire des investissements, mais je ne comprends pas comment ça fonctionne. Quels profits pourrais-je en tirer?

1 Remind students to make any necessary agreements.

1 Have students go over their answers in pairs.

1 Survey students' work and financial experience. Ask: **Avez-vous déjà préparé votre curriculum vitae? Avez-vous déjà eu un entretien d'embauche? Avez-vous un compte bancaire? Mettez-vous de l'argent de côté?**

2 Have pairs ask each other questions that elicit the correct responses. Example:

—**Comment appelle-t-on un rendez-vous entre collègues?**

—**On l'appelle… une réunion.**

3 To guide students in their discussion, ask: **Comment la personne qui a le problème A pourrait-elle aider celle qui a le problème B et vice versa?**

TEACHING OPTION For extra practice, have students work in groups to discuss their dream job. Ask: **Quel est le poste de vos rêves? Voudriez-vous devenir cadre dans une entreprise, un homme ou une femme d'affaires? Combien toucheriez-vous?** Then have them discuss the advantages or disadvantages of their chosen careers.

 Practice more at **vhlcentral.com.**

Préparation (S) Audio: Vocabulary

KEY STANDARDS
1.2, 2.1, 2.2, 4.1, 4.2, 5.2

INSTRUCTIONAL
RESOURCES
Supersite/DVD: Film
Collection
Supersite: Script &
Translation

Point out that **boulot** is the
colloquial version of **travail/
emploi** and **virer** is colloquial
for **licencier**.

Mention that another way
to translate **rémunérer** is
to compensate. Also point
out the less commonly
used English meaning
to remunerate.

Additional expression:
être dans le collimateur
(**de quelqu'un**) *to be in the
(or someone's) cross hairs*

Vocabulaire du court métrage

un boulot *job*
capter *to get a signal*
une carie *cavity*
se débrouiller *to figure it out,
to manage*
un entretien d'embauche
job interview
un(e) formateur/formatrice *trainer*

une gamme de produits
line of products
un(e) patron(ne) *boss*
une prime *bonus*
rémunérer *to pay*
reprendre *to pick up
again; to resume*
virer *to fire*

Vocabulaire utile

un argument de vente *selling point*
convaincre *to convince*
s'investir *to put oneself into*
un stage (rémunéré)
(paid) training course
un(e) stagiaire *trainee*
une stratégie commerciale
marketing strategy

EXPRESSIONS

Ça va lui faire les pieds. *That will teach him/her a lesson.*

convenir d'un rendez-vous *to agree on an appointment*

être à court de *to lack, to be out of*

faire ses preuves *to prove oneself/itself*

Il faut que vous y mettiez un peu du vôtre. *You need to make an effort.*

On est logé à la même enseigne. *We are in the same boat.*

1 Give students this item
to test the additional
expression: **6. Le patron
te surveille, tu es _____.
a. rémunéré b. dans son
collimateur c. logé à la
même enseigne (b)**

1

Complétez Faites le bon choix pour compléter chaque phrase.

1. Notre _____ est la meilleure.
   a. gamme de produits   b. patron   c. formateur

2. Aujourd'hui, j'ai décidé de _____ avec mon chef.
   a. me débrouiller   b. faire mes preuves   c. convenir d'un rendez-vous

3. Nous sommes à court de _____ pour l'imprimante.
   a. papier   b. prime   c. stage

4. M. André de la comptabilité a été _____ hier.
   a. logé à la même enseigne   b. viré   c. les pieds

5. _____ s'est bien passé.
   a. Son formateur   b. Sa carie   c. Son entretien d'embauche

2 Go over the activity,
having students explain
their answers.

2

Préparation À deux, répondez aux questions et expliquez vos réponses.

1. Un(e) jeune employé(e) est-il/elle plus motivé(e)
   qu'un(e) employé(e) plus âgé(e)?

2. Un(e) jeune employé(e) cherche-t-il/elle plus à faire
   ses preuves qu'un(e) employé(e) plus âgé(e)?

3. Est-ce que l'âge et l'expérience sont des avantages
   dans le monde du travail?

4. Pourriez-vous travailler avec des gens beaucoup plus
   âgés ou beaucoup plus jeunes que vous?

5. Peut-on réussir sa carrière professionnelle sans s'investir complètement?

Practice more at **vhlcentral.com**.

3 **Personnellement...** Dites comment vous réagiriez dans chaque situation.

1. Si j'étais patron(ne) et si j'avais un problème avec un(e) nouvel(le) employé(e)...

   a. je le/la virerais tout de suite.

   b. je lui donnerais le temps de s'habituer avant de prendre une décision.

2. Pour être un(e) bon(ne) employé(e)...

   a. je suivrais toujours les instructions de mon/ma patron(ne).

   b. je poserais des questions et exprimerais mon point de vue et mes inquiétudes.

3. Pour être un(e) bon(ne) patron(ne)...

   a. je garderais mes distances avec mes employés pour rester objectif/objective.

   b. j'essaierais de connaître mes employés pour mieux les comprendre.

4. Je préférerais...

   a. ne pas avoir de contacts avec mes collègues en dehors du travail.

   b. avoir des contacts avec mes collègues en dehors du travail pour créer une meilleure atmosphère au bureau.

5. Quand j'ai un boulot à faire...

   a. je ne fais que le minimum.

   b. je m'investis complètement.

4 **Une formation** À deux, lisez cette citation du film et répondez aux questions.

> **« Je vais vous apprendre à devenir de bons représentants. Or, pour ce faire, il va vous falloir intégrer tout un nouveau système de communication, déployer toute une batterie d'arguments ainsi qu'un vocabulaire spécifique qui vous permettront de vous tirer des situations les plus critiques. Parce que votre objectif, c'est de vendre. Vendre, vendre, vendre. »**
>
> — MÉLANIE

- Que pensez-vous de ce type de formation?
- Comment réagiriez-vous devant un(e) formateur/formatrice qui vous parlerait ainsi?
- Comment les personnages du film vont-ils réagir?

5 **Qui est-ce?** Par petits groupes, imaginez la vie de ces deux femmes. Expliquez ce qu'elles font dans la vie, ce qu'elles aiment faire et qui elles sont.

3 Have students discuss their answers in conjunction with the Anti-CPE (Contrat Première Embauche) movement in February–April 2006, or other work-related protests. Time permitting, have them research the issues surrounding the CPE and the outcome. (The first employment contract amendment ended up being rescinded.)

4 To stimulate an in-depth discussion ask: **Ce genre de discours vous inspire-t-il? Vous donne-t-il envie de devenir vendeur/ vendeuse?**

5 Encourage students to describe differences in the characters as they relate to the different settings. Ask: **Comment se comporte-t-elle au travail? Et à la maison?**

5 Tell groups to write out their descriptions in five or six sentences. Then have volunteers read them for the class in order to compare ideas.

Short Film

Have students look at the movie poster and describe what they see. Ask: **À quoi pense chaque personne sur cette affiche? Que se disent-elles? Selon vous, qu'est-il arrivé avant cette scène? Que va-t-il se passer?**

Show the film the first time through without pausing just so that students can get the gist.

Show the film a second time, pausing after approximately every 30 seconds, and ask comprehension questions.

Show the film a third time, again pausing after approximately every 30 seconds. Ask students for a summary.

Bonbon *au* poivre

Prix d'interprétation féminine (Chantal Banlier), Festival du court métrage de Grenoble, 2006

Une production d'AVENUE B PRODUCTIONS
Scénario et réalisation MARC FITOUSSI   Production CAROLINE BONMARCHAND
Direction de la photographie PÉNÉLOPE POURRIAT   Montage SERGE TURQUIER   Son BENOÎT OUVRARD
Musique ANTOINE DUHAMEL   Décors CÉDRIC ACHENZA/ÉRIC PROVENZANO
Acteurs AURE ATIKA/CHANTAL BANLIER/ANNE BOUVIER/ANNIE MERCIER/FRANCIS LEPLAY/
OLIVIER CLAVERIE/MARIE GILI-PIERRE

INTRIGUE *Les circonstances de la vie et une soirée passée ensemble vont changer beaucoup de choses entre une stagiaire et sa formatrice…*

MÉLANIE Comme les diamants, les bonbons sont éternels. C'est un produit profondément inscrit dans les penchants de l'être humain. Vous avez été sélectionnés parce que vous disposez des qualités requises pour devenir représentants.

MÉLANIE Dis-moi, tu sais qui a fait passer l'entretien d'embauche à Annick Perrotin?
THIERRY C'est moi. Il y a un problème?
MÉLANIE Oui. Elle ne fait rien, elle n'a pas du tout le profil.
THIERRY Tu veux la virer?

MÉLANIE (À Annick) On va dans mon bureau.
M. MALAQUAIS Mélanie? Votre petit copain a téléphoné.
(Elle appelle son petit copain.)
MÉLANIE (À Annick) Il m'a dit que c'était fini. Vous voulez bien me déposer? Je ne veux pas rentrer chez moi.
ANNICK Bon, suivez-moi.

MÉLANIE Pourquoi est-ce que vous donnez l'impression de vous ennuyer pendant mes cours?
ANNICK Parce que je n'ai pas envie qu'on me bassine° avec des phrases du style «les bonbons sont comme des diamants».

(Chez la copine d'Annick)
MÉLANIE Je pourrais essayer vos santiags°?
ANNICK Ça risque d'être petit.
MÉLANIE Je ne peux pas me pointer° comme ça demain au boulot!
ANNICK Ce n'est pas si ridicule que ça. Avec une jupe droite, ça passe très bien.

M. MALAQUAIS Je peux voir un petit peu ce que donnent les simulations?
(Annick et Mélanie simulent une vente.)
M. MALAQUAIS C'est bien.
ANNICK Ça va? Je n'en ai pas trop fait?
MÉLANIE Non, non, c'était parfait.

bassine *annoy* **santiags** *cowboy boots*
me pointer *to show up*

PREVIEW In pairs, ask students to cover up the captions and look at just the images. Ask them to invent original captions, based solely on the visual cues

Ask pairs to cover up the captions and look at just the images. Tell them to invent their own captions based solely on the visual clues.

Ask students to analyze the predictions they made about the content of the film.

TEACHING OPTION Have students read and react to the **Note culturelle**. Ask: **Aimez-vous les westerns, la danse country ou la musique country? Est-il surprenant qu'il y ait un grand nombre de Français qui apprécient ce genre de divertissement? Est-il logique, à votre avis, que les santiags soient un symbole des États-Unis? Pourquoi?**

Analyse

Compréhension Répondez aux questions par des phrases complètes.   Answers may vary slightly.

1. Quel est le but du stage?   Le but du stage est de former de bons représentants.

2. Quelle est la première activité que Mélanie propose au groupe?   Elle leur demande de citer tous les mots qui leur viennent à l'esprit quand ils pensent aux bonbons.

3. Que dit Mélanie à Thierry à propos d'Annick?   Elle lui dit qu'Annick est démotivée, qu'elle est vieille, qu'elle ne fait rien et qu'elle n'a pas le profil.

4. Que décide Mélanie à la fin de la conversation avec Thierry?   Elle décide qu'elle va virer Annick.

5. Que fait Annick pendant la pause?   Elle fume et ne parle à personne.

6. Que se passe-t-il quand Mélanie emmène Annick dans son bureau?   Mélanie téléphone à son petit ami et ils se disputent. Elle ne dit pas à Annick qu'elle est virée.

7. Pourquoi Annick fait-elle de la danse country?   Elle en fait parce que son mari était un grand fan des États-Unis.

8. Comment Mélanie se sent-elle après le cours de danse?   Elle se sent bien. Elle s'est bien amusée.

9. Où vont les deux femmes après avoir dîné?   Elles vont chez Joss, une copine d'Annick qui est partie en vacances.

10. Qui Annick aime-t-elle bien?   Elle aime Didier, son prof de danse.

11. Le lendemain, Mélanie a-t-elle changé d'avis à propos de la présence d'Annick au stage?   Non, Mélanie veut toujours la virer, mais elle demande à Thierry de le faire.

12. Qu'est-ce que M. Malaquais, le patron, demande à Mélanie de faire à la suite de la simulation de vente?   Il lui demande de mettre Annick sur des points de vente stratégiques car il la trouve très convaincante.

Interprétation À deux, répondez aux questions et expliquez vos réponses.

1. Pourquoi Mélanie est-elle gênée par les réponses des stagiaires quand ils citent les mots qui leur viennent à l'esprit à propos des bonbons?

2. Qu'est-ce qui change dans les rapports entre Mélanie et Annick, quand elles sont dans le bureau de Mélanie?

3. Que pense Mélanie sur cette image?

4. Que se passe-t-il pendant la simulation de vente entre Mélanie et Annick à la fin du film? Y voyez-vous de l'ironie?

5. Comment expliquez-vous le fait que Mélanie se sente obligée de mentir à Annick le deuxième soir quand elle dit que tout s'est arrangé avec son copain?

6. Comment interprétez-vous la fin quand Mélanie danse seule dans sa cuisine? Que ressent-elle?

7. Pensez-vous que Mélanie et Annick deviennent amies ou réagissent-elles simplement face aux circonstances?

8. Pensez-vous que le déroulement des événements entre Mélanie et Annick soit réaliste? Citez des exemples.

Practice more at **vhlcentral.com**.

3 **Quel désordre!** Mettez les événements du film dans le bon ordre. Attention! Il y en a un qui n'a pas eu lieu dans le film.

<u> 7 </u> a. Annick et Mélanie dansent en groupe.

<u> 8 </u> b. Annick et Mélanie dînent dans une cafétéria.

<u> 1 </u> c. Le patron de Mélanie la surveille de loin.

<u> 3 </u> d. Mélanie décide qu'il faut virer Annick.

<u> 6 </u> e. Mélanie demande à Annick si celle-ci peut la déposer en voiture.

<u> 5 </u> f. Mélanie emmène Annick dans son bureau.

<u> X </u> g. Annick passe un entretien d'embauche.

<u> 10 </u> h. Annick montre des photos à Mélanie.

<u> 11 </u> i. Annick et Mélanie font une simulation de vente.

<u> 2 </u> j. Mélanie s'inquiète pour sa prime.

<u> 4 </u> k. Estelle apprend qu'elle ne sera peut-être pas rémunérée pour sa journée de formation.

<u> 12 </u> l. Le patron apprécie beaucoup la simulation de vente d'Annick.

<u> 9 </u> m. Mélanie demande à Annick si elle peut essayer ses santiags.

4 **Les personnages** À deux, réfléchissez aux différences qui existent entre Annick et Mélanie. Ensuite, comparez votre liste à celle d'un autre groupe. Pensez-vous que leurs différences soient plus importantes que leurs similarités?

- dans leurs traits de caractère
- dans leur vie professionnelle
- dans leur vie personnelle
- dans leurs goûts

5 **Imaginez** Et si les rôles étaient inversés? Annick est la formatrice et Mélanie une stagiaire. Par petits groupes, imaginez leur comportement dans chaque situation.

- en cours, pendant la formation
- quand M. Malaquais, le patron, vient voir comment le stage se passe
- quand Estelle, une stagiaire, dit qu'elle n'a pas de voiture
- avec Thierry, le collègue

6 **Le titre** Qu'est-ce qu'un bonbon au poivre? vous demandez-vous peut-être. C'est un bonbon au goût de poivre dont se servent ceux qui aiment jouer des tours (*play jokes*) aux autres. À deux, discutez du titre du film. Pourquoi le film s'appelle-t-il *Bonbon au poivre*? Quel rapport voyez-vous entre ce genre de farce et ce qui se passe dans le film?

7 **La conversation** À deux, imaginez la conversation entre Annick et Mélanie qui se rencontrent par hasard un mois plus tard. Présentez votre dialogue à la classe.

3 Have students write a summary of the film based on the statements made in this activity.

4 Put a two-column, four-row table on the board, labeling the columns **Annick** and **Mélanie**. Label the rows **traits de caractère**, **vie personnelle**, **vie professionnelle**, and **goûts**. Call on students to put their ideas in the appropriate sections. Use the completed table to point out differences or similarities.

5 Point out that, for situations 3 and 4, students need only to discuss how Annick would act if she were in Mélanie's position of trainer. (They do not need to talk about Mélanie's behavior if she were Annick since Annick was not in these two scenes.)

6 Ask: **Aimez-vous jouer des tours?** Have students relate this idea back to **Leçon 2 Court métrage**, *J'attendrai le suivant*. Discuss the different levels of playing "jokes" and their consequences.

7 Have students prepare two conversations: 1. Annick and Mélanie have not seen or spoken to each other for a month, and 2. they have been keeping in touch.

Une vendeuse d'huile de palmier, sur le fleuve Congo

IMAGINEZ
L'Afrique Centrale

Brazzaville et Kinshasa Reading

INSTRUCTIONAL RESOURCES
Supersite: Teaching suggestions; SAM AK
SAM/WebSAM: WB

KEY STANDARDS
2.1, 2.2, 3.2, 4.2, 5.1

Imaginez un fleuve majestueux en plein cœur° de l'Afrique et deux cités qui se dressent° de part et d'autre°. Ce fleuve, c'est le **Congo**, et ces villes, ce sont **Brazzaville** et **Kinshasa**. Sur la rive droite, Brazzaville, la capitale de la **République du Congo**. Sur la rive gauche, Kinshasa, la capitale de la **République démocratique du Congo** ou **RDC**. Pour différencier ces deux pays, on les appelle souvent **Congo-Brazzaville** et **Congo-Kinshasa**. Leur histoire est parallèle, mais pas identique: durant la période coloniale, le Congo-Brazzaville appartenait à la **France**, alors que le Congo-Kinshasa était **belge**. À l'époque, la capitale du Congo-Kinshasa se nommait **Léopoldville**. Pendant une quinzaine d'années, le Congo-Kinshasa s'est aussi appelé **Zaïre**. Brazzaville et Kinshasa ont donc en commun leur culture francophone. Elles sont aussi réunies par le Congo, qu'on peut facilement traverser en bateau. Les jeunes **Brazzavillois** par exemple préfèrent souvent étudier à Kinshasa. Comme les **Kinois** sont six fois plus nombreux,

beaucoup font aussi le trajet en sens inverse.

Brazzaville a été fondée en 1880 par un explorateur français et a su préserver son patrimoine architectural historique. Pensez à visiter la **basilique sainte Anne du Congo**, dont la toiture° verte change de couleur avec la lumière, la **Case des messageries fluviales**, une très belle case° coloniale sur pilotis° qui abritait les bureaux des messageries fluviales, et le **port des pêcheurs de Yoro**, le site du village précolonial. Brazzaville est aussi intéressante pour ses marchés très animés. Près de la poste, vous trouverez de l'artisanat: sculptures en cuivre° ou en bois, vannerie°, bijoux... Goûtez aussi à un plat typique, comme le **saka-saka**, à base de feuilles de manioc°, ou le poulet en sauce à la noix de palme°.

De l'autre côté du fleuve, Kinshasa offre plusieurs points de vue splendides sur le Congo. La **promenade de**

> **D'ailleurs...**
>
> Ensemble, Brazzaville et Kinshasa forment la plus grande agglomération urbaine d'Afrique subsaharienne. Cette grande métropole totalise environ 9.500.000 habitants, ce qui en fait aussi le deuxième centre urbain du monde francophone, après Paris.

Découvrons l'Afrique Centrale

La ville de Brazzaville

la Raquette, promenade plantée d'arbres qui borde le fleuve, est réputée pour ses magnifiques couchers de soleil°. Un autre quartier agréable est celui de la résidence présidentielle, sur le **Mont Ngaliema**. On peut y voir des jardins fleuris, des fontaines, un théâtre de verdure° et même un zoo. Tout près, toujours dans la commune de **Ngaliema**, se trouve le quartier du **Mont Fleury**, qui doit° son nom de «**Beverly Hills de Kinshasa**» à ses riches villas. Parmi les sites historiques de Kinshasa, citons le «**Wenge**» **de Selembau**, un arbre plusieurs fois centenaire°. Si vous aimez l'art, rendez-vous à l'**Académie des beaux-arts**, fondée en 1943, où les artistes vendent leurs œuvres. Mais que vous passiez par Kinshasa ou par Brazzaville, surtout ne limitez pas votre visite à ces deux villes: beaucoup de surprises vous attendent aussi aux alentours°!

cœur *centre* se dressent *stand* de part et d'autre *de chaque côté* toiture *roofing* case *maison* pilotis *stilts* cuivre *copper* vannerie *basketry* feuilles de manioc *cassava leaves* noix de palme *palm nut* couchers de soleil *sunsets* théâtre de verdure *théâtre en plein air* doit *owes* centenaire *âgé de cent ans* alentours *surroundings*

Le français parlé en Afrique Centrale

Brazzaville

À tout moment!	À la prochaine!
une coiffe	une coupe de cheveux; *haircut*
méchant	fort
mystique	bizarre
la neige	une pluie très fine
varier	s'énerver

Kinshasa

un américain	un original, non-conformiste
casser le bic	ne plus faire d'études
un chiklé	un chewing-gum
griffé(e)	bien habillé(e)
le palais	la maison
le radio-trottoir	la rumeur
le retour	la monnaie

Écrans noirs Depuis sa création à **Yaoundé**, au **Cameroun**, en 1997, le festival **Écrans noirs** est devenu une manifestation importante pour les cinéphiles d'**Afrique Centrale**. Il contribue surtout à la promotion et à la diffusion du cinéma africain, mais aussi du cinéma d'auteur peu distribué, venant° de pays non africains. Cette rencontre est également l'occasion de séminaires et de débats. Depuis 2008, le festival est compétitif, et, entre autres prix, l'**Écran d'or** couronne° le meilleur long métrage.

BDEAC La **Banque de développement des États de l'Afrique Centrale** a été créée en 1975 par le Cameroun, la République Centrafricaine, le Congo, le Gabon, la Guinée-Équatoriale et le Tchad. La banque finance aussi parfois les projets d'États africains non membres. Sa mission est d'aider au développement social et économique de ces pays. Elle intervient donc dans des secteurs très variés, aussi bien publics que privés, comme les infrastructures, l'agriculture ou l'industrie.

Les forêts tropicales du Gabon Le **Gabon** a de vastes forêts tropicales. Malgré une exploitation intensive, les deux tiers° des forêts existent encore. L'arbre le plus exploité de cette forêt est l'**okoumé**, qui ne pousse° qu'au Gabon, en Guinée et au Congo. On l'a utilisé dans la construction de la **Bibliothèque nationale de Paris** et du train **Eurostar**, et on en fait aussi du contreplaqué°.

Esther Kamatari C'est une femme à plusieurs facettes°. Elle est née et a grandi au **Burundi**. En 1964, son père, le prince, est assassiné et elle s'exile en France à la fin de ses études, en 1970. À Paris, elle sera le premier mannequin° noir à travailler en France. Mais la princesse Kamatari ne s'arrête pas là: elle participe activement à plusieurs associations humanitaires et en 2004, elle se présente aux élections présidentielles du Burundi.

venant *coming* couronne *crowns* tiers *third* pousse *grows* contreplaqué *plywood* à plusieurs facettes *multi-faceted* mannequin *model*

Qu'avez-vous appris?

1 **Associez** Indiquez quelles définitions de la colonne de droite correspondent aux mots et aux noms de la colonne de gauche.

1. __g__ Kinshasa
2. __e__ Brazzaville
3. __b__ Brazzaville et Kinshasa
4. __i__ Léopoldville
5. __f__ Mont Fleury
6. __c__ Académie des beaux-arts
7. __h__ Écrans noirs
8. __d__ la BDEAC
9. __a__ l'okoumé

a. l'arbre le plus exploité de la forêt gabonaise
b. la plus grande agglomération d'Afrique subsaharienne
c. les artistes y vendent leurs œuvres
d. une institution qui aide au développement social et économique des pays d'Afrique Centrale
e. la capitale de la République du Congo
f. le Beverly Hills de Kinshasa
g. la capitale de la République démocratique du Congo
h. une manifestation importante pour les cinéphiles d'Afrique Centrale
i. l'ancien nom de la capitale du Congo-Kinshasa

2 **Complétez** Complétez chaque phrase logiquement.

Answers will vary. Possible answers provided.

1. Les deux capitales Brazzaville et Kinshasa ont en commun… leur culture francophone et le fleuve Congo.

2. À Brazzaville, les sites historiques à visiter sont… la basilique sainte Anne du Congo, la Case des messageries fluviales et le port des pêcheurs de Yoro.

3. … sont des plats congolais typiques. Le saka-saka à base de feuilles de manioc et le poulet en sauce à la noix de palme.

4. On peut trouver différents types d'artisanat à Brazzaville comme… des sculptures en cuivre ou en bois, de la vannerie et des bijoux.

5. Pour se promener à Kinshasa, il faut aller… sur la promenade de la Raquette et dans le quartier de la résidence présidentielle.

6. Parmi les sites historiques de Kinshasa, il y a… le «Wenge» de Selembau, un arbre plusieurs fois centenaire.

7. Le festival Écrans noirs contribue à… la promotion et à la diffusion du cinéma africain.

8. À Kinshasa, être griffé signifie… être bien habillé.

9. Après Paris, Brazzaville et Kinshasa forment… le deuxième centre urbain du monde francophone.

10. L'okoumé a été utilisé en France pour… construire la Bibliothèque nationale de Paris.

Practice more at **vhlcentral.com.**

ÉPREUVE

Trouvez la bonne réponse.

1. _____ sépare Kinshasa et Brazzaville.
   a. Un grand lac
   b. Une forêt tropicale
   c. Le Congo
   d. Zaïre

2. Le Zaïre est l'ancien nom _____.
   a. du Congo-Brazzaville
   b. de Léopoldville
   c. du fleuve Congo
   d. du Congo-Kinshasa

3. Kinshasa a _____ d'habitants que Brazzaville.
   a. six fois plus
   b. autant
   c. six fois moins
   d. un peu plus

4. Brazzaville a été fondée en _____ par un explorateur français.
   a. 1800   b. 1900   c. 1880   d. 1770

5. Kinshasa offre plusieurs _____ sur le Congo.
   a. ponts
   b. opinions
   c. ports
   d. points de vue splendides

6. Chaque année, _____ est attribué à un jeune réalisateur africain prometteur.
   a. l'Écran noir
   b. l'Écran d'honneur
   c. le film d'honneur
   d. le festival

7. La BDEAC peut parfois financer les projets de _____.
   a. pays africains non membres
   b. banques étrangères
   c. pays non africains
   d. membres européens

8. Les _____ de la forêt du Gabon existent encore.
   a. trois quarts
   b. un quart
   c. trois tiers
   d. deux tiers

9. Esther Kamatari est une femme à plusieurs facettes car _____.
   a. c'est une princesse
   b. elle vit au Burundi et en France
   c. elle a travaillé dans la mode, la politique et l'humanitaire
   d. elle est mannequin

Le Zapping   Video

L'entretien d'embauche

Le clip que vous allez regarder est issu d'une (*comes from a*) campagne créé par «Les agences de communication contre l'abstention» pour le collectif Démocratie & Communication, une association fondée en 2002 qui a pour but de moderniser la communication politique. Dans ce clip, le contexte d'un entretien d'embauche est utilisé de façon inattendue et humoristique pour inciter les électeurs à aller voter et ainsi limiter le taux d'abstention aux élections.

Bonjour. Je peux avoir votre CV?

1 **Compréhension** Répondez aux questions par des phrases complètes.

1. Quelle est la première chose demandée aux candidats au poste proposé?
   On leur demande leur CV.

2. Quel type de poste est offert? Pour combien de temps?
   C'est un CDD pour cinq ans.

3. Quelles sont les questions abordées par les recruteurs dans cet entretien?
   Les questions abordées sont la formation et l'expérience, la disponibilité, les qualités requises pour le poste, la vision des candidats pour l'avenir de la société et leur apparence physique.

2 **Discussion** Répondez aux questions en donnant des détails.

1. Cette campagne de communication est-elle effective, à votre avis? Son message est-il clair?

2. Que pensez-vous du parallèle fait entre un entretien d'embauche et une élection? Qu'est-ce qui constitue un entretien d'embauche pour un homme ou une femme politique? Comment sont-ils choisis?

Et vous? Pensez-vous que les hommes et les femmes politiques devraient passer de véritables entretiens d'embauche? Quelles questions aimeriez-vous poser à un(e) candidat(e) à l'élection présidentielle dans votre pays?

Practice more at **vhlcentral.com.**

INSTRUCTIONAL RESOURCES
Supersite: Video Script & Translation; Answer Key

COMPRÉHENSION
As a follow-up, ask students to try and guess what position the job interview is actually for (**président de la République**). If they are having difficulty understanding the ad, point out that the 2012 French presidential elections took place on April 22 and May 6.

DISCUSSION As a class, discuss the following statement that appears at the end of the ad: **C'est vous le patron. Votez.** Ask: **Vous êtes d'accord avec cette idée? Est-ce que ce sont vraiment les électeurs qui sont les patrons? Est-il important d'aller exercer son droit de vote? Pourquoi?**

VOCABULAIRE

de la vidéo

un bouton *button, switch*

un CDD (contrat de travail à durée déterminée) *temporary employment contract*

compter *to intend*

un CV (curriculum vitae) *résumé*

les horaires (*m.*) *working hours*

ménager *to spare*

un(e) patron(ne) *boss*

la présentation *appearance*

le terrain *field*

pour la conversation

un(e) candidat(e) à un poste *job applicant*

un(e) électeur/électrice *voter*

un entretien d'embauche *job interview*

un(e) recruteur/recruteuse *recruiter*

le taux *rate*

GALERIE DE CRÉATEURS

LITTÉRATURE
Benjamin Sehene (1959–)

Benjamin Sehene est né au Rwanda, mais vit en exil depuis son enfance. Pour échapper aux premiers massacres, sa famille, d'origine tutsi, quitte le pays en 1963, pour s'installer en Ouganda puis au Kenya. Sehene part faire des études de français à Paris, à la Sorbonne, puis en 1984 va habiter au Canada. Aujourd'hui, il vit à Paris. Il concentre son œuvre littéraire sur son pays natal, et tout particulièrement sur le génocide dont les Tutsis ont été victimes en 1994. Cette année-là, l'auteur retourne au Rwanda pour comprendre et témoigner de ce qui s'y passe. Il en résulte plusieurs livres, dont un essai, *Le Piège ethnique*, et un roman, *Le Feu sous la soutane*, qui dénoncent l'horreur quotidienne et la tentative d'exterminer tout un peuple. Benjamin Sehene devient ainsi l'écho d'un pays oublié. Il est membre actif du Pen Club, une association internationale d'auteurs qui a pour but de «rassembler des écrivains de tous pays attachés aux valeurs de paix, de tolérance et de liberté sans lesquelles la création devient impossible».

LITTÉRATURE/PEINTURE
Aïda Touré

L'origine de la Création a toujours fait réfléchir Aïda Touré, poétesse et peintre gabonaise. Et en 1995, pendant ses études de musique à New York, elle découvre l'Islam. C'est ce qui lui donne l'envie d'écrire des poèmes spirituels. Aïda Touré trouve l'inspiration dans le soufisme, doctrine et pratique mystique de l'Islam. En 2004, cette poétesse se tourne vers (*towards*) la peinture. Elle choisit l'art abstrait pour retranscrire sa spiritualité. Sa peinture est un prolongement (*outcome*) de sa poésie. Elle est faite de couleurs vives, de lignes et de formes circulaires. Chaque élément a une signification précise. Il émane de chaque tableau un sentiment d'harmonie des formes et des couleurs. Ce n'est jamais chaotique, même quand elle aborde des sujets graves, comme les enfants martyrs ou les ghettos. Par sa peinture, elle désire transmettre «la noblesse des émotions spirituelles et la richesse innée de l'âme humaine». En 2010, elle a aussi créé une ligne de bijoux qui sont de vraies peintures miniatures.

PHOTOGRAPHIE
Angèle Etoundi Essamba (1962–)

Photographe camerounaise de grand
talent, qui vit et travaille aux Pays-Bas
(*Netherlands*), Angèle Etoundi Essamba fait
ressortir (*brings out*) la beauté de la peau noire. L'artiste prend
surtout pour thème la femme africaine et veut montrer que
ces femmes sont fières de leurs origines. Par la photographie,
elle leur apporte la liberté et l'égalité. L'effet clair-obscur
(*chiaroscuro*) de ses œuvres, en noir et blanc pour la plupart,
est obtenu par le contraste entre un fond noir et la lumière qui
éclaire une peau d'ébène (*ebony*) et en révèle la luminosité. La
composition de ses photographies est toujours pensée. Tout est
question d'équilibre. Angèle Essamba aime insister sur le lien
entre le corps humain et la terre. Elle incorpore aussi des objets
de la culture africaine. «La photographie est pour moi un besoin,
le besoin d'expression et de communication. Aussi longtemps
que ce besoin existera, je créerai», affirme-t-elle.

PEINTURE
Chéri Samba (1956–)

Le peintre congolais Chéri Samba
est avant tout un dessinateur.
Il ouvre son premier atelier en
1975, à Kinshasa. Son style,
apparemment naïf, rappelle

beaucoup celui de la bande dessinée. Il observe avec beaucoup
d'attention la société dans laquelle il vit. Dans ses tableaux, qui
représentent la vie quotidienne, il aborde les problèmes auxquels
le continent africain fait face, comme le SIDA, le manque d'unité,
le développement économique. Chéri Samba accompagne ses
peintures de textes écrits sur la toile comme dans une bande
dessinée. Cela donne au public une information complémentaire
qui l'aide à comprendre le message de l'artiste. Samba participe
à de nombreuses expositions, principalement dans son pays,
la République démocratique du Congo, et en Europe. Un
réalisateur a tourné un film sur cet artiste et a gagné un prix
au Festival panafricain du cinéma et de la télévision de
Ouagadougou (FESPACO).

Compréhension

Vrai ou faux? Indiquez si chaque phrase est vraie
ou fausse. Corrigez les phrases fausses.

1. Angèle Etoundi Essamba joue beaucoup sur les
   couleurs vives dans ses photographies.
   Faux. Ses photographies sont presque toujours en noir et blanc.

2. Benjamin Sehene a fait ses études au Canada mais
   il vit en France aujourd'hui. Faux. Il a fait ses études à la Sorbonne, à Paris.

3. La peinture d'Aïda Touré est de style
   impressionniste. Faux. Elle est de style abstrait.

4. Le style artistique de Chéri Samba rappelle celui
   des cubistes. Faux. Il rappelle le style de la bande dessinée.

5. Aïda Touré est connue pour ses poèmes spirituels
   et ses peintures aux couleurs vives. Vrai.

6. Benjamin Sehene a quitté le Rwanda pour échapper
   au génocide dont son groupe ethnique a été victime.
   Vrai.

7. Le manque d'unité et les problèmes du continent
   africain sont souvent abordés (*tackled*) par Samba
   dans ses tableaux. Vrai.

8. D'après Angèle Etoundi Essamba, la femme
   africaine doit être fière de ses origines. Vrai.

Rédaction

À vous! Choisissez un de ces thèmes et écrivez un
paragraphe d'après les indications.

- **La photographie d'Angèle Etoundi Essamba**
  Angèle Etoundi Essamba dit qu'elle veut faire
  ressortir la beauté de la peau noire en utilisant
  des contrastes et l'effet clair-obscur. Décrivez la
  photographie sur cette page et expliquez en quoi elle
  est représentative de l'art d'Angèle Etoundi Essamba.

- **Les problèmes sur le continent nord-américain**
  Imaginez que, comme Chéri Samba, vous
  vouliez aborder les problèmes de votre pays par
  l'intermédiaire de la peinture. Comment allez-vous
  les aborder en peinture?

- **Lecture** Dans ses livres, Benjamin Sehene
  parle du génocide qui a eu lieu au Rwanda,
  en 1994. Connaissez-vous d'autres auteurs qui
  parlent d'événements tragiques? Résumez l'un
  de ces événements.

Practice more at **vhlcentral.com.**

KEY STANDARDS
4.1, 5.1

INSTRUCTIONAL RESOURCES
Supersite: Lab Audioscript, SAM AK, Lab MP3s
SAM/WebSAM: WB, LM

Briefly review demonstrative adjectives so students do not confuse them with this grammar point.

Point out that demonstrative pronouns typically refer to a previously mentioned noun in a sentence.

Explain that these are forms of **celui**, therefore often referred to as *variable demonstrative pronouns*.

Ask guessing-game questions about students' belongings or items in the room. Example: **Celui de Katie est bleu. (son sac)**

BLOC-NOTES

To review using **-ci** and **-là** with demonstrative adjectives, see **Fiche de grammaire 4.4, p. 404.**

ATTENTION!

Use a demonstrative pronoun followed by **-ci** or **-là** to express, respectively, the English words *latter* and *former*.

Tu embauches les conseillers ou les consultantes? Celles-ci sont plus compétentes que ceux-là.

Are you hiring the advisors or the consultants? The latter are more competent than the former.

BLOC-NOTES

To review relative pronouns, see **Structures 6.2, pp. 216–217.**

9.1

Demonstrative pronouns

*Les bons représentants, ce sont **ceux qui** vendent, vendent, vendent.*

- The demonstrative pronoun **celui** and its forms mean *this one/that one/the one* or *these/those/the ones*. Use them for pointing something out or indicating a preference.

  Quel poste préférez-vous? Le **poste** à Paris ou le **poste** à Lyon?
  Which position do you prefer? The position in Paris or the position in Lyon?

  Quel **poste** préférez-vous? Celui à Paris ou celui à Lyon?
  Which position do you prefer? The one in Paris or the one in Lyon?

- Demonstrative pronouns agree in number and gender with the noun to which they refer.

	Demonstrative pronouns	
	singular	**plural**
masculine	**celui** *this one; that one; the one*	**ceux** *these; those; the ones*
feminine	**celle** *this one; that one; the one*	**celles** *these; those; the ones*

  Ces deux **vendeuses** sont nulles! Et **celles** du grand magasin de ton quartier?
  These two saleswomen are lame! And the ones at the department store in your neighborhood?

  Quels **entrepôts** est-ce que vous avez visités hier, ceux-ci?
  Which warehouses did you visit yesterday, these here?

- As with demonstrative adjectives, **-ci** and **-là** can be added after a form of **celui** to distinguish between people or objects that are closer (**celle-ci**) or farther (**celui-là**).

- A form of **celui** can also be followed by a relative clause to mean *the one(s) that* or *the one(s) whose*.

  On va à cette réunion-ci ou à **celle qui** commence plus tôt?
  Are we going to this meeting here or the one that starts earlier?

  Le comptable de Marc, c'est **celui que** tu aimes bien?
  Is Marc's accountant the one you like?

  Ces enfants sont **ceux dont** le père a été licencié.
  These children are the ones whose father got laid off.

- A prepositional phrase can also follow a demonstrative pronoun.

  Mes économies et **celles de** Nathalie sont sur un compte d'épargne.
  My savings and those of Nathalie are in a savings account.

  Ce poste est moins intéressant que **celui en** Belgique.
  This position is less interesting than the one in Belgium.

- Adjectives that modify forms of **celui** must agree with them in number and gender. Past participles should agree with forms of **celui** when appropriate.

> **Ceux** qui sont **fainéants** ne vont pas être promus.
> *Those that are lazy are not going to be promoted.*

> Leurs employées sont **celles** que nous avons **vues** ici hier?
> *Are their employees the ones we saw here yesterday?*

- You can use **celui-là** or **celle-là** to refer to someone in a familiar or scornful fashion.

> Le gérant de Pizza Roma? Ah, **celui-là**!
> *The manager at Pizza Roma? Oh, that one!*

> Elle croit qu'elle sait tout, **celle-là**?
> *Does she think she knows it all, that one?*

- **Ceci** and **cela** are also demonstrative pronouns. Unlike other pronouns, they do not refer to any noun in particular, but rather to an idea. **Ceci** draws attention to something that is about to be said; **cela** refers to something that has already been said.

> Je vous dis **ceci**: il ne faut pas démissionner.
> *I say this to you: you must not quit.*

> On évite les dettes. **Cela** va sans dire.
> *We avoid debts. That goes without saying.*

- Both **ceci** and **cela** have a literary tone to them. In everyday French, use **ce** or **ça**. Use **ce** before forms of **être**; use **ça** before other verbs.

before a form of *être* beginning with a consonant	**Ce sont mes cadres, Abdel et Fatih.** *Those/They are my executives, Abdel and Fatih.*
before a form of *être* beginning with a vowel	**C'est un syndicat?** *Is that a labor union?*
before any other verb	**Ça m'énerve!** *That annoys me!*

- **C'est** can be used in many constructions.

C'est + name *identifies a person.*	**C'est Ségolène.** *That's/She's Ségolène.*
C'est + article or adjective + noun *identifies a person or thing.*	**C'est mon vendeur.** *That's/He's my salesman.*
C'est + disjunctive pronoun *identifies a person.*	**C'est toi qui as trouvé cette formation?** *Are you the one that found this training?*
C'est + adjective *describes an idea or expresses an opinion.*	**Trois semaines de vacances! C'est super.** *Three weeks of vacation! That's great.*
infinitive + c'est + infinitive *draws an equivalency between two actions.*	**Partir, c'est mourir un peu.** *To leave is to die a little.*

ATTENTION!

Forms of **celui** cannot stand alone; they must always be followed by **-ci/-là**, a relative clause, or a prepositional phrase.

BLOC-NOTES

To review past participle agreement, see **Fiche de grammaire 5.5, p. 410.**

Point out that **ceci** and **cela** do not have gender and number forms (like **celui**) because they do not refer to any specific noun. So, in contrast to **celui** and its forms, **ceci** and **cela** are considered *invariable (or indefinite) demonstrative pronouns*.

Point out that **ceci** and **cela** are compound pronouns: **ce + ici → ceci** and **ce + là → cela**. (Remind students never to spell **cela** with an accent over the **a**.) Both of these pronouns can replace **ce**, but **ceci** is less common when speaking. Just like when people say **là** in lieu of **ici** (**On est là.** *We're here.*), they tend to use **cela** to mean *this* or *that*. **Ceci** is used when the speaker wants to emphasize the distinction between *this* and *that*.

BLOC-NOTES

To review the distinction between **il/elle est** and **c'est**, see **Fiche de grammaire 2.5, p. 398.**

Mise en pratique

1 While going over the answers, check students' comprehension by asking them to circle the part of each sentence that the pronoun refers to, if possible. (**1. la comptable 2.** *no specific part* **3. ce distributeur automatique 4. quelle personne 5. plusieurs postes**)

1

À choisir Choisissez le bon pronom démonstratif pour compléter ces phrases.

1. Je parle de la comptable de mon voisin, tu sais, _____ qui vient de se marier.
   - a. ceux
   - b. celles-là
   - c. celle ✓

2. Nous vous avions parlé de _____, mais vous ne nous aviez pas écouté.
   - a. ça ✓
   - b. celui
   - c. ceux

3. Ils ont l'habitude de retirer de l'argent à ce distributeur automatique, _____ on voit depuis (*from*) l'autoroute.
   - a. celui qu' ✓
   - b. celle dont
   - c. celui qui

4. De quelle personne veux-tu te plaindre au patron? De _____.
   - a. celle pour
   - b. celle-là ✓
   - c. cela

5. J'ai posé ma candidature à plusieurs postes. Voici _____ je me souviens: consultant, employé de banque et vendeur en matériel informatique.
   - a. ceux-ci
   - b. celui dont
   - c. ceux dont ✓

2 Go over the answers as a class. Ask students to explain why they used the different demonstratives.

2

À compléter Complétez le paragraphe à l'aide des pronoms démonstratifs de la liste.

c'est	cela	celle qui	celui qui
ceci	celle dont	celles que	ceux dont

Une de nos compagnies, (1) _____celle qui_____ s'occupe d'import-export, nous a demandé d'aller voir un client à Kinshasa. (2) _____C'est_____ là où je suis né, donc je connais bien cette ville. Ah, mais tu sais déjà (3) _____cela_____. Alors, une des autres employées, (4) _____celle dont_____ tu as fait la connaissance à ma soirée, et moi, nous sommes donc partis travailler à Kinshasa une semaine. Mes amis là-bas, (5) _____ceux dont_____ je t'ai parlé de nombreuses fois, nous ont très bien accueillis. Un soir, après le travail, nous avons tous fait un tour en bateau sur le fleuve Congo tu sais, (6) _____celui qui_____ traverse plusieurs pays d'Afrique. Ensuite, mes amies Aminata et Kora, (7) _____celles que_____ j'ai vues le plus souvent pendant mon séjour, nous ont invités dans un restaurant local. Eh bien, je vais te dire (8) _____ceci_____: je ne me souvenais pas que les spécialités congolaises étaient si délicieuses!

Note **CULTURELLE**

Le **fleuve Congo**, qui prend sa source à 1.435 mètres d'altitude, est le deuxième fleuve d'**Afrique** par sa longueur, après le **Nil**. Il est aussi le deuxième du monde par son débit (*flow rate*), après l'**Amazone**. Il traverse six pays d'Afrique Centrale: principalement le Congo et la RDC, mais aussi l'Angola, le Cameroun, la République centrafricaine, la Zambie et la Tanzanie.

3 Give this as an additional **modèle**, if necessary: **Quelles employées Miriam a-t-elle licenciées? (étaient fainéantes // celles qui / celles-là) (Elle a licencié celles qui étaient fainéantes.)**

3

Lequel? Choisissez le bon pronom démonstratif pour répondre aux questions.

Modèle Les parents de quelle amie travaillent ensemble?
(Salima // ceux de / ceux que)
Ceux de Salima travaillent ensemble.

1. Quelle capitale Marc veut-il visiter? (Algérie // celle dont / celle de) Il veut visiter celle d'Algérie.
2. À quels postes pensez-vous? (notre jeunesse // ceux que / ceux de) Nous pensons à ceux de notre jeunesse.
3. Quel compte d'épargne avez-vous choisi? (j'ai vu dans cette brochure // celui que / celui pour) J'ai choisi celui que j'ai vu dans cette brochure.
4. Qui sont ces employés? (Béatrice // ceux de / ceux qui) Ces employés sont ceux de Béatrice.
5. Quelle voiture regardent-ils? (Ø // celle-ci / celle dont) Ils regardent celle-ci.

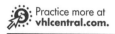

Communication

4 **Qui est qui?** La classe se divise en deux équipes. Un des membres de l'équipe A pense à un(e) camarade de classe et donne trois indices (*clues*) sur lui/elle. L'équipe B doit deviner de qui il est question. Elle gagne trois points si elle devine avec le premier indice, deux points si elle devine avec deux indices et un point si elle devine avec les trois indices. Ensuite, inversez les rôles.

> **Modèle** Je pense à celui/celle qui espère travailler pour une entreprise multinationale...
> Je pense à celui/celle pour qui voyager pour son futur travail est important...
> C'est celui/celle dont les parents sont propriétaires d'un restaurant en ville.

5 **Entretien** Vous venez de passer un entretien pour un poste intéressant et vous le racontez à un(e) camarade. À deux, imaginez la conversation et écrivez-la à l'aide de pronoms démonstratifs. Ensuite, jouez la scène devant la classe.

> **Modèle** —Je viens de passer un entretien pour travailler dans un grand magasin, tu sais, celui qui est rue de la République.
> —Celui où Noah a travaillé l'été dernier?
> —Non, celui dont la sœur de Sonia est gérante.

6 **Enquête** Demandez à des camarades de classe de décrire les personnes de cette liste. Ils doivent répondre à l'aide de pronoms démonstratifs. Ensuite, présentez vos résultats à la classe.

> **Modèle** Ma cousine Sophie est celle qui veut être femme d'affaires.

- Vos parents
- Vos grands-parents
- Vos cousin(e)s
- Vos frères/sœurs
- Votre meilleur(e) ami(e)
- Votre professeur

4 To prepare for this activity, have students write down a few facts about themselves that can be used as clues.

4 Tell students to stay focused on using a demonstrative pronoun in every clue. If they forget, you could subtract one point from that team's score or they could lose their turn.

5 Teach students the informal expression **c'est ça** for when their partner describes something or someone correctly and they wish to say *that's it* or *that's right* to end the conversation.

6 As an expansion activity, have students bring some photos of family members and friends to class. Tell them to ask each other questions, pointing to different people in the pictures each time. Example:

—**Comment s'appelle cette femme?**

—**Qui? Celle-ci?**

—**Non, celle-là.**

—**Celle-là, elle s'appelle Regina.**

—**Qui est-ce?**

—**C'est ma tante.**

KEY STANDARDS
4.1, 5.1

9.2

INSTRUCTIONAL RESOURCES
Supersite: Lab Audioscript, SAM AK, Lab MP3s
SAM/WebSAM: WB, LM

BLOC-NOTES

To find the **nous** forms of the present tense of other verbs, consult the verb tables at the end of the book.

Caution students that, although the formation of the present participle is quite similar to English with the suffixes *-ing* and **-ant**, the functions of the French present participle are very different. Tell them not to translate present participles from English to French without first evaluating the context.

Call out various infinitives. Have one student give the **nous** form and another student the present participle.

Tell students to work in pairs and turn to this lesson's **Pour commencer**. One student calls out a verb or verbal expression from the list. The other student provides the present participle. To challenge students further, have them give a sample sentence using the present participle.

The present participle

—*Je comprends très bien que vous soyez souvent sollicitée par des **représentants**.*

- To form the present participle, drop the **-ons** ending from the **nous** form of the present tense of a verb and replace it with **-ant**.

Present participles of some common verbs		
Infinitive	***Nous* form**	**Present participle**
aller	all~~ons~~	allant
boire	buv~~ons~~	buvant
choisir	choisiss~~ons~~	choisissant
dire	dis~~ons~~	disant
écrire	écriv~~ons~~	écrivant
faire	fais~~ons~~	faisant
lire	lis~~ons~~	lisant
parler	parl~~ons~~	parlant
prendre	pren~~ons~~	prenant
vendre	vend~~ons~~	vendant
venir	ven~~ons~~	venant

- There are only three irregular present participles in French. They are considered irregular because they are *not* based upon the **nous** forms of the present tense.

Infinitive	Present participle
être	étant
avoir	ayant
savoir	sachant

Étant *très sociable, elle a présenté son cousin à son petit ami.*

- When used as verbs, present participles are usually the equivalent of English verbs ending in *-ing*. They are typically preceded by the preposition **en**, meaning *while* or *by*.

  Il lui a indiqué le chemin **en regardant** le plan du quartier.
  He gave her directions while looking at the map of the neighborhood.

- Use the present participle to say what caused something or how something occurred.

  Gérard s'est cassé le bras **en tombant** du toit.
  Gérard broke his arm by falling off of the roof.

- **En** + [*present participle*] can also mean that something is done *as soon as* something else happens. In this case, it is often the equivalent of the English expression *upon* + the *-ing* form of a verb.

  Il va téléphoner **en arrivant** à la gare.
  He's going to call upon arriving at the station.

- Use the expression **tout en** to emphasize that two actions occur simultaneously, sometimes when they are not usually done at the same time.

  Il conduit **tout en mangeant** un sandwich.
  He's driving while eating a sandwich.

- When a present participle is used as an adjective, it agrees in gender and number with the noun it modifies.

  Nous n'avons pas d'eau **courante**!   Ces filles sont **charmantes**.
  We don't have any running water!   *These girls are charming.*

- Like present participles used as verbs, the adjective forms usually correspond to English words ending in *-ing*. Depending on the interpretation of the adjective, however, this is not always the case.

  Nous avons vu un film **amusant**.
  We saw a funny (amusing) movie.

- Present participles can sometimes be used as nouns. These nouns are often professions or other words that refer to a person who engages in a particular activity.

  consulter (*to consult*) ⟩ **un(e) consultant(e)** (*consultant*)
  gérer (*to manage*) **un(e) gérant(e)** (*manager*)

Explain that present participles are invariable when used as verbs. Additional example: **Je lui ai transmis le message en envoyant un e-mail.** *I passed the message along to him by sending an e-mail.*

Ask students to give sample sentences for things one can/cannot/should not do simultaneously. Ex: **On peut écouter de la musique en conduisant. Mais on ne devrait pas regarder un plan en conduisant.**

ATTENTION!

The present participle does not correspond to all *-ing* forms of English verbs. Remember, the present tense in French can have several meanings.

Je parle.
I speak. / I do speak. / I am speaking.

To say that something is happening in the present time, use the present tense, not a present participle.

Brainstorm a list of adjectives students know that are derived from present participles. Ex: **agaçant, émouvant, irritant, terrifiant.**

Explain that there are several differences in spelling between certain adjectives/ nouns and their corresponding present participles. Examples: **convaincant** (adjective) versus **en convainquant** (present participle); **différent** (adjective) versus **en différant** (present participle); **fatigant** (adjective) versus **en fatiguant** (present participle)

Mise en pratique

1

À choisir Mettez au participe présent les verbes entre parenthèses.

1. Charlotte a mangé son repas tout en _____lisant_____ (lire) son livre.

2. Mon père a fêté sa retraite en _____dansant_____ (danser) toute la nuit.

3. _____Ayant_____ (Avoir) eu le temps d'arriver à la gare, Mamadou attend le prochain train pour Yaoundé.

4. En _____écoutant_____ (écouter) ce qu'il a à dire, nous trouverons de meilleurs arguments.

5. Antoine gagne sa vie en _____investissant_____ (investir).

6. En _____demandant_____ (demander) une augmentation de salaire, j'aimerais améliorer ma situation financière.

7. Il vient d'être licencié. _____Étant_____ (Être) maintenant au chômage, il a le temps de jouer sur son ordinateur toute la journée.

8. Nous finirons le projet tout en _____sachant_____ (savoir) que nous ne serons pas toujours d'accord!

2

À trouver Complétez les phrases. Servez-vous du participe présent des verbes de la liste comme adjectifs ou comme noms. Faites tous les changements nécessaires.

amuser	émigrer	gagner	tomber
charmer	exiger	imposer	toucher

1. En France on peut voir de grands monuments _____imposants_____.

2. La classe a lu des histoires _____touchantes_____ sur des enfants malades.

3. Cette ville est remplie de beaux princes _____charmants_____.

4. On n'a pas encore annoncé les _____gagnants_____ du concours (*contest*).

5. La formation que vous faites est très _____exigeante_____, mais elle est indispensable.

6. Nous avons passé deux journées _____amusantes_____ au parc d'attractions.

7. Les _____émigrants_____ ont quitté leur pays pour commencer une nouvelle vie.

8. Nous sommes rentrés à la maison, à la nuit _____tombante_____.

3

Autrement dit Liez (*Connect*) ces phrases à l'aide d'un participe présent.

Modèle   **Magali prend sa douche. Elle chante *La vie en rose*.**
Magali prend sa douche tout en chantant *La vie en rose*.

1. La secrétaire parle au téléphone. Elle écrit rapidement. La secrétaire parle au téléphone tout en écrivant rapidement.

2. Ces hommes d'affaires préparent le budget de l'année prochaine. Ils discutent des investissements. Ces hommes d'affaires préparent le budget de l'année prochaine tout en discutant des investissements.

3. Ces femmes achètent ce qui leur plaît. Elles dépensent sans compter. Ces femmes achètent ce qui leur plaît tout en dépensant sans compter.

4. Je travaille beaucoup. Je profite des vacances que l'entreprise offre. Je travaille beaucoup tout en profitant des vacances que l'entreprise offre.

5. Ma collègue me raconte son week-end. Elle sait que je ne l'écoute pas. Ma collègue me raconte son week-end tout en sachant que je ne l'écoute pas.

6. Le nouveau retraité pleure. Il finit son discours d'adieu (*farewell*). Le nouveau retraité pleure tout en finissant son discours d'adieu.

Practice more at **vhlcentral.com**.

Communication

4

Première journée de travail Aujourd'hui, c'était la première journée de travail de Magali. Par groupes de trois, imaginez ce qu'elle a fait. Employez le participe présent des verbes de la liste.

Modèle Magali est restée calme tout en étant sous pression.

assister à une réunion	être sous pression
découvrir son bureau	profiter de sa pause
déjeuner avec des collègues	rencontrer le syndicat
écouter des conseils	répondre au téléphone
être épuisée	?

5

Qu'est-il arrivé? Par groupes de quatre, choisissez trois événements de la liste et, pour chacun, racontez quelque chose qui est arrivé pendant que vous y étiez. Comment avez-vous réagi? Utilisez le participe présent dans vos discussions.

Modèle Tout en conduisant pendant l'examen du permis, je me suis aperçu que je n'avais pas attaché ma ceinture.

- un bal de lycéens/d'étudiants (*prom*)
- une cérémonie de remise de diplômes (*graduation*)
- un accident que vous avez eu ou auquel vous avez assisté
- un entretien d'embauche
- une réunion d'anciens élèves
- le moment où vous avez reçu une lettre d'acceptation
- l'examen du permis de conduire
- un anniversaire mémorable

6

Entretien d'embauche Kemajou sollicite un poste à la banque du Cameroun. Il passe un entretien avec la chef du personnel, Madame Koua. À deux, imaginez la conversation en employant le participe présent.

Modèle —Connaissez-vous l'équivalence en euros pour gérer des comptes en francs CFA?
—Oui, madame. Dans mon ancien emploi, j'ai appris à gérer les équivalences en travaillant avec des clients étrangers.

4 Encourage students to be creative and to use additional verbs not found in the list.

5 Have students write a short story that ties together several events. This also serves as a review of the **passé composé** and **imparfait**.

6 Bring up the concept of multitasking to inspire a brief, related class discussion. Ask: **Vous est-il facile de faire plusieurs choses parallèlement? Lors d'un entretien d'embauche, vous a-t-on demandé si vous pouvez faire plusieurs choses en même temps?**

6 Before students complete the activity, discuss the kinds of questions that are often asked at job interviews.

Note CULTURELLE

D'abord appelé le franc des «Colonies Françaises d'Afrique» (CFA) en 1945, **la monnaie** des pays africains francophones devient, en 1958, le franc de la «Communauté Française d'Afrique». Il existe deux sortes de francs **CFA**: le franc de la Communauté Financière d'Afrique pour les pays d'**Afrique de l'Ouest** et le franc de la Coopération Financière en **Afrique Centrale** pour les pays d'Afrique Centrale, les deux monnaies étant distinctes l'une de l'autre.

Remind students that the meanings of **vouloir** and **pouvoir** can change slightly in different tenses. Example: **Je ne pouvais pas licencier Darren; il était mon mentor.** *I couldn't lay off Darren; he was my mentor.* **Mais il n'a pas pu finir le projet à temps.** *But he did not manage to finish the assignment on time.*

Point out the expression **vouloir bien** (*to be glad to*).

ATTENTION!

Because the verb **valoir** means to be worth (*money, effort, etc.*), its subject is most often an inanimate object rather than a human being. The most common forms encountered are the third-person singular and plural forms.

Point out that **devoir** can also be translated as *ought to*. Advise students to use **devoir** to avoid the subjunctive when expressing obligation and necessity. Example: **Tu dois sortir.** instead of **Il faut que tu sortes.**

ATTENTION!

The prefix **re-** usually means *to do something again*. For example, the verb **revoir** means *to see again*. **Revoir** is conjugated like **voir**.
J'ai revu le film.
I saw the film again.

9.3

Irregular -*oir* verbs

—*Vous **voulez** que je vous raccompagne?*

- French verbs that end in **-oir** are irregular. They do not all follow the same pattern.

- The verbs **vouloir** and **pouvoir** follow a similar pattern. Note the stem change in the **nous** and **vous** forms.

pouvoir *(to be able)*		**vouloir** *(to want)*	
je **peux**	nous **pouvons**	je **veux**	nous **voulons**
tu **peux**	vous **pouvez**	tu **veux**	vous **voulez**
il/elle **peut**	ils/elles **peuvent**	il/elle **veut**	ils/elles **veulent**
past participle: **pu**		past participle: **voulu**	

- Like **pouvoir** and **vouloir**, the singular forms of **valoir** end in **-x**, **-x**, and **-t**. Note the stem in the plural forms.

valoir *(to be worth)*	
je **vaux**	nous **valons**
tu **vaux**	vous **valez**
il/elle **vaut**	ils/elles **valent**
past participle: **valu**	

*Ces bijoux **valent** beaucoup d'argent.*

- The verbs **voir** and **devoir** follow similar patterns. They also have stem changes in the **nous** and **vous** forms.

voir *(to see)*		**devoir** *(to have to, must; to owe)*	
je **vois**	nous **voyons**	je **dois**	nous **devons**
tu **vois**	vous **voyez**	tu **dois**	vous **devez**
il/elle **voit**	ils/elles **voient**	il/elle **doit**	ils/elles **doivent**
past participle: **vu**		past participle: **dû**	

- Like **voir** and **devoir**, the singular forms of **savoir** end in **-s**, **-s**, and **-t**. Note the different stems in the singular and plural forms.

savoir *(to know)*	
je **sais**	nous **savons**
tu **sais**	vous **savez**
il/elle **sait**	ils/elles **savent**

past participle: **su**

*Ils **savent** danser.*

- The verbs **recevoir**, **apercevoir**, and **percevoir** follow the same pattern. Note the **ç** in all forms except for **nous** and **vous**.

recevoir *(to receive)*		apercevoir *(to perceive)*	
je **reçois**	nous **recevons**	j'**aperçois**	nous **apercevons**
tu **reçois**	vous **recevez**	tu **aperçois**	vous **apercevez**
il/elle **reçoit**	ils/elles **reçoivent**	il/elle **aperçoit**	ils/elles **aperçoivent**

past participle: **reçu**   past participle: **aperçu**

- Due to their meanings, the verbs **pleuvoir** and **falloir** have only third-person singular forms.

pleuvoir *(to rain)*	falloir *(to be necessary, to have to, must)*
il **pleut**	il **faut**
past participle: **plu**	past participle: **fallu**

Il **pleut** souvent au printemps.
It often rains in the spring.

Il **faut** prendre le train.
It's necessary to take the train.

- The verb **s'asseoir** is very irregular. Like other reflexive verbs, it is accompanied by a reflexive pronoun and takes the helping verb **être** in the **passé composé**.

s'asseoir *(to sit)*	
je **m'assieds**	nous nous **asseyons**
tu **t'assieds**	vous vous **asseyez**
il/elle **s'assied**	ils/elles **s'asseyent**

past participle: **assis(e/es)**

*Ils **se sont assis** par terre.*

BLOC-NOTES

Remember that French has two different verbs that mean *to know*: **savoir** and **connaître**. To review their different uses, see **Fiche de grammaire 9.4, p. 424**.

Remind students that **savoir** in the **passé composé** means *to find out.*

ATTENTION!

The verbs **apercevoir** and **percevoir** both mean *to perceive*, but they are not interchangeable. **Apercevoir** usually refers to visual perception, as in *to see* or *to notice*. **Percevoir** usually refers to more general perception, as in *to detect* or *to sense*.

ATTENTION!

You can use **il faut** to refer to a variety of subjects. Depending upon the context, it can mean *I must, you must, one must, they must*, and so on. Regardless of meaning, the subject is always **il**.

Ask students personalized questions with **savoir**. Ex: **Lesley, est-ce que tu sais/ vous savez jouer du piano?** After the student answers, ask another student about the first student: **Est-ce que Lesley sait jouer du piano?**

Mention that, in spoken French, one often hears the **-oi-** conjugation of **s'asseoir: je m'assois, tu t'assois, il/elle s'assoit** and **ils/elles s'assoient.**

Mise en pratique

1 Before beginning the activity, review the conjugation of each verb.

1 Call on volunteers to perform several of the short dialogues for the class.

1 Have pairs write two additional dialogues to perform for the class.

1

Mini-dialogues Complétez logiquement chaque dialogue à l'aide des verbes de la liste.

s'asseoir	pleuvoir	savoir	voir
falloir	recevoir	valoir	vouloir

—J'aime sortir par tous les temps: quand il fait soleil, quand il y a du vent… même quand il (1) _____pleut_____ !

—Pas vrai! Je te/t' (2) _____ai vu(e)_____ hier quand ton parapluie s'est cassé. Tu étais vraiment de mauvaise humeur.

—(3) _____Sais_____-tu qu'on a changé la date de la réunion?

—Non, je ne le savais pas. (4) _____Faut_____-il choisir une nouvelle date?

—Est-ce que nous (5) _____avons reçu_____ le coup de téléphone de notre entrepôt en Chine?

—Oui, ils disent que, si on détruit les marchandises, on sera en faillite. Elles (6) _____valent_____ trop cher.

—(7) _____Assieds_____-toi sur cette chaise. Il faut que je te parle.

—D'accord, de quoi (8) _____veux_____-tu me parler?

2 As an expansion, ask: **Si vous étiez le/la patron(ne), quelles règles voudriez-vous garder? Lesquelles voudriez-vous remplacer?**

2 Have students work in pairs to create a set of five rules for students. They should use a different irregular -oir verb for each rule.

2

Un nouveau règlement L'entreprise pour laquelle vous travaillez vient de changer de direction (*management*). Voici quelques règles que votre nouveau patron veut mettre en application. Complétez ces phrases à l'aide de verbes en **-oir**. Suggested answers

Nouveau règlement:

1. Vous ne _____pouvez_____ plus varier votre temps de travail.
2. Il _____faut_____ absolument arriver à neuf heures, au plus tard.
3. Tous les employés _____doivent_____ déjeuner entre midi et 13h00.
4. Sur le marché boursier, il _____vaut_____ mieux investir dans l'entreprise.
5. Si quelqu'un _____aperçoit_____ un collègue qui en harcèle un autre, dites-le-moi tout de suite.
6. Si vous _____voulez_____ téléphoner à un(e) ami(e), attendez 17h00.
7. Même si nous _____recevons_____ des salaires différents, il faut nous respecter mutuellement.
8. Pour être promu, un employé _____doit_____ suivre toutes ces règles.

3 As a variation, have one student be the counselor and the other play the role of Yves.

3

Conseils Yves, votre frère aîné, est sous pression au bureau, et sa vie privée est un désastre. À deux, trouvez cinq conseils à lui donner en utilisant des verbes en **-oir**.

Modèle Tu peux démissionner et chercher un autre emploi.

Communication

4 **Questions personnelles** À deux, posez-vous ces questions et soyez créatifs pour expliquer vos réponses.

La vie étudiante

Que doivent faire les étudiants pour réussir à la fac?

Qu'as-tu fait la dernière fois qu'il a plu?

Les relations personelles

Que reçois-tu d'habitude pour ton anniversaire? De la part de qui? Qu'as-tu reçu pour ton dernier anniversaire? De la part de qui?

Quand quelqu'un s'intéresse à toi, t'en aperçois-tu facilement?

L'argent et le travail

À qui peux-tu emprunter de l'argent? Dois-tu de l'argent à quelqu'un en ce moment?

Combien vaut ton bien (*possession*) le plus précieux?

Sais-tu quel travail tu auras après tes études? Lequel?

Faut-il toucher un salaire élevé pour se sentir riche?

5 **À propos de vos camarades** Par groupes de quatre, devinez pour quel membre de votre groupe ces observations sont vraies. Si vous n'êtes pas d'accord avec l'opinion que vos camarades ont de vous, expliquez-leur votre point de vue.

Modèle **vouloir: devenir cadre**

—Dave, tu veux devenir cadre d'une entreprise après l'université, non?

—Pas du tout! Je voulais l'année dernière, mais je ne sais plus. C'est toi, Jessica, qui devrais être cadre. Tu peux diriger un groupe.

1. s'apercevoir: que la richesse ne remplace pas forcément le bonheur
2. s'asseoir: au premier rang
3. devoir: poser sa candidature pour un poste à la bibliothèque
4. ne pas pouvoir: économiser d'argent
5. recevoir: du courrier tous les jours
6. revoir: son film préféré plus de trois fois

6 **Au syndicat** À deux, imaginez que vous soyez des travailleurs membres du même syndicat. Jouez les rôles de ces deux collègues qui ne sont jamais d'accord, en utilisant des verbes en **-oir**.

Modèle —Il faut demander une augmentation de salaire.

—On ne doit pas en demander une. Tu sais qu'ils ne peuvent pas nous la donner.

---

4 Have students ask each other three additional questions, one related to each category.

4 Add other categories and questions for students to ask and answer. Categories should be based on previous lessons' **Pour commencer** sections. Ex: **le sport, la technologie, la cuisine, les médias,** etc.

5 Give students these additional ideas: **7. savoir: cuisiner à la française (ou à l'italienne, etc.) 8. ne pas vouloir: prêter ses affaires.**

5 Model a positive response as well. Ex: **Oui, c'est vrai. Je pense avoir les qualités requises pour être un bon cadre. Une bonne gestion est la clé de la réussite d'une entreprise.**

6 Before beginning the activity, you may want to give background information on **les syndicats: Les syndicats sont des associations de travailleurs qui se regroupent pour défendre des intérêts communs. La personne à la tête d'un syndicat négocie auprès d'un employeur toutes les questions contractuelles comme les salaires, les horaires, les avantages sociaux, la sécurité au travail, etc.**

6 Point out the uses of **il faut** and **on doit** in the **modèle**, which effectively express obligation without using the subjunctive.

Synthèse Reading

KEY STANDARDS
1.1, 1.2

TEACHING OPTION As a preview, have students research the life and work of the philosopher Alain. Ask them to present their findings to the class.

Le philosophe français, Alain (1868–1951), né sous le nom d'Émile-Auguste Chartier, est connu pour ses idées pacifistes et libérales. Profondément marqué par les horreurs de la Première Guerre mondiale, celui-ci écrit des articles en faveur du pacifisme tout en combattant les autoritarismes. Étant aussi professeur, il exerce une grande influence sur ses élèves, dont certains deviennent célèbres et lui doivent leur carrière de philosophe. Dans les citations suivantes on voit que ses idées sur le travail sont assez révolutionnaires pour l'époque°.

time

Point out the use of **l'on** in the second quote. The construction is more common in written French because it is more formal.

> Ce qui console d'un travail difficile,
> c'est qu'il est «difficile».
>
> ———
>
> La loi suprême de l'invention humaine
> est que l'on n'invente qu'en travaillant.
>
> ———
>
> La vie est un travail
> qu'il faut faire debout°.
>
> *Alain*

standing up

1

Révision de grammaire Relisez le texte et complétez les phrases avec le mot ou l'expression qui convient.

1. Alain écrit des articles en faveur du pacifisme tout en _____ (respectant / (combattant) / acceptant) les autoritarismes.

2. Dans la phrase **Ceux qu'Alain écrit sont en faveur du pacifisme**, le mot **Ceux** fait référence à (ses idées / ses élèves / (ses articles)).

3. D'après Alain, on n'invente qu'en _____ (rêvant / apprenant / (travaillant)).

4. Alain dit que la vie est un travail qu'il _____ ((faut faire) / veut finir / doit vivre) debout.

2 Have students discuss their answers in pairs.

2 If students researched Alain ahead of time, ask them to compare the three quotes on this page to others they may have found.

2 If you prefer, have individual students write their own quote and then share them in small groups.

2

Qu'avez-vous compris? Répondez par des phrases complètes. Utilisez les structures de cette leçon dans vos réponses.

1. Quel travail faisait Alain tout en gagnant sa vie comme professeur? Il était philosophe tout en gagnant sa vie comme professeur.

2. Qui doit sa carrière de philosophe à Alain? Ses élèves lui doivent leur carrière de philosophe.

3. Que peut-on dire de ses idées sur le travail? On peut dire que ses idées sur le travail sont révolutionnaires.

4. D'après Alain, quelle est la loi suprême de l'invention humaine? D'après lui, la loi suprême de l'invention est que l'on n'invente qu'en travaillant.

5. Êtes-vous d'accord avec chacune des trois citations d'Alain? Expliquez pourquoi.

Préparation Audio: Vocabulary

KEY STANDARDS
1.2, 2.1, 2.2, 4.2

SYNONYMES
rassembler ⟷ réunir
inhabituel(le) ⟷
inaccoutumé(e)
la précarité ⟷ la fragilité

Point out that **le revenu** also means *revenue*.

Point out that **inaccoutumé(e)** is mostly used in a formal and a literary context.

Mention **insolite**, which also means *unusual* but with the connotation of being *bizarre*.

Vocabulaire de la lecture

un chef d'entreprise *head of a company*
l'entraide (*f.*) *mutual aid*
entreprendre *to undertake*
évoquer *to make think of*
inhabituel(le) *unusual*
monter une entreprise *to create a company*
obtenir un prêt *to secure a loan*
la précarité *insecurity of income*
un revenu *income*

Vocabulaire utile

demander un prêt *to apply for a loan*
l'encadrement (*m.*) *supervisory staff*
s'entourer de *to surround oneself with*
faire un emprunt *to take out a loan*
rembourser *to reimburse*
retirer (un profit, un revenu) de *to get (benefit, income) out of*

1 **Le bon leader** Complétez ce petit texte à l'aide des mots de la liste de vocabulaire.

Qu'est-ce qui caractérise (1) ___un chef d'entreprise___ exceptionnel? D'abord ses qualités personnelles, car il doit avoir ambition et volonté. Un bon leader saura aussi s'entourer d' (2) ___un encadrement___ performant et de haut niveau. Il prendra soin de l'ensemble de ses employés pour les protéger de (3) ___la précarité___ et les motiver. Il encouragera (4) ___l'entraide___ au sein de l'entreprise. Il aura aussi de bonnes relations avec sa banque, pour pouvoir faire (5) ___un emprunt___ quand c'est nécessaire. Un bon dirigeant saura (6) ___rembourser___ ses dettes à temps. Grâce à lui, l'entreprise se développera et (7) ___retirera___ des profits de son activité.

1 Remind students to include articles when necessary, and tell them to pay attention to verb tense.

2 **Aux enfants** Vous devez expliquer ces concepts à des enfants. À deux, trouvez des définitions simples et utilisez des exemples.

2 Have pairs form groups of four to compare their definitions.

Concepts	Définitions/Exemples
le chef d'entreprise	
entreprendre	
la précarité	
un prêt	
retirer un profit	
un revenu	

3 **À votre avis?** Que pensez-vous de ces affirmations? Discutez-en par groupes de trois. Puis choisissez les trois plus utiles pour réussir sa carrière professionnelle.

- Il est nécessaire d'entreprendre pour espérer et de persévérer pour réussir.
- Il n'y a pas un caractère d'entrepreneur, mais il faut du caractère pour en être un.
- La raison d'être d'une entreprise est de trouver des clients et de les garder.
- Les entreprises qui réussissent sont celles qui ont une âme.
- Travailler, c'est bon pour ceux qui n'ont rien à faire.
- Rien de plus simple que de vieillir jeune (*stay young*): il suffit de travailler dans la joie.

3 Encourage groups to remark on the differences (or similarities) between these affirmations and the quotes from Alain on the previous **Synthèse, p. 340**.

Practice more at **vhlcentral.com**.

Des Africaines entrepreneuses

Tell students to note the article title: **Des Africaines entrepreneuses.** Ask: **D'après son titre et la photo qui l'illustre, qui est au centre de cette article?**

The organization **ASAFE** was founded by Gisèle Yitamben. **ASAFE** is a network organization that provides entrepreneurial women with microfinance, business education, and counseling. Have students research additional information about the organization.

Audio: Reading

L a confiote. Qu'est-ce que c'est? Pour certains, ce mot familier évoque simplement de la confiture. Mais posez la question à Robertine
5 Bounkeu, et elle vous répondra que c'est toute sa vie. «Les Confiotes» est le nom de l'entreprise qu'elle a récemment montée au Cameroun. Une entreprise alléchante°:
appétissante
top of the line
la fabrication de produits haut de gamme°
10 à base de fruits, comme des sirops, des confitures ou «confiotes» et des liqueurs. Mais pour celui qui connaît la société camerounaise, y voir une femme devenir chef d'entreprise est inhabituel. En Afrique Centrale, comme sur
15 tout le continent africain, la précarité touche tout particulièrement les femmes, pour des raisons sociales, économiques et juridiques. Quel est donc le secret de la réussite de Robertine Bounkeu? L'Association pour le
20 soutien et l'appui à la femme entrepreneur ou ASAFE. Cette association en est une parmi beaucoup d'autres du même genre qui
se multiplient
fleurissent° au Cameroun depuis les années 1990. Les organisations non gouvernementales
25 participent à cet effort, principalement au moyen d'aides financières.

The title of the reading includes the word entrepreneurial. Discuss with students the connotative and denotative meanings of the word. Ask if they know anyone that they would consider an entrepreneur. Also discuss the pros and cons of working in an entrepreneurial environment or working for a well-established large company.

Ces associations ont pour but d'améliorer la condition des femmes en les rendant financièrement indépendantes. Elles leur
30 proposent donc une aide financière à court terme, des conseils et une formation comme des cours d'informatique. C'est un concept révolutionnaire dans une Afrique où la majorité des femmes reste encore dépendante
35 de l'homme. Dans le cas de Robertine Bounkeu, c'est le programme «Femme crédit épargne» (FCE) qui lui a permis d'obtenir un prêt. Ce système encourage l'entraide entre les femmes: celles-ci forment de petits
40 groupes de soutien pour améliorer leurs chances de succès. Robertine Bounkeu dit que «c'est difficile de se lancer dans une telle activité avec peu de moyens et seulement la rage de réussir». Adhérer à l'ASAFE lui a
45 donc «permis de passer progressivement
stage/occasional
du stade° de hobby épisodique° à la petite entreprise de plus en plus structurée».

Les confitures d'Afrique

Dans certains pays, la fabrication de confitures pour l'exportation existe depuis plus de cinquante ans. Elles sont à l'ananas, à la banane, à la goyave (*guava*), à la papaye. Leur goût exotique est très apprécié dans les pays occidentaux.

Comme elle, beaucoup de femmes se lancent dans la fondation d'entreprise. L'agriculture est leur principale 50 occupation, mais les revenus ne sont pas suffisants. Elles se tournent alors vers d'autres possibilités. C'est là qu'entrent en scène les organisations et associations destinées à aider les femmes en quête de 55 réussite sociale. Parmi ces organisations, les instituts de microfinance forment la base fondamentale du lancement° d'un *launching* projet. D'ailleurs, le microfinancement s'est rapidement propagé sur le continent. 60 L'Africa Microfinance Network (AFMIN) regroupe plus de 800 organisations qui participent quotidiennement à la création d'entreprises. Grâce à leur collaboration, des femmes courageuses font naître une 65 Afrique nouvelle.

Robertine Bounkeu ne compte pas s'arrêter là. Elle a pour ambition de développer son entreprise, et elle a déjà amélioré son matériel pour répondre à la 70 demande qui s'amplifie. Ses «confiotes» n'ont pas fini de faire des heureux ni des émules°. On ne peut décidément pas arrêter *imitateurs* un esprit qui aime entreprendre.

En Afrique, comme partout dans le 75 monde, les femmes sont essentielles à la vie de la communauté. Elles éduquent et nourrissent. Quoi de mieux pour l'avenir de l'Afrique que leur émancipation et l'élargissement de leurs pouvoirs? ■ 80

After students finish the reading, ask pairs to describe what they see in the photo. Then ask them to connect the image with the reading. Have volunteers share their impressions with the class.

Analyse

Compréhension Répondez aux questions par des phrases complètes. Answers may vary slightly.

1. Quelles sortes de confitures sont faites en Afrique? Des confitures à l'ananas, à la banane, à la goyave, à la papaye.

2. Que fabrique l'entreprise «Les Confiotes»? Elle fabrique des produits haut de gamme à base de fruits, comme des sirops, des confitures ou «confiotes» et des liqueurs.

3. L'exemple de Robertine Bounkeu est-il typique de la société camerounaise? Non, car une femme chef d'entreprise au Cameroun, c'est inhabituel.

4. Robertine Bounkeu a-t-elle réussi toute seule? Non, elle a réussi avec l'aide de l'Association pour le soutien et l'appui à la femme entrepreneur ou ASAFE.

5. Que propose ce genre d'association aux femmes africaines? Ces associations leur proposent une aide financière à court terme, des conseils et une formation comme des cours d'informatique.

6. Comment fonctionne le programme «Femme crédit épargne»? Il encourage l'entraide entre les femmes et celles-ci forment de petits groupes de soutien.

7. Pourquoi beaucoup de femmes se lancent-elles dans la fondation d'entreprise? Parce que l'agriculture est leur principale occupation, mais les revenus ne sont pas suffisants.

8. Le microfinancement est-il important pour l'Afrique? Pourquoi? Oui, car c'est la base fondamentale du lancement d'un projet et plus de 800 organisations participent chaque jour à la création d'entreprises.

9. Robertine Bounkeu a-t-elle déjà réalisé tous ses projets? Non, elle ne compte pas s'arrêter là. Elle a pour ambition de développer son entreprise, et elle a déjà amélioré son matériel pour répondre à la demande qui s'amplifie.

10. Pourquoi les femmes chefs d'entreprises sont-elles une bonne chose pour l'Afrique? Parce que les femmes sont essentielles à la vie de la communauté, et tout ce qui aide à leur émancipation est une bonne chose.

Citation à commenter À deux, expliquez et commentez cette citation d'Alphonse Allais, écrivain et humoriste français du 19ᵉ siècle.

> On ne prête qu'aux riches, et on a raison, les pauvres remboursent plus difficilement.

1. Que dit Alphonse Allais dans cette citation? Y voyez-vous une forme d'humour?

2. Quels liens y a-t-il entre cette citation et l'article que vous venez de lire?

3. Êtes-vous d'accord avec ce que dit Alphonse Allais? Expliquez.

Le slogan À deux, inspirez-vous de la citation ci-dessus pour créer un slogan en faveur du (*in favor of*) microfinancement. Servez-vous du vocabulaire de la lecture. Puis la classe choisira le meilleur slogan.

Création d'entreprise Par groupes de trois, choisissez une idée d'entreprise dans la liste ci-dessous ou créez votre propre idée. Imaginez une conversation entre un jeune entrepreneur et deux banquiers. Utilisez les mots du vocabulaire pour décrire votre projet et demander un prêt. Ensuite, jouez la scène devant la classe.

- un café-laverie
- un service de transport en bateau
- une entreprise de fabrication de snowboards
- un restaurant spécialisé dans les desserts
- un service de décoration d'intérieur
- ?

Modèle   **Étudiant(e) 1:** Je voudrais faire un emprunt pour développer ma nouvelle idée: un café-laverie.

Étudiant(e) 2: Vous allez vous entourer de serveurs sympathiques?

Étudiant(e) 3: Il faudra rembourser le prêt d'ici trois ans.

Practice more at **vhlcentral.com.**

Préparation (S) Audio: Vocabulary

KEY STANDARDS
1.2, 2.2, 3.1, 5.2

À propos de l'auteur

Marie Le Drian (1949–) est née dans le Morbihan, en Bretagne, une région au nord-ouest de la France. Aujourd'hui elle vit toujours en Bretagne, dans la région du Finistère sud. Dans ses livres, elle parle de la vie quotidienne et des gens ordinaires. Elle prend souvent pour thème des femmes qui se trouvent dans des situations où elles souffrent, mais l'humour est presque toujours présent dans ses œuvres. Le Drian a publié des recueils de nouvelles et plusieurs romans dont *Le Corps perdu de Suzanne Thover* qui a paru (*published*) en 2013. Son livre *Le Petit bout du L* a obtenu le Prix des écrivains bretons.

INSTRUCTIONAL RESOURCES
Supersite: Littérature
recording; Scripts; SAM AK
SAM/WebSAM: LM

abîmé(e) ⟷ endommagé(e)
un horaire ⟷ un emploi
du temps

1 Have students come up
with two more definitions.
Their partner then guesses
the words.

2 In two columns on the
board, have volunteers list the
positive and negative aspects
of working for a large
company versus being one's
own boss. Leave this table on
the board for the next activity.

3 To support their
arguments, have students cite
specific examples from their
work experiences or those of
someone they know. Have
students refer to the table
from the previous activity.

Vocabulaire de la lecture

abîmé(e) *damaged*
un(e) abonné(e) *subscriber*
un bénéfice *profit*
une camionnette *small truck or van*
causer *to chat*
épais(se) *thick*

un horaire *schedule*
une perte *loss*
une revendication *demand*
un sou *penny*

Vocabulaire utile

un(e) entrepreneur/entrepreneuse *entrepreneur*
fascinant(e) *fascinating*
ingrat(e) *thankless*
la réussite *success*
stimulant(e) *challenging*

1 **Qu'est-ce que c'est?** Trouvez les mots qui correspondent aux définitions.

1. l'argent que perd une entreprise: ____une perte____

2. une demande: ____une revendication____

3. l'argent que gagne une entreprise: ____un bénéfice____

4. parler: ____causer____

5. quelqu'un qui reçoit régulièrement le même journal: ____un abonné____

6. une pièce de monnaie: ____un sou____

2 **Préparation** Répondez individuellement à ces questions, puis discutez-en à deux.

1. Quelle profession voudriez-vous exercer un jour?

2. Quels avantages offre le fait de travailler pour une entreprise multinationale?

3. Quels avantages offre le fait d'être entrepreneur?

4. Quelles sortes de problèmes se présentent entre les employés et les patrons?

5. Quels sont les avantages et les inconvénients que présentent les syndicats?

3 **Débat** Réfléchissez individuellement à la déclaration suivante. Puis, défendez votre point de vue dans un groupe composé d'étudiants aux opinions diverses.

> Il est préférable d'être entrepreneur que de travailler pour une entreprise.

- Prenez position pour ou contre cette déclaration.
- Préparez-vous à défendre votre position.
- Préparez des arguments contre la position opposée.
- Pensez à des exemples qui soutiennent votre point de vue.

Note
CULTURELLE

Les professions libérales
sont des professions à
caractère intellectuel
qu'on exerce de manière
indépendante. Les avocats,
les experts-comptables
(*certified public accountants*),
les architectes, les
ingénieurs, les pharmaciens
exercent une profession
libérale. Ces professions
sont toutes contrôlées
par des organisations
professionnelles.

Practice more at **vhlcentral.com**.

PROFESSION

Marie Le Drian

J'ai signé. ₁₀

—Tu verras, t'as pas de patron sur le dos. Pas de femme de patron non plus! C'est les pires... Le patron, il a parfois le dos tourné°, *is not looking* vraiment tourné, disait mon père, sa femme, elle, a les yeux partout. Elle voit même où on ₁₅ pose les nôtres. T'as pas de syndicat qui tienne le coup avec une femme de patron. Choisis donc une profession libérale. T'es capable. T'as tes propres horaires. T'arrives quand tu veux. T'as pas de sirène. T'as tes pauses. S'il ₂₀ y a du bénéfice, c'est tout pour toi. Au moins, t'en vois la couleur.

—Et s'il y a perte?

—Y'aura pas perte. T'es capable.

Il m'a tout expliqué, mon père. Nous ₂₅ sommes sortis en ville plusieurs samedis. Tous les deux, côte à côte dans les rues. Depuis, je sais reconnaître à vu d'œil une femme de patron: rien qu'à son rouge à lèvres°, à sa *lipstick* manière de demander du feu°, son chemin ou ₃₀ *ask for a light* même l'heure. À l'entendre, grâce à mon père, je la devine.

—Profession libérale sans employé surtout, disait mon père, dès que t'embauches, ta femme devient femme de patron. Les pires! ₃₅

J'ai écouté mon père. J'ai une profession libérale. C'est ce qu'ils ont dit au journal:

—Vous avez le statut de profession libérale. Vous êtes votre propre chef.

Je le suis. J'habite une petite chambre ₄₀ meublée à l'entrée de la cité. Indépendante totalement. C'est préférable avec une profession libérale.

La camionnette freine devant ma porte à 2h30 du matin. Le chauffeur jette le paquet ₄₅ de journaux. C'est juste le moment où je finis mon café dans mon coin de cuisine. Je ne sors pas causer avec le type° de la camionnette. Je *guy* préfère éviter les contacts. J'entends le bruit du paquet sur le ciment. Encore une petite ₅₀ lampée°: c'est ma liberté cette resucée° de *gulp/a drop more*

l voulait que j'exerce une profession libérale. Lui: mon père.

—T'es capable. Avec une profession libérale, disait mon père, ils te demanderont sûrement d'aller sur la liste. Tu choisis la ₅ bonne et ton avenir est assuré.

J'ai fait mon possible.

Au journal, ils m'ont dit:

—Vous avez le statut de profession libérale.

LIBÉRALE

S Audio: Reading

café avant de commencer. Je sors. Le type de la camionnette a déjà filé°. Il est minuté°, lui. Moi aussi, je suis minuté, mais j'organise.

55 Rien à voir! Je prends le paquet et j'enlève les ficelles° sur ma table de cuisine. Je ne regarde rien. Les gros titres° ne m'ont jamais intéressé. Je remplis ma carriole° et mes sacoches°.

Il est pile° 3 heures. Je démarre. Profession

60 libérale de la nuit. J'ai un vélo à sacoches et une carriole derrière. On m'a déconseillé la Mobylette. La Mobylette réveille. À 3 heures du matin, tout le quartier dort. Il paraît que même à vélo certains m'entendent dans la nuit. Je ne

65 vois pas comment mes freins huilés chaque soir pourraient réveiller quelqu'un. Ma dynamo° est silencieuse. Je l'ai changée. D'être en profession libérale occasionne des frais°, mais, côté bruit, j'ai pris mes précautions, alors qu'on ne vienne

70 pas me raconter d'histoires: ceux qui croient m'entendre freiner étaient déjà debout° dans leur cuisine allumée. Pas pour me surprendre, non! Pour deviner mon passage. Savoir que je suis là.

75 On ne se voit pas. Je n'ai, la nuit, rencontré aucun abonné. Pas plus d'abonnés à boîtes que d'abonnés à tubes. Des tubes exprès. Pour ceux-là, je dois rouler les nouvelles. Elles sont certainement moins abîmées que dans

80 les boîtes. Au journal, on m'a expliqué que je devais préparer mes petites affaires—plier°, rouler—chez moi. Je n'aime pas. Je préfère arranger le journal devant la boîte ou devant le tube. Boîte: je plie. Tube: je roule. J'ai

85 alors vraiment l'esprit de décision de la profession libérale.

Le samedi, le journal sort un supplément télévision. Le supplément est imbriqué°. Ils me l'ont dit:

90 —Nous imbriquons le supplément du samedi. L'ensemble est plus épais. Vous aurez du mal avec les tubes.

Je m'en débrouille°, du mal. L'épaisseur fait partie des difficultés de la profession libérale.

95 Par contre, le supplément sportif du lundi n'est pas imbriqué. Le type de la camionnette jette deux paquets le lundi matin à 2h30 et je n'ai qu'une demi-heure pour insérer le supplément sportif avec les résultats de

100 première et de deuxième division dans le journal ordinaire. J'imbrique deux cent quatre-vingts suppléments sportifs en me levant de temps en temps pour boire une petite resucée de café.

105 Ils n'ont sans doute pas de personnel au central pour imbriquer dans la nuit du dimanche au lundi. Ils ne m'ont pas demandé de le faire. J'ai pris l'initiative. Les initiatives sont la base de la profession libérale.

110 Grâce à moi, chaque lundi matin, les deux cent quatre-vingts foyers de la cité ont les résultats sportifs imbriqués dans les nouvelles régionales. Je ne sais pas comment ils font dans les autres cités. Nous n'avons pas de

115 contacts. Pas de réunions. Pas de syndicat.

Je n'ose pas réclamer° au central qu'ils imbriquent eux-mêmes le lundi. Ce serait une revendication.

—Dans une profession libérale, mon

120 grand, pas de revendication. Si ça ne va pas, tu t'en prends° qu'à toi-même. T'es payé à l'acte°, disait mon père.

L'acte, ici, c'est le pli. Je suis payé au pli. Pas un sou de plus le jour de l'imbrication.

125 C'est ma faute. Je n'avais qu'à prévoir le jour où j'ai signé ce contrat de profession libérale.

Il est 3 heures. Je sors dans la nuit. Libre.

Mon père serait fier. Pas de sirène. Pauses à volonté. Pas de syndicat. On ne m'a

130 pas encore demandé d'aller sur la liste des municipales°, mais c'est pour bientôt. J'ai déjà été pressenti°. Je dirai oui. Je suis libre de mes actes. Je n'ai pas de patron sur le dos.

Sa femme, je ne l'ai jamais vue. Elle ne

135 sait même pas qui je suis. ■

Glossary (margin notes):
- sped away/timed
- strings
- headlines
- cart/saddlebags
- on the dot
- electrical generator for bicycle light
- expenses
- Mobylette was the brand name of a moped manufactured by the French company Motobécane from 1949 to 1997.
- to fold
- inserted
- manage
- to complain
- take it out on
- by the job
- Ask students to summarize the father's attitude towards the narrator's job. Then ask for their opinion of the father.
- elections for mayor
- approached

Analyse

1 To work on listening comprehension, play or read aloud sections of *Profession libérale*. Pause for students to check their answers and ask related comprehension questions.

2 For a related discussion, ask: **Pensez-vous comme le narrateur ou plutôt comme son père? Expliquez.**

2 Ask students to write an essay about a parent's role in a young person's career decisions. They should discuss the things a parent should or should not say or do. Students may also want to include information about the advice their own parents have given them about a future career. Remind students to organize their thoughts in a graphic organizer before writing and to use vocabulary and grammar from this lesson.

3 Call on volunteers to perform their dialogues for the class.

5 Remind students that their intro paragraphs should present what the text will be about, while the conclusion paragraph should not only summarize, but also reflect on specific points mentioned.

1 **Compréhension** Répondez aux questions. Suggested answers

1. Quelle profession exerce le narrateur? Il distribue les journaux.
2. Quelle sorte de profession son père lui a-t-il conseillé de choisir? Il lui a dit de choisir une profession libérale.
3. Pourquoi est-ce que son père n'aime pas les femmes de patron? Elles ont les yeux partout.
4. Où habite le narrateur? Il habite dans une chambre meublée et indépendante.
5. Qu'est-ce que fait le chauffeur de la camionnette à 2h30 du matin? Il jette un paquet de journaux et il file.
6. Pourquoi est-ce que le narrateur ne parle pas au chauffeur de la camionnette? Il est minuté. Ils n'ont pas de contact.
7. Qu'est-ce que le narrateur fait avec le paquet de journaux? Il le prend, il enlève les ficelles et il remplit sa carriole et ses sacoches.
8. Pourquoi est-ce que le narrateur doit être silencieux? Il ne doit pas réveiller les gens qui dorment.
9. Qu'est-ce qu'il fait le lundi? Qui en a eu l'idée? Il imbrique le supplément sportif. C'est le narrateur qui en a eu l'idée.
10. Pourquoi est-ce qu'il ne veut pas présenter de revendication? Il n'y a pas de revendication dans une profession libérale.

2 **Interprétation** À deux, répondez à ces questions par des phrases complètes.

1. Selon le père du narrateur, quels sont les avantages d'une profession libérale?
2. De quels avantages le narrateur profite-t-il dans sa profession?
3. Quels sont les avantages dont il ne profite pas dans sa profession?
4. À votre avis, est-ce que le narrateur a choisi une profession libérale? Pourquoi?
5. Que pensez-vous de son choix? Croyez-vous que le narrateur en soit satisfait? Pourquoi?

3 **Imaginez** Le père du narrateur serait-il fier de son fils? Que se diraient-ils? À deux, écrivez une conversation entre eux à l'aide d'au moins six mots de la liste.

| arriver | embaucher | horaires | patron |
| choisir | employé | libre | profession |

4 **Discussion** Par groupes de trois, discutez des thèmes de l'histoire.
- Discutez du thème de la solitude. Citez des exemples du texte.
- Discutez du thème de la liberté. Citez des exemples du texte.
- Y a-t-il de l'ironie dans cette histoire? Expliquez.

5 **Rédaction** Explorez une profession de votre choix. Suivez le plan de rédaction.

Plan

1 **Organisation** Pensez à une profession. Faites une liste des avantages et des inconvénients de ce travail. Cherchez des mots dans un dictionnaire, si nécessaire.

2 **Point de vue** Écrivez deux paragraphes. Dans le premier paragraphe, expliquez les avantages de la profession. Dans le deuxième paragraphe, expliquez ses inconvénients.

3 **Conclusion** Expliquez s'il y a plus d'avantages que d'inconvénients ou vice versa. Aimeriez-vous exercer cette profession? Pourquoi?

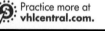 Practice more at **vhlcentral.com.**

Perspectives de travail (S) Vocabulary Tools

Le monde du travail

une augmentation (de salaire)
  raise (in salary)
un budget budget
le chômage unemployment
un(e) chômeur/chômeuse
  unemployed person
un entrepôt warehouse
une entreprise (multinationale)
  (multinational) company
un(e) fainéant(e) slacker
une formation training
un grand magasin department store
un poste position, job
une réunion meeting
le salaire minimum minimum wage
un syndicat labor union
une taxe tax
le temps de travail work schedule

avoir des relations (f.)
  to have connections
démissionner to quit
embaucher to hire
être promu(e) to be promoted
être sous pression (f.)
  to be under pressure
exiger to demand
gagner sa vie to earn a living
gérer/diriger to manage; to run
harceler to harass
licencier to lay off; to fire
poser sa candidature à/pour to apply for
solliciter un emploi to apply for a job

au chômage unemployed
(in)compétent(e) (in)competent
en faillite bankrupt

Les finances

la banqueroute bankruptcy
une carte de crédit/de retrait
  credit/ATM card
un chiffre figure; number
un compte de chèques checking account
un compte d'épargne savings account
la crise économique economic crisis

une dette debt
un distributeur automatique ATM
des économies (f.) savings
un marché (boursier) (stock) market
la pauvreté poverty
les recettes (f.) et les dépenses (f.)
  receipts and expenses

avoir des dettes to be in debt
déposer to deposit
économiser to save
investir to invest
profiter de to take advantage of;
  to benefit from
toucher to receive (a salary)

à court/long terme short-/long-term
disposé(e) (à) willing (to)
épuisé(e) exhausted
financier/financière financial
prospère successful; flourishing

Les gens au travail

un cadre executive
un(e) comptable accountant
un(e) conseiller/conseillère advisor
un(e) consultant(e) consultant
un(e) employé(e) employee
un(e) gérant(e) manager
un homme/une femme
  d'affaires businessman/woman
un(e) membre/un(e) adhérent(e) member
un(e) propriétaire owner
un(e) vendeur/vendeuse
  salesman/woman

Court métrage

un argument de vente selling point
un boulot job
une carie cavity
un entretien d'embauche job interview
un(e) formateur/formatrice trainer
une gamme de produits line of products
un(e) patron(ne) boss
une prime bonus
un stage (rémunéré)
  (paid) training course

un(e) stagiaire trainee
une stratégie commerciale
  marketing strategy

capter to get a signal
convaincre to convince
se débrouiller to figure it out, to manage
s'investir to put oneself into
rémunérer to pay
reprendre to pick up again; to resume
virer to fire

Culture

un chef d'entreprise head of a company
l'encadrement (m.) supervisory staff
l'entraide (f.) mutual aid
la précarité insecurity of income
un revenu income

demander un prêt to apply for a loan
s'entourer de to surround oneself with
entreprendre to undertake
évoquer to make think of
faire un emprunt to take out a loan
monter une entreprise to create a company
obtenir un prêt to secure a loan
rembourser to reimburse
retirer (un profit, un revenu) de to get
  (benefit, income) out of

inhabituel(le) unusual

Littérature

un(e) abonné(e) subscriber
un bénéfice profit
une camionnette small truck or van
un(e) entrepreneur/entrepreneuse
  entrepreneur
un horaire schedule
une perte loss
la réussite success
une revendication demand
un sou penny

causer to chat

abîmé(e) damaged
épais(se) thick
ingrat(e) thankless
fascinant(e) fascinating
stimulant(e) challenging

KEY STANDARDS
4.1

INSTRUCTIONAL RESOURCES
Supersite: Testing Program

Les richesses naturelles

On ne parle sans doute jamais assez des richesses naturelles de la planète et de leur préservation. On pourrait se demander s'il reste encore des paysages intacts. Et si c'est le cas, est-il encore possible de les préserver? Certains parlent de créer des réserves marines dans les océans. Utopie ou réalisme? Ne faut-il pas en effet beaucoup de réalisme pour sauver la planète? Mais ne faut-il pas aussi croire profondément en ce qu'on fait pour parvenir à un résultat?

Rochers d'Hopewell au Nouveau-Brunswick, Canada, où la différence entre la marée (*tide*) basse et la marée haute est la plus grande au monde.

357

380

Destination:
ASIE ET OCÉANIE

PREVIEW Have students discuss the questions in the Lesson Opener paragraph on **p. 350** in small groups. Encourage them to defend their opinions. Then ask follow-up questions that preview the vocabulary on **p. 352**. Examples: **Quel problème écologique vous inquiète le plus? Le réchauffement climatique? La déforestation? La pollution? Que pouvons-nous faire pour préserver les richesses naturelles?**

Notre monde Vocabulary Tools

La nature

un arc-en-ciel *rainbow*

un archipel *archipelago*
une barrière/un récif de corail
   barrier/coral reef
une chaîne montagneuse *mountain range*
un fleuve/une rivière *river*
une forêt (tropicale) *(rain) forest*
la Lune *Moon*

la mer *sea*
un paysage *landscape; scenery*

le soleil *sun*
une superficie *surface area*
une terre *land*
————
en plein air *outdoors*
insuffisant(e) *insufficient*
potable *drinkable*
protégé(e) *protected*
pur(e) *pure; clean*
sec/sèche *dry*

Les animaux

une araignée *spider*
un cochon *pig*
un lion *lion*
un mouton *sheep*
un ours *bear*
un poisson *fish*

un singe *monkey*
un tigre *tiger*

Les phénomènes naturels

l'érosion (f.) *erosion*
un incendie *fire*
une inondation *flood*
un ouragan *hurricane*
une pluie acide *acid rain*
le réchauffement climatique
   global warming
la sécheresse *drought*
un tremblement de terre *earthquake*

Se servir de la nature ou la détruire

le bien-être *well-being*
un combustible *fuel*
la consommation d'énergie
   energy consumption
la couche d'ozone *ozone layer*
un danger *danger*
les déchets (m.) *trash*

la déforestation *deforestation*
l'environnement (m.) *environment*
le gaspillage *waste*
un nuage de pollution *smog*

KEY STANDARDS
1.1, 1.2, 4.1

INSTRUCTIONAL RESOURCES
Supersite: Lab Audioscript, SAM AK,
Lab MP3s
SAM/WebSAM: WB, LM

la pollution *pollution*
une ressource *resource*
une source d'énergie *energy source*
chasser *to hunt*
empirer *to get worse*
épuiser *to use up*
être contaminé(e) *to be contaminated*
gaspiller *to waste*
jeter *to throw away*
menacer *to threaten*
nuire à *to harm*
polluer *to pollute*

préserver *to preserve*
prévenir *to prevent*
protéger *to protect*
résoudre *to solve*
respirer *to breathe*
supporter *to put up with*
tolérer *to tolerate*
urbaniser *to urbanize*
————
en voie d'extinction *endangered*
jetable *disposable*
nuisible *harmful*
renouvelable *renewable*
toxique *toxic*

SYNONYMES
une chaîne montagneuse ↔ une chaîne
de montagnes
un ouragan ↔ un cyclone, une tempête
jeter ↔ mettre aux ordures

Explain that a **fleuve** dumps into the ocean,
but a **rivière** is usually smaller because it is
an affluent of a **fleuve**.

Mise en pratique

1 **Vrai ou faux?** Indiquez si chaque phrase est vraie ou fausse. Ensuite, corrigez les phrases fausses. Corrected sentences may vary.

1. Le désert est un endroit très humide. Faux. L'air est très sec dans le désert.

2. Un paysage est une petite superficie que l'on regarde de près. Faux. Un paysage est grand et on le regarde de loin.

3. Il ne faut pas boire de l'eau potable parce qu'elle est nuisible à la santé. Faux. On peut boire de l'eau potable parce qu'elle n'est pas nuisible.

4. On dit que l'ours est le roi des animaux. Faux. On dit que le lion est le roi des animaux.

5. Une trop grande consommation d'énergie nuit à l'environnement. Vrai.

6. Une sécheresse est une longue période où il pleut beaucoup. Faux. C'est une longue période où il n'y a pas assez de pluie.

7. Un problème est quelque chose à résoudre. Vrai.

8. Le gaspillage des sources d'énergie diminue le réchauffement climatique. Faux. Le gaspillage des sources d'énergie augmente le réchauffement climatique.

2 **Un bonjour de la Polynésie** Complétez cette carte postale que Viana a écrite à son copain Loïc. Mettez l'article qui convient et faites les accords nécessaires.

araignée	bien-être	en voie d'extinction	insuffisant	protéger	soleil
archipel	déforestation	inondation	préserver	singe	tropicale

Cher Loïc,

Comment vas-tu? J'espère qu'il fait bon chez toi. Ici, il fait un temps merveilleux! Je suis bien bronzée parce que (1) _le soleil_ est brûlant. Par contre, on a eu des pluies torrentielles la semaine dernière et j'ai eu peur qu'il y ait (2) _une inondation_.

Hier, j'ai enfin réalisé mon rêve de faire une randonnée près de Mangaréva, l'île principale de (3) _l'archipel_ des Gambier. J'ai observé toutes sortes d'animaux dans la forêt (4) _tropicale_: différentes espèces de (5) _singes_, comme des orangs-outans et des chimpanzés, et j'ai vu une grosse (6) _araignée_ de six centimètres! Ce n'était pas grave parce que je n'ai pas peur des arachnides. Malheureusement, quelques espèces sont (7) _en voie d'extinction_, alors il faut bien (8) _protéger_ la biodiversité! Le guide m'a dit que (9) _la déforestation_ risque de détruire la forêt et que les animaux peuvent disparaître. J'ai envie de me joindre au groupe de gens qui veulent (10) _préserver_ cette belle région, riche en ressources naturelles.

Écris-moi une lettre ou un e-mail pour me donner de tes nouvelles, dès que tu auras un instant. Tu me manques!

Gros bisous,
Viana

Loïc Duperray

2 bis, rue de la Tannerie

40990 St-Paul les Dax

France

3 **Soyons proactifs!** Imaginez qu'une usine locale pollue la région dans laquelle vous habitez. Par petits groupes, écrivez à ses responsables un e-mail dans lequel vous expliquez le problème, faites part de votre inquiétude et donnez des conseils pour améliorer la situation et protéger la nature et les animaux concernés.

1 Have students write two more true/false statements using the new vocabulary. Call on volunteers to read their statements and have classmates answer **vrai** or **faux**.

2 Have pairs write postcards to each other, using the one in the activity as a model.

2 Viana's postcard is about her trip to **Mangaréva**, the main island in French Polynesia. Have students research the location and geography of the island and write a brief paragraph to present to the class. The presentation should be accompanied by a map and one or more photos of the island.

2 Ask students to research environmental practices at your school and talk about them for two minutes. They should include answers to these questions: **Quelles initiatives est-ce que notre fac a prises pour économiser le papier et réduire le gaspillage? Que faut-il faire pour faire des économies d'énergie? Que peut-on faire de plus?**

3 Have students follow up by talking about whether the action of writing a letter or calling politicians can make a difference in helping environmental issues. Ask: **Avez-vous déjà écrit une lettre aux responsables politiques ou leur avez-vous téléphoné pour vous plaindre de la pollution?**

Practice more at **vhlcentral.com**.

Préparation (S) Audio: Vocabulary

KEY STANDARDS
1.2, 2.1, 2.2, 4.1, 4.2, 5.2

**INSTRUCTIONAL
RESOURCES**
Supersite/DVD: Film
Collection
Supersite: Script &
Translation

SYNONYMES
abattre ⟷ couper
bâtir ⟷ construire
râler ⟷ se plaindre

Point out that **le mobilier** is
always used in the singular.
Explain that **forestier/
forestière** is an adjective
based on the noun **forêt**.

Explain that **abattre** is
conjugated like **se battre**
but takes **avoir** in the **passé
composé**. Point out that
bouffer and **râler** are used
mainly in casual speech.

Additional vocabulary from
the film:
la brume *mist*
un chêne *oak tree*
le contreplaqué *plywood*
le feuillage *foliage*
la sève *sap*
la transpiration *perspiration*
le tronc *trunk*

1 Have students come up
with additional definitions for
two of the remaining words
and expressions.

2 After students have
completed the activity,
challenge them to the
following one: **Avec un(e)
partenaire, utilisez au
moins dix mots ou
expressions du
vocabulaire dans une
conversation logique au
sujet de l'environnement.
Ensuite, présentez votre
conversation à la classe.**
Have the class vote for the
three best conversations.

Vocabulaire du court métrage

le braconnage *poaching*
un bûcheron *lumberjack*
un dispensaire *clinic*
l'exploitation (f.) *development*
un(e) forestier/forestière *logger*
un(e) géant(e) *giant*
l'industrie (f.) forestière *logging industry*
un(e) militant(e) *activist*
râler *to complain*

Vocabulaire utile

abattre *to cut down*
bâtir *to build*
la construction *construction*
exploiter *to use; to harvest*
la fabrication *manufacture*
un meuble *piece of furniture*
le mobilier *furniture*

EXPRESSIONS

bouffer *to eat*

une ONG (organisation non gouvernementale) *NGO (non-governmental organization)*

la potabilisation de l'eau *water purification*

tomber en faillite *to go bankrupt*

vendre son âme au diable *to sell one's soul to the devil*

1 Définitions Associez chaque mot ou expression avec sa définition.

___d___ 1. ce qu'on fait quand on n'est pas satisfait de quelque chose   a. la fabrication

___a___ 2. l'activité associée au travail en usine   b. le mobilier

___f___ 3. une personne qui défend une cause   c. un dispensaire

___b___ 4. les divers objets qu'on trouve dans les pièces d'une maison   d. râler

___e___ 5. la personne qui coupe les arbres dans une forêt   e. un bûcheron

___h___ 6. couper   f. un(e) militant(e)

___c___ 7. un lieu où on peut aller se faire soigner quand on est malade   g. tomber en faillite

___g___ 8. ce qui risque d'arriver par manque d'argent   h. abattre

2 Complétez Complétez les phrases avec les mots et les expressions de vocabulaire. Faites les changements nécessaires.

1. Mon oncle est forestier; donc il est employé dans ___l'industrie forestière___.

2. Nous ___avons bâti___ cette maison en moins de trois mois grâce à l'aide de toute notre famille.

3. Pour ton salon, tu préfères ___le mobilier___ ancien ou moderne?

4. Ma fille est partie travailler comme volontaire pour ___une ONG___ qui s'occupe de la protection de l'environnement en Afrique.

5. Cette femme mesure plus de deux mètres. C'est une véritable ___géante___!

6. Il y avait beaucoup de ___militants___ hier à la manifestation contre la déforestation.

7. Le fils des Lafarge est médecin dans ___un dispensaire___ en Asie, non?

3 **Préparation** Répondez aux questions par groupes de trois.

1. Vous sentez-vous concerné(e) par le problème de la déforestation? Pourquoi ou pourquoi pas?

2. Avez-vous beaucoup de meubles et d'objets en bois chez vous? Savez-vous d'où ils proviennent ou comment ils ont été produits?

3. Pensez-vous qu'il soit possible de couper des arbres tout en respectant les forêts? Sous quelles conditions?

4. Comment imaginez-vous une forêt africaine?

5. D'après vous, quel genre de personnes qualifierait-on de «héros de la nature»?

4 **Description** Avec un(e) camarade, décrivez les trois images ci-dessous et discutez des sentiments qu'elles évoquent en vous.

5 **Prédictions** D'après les images ci-dessus, essayez de deviner de quel type de documentaire il va s'agir. Écrivez un paragraphe d'environ huit phrases dans lequel vous présentez vos prédictions. Considérez aussi ces éléments:

- le vocabulaire donné à la page précédente
- le poster du film à la page suivante
- le titre du film

6 **Enquête** Demandez à des camarades de décrire le personnage le plus extraordinaire qu'ils aient rencontré dans leur vie. Par petits groupes, discutez des résultats. Parmi les personnes mentionnées, qui aimeriez-vous rencontrer et pourquoi?

3 As a follow-up to item 5, ask: **Connaissez-vous des «héros de la nature»? Que font ces personnes?** Have students write a short profile of someone they would consider a "nature hero." Have volunteers read their profiles aloud to the class.

4 Have each pair choose one of the images and write a caption that corresponds to it. Encourage the use of the new vocabulary on the previous page.

5 After students have watched the film and completed the **Analyse** activities, have them compare their predictions with the documentary's content. Then, ask volunteers to share something new they learned about the topic while watching the film.

6 Have students give at least three reasons why the person they chose is the most extraordinary.

Practice more at **vhlcentral.com.**

Short Film

Ask students:
Connaissez-vous Yann Arthus-Bertrand? Quelle est sa profession? À quoi s'intéresse-t-il tout particulièrement? Avez-vous vu certaines de ses œuvres? If any students have seen documentaries or photos by Arthus-Bertrand, ask them to share their opinion of his work. Then, ask the class to describe the scene depicted in the poster.

Un **héros** de la nature gabonaise

Un documentaire de **Yann Arthus-Bertrand**

Réalisé par **Éric Valli**   Avec la participation de **Christian M'Bina**

CONTEXTE *Dans* Un héros de la nature gabonaise, *Yann Arthus-Bertrand nous fait découvrir une exploitation de bois certifiée au Gabon.*

ARTHUS-BERTRAND Le Gabon est le premier exportateur de bois au monde. Le bois, on ne peut pas s'en passer, mais peut-on au moins produire sans détruire les forêts? J'ai eu envie de voir une exploitation certifiée qui a reçu le label FSC.

M'BINA Ça a un rôle, la forêt. Le rôle économique est assez important. Elle a son rôle écologique, qui est très important pour l'humanité, et elle a son rôle social qui est très important pour les populations qui y vivent. On ne peut pas lui enlever un de ses trois rôles.

ARTHUS-BERTRAND Sur cette petite parcelle de trente hectares, vous allez couper combien d'arbres?
M'BINA Une moyenne de vingt, moins d'un arbre à l'hectare est en fait exploité; tous les trente ans.

ARTHUS-BERTRAND Tous ces arbres ont un numéro. On sait d'où ils viennent et comment ils ont été coupés.
M'BINA C'est ça qu'on appelle la traçabilité. Une fois de plus, on met l'acheteur face à ses responsabilités.

ARTHUS-BERTRAND En Afrique, la forêt disparaît deux fois plus vite qu'ailleurs. Quatre millions d'hectares sont rasés° chaque année pour le bois, le charbon de bois° et le papier, l'équivalent d'un pays comme la Suisse.

ARTHUS-BERTRAND Mais les choses bougent sous la pression des consommateurs. À chaque fois que nous achetons, nous décidons de l'avenir du monde. [...] On oublie trop que notre désir légitime de payer moins se traduit souvent par des injustices.

rasés *cleared* **charbon de bois** *charcoal*

Note CULTURELLE

Le parc national d'Ivindo

Ce parc, d'une superficie de 3.000 kilomètres carrés, situé entre les provinces de l'Ogooué-Ivindo et de l'Ogooué-Lolo au Gabon, a été créé en 2002. Il est composé de forêts très anciennes et on y trouve aussi d'immenses chutes d'eau, dont celle de la Djidji qui a une hauteur de 80 mètres. Le parc national d'Ivindo est réputé pour sa biodiversité exceptionnelle. On peut notamment y rencontrer des gorilles, des chimpanzés, des antilopes, des buffles, ainsi que plus de 350 espèces d'oiseaux.

PREVIEW Read the **Note culturelle** with students and ask for volunteers to read the captions aloud. Have students describe what they see in the video stills. Explain that the FSC (Forest Stewardship Council) mentioned in the first caption is an international organization whose goal is to promote responsible forestry throughout the world. Its label guarantees sustainable management practices in the logging industry. Students will find out more about this organization and its certification process in the **Analyse** activities. Point out that the **hectare** is a metric unit of area used to measure land. It is equivalent to about 2.47 acres.

TEACHING OPTION After viewing the film, ask students: **Pour vous, Christian M'Bina est-il vraiment un «héros de la nature»? Pourquoi ou pourquoi pas?**

TEACHING OPTION Have students work in groups to do research on Gabon and prepare oral or multimedia presentations for the class. Assign a different focus to each group to ensure variety: history, geography, economy, culture, fauna and flora, etc.

TEACHING OPTION Encourage students to watch other documentaries by Yann Arthus-Bertrand. Ask them to write a review of one they particularly enjoyed.

Analyse

1 Compréhension Répondez aux questions par des phrases complètes.

1. Quel est le but du voyage de Yann Arthus-Bertrand au Gabon? Il veut découvrir comment fonctionne une exploitation de bois certifiée.

2. Qui rencontre-t-il au Gabon? Que faisait cet homme avant son travail actuel? Et aujourd'hui, que fait-il? Il y rencontre Christian M'Bina. Avant, c'était un militant écolo. Aujourd'hui, il travaille dans une exploitation forestière.

3. Pourquoi l'arbre que Christian M'Bina «présente» à Yann Arthus-Bertrand ne sera-t-il pas coupé? Il ne sera pas coupé parce que le code forestier n'autorise pas qu'on coupe des arbres aussi vieux, des «pères».

4. Combien d'arbres vont être coupés par l'équipe de Christian M'Bina? Environ vingt, moins d'un par hectare, et seulement une fois tous les trente ans.

5. À quoi faut-il faire attention en abattant les arbres? Il faut faire attention aux autres arbres et aux rivières.

6. Comment les arbres abattus sont-ils transportés? Ils sont transportés par camion, par bateau et par le train.

7. Où vont partir ces arbres? Que va-t-on en faire? Ils partent dans le monde entier. On en fait du contreplaqué.

8. Quels sont les types d'engagements nécessaires de la part des exploitations forestières pour pouvoir devenir certifiées? Elles doivent respecter des règles précises et un code forestier. Elles doivent aussi aider et respecter leurs salariés et les populations locales.

9. Qu'est-ce que la traçabilité permet aux consommateurs? Elle leur permet de savoir d'où le bois qu'ils achètent vient et comment les arbres ont été coupés.

10. D'après le documentaire, pourquoi est-il important que les forestiers et les gens comme Christian M'Bina travaillent ensemble? Ils peuvent apprendre les uns des autres pour mettre en place des moyens d'exploitation qui respectent les forêts.

2 Interprétation Répondez aux questions avec un(e) camarade.

1. Êtes-vous d'accord avec l'idée qu'on ne peut pas se passer de bois? Y a-t-il d'autres alternatives à l'utilisation du bois pour la construction, le mobilier et la fabrication d'objets divers, à votre avis? Lesquelles?

2. Que pensez-vous de la coopération entre des forestiers et des organismes (*organizations*) qui ont pour but la protection de l'environnement? Leur travail est-il compatible? Complémentaire? Expliquez votre opinion.

3. Êtes-vous surpris(e) par le fait que seulement 5% des surfaces confiées aux forestiers soient gérées de manière durable actuellement au Gabon? Pourquoi? Que pourrait-on faire pour améliorer ce chiffre?

4. En tant que consommateurs, que pouvons-nous faire pour participer à la lutte contre la déforestation, d'après vous?

5. Avec des initiatives comme celle présentée dans le documentaire, comment imaginez-vous l'avenir des forêts du monde? Êtes vous plutôt optimiste ou pessimiste en ce qui les concerne?

3 Des présentations inhabituelles Comment Christian M'Bina présente-t-il l'immense arbre qu'on voit sur cette image à Yann Arthus-Bertrand? Que dit-il au sujet de ce «géant»? Décrivez sa relation avec les arbres et la forêt en général en utilisant cette scène comme point de référence.

4 **Les rôles de la forêt** Dans le documentaire, Christian M'Bina parle de trois rôles de la forêt. Quels sont ces rôles? Donnez des exemples concrets pour illustrer chacun de ces rôles. Lequel est le plus important, d'après vous? Pourquoi? Discutez de vos idées avec un(e) camarade, puis partagez vos réflexions avec deux autres camarades.

	Rôle	Exemples
1.		
2.		
3.		

5 **Traçabilité et qualité** Pensez-vous que la traçabilité des produits soit quelque chose de bénéfique pour le consommateur? Est-ce plus important dans certains domaines que dans d'autres? Faites-vous attention à l'origine et aux modes de production des produits que vous achetez? Pourquoi ou pourquoi pas? Discutez de ces questions par petits groupes.

6 **Une contradiction?** Quand ils sont sur les troncs d'arbres à Port-Gentil, Yann Arthus-Bertrand fait la remarque ci-dessous à Christian M'Bina. Comment répondriez-vous à ce commentaire si vous étiez Christian M'Bina? Écrivez un paragraphe dans lequel vous répondez à Yann Arthus-Bertrand. Inspirez-vous des propos et arguments de Christian M'Bina dans le documentaire.

> Christian, c'est impressionnant, cette forêt morte qui flotte, tous ces cadavres. On marche sur des cadavres d'arbres. Tu n'as pas l'impression d'avoir vendu ton âme au diable en travaillant pour un forestier, toi qui es un écolo?

7 **Recherches et présentation** Le label FSC (*Forest Stewardship Council*), qui est mentionné dans le documentaire, est un écolabel qui garantit que du bois a été produit suivant des procédés d'exploitation responsable. Par petits groupes, faites des recherches sur Internet pour en apprendre plus sur les principes de ce label ainsi que sur ses conditions d'obtention. Faites une présentation orale à la classe pour résumer ce que vous avez appris.

8 **Discussion** À votre avis, en tant que consommateurs, avons-nous réellement un impact sur l'avenir du monde? Le fait de vouloir toujours payer moins est-il compatible avec le développement durable? Discutez de ces idées par petits groupes.

5 As an expansion activity, ask students to keep track for a week of where products they purchase come from. Then, have them report to the class and comment on the experience.

6 Ask volunteers to share their reponses with the class by reading their paragraphs aloud.

7 As an expansion activity, have students research FSC forest certification numbers and trends in various francophone countries as well as in the US and Canada. Compare and discuss the figures together as a class.

8 As a follow-up, take a class poll to find out the following: How many students are or would be willing to spend more to buy sustainable products? How many are or would be willing to consume less? Ask students to share their reasons.

Practice more at **vhlcentral.com.**

La baie d'Along, au Viêt-nam

IMAGINEZ
la Polynésie française, la Nouvelle-Calédonie, l'Asie

KEY STANDARDS
2.1, 2.2, 3.2, 4.2, 5.1

INSTRUCTIONAL RESOURCES
Supersite: Teaching suggestions; SAM AK
SAM/WebSAM: WB

Fascinante Asie (S) Reading

«Un jour, j'irai là-bas, un jour, dire bonjour à mon âme
Un jour, j'irai là-bas, te dire bonjour, Vietnam»

Ces vers sont tirés de la chanson *Bonjour Vietnam* que **Marc Lavoine** (1962–), auteur interprète français, a écrite pour la chanteuse belge d'origine vietnamienne, **Pham Quynh Anh** (1987–). Avec ses paroles émouvantes, cette chanson, qui a été diffusée sur Internet au début de l'année 2006, a su toucher le cœur de milliers de Vietnamiens.

Le Viêt-nam, le Cambodge et le Laos composaient l'**Indochine française**, colonie de l'**Asie du Sud-Est** continentale de 1887 à 1954. Durant cette période, la population d'origine française n'a jamais été très nombreuse, 35.000 personnes au maximum. La France s'intéressait surtout à l'**exploitation économique** du territoire, et non à son peuplement°. Dans les années 1930, les colons français possédaient encore d'immenses plantations et la société était très divisée. Malgré ce passé douloureux, des relations d'amitié se sont créées et des liens culturels se sont tissés°.

Si comme Pham Quynh Anh vous rêvez d'aller un jour au Viêt-nam, il y a plusieurs endroits à ne pas manquer. La **baie d'Along**, dans le **golfe du Tonkin**, au nord du pays, est connue pour sa beauté, avec ses 2.000 îles et îlots de calcaire° qui émergent des eaux couleur émeraude. Elle doit aussi son charme à ses villages de pêcheurs et à leurs maisons flottantes.

Un tour en cyclopousse° du vieux quartier ou de l'un des nombreux petits lacs bordés° de pagodes révélera tout le charme d'**Hanoï**, capitale du Viêt-nam. Fondée il y a trois mille ans, Hanoï est le centre culturel du Viêt-nam. Le **delta du Mékong** et **Hô Chi Minh-Ville**, anciennement **Saïgon**, la capitale coloniale, sont aussi des étapes incontournables. La moitié des produits agricoles du pays proviennent du delta. Et à Hô Chi

D'ailleurs…

Les paysages du Viêt-nam, du Laos et du Cambodge sont très variés, mais les rizières° sont partout présentes. Au Cambodge, elles occupent 70% des terres cultivées, au Viêt-nam 75% et au Laos 80%. Les espèces de riz du Laos sont les plus diverses: On en recense entre 3 et 4.000! Il y a même des rizières au centre de Vientiane, sa capitale.

Angkor Vat, le plus grand temple d'Angkor, au Cambodge

Minh-Ville, de nombreux monuments rappellent la présence française, comme la Grande poste conçue par **Gustave Eiffel**.

Les voyageurs francophones connaissent moins bien le **Laos** et le **Cambodge**, mais c'est en train de changer. Au Laos, les visiteurs doivent s'arrêter à **Vientiane**, la capitale fondée au 16e siècle, dont certains monuments rappellent la France, comme le **Patouxai** qui ressemble à l'**Arc de Triomphe**. **Luang Prabang**, magnifique cité royale avec sa trentaine de temples bouddhistes, est un exemple remarquable de fusion entre architecture traditionnelle et urbanisme européen. Le Cambodge, «pays du sourire», est réputé pour son hospitalité. On y trouve **Angkor**, célèbre site de la culture **Khmer**, dont les merveilles d'architecture occupent plus de 400 km^2. Dans ces deux pays, la francophonie a moins d'influence qu'au Viêt-nam, mais le français y est encore parlé.

Ces dernières années, des classes bilingues ont été créées dans cette partie de l'Asie, pour assurer l'enseignement de la langue aux jeunes générations. Alors, si en visite là-bas, on vous accueille avec un «Bonjour et bienvenue», ne soyez pas étonné!

peuplement *population* **se sont tissés** *were forged* **calcaire** *limestone* **cyclopousse** *rickshaw pulled by a bicycle* **bordés** *lined* **rizières** *rice fields*

En Asie et en Océanie

Des mots utilisés au Viêt-nam, au Cambodge et au Laos

une jonque	une barque; *boat*
une pagode	un temple
un pousse-pousse	*rickshaw*
un sampan	une barque en bois

Le français parlé en Nouvelle-Calédonie

avoir la boulette	être en forme; *to feel great*
C'est choc!	C'est super!
les claquettes	les tongs; *flip-flops*
feinter	blaguer; *to joke*
Il est bon?	Ça va?
pète-claquettes	ennuyeux, casse-pieds; *bore*
Va baigner!	Va-t-en!; *Go away!*

Découvrons l'Asie francophone et les DROM

Heiva C'est la fête populaire la plus importante de **Tahiti**. Elle a lieu en juillet et on y organise beaucoup de concours

sportifs traditionnels: courses de pirogues° ou de porteurs de fruits, lancer du javelot°, lever de pierre, tressage°, préparation du coprah à base de noix de coco° et ascension de cocotiers. Il y a aussi beaucoup de costumes, de danses et de chants traditionnels.

Pondichéry et Chandernagor
Au 17e siècle, la France a colonisé une partie de l'Inde. **Pondichéry** et **Chandernagor** étaient ses deux comptoirs° les plus importants et ce, jusque dans les années 1950. Chandernagor, sur les rives° du **Gange**, et Pondichéry, sur la côte

sud-est, sont aujourd'hui des villes indiennes où on peut voir des traces de la présence française. Par exemple à Pondichéry, certains noms de rues sont indiqués en français et les policiers portent des képis° rouges.

Le nickel Le nickel est rare sur terre et les gisements° de la **Nouvelle-Calédonie** constituent entre 20 et 40% de la

production mondiale. C'est la plus grande richesse de l'île, environ 80% de ses exportations. Excellent conducteur°, le nickel résiste bien aux produits chimiques et s'oxyde peu. Il est donc très utile dans les industries chimique, navale ou automobile, le bâtiment et l'électroménager°. Il sert aussi à fabriquer les pièces de 1 et 2 euros.

Tahiti Pearl Regatta La Tahiti Pearl Regatta est le rendez-vous annuel des amateurs de voile° en **Polynésie**. C'est d'abord une course de trois jours, où les participants naviguent en pleine mer° ou dans des lagons et doivent traverser des

passes°. Mais c'est aussi une vraie fête. Plongée, pirogues, jeux polynésiens et pétanque sont au programme. Le soir, les participants se retrouvent autour du tamaara'a géant, un grand repas traditionnel.

courses de pirogues *canoe races* **javelot** *spear* **tressage** *weaving* **noix de coco** *coconut* **comptoirs** *trading posts* **rives** *banks* **képis** *French military caps* **gisements** *deposits* **conducteur** *conductive* **électroménager** *home appliances* **voile** *sailing* **pleine mer** *deep sea* **passes** *channels*

Qu'avez-vous appris?

1

Vrai ou faux? Indiquez si les affirmations sont vraies ou fausses, et corrigez les fausses. Answers may vary slightly.

1. Marc Lavoine a écrit la chanson *Bonjour Vietnam* pour Pham Quynh Anh. Vrai.

2. Pham Quynh Anh est une chanteuse française d'origine tahitienne. Faux. Elle est belge d'origine vietnamienne.

3. Mékong est l'ancienne capitale coloniale du Viêt-nam. Faux. L'ancienne capitale coloniale est Saïgon.

4. Il existe un monument conçu par Gustave Eiffel à Hô Chi Minh-ville. Vrai.

5. À Vientiane, le Patouxai est un monument qui ressemble à la Tour Eiffel. Faux. Le Patouxai ressemble à l'Arc de Triomphe.

6. Au Laos, la cité royale de Luang Prabang possède une trentaine de temples bouddhistes. Vrai.

7. La francophonie a moins d'influence au Viêt-nam qu'au Cambodge. Faux. La francophonie a plus d'influence au Viêt-nam qu'au Cambodge.

8. Des classes bilingues ont été récemment créées pour assurer l'enseignement du français aux jeunes Vietnamiens, Laotiens et Cambodgiens. Vrai.

9. Le Heiva est fêté en Inde. Faux. Il est fêté à Tahiti.

10. La Nouvelle-Calédonie est un gros producteur d'argent. Faux. La Nouvelle-Calédonie est un gros producteur de nickel.

2

Questions Répondez aux questions. Answers may vary slightly.

1. Quels pays composaient l'Indochine française? Le Viêt-nam, le Cambodge et le Laos composaient l'Indochine française.

2. Quand l'Indochine française a-t-elle disparu? Elle a disparu en 1954.

3. À quoi s'intéressait surtout la France en Indochine? Elle s'intéressait surtout à l'exploitation économique de l'Indochine.

4. Où se trouve le golfe du Tonkin? Il se trouve au nord du Viêt-nam.

5. Que trouve-t-on dans le golfe du Tonkin? On y trouve la baie d'Along, avec ses 2.000 îles et îlots de calcaire.

6. Quelle est la capitale du Viêt-nam et quand a-t-elle été fondée? La capitale est Hanoï et elle a été fondée il y a trois mille ans.

7. Quelles sortes de concours sont organisés pour le Heiva? Des concours sportifs traditionnels sont organisés.

8. Où se trouve Chandernagor? Chandernagor se trouve sur les rives du Gange.

9. Qu'est-ce que la Tahiti Pearl Regatta? C'est le rendez-vous annuel des amateurs de voile en Polynésie.

ÉPREUVE

Trouvez la bonne réponse.

1. À Hanoï, il faut faire le tour _____.
   a. d'un des nombreux petits lacs
   b. de la baie
   c. d'une de ses 2.000 îles
   d. du temple bouddhiste

2. Angkor est un célèbre site _____.
   a. bouddhiste
   b. du vieux Saigon
   c. de la culture Khmer
   d. du Viêt-nam

3. Le Laos possède environ _____ espèces de riz.
   a. 3.500
   b. 1.500
   c. 10.500
   d. 35.000

4. À Tahiti, le Heiva a lieu _____.
   a. le lundi
   b. en juillet
   c. tous les cinq ans
   d. en juin

5. _____ fait partie des concours organisés pour le Heiva.
   a. Le lancer de pierre
   b. Le tatouage
   c. Le ramassage de noix de coco
   d. La course des porteurs de fruits

6. Pondichéry et Chandernagor étaient des comptoirs français _____.
   a. en Inde
   b. en Asie continentale
   c. au Cambodge
   d. au Viêt-nam

7. Le nickel représente _____ des exportations de Nouvelle-Calédonie.
   a. la moitié
   b. 80%
   c. les trois quarts
   d. 90%

8. Le nickel _____.
   a. n'est pas utile
   b. résiste bien aux produits chimiques
   c. s'oxyde beaucoup
   d. est abondant sur terre

9. Les participants de la Tahiti Pearl Regatta se retrouvent le soir autour _____.
   a. d'une partie de pétanque
   b. d'un grand repas traditionnel
   c. d'un concert
   d. d'un barbecue sur la plage

Practice more at **vhlcentral.com.**

INSTRUCTIONAL RESOURCES
Supersite: Video Script & Translation; Answer Key

Maintenant. C'est quand?

Greenpeace est une organisation non-gouvernementale qui a été fondée dans les années 1970. Aujourd'hui présente dans de nombreux pays, elle lutte pour la protection de l'environnement et la préservation de la biodiversité à l'échelle (*scale*) globale. L'organisation mène des campagnes d'information et de sensibilisation, d'investigation et d'actions directes non-violentes. Souvent à la une des médias, le groupe agit aussi auprès (*with*) des politiciens afin de faire pression et de promouvoir ses recommandations. Le clip que vous allez voir est une campagne télévisée qui a été diffusée par Greenpeace en France.

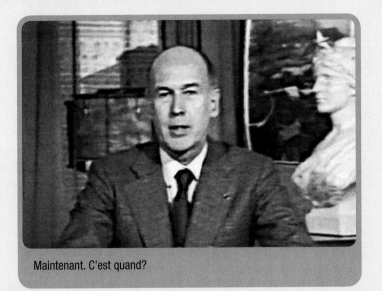

Maintenant. C'est quand?

COMPRÉHENSION As a follow-up, ask students to work in small groups and discuss how affected they feel by environmental issues: **Vous sentez-vous concerné(e) par la protection de l'environnement? Pourquoi? Si oui, que faites-vous pour y contribuer? Expliquez**.

DISCUSSION For homework, assign a different francophone country to small groups of students. Have them research the issues Greenpeace is currently working on in their assigned countries and prepare oral reports to share with the class.

VOCABULAIRE

de la vidéo

l'efficacité (*f.*) énergétique *energy efficiency*

s'imposer *to be vital*

prévenir *to warn*

la survie *survival*

pour la conversation

un changement *change*

un engagement *commitment*

un enjeu *issue*

un(e) politicien(ne) *politician*

une promesse *promise*

se sentir concerné(e) *to feel affected*

---

1 **Compréhension** Répondez aux questions par des phrases complètes.

1. Qui sont les hommes qu'on voit dans le clip? Comment le savez-vous?
   Ce sont des politiciens. Ils font des discours à la télévision.

2. Qu'est-ce que le montage (*editing*) du clip révèle au sujet de leurs discours?
   Ils parlent tous de la même chose: la nécessité de faire des économies d'énergie.

3. D'après les divers discours, quelles sont les conclusions avancées par ces politiciens?
   Il faut faire des réformes maintenant et accélérer le mouvement.

2 **Discussion** Répondez aux questions en donnant des détails.

1. À votre avis, pourquoi l'organisation Greenpeace a-t-elle choisi de commencer son clip par un extrait en noir et blanc? Que pensez-vous du contraste entre l'image sur cette page et sa légende?

2. Quel est l'effet produit par la succession de très courts extraits de discours politiques? Quel est le message de Greenpeace? Voyez-vous une ironie dans ce message? Du pessimisme? Le clip fait-il bien passer le message de Greenpeace?

Et chez vous? Quels sont les enjeux de la protection de l'environnement dans votre pays? Les politiciens en parlent-ils beaucoup? Tiennent-ils leurs engagements?

Practice more at **vhlcentral.com**.

GALERIE DE CRÉATEURS

PEINTURE **Nguyen Dieu Thuy (1962–)**
Nguyen Dieu Thuy est née à Saigon (aujourd'hui Hô Chi Minh-Ville). Elle a fait des études de musique au Conservatoire de musique de sa ville natale. Elle a aussi étudié la peinture. En 1988, elle devient professeur de violon et joue dans l'orchestre symphonique du Conservatoire. Puis, en 1991, elle se lance dans une carrière de peintre. Nguyen Dieu Thuy utilise la peinture à l'huile, mais ses tableaux donnent l'étrange impression d'être des aquarelles. Ils sont délicats et paisibles (*peaceful*), représentant souvent une jeune femme en robe traditionnelle, des bols de riz, des personnages au bord de (*by*) l'eau. Sa palette est pratiquement monochrome et elle se sert surtout de couleurs pastel. Les œuvres de cette artiste sont européennes par la technique mais très vietnamiennes par le choix des sujets. L'art de Nguyen Dieu Thuy est empreint (*imbued*) de simplicité et de sérénité. Il y règne une atmosphère où le temps s'est arrêté. Elle expose son travail en Asie, en Europe et en Amérique du Nord.

MUSIQUE/ARTS PLASTIQUES
Patrice Kaikilekofe (1972–)
Patrice Kaikilekofe est un artiste aux talents multiples. Il est à la fois plasticien et musicien. Il est né en Nouvelle-Calédonie, mais sa famille est originaire de Wallis et Futuna, en Polynésie, et il est très attaché à ses origines. Il affirme que «le 21e siècle appartient au Pacifique». Les cultures polynésiennes, principalement maori, constituent une source d'inspiration pour l'ensemble (*whole*) de son art. Il participe à des expositions en Nouvelle-Calédonie, en Nouvelle-Zélande et en Australie. Il aime collaborer avec d'autres artistes. À Nouméa, capitale de la Nouvelle-Calédonie, il anime des ateliers artistiques et culturels où il forme des jeunes. De plus, il a fondé à Dumbéa, sa ville natale, la Maison du temps libre. C'est un centre qui a pour but de rendre l'art accessible aux jeunes défavorisés. Concernant la musique, il joue de la guitare et il est le leader du groupe néo-calédonien *Kalaga'la*. Le style du groupe est un mélange de genres occidentaux et de rythmes traditionnels polynésiens, le tout chanté en wallisien. *Kalaga'la* a sorti un album en 2012 intitulé *Aimons-nous*.

SCULPTURE **Steeve Thomo (1980–)**

Steeve Thomo vit et travaille à Nouméa, capitale de la Nouvelle-Calédonie. Quand il était petit, il essayait d'imiter son grand-père qui était sculpteur. Il se passionne pour la sculpture et en particulier pour l'art du peuple kanak, le peuple autochtone (*native*) de Nouvelle-Calédonie. Cet art s'inspire des ancêtres, de leurs légendes et de la nature. Thomo y ajoute une touche moderne, avec des éléments de la vie actuelle comme des routes et des avions. Pour sculpter, il se sert de tous les types de bois qu'il trouve sur son île, le houp, le gaïak, le tamarou… Avec *La Goutte d'eau*, une de ses sculptures, il fusionne les arts traditionnel et contemporain: traditionnel par le symbole et moderne par sa représentation. Le sculpteur explique son approche moderne de l'art traditionnel kanak ainsi: «Je veux qu'on voie une évolution du peuple kanak à travers (*through*) son Art.»

CINÉMA **Rithy Panh (1964–)**

En 1975, les Khmers rouges exilent Rithy Panh et sa famille de Phnom Penh, la capitale du Cambodge. Puis, en 1980, Rithy Panh se réfugie à Paris où il suit des études de cinéma et obtient son diplôme. Le génocide, dans lequel une partie de sa famille a péri (*perished*), forge depuis le début l'inspiration de ce réalisateur cambodgien. En 1994, *Les Gens de la rizière* raconte la lutte pour la survie d'une famille rurale cambodgienne, après le génocide. En 2002, dans le documentaire *S21, la machine de mort khmère rouge*, Rithy Panh met en scène des gardiens de prison et les trois survivants du S21, centre de détention, de torture et d'exécution jusqu'en 1979. Des années après la fermeture du camp, il a demandé à ces gardiens de refaire les gestes mécaniques qu'ils faisaient. Par ces images, le réalisateur arrive à rendre présents tous les prisonniers qui sont absents du film. Son récent documentaire *L'Image manquante*, toujours sur l'histoire Khmer, a gagné le prix Un Certain Regard à Cannes en 2013 et a été sélectionné dans la catégorie du meilleur film en langue étrangère aux Oscars.

Compréhension

Questions Répondez à ces questions.

1. Quel est le sujet des films de Rithy Panh?
C'est le génocide dans lequel une partie de sa famille a péri.

2. Quel est le but du centre fondé par Patrice Kaikilekofe, la Maison du temps libre?
C'est de rendre l'art accessible aux jeunes défavorisés.

3. De quoi s'inspire l'art du peuple kanak?
Il s'inspire des ancêtres, de leurs légendes et de la nature.

4. Quelles sont les deux activités artistiques principales de Patrice Kaikilekofe?
Il est plasticien et musicien.

5. Quelle était la première carrière de Nguyen Dieu Thuy?
Elle était professeur de violon et membre de l'orchestre symphonique du Conservatoire.

6. Quels éléments modernes Steeve Thomo ajoute-t-il à son art? Il y ajoute des routes et des avions.

7. Pourquoi Rithy Panh a-t-il quitté son pays natal?
Il a été exilé par les Khmers rouges.

8. Donnez trois caractéristiques des tableaux de Nguyen Dieu Thuy. Ils sont délicats, paisibles et monochromes.

Rédaction

À vous! Choisissez un de ces thèmes et écrivez un paragraphe d'après les indications.

- **Critique d'art** Écrivez une critique du tableau de Nguyen Dieu Thuy. Parlez du sujet, des couleurs, du style, etc. Puis donnez-en votre opinion personnelle.

- **Mon artiste préféré(e)** Inspirez-vous des textes sur ces pages pour écrire un portrait de votre artiste préféré(e). Parlez de sa vie, de sa carrière artistique, de ce qui l'inspire et des thèmes qui sont importants dans son œuvre. Expliquez aussi ce que vous aimez particulièrement dans ses œuvres.

- **Le cinéma francophone** Avez-vous déjà vu un film francophone qui retrace l'histoire ou une période particulière de l'histoire d'un peuple francophone? Faites un résumé de ce film et donnez-en votre avis.

Practice more at **vhlcentral.com.**

KEY STANDARDS
4.1, 5.1

INSTRUCTIONAL RESOURCES
Supersite: Lab Audioscript, SAM AK, Lab MP3s
SAM/WebSAM: WB, LM

10.1

The past conditional

—*Qui **aurait pu** imaginer qu'un ancien militant écolo travaillerait un jour dans une exploitation forestière?*

BLOC-NOTES

To review formation and use of the **conditionnel**, see **Structures 8.3, pp. 296–297.**

TEACHING OPTION Write several sentences on the board and ask volunteers to conjugate the verbs, choosing future, future perfect, conditional, or past conditional.

Review past participles of regular, spelling-change, and irregular verbs taught throughout the book. Refer to the end matter for a full list.

Write the following sample sentence on the board: **Je ne trouve pas les clés que vous auriez vues hier dans la cuisine.** Draw a line under **les clés** and **vues.** Say a new noun. Have a volunteer come up, erase **les clés,** write the new noun, and make any necessary agreement change.

Ask students to write two more sample sentences for each point. Have them write their samples on the board for the class to review.

- Use the past conditional (**le conditionnel passé**) to express an action that *would have occurred* in the past.

Conditionnel	Past conditional
Sans les nuages de pollution, on **respirerait mieux.**	Sans les nuages de pollution, nos ancêtres **auraient mieux respiré.**
Without smog, we'd breathe better.	*Without smog, our ancestors would have breathed better.*

- The past conditional is formed with a **conditionnel** form of **avoir** or **être** and the past participle of the main verb. Use the same helping verb as you would for any other compound tense, such as the **passé composé,** the **plus-que-parfait,** or the future perfect.

	faire	partir	se lever
je/j'	aurais fait	serais parti(e)	me serais levé(e)
tu	aurais fait	serais parti(e)	te serais levé(e)
il/elle	aurait fait	serait parti(e)	se serait levé(e)
nous	aurions fait	serions parti(e)s	nous serions levé(e)s
vous	auriez fait	seriez parti(e)(s)	vous seriez levé(e)(s)
ils/elles	auraient fait	seraient parti(e)s	se seraient levé(e)s

- Verbs in the past conditional follow the same patterns as they do in other compound tenses for negation, adverb and pronoun placement, and past participle agreement.

Il y a cent ans, **personne ne** nous aurait parlé de la pluie acide.
100 years ago, no one would have talked to us about acid rain.

Nathalie aurait **bien** ri si elle avait entendu cette blague.
Nathalie would have laughed a lot if she had heard that joke.

Je ne trouve pas **les clés que** vous auriez **vues** hier dans la cuisine.
I cannot find the keys that you might have seen in the kitchen yesterday.

Nous serions **déjà** partis si cela avait été possible.
We would have already left if it had been possible.

- Use the past conditional with certain verbs to express regret or reproach. In the past conditional, **aimer** + [*infinitive*] means *would have liked to*; **devoir** + [*infinitive*] means *should have*; **pouvoir** + [*infinitive*] means *could have*; and **vouloir** + [*infinitive*] means *would have liked to*.

Vous **auriez dû étudier** un peu plus longtemps.
You should have studied a little longer.

Nous **aurions aimé regarder** un film différent.
We would have liked to watch a different film.

Tu **aurais** quand même **pu m'appeler** hier soir.
You could have at least called me last night.

J'**aurais voulu lire** l'article sur les sources d'énergie.
I would have liked to read the article about energy sources.

- Use the **conditionnel** or the past conditional with the expression **au cas où** (*in case*).

Prends ton portable **au cas où** le train **arriverait** en retard.
Bring your cell phone in case the train arrives late.

Prends ton portable **au cas où** le train **serait** déjà **parti** quand vous arriverez à la gare.
Bring your cell phone in case the train has already left when you arrive at the station.

- You have learned that the **conditionnel** can express a future action when talking about the past. The past conditional can act as a *future perfect in the past*, describing events that were to have taken place at a later point.

Maman nous a dit qu'elle **rentrerait** avant minuit.
Mom told us that she would come home before midnight.

Maman nous avait dit qu'elle **serait rentrée** avant minuit, mais elle n'a pas pu.
Mom had told us that she would come home before midnight, but she couldn't.

- Just as the **conditionnel** can express uncertainty about events in the present, the past conditional can express uncertainty about events in the past.

Selon le journal, il y **aurait** une centaine d'habitants dans ce village.
According to the newspaper, there might be a hundred or so inhabitants in this town.

Selon le journal, il y **aurait eu** une centaine de manifestants samedi.
According to the newspaper, there might have been a hundred or so protesters on Saturday.

Point out that the conditional perfect is commonplace in the news when the exact information is not known yet and assumptions are being made. Example: **Apparemment, l'ouragan n'aurait pas provoqué de victimes.**

Ask volunteers to share personal regrets they have. Elicit sentences with **aimer**, **devoir**, and **vouloir**.

BLOC-NOTES

To review the *future in the past* use of the **conditionnel**, see **Structures 8.3, pp. 296–297**.

TEACHING OPTION
Working in small groups, have students list famous movies or stories that have an ending they do not like. Then have them describe what would have happened if they had finished the story. Example: **Dans notre histoire, Roméo et Juliette ne se seraient pas suicidés. Juliette se serait réveillée avant que Roméo ait bu le poison.**

Mise en pratique

1 À compléter Employez le conditionnel passé des verbes entre parenthèses.

1. Selon mon oncle, l'ouragan ___aurait détruit___ (détruire) une centaine de bâtiments.

2. Les journaux ont annoncé qu'à cause d'une demande inhabituelle, nous ___aurions épuisé___ (épuiser) nos réserves de combustibles.

3. Je ___me serais acheté___ (s'acheter) la plus grande voiture, mais j'avais peur qu'elle nuise à l'environnement.

4. Je/J' ___aurais voulu voir___ (vouloir voir) moins de pollution, mais j'ai dû rester longtemps dans la capitale.

5. Tu as dit aux représentants de la société de recyclage que tu ___n'aurais pas gaspillé___ (ne pas gaspiller) les produits non-renouvelables.

2 Qu'aurait-elle fait? Malika a passé ses vacances en famille, mais elle aurait aimé les passer avec ses amis. Dites ce qu'elle aurait préféré faire en leur compagnie.

> **Modèle** **Malika et sa famille sont allés dans un musée de peintures. (au centre commercial)**
> Malika, elle, serait allée au centre commercial.

1. Ils ont dormi à l'hôtel. (chez sa copine Manon) Malika, elle, aurait dormi chez sa copine Manon.

2. Ils ont emporté des jeux de société. (son ordinateur portable) Malika, elle, aurait emporté son ordinateur portable.

3. Ils ont souvent mangé dans une crêperie. (dans une pizzeria) Malika, elle, aurait souvent mangé dans une pizzeria.

4. Ils ont joué à la pétanque. (au tennis) Malika, elle, aurait joué au tennis.

5. Ils sont sortis un soir sur trois. (tous les soirs) Malika, elle, serait sortie tous les soirs.

6. Ils ont bronzé dans leur jardin. (à la plage) Malika, elle, aurait bronzé à la plage.

7. Le premier jour, ils sont partis à 6 heures du matin. (à midi) Le premier jour, Malika serait partie à midi.

8. Ils sont rentrés un dimanche. (un vendredi) Malika, elle, serait rentrée un vendredi.

3 Y est-il vraiment allé? Michel a passé des vacances à Tahiti, et ses amis lui demandent comment ça s'est passé. Mais il leur répond évasivement. Employez le conditionnel passé pour répondre comme Michel. Soyez créatifs/créatives.

> **Modèle** **Tu as visité les quartiers intéressants de Papeete?**
> Je les aurais visités, mais je n'avais pas le plan de la ville.

1. Alors, tu es allé à la plage?
J'y serais allé, mais...

2. On t'a servi de délicieux fruits tropicaux? On m'en aurait servi, mais...

3. Est-ce que les habitants t'ont parlé français? Ils m'auraient parlé français, mais...

4. T'es-tu fait de nouveaux amis?
Je me serais fait de nouveaux amis, mais...

5. Alors, tu as découvert d'autres îles de l'archipel de la Société?
Je les aurais découvertes, mais...

6. L'île évoque au moins les tableaux de Gauguin? Elle les aurait évoqués, mais...

:D: Practice more at **vhlcentral.com.**

Communication

4 **Qu'auriez-vous fait?** À deux, regardez les illustrations et, à tour de rôle, dites ce que vous auriez fait dans chaque situation. Servez-vous des mots de la liste, si nécessaire.

> **Modèle** Moi, je me serais fâché contre le garçon avec la glace.

acheter	crier	un médecin
appeler	se fâcher	salir
un costume	une glace	téléphoner

4 Have students tell their partner about a situation that did not go as planned and what they would have done differently. Then volunteers share their partner's stories with the class.

4 Ask students to write each of their sentences on a slip of paper. Collect the papers. Choose one at random and read it aloud. Students raise their hand when they hear a past conditional form. Then the class guesses who wrote the statement.

5 **Des excuses** Martin, votre meilleur ami, est allé en vacances à Tahiti. Vous lui demandez s'il (*if he*) a fait toute une liste de choses, mais il a toujours une bonne excuse pour expliquer que non. Avec un(e) partenaire, jouez tour à tour le rôle de Martin et imaginez la conversation. Soyez créatifs/créatives!

> **Modèle** **nager dans l'océan Pacifique**
> —Tu as nagé dans l'océan Pacifique?
> —J'aurais nagé dans l'océan, mais c'était trop dangereux!

- bronzer sur la plage
- voir la Tahiti Pearl Regatta
- nous acheter des cadeaux
- visiter des musées
- assister au Heiva
- rencontrer des Tahitiens

6 **Des regrets?** Qu'est-ce que vous n'avez pas fait dans la vie parce que vous avez choisi de faire autre chose? Le regrettez-vous? Par groupes de trois, employez le conditionnel passé des verbes **aimer**, **devoir**, **pouvoir** et **vouloir** pour parler de vos choix à vos camarades.

> **Modèle** J'aurais pu visiter l'Europe l'été dernier, mais j'ai choisi de passer deux semaines chez ma grand-mère, qui fêtait son 80e anniversaire.

Qu'auriez-vous...
- aimé faire?
- dû faire?
- pu faire?
- voulu faire?

Qu'avez-vous fait à la place?

6 As an expansion, ask questions with other subjects. Examples: **Qu'auraient voulu faire vos parents?**

KEY STANDARDS
4.1, 5.1

10.2

INSTRUCTIONAL
RESOURCES
Supersite: Lab Audioscript,
SAM AK, Lab MP3s
SAM/WebSAM: WB, LM

Point out that the future
perfect can also be used to
make a simple assumption
about a past event.
Example: **Tout est brûlé.**
Il y aura eu un incendie.
Everything is burned. There
must have been a fire.

BLOC-NOTES

To review the forms of the **futur**
simple, see **Structures 7.2,**
pp. 254–255.

To illustrate the future
perfect, draw a timeline on
the board and label it *past,*
present, and *future.* Write
these three sentences under
the appropriate headings:
À quelle heure sont-ils
partis? *At what time did*
they leave?

BLOC-NOTES

To review . . .

- negation, see **Structures 4.2,**
  pp. 138–139.

- pronoun order, see **Structures**
  5.3, pp. 180–181.

- past participle agreement,
  see **Fiche de grammaire 5.5,**
  p. 410.

Quelle heure est-il? *What*
time is it?

Seront-ils arrivés avant
dix heures? *Will they arrive*
before 10 o'clock?

The future perfect

Quand l'équipe de Christian M'Bina coupera à
*nouveau des arbres ici, il se **sera passé** trente ans.*

- Use the future perfect (**le futur antérieur**) tense to describe an action that *will have*
  occurred before another action in the future.

  Quand il arrivera au restaurant,
  Martine **sera** déjà **partie**.
  When he arrives at the restaurant,
  Martine will have already left.

  Je prendrai une décision quand vous
  m'**aurez donné** plus d'informations.
  I'll make a decision when you (will)
  have given me more information.

- Verbs in the future perfect are formed with a **futur simple** form of **avoir** or **être** and the
  past participle of the main verb. Use the same helping verb as for other compound tenses,
  such as the **passé composé** and the **plus-que-parfait**.

	faire	partir	se lever
je/j'	aurai fait	serai parti(e)	me serai levé(e)
tu	auras fait	seras parti(e)	te seras levé(e)
il/elle	aura fait	sera parti(e)	se sera levé(e)
nous	aurons fait	serons parti(e)s	nous serons levé(e)s
vous	aurez fait	serez parti(e)(s)	vous serez levé(e)(s)
ils/elles	auront fait	seront parti(e)s	se seront levé(e)s

- Verbs in the future perfect follow the same patterns as they do in other compound tenses
  for negation, adverb and pronoun placement, and past participle agreement.

Negation	Cette espèce n'aura pas entièrement disparu en 2040, j'espère. *This species won't have completely disappeared by 2040, I hope.*
Adverb placement	Il aura déjà passé deux jours à Papeete quand il viendra nous chercher à l'aéroport. *He will have already spent two days in Papeete when he comes to pick us up at the airport.*
Pronoun placement	Nous lui aurons déjà parlé quand nous arriverons en classe demain. *We will have already talked to her when we get to class tomorrow.*
Past participle agreement	À minuit, elles se seront déjà couchées. *By midnight, they will have already gone to bed.*

- You may contrast two clauses — one with a verb in the future perfect and one with a verb in the **futur simple** — in order to establish that one event will happen before another.

<table>
<tr><td>First event</td><td>Second event</td></tr>
</table>

Quand tu auras fait tes courses,
When you've run your errands,

je viendrai te chercher en voiture.
I'll come pick you up in the car.

Dès qu'elle **sera arrivée** à Paris,
As soon as she has arrived in Paris,

elle **s'installera** à son hôtel.
she'll settle in at her hotel.

ATTENTION!

In the main clause, an imperative can appear in the place of a verb in the **futur simple**.

Quand tu auras fait les courses, téléphone-moi.
When you've run your errands, call me.

Point out that the future perfect is required in French even if the English translation sounds correct in the present or past tense.

Call on students to complete this sentence starter: **Dès que j'aurai fini mes études...**

- You learned that you can use the **futur simple** after the conjunctions **aussitôt que** (*as soon as*), **dès que** (*as soon as*), **lorsque** (*when*), **quand** (*when*), and **tant que** (*as long as*), if they describe a future event. They can also be followed by a verb in the future perfect, which is the tense almost always used after **après que** (*after*) and **une fois que** (*once*).

Il partira **après qu'**on **aura mangé**.
He'll leave after we've eaten.

Tu m'appelleras **dès que** tu **seras rentré**?
Will you call me as soon as you've returned?

Aussitôt qu'elle **aura trouvé** un nouvel appartement, elle nous invitera.
As soon as she's found a new apartment, she'll invite us over.

Vous visiterez le zoo **une fois qu'**on **aura ouvert** l'exposition sur les ours.
You'll visit the zoo once they've opened the bear exhibit.

BLOC-NOTES

To review the use of the **futur simple** with certain conjunctions, see **Structures 7.2, pp. 254–255.**

- When connecting two clauses, note the subtle distinction in meaning between a sentence that uses the **futur simple** after one of these conjunctions and one that uses the future perfect. In neither case are the English equivalents of these conjunctions followed by *will*.

Quand j'**aurai** des nouvelles, je vous **écrirai**.
When I get some news, I'll write you.

but

Quand j'**aurai eu** des nouvelles, je vous **écrirai**.
When I've gotten some news, I'll write you.

Explain that, even though *will* is not in the English translation, when *I will have…* is implied within the context.

Ask volunteers to complete these sentence starters: **Aussitôt que nous aurons gagné assez d'argent... Après que l'usine aura contaminé l'eau... Lorsqu'on aura épuisé le pétrole comme source d'énergie...**

- Use **après que** with a conjugated verb when the subject of a subordinate clause is different from that of the main clause. Use **après** with the past infinitive when the subjects of both clauses are the same.

<table>
<tr><td>Different subjects</td><td>Same subjects</td></tr>
</table>

Mémé viendra nous rendre visite après qu'on **aura fait** le ménage.
Grandma will come visit us after we've done the housework.

Nous sortirons, mais seulement après avoir fait le ménage.
We'll go out, but only after having done the housework.

BLOC-NOTES

To review formation and use of the past infinitive, see **Structures 8.1, pp. 288–289.**

Mise en pratique

1 Remind students to pay attention to which helping verb to use. The same rules apply as for the **passé composé**.

2 The island of **La Nouvelle-Calédonie** is located in the South Pacific and is surrounded by a green lagoon. Have students explore the biodiversity of the island and make a presentation to the class, using maps and photos to highlight the flora and fauna.

2 Have pairs check and justify their answers to each other.

Note
CULTURELLE

Nouméa, capitale de la **Nouvelle-Calédonie**, collectivité française d'outre-mer (*overseas*), est une des villes les plus industrialisées du Pacifique Sud. La ville prend pourtant des mesures pour préserver les richesses naturelles, et est aujourd'hui un exemple de l'harmonie entre nature et urbanisation.

3 Have students read the dialogue aloud with a partner to check their answers.

3 On the board, list the infinitives of several verbs that have irregular past participles. Have students work in pairs to write a new dialogue using the future perfect and five verbs from the list.

1 **À compléter...** Mettez les verbes entre parenthèses au futur antérieur.

1. Quand le soleil _____aura réapparu_____ (réapparaître) après l'inondation, le niveau des eaux commencera à baisser.

2. Mesdames et messieurs, vous pourrez admirer la chaîne montagneuse lorsque vous _____serez arrivés_____ (arriver) au bout du sentier.

3. Le réchauffement de la planète, s'il continue, _____aura tué_____ (tuer) beaucoup de récifs de corail.

4. Après que nous _____aurons fini_____ (finir) de sauver les forêts tropicales, les températures de la planète se stabiliseront.

5. Dès que le nuage de pollution _____se sera levé_____ (se lever), je ferai du jogging.

6. On consommera moins de combustibles quand les habitants des grandes villes _____auront appris_____ (apprendre) à se servir des transports en commun.

7. Grâce aux nouveaux styles de construction, les tremblements de terre _____auront détruit_____ (détruire) moins de bâtiments au cours de ce siècle.

8. Je dépenserai beaucoup d'argent pour l'électricité tant que je _____n'aurai pas jeté_____ (ne pas jeter) mon vieux chauffe-eau (*water heater*), qui gaspille trop d'énergie.

2 **Avant le départ** Monsieur Arnal et sa famille vont partir demain pour Nouméa. Mettez les verbes entre parenthèses au futur antérieur ou à l'infinitif passé.

Demain, ma famille et moi devons partir tôt pour l'aéroport, et nous n'aurons pas de temps à perdre. Après que ma femme (1) _____se sera levée_____ (se lever), j'irai réveiller les enfants. Ils devront s'habiller rapidement après (2) _____avoir pris_____ (prendre) leur petit-déjeuner. Moi, après (3) _____m'être brossé_____ (se brosser) les dents, je ferai la vaisselle. Ma femme prendra sa douche aussitôt que je (4) _____serai sorti_____ (sortir) de la salle de bains. Après (5) _____nous être habillés_____ (s'habiller), nous téléphonerons à mes parents pour leur dire au revoir. Enfin, après (6) _____avoir cherché_____ (chercher) les passeports, ma femme donnera la clé de la maison aux voisins, qui vont la surveiller pendant notre absence.

3 **Dialogue** Pascal énerve souvent Kamil, son camarade de chambre, parce qu'il fait beaucoup de promesses, mais ne fait jamais rien. À deux, terminez le dialogue. Suggested answers

KAMIL Mais quand est-ce que tu vas ranger tes livres?

PASCAL Aussitôt que je/j' (1) _____aurai fini mes devoirs_____, je rangerai mes livres.

KAMIL Tes amis ont mangé dans la cuisine et sont partis sans la nettoyer.

PASCAL D'accord! Ils la nettoieront dès qu'ils (2) _____auront terminé leurs examens_____.

KAMIL Et mes CD? Pourquoi est-ce que vous les avez pris?

PASCAL Nous te les rendrons une fois que nous (3) _____les aurons tous écoutés_____.

KAMIL Ah, et il n'y a plus rien à manger dans le frigo.

PASCAL Je passerai au supermarché demain quand tu (4) _____seras parti en cours_____.

KAMIL Et j'en ai marre de tes vêtements sales par terre.

PASCAL Je ferai ma lessive aussitôt que je/j' (5) _____serai revenu du supermarché_____.

KAMIL Des promesses, toujours des promesses!

Communication

4 **En 2030** À deux, dites comment ces problèmes écologiques auront évolué en 2030. Ensuite, présentez vos prédictions à la classe.

> **Modèle** **la pluie acide**
>
> Nous aurons résolu le problème de la pluie acide en 2030. Les usines auront arrêté de polluer l'atmosphère.

- le réchauffement de la planète
- les sécheresses
- la consommation d'énergie
- la diminution de la couche d'ozone
- la déforestation
- ?

5 **Et vous en 2030?** Par groupes de trois, dites ce qui aura changé dans votre vie personnelle, en 2030. Ensuite, expliquez à la classe ce qui aura changé dans la vie de vos camarades.

> **Modèle** **vos relations avec vos parents**
>
> Mes parents et moi, nous aurons appris à mieux nous entendre en 2030.

- vos finances
- votre carrière
- vos loisirs
- vos relations avec vos amis
- vos connaissances en français
- ?

6 **Les plus brillant(e)s** Deux écologistes, chacun(e) se croyant plus brillant(e) que l'autre, parlent de ce qu'ils/elles auront fait à la fin de leur carrière pour sauver l'environnement et recevoir le prix Nobel de la paix. À deux, inventez le dialogue à l'aide du futur antérieur et des éléments donnés.

Votre pays d'origine	
Le problème sur lequel vous aurez travaillé	
La solution que vous aurez proposée	
Le moyen que vous aurez trouvé pour financer votre recherche	
Les procédures que vous aurez mises en place (*implemented*)	

4 Call on volunteers to share their ideas with the class, who will express their agreement or disagreement. Example: **Ça sera terminé en 2030**.

4 Ask students to choose one of the ecological problems discussed in the activity and research what is currently being done about it. They should look at current news articles, take notes, and present a brief report to the class.

5 Have students use their ideas for this activity to write a short, futuristic story that explains what will or won't have happened in their lives in the next 20 years.

5 Ask students to make anonymous lists of each member's responses using complete sentences. Then have groups exchange lists and try to identify each student based on the responses.

6 Do a **modèle** with a volunteer. Example:

—**Moi, j'aurai mis en place une nouvelle source d'énergie.**

—**C'est tout? Moi, j'aurai résolu le problème du réchauffement climatique.**

6 As a class, brainstorm a list of environmental problems for students to choose from.

KEY STANDARDS
4.1, 5.1

INSTRUCTIONAL RESOURCES
Supersite: Lab Audioscript, SAM AK, Lab MP3s
SAM/WebSAM: WB, LM

Point out that **si** means *if* or sometimes *when*. For example, **quand** could easily replace the **si** in this sentence: **S'il fait soleil, mettez vos lunettes.**
If/When it's sunny, put on your glasses.

ATTENTION!

If the word following **si** is **il** or **ils**, make the contraction **s'il** or **s'ils**.

Point out that **si** can also mean *so*. Ex: **La terre est si sèche que rien ne peut pousser.**

Emphasize that no contraction is made when **si** is followed by **elle, elles,** or **on**.

Have students create their own main clause for each of the present-tense **si** clauses.

You may want to review the formation of the **imparfait** and the **conditionnel**.

Have students work in pairs to make personalized suggestions and expressions of wish or regret. Point out that in an expression of regret, the word **seulement** is often used just like in English. Ex: **Ah! Si seulement elle était venue!**

10.3

Si clauses

—*Si* une exploitation forestière **veut** obtenir le label FSC, elle **doit** respecter le code forestier.

- **Si** (*If*) clauses express a condition or event upon which another event depends. The **si** clause is the subordinate clause, and the result clause is the main clause.

- If the result clause is the timeless, automatic effect of a general cause or condition introduced by **si**, use the present tense in both clauses.

Si clause: present tense	Main clause: present tense
Si je suis **malade**,	je reste **chez moi.**
If I am ill,	*I stay at home.*

- To talk about possible future events, use the present tense in the **si** clause to say that if something occurs, something else will result. Use the **futur proche**, **futur simple**, or imperative in the main clause.

Si clause: present tense		Main clause
Si l'ouragan **arrive** ce soir,	FUTUR PROCHE	on va rester **chez nous demain.**
If the hurricane arrives tonight,		*we're going to stay home tomorrow.*
S'il **continue** à pleuvoir,	FUTUR SIMPLE	il y aura des **inondations.**
If it keeps raining,		*there will be floods.*
S'il y **a** des **déchets** par terre,	IMPERATIVE	jetez-les **dans la poubelle.**
If there is trash on the ground,		*throw it in the garbage.*

- A **si** clause can speculate on what *would happen* if a condition or event *were to occur*. For such contrary-to-fact statements, use a verb in the **imparfait** in the **si** clause and a verb in the **conditionnel** in the main clause.

Si clause: **imparfait**	Main clause: **conditionnel**
Si on **donnait** à manger aux animaux du zoo,	on **mettrait** leur vie en danger.
If we fed the zoo animals,	*we would put their lives in danger.*

- **Si** clauses with the **imparfait** are often used without a main clause to make a suggestion or to express a wish or regret. The main clause may also be omitted in English in these types of expressions.

Suggestion	Si on **allait** au zoo demain?
	What if we went to the zoo tomorrow?
Expression of wish or regret	Ah! Si j'**étais** plus grand, plus beau, plus riche!
	If only I were taller, more handsome, richer!

- To make a statement about something that occurred in the past and could have happened differently, use the **plus-que-parfait** in the **si** clause and the **conditionnel passé** in the main clause.

Si clause: plus-que-parfait	**Main clause: conditionnel passé**
Si nous avions fait du camping, *If we had gone camping,*	**nous aurions économisé de l'argent.** *we would have saved money.*
Si vous étiez arrivés dix minutes plus tôt, *If you had arrived ten minutes earlier,*	**vous n'auriez pas manqué les bandes-annonces.** *you would not have missed the previews.*

Si vous **étiez passés** par la pâtisserie, *If you had stopped by the pastry shop,*

on **aurait eu** des croissants pour le petit-déjeuner. *we would have had croissants for breakfast.*

- When **si** does not mean *if*, use the tense called for by the meaning of the sentence.

Ils ne savent pas **si** les singes **aiment** vraiment les bananes.
They do not know whether monkeys really like bananas.

Mais **si**, je t'ai dit que ce produit était nuisible à l'environnement.
But yes, I told you that product was harmful to the environment.

Summary of si clauses

	Subordinate clause	Main clause
Possible future events	si + present	futur proche
		futur simple
		imperative
Contrary-to-fact events	si + imparfait	conditionnel
	si + plus-que-parfait	conditionnel passé

Si on **utilisait** moins de bois, on ne **serait** pas obligé d'abattre autant d'arbres.

ATTENTION!

The order of the subordinate and main clauses can vary in any **si** construction.

Si on allait au zoo, on pourrait voir les tigres.
If we went to the zoo, we could see the tigers.

Restez à la maison si l'ouragan passe demain.
Stay at home if the hurricane comes tomorrow.

BLOC-NOTES

To review . . .

- the **futur proche**, see **Structures 1.2, pp. 22–23.**
- the **imperative**, see **Fiche de grammaire 1.5, p. 394.**
- the **imparfait**, see **Fiche de grammaire 3.5, p. 402.**
- the **conditionnel**, see **Structures 8.3, pp. 296–297.**
- the **plus-que-parfait**, see **Structures 4.1, pp. 134–135.**
- the **conditionnel passé**, see **Structures 10.1, pp. 366–367.**

Begin several **si** clauses and call on volunteers to complete each sentence. Examples: **S'il fait beau aujourd'hui…** **S'il faisait beau…** **Si tu n'avais pas épuisé la source…** **Si les cochons étaient en voie d'extinction…**

Mise en pratique

Have pairs check each others' answers by rereading each sentence, inverting the clauses. Example: **Nous devrons faire la queue si ma copine Thérèse n'arrive pas bientôt.** Then call on a volunteer to explain the concordance of the verbs in each case.

1 **Situations** Complétez les phrases.

A. Situations possibles dans le futur

1. Si Thérèse n'_____arrive_____ (arriver) pas bientôt, nous devrons faire la queue.

2. Si vous _____continuez_____ (continuer) à chasser les ours, cette espèce va finir par être en voie d'extinction.

B. Situations hypothétiques dans le présent

3. Le trou dans la couche d'ozone _____serait_____ (être) encore plus grand si on utilisait encore certains produits nuisibles.

4. Si les gens _____recyclaient_____ (recycler) plus souvent, il n'y aurait pas autant de déchets par terre (*on the ground*).

C. Situations hypothétiques dans le passé

5. S'il _____n'avait pas plu_____ (ne pas pleuvoir), nous n'aurions pas vu cet arc-en-ciel.

6. Le prix des combustibles _____aurait baissé_____ (baisser) si nous avions choisi d'utiliser d'autres sources d'énergie.

In pairs, have students write a dialogue modeled on the one in this activity about what they would do if the end of today was the deadline for their ecology project.

2 **Il faut être optimiste** Carole et Laëtitia travaillent pour Sauveterre, une organisation environnementale. Employez les temps qui conviennent pour compléter le dialogue.

CAROLE Si nous (1) _____travaillons_____ (travailler) jusqu'à dix heures ce soir, nous pourrons finir les nouvelles brochures sur le réchauffement de l'atmosphère.

LAËTITIA Penses-tu que les gens vont les jeter à la poubelle? S'ils s'inquiétaient vraiment pour l'environnement, les fleuves (2) _____seraient_____ (être) moins pollués et nous ne (3) _____gaspillerions_____ (gaspiller) pas autant d'énergie.

CAROLE C'est vrai. Mais si le public ne (4) _____s'intéressait_____ (s'intéresser) pas du tout à l'environnement et ne (5) _____faisait_____ (faire) pas d'efforts pour le protéger, nous respirerions un air encore plus impur et les forêts (6) _____disparaîtraient_____ (disparaître) plus vite.

LAËTITIA Tu as raison. Je ne me pose plus de questions. Alors si nous (7) _____voyons_____ (voir) quelqu'un jeter sa brochure à la poubelle, recyclons-la et (8) _____soyons_____ (être) optimistes!

Write **Si j'étais** on the board. After completing the activity, ask students to name additional famous people, contemporary as well as from the past, and call on volunteers to provide sentences about the people listed.

3 **Si j'étais** À deux, imaginez votre vie si vous étiez une de ces célébrités. Ensuite, à tour de rôle, présentez vos idées à la classe.

Modèle **Jennifer Lawrence**
Si j'étais Jennifer Lawrence, je travaillerais avec un réalisateur français.

- Justin Timberlake
- Katy Perry
- Usher
- Taylor Swift
- Zac Efron
- Emma Watson
- ?

Practice more at **vhlcentral.com**.

Communication

4

Que se passerait-il? Par groupes de trois, dites à vos camarades, à tour de rôle, ce que vous feriez dans les situations suivantes.

> **Modèle** **Si tu étais un(e) athlète célèbre**
>
> Si j'étais un(e) athlète célèbre, je donnerais une partie de mon salaire à mon ancien lycée.

1. Si tu étais un(e) chanteur/chanteuse célèbre
2. Si tu gagnais à la loterie
3. Si les cours étaient annulés pendant une semaine
4. Si tu trouvais une valise pleine d'argent
5. Si tu pouvais devenir invisible

5

Que feriez-vous? À deux, regardez ces scènes et demandez-vous ce que vous feriez si vous étiez dans ces situations-là. Soyez créatifs! Answers will vary. Sample answers:

> **Modèle** —Qu'est-ce que tu ferais si quelqu'un te payait un voyage en Polynésie?
>
> —Si quelqu'un me payait un voyage en Polynésie, je prendrais le premier avion.

Si mon grand-père me rendait visite, je serais heureux/heureuse de le recevoir.

Si un acteur voulait danser avec moi devant un public, je serais gêné(e).

Si ma voiture tombait en panne dans le désert, je téléphonerais à mon père.

Si je ne pouvais pas sortir d'un ascenseur, je paniquerais.

6

Trop peu! Vous parlez à un expert en écologie, qui vous explique pourquoi l'environnement est en danger malgré (*despite*) tous les efforts faits pour le protéger. À deux, dites ce que vous ferez s'il est vrai que certains problèmes existent encore.

> **Modèle** Si la déforestation est encore un problème, je n'achèterai plus le journal, mais je le lirai sur Internet.

4 Have students guess what their partner would do in these situations: **être président de l'université/des États-Unis avoir huit enfants ne pas tolérer le gaspillage**

4 As a variation, bring in celebrity magazines and have students work in pairs and ask each other questions based on pictures of the celebrities.

5 As a warm-up, have students look at the four illustrations and note an adjective to describe each character, which they will use in their answers.

5 As an optional writing activity, have pairs write a short story based on one of the pictures. Then have pairs exchange stories for peer-editing.

5 Prepare a series of sentences with **si** clauses to equal half of the number of students in the class. Write one half of each sentence on an index card. Distribute the cards to students. Students should get up and move around the class, saying their half of the sentence and trying to determine whose clause matches theirs. When they have found their match, they stand together to one side. When all students are paired up, each pair reads their sentence.

6 Have one student be a reporter and the other an environmental expert who is being interviewed.

Synthèse ⓢ Reading

La météo

	Aujourd'hui	Demain	Après-demain
Bruxelles	Max. / Min. 4° C / −1° C	Max. / Min. 8° C / 5° C	Max. / Min. 6° C / 4° C
Dakar	Max. / Min. 22° C / 22° C	Max. / Min. 24° C / 21° C	Max. / Min. 26° C / 23° C
Montréal	Max. / Min. −2° C / −8° C	Max. / Min. 0° C / −4° C	Max. / Min. 4° C / 1° C
Nouméa	Max. / Min. 30° C / 25° C	Max. / Min. 28° C / 24° C	Max. / Min. 31° C / 22° C
Papeete	Max. / Min. 28° C / 24° C	Max. / Min. 26° C / 22° C	Max. / Min. 30° C / 25° C

1 Briefly review weather and related expressions before assigning the activity.

1 **Révision de grammaire** Indiquez si chaque phrase est logique ou illogique.

1. Une fois qu'il sera arrivé à Dakar après-demain, Amadou pourra aller à la plage. Logique

2. Si Sabine était allée à Papeete aujourd'hui, elle aurait pu se bronzer. Illogique

3. Nous ne pourrions pas faire du ski si nous étions à Nouméa demain. Logique

4. Si on visite Bruxelles cette semaine, on mettra un tee-shirt. Illogique

2 As an expansion, have students pretend they are about to leave for a semester abroad, during which they plan to travel around. They should make a list of things they will have done, seen, etc.

2 **Qu'avez-vous compris?** Répondez par des phrases complètes. Utilisez les structures de cette leçon dans vos réponses.

1. Pourquoi n'aurait-on pas pu porter un short et un tee-shirt à Montréal aujourd'hui? On n'aurait pas pu les porter parce qu'il y fait trop froid.

2. Si on veut pratiquer un sport d'été cette semaine, où devra-t-on aller? Si on veut pratiquer un sport d'été, on devra aller à Dakar.

3. Si vous partiez en vacances, quel endroit choisiriez-vous parmi les villes présentées dans les prévisions météo? Pourquoi?

Préparation Ⓢ Audio: Vocabulary

Vocabulaire de la lecture

abriter *to provide a habitat for*
un caillou (des cailloux) *pebble(s)*
l'épanouissement (*m.*) *development*
une ferme *farm*

une huître *oyster*
un lagon *lagoon*
une perle *pearl*
récolter *to harvest*
un requin *shark*
une tortue *turtle*

Vocabulaire utile

un dauphin *dolphin*
une éolienne *wind turbine*
un filet (de pêche) *(fishing) net*
pêcher *to fish*
la plongée (sous-marine/ avec tuba) *diving; snorkeling*
une récolte *harvest*

1 **La rencontre** Un journaliste faisant un reportage en Nouvelle-Calédonie rencontre un pêcheur sur la plage. Complétez leur dialogue à l'aide du vocabulaire fourni dans le tableau.

JOURNALISTE Ça fait longtemps que vous êtes pêcheur?

PÊCHEUR Depuis tout petit. Mon père (1) ___pêchait___ au harpon sur la barrière de corail. Moi, je préfère utiliser (2) ___un filet (de pêche)___.

JOURNALISTE C'est un métier difficile et dangereux?

PÊCHEUR Difficile, oui, dangereux, pas tellement. De temps en temps, on entend parler d'une attaque de (3) ___requins___, mais c'est plutôt rare.

JOURNALISTE Vous travaillez dans ce grand (4) ___lagon___?

PÊCHEUR Oui, il (5) ___abrite___ une grande variété d'espèces. Et puis, mon frère a (6) ___une ferme___ marine où il élève des (7) ___huîtres___ pour les perles. Cette année, (8) ___la récolte___ a été très abondante.

JOURNALISTE Bon, je vous remercie, et bonne continuation.

2 **Les fautes** Vous avez fait un voyage à Tahiti avec un(e) ami(e). Maintenant vous êtes à une soirée où il/elle explique tout ce qui s'est passé. Corrigez ses fautes de vocabulaire.

Modèle
— Nous avons mangé des *cailloux*. C'était délicieux.
— Non, nous avons mangé des huîtres! C'était délicieux.

1. — J'ai passé toute la journée dans un *filet de pêche* à étudier la vie marine.
— ___Non, tu as passé toute la journée dans un lagon à étudier la vie marine.___

2. — Nous avons vu deux fois des *dauphins* marcher sur la plage.
— ___Non, nous avons vu deux fois des tortues marcher sur la plage.___

3. — Les Tahitiens élèvent les huîtres pour leurs *cailloux*.
— ___Non. Les Tahitiens élèvent les huîtres pour leurs perles.___

4. — Les lagons *récoltent* des milliers d'espèces de poissons.
— ___Non, les lagons abritent des milliers d'espèces de poissons.___

3 **La nature et vous** À deux, répondez aux questions et expliquez vos réponses.

1. Aimez-vous la nature? Pourquoi?
2. Quels endroits naturels sont connus pour la diversité de leur flore ou de leur faune?
3. Avez-vous déjà visité un de ces endroits? Si oui, comment était-ce? Sinon, aimeriez-vous en visiter un?
4. Faut-il s'inquiéter de ce qui menace l'environnement dans une autre région du monde?

Practice more at **vhlcentral.com**.

KEY STANDARDS
1.2, 2.1, 2.2, 4.2

Point out that **abriter** can also mean *to house*, as in: **Cet immeuble abrite le siège d'une banque.** *This building houses a bank's headquarters.* It can also mean *to offer shelter*, as in: **Il l'a abrité pour la nuit.** Or it can also be used as a reflexive **s'abriter: Il pleut. Je vais m'abriter sous cet arbre.**

Ask students to create **Une histoire curieuse** using the vocabulary from this page and this lesson's **Pour commencer.** Have groups sit in a circle. Have one student record the story. The first student starts the story with a sentence using a vocabulary word. The student to the right continues the story, and so on, until the group feels that the story is finished. The stories should be creative or even silly. Have groups read their stories aloud.

1 Read each unused word from the vocabulary box aloud. Have pairs create sentences using a few of the words. Then have volunteers share their sentences with the class.

2 Call on two volunteers to act out the **modèle.** Then have pairs read their answers aloud to each other like mini dialogues.

TEACHING OPTION To preview the reading, ask students to share what they already know or have heard about New Caledonia, Tahiti, or pearl farming.

Les Richesses DU PACIFIQUE

S Audio: Reading

Vous avez sans doute entendu parler de la «grande barrière de corail», en Australie. Mais vous ne savez peut-être pas qu'il en existe une autre, très belle aussi, autour de la Nouvelle-Calédonie. Cette île de l'Océanie peut se vanter° d'avoir le lagon le plus vaste du monde. Ce trésor inestimable est connu pour être le deuxième plus grand ensemble corallien du monde. Il mesure 1.600 kilomètres (*1.000 miles*) de long et abrite 15.000 espèces végétales et animales. C'est l'un des temples de la biodiversité marine mondiale. On n'a identifié que 20% des espèces représentées, et de nouvelles espèces y sont régulièrement découvertes. La barrière de corail est aussi l'un des principaux habitats de la tortue verte, la tortue marine la plus rapide. Elle peut nager à plus de 30 km/h (*20 m/h*).

boast

De nombreux dangers menacent le plein épanouissement de la barrière corallienne, en particulier la pollution et la vente de coraux. Cependant, la barrière autour de la Nouvelle-Calédonie est encore en très bon état de préservation. C'est pour protéger cette richesse écologique que le Ministère français de l'aménagement du territoire° et de l'environnement a proposé que la barrière corallienne soit classée au patrimoine mondial de l'UNESCO en 2008. Ce site est ainsi le premier du domaine de l'Outre-mer français° à obtenir cette reconnaissance.

town and country planning

French overseas

Et Tahiti? Quel est à votre avis le premier produit d'exportation de la plus grande île de cet archipel? Les fruits de mer? Pas du tout! C'est la perle noire de culture qui arrive en tête des exportations de la Polynésie française, où on compte aujourd'hui près de 450 fermes perlières. Environ 1.300 personnes vivent de cette industrie. Le Japon et Hong Kong sont les deux principaux pays d'exportation directe, mais la qualité des perles noires venant de Polynésie française est appréciée et reconnue (*acknowledged*) partout dans le monde. Les «richesses» du

Les étapes de la perliculture

La perliculture compte six étapes. Ce sont des procédés très complexes et très délicats. Une fois que l'huître est fécondée° et greffée°, on l'élève pendant dix-huit mois pour qu'elle produise des perles qui sont ensuite récoltées.

fertilized/ grafted

patrimoine océanique sont donc aussi des richesses au sens propre du terme°.

literally

Les beautés naturelles sous-marines sont encore mal connues du grand public. C'est pourquoi il existe des endroits en Polynésie française où l'on fait découvrir aux touristes la faune et la flore d'un lagon. Ce sont les lagoonariums, des réserves aquatiques en milieu naturel. Dans l'archipel de la Société, il en existe deux, à Tahiti et à Bora Bora. Ces aquariums géants ont des bassins° dans lesquels évoluent presque toutes les espèces aquatiques de cette région du monde. On a la possibilité d'assister au repas des requins donné à la main. Le lagoonarium de Bora Bora propose même à ses visiteurs de nager parmi la faune marine.

pools

«L'émerveillement° est le premier pas vers le respect», affirme l'écologiste Nicolas Hulot, président de la fondation écologique qui porte son nom. Il est essentiel de comprendre notre environnement aquatique pour l'admirer et le respecter. Jacques-Yves Cousteau fut un pionnier dans ce domaine en nous faisant découvrir ce monde du silence, dès les années 1950. Préservons notre patrimoine naturel. N'est-ce pas notre plus grande richesse? ∎

wonder

Les richesses naturelles

Analyse

Compréhension Répondez aux questions par des phrases complètes. Answers may vary slightly.

1. Quelles sont les deux plus grandes barrières de corail du monde? Ce sont la «grande barrière de corail» en Australie et la barrière de corail autour de la Nouvelle-Calédonie.
2. Quelle est la caractéristique du lagon de la Nouvelle-Calédonie? C'est le lagon le plus vaste du monde.
3. Pourquoi le lagon de la Nouvelle-Calédonie est-il considéré comme un temple de la biodiversité marine? Parce qu'il abrite 15.000 espèces végétales et animales et on n'a identifié que 20% des espèces représentées.
4. Que sait-on de la tortue verte? Elle habite la barrière de corail de la Nouvelle-Calédonie et elle peut nager à plus de 30 km/h.
5. Quelles sont les deux choses qui menacent la barrière corallienne de la Nouvelle-Calédonie? La pollution et la vente de coraux menacent la barrière corallienne de la Nouvelle-Calédonie.
6. Quelle initiative le gouvernement français a-t-il prise pour aider à sa préservation? Il a proposé qu'elle soit classée au patrimoine mondial de l'UNESCO.
7. Quel est le premier produit d'exportation de Tahiti? C'est la perle noire de culture.
8. La periculture est-elle facile? Non, elle compte six étapes et utilise des procédés très complexes et très délicats.
9. Comment obtient-on une perle? On féconde et on greffe une huître, puis on l'élève pendant dix-huit mois.
10. Qu'est-ce qu'un lagoonarium et que peut-on y faire? C'est une réserve aquatique en milieu naturel. On peut assister au repas des requins donné à la main ou même nager parmi la faune marine.

Les citations À deux, lisez ces deux citations et répondez aux questions.

> La terre n'est pas un don de nos parents, ce sont nos enfants qui nous la prêtent.
> — **Proverbe indien**

> Après moi, le déluge (*flood*).
> — **attribué à Louis XV, roi de France de 1715 à 1774.**

- Que veut dire le proverbe indien? Est-ce un concept qui vous est familier?
- Que dit Louis XV? Pensez-vous qu'il soit sérieux?
- Êtes-vous d'accord avec ces citations? Expliquez.
- D'après vos observations, les gens autour de vous vivent-ils plutôt en accord avec le proverbe indien ou à la Louis XV?

Nos richesses naturelles À deux, faites la liste des richesses naturelles de votre région et dites si vous les considérez comme menacées. Pensez aux animaux, aux plantes, aux paysages, aux richesses du sous-sol (*subsoil*), etc. Puis, comparez votre liste avec celle d'un autre groupe.

Enquête Demandez à des camarades de classe quelle est, d'après eux/elles, la source d'énergie du futur et celle qui devrait être développée le plus rapidement. Notez leurs arguments. Ensuite, présentez vos résultats à la classe.

- l'énergie solaire
- l'huile végétale
- l'hydrogène
- l'énergie hydraulique
- le nucléaire
- l'énergie éolienne

Practice more at **vhlcentral.com**.

Préparation Audio: Vocabulary

KEY STANDARDS
1.2, 2.2, 3.1, 5.2

INSTRUCTIONAL RESOURCES
Supersite: Littérature recording; Scripts; SAM AK
SAM/WebSAM: LM

À propos de l'auteur

Jean-Baptiste Tati-Loutard (1938–2009) est né dans la région de Pointe-Noire, en République du Congo. Il a fait des études à Bordeaux, en France, puis il a enseigné la littérature à l'Université de Brazzaville. Il a écrit plusieurs recueils de poèmes, dont *Les Feux de la planète* (1977), et des nouvelles, comme *Nouvelles chroniques congolaises* (1980). Il a obtenu plusieurs prix, y compris le Grand Prix littéraire de l'Afrique Noire en 1987. C'est un style simple et classique qui caractérise ses œuvres, dans lesquelles il parle du contact de son pays avec la modernité. En 1975, Tati-Loutard est aussi entré en politique et il a servi comme Ministre des Hydrocarbures de 1997 à 2009.

Vocabulaire de la lecture

agiter *to shake*
se balancer *to swing*
doucement *gently*
exhorter *to urge*
faiblir *to weaken*
mêler *to mix*

noueux/noueuse *gnarled*
puiser *to draw from*
raffermi(e) *strengthened*
remuer *to move*
se retourner *to turn over*

Vocabulaire utile

la modernité *modernity*
la nostalgie *nostalgia*
un sens figuré/littéral *figurative/literal sense*
le ton *tone*

SYNONYMES
agiter ⟷ secouer
mêler ⟷ mélanger

Tell students that, to say *in the figurative/literal sense*, it is **au sens figuré/littéral** (not **dans le sens**).

1 **Vocabulaire** Combinez les syllabes du tableau pour former sept mots du nouveau vocabulaire. Ensuite, écrivez sept phrases originales avec ces mots.

douce	re	a	ment
pui	gi	mê	nou
mu	ser	er	fai
eux	blir	ler	ter

agiter, doucement, faiblir, mêler, noueux, puiser, remuer

1 To teach students how to expand their French vocabulary, draw four columns on the board, labeled **substantifs**, **verbes**, **adjectifs**, and **adverbes**. One by one, have volunteers place new vocabulary words in the appropriate columns. Then, challenge students to come up with related parts of speech for each word. Discuss any changes in meaning.

Examples: **un faible, faiblir, faible, faiblement**

un nœud, nouer, noueux

adoucir, doux, doucement

2 **La République du Congo** Que savez-vous de la République du Congo? À deux, répondez à autant de questions de la liste que possible. Ensuite, comparez vos connaissances avec celles de la classe.

- Où, en Afrique, se trouve la République du Congo? en Afrique Centrale
- Quels pays l'entourent? le Cameroun, le Gabon, la République Centrafricaine, la République démocratique du Congo
- Quelle est sa capitale? Brazzaville
- Quelles langues y parle-t-on? le français, le lingala, le monokutuba, le kikongo et d'autres

2 Have a volunteer point out where the Republic of Congo is on a map of Africa.

3 **Préparation** Pour parler de poésie, il faut être sensible aux symboles qui permettent la représentation abstraite d'objets ou de concepts. Dans la littérature, les écrivains emploient parfois des symboles pour enrichir leurs poèmes ou leur prose et en élargir l'interprétation. Réfléchissez à ces symboles. Que représentent-ils pour vous? Comparez vos idées avec celles de vos camarades de classe.

1. un drapeau
2. une croix (*cross*)
3. une colombe (*dove*)
4. une ampoule électrique (*light bulb*)
5. un serpent
6. une balance (*scales*)
7. un cygne (*swan*)
8. une étoile

 Practice more at **vhlcentral.com**.

Baobab

Jean-Baptiste Tati-Loutard

Audio: Reading

Et je me sens raffermi quand ton sang fort Passe dans mon sang.

a broad-trunked tree found primarily in Africa Baobab!° Je suis venu replanter mon être près de toi

Et mêler mes racines à tes racines d'ancêtre;

Je me donne en rêve tes bras noueux

blood Et je me sens raffermi quand ton sang° fort

5 Passe dans mon sang.

weapons Baobab! «l'homme vaut ce que valent ses armes°».

small sign C'est l'écriteau° qui se balance à toute porte de ce monde.

strength Où vais-je puiser tant de forces° pour tant de luttes

brace myself against Si à ton pied je ne m'arc-boute°?

10 Baobab! Quand je serai tout triste

tune Ayant perdu l'air° de toute chanson,

gullets Agite pour moi les gosiers° de tes oiseaux

Afin qu'à vivre ils m'exhortent.

ground/steps Et quand faiblira le sol° sous mes pas°

15 Laisse-moi remuer la terre à ton pied:

Que doucement sur moi elle se retourne! ■

Analyse

1 Discuss this related topic: identification and communication with nature or inanimate objects. Ask: **Vous est-il déjà arrivé de vous confier à un objet, plutôt qu'à une personne? Qu'est-ce que c'était? Lui avez-vous adressé la parole? Cela vous a-t-il aidé(e)? Pourquoi?**

3 Have students work in pairs to flesh out their feelings and ideas.

3 Ask students to think about their first reaction to Tati-Loutard's poem. Did they like it? Ask: **Quelle opinion avez-vous sur Baobab?** Ask them to support their opinion with specific information. They should think about the author's choice of genre, the format of the poem, the imagery, the length, etc. They should also consider what the poem made them think about and what they learned from it.

5 If students are nervous about writing poetry, tell them to simply follow the writing plan without forcing anything that seems unnatural. Encourage them to embrace their own style without worrying about whether or not it is "good poetry."

Compréhension Répondez aux questions. Suggested answers

1. Ce poème s'adresse à qui ou à quoi? Il s'adresse à un arbre.

2. Le narrateur s'identifie avec quoi dans le poème? Il s'identifie avec le baobab.

3. À quoi sert le baobab pour le narrateur? C'est une source de force.

4. Que veut dire «l'homme vaut ce que valent ses armes»? La valeur d'un homme est basée sur sa capacité de faire la guerre ou de lutter.

5. Qu'est-ce que le narrateur demande au baobab? Il lui demande de la force et du soutien.

Interprétation À deux, regardez cette liste de symboles utilisés dans le poème puis discutez de ce qu'ils représentent. Suggested answers

- le baobab l'esprit de l'Afrique
- les racines les ancêtres, les traditions anciennes
- le sang la force dérivée de la tradition
- l'écriteau la pression du monde moderne
- la chanson la motivation, la raison d'être

Expliquez Quels sentiments ce poème évoque-t-il? Faites-en une liste d'au moins cinq. Ensuite, écrivez un paragraphe qui explique les sentiments exprimés dans ce poème.

Discussion D'après Tati-Loutard, «Le poète ne regarde jamais les choses; il se regarde dans les choses». Par groupes de trois, discutez de la façon dont cette idée s'applique à ce poème. Ensuite présentez vos idées à la classe.

Rédaction Écrivez un poème. Suivez le plan de rédaction.

Plan

1 Organisation Pensez à un élément de la nature:

- un animal
- une plante
- une formation géographique
- ?

À quoi vous fait-il penser? Faites une liste de vos idées. Ensuite, faites une liste d'adjectifs qui le décrivent. Utilisez un bon dictionnaire, si nécessaire.

2 Votre poème Écrivez un poème sur le sujet que vous avez choisi selon cette formule.

Premier vers: Nommez votre sujet.

Deuxième vers: Décrivez-le à l'aide de trois adjectifs.

Troisième vers: Décrivez-le à l'aide de deux verbes.

Quatrième vers: Décrivez-le à l'aide d'une phrase complète.

Cinquième vers: Décrivez-le à l'aide d'un seul mot.

3 Conclusion Donnez un titre à votre poème puis lisez-le à la classe.

Les richesses naturelles Vocabulary Tools

La nature

un arc-en-ciel *rainbow*
un archipel *archipelago*
une barrière/un récif de corail *barrier/coral reef*
une chaîne montagneuse *mountain range*
un fleuve/une rivière *river*
une forêt (tropicale) *(rain) forest*
la Lune *Moon*
la mer *sea*
un paysage *landscape; scenery*
le soleil *sun*
une superficie *surface area*
une terre *land*

en plein air *outdoors*
insuffisant(e) *insufficient*
potable *drinkable*
protégé(e) *protected*
pur(e) *pure; clean*
sec/sèche *dry*

Les animaux

une araignée *spider*
un cochon *pig*
un lion *lion*
un mouton *sheep*
un ours *bear*
un poisson *fish*
un singe *monkey*
un tigre *tiger*

Les phénomènes naturels

l'érosion (f.) *erosion*
un incendie *fire*
une inondation *flood*
un ouragan *hurricane*
une pluie acide *acid rain*
le réchauffement climatique *global warming*
la sécheresse *drought*
un tremblement de terre *earthquake*

Se servir de la nature ou la détruire

le bien-être *well-being*
un combustible *fuel*
la consommation d'énergie *energy consumption*
la couche d'ozone *ozone layer*
un danger *danger*
les déchets (m.) *trash*
la déforestation *deforestation*
l'environnement (m.) *environment*
le gaspillage *waste*
un nuage de pollution *smog*
la pollution *pollution*
une ressource *resource*
une source d'énergie *energy source*

chasser *to hunt*
empirer *to get worse*
épuiser *to use up*
être contaminé(e) *to be contaminated*
gaspiller *to waste*
jeter *to throw away*
menacer *to threaten*
nuire à *to harm*
polluer *to pollute*
préserver *to preserve*
prévenir *to prevent*
protéger *to protect*
résoudre *to solve*
respirer *to breathe*
supporter *to put up with*
tolérer *to tolerate*
urbaniser *to urbanize*

en voie d'extinction *endangered*
jetable *disposable*
nuisible *harmful*
renouvelable *renewable*
toxique *toxic*

Court métrage

le braconnage *poaching*
un bûcheron *lumberjack*
la construction *construction*
un dispensaire *clinic*
l'exploitation (f.) *development*
la fabrication *manufacture*

un(e) forestier/forestière *logging industry*
un meuble *piece of furniture*
un(e) militant(e) *activist*
le mobilier *furniture*

abattre *to cut down*
bâtir *to build*
exploiter *to use; to harvest*
râler *to complain*

Culture

un caillou (des cailloux) *pebble(s)*
un dauphin *dolphin*
une éolienne *wind turbine*
l'épanouissement (m.) *development*
une ferme *farm*
un filet (de pêche) *(fishing) net*
une huître *oyster*
un lagon *lagoon*
une perle *pearl*
la plongée (sous-marine/avec tuba) *diving; snorkeling*
une récolte *harvest*
un requin *shark*
une tortue *turtle*

abriter *to provide a habitat for*
pêcher *to fish*
récolter *to harvest*

Littérature

la modernité *modernity*
la nostalgie *nostalgia*
un sens figuré/littéral *figurative/literal sense*
le ton *tone*

agiter *to shake*
se balancer *to swing*
exhorter *to urge*
faiblir *to weaken*
mêler *to mix*
puiser *to draw from*
remuer *to move*
se retourner *to turn over*

noueux/noueuse *gnarled*
raffermi(e) *strengthened*

doucement *gently*

FICHES de GRAMMAIRE

Supplementary Grammar Coverage
for IMAGINEZ

The **Fiches de grammaire** section is an invaluable tool for both instructors and students of intermediate French. It contains additional grammar concepts not covered within the core lessons of **IMAGINEZ**, as well as practice activities. For each lesson in **IMAGINEZ**, two additional grammar topics are offered with corresponding practice.

These concepts are correlated to the lessons in **Structures** by means of the **Bloc-notes** sidebars, which provide the exact page numbers where new concepts are taught in the **Fiches**.

This special supplement allows for great flexibility in planning and tailoring your course to suit the needs of whole classes and/or individual students. It also serves as a useful and convenient reference tool for students who wish to review previously learned material.

Table des matières

1.4

Present tense of regular *-er*, *-ir*, and *-re* verbs

- Most French verbs that end in **-er** follow the same pattern.

parler

je parl**e**	nous parl**ons**
tu parl**es**	vous parl**ez**
il/elle parl**e**	ils/elles parl**ent**

Elle **parle** au téléphone.

BLOC-NOTES

The present tense of spelling-change **-er** verbs is explained in **Structures 1.1, pp. 18–19.**

- Hundreds of verbs follow this pattern. Here are some more regular **-er** verbs.

aimer *(to like, to love)*	donner *(to give)*	oublier *(to forget)*
arriver *(to arrive)*	écouter *(to listen to)*	penser *(to think)*
chercher *(to look for)*	habiter *(to live in)*	regarder *(to watch)*
compter *(to count)*	inviter *(to invite)*	travailler *(to work)*

- Most verbs that end in **-ir** follow this pattern.

finir

je fin**is**	nous fin**issons**
tu fin**is**	vous fin**issez**
il/elle fin**it**	ils/elles fin**issent**

Elle **finit** ses devoirs.

BLOC-NOTES

A handful of **-ir** verbs are irregular. To find out more about irregular **-ir** verbs, see **Structures 4.3, pp. 142–143.**

- Here are some more regular **-ir** verbs.

choisir *(to choose)*	maigrir *(to lose weight)*	réfléchir *(to think (about))*
grossir *(to gain weight)*	obéir (à) *(to obey)*	réussir (à) *(to succeed)*

- Most verbs that end in **-re** follow this pattern.

vendre

je vend**s**	nous vend**ons**
tu vend**s**	vous vend**ez**
il/elle vend	ils/elles vend**ent**

Il **vend** un appareil photo.

BLOC-NOTES

Irregular **-re** verbs are explained in **Structures 6.3, pp. 220–221.**

- Here are some more regular **-re** verbs.

attendre *(to wait (for))*	descendre *(to go down)*	perdre *(to lose)*
défendre *(to defend)*	entendre *(to hear)*	répondre *(to answer)*

Mise en pratique

1

À compléter Employez la forme correcte des verbes entre parenthèses.

1. Tu _____joues_____ (jouer) au tennis samedi après-midi?

2. Mon cousin _____obéit_____ (obéir) toujours à ses parents.

3. Nous _____habitons_____ (habiter) à New York.

4. On _____grossit_____ (grossir) quand on mange trop de pâtes.

5. Mes frères _____partagent_____ (partager) un bel appartement.

6. Vous _____vendez_____ (vendre) votre vélo?

7. Ces étudiants _____s'entendent_____ (s'entendre) bien.

8. Je _____compte_____ (compter) sur ma meilleure amie.

2

À choisir Choisissez les verbes qui complètent logiquement ces paragraphes. Faites tous les changements nécessaires. Chaque verbe n'est utilisé qu'une seule fois.

agacer	écouter	finir	quitter
aimer	énerver	oublier	réussir
attendre	entendre	perdre	rêver
se disputer	étudier	poser	téléphoner

A. Nicolas, avant d'aller au cinéma, tu (1) _____finis_____ tes devoirs. D'accord? Tu (2) _____attends_____ toujours la dernière minute. Tu (3) _____perds_____ ton temps et ça m' (4) _____énerve/agace_____! Je ne suis pas contente. Est-ce que tu m' (5) _____entends_____? Pourquoi est-ce que tu ne m' (6) _____écoutes_____ jamais? Les élèves qui n' 1(7) _____étudient_____ pas ne (8) _____réussissent_____ pas au bac, tu sais!

B. J'en ai marre de mon petit ami. Il est charmant, mais il (9) _____oublie_____ toujours nos rendez-vous. Je ne peux pas vous dire combien il m' (10) _____agace/énerve_____! Nous (11) _____nous disputons_____ souvent parce qu'il me (12) _____pose_____ des lapins et qu'il ne me (13) _____téléphone_____ pas. Je l' (14) _____aime_____ toujours, mais je (15) _____rêve_____ d'un petit ami plus sensible. Alors, c'est décidé. Ce week-end, je le (16) _____quitte_____.

3

Assemblez Assemblez les éléments des trois colonnes pour créer des phrases. Ajoutez tous les mots nécessaires.

A	B	C
je	aimer	appartement
le prof	arriver	chocolat
mon/ma camarade de chambre	choisir	cours
	descendre	devoirs
ma sœur	écouter	gare
mon ami(e)	finir	hôtel
mon frère	habiter	montre
mes parents	perdre	musique
mon/ma petit(e) ami(e)	répondre	sac
nous	rester	question
tu	vendre	voiture
?	?	?

1.5

The imperative

- Use the imperative to give a command or make a suggestion.

Attends le bus!	**Attendons** le bus!	**Attendez** le bus!
Wait for the bus!	*Let's wait for the bus!*	*Wait for the bus!*

- The imperative forms of **-ir** and **-re** verbs are the same as the present tense forms.

finir		répondre	
Present	**Imperative**	**Present**	**Imperative**
Tu finis.	Finis!	**Tu réponds.**	Réponds!
Nous finissons.	Finissons!	**Nous répondons.**	Répondons!
Vous finissez.	Finissez!	**Vous répondez.**	Répondez!

- Form the **tu** command of **-er** verbs by dropping the **-s** from the present tense form. The **nous** and **vous** forms are the same as the present tense forms.

danser	
Present	**Imperative**
Tu danses.	Danse!
Nous dansons.	Dansons!
Vous dansez.	Dansez!

- The imperative forms of **être**, **avoir**, and **savoir** are irregular.

avoir:	aie	ayons	ayez
être:	sois	soyons	soyez
savoir:	sache	sachons	sachez

Sois sage!	**Ayons** de la patience!	**Sachez** que nous fermons.
Be good!	*Let's have patience!*	*Be advised that we're closing.*

- In negative commands, place **ne... pas** around the verb.

Ne sois **pas** nerveux!	**N'oubliez pas** notre rendez-vous!
Don't be nervous!	*Don't forget our date!*

- In affirmative commands, object pronouns and reflexive pronouns follow the verb and are joined by a hyphen. In negative commands, pronouns are placed in front of the verb with no hyphen.

Donnez-**les-moi**!	Ne **me les** donnez pas!
Give them to me!	*Don't give them to me!*
Lève-**toi**!	Ne **te** lève pas!
Get up!	*Don't get up!*

ATTENTION!

Although **aller** is irregular, like other **-er** verbs, it has no **-s** on the **tu** command form.

Va au marché!
Go to the market!

ATTENTION!

Do not drop the **-s** from the **tu** form of a command when it is followed by a pronoun that begins with a vowel.

Vas-y!
Go (there)!

Manges-en!
Eat some!

BLOC-NOTES

To review pronoun order, see **Structures 5.3, pp. 180–181.**

Mise en pratique

1 **Que fait-on?** Employez l'impératif pour donner des ordres ou pour faire des suggestions.

> **Modèle** **Vous parlez à votre fiancé(e): vous téléphoner**
>
> Téléphone-moi!

Vous parlez à...		
votre fiancé(e):	**de nouveaux étudiants:**	**un(e) ami(e) de ce que vous pouvez faire ensemble:**
1. aller à la bibliothèque _Va à la bibliothèque!_	6. faire attention aux profs _Faites attention aux profs!_	11. aller au cinéma _Allons au cinéma!_
2. compter sur vous _Compte sur moi!_	7. se lever tôt _Levez-vous tôt!_	12. prendre un verre _Prenons un verre!_
3. écrire souvent _Écris-moi souvent!_	8. aller en cours _Allez en cours!_	13. écouter de la musique _Écoutons de la musique!_
4. me donner la main _Donne-moi la main!_	9. avoir confiance _Ayez confiance!_	14. nager à la piscine _Nageons à la piscine!_
5. vous attendre après le cours _Attends-moi après le cours!_	10. ne pas sortir le samedi _Ne sortez pas le samedi!_	15. ne pas rester à la maison _Ne restons pas à la maison!_

2 **De bons conseils** Que dites-vous dans ces situations? Utilisez l'impératif. Suggested answers

1. Votre frère cadet refuse de boire son jus d'orange. Bois ton jus d'orange!

2. Vous étudiez et vos camarades de chambre parlent très fort. Parlez moins fort!

3. Vous demandez à vos parents de vous envoyer de l'argent. Envoyez-moi de l'argent!

4. Votre meilleur ami part en vacances. Amuse-toi bien!

5. Il est dix heures du soir et votre petite sœur ne veut pas se coucher. Couche-toi!

6. Vous et votre ami(e) avez faim. Mangeons!

3 **Que disent-ils?** Écrivez une phrase à l'impératif qui convient à chaque image.

1.

2.

3.

4.

2.4

Nouns and articles

- Definite and indefinite articles agree in gender and number with the nouns they modify.

	Definite articles		Indefinite articles	
	singular	plural	singular	plural
masculine	**le** musicien	**les** musiciens	**un** musicien	**des** musiciens
feminine	**la** musicienne	**les** musiciennes	**une** musicienne	**des** musiciennes

- The gender of nouns that refer to people typically matches the gender of the person: **un garçon** / **une fille**; **un chanteur** / **une chanteuse**; **un enfant** / **une enfant**.

- Certain noun endings provide clues to their gender.

ATTENTION!

There are several exceptions to these gender rules. When in doubt, use a dictionary.

l'eau (*f.*)	**la fin**
le génie	**le lycée**
la main	**le musée**
la peau	**la plage**

Typical masculine endings

-age le voyage	**-asme** le sarcasme	**-if** le tarif
-ail le travail	**-eau** le bureau	**-in** le bassin
-ain l'écrivain	**-ent** l'argent	**-isme** le surréalisme
-al le journal	**-et** le bonnet	**-ment** le dépaysement
-as le repas	**-ier** le clavier	**-oir** le pouvoir

Typical feminine endings

-ace la place	**-ère** la boulangère	**-sion** l'expression
-ade la charade	**-esse** la tristesse	**-té** la responsabilité
-aine la laine	**-ette** l'assiette	**-tié** l'amitié
-ance la chance	**-euse** la chanteuse	**-tion** l'addition
-ée la journée	**-ie** la pâtisserie	**-trice** l'actrice
-ence la compétence	**-ière** la cuisinière	**-ture** la rupture

- To form the plural of most French nouns, add an **-s**. If a singular noun ends in **-s**, **-x**, or **-z**, its plural form remains the same: **le gaz** → **les gaz**; **le pays** → **les pays**; **la voix** → **les voix.**

- If a singular noun ends in **-au**, **-eau**, **-eu**, or **-œu**, its plural form usually ends in **-x**. If a singular noun ends in **-al**, drop the **-al** and add **-aux**.

ATTENTION!

Here are a few exceptions.

le bijou (*jewel*)	**les bijoux**
le caillou (*pebble*)	**les cailloux**
le carnaval	**les carnavals**
le festival	**les festivals**
le récital	**les récitals**
le pneu	**les pneus**
le travail	**les travaux**

le chapeau	**le jeu**	**le cheval**
les chapeaux	**les jeux**	**les chevaux**

- A few nouns have very irregular plural forms: **l'œil** → **les yeux**; **le ciel** → **les cieux**; **le monsieur** → **les messieurs.**

Mise en pratique

1

Masculin ou féminin? Ajoutez les articles indéfinis.

1. __un__ acteur
2. __une__ charcuterie
3. __un__ appartement
4. __une__ nation
5. __une__ parade
6. __un__ cahier
7. __une__ pharmacienne
8. __une__ adresse
9. __un__ château
10. __un__ miroir

11. __un__ tarif
12. __un__ changement
13. __un__ animal
14. __un__ lundi
15. __une__ chance
16. __une__ coiffeuse
17. __une__ compétition
18. __une__ idée
19. __un__ million
20. __un__ mariage

2

Les pluriels Dans les phrases suivantes, mettez au pluriel les noms soulignés. Faites tous les autres changements nécessaires.

1. On a volé <u>mon bijou</u>!

   On a volé mes bijoux!

2. <u>Ce mois</u> passe rapidement.

   Ces mois passent rapidement.

3. L'aspirine n'est pas bonne pour <u>son mal</u> de ventre.

   L'aspirine n'est pas bonne pour ses maux de ventre.

4. Hélène aime <u>son</u> nouveau <u>chapeau</u>.

   Hélène aime ses nouveaux chapeaux.

5. <u>Le chat</u> a fait beaucoup de bruit.

   Les chats ont fait beaucoup de bruit.

6. C'est papa qui a préparé <u>le repas</u>.

   C'est papa qui a préparé les repas.

7. Tu as acheté <u>la chemise</u> noire?

   Tu as acheté les chemises noires?

8. <u>La couleur</u> de cet arbre est très belle en automne.

   Les couleurs de cet arbre sont très belles en automne.

9. As-tu connu <u>le fils</u> de Monsieur Sévigny?

   As-tu connu les fils de Monsieur Sévigny?

10. <u>Le feu</u> a commencé à cause d'une allumette.

    Les feux ont commencé à cause d'une allumette.

3

Ma ville idéale Employez des articles définis et indéfinis pour parler de votre ville idéale. Utilisez le vocabulaire de la Leçon 2 autant que possible.

Modèle　Les embouteillages ne me gênent pas, mais la vie nocturne doit être animée.

2.5

Il est and *c'est*

- **C'est** and **il/elle est** can both mean *it is* or *he/she is*. **Ce sont** and **ils/elles sont** mean *they are*. All of these expressions can refer to people or things.

- Use **c'est** and **ce sont** to identify people or things.

  C'est mon stylo. **Ce sont** mes amis.
  It's my pen. *They're my friends.*

C'est la famille Delorme.

- Use **il/elle est** and **ils/elles sont** to describe specific people or things that have been previously mentioned.

  Essayez ce pain au chocolat! Voici Madame Duval et sa fille.
  Il est vraiment délicieux! **Elles sont** bilingues.
  Try this chocolate croissant. *Here are Mrs. Duval and her daughter.*
  It's really delicious! *They're bilingual.*

- When stating a person's nationality, religion, political affiliation, or profession, **il/elle est** and **c'est un/une**, and their respective plural forms **ils/elles sont** and **ce sont des**, are both correct. If you include an adjective, you can only use **c'est un/une** or **ce sont des**.

  Il est journaliste. **C'est un** journaliste. **C'est un** journaliste célèbre.
  He's a journalist. *He's a journalist.* *He's a famous journalist.*

- To describe an idea or concept expressed as an infinitive rather than a noun, use the impersonal construction **il est** + [*adjective*] + **de** (**d'**) + [*infinitive*].

  Il est important de se brosser **Il est essentiel d'apprendre**
  les dents après les repas. une langue étrangère à l'école.
  It's important to brush one's *It's essential to learn*
  teeth after meals. *a foreign language at school.*

- Use **c'est** + [*adjective*] + **à** + [*infinitive*] if the object of the infinitive is not stated immediately after it or not stated at all. Compare these sentences.

  Il est facile de vendre Une maison, **c'est facile** **C'est facile**
  une maison. **à vendre**. **à vendre!**
  It's easy to sell *A house is easy* *It's easy*
  a house. *to sell.* *to sell!*

- Use **c'est** + [*adjective*] to describe an idea or concept that has already been mentioned or stated earlier in a sentence.

  Se brosser les dents après les repas, J'apprends une langue étrangère à l'école.
  c'est important. **C'est** vrai!
  Brushing one's teeth after meals *I'm learning a foreign language at school.*
  is important. *It's true!*

ATTENTION!

Note that no definite article is used with **il/elle est** and **ils/elles sont**.

Il est médecin.
He's a doctor.

Elles sont socialistes.
They're socialists.

ATTENTION!

Because infinitives and concepts typically have no gender, use only **il est** or **c'est** with them, never **elle est**. An adjective following **il est** or **c'est** is always in the masculine singular form.

Mise en pratique

1 **À compléter** Complétez les phrases suivantes à l'aide des expressions de la liste.

c'est	il est	ils sont
ce sont	elle est	elles sont

1. _____C'est_____ mon ami, Jacques. _____Il est_____ étudiant. _____C'est_____ un très bon ami.

2. _____Ce sont_____ les parents de Jean-Marc. _____Ils sont_____ canadiens. Son père, _____il est_____ infirmier et sa mère, _____elle est_____ avocate.

3. _____C'est_____ notre chien, Rufus. _____C'est_____ un berger allemand (*German shepherd*). _____Il est_____ génial!

4. _____Ce sont_____ Louise et Michèle. _____Elles sont_____ camarades de chambre. Louise, _____elle est_____ timide et tranquille. Michèle, _____elle est_____ plutôt mélancolique.

5. _____C'est_____ mon bureau. _____Il est_____ grand et confortable. _____Il est_____ facile d'y travailler.

2 **Descriptions** Répondez aux questions. Ensuite, présentez vos descriptions à la classe.

1. Votre meilleur(e) ami(e): Qui est-ce? Comment est-il/elle physiquement? Quel genre de personnalité a-t-il/elle?

2. Une personne célèbre: Qui est-ce? Que fait-il/elle dans la vie? Comment est-il/elle physiquement? Est-ce que vous l'aimez bien? Pourquoi?

3. Une personne que vous admirez: Qui est-ce? Que fait-il/elle dans la vie? Quel genre de personnalité a-t-il/elle? Pourquoi l'admirez-vous?

4. La voiture de vos rêves: Qu'est-ce que c'est? Comment est-elle? Pourquoi vous plaît-elle?

3 **Qui est-ce?** Inventez une identité pour chaque personne. Identifiez-les et décrivez-les. Écrivez au moins trois phrases par photo.

Modèle C'est Francine. Elle est reporter. Elle est très professionnelle.

1.

2.

3.4

Possessive adjectives

- Possessive adjectives are used to express ownership or possession.

English meaning	masculine singular	feminine singular	plural
my	**mon**	**ma**	**mes**
your (familiar and singular)	**ton**	**ta**	**tes**
his, her, its	**son**	**sa**	**ses**
our	**notre**	**notre**	**nos**
your (formal or plural)	**votre**	**votre**	**vos**
their	**leur**	**leur**	**leurs**

- Possessive adjectives are placed before the nouns they modify.

C'est **ta** radio?   Non, mais c'est **ma** télévision.
Is that your radio?   *No, but that's my television.*

- Unlike English, French possessive adjectives agree in gender and number with the object owned rather than the owner.

mon magazine   **ma** bande dessinée   **mes** journaux
my magazine   *my comic strip*   *my newspapers*

- **Notre** and **votre** are used with singular nouns whether they are masculine or feminine.

notre neveu   **notre** nièce   **votre** oncle   **votre** tante
our nephew   *our niece*   *your uncle*   *your aunt*

- Regardless of gender, the plural forms of **notre** and **votre** are **nos** and **vos**.

nos cousins   **nos** cousines   **vos** frères   **vos** sœurs
our cousins   *our (female) cousins*   *your brothers*   *your sisters*

- The possessive adjectives **son**, **sa**, and **ses** reflect the gender and number of the noun possessed, not the owner. Context should tell you whether they mean *his* or *her*.

son père   **sa** mère   **ses** parents
his/her father   *his/her mother*   *his/her parents*

- Use **mon**, **ton**, and **son** before a feminine singular noun or adjective that begins with a vowel sound.

mon amie Nathalie   ***but***   **ma** meilleure amie Nathalie
my friend Nathalie   *my best friend Nathalie*

son ancienne publicité   ***but***   **sa** publicité
his/her/its former advertisement   *his/her/its advertisement*

ATTENTION!

Remember, you cannot use *'s* to express relationship or to show possession in French. Use **de** or **d'** along with the noun instead.

la maison de ma mère
my mother's house

Mise en pratique

1

À choisir Pour chaque phrase, choisissez l'adjectif possessif qui convient.

1. Le photographe a perdu (son /sa /ses) appareil photo!
2. Est-ce que c'est (ton / ta / tes) ordinateur?
3. Je vous présente (mon / ma / mes) parents.
4. Ils ont oublié (leur / leurs) parapluie?
5. Vous aimez ce magazine? Ma sœur adore (son / ses / sa) rubrique société.
6. Cette annonce est nulle! Voilà (mon / ma / mes) opinion!
7. (Votre / Vos) amis sont sympathiques.
8. La vedette n'a pas assisté à la première de (son / sa / ses) film.
9. Les critiques ont beaucoup aimé (notre / nos) documentaire.
10. Tu es sorti avec (ton / ta / tes) petite amie?

2

À compléter Trouvez le bon adjectif possessif.

1. (my) ___Mon___ copain habite un grand immeuble en ville.
2. (his) ___Sa___ femme est critique de cinéma.
3. (her) ___Son___ opinion est toujours impartiale.
4. (their) ___Leurs___ cousins sont arrivés hier soir.
5. (your, fam.) ___Tes___ cours sont intéressants?
6. (our) ___Nos___ moyens de communication sont modernes.
7. (its) ___Ses___ sous-titres sont en anglais.
8. (your, formal) ___Votre___ voisin est animateur de radio?

3

C'est ton...? Pour chaque groupe de mots, écrivez la question et répondez-y par oui ou par non. Employez les adjectifs possessifs qui correspondent.

Modèle **tu / cahier / elle**
—C'est ton cahier?
—Non, c'est son cahier.

1. vous / parents / nous
   Ce sont vos parents?
   Oui, ce sont nos parents.
2. ils / voiture / nous
   C'est leur voiture?
   Non, c'est notre voiture.
3. je / devoirs / tu
   Ce sont mes devoirs?
   Oui, ce sont tes devoirs.
4. elle / télévision / je
   C'est sa télévision?
   Non, c'est ma télévision.
5. tu / vedette préférée / il
   C'est ta vedette préférée?
   Non, c'est sa vedette préférée.
6. nous / professeur / vous
   C'est notre professeur?
   Oui, c'est votre professeur.

3.5

The *imparfait*: formation and uses

- The **imparfait** is used to talk about what used to happen or to describe conditions in the past.

Ils **regardaient** le feuilleton
tous les jours.
*They used to watch the soap opera
every day.*

Ce journaliste **avait** une
bonne réputation.
*This journalist had a
good reputation.*

- To form the **imparfait**, drop the **-ons** from the **nous** form of the present tense, and add these endings.

	penser (nous pens~~ons~~)	finir (nous finiss~~ons~~)	vendre (nous vend~~ons~~)
je	pens**ais**	finiss**ais**	vend**ais**
tu	pens**ais**	finiss**ais**	vend**ais**
il/elle	pens**ait**	finiss**ait**	vend**ait**
nous	pens**ions**	finiss**ions**	vend**ions**
vous	pens**iez**	finiss**iez**	vend**iez**
ils/elles	pens**aient**	finiss**aient**	vend**aient**

- Irregular verbs, too, follow this pattern: **j'allais, j'avais, je buvais, je faisais, je sortais**, etc.

- Only the verb **être** is irregular in the **imparfait**.

The imparfait of être

j'**étais**	nous **étions**
tu **étais**	vous **étiez**
il/elle **était**	ils/elles **étaient**

Elle **était** fatiguée.

- The **imparfait** is used to talk about actions that took place repeatedly or habitually.

Nous **faisions** du jogging le matin.
We went jogging every morning.

Je **lisais** toujours mon horoscope.
I always used to read my horoscope.

- When narrating a story in the past, the **imparfait** is used to set the scene, such as describing the weather, what was going on, the time frame, and so on.

Il **faisait** froid.
It was cold.

Il n'y **avait** personne dans le parc.
There was no one in the park.

- The **imparfait** is used to describe states of mind that continued over an unspecified period of time in the past.

Nous **avions** peur.
We were afraid.

Je **voulais** partir.
I wanted to leave.

Mise en pratique

1 **À compléter** Mettez les verbes à l'imparfait pour compléter ce paragraphe.

Quand j' (1) _____étais_____ (être) petit, j' (2) _____avais_____ (avoir) beaucoup

de copains. Nous (3) _____faisions_____ (faire) du vélo et nous (4) _____jouions_____

(jouer) dans le parc, en face de notre école. J' (5) _____étais_____ (être) un élève

assez sérieux. L'après-midi, mon meilleur ami et moi, nous (6) _____étudiions_____

(étudier) ensemble. Je ne (7) _____regardais_____ (regarder) pas trop la télé parce que

mes parents (8) _____pensaient_____ (penser) que les publicités (9) _____étaient_____

(être) mauvaises pour les enfants. Mais j' (10) _____aimais_____ (aimer) aller

au cinéma avec mon frère. Il (11) _____était_____ (être) plus fort que moi. Il

me (12) _____protégeait_____ (protéger) contre les garçons trop agressifs et il

me (13) _____permettait_____ (permettre) de sortir avec lui quelquefois. Il

n' (14) _____était_____ (être) pas toujours gentil, mais je l' (15) _____adorais_____

(adorer) quand même.

2 **Quand j'avais huit ans** Utilisez les éléments donnés pour dire comment vous étiez à l'âge de huit ans.

> **Modèle** **avoir peur des monstres sous son lit**
> J'avais peur des monstres sous mon lit.
> J'appelais mes parents au milieu de la nuit!

1. avoir peur des monstres sous son lit
2. manger beaucoup de bonbons
3. jouer au football
4. offrir des cadeaux à ses parents
5. lire des bandes dessinées
6. ranger souvent sa chambre
7. aider sa mère ou son père
8. embêter son frère ou sa sœur
9. jouer à des jeux vidéo
10. faire du vélo

3 **Il y a dix ans** Comparez ces deux scènes. C'était comment il y a dix ans? C'est comment aujourd'hui?

Il y a dix ans   Aujourd'hui

4.4

Demonstrative adjectives

- Demonstrative adjectives specify a noun to which a speaker is referring. They mean *this/these* or *that/those*. They can refer to people or things.

Ce cadeau est pour toi.

Demonstrative adjectives		
	singular	**plural**
masculine (before a consonant)	ce	
masculine (before a consonant)	cet	ces
feminine	cette	

Ce drapeau est bleu, blanc et rouge.	**Cette** croyance est absurde, à mon avis.	**Ces** droits sont très importants.
This (That) flag is blue, white, and red.	*That (This) belief is absurd, in my opinion.*	*These (Those) rights are very important.*

- A noun must be masculine singular and begin with a vowel sound in order to use **cet**.

Cet homme politique était victorieux.	**Cet** avocat défend les minorités.
This (That) politician was victorious.	*This (That) lawyer defends minorities.*

- **Ce**, **cet**, **cette**, and **ces** can refer to a noun that is near (*this/these*) or far (*that/those*). Context will usually make the meaning clear.

- To distinguish between two different nouns of the same kind, add **-ci** (*this/these*) or **-là** (*that/those*) to the noun.

Ce parti politique-**ci** est libéral.	**Ce** parti politique-**là** est conservateur.
This political party is liberal.	*That political party is conservative.*

- The suffixes **-ci** and **-là** can also be used together to distinguish between similar items that are near and far.

Je voudrais **ce** gâteau-**ci**, s'il vous plaît, pas **ce** gâteau-**là**.	On a lu **ces** magazines-**ci** et **ces** magazines-**là** aussi.
I would like this cake (here), please, not that cake (there).	*We read these magazines (here) and those magazines (there) too.*

ATTENTION!

Use **cet** before an adjective that begins with a vowel sound and precedes a masculine singular noun.

cet ancien professeur de littérature
this former literature professor

Do not use **cet** before an adjective that begins with a consonant, even if the noun is masculine singular and begins with a vowel sound.

ce jeune homme
this young man

These exceptions occur with adjectives that are placed before the nouns they modify. Most adjectives go after the noun.

Mise en pratique

1 **À remplacer** Remplacez le singulier par le pluriel et vice versa.

Modèle **Cette voiture est vieille.**
Ces voitures sont vieilles.

1. Ces hommes politiques sont puissants.
   _____Cet homme politique est puissant._____

2. Ce juge est juste.
   _____Ces juges sont justes._____

3. Ces criminels sont analphabètes.
   _____Ce criminel est analphabète._____

4. Ces voleuses veulent fuir.
   _____Cette voleuse veut fuir._____

5. Ce terroriste désire faire la guerre.
   _____Ces terroristes désirent faire la guerre._____

6. Ces activistes sont fâchés.
   _____Cet activiste est fâché._____

2 **Je déteste mon quartier!** Ajoutez les adjectifs démonstratifs qui conviennent.

Je déteste habiter dans (1) ____ce____ quartier. On entend toujours du bruit
à cause de (2) ____ce____ commissariat de police et de (3) ____cette____
caserne de pompiers. Et regardez (4) ____cette____ place! (5) ____Ce____
palais de justice est trop moderne, à mon avis. (6) ____Ces____ autres édifices
sont vraiment laids! (7) ____Ce____ jardin public n'est jamais propre parce
que (8) ____cette____ poubelle est trop petite. Vous voyez (9) ____cette____
circulation et (10) ____ces____ embouteillages? Quelle horreur! En plus,
(11) ____cette____ rue n'a même pas de trottoir et (12) ____cet____ arrêt de
bus n'a pas d'abri.

3 **Préférences** À l'aide du vocabulaire de la liste, dites quelles sont vos préférences et
expliquez pourquoi. Employez des adjectifs démonstratifs.

Modèle J'aime le musée du Louvre. J'aime ce musée parce que...

chiens	passe-temps
dessert	réalisateur/réalisatrice
film	restaurant
jardin public	saison
légumes	sports
magasin	station de radio
musée	voiture
parti politique	?

4.5

The *passé simple*

- The **passé simple** is the literary equivalent of the **passé composé**. Like the **passé composé**, it denotes actions and events that have been completed in the past.

Passé composé	Passé simple
Elle a lu le livre. *She read the book.*	**Elle lut le livre.** *She read the book.*

- To form the stem of the **passé simple**, you usually drop the **-er**, **-re**, or **-ir** ending from the infinitive. Then add these endings for regular verbs.

-er verbs: donner		-ir verbs: choisir		-re verbs: rendre	
je	donn**ai**	je	chois**is**	je	rend**is**
tu	donn**as**	tu	chois**is**	tu	rend**is**
il/elle	donn**a**	il/elle	chois**it**	il/elle	rend**it**
nous	donn**âmes**	nous	chois**îmes**	nous	rend**îmes**
vous	donn**âtes**	vous	chois**îtes**	vous	rend**îtes**
ils/elles	donn**èrent**	ils/elles	chois**irent**	ils/elles	rend**irent**

- Here are the **passé simple** forms of some common irregular verbs.

	être	avoir	faire	venir
je	fus	eus	fis	vins
tu	fus	eus	fis	vins
il/elle	fut	eut	fit	vint
nous	fûmes	eûmes	fîmes	vînmes
vous	fûtes	eûtes	fîtes	vîntes
ils/elles	furent	eurent	firent	vinrent

- The **passé simple** stems of many irregular verbs are based on their past participles.

	boire (bu)	lire (lu)	partir (parti)	rire (ri)
je	bus	lus	partis	ris
tu	bus	lus	partis	ris
il/elle	but	lut	partit	rit
nous	bûmes	lûmes	partîmes	rîmes
vous	bûtes	lûtes	partîtes	rîtes
ils/elles	burent	lurent	partirent	rirent

ATTENTION!

Because the **passé simple** is a literary tense, it is not usually spoken unless a person is reading a text aloud. It is most important that readers be able to recognize and understand it.

ATTENTION!

Although **aller** is an irregular verb, in the **passé simple** it is like other **-er** verbs.

j'allai	**nous allâmes**
tu allas	**vous allâtes**
il/elle alla	**ils/elles allèrent**

ATTENTION!

Several verbs have very irregular forms in the **passé simple**, such as **naître: naqui-** and **mourir: mouru-**. Look verbs up in a dictionary or use the verb conjugation tables in the appendix until you learn to recognize them.

ATTENTION!

The **passé simple** stems of these verbs are also based on their past participles: **connaître**, **croire**, **devoir**, **fuir**, **mettre**, **plaire**, **pouvoir**, **savoir**, **sortir**, and **vivre**.

Mise en pratique

1

À identifier Identifiez l'infinitif de ces verbes puis donnez leur passé composé.

Modèle **je vendis**
vendre: j'ai vendu

1. nous fîmes   faire: nous avons fait
2. vous eûtes   avoir: vous avez eu
3. je chantai   chanter: j'ai chanté
4. il alla   aller: il est allé
5. tu vins   venir: tu es venu(e)

6. Michel finit   finir: Michel a fini
7. je dus   devoir: j'ai dû
8. elles connurent   connaître: elles ont connu
9. vous rendîtes   rendre: vous avez rendu
10. elle fut   être: elle a été

2

À transformer Mettez ces phrases au passé composé.

1. Ils allèrent en Asie.

   Ils sont allés en Asie.

2. Je mangeai une pizza et je bus un coca.

   J'ai mangé une pizza et j'ai bu un coca.

3. Vous fîtes un voyage en Australie.

   Vous avez fait un voyage en Australie.

4. Nous vînmes avec Stéphanie et Paul.

   Nous sommes venu(e)s avec Stéphanie et Paul.

5. Il eut un accident de voiture.

   Il a eu un accident de voiture.

6. Tu vendis ta maison.

   Tu as vendu ta maison.

7. Lise et Luc finirent leurs devoirs.

   Lise et Luc ont fini leurs devoirs.

8. Catherine fit sa valise.

   Catherine a fait sa valise.

3

Un scandale Remplacez le passé simple par le passé composé.

Un homme kidnappa la femme d'un député. Il téléphona au député au milieu de la nuit et le menaça. Il demanda la liberté de quelques terroristes emprisonnés. Heureusement, le criminel était plutôt bête parce qu'on sut tout de suite son numéro de téléphone et on l'arrêta le lendemain. Quand il se présenta devant le tribunal, le juge prononça une sentence assez sévère. L'homme passa 15 ans en prison.

Un homme a kidnappé la femme d'un député. Il a téléphoné au député au milieu de la nuit et l'a menacé. Il a demandé la liberté de quelques terroristes emprisonnés. Heureusement, le criminel était plutôt bête parce qu'on a su tout de suite son numéro de téléphone et on l'a arrêté le lendemain. Quand il s'est présenté devant le tribunal, le juge a prononcé une sentence assez sévère. L'homme a passé 15 ans en prison.

5.4

Object pronouns

- Direct and indirect object pronouns generally precede the verbs of which they are objects. In a simple tense, such as the present, the **futur**, or the **imparfait**, the object pronoun is placed in front of the verb.

Philippe **me** téléphone quelquefois.

Direct object pronouns		Indirect object pronouns	
me / m'	nous	me / m'	nous
te / t'	vous	te / t'	vous
le / la / l'	les	lui	leur

ATTENTION!

In the third person, singular direct object pronouns have gender. The indirect object pronoun **lui** does not. **Lui** and **leur** refer only to people and animals. Direct object pronouns **le**, **la**, and **les** refer to people, animals, or things.

Nous le voyons.
We see him/it.

Nous la voyons.
We see her/it.

Nous lui parlons.
We are speaking to him/her.

- Direct object pronouns directly receive the action of a verb.

Je **l'**aime.
I love him/her.

Elles **nous** voient.
They see us.

- Indirect object pronouns identify *to* whom or *for* whom an action is done.

Tu **me** parles?
Are you speaking to me?

Elle **vous** a acheté une robe bleue?
She bought a blue dress for you?

- When a pronoun is the object of a compound tense, such as the **passé composé**, it is placed in front of the helping verb.

Vous **l'**avez attendu?
Did you wait for him/it?

Je **lui** ai envoyé une lettre.
I sent him/her a letter.

- When a pronoun is the object of an infinitive, it is placed in front of the infinitive.

Nous voudrions **t'**inviter
chez nous.
*We would like to invite you
to our place.*

Elle va **leur** écrire une
carte postale.
*She's going to write them
a postcard.*

ATTENTION!

In most negative sentences, place **ne... pas** around the object pronoun and the conjugated verb.

Il ne m'aime pas.
He doesn't like me.

Je ne t'ai pas vu(e).
I didn't see you.

In sentences with infinitives, **ne... pas** goes around the conjugated verb, but the object pronoun usually goes before the infinitive.

Tu ne vas pas l'écouter.
You're not going to listen to it.

Mise en pratique

1

À réécrire Réécrivez ces phrases et remplacez les mots soulignés par des pronoms d'objet direct ou indirect.

1. Nous avons répondu <u>au professeur</u>.

   _____ Nous lui avons répondu. _____

2. J'ai perdu <u>mon sac</u>.

   _____ Je l'ai perdu. _____

3. Vous avez regardé <u>le film</u> avec Aurélie?

   _____ Vous l'avez regardé avec Aurélie? _____

4. Elle parle <u>à ses parents et à moi</u>.

   _____ Elle nous parle. _____

5. Ils ont modifié <u>les frontières</u> après la guerre.

   _____ Ils les ont modifiées après la guerre. _____

2

À compléter Remplacez l'objet par un pronom d'objet direct ou indirect.

1. —Tu as pris l'autobus?

   —Oui, je _____ l' _____ ai pris.

2. —Nous allons expliquer la situation à ses parents?

   —Oui, vous allez _____ leur _____ expliquer la situation.

3. —Vous m'avez invité à votre fête?

   —Oui, nous _____ t' / vous _____ avons invité.

4. —Il va nous attendre à la gare?

   —Non, il va _____ nous / vous _____ attendre chez lui.

5. —Elle a parlé à Jules?

   —Oui, elle _____ lui _____ a parlé ce matin.

3

À l'aéroport Utilisez les verbes de la liste et des pronoms d'objet direct ou indirect pour décrire ce que font les personnages et expliquer pourquoi.

> **Modèle** Sylvie lit le livre. Elle le lit parce qu'elle s'ennuie.

acheter	avoir	demander	écouter	parler	trouver
apporter	chercher	donner	lire	porter	?

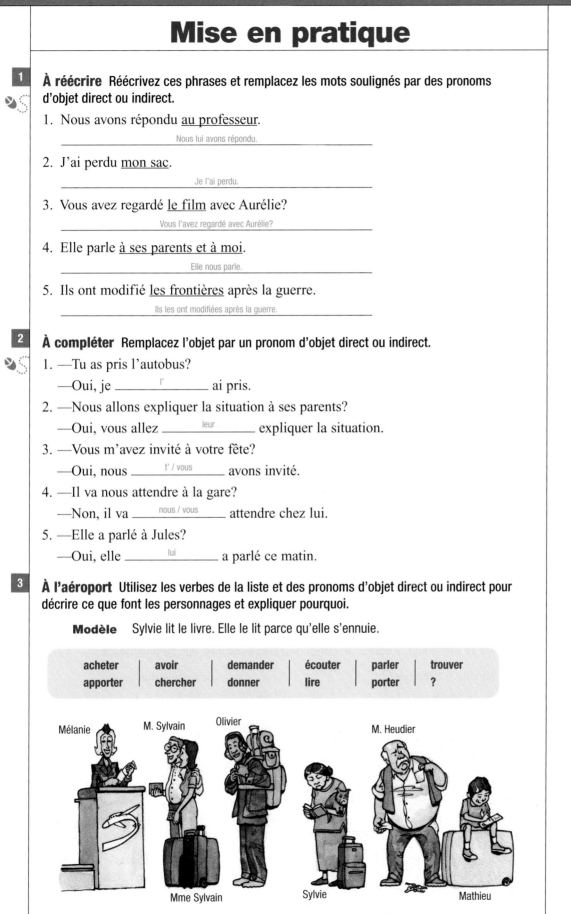

Mélanie M. Sylvain Olivier M. Heudier

Mme Sylvain Sylvie Mathieu

5.5

Past participle agreement

- Past participle agreement occurs in French for several different reasons.

Vous êtes **allés** au théâtre.

- When the helping verb is **être**, the past participle agrees with the *subject*.

Anne est **partie** à six heures.	Nous sommes **arrivés** en avance.
Anne left at 6 o'clock.	*We arrived early.*

- Verbs that take **être** as the helping verb usually do not have direct objects. When they do, they take the helping verb **avoir**, in which case there is no past participle agreement.

Elle **est sortie**.	Elle **a sorti** la poubelle.
She went out.	*She took out the trash.*

- Reflexive verbs take the helping verb **être** in compound tenses such as the **passé composé** and **plus-que-parfait**. The past participle agrees with the reflexive pronoun if the reflexive pronoun functions as a direct object.

Nous **nous** sommes **habillées**.	Michèle **s'**était **réveillée**.
We got dressed.	*Michèle had woken up.*

BLOC-NOTES

To review the **passé composé** with **être** and with reflexive and reciprocal verbs, see **Structures 3.2, pp. 100–101**.

- If a direct object *follows* the past participle of a reflexive verb, no agreement occurs.

Nadia s'est **coupée**.	*but*	Nadia s'est **coupé** le doigt.
Nadia cut herself.		*Nadia cut her finger.*

- If an object pronoun is indirect, rather than direct, the past participle does not agree. This also means there is no past participle agreement with several common reciprocal verbs, such as **se demander**, **s'écrire**, **se parler**, **se rendre compte**, and **se téléphoner**.

Elle nous a **téléphoné**.	Nous nous sommes **téléphoné**.
She called us.	*We called each other.*

- In compound tenses with **avoir**, past participles agree with preceding direct object pronouns. No agreement occurs with a direct object that is a noun rather than a pronoun.

J'ai **mis** les fleurs sur la table.	Je **les** ai **mises** sur la table.
I put the flowers on the table.	*I put them on the table.*

ATTENTION!

While the rules pertaining to past participle agreement may seem complex, just keep these two general points in mind: Past participles agree with direct objects when the object is placed in front of the verb for *any* reason. Past participles do not agree with indirect objects.

- In structures that use the relative pronoun **que**, past participles agree with their direct objects.

Voici les pommes **que** j'ai **achetées**.	Il parle des buts **qu'**il a **atteints**.
Here are the apples that I bought.	*He's talking about the goals he reached.*

Mise en pratique

1

À compléter Faites les accords, si nécessaire. S'il n'y a pas d'accord, mettez un X.

1. Marie est né___e___ en Belgique.

2. Voici les hommes que j'ai vu___s___ en ville.

3. Céline a visité___X___ le musée du Louvre.

4. Mon ami et moi, nous sommes resté___s___ à l'hôtel.

5. Nos tantes se sont écrit___X___ beaucoup de lettres.

6. Sa copine et sa colocataire sont allé___es___ au Canada.

7. Je me suis lavé___X___ les mains.

8. Grégoire et Inès se sont couché___s___ tôt hier soir.

9. Ces poires? Je les ai acheté___es___ au marché.

10. Tu as passé___X___ l'examen de français?

2

Mini-dialogues Reconstituez les questions et inventez les réponses. Employez le passé composé et faites les accords nécessaires. Suggested answers

> **Modèle**   **où / vous / naître**
> —Où est-ce que vous êtes né(e)?
> —Je suis né(e) à Dakar.

1. à quelle heure / tu / se coucher / samedi

   —À quelle heure est-ce que tu t'es couché(e) samedi?

   —Je me suis couché(e) à minuit.

2. quand / le président Kennedy / mourir

   —Quand est-ce que le président Kennedy est mort?

   —Il est mort en 1963.

3. pourquoi / vous / ne pas sortir

   —Pourquoi est-ce que vous n'êtes pas sorti(e)s?

   —Nous ne sommes pas sorti(e)s parce nous étions fatigué(e)s.

4. avec quoi / elle / se brosser / les dents

   —Avec quoi est-ce qu'elle s'est brossé les dents?

   —Elle s'est brossé les dents avec du dentifrice.

5. chez qui / ils / rester

   —Chez qui est-ce qu'ils sont restés?

   —Ils sont restés chez des copains.

3

Mon enfance Écrivez au passé composé un paragraphe sur votre enfance. Utilisez au moins huit verbes de la liste. Faites tous les accords nécessaires.

aller	habiter	rester
arriver	finir	se trouver
avoir	naître	venir
faire	rentrer	voyager

6.4

Disjunctive pronouns

- Disjunctive pronouns correspond to subject pronouns. Compare their meanings:

Subject pronouns	Disjunctive pronouns	Subject pronouns	Disjunctive pronouns
je *(I)*	moi *(me)*	nous *(we)*	nous *(us)*
tu *(you)*	toi *(you)*	vous *(you)*	vous *(you)*
il *(he)*	lui *(him)*	ils *(they)*	eux *(them)*
elle *(she)*	elle *(her)*	elles *(they)*	elles *(them)*

- Disjunctive pronouns have several uses. For example, they are used after most prepositions.

Ma nièce dîne chez **lui**.   Tu veux jouer au tennis avec **eux**?
My niece has dinner at his house.   *Do you want to play tennis with them?*

- Use them with **être** when identifying people and after **que** in comparisons.

Qui sonne à la porte? C'est **toi**?   Ma belle-mère est plus âgée que **vous**.
Who's at the door? Is that you?   *My stepmother is older than you.*

- Use disjunctive pronouns to express contrast.

Moi, j'ai peur des chiens, mais **lui**,   Mamie ne vous parle pas à **vous**.
il n'en a pas peur.   Elle nous parle à **nous**.
Me, I'm afraid of dogs, but   *Grandma is not talking to you.*
he isn't afraid of them.   *She's talking to us.*

- When **-même(s)** is added to a disjunctive pronoun, it means *myself, yourself*, etc.

Mon neveu la répare **lui-même**.   Elles remercient leur tante **elles-mêmes**.
My nephew repairs it himself.   *They thank their aunt themselves.*

- Normally, indirect object pronouns take the place of **à** + [*person*]. With certain verbs, however, disjunctive pronouns are typically used instead.

s'adresser à *(to address)*	s'habituer à *(to get used to)*
être à *(to belong to)*	s'intéresser à *(to be interested in)*
faire attention à *(to pay attention to)*	penser à *(to think about, to have on one's mind)*

Cette montre est à **moi**.   Personne ne s'intéresse à **elle**.
This watch belongs to me.   *No one is interested in her.*

- Whereas indirect object pronouns are placed in front of the verb and replace both the preposition and the noun, disjunctive pronouns follow the preposition and replace only the noun.

Indirect object pronoun	**Disjunctive pronoun**
Je vous ai téléphoné.	**J'ai pensé à vous.**
I called you.	*I thought about you.*

ATTENTION!

In English, to emphasize the subject or object of a verb, you can pronounce the pronoun with added stress. In French, add a disjunctive pronoun.

Tu n'en sais rien, **toi**!
You don't know anything about it.

On ne les a pas punis, **eux**.
We didn't punish them.

ATTENTION!

Penser de means *to think of*, as in *to have an opinion*. It is not interchangeable with **penser à**. Use disjunctive pronouns after **penser de**.

Qu'est-ce que tu penses d'eux?
What do you think of them?

Mise en pratique

1

À compléter Trouvez les pronoms disjoints correspondants pour compléter les phrases.

1. Olivier a visité le musée avec _____eux_____ (*them*).

2. Maman est allée à la pharmacie pour _____elle_____ (*her*).

3. Ma copine connaît ce quartier mieux que _____moi_____ (*me*).

4. Je me suis assis derrière _____elles_____ (*them*, fem.).

5. Ma nièce a couru après _____lui_____ (*him*).

6. C'est _____toi_____ (*you*, fam.) qui as préparé les tartes, n'est-ce pas?

7. Voici Robert et Lise. Vous vous souvenez d'_____eux_____ (*them*)?

8. Caroline est française, mais _____nous_____ (*us*), nous sommes suisses.

9. Est-ce qu'on va aller chez _____vous_____ (*you*, formal)?

10. Ma demi-sœur n'a que trois ans, mais elle peut s'habiller _____elle-même_____ (*herself*).

2

À remplacer Remplacez les mots soulignés par des pronoms disjoints.

1. Je suis allée à la fête avec <u>Jean-Pierre</u>. lui

2. Tu as étudié chez <u>Denise</u>? elle

3. Qui vient avec <u>ton époux et toi</u>? vous

4. Elle partage un appartement avec <u>ses sœurs jumelles</u>. elles

5. C'est <u>Paul</u> qui n'a plus vingt ans. lui

6. Il faut faire attention à <u>tes parents</u>. eux

7. Ces chiens sont à <u>Michèle et à moi</u>. nous

8. Mon beau-fils s'intéresse à <u>Mireille</u>. elle

3

Votre famille Parlez de votre famille à l'aide des prépositions de la liste et des pronoms disjoints.

> **Modèle** Ma mère est toujours occupée, alors je fais souvent des courses pour elle.

à	entre
à côté de	pour
avec	sans
chez	?
de	

6.5

Possessive pronouns

- Whereas possessive adjectives modify nouns, possessive pronouns replace them.

Possessive adjective	Possessive pronoun
—**C'est mon frère qui t'a téléphoné?**	—**Non, c'est le mien qui m'a téléphoné.**
—*Is it my brother who called you?*	—*No, it's mine who called me.*

Tu m'as déjà donné mon cadeau. Voici **le tien**.

- Possessive pronouns agree in gender and number with the nouns they replace. Like possessive adjectives, they also change forms according to the possessor.

	singular		plural	
	masculine	**feminine**	**masculine**	**feminine**
mine	**le mien**	**la mienne**	**les miens**	**les miennes**
yours	**le tien**	**la tienne**	**les tiens**	**les tiennes**
his, hers, its	**le sien**	**la sienne**	**les siens**	**les siennes**
ours	**le nôtre**	**la nôtre**	**les nôtres**	**les nôtres**
yours	**le vôtre**	**la vôtre**	**les vôtres**	**les vôtres**
theirs	**le leur**	**la leur**	**les leurs**	**les leurs**

- **Le sien, la sienne, les siens**, and **les siennes** can mean *his, hers*, or *its*. The form is determined by the gender and number of the noun possessed, not the possessor.

- Notice that possessive pronouns include definite articles. When combined with the prepositions **à** and **de**, the usual contractions must be formed.

Mme Michelin a parlé à mes parents et **aux tiens**.	Je me souviens de mon premier chien. Vous souvenez-vous **du vôtre**?
Mrs. Michelin spoke to my parents and to yours.	*I remember my first dog. Do you remember yours?*

- Possessive pronouns can also replace possessive structures with **de**.

Les voitures des voisins sont belles.	**Les leurs** sont belles.
The neighbors' cars are beautiful.	*Theirs are beautiful.*
La grand-mère d'Ahmed a 92 ans.	**La sienne** a 92 ans.
Ahmed's grandmother is 92 years old.	*His is 92 years old.*

Mise en pratique

1

À transformer Donnez le pronom possessif qui correspond.

> **Modèle** **le beau-frère de Suzanne**
> le sien

1. les parents de mes cousins les leurs
2. mon enfance la mienne
3. votre caractère le vôtre
4. tes ancêtres les tiens
5. nos neveux les nôtres
6. l'épouse de Franck la sienne
7. mes jumelles les miennes
8. leur voiture la leur

2

À compléter Employez des pronoms possessifs pour compléter ces phrases.

> **Modèle** **J'habite avec mes grands-parents, mais tu n'habites pas**
> **avec** _____les tiens_____**.**

1. Tu as ton vélo et j'ai _____le mien_____.
2. Elle s'occupe de ses enfants et nous nous occupons _____des nôtres_____.
3. On peut prendre mon camion ou vous pouvez prendre _____le vôtre_____.
4. Nous avons besoin de nos congés et eux, ils ont besoin _____des leurs_____.
5. Je m'entends bien avec ma famille. Tu t'entends bien avec _____la tienne_____?
6. Moi, j'aime bien mon professeur, mais Valérie, elle n'aime pas _____le sien_____.

3

À qui est...? Écrivez des questions et répondez-y par oui ou par non à l'aide des éléments donnés. Utilisez des pronoms possessifs.

> **Modèle** **vous / disques compacts / elle**
> —Ces disques compacts sont à vous?
> —Non, ce sont les siens.

1.

tu / photos / je

—Ces photos sont à toi?

—Oui, ce sont les miennes.

2.

nous / ordinateur / elles

—Cet ordinateur est à nous?

—Non, c'est le leur.

3.

je / voiture / tu

—Cette voiture est à moi?

—Oui, c'est la tienne.

4.

ils / valises / nous

—Ces valises sont à eux?

—Non, ce sont les nôtres.

7.4

Past participles used as adjectives

- You may have noticed that the past participles of verbs can function as adjectives.

Nous sommes **mariés**.

- When a past participle is used as an adjective, it agrees in gender and number with the noun it modifies. Notice the different adjective forms based on the past participle of **construire**.

Cet immeuble est **construit** en briques.
This building is made of brick.

Ces immeubles sont **construits** en briques.
These buildings are made of brick.

Cette maison est **construite** en briques.
This house is made of brick.

Ces maisons sont **construites** en briques.
These houses are made of brick.

- Like other adjectives, past participles may follow a form of the verb **être** or they may be placed after the noun they modify.

La porte est **ouverte**.
The door is open.

Fermez cette porte **ouverte**.
Close that open door.

- Compare the meanings of these verbs with their past participles when used as adjectives. Notice that past participles often correspond to English words ending in *-ed*.

Infinitive		Past participle	
s'agenouiller	*to kneel*	**agenouillé(e)**	*kneeling*
s'asseoir	*to sit*	**assis(e)**	*seated*
couvrir	*to cover*	**couvert(e)**	*covered*
décevoir	*to disappoint*	**déçu(e)**	*disappointed*
écrire	*to write*	**écrit(e)**	*written*
fatiguer	*to tire*	**fatigué(e)**	*tired*
fermer	*to close*	**fermé(e)**	*closed*
se fiancer	*to become engaged*	**fiancé(e)**	*engaged*
se marier	*to marry*	**marié(e)**	*married*
ouvrir	*to open*	**ouvert(e)**	*open*
payer	*to pay*	**payé(e)**	*paid*
peindre	*to paint*	**peint(e)**	*painted*
prendre	*to take*	**pris(e)**	*taken*
préparer	*to prepare*	**préparé(e)**	*prepared*
réparer	*to repair*	**réparé(e)**	*repaired*
terminer	*to finish*	**terminé(e)**	*finished*

ATTENTION!

In certain expressions, some past participles are used as prepositions. In this case, they are placed in front of the noun and are invariable.

attendu	*considering*
étant donné	*given*
excepté	*except*
passé	*past, beyond*
vu	*given, in view of*
y compris	*including*

Vu toutes les solutions possibles, on atteindra le but.
Given all the possible solutions, we'll reach the goal.

Mise en pratique

1

À compléter Utilisez le participe passé des verbes entre parenthèses pour compléter ces phrases. Faites les accords nécessaires.

1. Pardon, madame, est-ce que cette chaise est ___prise___ (prendre)?

2. Quand Mylène a entendu les nouvelles, elle a été ___déçue___ (décevoir).

3. Après la tempête, nos maisons étaient ___couvertes___ (couvrir) de neige.

4. Delphine et Rachid sont ___mariés___ (marier).

5. Il est sept heures et le magasin est ___fermé___ (fermer).

6. Cette lettre est ___écrite___ (écrire) à la main.

7. Marc était ___agenouillé___ (s'agenouiller) quand il lui a proposé de l'épouser.

8. Je suis heureux parce que toutes mes dettes sont ___payées___ (payer)!

2

Descriptions Décrivez ces photos à l'aide du participe passé des verbes suivants.

| s'asseoir | se fiancer | réparer |
| fatiguer | préparer | terminer |

1. Ces étudiants sont ___assis___.

2. Cet homme et cette femme sont ___fiancés___.

3. Il est 10h00. Ce cours est ___terminé___.

4. Micheline est très ___fatiguée___.

5. Les plats ont été ___préparés___ et sont sur la table.

6. Votre voiture est ___réparée___, monsieur.

7.5

Expressions of time

- To say someone has been doing something *for* an amount of time or *since* a certain point in time, you can use the present tense along with **depuis**.

  Leyla étudie le français **depuis** un an.
  Leyla has been studying French for one year.

  Nous habitons Nice **depuis** 2005.
  We have lived in Nice since 2005.

- When combined with **que**, these expressions can be used instead of **depuis** to convey similar meanings. Notice the different word order.

  Ça fait deux semaines **que** Chantal est serveuse.
  Il y a deux semaines **que** Chantal est serveuse.
  Voilà deux semaines **que** Chantal est serveuse.
  Chantal has been a waitress for two weeks.

- When talking about the past, **il y a** + [*time expression*] means *ago*.

  Corinne a visité Paris **il y a six mois**.
  Corinne visited Paris six months ago.

  Il y a 20 ans, cette frontière n'existait pas.
  Twenty years ago, this border didn't exist.

- To talk about something that occurred in the past *for* a certain amount of time, but is no longer occurring, use **pendant** + [*time expression*].

  Elle a habité chez Karine **pendant six mois**.
  She lived at Karine's for six months.

  Pendant neuf ans ils ont étudié ces étoiles.
  For nine years they studied those stars.

- To ask for how long something that is no longer going on took place in the past, use **pendant combien de temps?** (*for how long?*). In this case, the verb is in the **passé composé**.

  Pendant combien de temps a-t-il travaillé pour vous?
  For how long did he work for you?

  Il est resté dans le laboratoire **pendant combien de temps**?
  For how long did he stay in the lab?

- To ask for how long something *has gone on* or *has been going on* that is *still going on*, use **depuis quand?** (*since when?*) or **depuis combien de temps?** (*for how long?*). The verb should be in the present tense.

  Depuis quand est-ce que tu as cet ordinateur portable?
  Since when have you had that laptop?

  Depuis combien de temps assistes-tu à ce cours?
  For how long have you attended this class?

- The **passé composé** may be used with **depuis** to say that something has *not* occurred for an amount of time.

  Mon copain ne m'a pas téléphoné **depuis** quatre jours.
  My friend has not called me for four days.

  Nous n'avons pas regardé la télé **depuis** le week-end dernier.
  We haven't watched TV since last weekend.

Mise en pratique

1

À compléter Complétez ces phrases. Employez les expressions **depuis**, **pendant**, **il y a** ou **pour**.

1. _____Il y a_____ un an que j'ai cet appareil photo numérique.

2. Mes parents ont acheté des vêtements _____pour_____ mon frère et moi.

3. Calista a vécu en France _____pendant_____ cinq ans.

4. _____Depuis_____ son arrivée, Florent est déprimé.

5. Nous avons écouté de la musique _____pendant_____ trois heures, hier soir.

6. Manger léger (*light*), c'est bon _____pour_____ la santé.

7. Ma fille n'a pas été malade _____depuis_____ un an!

8. Cet été, je pars à Bruxelles _____pour_____ trois mois.

2

Depuis quand? Parlez des thèmes suivants à l'aide des expressions de la liste.

Modèle **habiter cette ville**

Ça fait trois ans que j'habite cette ville.

> il y a   ça fait   voilà

1. habiter cette ville

2. être étudiant(e) ici

3. avoir un permis de conduire

4. connaître son/sa meilleur(e) ami(e)

5. étudier le français

3

Et hier? Parlez des activités suivantes. Utilisez le mot **pendant** dans vos réponses.

Modèle **étudier**

J'ai étudié pendant deux heures.

1. étudier

2. être sur le portable

3. regarder la télévision

4. surfer sur le web

5. faire du sport

4

Et quoi d'autre? Quels sont vos passe-temps? Depuis quand? Qu'avez-vous fait par le passé? Pendant combien de temps? Parlez de vos centres d'intérêt.

Modèle **jouer au football**

Je joue au football depuis six ans.

1. jouer au football, au basket, au volley...

2. chanter dans un chœur

3. jouer du piano, du violon, de la guitare...

4. se spécialiser dans...

5. sortir avec...

8.4

Prepositions with infinitives

BLOC-NOTES

To review verbs that can be followed directly by an infinitive, see **Structures 8.1, pp. 288–289**.

- You are already familiar with many verbs that can be followed directly by another verb. Only the first verb in a clause is conjugated. The rest are in the infinitive form.

  J'**aime jouer** à la pétanque.
  I like to play petanque.

  Tu **vas aller faire** un bowling?
  Are you going to go bowling?

- Several verbs require the preposition **à** before an infinitive.

  Marithé **apprend à** faire de l'alpinisme.
  Marithé is learning to mountain climb.

  Ils **se mettent à** jouer aux fléchettes.
  They begin to play darts.

- These verbs take the preposition **à** before an infinitive.

ATTENTION!

The verb **commencer** can also be followed by the preposition **de** before an infinitive. Both prepositions are correct and the meaning is the same.

Il a commencé de parler.
Il a commencé à parler.
He started speaking.

aider à	to help to	s'habituer à	to get used to
s'amuser à	to pass time by	hésiter à	to hesitate to
apprendre à	to learn to; to teach to	inviter à	to invite to
arriver à	to manage to	se mettre à	to begin to
commencer à	to begin to	réussir à	to succeed in
continuer à	to continue to	tenir à	to insist on
encourager à	to encourage to		

- Several verbs require the preposition **de** before an infinitive.

ATTENTION!

Do not confuse the preposition **à** that precedes indirect objects with the prepositions **à** and **de** required before an infinitive.

On apprend à nager à Claude.
We're teaching Claude to swim.

Mes parents défendent à mon frère de conduire.
My parents forbid my brother to drive.

accepter de	to accept to	finir de	to finish
arrêter de	to stop	s'occuper de	to take care of
choisir de	to choose to	oublier de	to forget to
conseiller de	to advise to	permettre de	to permit to
décider de	to decide to	promettre de	to promise to
demander de	to ask to	refuser de	to refuse to
dire de	to tell to	rêver de	to dream about
empêcher de	to prevent from	risquer de	to risk
essayer de	to try to	se souvenir de	to remember to
être obligé(e) de	to be required to	venir de	to have just

Il **refuse de s'arrêter de** fumer.
He refuses to stop smoking.

Attention! Vous **risquez de** tomber!
Careful! You risk falling!

- Several expressions with **avoir** also take the preposition **de** before an infinitive.

avoir besoin de	to need to	avoir peur de	to be afraid to
avoir envie de	to feel like	avoir raison de	to be right to
avoir hâte de	to be impatient to	avoir tort de	to be wrong in (doing something)
avoir l'intention de	to intend to		

Mise en pratique

1 **À compléter** Complétez ce paragraphe. Ajoutez les prépositions qui conviennent. S'il ne faut pas de préposition, mettez un X.

La semaine dernière, ma cousine Julie a reçu un appel de Florence, sa copine mauricienne. Florence l'a invitée (1) __à__ venir visiter l'île Maurice. Mon oncle et ma tante lui ont permis (2) __d'__ y aller et Julie n'a pas hésité (3) __à__ accepter l'invitation. Elle s'est tout de suite mise (4) __à__ faire des projets pour le voyage.

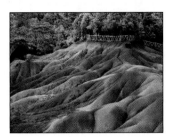

Elle adore (5) __X__ voyager et elle rêve (6) __de__ visiter un pays francophone depuis longtemps. Maintenant, elle n'arrête pas (7) __de__ parler de son voyage. Elle m'a promis (8) __de__ me rapporter un beau souvenir. Alors, j'essaie (9) __d'__ être compréhensive, mais je commence (10) __à__ en avoir marre! J'aimerais bien (11) __X__ aller en vacances, moi aussi. Je suis peut-être un peu jalouse, mais il faut (12) __X__ penser aux autres quand même!

2 **À inventer** Faites des phrases originales à l'aide des éléments de chaque colonne. N'oubliez pas d'ajouter des prépositions, s'il le faut.

A	B	C
je	apprendre	aller au parc d'attractions
tu	avoir peur	applaudir
les étudiants	essayer	bavarder
mes amis et moi	finir	faire de l'alpinisme
mes parents	rêver	faire de la sculpture
mon/ma	réussir	prendre un verre
meilleur(e)	souhaiter	se promener
ami(e)	vouloir	siffler
?	?	voyager à l'étranger
		?

3 **Questions** Répondez à ces questions.

1. Qu'est-ce que vos parents vous encouragent à faire?
2. Qu'est-ce que vous avez promis à vos parents de ne jamais faire?
3. Qu'est-ce que vos professeurs vous ont demandé de faire cette semaine?
4. Qu'est-ce qu'on vous a invité(e) à faire ce week-end?
5. Qu'est-ce que vous rêvez de faire un jour?
6. Qu'est-ce que vous avez appris à faire récemment?
7. Qu'est-ce que vous êtes obligé(e) de faire la semaine prochaine?
8. Qu'est-ce que vous allez commencer à faire ce week-end?

8.5

The subjunctive after indefinite antecedents and in superlative statements

The subjunctive after indefinite antecedents

- Use the subjunctive in a subordinate clause when the antecedent in the main clause is unknown or nonexistent. If the antecedent is known and specific, use the indicative.

Subjunctive: non-specific		Indicative: specific
Je cherche un ordinateur qui puisse ouvrir mes documents plus vite. *I'm looking for a computer that can open my documents faster.*	*but*	**Voici l'ordinateur qui peut ouvrir mes documents plus vite.** *Here's the computer that can open my documents faster.*
L'équipe a besoin de joueurs qui aient déjà été professionnels. *The team needs players who have already been professionals.*	*but*	**L'équipe vient de trouver cinq joueurs qui ont déjà été professionnels.** *The team just found five players who have already been professionals.*

- The subjunctive is used in indefinite structures that correspond to several English words ending in -*ever*.

quoi que...	*whatever...*
où que...	*wherever...*
qui que...	*who(m)ever...*

Quoi que tu fasses, n'oublie pas d'obtenir des billets.
Whatever you do, don't forget to get tickets.

Qui que ce soit au téléphone, ne répondez pas encore.
Whoever it is on the phone, don't answer it yet.

The subjunctive in superlative statements

- In subordinate clauses following superlative statements, use the subjunctive when expressing an opinion. When stating a fact, use the indicative.

L'île de la Réunion a les plages **les plus agréables que nous ayons visitées**.
Reunion Island has the most pleasant beaches that we visited.

but

La tour Eiffel est **le plus grand** monument **qu'on a construit** à Paris.
The Eiffel Tower is the tallest monument ever built in Paris.

- Some absolute statements are considered superlatives. Use the subjunctive in the subordinate clause after a main clause containing one of these expressions: **le/la/les seul(e)(s)** (*the only*), **ne... personne** (*nobody*), **ne... rien** (*nothing*), and **ne... que** (*only*).

Il **n'**y a **personne qui puisse** m'étonner.
There's nobody who can surprise me.

Christelle est **la seule qui fasse** du ski.
Christelle is the only one who skis.

Mise en pratique

1 **À compléter** Complétez les phrases à l'aide des expressions de la liste.

> où que (qu')   qui que (qu')   quoi que (qu')

1. _____Qui que_____ ce soit qui sonne à la porte, n'ouvrez pas!
2. _____Où que_____ nous cherchions, nous ne trouvons pas nos clés.
3. _____Quoi qu'_____ il fasse, son chien ne vient pas quand il l'appelle.
4. _____Quoi que_____ tu dises, il ne faut pas porter de bermuda au restaurant.
5. _____Où que_____ vous alliez au Louvre, vous verrez toujours de grandes œuvres d'art.

2 **Subjonctif ou indicatif?** Choisissez la forme du verbe qui convient le mieux.

1. «Papa» est le seul mot que ma fille (a / **ait**) dit jusqu'à maintenant.
2. Nous aimons bien le nouvel hypermarché qui (**vend** / vende) une plus grande variété de légumes.
3. La Suisse est le pays le plus propre qu'il y (a / **ait**) en Europe.
4. Elles cherchent un restaurant qui (sert / **serve**) de la cuisine japonaise.
5. Mon frère Henri est la seule personne qui me (comprend / **comprenne**).
6. Tu vas lire le roman d'Alexandre Jardin qui (**est** / soit) sorti cette semaine?
7. Vous voudriez élire un maire qui (sait / **sache**) prendre de bonnes décisions pour votre ville.
8. Il n'y a personne qui (connaît / **connaisse**) la bonne réponse.

3 **Mon opinion** Donnez votre opinion pour compléter chaque phrase.

> **Modèle** _____ **est le meilleur plat (que / qu' / qui)** _____.
> Le poisson est le meilleur plat qu'on serve au restaurant.

1. _____ est le plus mauvais film (que / qu' / qui) _____.
2. _____ est la seule personne (que / qu' / qui) _____.
3. _____ est le cours le moins intéressant (que / qu' / qui) _____.
4. _____ est la plus jolie actrice (que / qu' / qui) _____.
5. _____ sont les vêtements les plus confortables (que / qu' / qui) _____.
6. _____ est le plus beau pays (que / qu' / qui) _____.
7. _____ est le meilleur professeur (que / qu' / qui) _____.
8. _____ sont les voitures les plus rapides (que / qu' / qui) _____.
9. _____ est le styliste le plus chic (que / qu' / qui) _____.
10. _____ est la plus forte équipe de basket (que / qu' / qui) _____.

9.4

Savoir vs. *connaître*

- **Savoir** and **connaître** both mean *to know*, but they are used differently.

savoir	
je **sais**	nous **savons**
tu **sais**	vous **savez**
il/elle **sait**	ils/elles **savent**

Mon oncle est vendeur dans une
épicerie, tu **sais**.

connaître	
je **connais**	nous **connaissons**
tu **connais**	vous **connaissez**
il/elle **connaît**	ils/elles **connaissent**

Vous **connaissez** Natifah?
Elle est propriétaire de ce restaurant.

- **Savoir** means *to know a fact* or *to know how to do something*.

Il **sait** économiser.	**Savez-vous** où se trouve le distributeur?
He knows how to save.	*Do you know where the ATM is located?*

- **Connaître** means *to know* or *to be familiar with a person, place, or thing*.

Marc **connaît** un bon comptable.	Nous **connaissons** bien ce grand magasin.
Marc knows a good accountant.	*We know this department store well.*

- In the **passé composé**, **se connaître** means *met for the first time*.

Ils **se sont connus** en mai.	Nous **nous sommes connues** au bureau.
They met in May.	*We met at the office.*

- In the **passé composé**, **savoir** means *found out*.

Nous **avons su** qu'il avait beaucoup de dettes.	Elles **ont su** que leur père était au chômage.
We found out that he had a lot of debts.	*They found out their father was unemployed.*

- Note the meaning of **savoir** when it is negated in the **conditionnel**. In this context, **ne** is often used without **pas**. This use is somewhat formal.

Il **ne saurait** vivre sans toi!	Je **ne saurais** vous le dire.
He wouldn't know how to live without you!	*I couldn't tell you.*

Mise en pratique

1

À compléter Décidez s'il faut employer **savoir** ou **connaître**.

1. Est-ce que vous _____savez_____ où se trouve la bibliothèque?

2. François _____sait_____ conduire.

3. Nous nous sommes _____connus_____ il y a deux ans.

4. _____Connais_____-tu la date de son anniversaire?

5. Ils _____savent_____ jouer à la pétanque.

6. Nous _____savons_____ où Marc habite.

7. Vous _____connaissez_____ bien la ville?

8. Tu ne _____sais_____ pas pourquoi il est venu?

9. Christian _____connaît_____ bien Bruxelles.

10. Quand est-ce qu'elle a _____su_____ ce qui s'était passé?

11. Est-ce que tu _____connais_____ quelqu'un qui habite en Afrique?

12. Mon frère ne _____sait_____ pas passer l'aspirateur.

2

À assembler Faites des phrases en assemblant les éléments des colonnes.

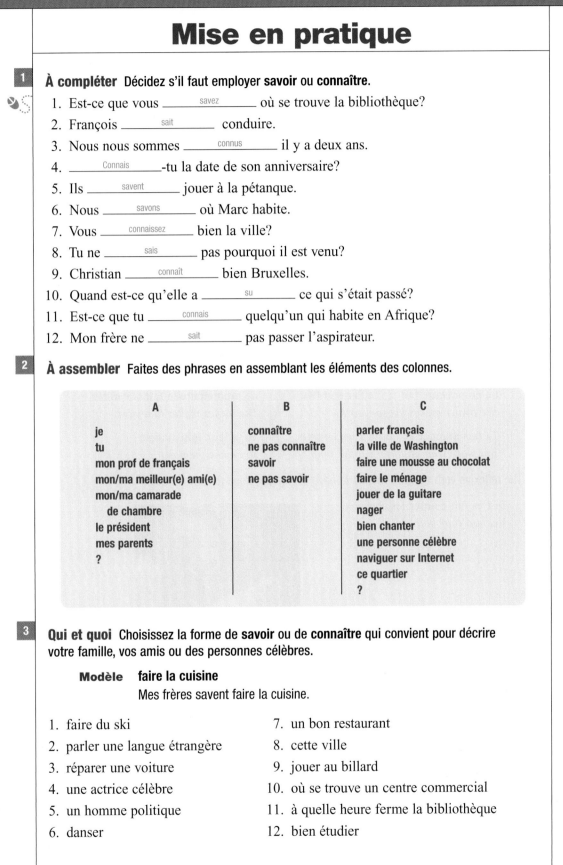

A	B	C
je	connaître	parler français
tu	ne pas connaître	la ville de Washington
mon prof de français	savoir	faire une mousse au chocolat
mon/ma meilleur(e) ami(e)	ne pas savoir	faire le ménage
mon/ma camarade		jouer de la guitare
de chambre		nager
le président		bien chanter
mes parents		une personne célèbre
?		naviguer sur Internet
		ce quartier
		?

3

Qui et quoi Choisissez la forme de **savoir** ou de **connaître** qui convient pour décrire votre famille, vos amis ou des personnes célèbres.

Modèle **faire la cuisine**

Mes frères savent faire la cuisine.

1. faire du ski

2. parler une langue étrangère

3. réparer une voiture

4. une actrice célèbre

5. un homme politique

6. danser

7. un bon restaurant

8. cette ville

9. jouer au billard

10. où se trouve un centre commercial

11. à quelle heure ferme la bibliothèque

12. bien étudier

9.5

Faire causatif

- The verb **faire** is often used as a helping verb along with an infinitive to mean *to have something done*.

  J'ai fait réparer ma voiture.
  I had my car repaired.

- **Faire causatif** can also mean *to cause something to happen* or *to make someone do something*.

  Ce film me **fait pleurer**.
  This movie makes me cry.

  Nous vous **faisons perdre** votre temps?
  Are we making you lose your time?

- When the infinitive that follows the verb **faire** takes only one object, it is always a direct object. Note, however, that pronouns are placed before the form of **faire**, rather than the infinitive.

  Le propriétaire **fait travailler son fils**.
  The owner makes his son work.

  Le propriétaire **le fait travailler**.
  The owner makes him work.

  Tu **fais manger la soupe à tes enfants**.
  You make your children eat the soup.

  Tu **la leur fais manger**.
  You make them eat it.

- The reflexive verb **se faire** means *to have something done for* or *to oneself*.

  Tu **t'es fait couper** les cheveux!
  You had your hair cut!

- **Faire causatif** often has idiomatic meanings that do not translate literally as *to do* or *to make*.

faire bouillir	to boil	faire savoir	to inform
faire circuler	to circulate	faire sortir	to show someone out
faire cuire	to cook	faire suivre	to forward
faire entrer	to show someone in	faire tomber	to drop
faire fondre	to melt	faire venir	to summon
faire remarquer	to point out	faire voir	to show, to reveal

- While **faire** is used with verbs to mean *to make someone do something*, it is not used with adjectives. Use **rendre** with adjectives.

  Cette crise économique me **rend** triste.
  This economic crisis makes me sad.

  Les dettes **rendent** la vie difficile.
  Debts make life difficult.

Mise en pratique

1

Les phrases Assemblez les éléments pour faire des phrases.

> **Modèle** **Nous étudions. / le professeur**
> Le professeur nous fait étudier.

1. Leurs employés travaillent. / les gérants Les gérants font travailler leurs employés.

2. Je pleure. / Élodie Élodie me fait pleurer.

3. L'entreprise signe des contrats. / la consultante La consultante fait signer des contrats à l'entreprise.

4. Mes sœurs font la cuisine. / mes parents Mes parents font faire la cuisine à mes sœurs.

5. Nous avons vu ses photos. / Séverine Séverine nous a fait voir ses photos.

6. Tu as remarqué le problème. / Daniel Daniel t'a fait remarquer le problème.

7. Je suis entré dans le salon. / tu Tu m'as fait entrer dans le salon.

8. Il tape des lettres. / le cadre Le cadre lui fait taper des lettres.

9. Je suis venu. / la présidente de l'université La présidente de l'université m'a fait venir.

10. Tu fais la vaisselle. / ta mère Ta mère te fait faire la vaisselle.

2

À compléter Décidez s'il faut employer **faire** ou **rendre**.

1. Les films romantiques me _____rendent_____ heureuse.

2. Les histoires tristes me _____font_____ pleurer.

3. Leur patron les _____rend_____ furieux.

4. Cet article me _____fait_____ réfléchir.

5. Cette bande dessinée me _____fait_____ rire.

6. Toi, tu me _____rends_____ fou!

3

Questions Répondez à ces questions.

1. Qui vous fait étudier?

2. Qu'est-ce qui vous fait rire?

3. Qu'est-ce qui vous rend triste?

4. Qu'est-ce qui vous fait éternuer?

5. Qu'est-ce qui vous rend malade?

6. Qu'est-ce qui vous fait perdre patience?

7. Qu'est-ce qui vous rend heureux/heureuse?

8. Vous coupez-vous les cheveux vous-même ou les faites-vous couper?

9. Réparez-vous votre voiture vous-même ou la faites-vous réparer?

10. Si vous en aviez la possibilité, que feriez-vous faire à votre professeur de français?

10.4 Indirect discourse

- To tell what someone else says or said, you can use a direct quote or you can use indirect discourse.

Direct discourse	Indirect discourse
Marc dit: «Je ne veux pas chasser.»	Marc dit qu'il ne veut pas chasser.
Marc says, "I don't want to hunt."	*Marc says that he doesn't want to hunt.*

- Indirect discourse usually includes a verb related to speech, such as **crier**, **demander**, **dire**, **expliquer**, **répéter**, or **répondre**.

    Solange **explique** que l'ouragan a causé des inondations.
    Solange is explaining that the hurricane caused flooding.

- When relating what someone said *in the past*, the tense of the verb in the indirect statement differs from that of the verb in the direct statement.

Direct: present tense	Indirect: imparfait
Abdel a dit: «La rivière est polluée.»	Abdel a dit que la rivière était polluée.
Abdel said, "The river is polluted."	*Abdel said that the river was polluted.*

Direct: passé composé	Indirect: plus-que-parfait
Tu as crié: «Quelqu'un a pris mon appareil photo!»	Tu as crié que quelqu'un avait pris ton appareil photo.
You yelled, "Someone took my camera!"	*You yelled that someone had taken your camera.*

Direct: futur simple	Indirect: conditionnel
Ils ont répété: «Une sécheresse menacera les poissons.»	Ils ont répété qu'une sécheresse menacerait les poissons.
They repeated, "A drought will threaten the fish."	*They repeated that a drought would threaten the fish.*

- Even when the introductory statement is in the past, if the **imparfait** or the **plus-que-parfait** is used in the direct statement, then it is also used in the indirect statement.

Direct: imparfait	Indirect: imparfait
Houda a dit: «J'utilisais des produits renouvelables.»	Houda a dit qu'elle utilisait des produits renouvelables.
Houda said, "I used to use renewable products."	*Houda said that she used to use renewable products.*

Direct: plus-que-parfait	Indirect: plus-que-parfait
Nous avons demandé: «Vous aviez vu des lions?»	Nous avons demandé si vous aviez vu des lions.
We asked, "Had you seen lions?"	*We asked if you had seen lions.*

ATTENTION!

If the introductory statement is in the present, the **futur simple**, the imperative, or the **conditionnel**, the tense of the verb in the indirect statement is the same as that of the verb in the direct statement.

Vous direz: «L'ouragan est imminent.»
You will say, "The hurricane is imminent."

Vous direz que l'ouragan est imminent.
You will say that the hurricane is imminent.

ATTENTION!

Note that a question reported through indirect discourse includes a clause that begins with **si** instead of **que**.

On demande toujours: «Économisez-vous de l'énergie?»
People always ask, "Do you save energy?"

On demande toujours si nous économisons de l'énergie.
People always ask if we save energy.

Mise en pratique

1

Direct ou indirect? Ces phrases sont-elles écrites au discours direct ou indirect?

1. Samuel répond toujours que tout va bien. _indirect_
2. Caroline répétait: «Je ne comprends pas la question.» _direct_
3. Le prof nous a dit que le cours commencerait à une heure. _indirect_
4. Tante Habiba a crié: «Bonjour les enfants!» _direct_
5. Coralie m'a demandé si j'avais dix euros. _indirect_

2

À transformer Transformez ces phrases en les mettant au discours indirect.

Modèle **Michèle dit: «Je suis malade.»**
Michèle dit qu'elle est malade.

1. Françoise dit: «Je vois une araignée!» _Françoise dit qu'elle voit une araignée._
2. Mariam me demande: «Tu gardes ta sœur?» _Mariam me demande si je garde ma sœur._
3. Louise expliquera: «Ces singes habitaient dans la forêt tropicale.» _Louise expliquera que ces singes habitaient dans la forêt tropicale._
4. Édouard dit: «Vous n'aurez pas faim.» _Édouard dit que nous n'aurons pas faim._
5. Mes parents répondront: «Tu as fait attention à la consommation d'énergie.» _Mes parents répondront que j'ai fait attention à la consommation d'énergie._
6. Nadège répète: «Je n'aime pas les cochons.» _Nadège répète qu'elle n'aime pas les cochons._

3

Au passé Transformez ces phrases en les mettant au discours indirect.

Modèle **Michèle a dit: «Je suis malade.»**
Michèle a dit qu'elle était malade.

1. Françoise a dit: «J'ai vu une araignée!» _Françoise a dit qu'elle avait vu une araignée._
2. Mariam m'a demandé: «Tu gardes ta sœur?» _Mariam m'a demandé si je gardais ma sœur._
3. Louise a expliqué: «Ces singes habitent dans la forêt tropicale.» _Louise a expliqué que ces singes habitaient dans la forêt tropicale._
4. Édouard a dit: «Vous n'aurez pas faim.» _Édouard a dit que nous n'aurions pas faim._
5. Mes parents ont répondu: «Tu as fait attention à la consommation d'énergie.» _Mes parents ont répondu que j'avais fait attention à la consommation d'énergie._
6. Nadège a répété: «Je n'aimais pas les cochons.» _Nadège a répété qu'elle n'aimait pas les cochons._

10.5

The passive voice

- The passive voice consists of a form of **être** followed by a past participle which agrees in gender and number with the subject.

Active voice	Passive voice
Les ours **mangent** les poissons.	Les poissons **sont mangés** par les ours.
Bears eat fish.	*Fish are eaten by bears.*

- In the active voice, word order is normally [*subject*] + [*verb*] + [*object*].

SUBJECT	VERB	OBJECT
L'incendie	**a détruit**	**les forêts.**
The fire	*destroyed*	*the forests.*

- The passive voice places the focus on what happened rather than on the agent (the person or thing that performs an action). Word order changes to [*subject*] + [*verb*] + [*agent*], and the direct object of an active sentence becomes the subject in the passive voice.

SUBJECT	VERB	AGENT
Les forêts	**ont été détruites**	**par l'incendie.**
The forests	*were destroyed*	*by the fire.*

- The verb **être** can be used in different tenses with the passive voice. Note that the past participle always agrees with the subject of **être**.

L'eau **est contaminée** par l'usine.
The water is contaminated by the factory.

L'eau **a été contaminée** par l'usine.
The water was contaminated by the factory.

L'eau **sera contaminée** par l'usine.
The water will be contaminated by the factory.

- In a passive sentence, the agent is not necessarily mentioned at all.

La forêt **a été détruite**.
The forest was destroyed.

Les poissons **seront mangés**.
The fish will be eaten.

- If you want to mention the agent, you usually use **par** (*by*).

La couche d'ozone est menacée **par** la pollution.
The ozone layer is threatened by pollution.

- With certain verbs that convey a state resulting from an event or that express a feeling or a figurative sense, use **de** instead of **par**. Such verbs include **admirer**, **aimer**, **couvrir**, **craindre**, **détester**, and **entourer**.

Le toit était couvert **de** neige.
The roof was covered with snow.

Les peintures sont admirées **des** visiteurs.
The paintings are admired by the visitors.

Mise en pratique

1

Voix active ou passive? Ces phrases sont-elles à la voix active ou passive?

1. Le village a été détruit par un tremblement de terre. passive
2. Les policières ont prévenu le public. active
3. Les pluies acides sont causées par la pollution. passive
4. Les hommes ont chassé les lions. active
5. La forêt est protégée par les écologistes. passive
6. Jamel et Philippe ont vu le film. active
7. Le château est entouré d'un mur. passive
8. On chasse les ours. active

2

À transformer Transformez ces phrases en les mettant à la voix passive.

1. Tom Selleck interprète Dwight Eisenhower dans un film. Dwight Eisenhower est interprété par Tom Selleck dans un film.
2. Léonard de Vinci a peint ces magnifiques tableaux. Ces magnifiques tableaux ont été peints par Léonard de Vinci.
3. On a détruit le mur de Berlin en 1989. Le mur de Berlin a été détruit en 1989.
4. Alexander Fleming a découvert la pénicilline. La pénicilline a été découverte par Alexander Fleming.
5. On a célébré le bicentenaire des États-Unis en 1976. Le bicentenaire des États-Unis a été célébré en 1976.
6. Jonas Salk a mis au point un vaccin contre la polio. Un vaccin contre la polio a été mis au point par Jonas Salk.

3

Et les femmes? Transformez ces phrases en les mettant à la voix active.

1. La Résistance a été soutenue par l'action de Joséphine Baker. L'action de Joséphine Baker a soutenu la Résistance.
2. Certains avions ont été pilotés par Amelia Earhart. Amelia Earhart a piloté certains avions.
3. La série Harry Potter est écrite par J. K. Rowling. J. K. Rowling écrit la série Harry Potter.
4. Helen Keller a été aidée par Anne Sullivan. Anne Sullivan a aidé Helen Keller.
5. Beaucoup de matchs ont été gagnés par Billie Jean King. Billie Jean King a gagné beaucoup de matchs.
6. Des thèmes vietnamiens sont choisis par Nguyen Dieu Thuy pour ses peintures. Nguyen Dieu Thuy choisit des thèmes vietnamiens pour ses peintures.

Dialogues des courts métrages

LEÇON 1

Court métrage: *Le Télégramme*
Réalisatrice: Coralie Fargeat
Pays: France

PIERRETTE Encore un peu de thé?

BLANCHE S'il vous plaît, oui… Alors, vous avez eu des nouvelles?

PIERRETTE Non, depuis sa dernière permission, toujours pas. Et vous?

BLANCHE Oh, moi, mon fils, il n'a jamais aimé écrire… De toute manière, ça ne veut rien dire, le courrier met tellement de temps pour venir jusqu'ici… C'est tellement désorganisé.

PIERRETTE Sauf pour les télégrammes. Voilà MacLaurie.

BLANCHE Dieu sait chez qui il va aujourd'hui.

PIERRETTE Ne vous inquiétez pas, Blanche, ça ne peut pas être pour vous. Félix est parti il y a si peu.

BLANCHE Vous dites ça à chaque fois, vous ne pouvez pas savoir. Personne ne peut savoir. Oh, bien sûr, pour vous, c'est différent. Votre fils est officier.

PIERRETTE Ah oui, et pourquoi ça serait différent?

BLANCHE Tout le monde sait que… c'est plus facile pour eux… Ils mangent mieux, ils ont des meilleurs vêtements aussi. Enfin, une vie plus facile quoi…

PIERRETTE Ça ne les dispense pas du champ de bataille, ni de mourir comme les autres.

BLANCHE Oui, peut-être… Votre fils a quand même fait des études.

PIERRETTE Soit… Encore un peu de thé?

BLANCHE Ce n'est pas pour Marthe. J'avais pourtant espéré qu'…

PIERRETTE Enfin, Blanche!

BLANCHE Oh, je vous en prie, hein! Pas tant de manières! Je suis sûre que, vous aussi, vous espériez qu'il s'arrête chez elle. C'est humain après tout. Vous savez, je suis sûre qu'il va chez Renée… ou chez Juliette.

PIERRETTE Vraiment?

BLANCHE Leur fils, il fait partie des bataillons spéci[aux]. Alors, forcément, il y a plus de risques… Il est fier de ce qu'il fait. Il est fier de savoir avant tout le monde.

PIERRETTE C'est vrai que ça lui donne un certain pouvoir.

BLANCHE D'ailleurs, moi, je ne l'ai jamais beaucoup aimé… même avant la guerre. Ce MacLaurie, ça se voit qu'il n'est pas d'ici… Toujours à se tenir à l'écart, à garder ses distances… On dit que sa femme a encore eu une crise d'hystérie.

PIERRETTE Encore un petit gâteau, peut-être?

BLANCHE C'est incroyable que ce soit cet estropié qui apporte les télégrammes militaires. Mais regardez-moi ça, il avance si lentement qu'on dirait que c'est pour faire durer le supplice! Mon Dieu, faites qu'il s'arrête chez Juliette!

PIERRETTE Blanche, ça ne sert à rien…

BLANCHE Mais vous ne voyez pas que c'est notre dernière chance! Oh, c'est atroce, cette attente. Je ne veux même plus regarder. Il veut nous faire mourir à petit feu ce… ce… ce sadique. Il faut que ce soit pour Juliette! Mais enfin, dites quelque chose!

PIERRETTE Il arrive à sa maison.

BLANCHE Frappe… frappe… Alors, c'est sûrement pour moi… J'ai fait ce rêve… Félix… mon Félix. Il était en train de s'enfoncer dans la boue. Il criait. J'étais juste à côté de lui et puis, et puis, il s'enfonçait… il continuait à s'enfoncer… Non… ce n'est pas possible… Ce n'est pas possible… Dieu ne peut pas me prendre mon fils comme ça… Et pourquoi ça ne serait pas pour vous, d'abord? Je n'ai rien fait de mal, moi. J'ai toujours été une bonne mère… une bonne chrétienne… Oh, mon Dieu, sauvez mon fils, mon Dieu, sauvez mon fils…

PIERRETTE Il a passé votre maison.

BLANCHE Pierrette!

PIERRETTE Taisez-vous. Il n'y a plus rien à dire.

BLANCHE Bonté du ciel!

BUREAU DES AFFAIRES MILITAIRES – À L'ATTENTION DE MONSIEUR MACLAURIE – VOTRE FILS – MORT AU COMBAT – SINCÈRES CONDOLÉANCES

LEÇON 2

Court métrage: *J'attendrai le suivant…*

Réalisateur: Philippe Orreindy
Pays: France

ANTOINE Mesdames, Mesdemoiselles… Messieurs, bonsoir. Excusez-moi de vous déranger… Je sais bien que vous êtes énormément sollicités à l'heure actuelle. Tout d'abord, je m'en excuse… et puis, je me présente. Je m'appelle Antoine et j'ai 29 ans. Rassurez-vous, je ne vais pas vous demander d'argent. Ce qui m'amène à vous ce soir, eh bien, c'est que j'ai lu récemment, dans un magazine qu'il y avait en France près de 5 millions de femmes célibataires. Où sont-elles? Ça fait bientôt trois ans et demi que je suis tout seul. Je n'ai pas honte de le dire… Mais j'en ai marre! Pour passer ses soirées devant son micro-onde, pour regarder ses programmes débiles à la télé, ce n'est pas une vie. Minitel, Internet… pour se faire poser des lapins… Ça ne m'intéresse pas! Je suis informaticien… je gagne bien ma vie… 2.600 euros par mois… je suis assez sportif… je fais bien la cuisine… Vous pouvez rire, vous pouvez rire… Moi, je crois au bonheur. Je cherche simplement une femme, ou bien une jeune femme… de 18 à 55 ans, voilà, qui aurait, elle aussi, du mal à rencontrer quelqu'un… par les voies normales… et qui voudrait, pourquoi pas… partager quelque chose de sincère avec quelqu'un. Voilà… Si l'une d'entre vous se sent intéressée… eh bien, elle peut descendre discrètement à la station suivante… Je la rejoindrai sur le quai.

HOMME Mais arrêtez vos salades, là! Restez célibataire! Moi, ça fait cinq ans que je suis marié avec une emmerdeuse! Si vous voulez, je vous donne son numéro de téléphone au boulot… Elle est coiffeuse. Vous l'appelez, vous voyez avec elle… Mais il ne faudra pas venir vous plaindre après, hein!…
ANTOINE C'est très aimable à vous, Monsieur, mais je ne cherche pas la femme d'un autre. Ou alors, il faudrait peut-être lui demander son avis, non?
HOMME Mais non! Elle est d'accord, j'en suis sûr! Il n'y a que l'argent qui l'intéresse! Et je crois que vous en avez, vous, non?
ANTOINE Je cherche l'amour, moi, Monsieur, je ne cherche pas un marché!
HOMME Oh là là, eh, vous êtes mal barré dans la vie, vous, hein! Il va falloir que vous en fassiez des rames de métro!
ANTOINE Excusez ce monsieur, qui, je pense, ne connaîtra jamais l'amour.
HOMME Abruti!
ANTOINE C'est ça… C'est ça… Mesdemoiselles, je réitère ma proposition. S'il y en a une parmi vous qui est sensible à ma vision de l'amour, eh bien, qu'elle descende… Mademoiselle, c'était un sketch.

ANTOINE Si le spectacle vous a plu…
HOMME …une petite pièce sera la bienvenue.

LEÇON 3

Court métrage: *Le Dernier Rôle de Jacques Serres*

Réalisateurs: François Goetghebeur et Nicolas Lebrun
Pays: France

PRODUCTEUR Je pense qu'on a perdu suffisamment de fric sur ce film donc… Je suis sur le plateau, c'est le dernier jour, ouais d'ailleurs… attends, je te rappelle. Ouais, je te rappelle. Il se passe quoi, là?
ASSISTANTE Ben, là en fait, on… on attend les… les… les matelas
pour la cascade.
PRODUCTEUR Non, on n'attend plus, les gars, là. Oh, c'est le dernier jour aujourd'hui. Trois mois de tournage, tout le monde est crevé, alors on enquille! Vous trouvez une solution pour tourner assez rapidement. On est d'accord?
RÉALISATEUR C'est correct.
PRODUCTEUR C'est correct? OK. Alors, action. On y va. Hein?

ASSISTANTE Attends. C'est correct, c'est correct, on va faire comment?

RÉALISATEUR Et humm, tu es… tu es sûr de ton coup, là, hein? Ben, sais-tu qu'il y a une distance, là, quand même?

ASSISTANTE OK, allez! Monsieur Serres, vous vous remettez en place! Tout le monde, on va la tourner! On va la tourner! Moteur demandé!

HOMME 1 Ça tourne au son.

HOMME 2 Ça tourne.

ASSISTANTE Clap de fin.

RÉALISATEUR Jacques! Action!

HOMME AU TÉLÉPHONE Christian Aurel, vous êtes un homme mort.

JACQUES SERRES/CHRISTIAN AUREL Je suis trader. Pas escroc.

ASSISTANTE Clap de fin. Monsieur Serres? Monsieur… monsieur Serres? Vous nous entendez? Si vous nous entendez, faites un signe.

PRODUCTEUR Oui, je sais combien coûte le film, je suis producteur. Mais, ne t'inquiète pas, je ne vais pas arrêter le dernier jour de tournage pour un accident du… du travail.

ASSISTANTE Un décès quand même.

PRODUCTEUR Il lui restait quoi comme scène à tourner?

ASSISTANTE La scène du lit.

PRODUCTEUR Dans son lit, il dort.

ASSISTANTE Attendez. L'équipe, elle ne va jamais suivre un truc pareil.

VIEILLE DAME Je peux vous dire sans hésitation que c'est honorer sa mémoire et en aucun cas la trahir, que de finir ce film, malgré les circonstances. Mon frère aurait aimé que vous fassiez ce film. Je vous le demande: finissez-le.

PRODUCTEUR Heu… on avait dit cinq cents, c'est ça?

VIEILLE DAME Non. Huit cents.

PRODUCTEUR Ouais, voilà.

VIEILLE DAME C'était quel acteur connu?

PRODUCTEUR Allez, merci. Allez, hop!

RÉALISATEUR Cut. C'est bon, là.

ASSISTANTE OK. Ben, scène suivante, la scène du drap. On va chercher… Justine, hein.

HOMME 3 Je suis désolé de dire ça mais ce n'est plus du ressort de la mise en scène puisqu'il est mort. Je ne dis pas que c'est un accessoire. Mais si, ce n'est un accessoire.

ASSISTANTE Ah, ouais. Bon, ben alors, heu… Ça, c'est pour toi.

ACCESSOIRISTE Quoi? C'est quoi l'accessoire?

RÉALISATEUR As-tu entendu sa sœur? Alors, tu ne penses surtout pas qu'il est mort.

COMÉDIENNE Ben tu rigoles ou quoi? C'est monstrueux!

RÉALISATEUR Mais tu fais ta scène avec exactement la même émotion, là!

COMÉDIENNE Enfin, c'est horrible! Je vais faire des cauchemars toute ma vie!

RÉALISATEUR Mais toi, là, tu étais…

PRODUCTEUR Il y a un problème? C'est quoi le problème?

COMÉDIENNE Je ne peux pas jouer!

PRODUCTEUR Mais de quoi… De quoi tu me parles? Tu es comédienne, on est d'accord? Alors tu arrêtes de faire ta sucrée, hein! Tu te… tu me la maquilles, tu te poudres le cul et on y va, voilà, sur le plateau direct maintenant!

RÉALISATEUR Et puis, hop! Puis, tu ne penses pas qu'il est mort. Puis, c'est tout, quoi.

COMÉDIENNE Je n'arrive même pas à le regarder.

PRODUCTEUR Mais, je n'en ai rien à foutre que tu ne le regardes pas! Je n'en ai rien à foutre, c'est la dernière scène du film, je ne vais pas griller tout le film parce que tu ne veux pas faire la dernière scène! Eh, comment elle s'appelle, ta première?

RÉALISATEUR Elle s'appelle Oriane.

PRODUCTEUR Marianne!

RÉALISATEUR Non, non, en fait… Son… Son nom… Parce que c'est Oriane. C'est pour ça qu'elle ne répond pas. Oriane!

PRODUCTEUR OK.

ACCESSOIRISTE Il va être tout froid.

RÉALISATEUR Moteur!

HOMME 1 Ça tourne au son.

HOMME 2 Ça tourne.

RÉALISATEUR Action. Allez! Il faut que tu sois désirable! Non, embrasse-le! Avec ses cheveux à lui! Calice, qu'elle est conne! C'est ça. Je te sens, là. Tu es love, là.

PRODUCTEUR Eh bien, c'était le dernier plan de Jacques Serres. On applaudit. Il nous a niqués, tu vois?

ASSISTANTE Ben, tu sais quoi? Devine quoi. Tu as tout faux. Ce n'est pas la fin du film, il reste plein de plans de nuit avec Jacques!

BANDE ANNONCE

JACQUES SERRES/CHRISTIAN AUREL J'ai passé vingt ans de ma vie à traîner cette histoire. Ma vie, tout ça, ça n'a plus de sens pour moi, ça, ça devient trop lourd.

HOMME Le dossier Aurel, il y a une faille.

HOMME C'est qui, cette fille avec lui, là? Elle le manipule?

COMÉDIENNE J'ai peur pour toi, Christian.

HOMME Mais je ne tire plus, putain!

HOMME Tu es le meilleur dans ton domaine!

HOMME Tu vas fermer ta gueule maintenant!

COMÉDIENNE Je ne sais même plus qui tu es!

JACQUES SERRES/CHRISTIAN AUREL Non, attention! Tu me connais, je suis un lion, moi.

LEÇON 4

Court métrage: *Le Courrier du parc*

Réalisatrice: Agnès Caffin
Pays: France

JEUNE HOMME Tiens, viens. Prends ça. Tu vois la jeune femme assise sur le banc là-bas? Elle me brise le cœur. Va lui dire ça. Allez. Attends. Ajoute que puisqu'elle m'a défendu de lui parler et de lui écrire, je n'ai trouvé que toi pour adresser un dernier appel à son sentiment de la justice.

ADOLESCENT Le narvalo là-bas, il me dit de te dire des trucs. Mais si c'est chelou, j'appelle les flics. Si tu le connais et que c'est cool, je te passe le message.

JEUNE FEMME Dis ce que tu as à dire.

ADOLESCENT Je crois bien qu'il voudrait te pécho. Mais il dit qu'il se tire en Afrique quand même. Il dit qu'il en a marre de la pluie.

JEUNE FEMME En Afrique?

ADOLESCENT Pour deux ans.

JEUNE FEMME Va lui souhaiter de ma part un bon voyage.

ADOLESCENT Elle a dit «Casse-toi et bon vent!».

JEUNE HOMME Pourquoi? Mais pourquoi? Écoute. Dis-lui qu'il est impossible, tel que je la connais, qu'elle condamne et méprise ainsi sans lui donner d'explications, quelqu'un qui n'a certes pas mérité d'être traité aussi durement. Que si j'ai en quoi que ce soit enfreint ses injonctions ou même manqué à sa délicatesse, c'est dans le seul espoir qu'elle me laissera peut-être encore aller lui rendre visite sur ce banc. Va lui dire. Va lui dire. Allez, tiens. Dépêche-toi.

ADOLESCENT Il dit qu'il veut savoir ce qui te prend. Et pourquoi tu veux plus lui parler? Parce que là, il capte rien! Et c'est dégueulasse vu que t'es la seule meuf qu'il kiffe sur la terre.

JEUNE FEMME Va lui dire que je ne devrais pas avoir à lui rappeler ce qu'il sait déjà. C'est pourquoi je ne veux plus écouter ses paroles, car chaque mot qu'il prononcera ne fera qu'accentuer ma colère. S'il ne comprend toujours pas, demande-lui si le parfum de jasmin de Suzanna ne suffit pas à le retenir en

Europe. L'autre soir, dans le jardin d'hiver, l'envoûtement semblait pourtant parfait. Lorsque je l'ai vu saisir son cou, la juxtaposition était suffisante pour éviter d'avoir à lui demander des explications. Dis-lui que ce jour-là j'ai failli... qu'importe, va lui dire ça.

ADOLESCENT Elle est vénère parce que t'es trop un chaud mon pote!

JEUNE HOMME Comment?

ADOLESCENT Eh, elle dit qu'elle t'a grillé en train de serrer une autre volaille dans un jardin d'hiver. Et que ça lui a filé la gerbe! Elle a dit «juxtaposition» et que ça chlinguait le parfum autour d'elle. Alors, bonjour l'Afrique!

JEUNE HOMME Quoi? Quelle autre femme?

ADOLESCENT Suzanna elle a dit.

JEUNE HOMME Va lui porter ça. Dis-lui que sa méprise nous a mis au calvaire inutilement. Qu'elle n'aurait jamais dû douter. Que j'aurais préféré subir mille morts plutôt que de lui infliger la moindre peine. Elle aurait dû me faire confiance. Et donne la lettre. J'attends une réponse!

ADOLESCENT Il dit que tu t'es plantée. Lis ça et tu verras que t'es juste une maquerelle, jalouse, comme les autres, qui s'en carre complètement de la vérité. Tu l'as juste gonflé à mort. Et ça craint.

ADOLESCENT «Cher docteur Mortimer, je tiens à vous remercier chaleureusement pour l'efficacité et la compétence dont vous avez fait preuve vendredi soir lorsque ma fille, Suzanna, est tombée dans vos bras dans le jardin d'hiver. Sans vous le temps aurait, hélas, joué contre elle. Les troubles cardiaques que cette soudaine syncope ont révélée [*sic*] n'auraient pas pu être maîtrisés et nous aurions pu la perdre. C'est pourquoi dorénavant, je serai très rassurée si vous pouviez la prendre comme patiente régulière, car il n'y a qu'en vous que j'ai entière confiance. Mathilda H. Burton.»

JEUNE FEMME Va lui dire que... Va lui dire de venir chercher sa meuf, s'il veut toujours d'elle.

LEÇON 5

Court métrage: *Samb et le commissaire*

Réalisateur: Olivier Sillig
Pays: Suisse

Depuis 1994, suite à une décision du peuple suisse, le 1er août, jour de la fête nationale, est férié. Évidemment certains services assurent une permanence.

VOIX C'est normal, les gens, ils en ont marre. Il faut toujours que ce soit eux.

COMMISSAIRE Mais je sais! Ils sont de plus en plus nombreux. Mais enfin! appeler les flics pour un gamin! Non! À cette station-service, ils... ils exagèrent! Vraiment! Tiens! Envoyez-le-moi! Entrez!

VOIX Voilà le client, Commissaire.

COMMISSAIRE Oui, merci. Alors, c'est vrai ce qu'on dit? Vous êtes tous des voleurs? Incroyable! Incroyable! À ton âge, tu es déjà un voleur! Eh ben! vous êtes jolis! Assieds-toi! Assieds-toi, nom de Bleu! Bon! Alors? Tu t'appelles comment? Ton nom? Non! non! non! non! Te, te, te, te! Te! Juste ton nom. Je vous connais, vous êtes des bavards terribles, vous! Alors, ton nom? Comment t'appelles-tu? Tu t'appelles comment? Tu ne veux pas parler? Quel âge as-tu? Il ne sait pas son âge! Écoute! Tu vois, moi, je m'appelle Knöbel, Commissaire Knöbel. Et toi? tu ne sais pas dire ton nom. C'est dingue! Vingt francs. Vingt francs! Porter plainte pour vingt balles! Il faut vraiment que les gens en aient marre de vous, hein! Et tes parents? Ils sont où aujourd'hui, tes parents? Ah! eux aussi, ils sont allés apprendre l'hymne national! Alors quoi?

VOIX Ça ne répond nulle part. C'est férié aujourd'hui.

COMMISSAIRE Férié! Férié! Mais ce que les gens sont patriotes aujourd'hui! Alors, c'est comment, ton nom? Hein? Ben, attends! Je ne veux pas te manger! Je veux juste voir s'il y a ton nom sur le collier! Je roque. Knöbel! Oui, oui! petit roque. Nimzo-Indienne? Je... Oui, oui, je crois, oui! Salut! Knöbel. Des carottes. Oui. Trois citrons. De la «Saint-Marc». Du pain. Oui. Ah! Ben oui, maman, oui, c'est jour férié, tout est fermé. Mais non, ce n'est pas grave. Oui, à tout à l'heure, maman. Mais, dis donc! tu dois avoir faim, toi! Apportez à manger au gamin!

VOIX Tout est fermé.

COMMISSAIRE Tout est fermé, tout est fermé! Et alors, en face?

COMMISSAIRE Mange! Mais mange! Il y a sans doute du porc là-dedans! Les musulmans ne mangent pas de porc! Vous devriez savoir ça! Il faut s'adapter, nom de Bleu! Les Africains sont musulmans! L'islam! Ah! C'est tout ce que j'ai trouvé! Mais enfin au moins, tu connais!

SAMB Monsieur! Je m'appelle Samb. Samb. Et toi? Non! non! Juste votre nom!

COMMISSAIRE Knöbel. Commissaire Knöbel.

SAMB Non! non! votre nom! votre vrai nom!

COMMISSAIRE Aah! Hugo. Avec un H.

SAMB Et votre papa?

COMMISSAIRE François, Louis.

SAMB En un seul mot ou en deux mots?

COMMISSAIRE François, virgule, Louis. Ouais, c'est... c'est presque ça.

SAMB Et le nom de votre maman?

COMMISSAIRE Louise, Irène, Augustine, née Roulet.

SAMB Roulet?

COMMISSAIRE Oui, c'est son nom de jeune fille. Ça veut dire qu'avant, elle s'appelait Roulet. Et maintenant, elle s'appelle Knöbel. Comme mon père, comme mon papa. Comme moi.

SAMB Parce qu'elle est encore en vie, votre maman?

COMMISSAIRE Ben ouais, bien sûr!

SAMB Et votre papa aussi?

COMMISSAIRE Ben oui! aussi.

SAMB Vous avez de la chance.

COMMISSAIRE De la chance?

SAMB Oui, mes parents à moi, ils sont morts! Kakachnikov! Et puis... mon oncle, ma tante, Bassala, Anny, Isamfam. Ils se sont mis à tirer sur moi. Mais j'ai réussi à me cacher. Quand je suis revenu, ils avaient foutu le feu à tout! Tout brûlait! Même mon ballon! Il n'y avait plus rien!

COMMISSAIRE Les parents! Quels parents? Bon! j'arrive. Ah! c'est vous les parents? Messieurs dames! Bon, ce n'est pas grave. Ce n'est pas grave du tout! Ce n'est qu'un gamin, nom de Bleu! C'est, c'est un môme, hein?... Bon! Pour ce qui est de la plainte, là, on laisse tomber, on écrase!

SAMB Eh! mon ballon!

COMMISSAIRE *Ton* ballon!

LEÇON 6

Court métrage: *De l'autre côté*

Réalisateur: Nassim Amaouche
Pays: Algérie/France

PÈRE Le bouchon! Tu as compris? Je vais t'expliquer. Soulève le bouchon et baisse le bouchon! Regarde! Toc, toc, toc, toute la nuit, elles restent, les gouttes! Toc, toc, toc, il y en a marre! Tu as compris? Il y en a marre! Regarde! Monte et descend toute la nuit!

MALIK Ah, c'est ça qui fait toc, toc, toc! Tu vois, je le savais. Je l'ai entendu, tout ça! hop! hop! toc! toc! Mais bientôt, je vais le faire bien! hop! hop! hop!

MÈRE Malik!

MALIK Ouais, ouais! Qu'est-ce qu'il y a? Qu'est-ce qu'il y a encore?

MÈRE Ton frère, il va arriver pour la fête.

MALIK Il n'est pas encore mort, celui-là?

MÈRE Il t'a pris la chambre, aussi.

MALIK Et je vais dormir où, moi?

MÈRE Avec le petit!

MALIK Non, s'il te plaît! Ne me fais pas ça! Il va me soûler encore avec ses lapins! Je veux un jaune, je veux un rouge, un lapin vert, un lapin…! En plus, il pue, ton môme! J'en ai marre!

PÈRE Tu as compris?

(Malik: Vas-y, toi, avec tes toc, toc, toc chelous, là!)

MÈRE Samir!

SAMIR Tu es toute seule?

MÈRE Ton père, il est sorti. Il va acheter le pain, il va arriver, hein… Ça va?

SAMIR Mmm… Ça va, ça n'a pas trop changé.

MÈRE Ah oui. On a fait un peu la peinture et tout ça.

SAMIR Et Malik, il est où?

MÈRE Oh, Malik il traîne toujours au café, avec les voyous! Il ne change pas! Je suis contente, mon fils…

SAMIR Et le petit, ça va?

MÈRE Oui, il dort. Il est fatigué un petit peu. Tu as maigri.

SAMIR Bah, je mange plus comme avec toi!

MÈRE Mais j'ai téléphoné chez toi. Je suis tombée sur une fille qui était très gentille.

SAMIR Ouais, elle m'a dit que tu avais appelé.

MÈRE Comment elle s'appelle?

SAMIR Julie.

MÈRE Julie! Oh! Amène-la, s'il te plaît, amène-la!

SAMIR Ouais, je la ramènerai, un jour.

MÈRE Amène-la!

SAMIR Tiens, c'est pour la fête. Vous faites ça où?

MÈRE Chez Farida. On fait une petite fête entre les amis, la famille, un petit orchestre. C'est bien.

SAMIR Je la ramènerai. Mais…

MÈRE Attends, attends! Ça, le jour où elle vient, Julie, on fait ça. Moi, j'achète une belle robe et pour ton père, un beau costume, cravate. Mais Malik, il sort!

SAMIR Qu'est-ce que tu me racontes là? Je ne te demande pas de te déguiser ni de cacher Malik!

MÈRE J'ai dit qu'il faut aller au centre!

PÈRE Je sais, je sais, le centre, il est fermé! Il y a rien que ça, il n'y a pas le choix!

SAMIR Non, mais, ça va. Il est très bien, celui-là!

PÈRE Ça va, toi?

SAMIR Ça va bien, papa?

PÈRE Oui, ça va, oui.

SAMIR C'est la forme?

PÈRE Ouais, ça va… ça va…

SAMIR Ça va mieux, ta jambe?

PÈRE Ça va, ça va… L'hiver, quand il fait froid, ça me fait mal… Mais l'été, ça va…

MÈRE Ils vont lui couper la pension parce qu'il traîne, il traîne, il traîne avec les papiers! Tu ne peux pas l'aider, ton père?

SAMIR Mais si, bien sûr.

PÈRE Arrête un peu, toi, avec les papiers! Toujours pension! Papiers! Pension! Oh! Arrête. Je vais les faire, ces papiers, ça va!

SAMIR Non, mais, je peux t'aider si tu veux, ça ne me dérange pas.

PÈRE Non, non. Ça va, merci. Alors, tu as mis la robe pour aider les voyous, maintenant?

SAMIR Ben ouais, hein. Je commence… Je suis stagiaire et… je suis commis d'office…

PÈRE Ouais, ouais, d'office.

SAMIR Tu sais, quand les gens, ils n'ont pas d'argent pour…

PÈRE Je sais, je sais, je sais qu'est-ce que c'est «d'office». Je sais.

SAMIR Bon. Je vais aller voir le petit.

ABDEL Non! Le retour! Samir! Bien?

SAMIR Tu as changé ton carrosse?

ABDEL Ben, ouais, dis donc. Ils me l'ont explosé, les petits, à monter dessus tout le temps!

SAMIR Comment ça va, Abdel?

ABDEL Ça va? Bien? Et toi, tranquille?

SAMIR Tranquille, ouais.

ABDEL Ça me fait plaisir! Tu es frais, là! Je parie que tu as pris un appart' et tout?

SAMIR Oui, un petit truc. Il faudrait que vous passiez.

ABDEL On va passer, dès qu'on aura le temps. Tu sais, en ce moment… Tu as appris pour Stéphane?

SAMIR Je sais. Sa mère, elle m'a donné son numéro d'écrou. Je vais m'occuper de son dossier.

ABDEL Ne t'occupe de rien! Franchement, les mecs, ils font n'importe quoi! Ils croient que…

MANU Alors, Samir, tu vas bien? La forme?

SAMIR Alors, Manu?

MANU Ça va, la petite… Alors, Abdel, ça va? La forme?

SAMIR Comment tu vas, toi? Tu as grandi, toi. Oh! Elle a poussé, hein!

MANU Tu as vu, elle grandit tous les jours, trois centimètres, je sais pas! Alors, tu es là pour la fête!

ABDEL Manu, explique-moi un truc… Ta fille, à chaque fois qu'elle me voit, elle a le syndrome fauteuil! J'ai mal au pied!

MANU Abdel, tu la connais.

ABDEL Tu as mal au pied?

MANU Elle a une entorse! Allez, c'est bon.

ABDEL Allez, arrête le cinéma et monte! Bon, Manu je te l'embarque!

MANU Tu essaies de ne pas être trop long, Abdel!

ABDEL Tranquille. Comme d'hab'!

MANU Mais non, pas comme d'hab', pas comme d'hab'! Là, ce coup-ci, il y a sa mère qui l'attend! Je compte sur toi!

ABDEL Pas de problème. Samir, je te vois après, le jeune homme, à la soirée. [Ne] t'inquiète [pas]! Bon, Manu! [Ne] t'inquiète [pas]! Ça va, les gars? Bien?

JEUNE Eh! Abdel! Fais attention au virage du 37!

ABDEL Rentre chez toi avec tes blagues à deux francs!

JEUNE C'est pour ton bien!

PETITE FILLE Toboggan!

MALIK Oh! Le grand frère! Ça va? Tu vas bien?

SAMIR Comment tu vas?

MALIK Maman, elle t'a mis des draps propres…

SAMIR J'aurais pu dormir avec le petit.

MALIK Non, mais attends, tu rigoles! C'est encore ta chambre! Je prends juste une chemise et je m'en vais! En plus, si tu pues toujours autant des pieds, tu vas le tuer, le môme! Allez, à tout à l'heure!

SAMIR Bonne nuit, Malik.

SAMIR Salut crapule! GARÇON Samir!

SAMIR Comment ça va?

GARÇON Ils m'ont coupé la zézette!

SAMIR Non! En entier?

GARÇON Non, il m'en reste un peu, quand même! Pourquoi ils m'ont fait ça?

SAMIR Ben, je ne sais pas. Maintenant, tu deviens un homme!

GARÇON Et à l'école, ils ne sont pas des hommes alors?

SAMIR Si, mais un peu moins que toi… Mais ne t'inquiète pas. Le plus dur, il est passé. Maintenant, samedi, il va y avoir une grande fête avec des gens que tu ne connais pas qui vont te donner plein d'argent! Tu pourras t'acheter plein de cadeaux.

GARÇON Je sais. Malik, il m'a dit. Avec cet argent, je vais pouvoir m'acheter une ferme, des lapins, des coqs, et puis surtout des lapins! Mais je vais quand même prendre un lion parce que Malik, il a dit que son chien, il allait bouffer mes lapins!

SAMIR N'écoute pas Malik! Mais le lion, c'est une très bonne idée pour te défendre! Allez, au lit! Va te coucher! À demain!

MÈRE Laisse, laisse, laisse, laisse, laisse-moi faire! Donne! Donne!

PÈRE Qu'est-ce qui te fait rire, toi? Pourquoi tu rigoles? Allez, dis-moi, pourquoi tu rigoles?

MALIK Ce n'est pas moi qui rigole!

PÈRE Si, tu rigoles!

MALIK Arrête de rigoler, toi!

PÈRE Allez, dis-moi pourquoi tu rigoles.

SAMIR Non, mais, tu peux laisser. Ça ne me dérange pas.

PÈRE Non, de toute façon, ça sert à rien de le voir. C'est idiot, ça.

SAMIR Si, j'aime bien. Je regarde de temps en temps, ce n'est pas mal.

PÈRE Ah, oui? Tu t'intéresses à ça?

SAMIR Ben, de temps en temps, je regarde à la maison, quand j'ai le temps.

PÈRE De toute façon, moi, ça ne m'intéresse pas.

SAMIR Il s'est passé quoi depuis la dernière fois, là, depuis la semaine dernière?

PÈRE Ben, la blonde a laissé tomber son mari... elle est partie avec un autre.

MALIK Mais qu'est-ce que tu racontes! Elle est toujours avec le grand du premier épisode!

PÈRE Quel grand?

MALIK Le grand du premier épisode!

PÈRE Ah, oui?

MALIK Il ne regarde pas! Tu as vu comme il nous fait son cinéma, celui-là! Tu fais ton cinéma parce qu'il est là!

PÈRE Qu'est-ce tu parles [racontes], toi?

MALIK Tu es un malin, toi!

PÈRE Qu'est-ce tu parles [racontes]?

MALIK En vérité, sur la tête de ma mère, il kiffe sur elle! Il kiffe! Il kiffe! Tu aimes bien les bonnes...

PÈRE Allez! Va, va! Hier soir, tu as encore oublié le bouchon! Va, va! Il ne faut pas l'écouter, lui! Il est malade!

PÈRE Allô?

FONCTIONNAIRE Oui, j'écoute.

PÈRE Bonjour, monsieur. Voilà, je m'appelle Boujira. Je vous téléphone au sujet d'un dossier. Voilà, j'ai retrouvé la feuille... Elle est là!

FONCTIONNAIRE Oui. Attendez, attendez... Vous avez dû avoir mon collègue... C'est pour une pension d'invalidité?

PÈRE Voilà, c'est ça, oui.

FONCTIONNAIRE Rappelez-moi votre nom?

PÈRE Boujira.

FONCTIONNAIRE Une minute, s'il vous plaît... Ah! Ben oui. Effectivement, il manque la B110.

PÈRE Oui, parce que je me suis trompé. Au lieu de vous envoyer la bleue, je vous ai envoyé la rouge.

FONCTIONNAIRE Mais non, mais, la rouge, vous la conservez! Dites-moi, votre dossier, vous l'avez rempli vous-même?

PÈRE Oui, oui, moi-même, oui.

FONCTIONNAIRE Eh ben, vous avez de la chance d'être tombé sur mon collègue! Les dossiers comme celui-ci, moi, je les renvoie à l'expéditeur! Non, mais, vous vous rendez compte qu'on passe parfois une heure à déchiffrer l'écriture? On reçoit vingt dossiers par jour! Faites le calcul! Bon, que vous ne sachiez pas très bien écrire, je comprends tout à fait. Mais quand même, faites un effort! Appliquez-vous un minimum ou faites-vous aider!

PÈRE Oui, parce que voilà, j'ai fait les cases avec un stylo blanc à la fin.

FONCTIONNAIRE Allez, ce n'est pas grave. Renvoyez-moi l'attestation... et la feuille bleue cette fois, hein?

PÈRE Oui, monsieur, oui. Merci.

FONCTIONNAIRE Au revoir.

PÈRE Au revoir, monsieur, bonne journée.

SAMIR C'était la sécu?

PÈRE Oui.

SAMIR Et ils te reçoivent toujours comme ça?

PÈRE Ah! Ils sont braves avec moi.

SAMIR Ah, tu trouves? Ils te parlent comme à un gamin et ça ne te pose pas de problèmes?

PÈRE Non, mais ils sont sympas. De toute façon, c'est moi qui ai rempli tout ça avec le blanc...

SAMIR Et alors? Ce n'est pas ton professeur, et tu n'as pas 10 ans pour qu'il te parle comme ça, celui-là!

PÈRE Ce n'est pas grave...

SAMIR Bientôt, il va te donner des devoirs à faire, c'est ça?

PÈRE Mais non, ce n'est pas grave!

SAMIR Bien sûr que c'est grave! Mais si, c'est grave! Tu te fais humilier et en plus, tu le remercies! Pourquoi tu rampes toujours comme ça! D'où elle vient, ta honte? Explique-moi, papa! D'où elle vient? Tu sais pourquoi il te parle comme ça, ce mec-là? Parce qu'il l'a sentie, ta honte! Tu commences à me respecter comme tu respectes cet abruti au téléphone! Mais je n'en veux pas de ce respect-là, papa! C'est quoi votre truc, là? Vous croyiez que j'allais vous mépriser, c'est ça?

JEUNE Ça va, Samir?
SAMIR Ça va?

MALIK Il est là, le petit?
SAMIR Non, il est à la salle avec les parents.
MALIK Dépêche-toi! Dépêche-toi! Dépêche-toi!
SAMIR Qu'est-ce que c'est que ça?
MALIK C'est [Ce sont] des lapins pour le petit. Comme ça, il me casse plus les…! Ah! Voilà! Je veux des lapins! Je veux des lapins! Comme ça, il me casse plus les pieds! Je suis content! Hein, ma caille? Quoi, qu'est-ce qu'il y a?
SAMIR Ben, rien.
MALIK Comme tu m'as parlé! Tu es comme ça. Tu ne te reconnais pas? Non, mais, il croit qu'on les a tapés! On ne les a pas tapés! Hein?
SAMIR J'ai dit ça, moi?
MALIK Tu me regardais comme ça! Attends! On a frappé, on a frappé [chez le] mec! Tu crois qu'on les a tapés?
AMIS Mais bien sûr qu'on les a volés!
MALIK Ah ouais, on les a volés… Vous êtes graves, vous! Eh! Samir! Viens voir, je te dis!

ABDEL Moi, je suis d'accord avec toi là-dessus. Franchement, il n'y a pas de problème. Mais lui, il…
MALIK Allez, il faut y aller, maintenant.
ABDEL Ouais. On se voit tout à l'heure, de toute façon.
MALIK Eh! Mets une chemise, mets un costume, un truc bien!
ABDEL Ça va! On n'est pas des sauvages, quand même! On sait s'habiller!
MALIK N'oublie pas les tunes pour le petit!
ABDEL C'est à lui qu'il faut le dire pour la tune!
MALIK Il faut des tunes, ce soir! Et mets une chemise, et enlève-moi ton blouson.

SAMIR Sinon, tu es toujours avec Stéphanie?
MALIK Ouais. Mais elle me soûle en ce moment, grave. Mais bon, je crois que c'est ce que je kiffe. Et toi?
SAMIR Bof.
MALIK Quoi, bof? Arrête de mentir. Maman m'a dit qu'elle avait eu une meuf au téléphone.
SAMIR Tu connais maman… elle s'emballe vite.
MALIK Arrête! Un avocat, ça peut bander! Je n'aurais jamais cru!
SAMIR Espèce de bouffon! Et le boulot, alors, comment ça se passe?
MALIK Ça va. Toujours dans les inventaires. En plus, là, c'est la période, il y a beaucoup de boulot. Mais bon, ça va. Pas très intéressant, mais au moins, je ne m'encroute pas dans la même boîte… ça, c'est bien.
SAMIR Il doit y avoir un truc pour toi au cabinet, je crois… coursier. Bon, ça va, c'est tranquille et en plus, ce n'est pas très, très compliqué.
MALIK Parce que si c'était compliqué, tu ne me l'aurais jamais proposé… con comme je suis!
SAMIR Qu'est-ce que tu me racontes là!
MALIK Rien. Ne te retourne pas, Samir! Fonce! Tu ne dois rien à personne. Moi, ça va. La dernière fois chez le boucher, papa a fait tomber ta photo par terre, tu sais, celle où tu es sapé comme une gonzesse, avec ta robe. Maman m'a dit que ce n'est pas la première fois, en plus, qu'il fait tomber son portefeuille devant les gens. Regardez mon fils comme il est beau! Il a mis 30 ans à construire sa vengeance. Et je crois qu'elle ressemble beaucoup à ta gueule. Comment ça doit être dur de passer de l'autre côté… Lourd à porter… Avec tous ces cravatés qui te regardent sûrement comme un objet exotique quand tu es avec eux. Tu crois que je ne vois pas? Et les parents… Quand tu reviens, qu'ils ne savent même plus

comment te prendre… Eh ouais. Mais, dis-toi que c'est un luxe de te prendre la tête dessus! Tu sais, ça? Maintenant, tu y es, de l'autre côté. Que tu le veuilles ou pas, tu y es et tu n'as pas mille questions à te poser! Il n'a pas gueulé de la journée. J'ai été voir maman, elle m'a tout raconté…

PÈRE Il faut vous dépêcher! Il y a la mère qui attend!
MALIK Ouais, c'est bon! Vas-y! Dépêche-toi, toi! Il n'est pas beau, ton fils?
PÈRE Ton père, il est beau. Moi, je suis l'original. Toi, tu n'es rien que la photocopie!
MALIK Ah bon. Je ne suis pas beau, moi?
PÈRE Ah! Tu es beau.
MALIK C'est toi le plus beau!
PÈRE Où il est, ton frère?
MALIK Dans la salle de bain, là-bas. Vas-y! Dépêchez-vous, on y va!

PÈRE Samir, il faut se dépêcher. Il y a ta mère qui nous attend.
SAMIR Je sais… mais il n'y a que ça comme rasoir?
PÈRE Laisse, laisse! Tu vas te couper! Tu sais, ton frère, il ne se rase pas. Il a la peau de bébé.
MALIK On y va quand vous voulez!

LEÇON 7

Court métrage: *Strict Eternum*

Réalisateur: Didier Fontan
Pays: France

ELLE Tu as bientôt fini? Dépêche-toi, sinon tu vas être surpris par la neige!
LUI Sinon tu vas être surpris par la neige. Hein! Et puis quoi encore? Il n'en est pas tombé depuis trois jours.
ELLE Oh…
LUI Vacherie de bagnole!
LUI Tu n'aurais pas vu la clé de trente-deux, par hasard?
ELLE La clé de quoi?
LUI De trente-deux!
ELLE Tu n'as qu'à regarder dans les placards.
LUI Tu n'en as pas assez de regarder toujours le même programme?
ELLE Et toi de réparer ta voiture? Oh… Tu devrais trouver ton bonheur là-dedans.
LUI Tu n'aurais pas une vraie clé de trente-deux, comme celle du nain dans le jardin?
ELLE Tu sais bien que c'est tout ce qu'on a ici. De toute façon tu perds ton temps, ça ne marchera jamais.
LUI On pourrait quand même essayer une dernière fois…
ELLE Mais arrête de rêver! Tu vois bien qu'elle ne démarre plus!
LUI Ça vient peut-être du carburateur.
ELLE Écoute-moi bien. J'en ai marre de ce pavillon miteux et de ce temps pourri! Quand je pense qu'on passe nos journées à attendre la prochaine chute de neige et à réparer cette… Parce que tu crois vraiment qu'elle va démarrer, cette voiture?!
LUI Ne crie pas comme ça! Tu veux ameuter tout le quartier?
ELLE Tiens, parlons-en de ce trou perdu!
LUI Mais c'est toi qui as insisté pour qu'on s'installe ici!
ELLE Tu dis n'importe quoi! D'ailleurs, je n'ai pas eu l'occasion de donner mon avis… je me suis retrouvée coincée entre ces quatre murs.
LUI Là, tu exagères!
ELLE Tu n'as vraiment aucune mémoire. On avait l'impression d'aller si loin… alors qu'en fait, on n'allait nulle part.
LUI Tu n'as vraiment aucune mémoire.
ELLE Là, tu exagères!

LUI Tu dis n'importe quoi! D'ailleurs, je n'ai même pas eu l'occasion de donner mon avis et je me suis retrouvé coincé entre ces quatre murs.

ELLE Mais c'est toi qui as insisté pour qu'on s'installe ici!

LUI Tiens, parlons-en de ce trou perdu!

ELLE Ne crie pas comme ça! Tu vas ameuter tout le quartier!

LUI Écoute-moi bien. J'en ai marre de ce pavillon miteux et de ce temps pourri! Quand je pense qu'on passe nos journées à attendre la prochaine chute de neige et à réparer cette... Parce que tu crois qu'elle va démarrer, cette voiture?!

ELLE Ça vient peut-être du carburateur.

LUI Mais arrête de rêver! Tu vois bien qu'elle ne démarre plus!

ELLE On pourrait quand même essayer une dernière fois...

LEÇON 8

Court métrage: *Le Ballon prisonnier*

Réalisateur: Cyril Gelblat
Pays: France

DYLAN 1, 2, 3, 4... 1, 2, 3, 4, 5, 6, 7, 8, 9, 10, 11, 12, 13
(À lui-même: Ouais, il a le ballon... Il en dribble 1, 2. Ouais. Il continue son action, il déborde. Zidane qui passe à Dylan Belgazi... Talonnade... Thierry Henry... qui accélère et But! Ouais!)
Ouais! Ouais!
Eh, Dylan, Dylan! Qu'est-ce que vous ressentez après cette victoire? Oui, euh, je suis très content, mais c'est avant tout la victoire d'un groupe, et à partir de là, on a répondu présent dans les duels, et voilà, quoi... On parle de vous dans les plus grands clubs. Oui, c'est vrai, il y a des contacts, mais, euh... je suis encore sous contrat avec l'ASPTT Nice et rien n'est fait.

MÈRE Dylan! Tu rentres, on va dîner!

DYLAN Maman, je peux avoir du poulet?

PÈRE Mais tu le fais exprès ou quoi? Qu'est-ce que je t'ai dit? Les veilles de match, c'est féculents et sucres lents, sinon tu as les jambes coupées et tu ne cours pas.

MÈRE Enfin, ça va, il peut quand même manger une cuisse de poulet la veille d'un match!

PÈRE Ne fais pas l'idiot, Dylan, demain c'est [ce ne sont] pas des rigolos en face, si tu sors du lot, ils vont te contacter. Alors, tu manges tes pâtes.

MÈRE Translate in English. Caterpillar.

DYLAN Mille-pattes.

MÈRE Très bien. Goat.

DYLAN Euh... Contrarié.

MÈRE Ah non, ça, c'est chèvre. Alors, vas-y, contrarié.

DYLAN Euh... Worri-ed.

MÈRE Non. Wooorried.

DYLAN Worried.

MÈRE Worried.

DYLAN Worried.

MÈRE Très bien. Bon allez, finis tes mots et commence les verbes.

PÈRE Eh! Dylan, Dylan, dans quelle main? Gagné. Si tu marques un but demain, tu en auras 5 de plus. Okay?

MÈRE Bon, Dylan, va réviser tes verbes dans ta chambre, mon cœur. Non, mais, tu ne veux pas un peu arrêter de lui bourrer le crâne avec ça? Il y en a combien, un sur cent qui finit professionnel. Pourquoi ça serait lui?

PÈRE Oui, c'est ça, vas-y, décourage-le, toi. Je n'ai pas dit que je voulais qu'il soit professionnel, j'ai juste dit qu'on allait tout faire pour, c'est tout. Demain, il y aura tous les recruteurs, c'est l'OGC Nice en face. Dans 3 ans, il a l'âge du centre de formation, c'est maintenant que ça se joue.

MÈRE Et qu'est-ce qu'il fera de ses 10 doigts si ça se passe pas comme tu le dis?

PÈRE Mais arrête de parler de ce que tu ne connais pas! Attends, dans tous les centres de formation, ils étudient maintenant. Qu'est ce que tu crois, toi? C'est [Ce ne sont] plus des débiles mentaux, les joueurs. C'est fini, ça.

MÈRE Ah bon?

PÈRE Ben ouais. Puis, de toute façon, il n'est pas question qu'il en sorte avec rien dans la tête. À 35 ans, il est fini, le joueur de foot. Regarde les joueurs, quand ils arrêtent, ils sont tous, je ne sais pas moi, commentateurs à CANAL+ ou euh…

MÈRE Ou quoi? Non mais, ou quoi?

PÈRE Eh ben, tout ça, quoi.

Allez, Dylan. 9 heures. Tu te couches.

DYLAN Mais je ne suis pas fatigué.

PÈRE Ce n'est pas le problème que tu sois fatigué ou pas, petit bonhomme. C'est l'heure. Allez. Au dodo. Bon, on reprend. Tu mets le pied, hein? Dans tous les duels et agressif, hein? Et sur tous les ballons. Et s'il y a un coup franc ou un penalty, ben, tu t'imposes pour le tirer.

MÈRE Mais puisqu'il te dit que c'est Djibrill qui joue les coups-francs.

PÈRE Attends, tu frappes mieux que Djibrill. Attends, je ne vois pas pourquoi c'est toujours lui qui les tire. Ça va, Djibrill il est capitaine, il est numéro 10, il ne veut pas jouer tout seul aussi.

MÈRE C'est vrai! Pourquoi ce n'est pas toi qui est le numéro 10?

DYLAN Parce que je suis attaquant et l'attaquant, il a le 9.

PÈRE Ouais, c'est ça. Je vais te dire, moi, pourquoi il ne l'a pas. C'est parce que le père de Djibrill, il est pote avec l'entraîneur, c'est tout. Hein, depuis 10 ans qu'ils bossent ensemble au tri. C'est même lui qui l'a fait rentrer à la CGT, le père à Djibrill.

ENTRAÎNEUR 1 Salut, les gars!

ENFANTS Salut!

ENTRAÎNEUR 1 Bon, allez! Les photos, les albums, on arrête, là, maintenant, hein. Et on se concentre. Bon, je n'ai pas besoin de vous faire un dessin, vous savez contre qui on joue, aujourd'hui, hein? Entre les Postes et l'OGC NICE, c'est trente ans de concurrence derrière. C'est un peu les pros contre les amateurs, là. Alors, si vous avez une revanche à prendre, c'est maintenant.

ENTRAÎNEUR 2 Allez, les gars! De l'agressivité! On va au charbon!

ENTRAÎNEUR 1 Bon, ce n'est pas compliqué, ils sont plus grands que vous, alors surtout, vous ne jouez pas en l'air, sinon ils vont vous bouffer, les gars. Leur point faible, c'est leur gardien, alors je veux que vous provoquiez des fautes, d'accord? Djibrill, c'est toi qui tire les coups francs. Hein, petit? Allez! Yazid, Julien, costauds en défense, je ne veux rien voir passer, d'accord? Dylan, tu joues en pointe. Alors, devant, tu pivotes, tu percutes et tu provoques des fautes. OK? Leur libero, le grand noir, là, c'est un tout bon, lui. Il est pour toi. Il monte souvent sur les corners, alors tu ne le lâches pas, Dylan. Ce n'est pas compliqué, quand il va pisser, tu vas pisser avec lui. OK? Bon, allez! De l'énergie, là! Oh! Réveillez-vous un peu, là! Oh! Qu'est-ce que c'est que ça?

PÈRE Dylan, tu as compris? S'il va pisser, tu vas pisser avec lui. Allez, Dylan!

PÈRE Regarde-le. Le type, là, il mesure combien?

AUTRE PÈRE Oh, il est grand.

PÈRE Il mesure 1m60 déjà.

AUTRE PÈRE Non, mais c'est bon, on va y arriver.

ENTRAÎNEUR 1 Djibrill, à l'extérieur! Yazid, tu montes. Ouais, voilà. Très bien. Monte! Monte! Mets le pied! Julien, monte! Allez! Va, va, va! Tu gardes le ballon! Allez! Va! C'est bien! Garde le ballon! Dylan, tu le prends!

PÈRE Reviens, reviens, reviens! Allez, allez, allez! Mets le pied, mets le pied!

AUTRE PÈRE Mais, vas-y!

ENTRAÎNEUR 1 C'est bien! Djibrill, monte!

PÈRE Voilà, cours, cours! Dylan! Ne le lâche pas! Ne le lâche pas, on te dit! Reste en pointe, reste en pointe! Mais qu'est-ce que tu fais?

ENTRAÎNEUR 1 Dylan! Qu'est-ce que tu fais?

PÈRE Tu regardes!

ENTRAÎNEUR 1 Bon, allez les gars, corner! Allez! Chacun le sien, les gars! Voilà! Dylan!

PÈRE Ne le lâche pas! Dylan!

ENTRAÎNEUR 1 Allez asseyez-vous, tranquille, tranquille… On se détend, on se relaxe… Venez boire un peu. Voilà. On n'est mené que 1-0, hein? C'est rattrapable. Ce n'est pas très grave. Alors on ne se laisse pas aller, les gars! D'accord? Jouez davantage sur les ailes, jouez davantage sur Julien. OK? Et pressez-moi les défenseurs latéraux. Hein, ils ne savent pas jouer au ballon, ces deux-là. Bon, eh! Et qu'est-ce qu'il se passe en attaque, là! Hein? Franchement. Il faut provoquer! On dirait des gonzesses avec un ballon, là. Je ne comprends pas très bien! Parce que c'est [ce sont] des hommes en face, comme vous. Alors, montrez-moi ce que vous avez dans le ventre! Bon, Jeff, tu vas remplacer Dylan en pointe. Tu joues en pivot. Libère les espaces pour Djibrill. D'accord? Et le grand black, tu ne me le lâches pas d'une semelle. OK? On a compris? c'est bon? Allez, on y va! C'est pour l'avenir qu'on se motive! Allez, les gars! Allez! On se motive, là!

ÉQUIPE On a gagné! On a gagné! Pour Djibrill Hip hip hip hourra! Hip hip hip hourra! A tchic, a tchic, a tchic, aïe aïe aïe! A tchic aïe, a tchic aïe!

LEÇON 9

Court métrage: *Bonbon au poivre*
Réalisateur: Marc Fitoussi
Pays: France

MÉLANIE Comme les diamants, les bonbons sont éternels. Ils nous relient aux générations passées. On les associe à la découverte du goût, du plaisir, de la célébration. Leurs couleurs vives évoquent manèges, fêtes foraines de notre enfance. Ils font partie des petites consolations pas chères, agréables et amusantes. C'est un produit profondément inscrit dans les penchants de l'être humain. N'ayons pas peur des mots… les bonbons sont nos meilleurs compagnons. Bien. Donc, vous avez été sélectionnés parce que vous disposez des qualités requises pour pouvoir, un jour, devenir représentants. Moi, ce que je vais vous apprendre, c'est à devenir de bons représentants. Or, pour ce faire, il va vous falloir intégrer tout un nouveau système de communication, déployer toute une batterie d'arguments, ainsi qu'un vocabulaire spécifique qui vous permettront de vous tirer des situations les plus critiques. Parce que votre objectif, c'est de vendre. Vendre, vendre, vendre. Face à vos futurs clients, vous n'aurez pas droit à l'erreur, il faudra toujours employer le mot juste. Alors, on va essayer quelque chose… on va faire un petit jeu. Vous allez me citer tous les mots qui vous viennent à l'esprit lorsque vous entendez prononcer le mot «bonbon». N'ayez pas peur. On est entre nous. Vous pouvez dire tout ce qui vous passe par la tête. Sophie, vous voulez bien commencer? Puis après, on enchaîne. Il faut que ça aille vite.
SOPHIE Confiserie.
MÉLANIE Confiserie. Très bien.
ESTELLE Douceur.
MÉLANIE Douceur.
FAIZA Onctueux.
MÉLANIE Comment?
FAIZA Onctueux.
MÉLANIE Onctueux.
HERVÉ Acidulé.
MÉLANIE Acidulé. Bien. Annick. Ne soyez pas timide. Qu'est-ce que vous évoquent les bonbons?
ANNICK Les caries.
MÉLANIE Oui… pourquoi pas.
SOPHIE Crise de foie.
MÉLANIE Oui.
(Chacun son tour: Obésité. Calorie. Diabète. Indigestion. Chimique. Cellulite. Colorant. Écœurant. Surcharge pondérale.)
MÉLANIE S'il vous plaît. On va reprendre cet exercice un petit peu plus tard. Je crois qu'il est temps de vous faire goûter les spécialités de nos chefs confiseurs.

SOPHIE Bonjour.
ANNICK Bonjour.

SOPHIE Voilà, je viens vous voir parce que je représente la célèbre marque de confiserie du Lutin Gourmand et j'aurais aimé vous parler de notre nouvelle gamme de produits.

ANNICK J'ai tout ce qu'il faut, je vous remercie. Je ne suis pas intéressée.

SOPHIE Non, mais attendez, je… je comprends très bien que vous soyez souvent sollicitée par des représentants mais là, notre marque propose des produits exclusifs que vous ne pourrez pas trouver ailleurs.

ANNICK Peut-être, mais j'ai du travail et je n'ai pas…

SOPHIE Écoutez, si vous voulez, nous pouvons convenir d'un rendez-vous.

ANNICK Quelle langue il faut vous parler? Je vous répète que je ne suis pas intéressée.

MÉLANIE Annick, il faut y mettre un peu du vôtre. Si vous empêchez tout dialogue…

ANNICK Ben, je ne sais pas, vous nous demandez de faire une simulation de vente. Je suppose qu'on va avoir affaire à des gens comme ça qui vont nous envoyer balader.

MÉLANIE Oui, mais si tout le monde était comme ça, on ne s'amuserait pas à vous envoyer sur les routes, vous comprenez? Il y a des gens qui sont intéressés par nos produits. Et moi, je… je veux voir une vente qui marche! D'accord?

SOPHIE Je recommence depuis le début?

MÉLANIE S'il vous plaît.

SOPHIE Bonjour.

ANNICK Bonjour, je suis contente de vous voir!

SOPHIE Mais, moi aussi… Voilà, je viens vous voir parce que je représente la célèbre marque de confiserie du Lutin Gourmand et j'aurais aimé vous parler de notre nouvelle gamme de produits.

ANNICK Oh, quelle bonne idée! Ça tombe bien, j'adore les bonbons.

MÉLANIE Je reviens. Continuez.

SOPHIE Connaissez-vous les produits du Lutin Gourmand?

THIERRY Ça va? Ça se passe bien?

MÉLANIE Oui, oui. Dis-moi, tu sais qui a fait passer l'entretien d'embauche à Annick Perrotin?

THIERRY Euh, ben oui. C'est moi. Pourquoi? Il y a un problème?

MÉLANIE Ben oui, il y a un problème. Elle ne fout rien, elle a l'air complètement démotivée. En plus, elle est vieille, elle n'a pas du tout le profil.

THIERRY Ah bon? Je ne sais pas, moi. Je la trouvais plutôt convaincante.

MÉLANIE Ben écoute, je ne sais pas. Avec moi, ça ne passe pas. Elle ne dit pas un mot. Non, je ne sais pas! Je pourrais comprendre si le stage n'était pas du tout rémunéré. Mais là, on les paye! J'ai vraiment l'impression qu'elle se moque de moi. En plus, je ne sais pas, là, depuis ce matin, elle me cherche!

THIERRY Ah! Mais écoute. Ça va peut-être s'arranger.

MÉLANIE Non! Non, non. Moi je ne prends pas ce risque. ça va, l'histoire de Melissa, ça m'est resté là. Je l'ai laissée partir, elle a fait zéro vente et après, Malaquais, c'est moi qu'il est venu trouver. Moi, je n'ai pas eu de prime, hein, le mois dernier.

THIERRY Bon, tu veux la virer?

MÉLANIE De toute façon, toi aussi, tu es dans le collimateur, hein. C'est toi qui l'as recrutée. On est logé exactement à la même enseigne.

THIERRY Ouais, il vaut mieux qu'on la vire, oui. Bon, écoute, je vais lui parler.

MÉLANIE Non, non, je me la suis coltinée toute la journée. C'est à moi de lui parler.

FRANCK Dans quel secteur?

MÉLANIE J'ai… j'ai tourné un petit peu partout. J'ai fait un tour de France et…

FRANCK Et ensuite, vous êtes devenue formatrice.

MÉLANIE Exactement.

MÉLANIE Voilà. Ce sera tout pour aujourd'hui. Je vous retrouve demain à 9 heures. Nous commencerons par une dégustation. Bonne soirée.

ESTELLE Madame, je peux vous parler?

MÉLANIE Oui, une minute. Annick! Vous pouvez attendre? Oui, Estelle. Je vous écoute.

ESTELLE Ben voilà, en fait… Je n'ai pas mon permis.

MÉLANIE Comment ça?

ESTELLE Ben, à l'ANPE, ils ne m'ont pas dit qu'il fallait être motorisé.

MÉLANIE Mais pourquoi vous ne nous en avez pas parlé plus tôt?

ESTELLE Ben, je me suis dis que je pourrais faire du porte-à-porte autour de chez moi. Il y a plein de lotissements. Je suis sûre que ça peut intéresser des gens.

MÉLANIE Non, mais attendez, on vous demande de démarcher auprès de magasins, de stations-service, de restaurants. Je ne sais pas, vous ne pensez quand même pas qu'on va vous payer un taxi pour chaque déplacement!

ESTELLE Et si je demande à une copine qui a une caisse de m'accompagner?

MÉLANIE Oui! Et l'assurance? Les chambres d'hôtels? Vous délirez complètement.

ESTELLE Bon, ben… qu'est ce que je fais, moi, alors?

MÉLANIE Ben, je suis désolée… je ne peux pas vous garder.

ESTELLE Et ma journée de formation, aujourd'hui, là, vous allez me la payer?

MÉLANIE Ça, je ne sais pas, vous allez voir ça avec la compta. Très franchement, je ne pense pas. On va aller dans mon bureau. Vous me suivez?

M. MALAQUAIS Mélanie? Votre petit copain a téléphoné. Pour les appels perso, il y a des portables.

MÉLANIE Excusez-le! Bon, vous m'attendez là. Je passe un coup de fil, et je suis à vous.

MÉLANIE Je peux vous demander une cigarette s'il vous plaît? Merci. C'est fini.

ANNICK Pardon?

MÉLANIE Ben oui! Il a appelé pour me dire qu'il avait du retard et je lui suis tombée dessus parce qu'il n'avait pas à utiliser la ligne du boulot, et ça, il le sait très bien. Et là, il s'est énervé, il m'a raccroché au nez.

ANNICK Ben, il faut le rappeler.

MÉLANIE Ben, c'est ce que j'ai fait! C'est là qu'il m'a dit que c'était fini, qu'il en avait marre, que… De toute façon, je ne veux plus le voir, cet abruti. Je ne veux plus en entendre parler.

ANNICK Bon, reprenez vos esprits, rentrez chez vous…

MÉLANIE Quoi! Pour le voir faire ses valises? Non, c'est bon. De toute façon, je vais rester ici. Je vais trier tous mes dossiers. C'est un vrai bazar.

ANNICK Bon, ben, dans ce cas-là, je vais y aller. Vous vouliez me parler, je crois…

MÉLANIE Oui. Vous, à votre avis, il faut que j'aille lui parler?

ANNICK Ben, je ne sais pas, moi. Je ne connais pas votre histoire. Bon, ben, je suis… je suis désolée pour vous. Je comprends que vous soyez très énervée. J'espère que tout ça va s'arranger.

MÉLANIE Oui.

ANNICK À demain?

MÉLANIE Je suis tombée sur sa messagerie. Dites-moi, je viens d'y penser, mais, en fait, comme il devait venir me chercher, je n'ai pas de voiture. Vous voulez bien me déposer?

ANNICK Ben, vous ne voulez plus trier vos papiers?

MÉLANIE Non. Ça ne vous dérange pas?

ANNICK Bon, je vous attends.

MÉLANIE Je me dépêche.

ANNICK Bon, vous habitez où?

MÉLANIE Ah non, mais je ne veux pas rentrer chez moi. Je ne veux pas le voir. Je me connais, ça ne mènera à rien et ça va dégénérer

ANNICK D'accord. Je vous dépose où, alors?

MÉLANIE Vous allez où, vous?

ANNICK Près du rond-point avec les colonnes.

MÉLANIE Ah ben, très bien. Vous n'avez qu'à me laisser là-bas. J'irai dans un café, j'appellerai une copine.

MÉLANIE Ah merde, ça ne capte pas. Bon, allez. Merci encore.

ANNICK Vous êtes sûre que ça va aller?

MÉLANIE Oui, oui, bien sûr! Je vais me débrouiller. Au revoir.

ANNICK Bon, allez. Suivez-moi.

MÉLANIE Je m'excuse, hein. Vraiment!

ANNICK Vous me suivez?

MÉLANIE Oui. Je ne sais pas danser, moi. Non, c'est gentil. Non, non! Je ne connais pas les pas!

MIREILLE Et au fait, ton stage, ça s'arrange?

ANNICK Oui, oui. Oui, ça se passe bien.

MIREILLE Je l'ai eue tout à l'heure à la pause déjeuner, elle était complètement démontée. Et ta formatrice, elle s'est calmée?

ANNICK Mais… il n'y a jamais eu de problèmes.

MIREILLE Ah bon. Eh, oh! Tu nous choures des bonbons, hein! Tu l'as promis!

ANNICK Ben, je te présente…

MÉLANIE Mélanie.

ANNICK Mélanie, Mireille, Mélanie.

MÉLANIE Enchantée.

MIREILLE Ça vous a plu?

MÉLANIE Oui! Beaucoup. Je me suis bien amusée.

ANNICK Bon, on va y aller.

MIREILLE Ah bon! Déjà? Ben, moi, il faut que je reste, parce que je n'ai pas payé ma cotisation. J'attends Didier. Il va me tuer.

ANNICK Ne t'inquiète pas.

MIREILLE Eh, tu m'appelles? Tu m'appelles?

ANNICK Oui! Oui, oui. Au revoir.

MIREILLE Bon, ben, salut les filles!

ANNICK Je m'excuse. Il ne faut pas écouter ce qu'elle dit.

MÉLANIE Non, non, mais je n'ai rien entendu. Ça m'a fait un bien fou de me défouler. Et, ça vous est venu comment l'idée d'apprendre à… Je ne sais même pas comment on appelle cette danse.

ANNICK De la country line dance. C'est mon mari qui m'a initiée.

MÉLANIE Ah, vous êtes mariée?

ANNICK Oui. Enfin je l'étais. Je suis veuve. Mon mari était un grand fan des États-Unis. Il aimait beaucoup cette musique.

MÉLANIE C'est marrant, je ne pensais pas qu'on pouvait danser ça en France.

ANNICK Eh ben si. Il y a pleins de clubs qui se sont créés dans tout l'Hexagone. Il y a même des concours, des championnats. Bon. Eh! Dites-moi, vous n'avez pas faim?

MÉLANIE Si, je n'osais pas vous en parler. Je crève la dalle.

ANNICK Je vous aurais bien proposé de passer chez moi, mais je crois que je n'ai rien dans le frigo.

MÉLANIE Chez moi non plus, à moins que vous vouliez assister à une scène de ménage.

ANNICK Ah oui, ben non, je n'y tiens pas vraiment. On va essayer de se trouver un petit resto!

ANNICK Non, non, non! On va ailleurs. Ils vont nous faire une tête comme ça!

MÉLANIE Non merci. Oh et puis si. Oh non. Si. Merci. Je peux vous poser une question?

ANNICK Essayez toujours.

MÉLANIE Pourquoi est-ce que vous donnez l'impression de vous ennuyer pendant mes cours?

ANNICK Parce que je n'ai plus l'âge de jouer à la marchande. Je ferai ce que j'ai à faire une fois sur le terrain. Mais en attendant, je n'ai pas envie qu'on me bassine avec des phrases du style «les bonbons sont comme des diamants».

MÉLANIE Mais il faut bien d'abord apprendre.

ANNICK Vous croyez que j'apprends quelque chose en faisant des simulations de vente avec des billets de Monopoly?

MÉLANIE Ben, je ne sais pas. C'est une formation qui a fait ses preuves. Aux États-Unis, c'est courant, ce genre de stage.

ANNICK Je n'ai pas envie de faire comme mes petits camarades. Je les voyais là, ce matin. Ils étaient tous en train de boire vos paroles. Mais ils sont comme moi. Ce qui les motive, c'est le fric.

MÉLANIE Vous me donnez votre jeton, là, je vais chercher les cafés.

ANNICK Je vous ai contrariée?

MÉLANIE Non.

MÉLANIE C'est la fête au village.

ANNICK Il y a votre portable qui a sonné.

VOIX Ouais, salut, Mélanie. Écoute, je voulais dire, il ne faut pas que tu t'inquiètes pour ta prime. De toute façon, maintenant, tu l'as virée…

ANNICK C'était votre ami?

MÉLANIE Non, c'était Thierry, mon collègue. Il… il a oublié sa mallette.

ANNICK Il n'est pas mal, Thierry.

MÉLANIE Ah, il vous plaît?

ANNICK Non, non. Moi, c'est Didier qui me plaît.

MÉLANIE C'est qui, Didier? Ah, c'est votre prof de danse?

ANNICK Ah, il a tout ce que j'aime. Une vraie gueule de voyou.

ANNICK Mettez-vous à l'aise, j'arrive toute de suite.

MÉLANIE C'est sympa chez vous.

ANNICK Ce n'est pas chez moi. Je me sens mieux.

MÉLANIE Attendez, mais on est chez qui, là?

ANNICK Ah, là, on est chez Joss! C'est une copine. Mais enlevez votre écharpe! Là, elle est partie en vacances avec son nouveau mec. Elle m'a filé les clés pour que je lui arrose les plantes. Je me suis installée là pour la semaine. C'est tout de même mieux que mon trente mètres carrés. Bon! Qu'est-ce qu'on va se servir à boire? C'est quoi, ça? Des bonbons! Ça ne vient pas de chez vous! Alors. Ça vous va, de l'alcool de riz? À ras bord! Mmm, ça sent trop bon! Vous en voulez?

MÉLANIE Non. Non merci.

ANNICK Qu'est-ce que vous avez, là? Je vous sens toute tendue.

MÉLANIE En fait, je voudrais vous demander une petite faveur?

ANNICK Quoi? Que j'appelle votre copain, c'est ça?

MÉLANIE Ah non, non, non! Je ne veux pas lui donner de nouvelles, lui, ça lui fera les pieds. Est-ce que je pourrais essayer vos santiags?

ANNICK Pardon?

MÉLANIE Non, mais, c'est juste pour voir! Parce que j'adore ce style de bottes, j'ai toujours voulu en acheter, mais à chaque fois, je me dégonfle. Je me dis que, de toute façon, c'est ridicule, je ne les mettrai jamais.

ANNICK Mais vous faites quoi comme pointure?

MÉLANIE Du 39.

ANNICK Ben, moi, je fais du 37! Ça risque d'être petit.

MÉLANIE Attends. Je recommence.

ANNICK Eh! Mais, ce n'est pas tout ça! Il faut penser à me servir! Alain, c'était avant Jean-Pierre. Qu'est-ce que je voulais dire? Ça ne vous tire pas trop le lobe, là, les boucles d'oreilles? Je n'ai plus de clopes! Je ne sais pas si je vais y arriver.

MÉLANIE Ah si! Mais il faut faire quelque chose! Je ne peux pas me pointer comme ça demain au boulot!

ANNICK Moi, je vous avais pourtant prévenue. Franchement, ce n'est pas si ridicule que ça. Avec une jupe droite, ça passe très bien.

MÉLANIE Non, mais, tirez, là, s'il vous plaît. Tirez. La deuxième.

ANNICK Ah, celle-là, c'était aux Canaries. Qu'est-ce que c'est moche, les Canaries! Que des bunkers, la plage était dégueulasse. Je me souviens, il y avait plein d'Anglais. C'était pendant une coupe du monde de rugby… de football, je ne sais plus… Ils nous ont cassé les pieds! Je crois qu'il avait déjà son cancer. Il avait beaucoup maigri.

M. MALAQUAIS Bonjour, Mélanie! Vous êtes bien matinale.

MÉLANIE Oui.

M. MALAQUAIS C'est vous qui avez gardé la carte de la photocopieuse? Vous avez fait la fête?

MÉLANIE Non.

THIERRY Non, mais là, je ne comprends pas.

MÉLANIE Elle m'a intimidée, je ne sais pas. On s'est retrouvé dans mon bureau, je l'avais en face de moi, je n'ai pas réussi.

THIERRY Non, mais, tu es d'accord? Il faut qu'on fasse quelque chose. On ne va pas risquer notre place à cause d'elle.

MÉLANIE   En fait, tu sais quoi? Je préférerais que ce soit toi qui t'en occupes. Je n'ai pas envie de la croiser ou je n'arriverai pas à la virer.

THIERRY   Bon. D'accord. Donc, c'est à moi de le faire.

MÉLANIE   Merci.

MÉLANIE   Bien! Que nous dit ce texte? Bon. Ce texte nous dit qu'il peut arriver parfois que vous soyez à cours d'un produit. Vous avez beau avoir le coffre rempli d'échantillons, il vous manque le produit que rêve de goûter la personne en face de vous. Dans ce cas, il y a un moyen très simple de remédier à… Surtout, ne paniquez pas… Le coffre… Je reviens. Qu'est-ce qu'il s'est passé?

THIERRY   Ben, elle… elle n'est pas venue. J'ai poireauté devant la porte, je ne l'ai pas vue.

MÉLANIE   Mais elle vient d'arriver! Elle est dans ma salle! Qu'est ce que je fais, moi, maintenant?

THIERRY   Non, mais, attends! Je ne pouvais pas savoir qu'en plus, elle allait être en retard!

MÉLANIE   Je ne vais pas la virer devant tout le monde. Il va falloir encore que je tienne toute la journée.

M. MALAQUAIS   Vous étiez où?

MÉLANIE   Je… Me voilà.

M. MALAQUAIS   Je peux voir un peu ce que donnent les simulations?

MÉLANIE   Oui, bien sûr! Vous voulez bien vous remettre en binôme, s'il vous plaît, comme… comme hier.

SOPHIE   Vu qu'Estelle n'est pas là, je peux me mettre avec Hervé?

MÉLANIE   Oui! Bien sûr. Annick, vous êtes toute seule? Euh… Bon, ben, on va se mettre ensemble. Euh… je vais faire la représentante et vous ferez la patronne.

M. MALAQUAIS   Non! Ben non. C'est elle qui doit apprendre à vendre. Il vaut mieux faire l'inverse. Non?

MÉLANIE   Oui, vous avez raison. Donc, je… je suis la patronne d'une station essence.

ANNICK   Bonjour. Voilà, je viens vous voir parce que je représente la célèbre marque de confiserie du Lutin Gourmand et j'aurais aimé vous parler de notre nouvelle gamme de produits.

MÉLANIE   Oui, je suis à vous.

M. MALAQUAIS   Non. Ben non. On n'accueille pas nos représentants avec des colliers de fleurs. Vous le savez bien, les gens n'ont jamais le temps.

ANNICK   Donc, je représente la célèbre marque de confiserie du Lutin Gourmand et j'aurais aimé vous parler de notre nouvelle gamme de produits.

MÉLANIE   Je suis désolée, je… je n'ai pas vraiment le temps.

ANNICK   Mais je ne compte pas vous retenir longtemps! Seulement, j'ai fait presque 300 kilomètres pour vous rencontrer parce que je sais qu'ensuite, vous me direz merci.

MÉLANIE   Vraiment?

ANNICK   Parfaitement. Pour l'instant, vous ne connaissez pas nos produits, vous vous dites «elle va essayer de me refourguer sa marchandise, elle va me fait perdre mon temps». Vous avez tort. Je suis venue ici en amie, parce que vous m'êtes très sympathique et que je veux vous faire profiter de nos offres exceptionnelles et de nos produits exclusifs.

MÉLANIE   Comment ça?

ANNICK   Le Lutin Gourmand n'est pas une marque comme les autres. Nos produits font des jaloux, vous savez. Toujours copiés, mais jamais égalés! Je vais chercher les échantillons, je reviens tout de suite.

M. MALAQUAIS   C'est bien, c'est bien, c'est très bien! C'est très bien! C'est bien. C'est très bien! Vous vous appelez comment?

ANNICK   Annick Perrotin.

M. MALAQUAIS   Perrotin. C'est quoi votre itinéraire?

MÉLANIE   On n'a pas défini encore les… les trajets.

M. MALAQUAIS   Ah. Eh ben, vous mettrez Madame Perrotin sur des points stratégiques. Hein? Je compte sur vous. C'est bien.

ANNICK   ça va? Je n'en ai pas trop fait?

MÉLANIE   Non, non, c'était parfait.

ANNICK   Eh! Vous voulez que je vous raccompagne?

MÉLANIE   Non, merci! J'ai… j'ai appelé un taxi.

ANNICK   Didier m'a appelée. Il m'a invitée à dîner. Demain, je vous raconterai. Au fait, ça s'est arrangé avec votre ami?

MÉLANIE Oui. Ouais.
ANNICK Tant mieux. Bonne soirée.
MÉLANIE Merci. Vous aussi.

LEÇON 10

Court métrage: *Un héros de la nature gabonaise*

Réalisateur: Yann Arthus-Bertrand
Pays: France

ARTHUS-BERTRAND Est-il besoin de parler devant un tel paysage? La beauté peut parfois aider à réfléchir. Ces brumes nées des rivières sont précieuses. Elles enveloppent la forêt d'un voile d'humidité qui ralentit la transpiration des arbres, car leur feuillage a besoin de transpirer pour que l'arbre grandisse. L'eau qui s'échappe du feuillage enclenche un cycle qui aspire la sève. Le Gabon est le premier exportateur de bois au monde. Le bois, on ne peut pas s'en passer. Et peut-on au moins produire sans détruire les forêts? J'ai eu envie de voir une exploitation certifiée qui a reçu le label FSC, une garantie pour le consommateur que le bois qu'il achète ne vient pas de la déforestation. Je vais rencontrer Christian M'Bina. C'est un militant écologiste. Il a décidé de rejoindre l'industrie forestière pour la transformer de l'intérieur. Christian me présente son géant de père.

ARTHUS-BERTRAND Ah dis donc, quel arbre hein?
M'BINA Ouais. Ça, c'est un géant. Je te présente maintenant à Papa Iguino. Ça, c'est un géant.
ARTHUS-BERTRAND Papa Iguino, bonjour Papa Iguino.
M'BINA Ouais. C'est un géant qui peut avoir… s'il est jeune, il a cinq cents ans. Donc… à Mikongo on l'appelle… qui n'est pas beaucoup utilisé en production forestière.
ARTHUS-BERTRAND C'est pour ça qu'il est encore là sans doute.
M'BINA Le code forestier interdit d'exploiter des géants comme ça. Je vis complètement en forêt et rencontrer un papa comme ça tous les jours, ça ne… ça n'arrive pas.
ARTHUS-BERTRAND Et cette forêt, elle fait presque peur hein? On sent qu'on n'est pas… moi, je ne me sens pas chez moi ici du tout hein, il n'y a pas de lumière…
M'BINA Ouais, ouais, là on est quand même dans un milieu… un milieu on va dire profond. Tout à l'heure on a vu beaucoup de traces, de crottes… de crottes d'éléphants, tout ça. L'hostilité de la forêt ne peut pas m'habiter parce que je suis habitué, parce que c'est ma vie de tous les jours, je ne la vois pas comme vous, vous la voyez en fait, comme vous la voyez dans les journaux, comme vous la voyez à la télévision. Parce que ça… ça a un rôle, la forêt, le rôle économique est assez important, elle a son rôle écologique qui est très important pour l'humanité et elle a son rôle social qui est très important pour les populations qui y vivent. On ne peut pas lui enlever un de ces trois rôles. Elle a les trois, elle marche avec les trois, elle vit avec les trois.
ARTHUS-BERTRAND Ce n'est pas une forêt sous cloche qu'on ne doit pas toucher.
M'BINA Il y a des gens qui vivent de ça. Il ne faut pas que les gens meurent de faim dans leur milieu, parce qu'il faut conserver… parce qu'il faut conserver. Non, on conserve ce qui est délicat comme quand on a un capital, on bouffe les intérêts mais on maintient le capital pour ne pas tomber en faillite. C'est ça.
ARTHUS-BERTRAND Ça, c'est le capital, on n'y touche pas.
M'BINA Voilà.
ARTHUS-BERTRAND Et là, on va aller voir les intérêts.
M'BINA Là, on va voir les intérêts qu'on va prélever.

ARTHUS-BERTRAND Les bûcherons ont sillonné la forêt pour la cartographier et dresser un inventaire essence par essence. Cet arbre n'a pas été sélectionné par hasard. C'est un okoumé. Une espèce qui ne fleurit que tous les sept à quinze ans. Celui-ci a une centaine d'années. Son tronc sera exporté vers l'Europe, l'Amérique ou l'Asie pour y être transformé en contre-plaqué.

ARTHUS-BERTRAND C'est impressionnant quand ça tombe, hein?

M'BINA Ouais, impressionnant surtout le bruit qui est assourdissant…

ARTHUS-BERTRAND Là, vous avez fait attention qu'aucun arbre ne soit abîmé par la chute de celui-là.

M'BINA Oui… oui. Tous les aspects environnementaux ont été pris en compte, que l'arbre ne tombe pas dans une rivière, s'il y a une rivière aux alentours, et, surtout, qu'il ne détruise pas les autres… les autres arbres qui sont autour.

ARTHUS-BERTRAND Sur cette petite parcelle de trente hectares, vous avez coupé combien d'arbres?

M'BINA Une moyenne de vingt, hein, moins d'un arbre à l'hectare en fait exploité, tous les trente ans.

ARTHUS-BERTRAND Et vous reviendrez dans trente ans ici.

M'BINA Voilà, on fait du prélèvement. C'est… c'est tout.

ARTHUS-BERTRAND Ce n'est pas une déforestation du tout.

M'BINA Non, c'est vrai qu'il y a, il y a quand même modification de l'environnement, c'est évident, mais on ne peut pas parler de déforestation.

ARTHUS-BERTRAND Parce que c'est vrai que les forestiers étaient toujours très attaqués, ils n'étaient pas très fiers de leur métier souvent, hein…

M'BINA Écoute, quand tu es un forestier… un bûcheron français coupe un chêne, ça, ça ne râle pas. Mais quand on coupe ici, ça râle. Nous, on est responsable, on fait de l'exploitation responsable, on veut le faire proprement, on fait avec des méthodes d'aménagement, donc on est fier de ce qu'on fait.

ARTHUS-BERTRAND Le Gabon est le pays qui a la plus grande surface de bois certifié.

M'BINA Le Gabon a un million trois cent mille hectares de forêt certifiée. Quand on parle de forêt… tropicale naturelle, bien sûr.

ARTHUS-BERTRAND Donne-moi des exemples de ce que vous devez faire pour cette certification.

M'BINA Il faut prendre en compte aujourd'hui des luttes anti-braconnage, donc empêcher le braconnage dans sa concession…

ARTHUS-BERTRAND Et là, vous travaillez avec le WWF.

M'BINA Là on travaille en collaboration avec le Fonds Mondial pour la Nature, donc le WWF. Il y a la mise en place de la potabilisation de l'eau pour nos employés, il y a la mise en place des dispensaires pour le bon traitement de nos employés, il y a la considération de l'éducation, donc les écoles. C'est un gros investissement… qu'on… qu'il faut… qu'il faut mettre pour la certification.

ARTHUS-BERTRAND Même le salaire des employés de… de… la société.

M'BINA Tout le traitement des employés est pris en compte par le label FSC.

ARTHUS-BERTRAND Tous ces arbres doivent être extraits de la forêt. En camion, sur des pistes ouvertes dans la végétation, remorqués sur des cours d'eau ou encore hissés sur le Transgabonais, ce train qui chemine le long du fleuve Ogooué. Il charriait aujourd'hui le minerai, le bois, et transporte les hommes. Les grumes ne connaissent qu'une seule destination: la mer, comme ici à Port-Gentil, en attendant les cargos du bout du monde.

ARTHUS-BERTRAND Christian, c'est im… c'est impressionnant… cette forêt morte qui flotte. Tous ces cadavres, on marche sur des cadavres d'arbres. Tu n'as pas l'impression d'avoir vendu ton âme au diable en travaillant pour un forestier?

M'BINA Euh…

ARTHUS-BERTRAND Toi qui es un écolo.

M'BINA Ouais non, pas du tout, parce que moi, j'ai combattu… la mauvaise exploitation forestière pendant longtemps. J'ai été rédacteur de la gazette des protecteurs de l'environnement du Gabon, qui s'appelle «Le Cri du pangolin». On a eu beaucoup de conflits avec les forestiers, on a fait des collectifs des ONG environnementales contre les forestiers pour dénoncer la mauvaise exploitation, mais ce qu'on voulait, c'est qu'ils se mettent en aménagement durable. Alors donc maintenant il faut des ressources, il faut des hommes à l'intérieur de ces… de ces exploitations, à l'intérieur de ces entreprises pour leur apprendre les méthodes que nous, on exigeait quand on était de l'autre côté.

ARTHUS-BERTRAND Puis vous aussi, vous avez à apprendre d'eux.

M'BINA Voilà, on a échangé. Il faut dire que les forestiers connaissent aussi la forêt parce qu'ils l'exploitent depuis des années. Donc il faut être ensemble pour pouvoir améliorer la forêt. Il ne faut pas qu'on se lâche, il ne faut pas qu'on dise c'est la responsabilité des autres, il faut que tous les acteurs se mettent ensemble.

ARTHUS-BERTRAND Tous ces arbres ont un numéro, on sait d'où ils viennent et comment ils ont été coupés.

M'BINA C'est ça qu'on appelle la traçabilité; une fois de plus, on met l'acheteur face à ses responsabilités. L'acheteur a la possibilité de dire: moi, je veux savoir comment ce bois-là a été exploité. Comme pour dire encore le consommateur est responsable, il a la gestion des forêts entre ses mains où qu'il soit à travers le monde; qu'il soit à New York en train d'acheter un meuble, qu'il soit à Paris en train d'acheter… d'acheter une rame de papier, il a la responsabilité de la gestion des forêts loin en Afrique, loin en Malaisie, loin à travers l'Amazonie ou le bassin du Congo.

ARTHUS-BERTRAND En Afrique, la forêt disparaît deux fois plus vite qu'ailleurs. Quatre millions d'hectares sont rasés chaque année pour le bois, le charbon de bois et le papier. L'équivalent d'un pays comme la Suisse. Au Gabon, seulement cinq pour cent des surfaces confiées aux forestiers sont gérées de manière durable. Ce n'est qu'un début. Mais les choses bougent sous la pression des consommateurs. À chaque fois que nous achetons, nous décidons de l'avenir du monde. On parle de pouvoir d'achat, d'indice de consommation, de taux de croissance, mais on oublie trop que notre désir légitime de payer moins se traduit souvent par des injustices. Chez les agriculteurs de nos pays comme dans les pays en voie de développement.

Tables de conjugaison

Guide to the Verb List and Tables

The list of verbs below includes the irregular, reflexive, and spelling-change verbs introduced as active vocabulary in **IMAGINEZ**. Each verb is followed by a model verb that has the same conjugation pattern. The number in parentheses indicates where in the verb tables (pages 454–465) you can find the model verb. Regular **-er**, **-ir**, and **-re** verbs are conjugated like **parler** (1), **finir** (2) and **vendre** (3), respectively. The phrase *p.c. with être* after a verb means that it is conjugated with **être** in the **passé composé** and other compound tenses. (See page 455.) Reminder: All reflexive (pronominal) verbs use **être** as their auxiliary verb, and they are alphabetized under the non-reflexive infinitive.

abattre like se battre (15) *except* p.c. with **avoir**

accueillir like ouvrir (34)

s'acharner like se laver (4)

acheter (7)

s'adapter like se laver (4)

s'adresser like se laver (4)

agacer like commencer (9)

aller (13); p.c. with **être**

s'en aller like aller (13)

s'améliorer like se laver (4)

amener like acheter (7)

s'amuser like se laver (4)

apercevoir like recevoir (40)

s'apercevoir like recevoir (40) *except* p.c. with **être**

appartenir like tenir (48)

appeler (8)

apprendre like prendre (39)

s'appuyer like employer (10) *except* p.c. with **être**

s'arrêter like se laver (4)

arriver like parler (1) *except* p.c. with **être**

s'asseoir (14); p.c. with **être**

s'assimiler like se laver (4)

s'associer like se laver (4)

s'assouplir like finir (2) *except* p.c. with **être**

atteindre like éteindre (26)

s'attendre like vendre (3) *except* p.c. with **être**

avancer like commencer (9)

avoir (5)

se balancer like commencer (9) *except* p.c. with **être**

balayer like employer (10) *except* **y** to **i** change optional

se battre (15); p.c. with **être**

se blesser like se laver (4)

boire (16)

se brosser like se laver (4)

se casser like se laver (4)

célébrer like préférer (12)

se coiffer like se laver (4)

combattre like se battre (15) *except* p.c. with **avoir**

commencer (9)

se comporter like se laver (4)

comprendre like prendre (39)

conduire (17)

connaître (18)

se connecter like se laver (4)

se consacrer like se laver (4)

considérer like préférer (12)

construire like conduire (17)

convaincre like vaincre (49)

se coucher like se laver (4)

se couper like se laver (4)

courir (19)

couvrir like ouvrir (34)

craindre like éteindre (26)

croire (20)

se croiser like se laver (4)

déblayer like essayer (10)

se débrouiller like se laver (4)

se décourager like manger (11) *except* p.c. with **être**

découvrir like ouvrir (34)

décrire like écrire (23)

se demander like se laver (4)

déménager like manger (11)

se dépasser like se laver (4)

se dépêcher like se laver (4)

se déplacer like commencer (9)

déranger like manger (11)

se dérouler like se laver (4)

descendre like vendre (3) *except* p.c. with **être**; p.c. w/**avoir** if takes a direct object

se déshabiller like se laver (4)

se détendre like vendre (3) *except* p.c. with **être**

détruire like conduire (17)

devenir like venir (51); p.c. with **être**

devoir (21)

dire (22)

diriger like manger (11)

disparaître like connaître (18)

se disputer like se laver (4)

se divertir like finir (2) *except* p.c. with **être**

divorcer like commencer (9)

dormir like partir (35) *except* p.c. with **avoir**

se douter like se laver (4)

écrire (23)

effacer like commencer (9)

élever like acheter (7)

élire like lire (30)

s'embrasser like se laver (4)

emménager like manger (11)

emmener like acheter (7)

émouvoir (24)

employer (10)

s'endormir like partir (35); p.c. with **être**

enfreindre like éteindre (26)

enlever like acheter (7)

s'énerver like se laver (4)

s'enfoncer like commencer (9) *except* p.c. with **être**

s'engager like manger (11) *except* p.c. with **être**

s'engueuler like parler (1) *except* p.c. with **être**

ennuyer like employer (10)

s'ennuyer like employer (10) *except* p.c. with **être**

s'enrichir like finir (2) *except* p.c. with **être**

s'entendre like vendre (3) *except* p.c. with **être**

s'étonner like se laver (4)

s'entourer like se laver (4)

entreprendre like prendre (39)

entrer like parler (1) *except* p.c. with **être**

entretenir like tenir (48)

s'entretenir like tenir (48) *except* p.c. with **être**

envisager like manger (11)

envoyer (25)

épeler like appeler (8)

espérer like préférer (12)

essayer like employer (10) *except* **y** to **i** change optional

essuyer like employer (10)

s'établir like finir (2) *except* p.c. with **être**

éteindre (26)

s'étendre like vendre (3) *except* p.c. with **être**

être (6)

s'excuser like se laver (4)

exiger like manger (11)

se fâcher like se laver (4)

faire (27)

se faire like faire (27) *except* **p.c.** with **être**

falloir (28)

se fiancer like commencer (9) *except* **p.c.** with **être**

finir (2)

forcer like commencer (9)

se fouler like se laver (4)

fuir (29)

s'habiller like se laver (4)

s'habituer like se laver (4)

harceler like acheter (7)

s'indigner like se laver (4)

s'informer like se laver (4)

s'inquiéter like préférer (12) *except* **p.c.** with **être**

s'inscrire like écrire (23) *except* **p.c.** with **être**

s'installer like se laver (4)

s'intégrer like préférer (12) *except* **p.c.** with **être**

interdire like dire (22) *except* **vous interdisez** (present) and **interdisez** (imperative)

s'intéresser like se laver (4)

s'investir like finir (2) *except* **p.c.** with **être**

jeter like appeler (8)

lancer like commencer (9)

se lancer like commencer (9) *except* **p.c.** with **être**

se laver (4)

lever like acheter (7)

se lever like acheter (7) *except* **p.c.** with **être**

se libérer like se laver (4)

lire (30)

loger like manger (11)

maintenir like tenir (48)

manger (11)

se maquiller like se laver (4)

se marier like se laver (4)

se méfier like se laver (4)

menacer like commencer (9)

mener like acheter (7)

mentir like partir (35) *except* **p.c.** with **avoir**

mettre (31)

se mettre like mettre (31) *except* **p.c.** with **être**

monter like parler (1) *except* **p.c.** with **être**; **p.c.** with **avoir** if takes a direct object

se moquer like se laver (4)

mourir (32); **p.c.** with **être**

nager like manger (11)

naître (33); **p.c.** with **être**

nettoyer like employer (10)

nuire like conduire (17)

obtenir like tenir (48)

s'occuper like se laver (4)

offrir like ouvrir (34)

s'orienter like se laver (4)

ouvrir (34)

paraître like connaître (18)

parcourir like courir (19)

parler (1)

partager like manger (11)

partir (35); **p.c.** with **être**

parvenir like venir (51)

passer like parler (1) *except* **p.c.** with **être**

payer like employer (10) *except* **y** to **i** change optional

se peigner like se laver (4)

percevoir like recevoir (40)

permettre like mettre (31)

peser like acheter (7)

placer like commencer (9)

se plaindre like éteindre (26) *except* **p.c.** with **être**

plaire (36)

se planter like se laver (4)

pleuvoir (37)

plonger like manger (11)

posséder like préférer (12)

pouvoir (38)

prédire like dire (22) *except* **vous prédisez** (present) and **prédisez** (imperative)

préférer (12)

prendre (39)

prévenir like venir (51) *except* **p.c.** with **avoir**

prévoir like voir (53)

produire like conduire (17)

projeter like appeler (8)

se promener like acheter (7) *except* **p.c.** with **être**

promettre like mettre (31)

protéger like préférer (12) *except* takes **e** between **g** and vowels **a** and **o**

provenir like venir (51)

ranger like manger (11)

rappeler like appeler (8)

se rappeler like appeler (8) *except* **p.c.** with **être**

se raser like se laver (4)

se rassurer like se laver (4)

se rebeller like se laver (4)

recevoir (40)

se réconcilier like se laver (4)

reconnaître like connaître (18)

réduire like conduire (17)

régler like préférer (12)

régner like préférer (12)

réitérer like préférer (12)

rejeter like appeler (8)

rejoindre (41)

se relever like acheter (7) *except* **p.c.** with **être**

remplacer like commencer (9)

rémunérer like préférer (12)

renouveler like appeler (8)

rentrer like parler (1) *except* **p.c.** with **être**

renvoyer like envoyer (25)

répéter like préférer (12)

se reposer like se laver (4)

reprendre like prendre (39)

résoudre (42)

ressentir like partir (35) *except* **p.c.** with **avoir**

rester like parler (1) *except* **p.c.** with **être**

retenir like tenir (48)

retourner like parler (1) *except* **p.c.** with **être**

se retourner like se laver (4)

retransmettre like mettre (31)

se réunir like finir (2) *except* **p.c.** with **être**

se réveiller like se laver (4)

revenir like venir (51); **p.c.** with **être**

revoir like voir (53)

se révolter like se laver (4)

rire (43)

rompre (44)

savoir (45)

se sécher like préférer (12) *except* **p.c.** with **être**

séduire like conduire (17)

sentir like partir (35) *except* **p.c.** with **avoir**

servir like partir (35) *except* **p.c.** with **avoir**

se servir like partir (35); **p.c.** with **être**

sortir like partir (35); **p.c.** with **être**

se soucier like se laver (4)

souffrir like ouvrir (34)

soulager like manger (11)

soulever like acheter (7)

sourire like rire (43)

soutenir like tenir (48)

se souvenir like venir (51); **p.c.** with **être**

subvenir like venir (51) *except* **p.c.** with **avoir**

suffire like lire (30)

suggérer like préférer (12)

suivre (46)

surprendre like prendre (39)

survivre like vivre (52)

se taire (47)

télécharger like manger (11)

tenir (48)

tomber like parler (1) *except* **p.c.** with **être**

traduire like conduire (17)

transmettre like mettre (31)

se tromper like se laver (4)

se trouver like se laver (4)

vaincre (49)

valoir (50)

vendre (3)

venir (51); **p.c.** with **être**

vivre (52)

voir (53)

vouloir (54)

voyager like manger (11)

Tables de conjugaison

Regular verbs

Infinitive / Present participle / Past participle / Past infinitive	Subject Pronouns	INDICATIVE Present	INDICATIVE Passé simple	INDICATIVE Imperfect	INDICATIVE Future	CONDITIONAL Present	SUBJUNCTIVE Present	IMPERATIVE
1 parler *(to speak)* / parlant / parlé / avoir parlé	je	parle	parlai	parlais	parlerai	parlerais	parle	
	tu	parles	parlas	parlais	parleras	parlerais	parles	parle
	il/elle/on	parle	parla	parlait	parlera	parlerait	parle	
	nous	parlons	parlâmes	parlions	parlerons	parlerions	parlions	parlons
	vous	parlez	parlâtes	parliez	parlerez	parleriez	parliez	parlez
	ils/elles	parlent	parlèrent	parlaient	parleront	parleraient	parlent	
2 finir *(to finish)* / finissant / fini / avoir fini	je	finis	finis	finissais	finirai	finirais	finisse	
	tu	finis	finis	finissais	finiras	finirais	finisses	finis
	il/elle/on	finit	finit	finissait	finira	finirait	finisse	
	nous	finissons	finîmes	finissions	finirons	finirions	finissions	finissons
	vous	finissez	finîtes	finissiez	finirez	finiriez	finissiez	finissez
	ils/elles	finissent	finirent	finissaient	finiront	finiraient	finissent	
3 vendre *(to sell)* / vendant / vendu / avoir vendu	je	vends	vendis	vendais	vendrai	vendrais	vende	
	tu	vends	vendis	vendais	vendras	vendrais	vendes	vends
	il/elle/on	vend	vendit	vendait	vendra	vendrait	vende	
	nous	vendons	vendîmes	vendions	vendrons	vendrions	vendions	vendons
	vous	vendez	vendîtes	vendiez	vendrez	vendriez	vendiez	vendez
	ils/elles	vendent	vendirent	vendaient	vendront	vendraient	vendent	

Reflexive (Pronominal)

Infinitive / Present participle / Past participle / Past infinitive	Subject Pronouns	INDICATIVE Present	INDICATIVE Passé simple	INDICATIVE Imperfect	INDICATIVE Future	CONDITIONAL Present	SUBJUNCTIVE Present	IMPERATIVE
4 se laver *(to wash oneself)* / se lavant / lavé / s'être lavé(e)(s)	je	me lave	me lavai	me lavais	me laverai	me laverais	me lave	
	tu	te laves	te lavas	te lavais	te laveras	te laverais	te laves	lave-toi
	il/elle/on	se lave	se lava	se lavait	se lavera	se laverait	se lave	
	nous	nous lavons	nous lavâmes	nous lavions	nous laverons	nous laverions	nous lavions	lavons-nous
	vous	vous lavez	vous lavâtes	vous laviez	vous laverez	vous laveriez	vous laviez	lavez-vous
	ils/elles	se lavent	se lavèrent	se lavaient	se laveront	se laveraient	se lavent	

Auxiliary verbs: *avoir* and *être*

Infinitive — Present participle / Past participle / Past infinitive	Subject Pronouns	INDICATIVE Present	INDICATIVE Passé simple	INDICATIVE Imperfect	INDICATIVE Future	CONDITIONAL Present	SUBJUNCTIVE Present	IMPERATIVE
5 avoir *(to have)* ayant / eu / avoir eu	j'	ai	eus	avais	aurai	aurais	aie	
	tu	as	eus	avais	auras	aurais	aies	aie
	il/elle/on	a	eut	avait	aura	aurait	ait	
	nous	avons	eûmes	avions	aurons	aurions	ayons	ayons
	vous	avez	eûtes	aviez	aurez	auriez	ayez	ayez
	ils/elles	ont	eurent	avaient	auront	auraient	aient	
6 être *(to be)* étant / été / avoir été	je (j')	suis	fus	étais	serai	serais	sois	
	tu	es	fus	étais	seras	serais	sois	sois
	il/elle/on	est	fut	était	sera	serait	soit	
	nous	sommes	fûmes	étions	serons	serions	soyons	soyons
	vous	êtes	fûtes	étiez	serez	seriez	soyez	soyez
	ils/elles	sont	furent	étaient	seront	seraient	soient	

Compound tenses

Subject pronouns	INDICATIVE Passé composé	INDICATIVE Pluperfect	INDICATIVE Future perfect	CONDITIONAL Past	SUBJUNCTIVE Past
j'	ai	avais	aurai	aurais	aie
tu	as	avais	auras	aurais	aies
il/elle/on	a parlé	avait parlé	aura parlé	aurait parlé	ait parlé
nous	avons fini	avions fini	aurons fini	aurions fini	ayons fini
vous	avez vendu	aviez vendu	aurez vendu	auriez vendu	ayez vendu
ils/elles	ont	avaient	auront	auraient	aient
je (j')	suis	étais	serai	serais	sois
tu	es	étais	seras	serais	sois
il/elle/on	est allé(e)(s)	était allé(e)(s)	sera allé(e)(s)	serait allé(e)(s)	soit allé(e)(s)
nous	sommes	étions	serons	serions	soyons
vous	êtes	étiez	serez	seriez	soyez
ils/elles	sont	étaient	seront	seraient	soient

Verbs with spelling changes

Infinitive / Present participle / Past participle / Past infinitive	Subject Pronouns	INDICATIVE Present	Passé simple	Imperfect	Future	CONDITIONAL Present	SUBJUNCTIVE Present	IMPERATIVE
7 acheter *(to buy)* achetant acheté avoir acheté	j' tu il/elle/on nous vous ils/elles	achète achètes achète achetons achetez achètent	achetai achetas acheta achetâmes achetâtes achetèrent	achetais achetais achetait achetions achetiez achetaient	achèterai achèteras achètera achèterons achèterez achèteront	achèterais achèterais achèterait achèterions achèteriez achèteraient	achète achètes achète achetions achetiez achètent	achète achetons achetez
8 appeler *(to call)* appelant appelé avoir appelé	j' tu il/elle/on nous vous ils/elles	appelle appelles appelle appelons appelez appellent	appelai appelas appela appelâmes appelâtes appelèrent	appelais appelais appelait appelions appeliez appelaient	appellerai appelleras appellera appellerons appellerez appelleront	appellerais appellerais appellerait appellerions appelleriez appelleraient	appelle appelles appelle appelions appeliez appellent	appelle appelons appelez
9 commencer *(to begin)* commençant commencé avoir commencé	je tu il/elle/on nous vous ils/elles	commence commences commence commençons commencez commencent	commençai commenças commença commençâmes commençâtes commencèrent	commençais commençais commençait commencions commenciez commençaient	commencerai commenceras commencera commencerons commencerez commenceront	commencerais commencerais commencerait commencerions commenceriez commenceraient	commence commences commence commencions commenciez commencent	commence commençons commencez
10 employer *(to use; to employ)* employant employé avoir employé	j' tu il/elle/on nous vous ils/elles	emploie emploies emploie employons employez emploient	employai employas employa employâmes employâtes employèrent	employais employais employait employions employiez employaient	emploierai emploieras emploiera emploierons emploierez emploieront	emploierais emploierais emploierait emploierions emploieriez emploieraient	emploie emploies emploie employions employiez emploient	emploie employons employez
11 manger *(to eat)* mangeant mangé avoir mangé	je tu il/elle/on nous vous ils/elles	mange manges mange mangeons mangez mangent	mangeai mangeas mangea mangeâmes mangeâtes mangèrent	mangeais mangeais mangeait mangions mangiez mangeaient	mangerai mangeras mangera mangerons mangerez mangeront	mangerais mangerais mangerait mangerions mangeriez mangeraient	mange manges mange mangions mangiez mangent	mange mangeons mangez

12 — préférer *(to prefer)* / préférant / préféré / avoir préféré

Subject Pronouns	INDICATIVE Present	Passé simple	Imperfect	Future	CONDITIONAL Present	SUBJUNCTIVE Present	IMPERATIVE
je	préfère	préférai	préférais	préférerai	préférerais	préfère	
tu	préfères	préféras	préférais	préféreras	préférerais	préfères	préfère
il/elle/on	préfère	préféra	préférait	préférera	préférerait	préfère	
nous	préférons	préférâmes	préférions	préférerons	préférerions	préférions	préférons
vous	préférez	préférâtes	préfériez	préférerez	préféreriez	préfériez	préférez
ils/elles	préfèrent	préférèrent	préféraient	préféreront	préféreraient	préfèrent	

Irregular verbs

13 — aller *(to go)* / allant / allé / être allé(e)(s)

Subject Pronouns	INDICATIVE Present	Passé simple	Imperfect	Future	CONDITIONAL Present	SUBJUNCTIVE Present	IMPERATIVE
je (j')	vais	allai	allais	irai	irais	aille	
tu	vas	allas	allais	iras	irais	ailles	va
il/elle/on	va	alla	allait	ira	irait	aille	
nous	allons	allâmes	allions	irons	irions	allions	allons
vous	allez	allâtes	alliez	irez	iriez	alliez	allez
ils/elles	vont	allèrent	allaient	iront	iraient	aillent	

14 — s'asseoir *(to sit down, to be seated)* / s'asseyant / assis / s'être assis(e)(s)

Subject Pronouns	INDICATIVE Present	Passé simple	Imperfect	Future	CONDITIONAL Present	SUBJUNCTIVE Present	IMPERATIVE
je	m'assieds	m'assis	m'asseyais	m'assiérai	m'assiérais	m'asseye	
tu	t'assieds	t'assis	t'asseyais	t'assiéras	t'assiérais	t'asseyes	assieds-toi
il/elle/on	s'assied	s'assit	s'asseyait	s'assiéra	s'assiérait	s'asseye	
nous	nous asseyons	nous assîmes	nous asseyions	nous assiérons	nous assiérions	nous asseyions	asseyons-nous
vous	vous asseyez	vous assîtes	vous asseyiez	vous assiérez	vous assiériez	vous asseyiez	asseyez-vous
ils/elles	s'asseyent	s'assirent	s'asseyaient	s'assiéront	s'assiéraient	s'asseyent	

15 — se battre *(to fight)* / se battant / battu / s'être battu(e)(s)

Subject Pronouns	INDICATIVE Present	Passé simple	Imperfect	Future	CONDITIONAL Present	SUBJUNCTIVE Present	IMPERATIVE
je	me bats	me battis	me battais	me battrai	me battrais	me batte	
tu	te bats	te battis	te battais	te battras	te battrais	te battes	bats-toi
il/elle/on	se bat	se battit	se battait	se battra	se battrait	se batte	
nous	nous battons	nous battîmes	nous battions	nous battrons	nous battrions	nous battions	battons-nous
vous	vous battez	vous battîtes	vous battiez	vous battrez	vous battriez	vous battiez	battez-vous
ils/elles	se battent	se battirent	se battaient	se battront	se battraient	se battent	

Infinitive / Present participle / Past participle / Past infinitive	Subject Pronouns	INDICATIVE Present	INDICATIVE Passé simple	INDICATIVE Imperfect	INDICATIVE Future	CONDITIONAL Present	SUBJUNCTIVE Present	IMPERATIVE
16 boire *(to drink)* buvant / bu / avoir bu	je	bois	bus	buvais	boirai	boirais	boive	
	tu	bois	bus	buvais	boiras	boirais	boives	bois
	il/elle/on	boit	but	buvait	boira	boirait	boive	
	nous	buvons	bûmes	buvions	boirons	boirions	buvions	buvons
	vous	buvez	bûtes	buviez	boirez	boiriez	buviez	buvez
	ils/elles	boivent	burent	buvaient	boiront	boiraient	boivent	
17 conduire *(to drive; to lead)* conduisant / conduit / avoir conduit	je	conduis	conduisis	conduisais	conduirai	conduirais	conduise	
	tu	conduis	conduisis	conduisais	conduiras	conduirais	conduises	conduis
	il/elle/on	conduit	conduisit	conduisait	conduira	conduirait	conduise	
	nous	conduisons	conduisîmes	conduisions	conduirons	conduirions	conduisions	conduisons
	vous	conduisez	conduisîtes	conduisiez	conduirez	conduiriez	conduisiez	conduisez
	ils/elles	conduisent	conduisirent	conduisaient	conduiront	conduiraient	conduisent	
18 connaître *(to know, to be acquainted with)* connaissant / connu / avoir connu	je	connais	connus	connaissais	connaîtrai	connaîtrais	connaisse	
	tu	connais	connus	connaissais	connaîtras	connaîtrais	connaisses	connais
	il/elle/on	connaît	connut	connaissait	connaîtra	connaîtrait	connaisse	
	nous	connaissons	connûmes	connaissions	connaîtrons	connaîtrions	connaissions	connaissons
	vous	connaissez	connûtes	connaissiez	connaîtrez	connaîtriez	connaissiez	connaissez
	ils/elles	connaissent	connurent	connaissaient	connaîtront	connaîtraient	connaissent	
19 courir *(to run)* courant / couru / avoir couru	je	cours	courus	courais	courrai	courrais	coure	
	tu	cours	courus	courais	courras	courrais	coures	cours
	il/elle/on	court	courut	courait	courra	courrait	coure	
	nous	courons	courûmes	courions	courrons	courrions	courions	courons
	vous	courez	courûtes	couriez	courrez	courriez	couriez	courez
	ils/elles	courent	coururent	couraient	courront	courraient	courent	
20 croire *(to believe)* croyant / cru / avoir cru	je	crois	crus	croyais	croirai	croirais	croie	
	tu	crois	crus	croyais	croiras	croirais	croies	crois
	il/elle/on	croit	crut	croyait	croira	croirait	croie	
	nous	croyons	crûmes	croyions	croirons	croirions	croyions	croyons
	vous	croyez	crûtes	croyiez	croirez	croiriez	croyiez	croyez
	ils/elles	croient	crurent	croyaient	croiront	croiraient	croient	

Infinitive / Present participle / Past participle / Past infinitive	Subject Pronouns	INDICATIVE				CONDITIONAL	SUBJUNCTIVE	IMPERATIVE
		Present	Passé simple	Imperfect	Future	Present	Present	
21 devoir *(to have to; to owe)* devant / dû / avoir dû	je	dois	dus	devais	devrai	devrais	doive	
	tu	dois	dus	devais	devras	devrais	doives	dois
	il/elle/on	doit	dut	devait	devra	devrait	doive	
	nous	devons	dûmes	devions	devrons	devrions	devions	devons
	vous	devez	dûtes	deviez	devrez	deviez	deviez	devez
	ils/elles	doivent	durent	devaient	devront	devraient	doivent	
22 dire *(to say, to tell)* disant / dit / avoir dit	je	dis	dis	disais	dirai	dirais	dise	
	tu	dis	dis	disais	diras	dirais	dises	dis
	il/elle/on	dit	dit	disait	dira	dirait	dise	
	nous	disons	dîmes	disions	dirons	dirions	disions	disons
	vous	dites	dîtes	disiez	direz	diriez	disiez	dites
	ils/elles	disent	dirent	disaient	diront	diraient	disent	
23 écrire *(to write)* écrivant / écrit / avoir écrit	j'	écris	écrivis	écrivais	écrirai	écrirais	écrive	
	tu	écris	écrivis	écrivais	écriras	écrirais	écrives	écris
	il/elle/on	écrit	écrivit	écrivait	écrira	écrirait	écrive	
	nous	écrivons	écrivîmes	écrivions	écrirons	écririons	écrivions	écrivons
	vous	écrivez	écrivîtes	écriviez	écrirez	écririez	écriviez	écrivez
	ils/elles	écrivent	écrivirent	écrivaient	écriront	écriraient	écrivent	
24 émouvoir *(to move)* émouvant / ému / avoir ému	j'	émeus	émus	émouvais	émouvrai	émouvrais	émeuve	
	tu	émeus	émus	émouvais	émouvras	émouvrais	émeuves	émeus
	il/elle/on	émeut	émut	émouvait	émouvra	émouvrait	émeuve	
	nous	émouvons	émûmes	émouvions	émouvrons	émouvrions	émouvions	émouvons
	vous	émouvez	émûtes	émouviez	émouvrez	émouvriez	émouviez	émouvez
	ils/elles	émeuvent	émurent	émouvaient	émouvront	émouvraient	émeuvent	
25 envoyer *(to send)* envoyant / envoyé / avoir envoyé	j'	envoie	envoyai	envoyais	enverrai	enverrais	envoie	
	tu	envoies	envoyas	envoyais	enverras	enverrais	envoies	envoie
	il/elle/on	envoie	envoya	envoyait	enverra	enverrait	envoie	
	nous	envoyons	envoyâmes	envoyions	enverrons	enverrions	envoyions	envoyons
	vous	envoyez	envoyâtes	envoyiez	enverrez	enverriez	envoyiez	envoyez
	ils/elles	envoient	envoyèrent	envoyaient	enverront	enverraient	envoient	

Infinitive / Present participle / Past participle / Past infinitive	Subject Pronouns	INDICATIVE				CONDITIONAL	SUBJUNCTIVE	IMPERATIVE
		Present	Passé simple	Imperfect	Future	Present	Present	
26 éteindre *(to turn off)* éteignant éteint avoir étient	j'	éteins	éteignis	éteignais	éteindrai	éteindrais	éteigne	
	tu	éteins	éteignis	éteignais	éteindras	éteindrais	éteignes	éteins
	il/elle/on	éteint	éteignit	éteignait	éteindra	éteindrait	éteigne	
	nous	éteignons	éteignîmes	éteignions	éteindrons	éteindrions	éteignions	éteignons
	vous	éteignez	éteignîtes	éteigniez	éteindrez	éteindriez	éteigniez	éteignez
	ils/elles	éteignent	éteignirent	éteignaient	éteindront	éteindraient	éteignent	
27 faire *(to do; to make)* faisant fait avoir fait	je	fais	fis	faisais	ferai	ferais	fasse	
	tu	fais	fis	faisais	feras	ferais	fasses	fais
	il/elle/on	fait	fit	faisait	fera	ferait	fasse	
	nous	faisons	fîmes	faisions	ferons	ferions	fassions	faisons
	vous	faites	fîtes	faisiez	ferez	feriez	fassiez	faites
	ils/elles	font	firent	faisaient	feront	feraient	fassent	
28 falloir *(to be necessary)* fallu avoir fallu	il	faut	fallut	fallait	faudra	faudrait	faille	
29 fuir *(to flee)* fuyant fui avoir fui	je	fuis	fuis	fuyais	fuirai	fuirais	fuie	
	tu	fuis	fuis	fuyais	fuiras	fuirais	fuies	fuis
	il/elle/on	fuit	fuit	fuyait	fuira	fuirait	fuie	
	nous	fuyons	fuîmes	fuyions	fuirons	fuirions	fuyions	fuyons
	vous	fuyez	fuîtes	fuyiez	fuirez	fuiriez	fuyiez	fuyez
	ils/elles	fuient	fuirent	fuyaient	fuiront	fuiraient	fuient	
30 lire *(to read)* lisant lu avoir lu	je	lis	lus	lisais	lirai	lirais	lise	
	tu	lis	lus	lisais	liras	lirais	lises	lis
	il/elle/on	lit	lut	lisait	lira	lirait	lise	
	nous	lisons	lûmes	lisions	lirons	lirions	lisions	lisons
	vous	lisez	lûtes	lisiez	lirez	liriez	lisiez	lisez
	ils/elles	lisent	lurent	lisaient	liront	liraient	lisent	

Infinitive / Present participle / Past participle / Past infinitive	Subject Pronouns	INDICATIVE Present	INDICATIVE Passé simple	INDICATIVE Imperfect	INDICATIVE Future	CONDITIONAL Present	SUBJUNCTIVE Present	IMPERATIVE Present
31 mettre *(to put)* mettant mis avoir mis	je	mets	mis	mettais	mettrai	mettrais	mette	
	tu	mets	mis	mettais	mettras	mettrais	mettes	mets
	il/elle/on	met	mit	mettait	mettra	mettrait	mette	
	nous	mettons	mîmes	mettions	mettrons	mettrions	mettions	mettons
	vous	mettez	mîtes	mettiez	mettrez	mettriez	mettiez	mettez
	ils/elles	mettent	mirent	mettaient	mettront	mettraient	mettent	
32 mourir *(to die)* mourant mort être mort(e)(s)	je	meurs	mourus	mourais	mourrai	mourrais	meure	
	tu	meurs	mourus	mourais	mourras	mourrais	meures	meurs
	il/elle/on	meurt	mourut	mourait	mourra	mourrait	meure	
	nous	mourons	mourûmes	mourions	mourrons	mourrions	mourions	mourons
	vous	mourez	mourûtes	mouriez	mourrez	mourriez	mouriez	mourez
	ils/elles	meurent	moururent	mouraient	mourront	mourraient	meurent	
33 naître *(to be born)* naissant né être né(e)(s)	je	nais	naquis	naissais	naîtrai	naîtrais	naisse	
	tu	nais	naquis	naissais	naîtras	naîtrais	naisses	nais
	il/elle/on	naît	naquit	naissait	naîtra	naîtrait	naisse	
	nous	naissons	naquîmes	naissions	naîtrons	naîtrions	naissions	naissons
	vous	naissez	naquîtes	naissiez	naîtrez	naîtriez	naissiez	naissez
	ils/elles	naissent	naquirent	naissaient	naîtront	naîtraient	naissent	
34 ouvrir *(to open)* ouvrant ouvert avoir ouvert	j'	ouvre	ouvris	ouvrais	ouvrirai	ouvrirais	ouvre	
	tu	ouvres	ouvris	ouvrais	ouvriras	ouvrirais	ouvres	ouvre
	il/elle/on	ouvre	ouvrit	ouvrait	ouvrira	ouvrirait	ouvre	
	nous	ouvrons	ouvrîmes	ouvrions	ouvrirons	ouvririons	ouvrions	ouvrons
	vous	ouvrez	ouvrîtes	ouvriez	ouvrirez	ouvririez	ouvriez	ouvrez
	ils/elles	ouvrent	ouvrirent	ouvraient	ouvriront	ouvriraient	ouvrent	
35 partir *(to leave)* partant parti être parti(e)(s)	je	pars	partis	partais	partirai	partirais	parte	
	tu	pars	partis	partais	partiras	partirais	partes	pars
	il/elle/on	part	partit	partait	partira	partirait	parte	
	nous	partons	partîmes	partions	partirons	partirions	partions	partons
	vous	partez	partîtes	partiez	partirez	partiriez	partiez	partez
	ils/elles	partent	partirent	partaient	partiront	partiraient	partent	

Infinitive / Present participle / Past participle / Past infinitive	Subject Pronouns	INDICATIVE Present	Passé simple	Imperfect	Future	CONDITIONAL Present	SUBJUNCTIVE Present	IMPERATIVE
36 plaire *(to please)* plaisant plu avoir plu	je	plais	plus	plaisais	plairai	plairais	plaise	
	tu	plais	plus	plaisais	plairas	plairais	plaises	plais
	il/elle/on	plaît	plut	plaisait	plaira	plairait	plaise	
	nous	plaisons	plûmes	plaisions	plairons	plairions	plaisions	plaisons
	vous	plaisez	plûtes	plaisiez	plairez	plairiez	plaisiez	plaisez
	ils/elles	plaisent	plurent	plaisaient	plairont	plairaient	plaisent	
37 pleuvoir *(to rain)* pleuvant plu avoir plu	il	pleut	plut	pleuvait	pleuvra	pleuvrait	pleuve	
38 pouvoir *(to be able)* pouvant pu avoir pu	je	peux	pus	pouvais	pourrai	pourrais	puisse	
	tu	peux	pus	pouvais	pourras	pourrais	puisses	
	il/elle/on	peut	put	pouvait	pourra	pourrait	puisse	
	nous	pouvons	pûmes	pouvions	pourrons	pourrions	puissions	
	vous	pouvez	pûtes	pouviez	pourrez	pourriez	puissiez	
	ils/elles	peuvent	purent	pouvaient	pourront	pourraient	puissent	
39 prendre *(to take)* prenant pris avoir pris	je	prends	pris	prenais	prendrai	prendrais	prenne	
	tu	prends	pris	prenais	prendras	prendrais	prennes	prends
	il/elle/on	prend	prit	prenait	prendra	prendrait	prenne	
	nous	prenons	prîmes	prenions	prendrons	prendrions	prenions	prenons
	vous	prenez	prîtes	preniez	prendrez	prendriez	preniez	prenez
	ils/elles	prennent	prirent	prenaient	prendront	prendraient	prennent	
40 recevoir *(to receive)* recevant reçu avoir reçu	je	reçois	reçus	recevais	recevrai	recevrais	reçoive	
	tu	reçois	reçus	recevais	recevras	recevrais	reçoives	reçois
	il/elle/on	reçoit	reçut	recevait	recevra	recevrait	reçoive	
	nous	recevons	reçûmes	recevions	recevrons	recevrions	recevions	recevons
	vous	recevez	reçûtes	receviez	recevrez	recevriez	receviez	recevez
	ils/elles	reçoivent	reçurent	recevaient	recevront	recevraient	reçoivent	

Infinitive / Present participle / Past participle / Past infinitive	Subject Pronouns	INDICATIVE				CONDITIONAL	SUBJUNCTIVE	IMPERATIVE
		Present	Passé simple	Imperfect	Future	Present	Present	
41 rejoindre *(to join)* / rejoignant / rejoint / avoir rejoint	je	rejoins	rejoignis	rejoignais	rejoindrai	rejoindrais	rejoigne	
	tu	rejoins	rejoignis	rejoignais	rejoindras	rejoindrais	rejoignes	rejoins
	il/elle/on	rejoint	rejoignit	rejoignait	rejoindra	rejoindrait	rejoigne	
	nous	rejoignons	rejoignîmes	rejoignions	rejoindrons	rejoindrions	rejoignions	rejoignons
	vous	rejoignez	rejoignîtes	rejoigniez	rejoindrez	rejoindriez	rejoigniez	rejoignez
	ils/elles	rejoignent	rejoignirent	rejoignaient	rejoindront	rejoindraient	rejoignent	
42 résoudre *(to solve)* / résolvant / résolu / avoir résolu	je	résous	résolus	résolvais	résoudrai	résoudrais	résolve	
	tu	résous	résolus	résolvais	résoudras	résoudrais	résolves	résous
	il/elle/on	résout	résolut	résolvait	résoudra	résoudrait	résolve	
	nous	résolvons	résolûmes	résolvions	résoudrons	résoudrions	résolvions	résolvons
	vous	résolvez	résolûtes	résolviez	résoudrez	résoudriez	résolviez	résolvez
	ils/elles	résolvent	résolurent	résolvaient	résoudront	résoudraient	résolvent	
43 rire *(to laugh)* / riant / ri / avoir ri	je	ris	ris	riais	rirai	rirais	rie	
	tu	ris	ris	riais	riras	rirais	ries	ris
	il/elle/on	rit	rit	riait	rira	rirait	rie	
	nous	rions	rîmes	riions	rirons	ririons	riions	rions
	vous	riez	rîtes	riiez	rirez	ririez	riiez	riez
	ils/elles	rient	rirent	riaient	riront	riraient	rient	
44 rompre *(to break)* / rompant / rompu / avoir rompu	je	romps	rompis	rompais	romprai	romprais	rompe	
	tu	romps	rompis	rompais	rompras	romprais	rompes	romps
	il/elle/on	rompt	rompit	rompait	rompra	romprait	rompe	
	nous	rompons	rompîmes	rompions	romprons	romprions	rompions	rompons
	vous	rompez	rompîtes	rompiez	romprez	rompriez	rompiez	rompez
	ils/elles	rompent	rompirent	rompaient	rompront	rompraient	rompent	
45 savoir *(to know)* / sachant / su / avoir su	je	sais	sus	savais	saurai	saurais	sache	
	tu	sais	sus	savais	sauras	saurais	saches	sache
	il/elle/on	sait	sut	savait	saura	saurait	sache	
	nous	savons	sûmes	savions	saurons	saurions	sachions	sachons
	vous	savez	sûtes	saviez	saurez	sauriez	sachiez	sachez
	ils/elles	savent	surent	savaient	sauront	sauraient	sachent	

| Infinitive / Present participle / Past participle / Past infinitive | Subject Pronouns | INDICATIVE | | | | CONDITIONAL | SUBJUNCTIVE | IMPERATIVE |
		Present	Passé simple	Imperfect	Future	Present	Present	
46 suivre *(to follow)* suivant suivi avoir suivi	je	suis	suivis	suivais	suivrai	suivrais	suive	
	tu	suis	suivis	suivais	suivras	suivrais	suives	suis
	il/elle/on	suit	suivit	suivait	suivra	suivrait	suive	
	nous	suivons	suivîmes	suivions	suivrons	suivrions	suivions	suivons
	vous	suivez	suivîtes	suiviez	suivrez	suivriez	suiviez	suivez
	ils/elles	suivent	suivirent	suivaient	suivront	suivraient	suivent	
47 se taire *(to be quiet)* se taisant tu s'être tu(e)(s)	je	me tais	me tus	me taisais	me tairai	me tairais	me taise	
	tu	te tais	te tus	te taisais	te tairas	te tairais	te taises	tais-toi
	il/elle/on	se tait	se tut	se taisait	se taira	se tairait	se taise	
	nous	nous taisons	nous tûmes	nous taisions	nous tairons	nous tairions	nous taisions	taisons-nous
	vous	vous taisez	vous tûtes	vous taisiez	vous tairez	vous tairiez	vous taisiez	taisez-vous
	ils/elles	se taisent	se turent	se taisaient	se tairont	se tairaient	se taisent	
48 tenir *(to hold)* tenant tenu avoir tenu	je	tiens	tins	tenais	tiendrai	tiendrais	tienne	
	tu	tiens	tins	tenais	tiendras	tiendrais	tiennes	tiens
	il/elle/on	tient	tint	tenait	tiendra	tiendrait	tienne	
	nous	tenons	tînmes	tenions	tiendrons	tiendrions	tenions	tenons
	vous	tenez	tîntes	teniez	tiendrez	tiendriez	teniez	tenez
	ils/elles	tiennent	tinrent	tenaient	tiendront	tiendraient	tiennent	
49 vaincre *(to defeat)* vainquant vaincu avoir vaincu	je	vaincs	vainquis	vainquais	vaincrai	vaincrais	vainque	
	tu	vaincs	vainquis	vainquais	vaincras	vaincrais	vainques	vaincs
	il/elle/on	vainc	vainquit	vainquait	vaincra	vaincrait	vainque	
	nous	vainquons	vainquîmes	vainquions	vaincrons	vaincrions	vainquions	vainquons
	vous	vainquez	vainquîtes	vainquiez	vaincrez	vaincriez	vainquiez	vainquez
	ils/elles	vainquent	vainquirent	vainquaient	vaincront	vaincraient	vainquent	
50 valoir *(to be worth)* valant valu avoir valu	je	vaux	valus	valais	vaudrai	vaudrais	vaille	
	tu	vaux	valus	valais	vaudras	vaudrais	vailles	vaux
	il/elle/on	vaut	valut	valait	vaudra	vaudrait	vaille	
	nous	valons	valûmes	valions	vaudrons	vaudrions	valions	valons
	vous	valez	valûtes	valiez	vaudrez	vaudriez	valiez	valez
	ils/elles	valent	valurent	valaient	vaudront	vaudraient	vaillent	

Infinitive / Present participle / Past participle / Past infinitive	Subject Pronouns	INDICATIVE Present	Passé simple	Imperfect	Future	CONDITIONAL Present	SUBJUNCTIVE Present	IMPERATIVE
51 venir *(to come)* venant venu être venu(e)(s)	je	viens	vins	venais	viendrai	viendrais	vienne	
	tu	viens	vins	venais	viendras	viendrais	viennes	viens
	il/elle/on	vient	vint	venait	viendra	viendrait	vienne	
	nous	venons	vînmes	venions	viendrons	viendrions	venions	venons
	vous	venez	vîntes	veniez	viendrez	viendriez	veniez	venez
	ils/elles	viennent	vinrent	venaient	viendront	viendraient	viennent	
52 vivre *(to live)* vivant vécu avoir vécu	je	vis	vécus	vivais	vivrai	vivrais	vive	
	tu	vis	vécus	vivais	vivras	vivrais	vives	vis
	il/elle/on	vit	vécut	vivait	vivra	vivrait	vive	
	nous	vivons	vécûmes	vivions	vivrons	vivrions	vivions	vivons
	vous	vivez	vécûtes	viviez	vivrez	vivriez	viviez	vivez
	ils/elles	vivent	vécurent	vivaient	vivront	vivraient	vivent	
53 voir *(to see)* voyant vu avoir vu	je	vois	vis	voyais	verrai	verrais	voie	
	tu	vois	vis	voyais	verras	verrais	voies	vois
	il/elle/on	voit	vit	voyait	verra	verrait	voie	
	nous	voyons	vîmes	voyions	verrons	verrions	voyions	voyons
	vous	voyez	vîtes	voyiez	verrez	verriez	voyiez	voyez
	ils/elles	voient	virent	voyaient	verront	verraient	voient	
54 vouloir *(to want, to wish)* voulant voulu avoir voulu	je	veux	voulus	voulais	voudrai	voudrais	veuille	
	tu	veux	voulus	voulais	voudras	voudrais	veuilles	veuille
	il/elle/on	veut	voulut	voulait	voudra	voudrait	veuille	
	nous	voulons	voulûmes	voulions	voudrons	voudrions	voulions	veuillons
	vous	voulez	voulûtes	vouliez	voudrez	voudriez	vouliez	veuillez
	ils/elles	veulent	voulurent	voulaient	voudront	voudraient	veuillent	

Vocabulaire

Guide to Vocabulary

Active vocabulary

This glossary contains the words and expressions presented as active vocabulary in **IMAGINEZ**. A numeral following the entry indicates the lesson of **IMAGINEZ** where the word or expression was introduced. Reflexive verbs are listed under the non-reflexive infinitive.

Abbreviations used in this glossary

adj.	adjective	*indef.*	indefinite	*prep.*	preposition
adv.	adverb	*m.*	masculine	*pron.*	pronoun
conj.	conjunction	*part.*	partitive	*rel.*	relative
f.	feminine	*p.p.*	past participle	*v.*	verb

Français–Anglais

A

à *prep.* at **5**; in **5**; to
  à ce moment-là *adv.* at that moment **3**
  à condition de *prep.* provided (that) **7**
  à condition que *conj.* on the condition that **7**
  à moins de *prep.* unless **7**
  à moins que *conj.* unless **7**
  à partir de *prep.* from **1**
  à succès *adv.* bestselling
  au chômage *adj.* unemployed **9**
a priori *m.* preconceived idea
abattre *v.* to cut down **10**
abîmé(e) *adj.* damaged **9**
abonné(e) *m., f.* subscriber **9**
abonnement *m.* subscription **7**
aborder *v.* to broach **3**
abriter *v.* to provide a habitat for **10**
absolument *adv.* absolutely **2**
abus de pouvoir *m.* abuse of power **4**
abuser *v.* to abuse **4**
accablé(e) *adj.* overwhelmed **1**
acceptation *f.* acceptance
accoucher *v.* to give birth; to deliver a baby **6**
accro: être accro (à) *v.* to be addicted (to) **7**
acharnement *m.* determination
acharner: s'acharner sur *v.* to persist relentlessly **5**
acheter *v.* to buy **1**
actif/active *adj.* active **2**
activiste *m., f.* militant activist **4**
actualisé(e) *adj.* updated **3**
actualité *f.* current events **3**
adapter: s'adapter *v.* to adapt **5**
adhérent(e) *m., f.* member **9**
admirer *v.* to admire **8**
ADN *m.* DNA **7**
adresse e-mail *f.* e-mail address **7**

adresser: s'adresser la parole *v.* to speak to one another **7**
affaires *f.* belongings **6**
affectueux/affectueuse *adj.* affectionate **1**
affronter *v.* to face **6**
afin que *conj.* in order that **7**
agacer *v.* to annoy **1**
âge adulte *m.* adulthood **6**
agent de police *m.* police officer **2**
agir *v.* to take action **7**
agiter *v.* to shake **10**
aimer *v.* to love **1**; to like **1**
ainsi *adv.* thus **2**
air *m.* air
  en plein air *adj.* outdoors **10**
aliéné(e) *m., f.* outsider **6**
aliment *m.* (type or kind of) food **6**
alimentaire *adj.* related to food **6**
aller *v.* to go **1**
  s'en aller *v.* to go/fade away **1**
  aller de l'avant *v.* to forge ahead **5**
alliance *f.* wedding ring **6**
allié(e) *m., f.* ally **5**
alors *adv.* so **2**; then **2**
alpinisme *m.* mountain climbing **8**
amas *m.* pile, heap
amants *m.* lovers **1**
ambiance *f.* atmosphere **2**
âme *f.* soul
âme sœur *f.* soul mate **1**
améliorer *v.* to improve **2**
  s'améliorer *v.* to better oneself **5**
amener *v.* to bring someone **1**
ameuter *v.* to rouse **7**
amitié *f.* friendship **1**
amoureux/amoureuse *adj.* in love **1**
  tomber amoureux/amoureuse (de) to fall in love (with) **1**
amour-propre *m.* self-esteem **6**
amuser *v.* to amuse **2**; **s'amuser** *v.* to have fun **2**
analphabète *adj.* illiterate **4**
ancien(ne) *adj.* ancient **2**; former **2**

ancêtre *m., f.* ancestor **1**
anecdotique *adj.* trivial
animateur/animatrice de radio *m., f.* radio presenter **3**
animé(e) *adj.* lively **2**
antimatière *m.* antimatter **7**
anxieux/anxieuse *adj.* anxious **1**
apercevoir *v.* to catch sight of **2**; to perceive **9**; **s'apercevoir** *v.* to realize **2, 8**; to notice **8**
apparaître *v.* to appear
appareil (photo) numérique *m.* digital camera **7**
appartenir (à) *v.* to belong (to) **5**
appeler *v.* to call **1**
applaudir *v.* to applaud **8**
approuver une loi *v.* to pass a law **4**
après *prep.* after **8**; **après que** *conj.* after **7**
araignée *f.* spider **10**
arbitre *m.* referee **8**
arc-en-ciel *m.* rainbow **10**
archipel *m.* archipelago **10**
argent *m.* silver **2**
argot *m.* slang **4**
argument de vente *m.* selling point **9**
arme *f.* weapon **4**
armée *f.* army **4**
arrêt d'autobus *m.* bus stop **2**
arrêter: s'arrêter *v.* to stop (oneself) **2**
arrière-grand-mère *f.* great-grandmother **6**
arrière-grand-père *m.* great-grandfather **6**
arriver *v.* to arrive **3**
artifice: feu d'artifice *m.* fireworks display **2**
asperge *f.* asparagus **6**
asseoir: s'asseoir *v.* to sit **9**
asservissement *m.* enslavement **4**
assez *adv.* quite **2**
  assez de enough **5**
assimilation *f.* assimilation **5**

s'assimiler à *v.* to blend in **1**
s'assouplir *v.* to become more flexible **5**
astrologue *m., f.* astrologer **7**
astronaute *m., f.* astronaut **7**
astronome *m., f.* astronomer **7**
attendre *v.* to wait for **2; s'attendre**
  à quelque chose *v.* to expect
  something **2**
attention: attirer l'attention (sur) *v.*
  to draw attention to **3**
atterrir *v.* to land **7**
attirer *v.* to attract **5**
  attirer l'attention (sur) *v.* to draw
  attention to
attribuer *v.* to grant **3**
au cas où *conj.* in case **10**
auditeur/auditrice *m., f.* (radio)
  listener **3**
augmentation (de salaire) *f.* raise (in
  salary) **9**
augmenter *v.* to grow **5**
aujourd'hui *adv.* today **2**
aussi... que *adv.* as ... as **7**
aussitôt que *conj.* as soon as **7**
autant *adv.* so much/many **2**
autobus *m.* bus **2**
  arrêt d'autobus *m.* bus stop **2**
autoritaire *adj.* bossy **6**
autre *adj.* another **2**; different **2**;
  other **4**
avancé(e) *adj.* advanced **7**
avancer *v.* to advance **1**, to move
  forward **1**
avant de *prep.* before **7**
  avant que *conj.* before **7**
avocat(e) *m., f.* lawyer **4**
avoir *v.* to have **1**
  avoir des relations to have
  connections **9**
  avoir honte (de) to be ashamed
  (of) **1**; to be embarrassed (of) **1**
  avoir confiance en soi to be
  confident **1**
  avoir de l'influence (sur) to have
  influence (over) **4**
  avoir des conséquences néfastes
  (sur) to have harmful
  consequences (on)
  avoir des dettes to be in debt **9**
  avoir des préjugés to be
  prejudiced **5**
  avoir le mal du pays to be
  homesick **5**
  avoir le trac to have stage fright
  avoir peur to be afraid **2**

bague *f.* ring
  bague de fiançailles *f.*
  engagement ring **6**
baisser *v.* to decrease **5**
balancer: se balancer *v.* to swing **10**

balayer *v.* to sweep **1**
ballon *m.* ball **8**
bande *f.* gang **5**
  bande originale *f.* sound track **3**
banlieue *f.* suburb **2, 7**; outskirts **2**
banqueroute *f.* bankruptcy **9**
baragouiner *v.* to jabber
barrière de corail *f.* barrier reef **10**
bas(se) *adj.* low **2**
baskets *f.* sneakers **8**, tennis shoes **8**
bateau *m.* boat **4**
bâtir *v.* to build **10**
batterie *f.* drums **2**
battre: se battre *v.* to fight **8**
bavard(e) *m., f.* chatterbox **5**
bavarder *v.* to chat **8**
beau/belle *adj.* beautiful **2**; handsome **2**
beaucoup *adv.* a lot **2**
beau-fils *m.* son-in-law **6**; stepson **6**
beau-frère *m.* brother-in-law **6**
beau-père *m.* father-in-law **6**;
  stepfather **6**
belle-fille *f.* daughter-in-law **6**;
  stepdaughter **6**
belle-mère *f.* mother-in-law **6**;
  stepmother **6**
belle-sœur *f.* sister-in-law **6**
bénéfice *m.* profit **9**
berger/bergère *m., f.* shepherd(ess)
bermuda *m.* (a pair of) bermuda
  shorts **8**
béton *m.* concrete **2**
bien *adv.* well **2**
  bien des *adj.* many **5**
  bien que *conj.* although **7**
bien s'exporter *v.* to be popular abroad
bien-être *m.* well-being **10**
bienfait *m.* beneficial effect
bientôt *adv.* soon **2**
bilingue *adj.* bilingual **1**
billet *m.* ticket **8**
billard *m.* pool **8**
biochimique *adj.* biochemical **7**
bio(logique) *adj.* organic **6**
biologiste *m., f.* biologist **7**
blanc/blanche *adj.* white **2**
blessé(e) *m., f.* injured person **2**
blesser: (se) blesser *v.* to injure
  (oneself) **8**; to get hurt **8**
boire *v.* to drink **3**
boîte *f.* can **5**; box **5**
  boîtes gigognes *f.* nested boxes **7**
boiter *v.* to limp **1**
bon(ne) *adj.* good **2**
bonté *f.* kindness
bosser *v.* to work **3**
boue *f.* mud **1**
boules *f.* petanque **8**
  boule à neige *f.* snow globe **7**
boulot *m.* job **9**
bouquet de la mariée *m.* bouquet **6**
bourse *f.* scholarship, grant **3**
bouteille *f.* bottle **5**

boutique de souvenirs *f.* gift shop **8**
braconnage *m.* poaching **10**
bref/brève *adj.* brief **2**
brevet d'invention *m.* patent **7**
brièvement *adv.* briefly **2**
brosser: se brosser *v.* to brush **2**
brûler *v.* to burn **5**
bruyamment *adv.* noisily **2**
bruyant(e) *adj.* noisy **2**
bûcheron *m.* lumberjack **10**
budget *m.* budget **9**
but *m.* goal **5**

ça *pron.* that; this; it
  ça suffit that's enough
cadavre *m.* corpse **3**
cadre *m.* executive **9**
cadre de vie *m.* living environment **7**
café soluble *m.* instant coffee **3**
caillou (cailloux) *m.* pebble(s) **10**
caleçon *m.* boxer shorts **8**
calepin *m.* notebook **2**
camionnette *f.* small truck or van **9**
campagne de promotion *f.*
  promotional campaign **3**
canadien(ne) *adj.* Canadian **2**
capitaine *m.* captain **8**
capter *v.* to get a signal **9**
car *conj.* for; because
caractère *m.* character, personality **6**
carie *f.* cavity **9**
carrière *f.* career **3**
carte *f.* card **8**
  carte de crédit *f.* credit card **9**
  carte de retrait *f.* ATM card **9**
  cartes (à jouer) *f.* (playing) cards **8**
cas: au cas où *conj.* in case **10**
cascade *f.* stunt **3**
caserne de pompiers *f.* fire station **2**
casse-cou *m.* daredevil **8**
catastrophe naturelle *f.* natural
  disaster **2**
cauchemar *m.* nightmare **1**
cause *f.* cause **5**
causer *v.* to chat **9**
CD-ROM *m.* CD-ROM **7**
célébrer *v.* to celebrate **8**
célébrité *f.* celebrity
célibataire *adj.* single **1**
cellule *f.* cell **7**
censure *f.* censorship **3**
centre de formation *m.* sports
  training school **8**
centre-ville *m.* city/town center **2**;
  downtown **2**
certain(e) *adj.* certain **4**
certainement *adv.* certainly **3**
c'est-à-dire that is to say **7**; i.e. **7**
chaîne *f.* network **3**
  chaîne montagneuse *f.* mountain
  range **10**

chantage *m.* blackmail **2**
   faire du chantage to blackmail **4**
chaos *m.* chaos **5**
chaque *adj.* each **4**, every single **4**
charbon (de bois) *m.* char(coal)
charmant(e) *adj.* charming **1**
chasser *v.* to hunt **10**
châtain *adj.* brown *(hair)* **2**
châtiment *m.* punishment **5**
chef d'entreprise *m.* head of a
   company **9**
chêne *m.* oak tree
cher/chère *adj.* dear **2**; expensive **2**
chercheur/chercheuse *m., f.*
   researcher **7**
chez *prep.* at the place or home of **5**
chiffre *m.* figure **9**; number **9**
chimiste *m., f.* chemist **7**
choc culturel *m.* culture shock **1**
choisir *v.* to choose **3**
chômage *m.* unemployment **9**
   au chômage *adj.* unemployed **9**
chômeur/chômeuse *m., f.*
   unemployed person **9**
chouette *adj.* great **8**; cool **8**
chrétien(ne) *m., f.* Christian
christianisme *m.* Christianity
chronique *f.* column **3**
chuchoter *v.* to whisper **6**
cinéma *m.* cinema **2**, movie theater **2**
circulation *f.* traffic **2**
cirque *m.* circus
citadin(e) *m., f.* city/town dweller **2**
cité *f.* low-income housing
   development **6**
citoyen(ne) *m., f.* citizen **2**
citron *m.* lemon **6**; *adj.* lemon **2**
   citron vert *m.* lime **6**
clé *f.* wrench **7**
clip vidéo *m.* music video **3**
cloîtré(e) *adj.* shut away
cloner *v.* to clone **7**
clous *m.* crosswalk **2**
club *m.* team **8**
   club sportif *m.* sports club **8**
cochon *m.* pig **10**
coincé(e) *adj.* stuck **7**
colère *f.* anger **1, 4**, rage **4**
   se mettre en colère contre to get
   angry with **1**
colocataire *m., f.* roommate **2**;
   co-tenant **2**
colon *m.* colonist **4**
combattant(e) *m., f.* fighter
combattre *v.* to fight **4**
combustible *m.* fuel **10**
comédie *f.* comedy **8**
comédien(ne) *m., f.* actor **3**
commencer *v.* to begin **1**
commérages *m.* gossip **1**
commissaire (de police) *m.* (police)
   commissioner **5**

commissariat de police *m.* police
   station **2**
communication *f.* communication **3**
   moyens de communication *m.*
   media **3**
campagne de promotion *f.*
   promotional campaign **3**
compétent(e) *adj.* competent **9**
complet/complète *adj.* complete **2**;
   sold out **8**
complexe d'infériorité *m.* inferiority
   complex **6**
comportement *m.* behavior **5**
comporter: se comporter *v.* to
   behave, to act
compréhension *f.* understanding **5**
comptable *m., f.* accountant **9**
compte de chèques *m.* checking
   account **9**
compte d'épargne *m.* savings
   account **9**
compter *v.* to expect to **8**, to matter **6**
   compter sur *v.* to rely on **1**
concurrence *f.* competition **8**
condition *f.* condition
   à condition de *prep.* provided
   (that) **7**
   à condition que *conj.* on the
   condition that **7**
conducteur/conductrice *m., f.* driver **2**
conduire *v.* to drive **3**
conduite *f.* behavior **2**
confiance *f.* confidence **1**
   avoir confiance en soi to be
   confident **1**
   faire confiance (à quelqu'un) to
   trust (someone) **1**
confier *v.* to confide **6**; to entrust **6**
conflit *m.* conflict **6**
conformiste *adj.* conformist **5**
confusément *adv.* confusedly **2**
conjoint(e) *m., f.* spouse **7**
connaître *v.* to know **3**
consacrer: se consacrer à *v.* to
   dedicate oneself to **4**
conseiller/conseillère *m., f.* advisor **9**
conservateur/conservatrice *adj.*
   conservative **2, 4**; *m.* preservative **6**
considérer *v.* to consider **1**
consommateur/consommatrice *m.,*
   f. consumer **3**
consommation d'énergie *f.* energy
   consumption **10**
constamment *adv.* constantly **2**
construction *f.* construction **10**
construire *v.* to build **2**
consultant(e) *m., f.* consultant **9**
consulter *v.* to consult **9**
contaminé(e) *adj.* contaminated **10**
   être contaminé(e) to be
   contaminated **10**
conte *m.* tale
content(e) *adj.* happy **6**

contenu *m.* content **4**
contraire à l'éthique *adj.* unethical **7**
contrarier *v.* to thwart **7**
contrarié(e) *adj.* upset **1**
contribuer (à) *v.* to contribute **7**
convaincre *v.* to convince **3, 9**;
   persuade
correcteur orthographique *m.* spell
   check **7**
couche d'ozone *f.* ozone layer **10**
couche sociale *f.* social level **5**
coucher: se coucher *v.* to go to
   bed **2**
couler *v.* to flow **1**; to run (water) **1**
coup franc *m.* free kick **8**
coupable *adj.* guilty **4**
couper de *v.* to cut off from **7**; **se**
   couper *v.* to cut oneself **2**
couple mixte *m.* mixed couple
courage *m.* courage **5**
courir *v.* to run **3**
cours *m.* course **3**
   cours d'art dramatique *m.* drama
   course
course *f.* race **8**
court(e) *adj.* short **2**
   à court terme *adj.* short-term **9**
coûter cher *v.* to cost a lot **2**
couverture *f.* cover **3**
couvrir *v.* to cover **4**
craindre *v.* to fear **6**
crainte: de crainte que *conj.* for fear
   that **7**
créer *v.* to create **7**
crème *f.* cream **2**; *adj.* cream **2**
crier *v.* to yell **1**
crime *m.* crime **4**
criminel(le) *m., f.* criminal **4**
crise *f.* crisis **9**
   crise d'hystérie *f.* nervous
   breakdown **1**
   crise économique *f.* economic
   crisis **9**
croire *v.* to believe **3**
croisement *m.* intersection **2**
croyance *f.* belief
cruauté *f.* cruelty **4**
cruel(le) *adj.* cruel **2**
culotte *f.* underpants (for females) **8**
cyberespace *m.* cyberspace **7**
cyclone *m.* hurricane **2**

D

d'abord *adv.* first **2**
danger *m.* danger **10**
dangereux/dangereuse *adj.*
   dangerous **2**
dans *prep.* in **5**; inside **5**
dauphin *m.* dolphin **10**
de *prep.* from; of **7**
   de crainte que *conj.* for fear that **7**
   de nouveau *adv.* again **8**

de peur de *prep.* for fear of 7
de peur que *conj.* for fear that 7
de pointe *adj.* cutting edge 7
de temps en temps *adv.* from time to time 2
débile *adj.* moronic 2
déblayer *v.* to clear away
débrouiller: se débrouiller *v.* to figure it out 9; to manage 9
débuter *v.* to begin 6
décédé(e) *adj.* deceased
décès *m.* death 3
déchets *m.* trash 10
déchirer *v.* to tear 3, 8
déclencher *v.* to trigger
décolonisation *f.* decolonization
décourager: se décourager *v.* to lose heart 5
découverte (capitale) *f.* (breakthrough) discovery 7
découvrir *v.* to discover 4
décrire *v.* to describe 6
dedans *adv.* inside 2, 8
défaite *f.* defeat 4
défaut *m.* flaw
défavorisé(e) *adj.* underprivileged 5
défendre *v.* to defend 4
 défendre de to forbid 4
défi *m.* challenge
défilé *m.* parade 2
déforestation *f.* deforestation 10
défunt(e) *m., f.* deceased
dégâts *m.* damages
dehors *adv.* outside 2
déjà *adv.* already 2
délaisser *v.* to neglect
demain *adv.* tomorrow 2
demande *f.* proposal 6
 faire une demande en mariage to propose 6
demander *v.* to ask for 2; **se demander** *v.* to wonder 2
 demander un prêt to apply for a loan 9
démarche *f.* approach 3
démarrer *v.* to start up 7
déménager *v.* to move 1, 6
demi-frère *f.* half brother 6
demi-sœur *f.* half sister 6
démissionner *v.* to quit 9
démocratie *f.* democracy 4
dénouement *m.* outcome; ending
dépaysement *m.* change of scenery 1; disorientation 1
dépasser: se dépasser *v.* to go beyond one's limits 8
dépêcher: se dépêcher *v.* to hurry 2
dépendance *f.* addiction
dépenses *f.* expenses 9
déposer *v.* to deposit 9
déprimé(e) *adj.* depressed 1
député(e) *m., f.* deputy (politician) 4; representative 4

déranger *v.* to bother 1, 6; to disturb 6
dernier/dernière *adj.* last 2; final 2
 lundi (mardi, etc.) dernier last Monday (Tuesday, etc.) 3
dérouler: se dérouler *v.* to take place 6
derrière *prep.* behind 5
dès que *conj.* as soon as 7
désabusé(e) *adj.* disillusioned 1
descendre *v.* to go down 2; to get off 2
désespéré(e) *adj.* desperate 1
désespoir *m.* despair 7
déshabiller: se déshabiller *v.* to undress 2
désirer *v.* to desire 6; to want to 8
désolé(e) *adj.* sorry 6
détendre: se détendre *v.* to relax 2
détester *v.* to hate 8
détruire *v.* to destroy 7
dette *f.* debt 9
 avoir des dettes to be in debt 9
devant *prep.* in front of 5
développement *m.* development 5
devenir *v.* to become 3
deviner *v.* to guess 5
devoir *v.* to have to 3; must 3; to owe 9; *m.* duty 4
dialogue *m.* dialog 5
dictature *f.* dictatorship 4
dire *v.* to say 3
 dire au revoir to say goodbye 5
 dire quelque chose to ring a bell 3
direct: en direct *adj., adv.* live 3
diriger *v.* to manage 9; to run 9
disparu(e) *m., f.* missing person 2
dispensaire *m.* clinic 10
disposé(e) (à) *adj.* willing (to) 9
distance *f.* distance 5
distributeur automatique *m.* ATM 9
diversité *f.* diversity 5
divertir *v.* to entertain 3
 se divertir *v.* to have a good time 8
divertissant(e) *adj.* entertaining 8
divertissement *m.* entertainment 3
divorcer *v.* to divorce 1
documentaire *m.* documentary 3
donc *adv.* so 2, therefore 2
donner *v.* to give 2
 donner des indications to give directions 2
dont *rel. pron.* of which 9; of whom 9; whose 9
dormir *v.* to sleep 4
dormir à la belle étoile *v.* to sleep outdoors 2
doucement *adv.* gently 2
douter *v.* to doubt 2; **se douter (de)** *v.* to suspect 2
douteux: Il est douteux... It is doubtful... 7
doux/douce *adj.* sweet 2; soft 2
draguer *v.* to flirt 1; to try to "pick up" 1
drapeau *m.* flag 4

droit *m.* right 4
 droits de l'homme *m.* human rights 4
dû/due à *adj.* due to 5
duel *m.* one-on-one 8
duper *v.* to trick 2

E

échelle *f.* ladder 7
économe *adj.* thrifty 1
économies *f.* savings 9
économiser *v.* to save 9
écouter *v.* to listen to 8
écran *m.* screen 3
écrasé(e) *adj.* run over
écrire *v.* to write 3
édifice *m.* building 2
éditeur/éditrice *m., f.* publisher 3
effacer *v.* to erase 1, 7
effets spéciaux *m.* special effects 3
efficacité *adj.* efficiency 3
effort *m.* effort 5
égal(e) *adj.* equal 4
égalité *f.* equality 4
égocentrique *adj.* egocentric
égoïste *adj.* selfish 6
élection *f.* election 4
 gagner les élections to win elections 4
 perdre les élections to lose elections 4
élevé(e) *p.p.* raised
 bien élevé(e) *adj.* well-mannered 6
 mal élevé(e) *adj.* bad-mannered 6
élever (des enfants) *v.* to raise (children) 6
élire *v.* to elect 4
embaucher *v.* to hire 9
embouteillage *m.* traffic jam 2
émeute *f.* riot
émigré(e) *m., f.* emigrant 5
émigrer *v.* to emigrate 1
emmener *v.* to take someone 1
émotif/émotive *adj.* emotional 1
émouvant(e) *adj.* moving 8
émouvoir *v.* to move
empêcher (de) *v.* to stop 2; to keep from (doing something) 2
empirer *v.* to get worse 10
emploi *m.* job 9
 solliciter un emploi to apply for a job 9
employé(e) *m., f.* employee 9
emprisonner *v.* to imprison 4
emprunt *m.* loan 9
 faire un emprunt to take out a loan 9
en *prep.* in 5; at 5
 en attendant de *prep.* waiting to 7
 en attendant que *conj.* waiting for 7
 en direct *adj., adv.* live 3
 en faillite *adj.* bankrupt 9
 en général *adv.* in general 2

en plein air *adj.* outdoors 10
en pointe *adv.* forward 8, up front 8
en sécurité *adj.* sure 2
en voie d'extinction *adj.* endangered 10
encadrement *m.* supervisory staff 9
encore *adv.* again 2; still 2
énergie *f.* energy 10
énerver *v.* to annoy 1
enfance *f.* childhood 6
enfant unique *m., f.* only child 6
enfin *adv.* at last 2
enfoncer: s'enfoncer *v.* to drown 1
enfreindre une injonction *v.* to disobey a command 4
engager: s'engager (envers quelqu'un) *v.* to commit (to someone) 1; to get involved
engloutir *v.* to swallow 2
s'engueuler *v.* to have an argument 3
enlever *v.* to kidnap 4
ennuyer *v.* to bore 1; to bother 2; **s'ennuyer** *v.* to get bored 2
énormément *adv.* enormously 2
enquêter (sur) *v.* to research 3; to investigate 3
enregistrer *v.* to record 3
enrichir: s'enrichir *v.* to become rich 5
ensuite *adv.* then 2, next 2
entendre *v.* to hear 1
   entendre parler de to hear about 3
   s'entendre bien to get along well 1
enthousiaste *adj.* enthusiastic 1; excited 1
entourer: s'entourer de *v.* to surround oneself with 9
entraide *f.* mutual aid 9
entraîneur *m.* coach 8
entrepôt *m.* warehouse 9
entreprendre *v.* to undertake 9
entrepreneur/entrepreneuse *m., f.* entrepreneur 9
entreprise (multinationale) *f.* (multinational) company 9
   monter une entreprise to create a company 9
entrer *v.* to enter 3
entretenir: s'entretenir (avec) *v.* to talk 2, to converse 2
entretien *m.* interview 3
   entretien d'embauche *m.* job interview 9
envahir *v.* to invade 3
environnement *m.* environment 10
envisager *v.* to envision 7
envoyé(e) spécial(e) *m., f.* correspondent 3
envoyer *v.* to send 1
éolienne *f.* wind turbine 10
épais(se) *adj.* thick 9

épanouissement *m.* development 10
épargner *v.* to spare 4
épeler *v.* to spell 1
épinards *m.* spinach 6
époux/épouse *m., f.* spouse 6; husband/wife 6
éprouver *v.* to feel 6
épuisé(e) *adj.* exhausted 9
épuiser *v.* to use up 10
érosion *f.* erosion 10
escalader *v.* to climb 8, to scale 8
esclavage *m.* slavery 4
esclave *m., f.* slave
escroc *m.* crook 3
espace *m.* space 7
espérer *v.* to hope 1
espionner *v.* to spy 4
esprit *m.* spirit 1
essayer *v.* to try 1
essentiel(le) *adj.* essential 6
estropié(e) *m., f.* cripple 1
établir: s'établir *v.* to settle 5
étendre: s'étendre *v.* to spread 2
éthique *adj.* ethical 7
étoile (filante) *f.* (shooting) star 7
étonnant(e) *adj.* surprising 6
étonné(e) *adj.* surprised 6
étonner: s'étonner *v.* to be amazed 8
étranger/étrangère *m., f.* foreigner 2; stranger 2
être *v.* to be 1
être à la une to be on the front page 3
être accro (à) to be addicted (to)
   être contaminé(e) to be contaminated 10
   être désolé(e) to be sorry 6
   être perdu(e) to be lost 2
   être promu(e) to be promoted 9
   être propre à *v.* to be specific to 3
   être sous pression to be under pressure 9
évadé(e) *adj.* escaped 4
événement *m.* event 3
évidemment *adv.* obviously 2
évident(e) *adj.* obvious 7
évoquer *v.* to make think of 9
exclu(e) *adj.* excluded 5
exigeant(e) *adj.* demanding 6
exiger *v.* to demand 6, 9
exigu/exiguë *adj.* small 2
exhorter *v.* to urge 10
expérience *f.* experiment 7
exploitation *f.* development 10
exploiter *v.* to use; to harvest 10
explorer *v.* to explore 7
exporter: bien s'exporter *v.* to be popular abroad 5
exposition *f.* exhibition 8; art show 8
exprès *adv.* on purpose 4
   faire exprès to do it on purpose 4
exprimer *v.* to express 4
extinction: en voie d'extinction *adj.* endangered 10

extrait *m.* excerpt 3
extraterrestre *m., f.* alien 7

F

fabrication *f.* manufacture 10
fâché(e) *adj.* angry 1; mad 1
fâcher: se fâcher (contre) *v.* to get angry (with) 2
faiblir *v.* to weaken 10
faillite: en faillite *adj.* bankrupt 9
fainéant(e) *m., f.* lazybones 9
faire *v.* to do 1; to make 1
   faire confiance (à quelqu'un) to trust (someone) 1, 4
   faire du chantage to blackmail 4
   faire la queue to wait in line 8
   faire marrer to make (someone) laugh 3
   faire match nul to tie (a game) 8
   faire passer to spread (the word) 8
   se faire passer pour to pretend to be 3
   faire sans to do without 5
   faire un effort to make an effort 5
   faire un emprunt to take out a loan 9
   faire une demande en mariage to propose 6
   faire une expérience to conduct an experiment 7
fait *m.* fact 4
faits divers *m.* news items 3
falloir *v.* to be necessary 6; to have to 9
   Il faut que... One must... 6; It is necessary that... 6
fan (de) *m., f.* fan (of) 8
fanfare *f.* marching band 2
fascinant(e) *adj.* fascinating 9
faute *f.* foul 8
faux/fausse *adj.* false 2; wrong 2
favori(te) *adj.* favorite 2
femme d'affaires *f.* businesswoman 9
femme politique *f.* politician 4
férié *m.* public holiday 5
ferme *f.* farm 10
fête foraine *f.* carnival 2
fêter *v.* to celebrate 8
feu (tricolore) *m.* traffic light 2
feu d'artifice *m.* fireworks display 2
feuillage *m.* foliage
feuilleton *m.* soap opera 3; series 3
fiançailles *f.* engagement 6
se fiancer *v.* to get engaged 1
fidèle *adj.* faithful 1
fier/fière *adj.* proud 2
filet (de pêche) *m.* (fishing) net 10
fille unique *f.* only child 6
film *m.* movie 3
   sortir un film to release a movie 3
fils unique *m.* only child 6
finalement *adv.* finally 3
financier/financière *adj.* financial 9
fléchettes *f.* darts 8

fleurir *v.* to flourish
fleuve *m.* river **10**
flic *m.* cop **4, 5**
foire *f.* fair **2**
fois *f.* time
  deux fois *adv.* twice **3**
  une fois *adv.* once **3**
  une fois que *conj.* once **10**
fonctionnaire *m., f.* civil servant **6**
forcer *v.* to force **1**
forces de l'ordre *f.* police
forestier/forestière *m., f.* logger **10**
forêt (tropicale) *f.* (rain) forest **10**
formateur/formatrice *m., f.* trainer **9**
formation *f.* training **9**
fossé des générations *m.* generation gap **6**
fou/folle *adj.* crazy **2**
foulard *m.* headscarf **6**
foule *f.* crowd mob
frais/fraîche *adj.* fresh **2**; cool **2**
franc/franche *adj.* frank **1, 2**
franchement *adv.* frankly **2**
frappant(e) *adj.* striking **3**
frapper *v.* to knock **1**; to hit **1**
frime *f.* showing off **3**
fringues démodées *f.* out-of-style clothes **3**
frisson *m.* thrill **8**
fromagerie *f.* cheese store **6**
front *m.* forehead
frontière *f.* border **5**
fuir *v.* to flee **1**
fumé(e) *adj.* smoked **6**

gagner *v.* to win **4**
  gagner les élections to win elections **4**
  gagner sa vie to earn a living **9**
galère *f.* nightmare
gamin(e) *m., f.* kid **5**
gamme de produits *f.* line of products **9**
garde-robe *f.* wardrobe **8**
gardien(ne) *m., f.* keeper **5**
gaspillage *m.* waste **10**
gaspiller *v.* to waste **10**
gâter *v.* to spoil **6**
géant(e) *m., f.* giant **10**
gène *m.* gene **7**
gêne *f.* embarrassment **6**
gêné(e) *adj.* embarrassed **2**
gêner *v.* to bother **1**; to embarrass **1**
génétique *f.* genetics **7**
génial(e) *adj.* great **1**; terrific **1**
gentil(le) *adj.* nice **2**
gentiment *adv.* nicely **2**; kindly **2**
gérant(e) *m., f.* manager **9**
gérer *v.* to manage **9**; to run **9**
gilet *m.* sweater **8**; sweatshirt (with front opening) **8**
gland *m.* acorn

glisser *v.* to glide **8**
gouvernement *m.* government **4**
gouverner *v.* to govern **4**
grâce à *prep.* thanks to **1**
grand(e) *adj.* big **2**; tall **2**; great **2**
grandir *v.* to grow up
grand magasin *m.* department store **9**
grand-oncle *m.* great-uncle **6**
grand-tante *f.* great-aunt **6**
gras/grasse *adj.* fat, plump
gratte-ciel *m.* skyscraper **2**
graver (un CD) *v.* to burn (a CD) **7**
gravité *f.* gravity **7**
grec/grecque *adj.* Greek **2**
grésillement lointain *m.* distant crackling
grillé(e) *adj.* grilled **6**, broiled **6**
griller quelqu'un *v.* to catch someone **4**
grimper à *v.* to climb **8**
gronder *v.* to scold **6**
gros/grosse *adj.* fat **2**
grossesse *f.* pregnancy **6**
groupe *m.* musical group **8**; band **8**
guérir *v.* to cure **7**, to heal **7**
guerre *f.* war **1**
  guerre (civile) *f.* (civil) war **4**
  guerre de Sécession *f.* American Civil War **4**
guerrier/guerrière *m., f.* warrior **5**

habiller: s'habiller *v.* to get dressed **2**
habitation *f.* housing **2**
habituer: s'habituer à *v.* to get used to **2**
haine *f.* hatred
haïr *v.* to hate **3**
harceler *v.* to harass **9**
haut(e) *adj.* high **2**
hebdomadaire *m.* weekly magazine **3**
hériter *v.* to inherit **6**
hétérogène *adj.* heterogeneous **5**
heureusement *adv.* happily **2**
heureux/heureuse *adj.* happy **2**
heurter *v.* to hit **2**
hier *adv.* yesterday **2**
  hier (matin, soir, etc.) *adv.* yesterday (morning, evening, etc.) **3**
histoire *f.* story **1**
homme d'affaires *m.* businessman **9**
homme politique *m.* politician **4**
homogène *adj.* homogeneous **5**
honnête *adj.* honest **1**
honte *f.* shame **1, 6**
  avoir honte (de) to be ashamed (of) **1**; to be embarrassed (of) **1**
horaire *m.* schedule **9**
hôtel de ville *m.* city/town hall **2**
huître *f.* oyster **10**
humain(e) *adj.* human **1**
humanité *f.* humankind **5**
hurler *v.* to shout **7**
hypermarché *m.* large supermarket **6**

ici *adv.* here **2**
idéaliste *adj.* idealistic **1**
immédiatement *adv.* immediately **3**
immigration *f.* immigration **5**
immigrer *v.* to immigrate **1**
immigré(e) *n.* immigrant **5**
impartial(e) *adj.* impartial **3**; unbiased **3**
important(e) *adj.* important **6**
impossible *adj.* impossible **7**
inaction *f.* lack of action **4**
inattendu(e) *adj.* unexpected **2**
incendie *m.* fire **3, 10**
incertitude *f.* uncertainty **5**
incompétent(e) *adj.* incompetent **9**
incompréhension *f.* lack of understanding **6**
indice *m.* clue, indication
indications *f.* directions **2**
  donner des indications to give directions **2**
s'indigner *v.* to be angered
indispensable *adj.* essential **6**
individualité *f.* individuality **5**
industrie forestière *f.* logging industry **10**
inégal(e) *adj.* unequal **4**
inégalité *f.* inequality **4**
inférieur(e) *adj.* inferior **2**
infidèle *adj.* unfaithful **1**
influence *f.* influence **4**
  avoir de l'influence (sur) to have influence (over) **4**
influent(e) *adj.* influential **3**
informatique *f.* computer science **7**
informer: s'informer (par les médias) *v.* to keep oneself informed (through the media) **3**
ingénieur *m., f.* engineer **7**
ingrat(e) *adj.* thankless **9**
inhabituel(le) *adj.* unusual **9**
injuste *adj.* unfair **4**
injustice *f.* injustice **4**
innovant(e) *adj.* innovative **7**
innovation *f.* innovation **7**
inondation *f.* flood **10**
inoubliable *adj.* unforgettable **1**
inquiet/inquiète *adj.* worried **1, 2**
s'inquiéter *v.* to worry **2**
s'inscrire *v.* to enroll **6**
insensible *adj.* insensitive **2**
insolite *adj.* unusual
instabilité *f.* instability **5**
installer: s'installer *v.* to settle **5**
instruit(e) *adj.* educated **6**
insuffisant(e) *adj.* insufficient **10**
insupportable *adj.* unbearable **6**
intégration *f.* integration **5**
intégrer: s'intégrer (à un groupe) *v.* to belong (to a group) **1**
intellectuel(le) *m., f.* intellectual **6**; *adj.* intellectual **2**

intéresser: s'intéresser (à) *v.* to be interested (in) **2**
intérêt financier *m.* financial stakes **3**
interview *f.* interview **3**
inventer *v.* to invent **7**
invention *f.* invention **7**
investir *v.* to invest **9**; **s'investir** *v.* to put oneself into **9**
ironique *adj.* ironic
islam *m.* Islam

J

jadis *adv.* formerly, in the past
jaloux/jalouse *adj.* jealous **1**
jalousie *f.* jealousy **4**
jamais *adv.* never **2**
jardin public *m.* public garden **2**
jetable *adj.* disposable **10**
jeter *v.* to throw **1**; to throw away **10**
  jeter par la fenêtre to throw out the window
jeu *m.* game **8**
  jeu de mots *m.* play on words **3**
  jeu vidéo/de société *m.* video/board game **8**
jeune *adj.* young **2**
jeunesse *f.* youth **6**
joie *f.* joy **1**
joli(e) *adj.* pretty **2**
jouer *v.* to play
  jouer au bowling to go bowling **8**
jour férié *m.* public holiday **5**
journal *m.* newspaper **3**
  journal télévisé *m.* news broadcast
journaliste *m., f.* journalist **3**
juge *m., f.* judge **4**
juger *v.* to judge **4**
jumeaux/jumelles *m., f.* twin brothers/sisters **6**
jupe (plissée) *f.* (pleated) skirt **8**
juré(e) *m., f.* juror **4**
jusqu'à ce que *conj.* until **7**
juste *adj.* fair **4**
justice *f.* justice **4**

K

kidnapper *v.* to kidnap **4**
kilo *m.* kilogram **5**

L

là(-bas) *adv.* (over) there **2**
lâcher *v.* to let go **8**
lagon *m.* lagoon **10**
laisser *v.* to allow to **8**
lancer *v.* to throw **1**; **se lancer** *v.* to launch into **5**
langue *f.* language **5**
  langue maternelle *f.* native language **5**

langue officielle *f.* official language **5**
lapin *m.* rabbit **1**
  poser un lapin (à quelqu'un) to stand (someone) up **1**
lapsus *m.* slip of the tongue
larme *f.* tear
las/lasse *adj.* weary **1**
laver: se laver *v.* to wash oneself **2**
lecteur de DVD *m.* DVD player **7**
lentement *adv.* slowly **2**
lettres *f.* literature
lever *v.* to lift **1**; **se lever** *v.* to get up **2**
lézarder au soleil *v.* to bask in the sun **8**
liaison *f.* affair **1**; relationship **1**
libéral(e) *adj.* liberal **4**
libérer: se libérer *v.* to free oneself
liberté *f.* freedom **3, 4**
  liberté de la presse *f.* freedom of the press **3**
licencier *v.* to lay off **9**; to fire **9**
lié(e) *adj.* close-knit **6**
lien *m.* connection **2**
lieu de vie *m.* place to live **7**
lion *m.* lion **10**
lire *v.* to read **3**
litre *m.* liter **5**
logement *m.* housing **2, 7**
loi *f.* law **4**
  approuver une loi to pass a law **4**
loisirs *m.* leisure **8**; recreation **8**
long/longue *adj.* long **2**
  à long terme *adj.* long-term **9**
longtemps *adv.* for a long time **3**
lorsque *conj.* when **7**
loyer *m.* rent **7**
Lune *f.* Moon **10**
lutte *f.* struggle, fight **3**
lutter *v.* to fight **5**; to struggle **5**
luxe *m.* luxury **5**

M

machine à écrire *f.* typewriter
magasin de sport *m.* sporting goods store **8**
maigre *adj.* thin, scrawny
maillot *m.* jersey **8**
maintenant *adv.* now **2**
maintenir *v.* to maintain **4, 5**
maire *m.* mayor **2**
mal *adv.* badly **2**
  le plus mal *adv.* the worst **7**
  plus mal *adv.* worse **7**
malaise *m.* dizzy spell **4**
malentendu *m.* misunderstanding **4, 6**
malheureusement *adv.* unhappily **2**
malhonnête *adj.* dishonest **1**
maltraitance *f.* abuse **5**
manger *v.* to eat **1**
manifestation *f.* demonstration **2**

manquer à *v.* to miss **5**
manque *m.* lack **4**
manque de communication *m.* lack of communication
maquiller: se maquiller *v.* to put on makeup **2**
marché *m.* deal **2**
  marché (boursier) *m.* (stock) market **9**
marcher sur les pas de quelqu'un *v.* to follow in someone's footsteps
mariage *m.* marriage **1**; wedding **1**
  faire une demande en mariage to propose **6**
marié *m.* groom **6**
mariée *f.* bride **6**
  robe de mariée *f.* wedding gown **6**
marier: se marier avec *v.* to marry **1**
marquant(e) *adj.* striking **3**
marque *f.* brand **3**
marquer (un but/un point) *v.* to score (a goal/a point) **8**
marre: en avoir marre (de) to be fed up (with) **1**
marrer: se marrer *v.* to have fun, to laugh
marron *m.* chestnut **2**; *adj.* chestnut **2**
matelas *m.* mattress **3**
maternel(le) *adj.* maternal
mathématicien(ne) *m., f.* mathematician **7**
matraquage *m.* hype **3**
maturité *f.* maturity **6**
mauvais(e) *adj.* bad **2**
  plus mauvais(e) *adj.* worse **7**
  le/la plus mauvais(e) *adj.* the worst **7**
mec *m.* guy
médias *m.* media **3**
méfier: se méfier de *v.* to be distrustful/wary of **2**, to distrust **2**
meilleur(e) *adj.* better **2**
  le/la meilleur(e) *adj.* the best **7**
mélancolique *adj.* melancholic **1**
mélange *m.* mix **1**
mêler *v.* to mix **10**
membre *m.* member **9**
même *adj.* same **2**; very **2**
menace *f.* threat **4**
menacer *v.* to threaten **1**
mener *v.* to lead **1, 5**
mensuel *m.* monthly magazine **3**
mentir *v.* to lie **1**
mépriser *v.* to scorn **4**, to have contempt for **6**
mer *f.* sea **10**
mériter *v.* to deserve **1**; to be worth **1**
message publicitaire *m.* advertisement **3**
métaphore *f.* metaphor
métro *m.* subway **2**
  rame de métro *f.* subway train **2**

station de métro *f.* subway station **2**
métropole *f.* metropole (mainland France) **6**
mettre *v.* to put **2**
   se mettre à *v.* to begin **2**
   se mettre en colère contre to get angry with **1**
meuble *m.* piece of furniture **10**
meurtre *m.* murder
mieux *adv.* better **2**
   le mieux *adv.* the best **7**
   Il vaut mieux que It is better that… **6**
mignon(ne) *adj.* cute **2**
militant(e) *m., f.* activist **10**
milliardaire *m.* billionaire
mise en marche *f.* start-up **7**
misère *f.* poverty **4**
miteux/miteuse *adj.* dingy **7**
mobilier *m.* furniture **10**
mobiliser: se mobiliser *v.* to rally
modéré(e) *adj.* moderate **4**
modernité *f.* modernity **10**
moins *adv.* less **7**
   à moins de *prep.* unless **7**
   à moins que *conj.* unless **7**
moitié *f.* half **5**
môme *m., f.* kid **5**
monarchie absolue *f.* absolute monarchy **4**
mondialisation *f.* globalization **5**
montée d'adrénaline *f.* adrenaline rush **8**
monter *v.* to go up **3**, to ascend **3**
   monter (dans une voiture, dans un train) *v.* to get (in a car, on a train) **2**
   monter une entreprise to create a company **9**
moquer: se moquer de *v.* to make fun of **2**
morale *f.* moral
mort *f.* death **6**
morts *m.* dead people
mot de passe *m.* password **7**
moteur de recherche *m.* search engine **7**
mouchoir *m.* handkerchief **8**
mourir *v.* to die **3**
mouton *m.* sheep **10**
moyens de communication *m.* media **3**
mûr(e) *adj.* mature **1**
musée *m.* museum **2**
musicien(ne) *m., f.* musician **8**
muet(te) *adj.* mute **2**
multinationale *f.* multinational company
musulman(e) *m., f.* Muslim

N

naïf/naïve *adj.* naïve **2**
naissance *f.* birth **6**
naître *v.* to be born **3**
natalité *f.* birthrate **5**
naturellement *adv.* naturally **2**
naviguer sur Internet/le web to search the Web **3**
navrer *v.* to upset **6**
nécessaire *adj.* necessary **6**
nécessiter *v.* to require **6**
néfaste : avoir des conséquences néfastes sur *v.* to have harmful consequences on **7**
net(te) *adj.* clean **2**
nettoyer *v.* to clean **1**
neveu *m.* nephew **6**
nièce *f.* niece **6**
niveau de vie *m.* standard of living **5**
noblesse *f.* nobility **4**
nœud papillon *m.* bow tie **8**
nombreux/nombreuse *adj.* numerous **5**
non-conformiste *adj.* nonconformist **5**
nostalgie *f.* nostalgia **10**
notoriété *f.* fame
noueux/noueuse *adj.* gnarled **10**
nourrir *v.* to feed
nouveau/nouvelle *adj.* new **2**
   de nouveau *adv.* again **8**
nouvelle vague *f.* new wave **1**
nouvelles *f.* news
nouvelles locales/internationales *f.* local/international news **3**
nuage de pollution *m.* smog **10**
nucléaire *adj.* nuclear **7**
nuire à *v.* to harm **10**
nuisible *adj.* harmful **10**
nulle part *adv.* nowhere **2, 7**
numérique *adj.* digital **7**

O

obsédé(e) *adj.* obsessed **7**
obtenir (des billets) *v.* to get (tickets) **8**
   obtenir un prêt to secure a loan **9**
offrir *v.* to offer **4**
opprimé(e) *adj.* oppressed **4**
or *m.* gold **2**
orange *f.* orange **2**; *adj.* orange **2**
ordinateur *m.* portable laptop **7**
ordre public *m.* public order **4**
orgueilleux/orgueilleuse *adj.* proud **1**
oser *v.* to dare to **8**
où *rel. pron.* where **9**; when **9**
ouragan *m.* hurricane **10**
ours *m.* bear **10**
outil *m.* tool **7**

outre *prep.* besides
ouvrir *v.* to open **3**
ovni *m.* U.F.O. **7**

P

pacifique *adj.* peaceful **4**
page sportive *f.* sports page **3**
paix *f.* peace **4**
palais de justice *m.* courthouse **2**
paniquer *v.* to panic **1**
panneau *m.* road sign **2**
   panneau d'affichage *m.* billboard **2**
paquebot *m.* ocean liner **6**
paquet *m.* package **5**
par *prep.* by; through; on
parabole *f.* satellite dish **7**
parapente *m.* paragliding **8**
parc d'attractions *m.* amusement park **8**
parcourir *v.* to go across **8**
pareil(le) *adj.* similar **5**; alike **5**
parent(e) *m., f.* relative **6**
parfois *adv.* sometimes **2**
pari *m.* bet **8**
parler bas/fort *v.* to speak loudly/ softly **2**
paroles *f.* lyrics **3**
partager *v.* to share **1**
parti politique *m.* political party **4**
partial(e) *adj.* partial **3**; biased **3**
particule *f.* particle **7**
partie *f.* game **8**; match **8**
partir *v.* to leave **3**
   à partir de *prep.* from **1**
partout *adv.* everywhere **2**
parvenir à *v.* to attain **5**; to achieve **5**
paysage *m.* landscape **10**; scenery **10**
passager/passagère *m., f.* passenger **2**; *adj.* fleeting **1**
passer *v.* to pass by **3**
   passer (devant) *v.* to go past **2**
passer de: se passer de *v.* to do without
paternel(le) *adj.* paternal
patiemment *adv.* patiently **2**
patinoire *f.* skating rink **8**
patrie *f.* homeland **6**
patrimoine (culturel) *m.* cultural heritage **5**
patron(ne) *m., f.* boss **9**
patte *f.* paw
pauvre *adj.* poor **2**; unfortunate **2**
pauvreté *f.* poverty **4, 9**
pavillon *m.* suburban house **7**
payer *v.* to pay **1**
paysage *m.* landscape **7**
péché *m.* sin
pêcher *v.* to fish **10**
peigner: se peigner *v.* to comb **2**

peine *f.* sorrow 1

  Ce n'est pas la peine que... It is not worth the effort... 6

pendant une heure (un mois, etc.) *adv.* for an hour (a month, etc.) 3

penser *v.* to intend to 8

pension *f.* benefits 6

pépinière *f.* nursery

percevoir *v.* to perceive 9

perdre *v.* to lose 4

  perdre les élections to lose elections 4

perdu(e): être perdu(e) to be lost 2

perle *f.* pearl 10

persévérance *f.* perserverance 5

personnage *m.* character (in a story or play) 8

personnifier *v.* to personify

perte *f.* loss 9

peser *v.* to weigh 1

pétanque *f.* petanque 8

petit(e) *adj.* small 2; short 2

petite-fille *f.* granddaughter 6

petit-fils *m.* grandson 6

peu *adv.* little 2

  peu (de) *m.* few 5; a little (of) 5

peu mûr(e) *adj.* immature 1

peuple *m.* people 3

peuplé(e) *adj.* populated 2

  (peu/très) peuplé(e) *adj.* (sparsely/densely) populated 2

peupler *v.* to populate 2

peur *f.* fear 4

  avoir peur to be afraid 2

  de peur de *prep.* for fear of 7

  de peur que *conj.* for fear that 7

  vaincre ses peurs to confront one's fears 8

peut-être *adv.* maybe 2; perhaps 2

photographe *m., f.* photographer 3

pièce (de théâtre) *f.* (theatre) play 8

piégé(e) *adj.* trapped 2

piéton(ne) *m., f.* pedestrian 2

pieuvre *f.* octopus 3

pire *adj.* worse 7

  le/la pire *adj.* the worst 7

pis *adv.* worse 7

  le pis *adv.* the worst 7

place *f.* square 2; plaza 2

placer *v.* to place 1

plaindre: se plaindre *v.* to complain 2, 6

plainte: porter plainte *v.* to file a complaint 7

plaire *v.* to please 6

se planter *v.* to blow it 4

plateau *m.* film set 3

plein(e) *adj.* full 2

pleurer *v.* to cry 3

pleuvoir *v.* to rain 3

plongée (sous-marine/avec tuba) *f.* diving/snorkeling 10

plonger *v.* to dive 1

pluie acide *f.* acid rain 10

plupart *f., pron.* most (of them) 4

plus *adv.* more 7

plus vifs *m., f.* those who reacted the fastest 2

plusieurs *adj.* several 4; *pron.* several (of them) 4

poids *m.* weight

pointe: en pointe *adv.* forward 8, up front 8

poisson *m.* fish 10

polémique *f.* controversy 5

police *f.* police (force) 2

  agent de police *m.* police officer 2

  commissaire (de police) *m.* police commissioner 5

  commissariat de police *m.* police station 2

  préfecture de police *f.* police headquarters 2

poliment *adv.* politely 2

politique *f.* politics 4

polluer *v.* to pollute 10

pollution *f.* pollution 10

polyglotte *adj.* multilingual 5

pondre *v.* to lay (an egg), produce 3

pont *m.* bridge 2

portable *m.* cell phone 7

porter *v.* to carry

  porter plainte to file a complaint 7

  porter un toast (à quelqu'un) to propose a toast (to someone) 8

poser *v.* to pose

  poser sa candidature à/pour to apply for 9

  poser un lapin (à quelqu'un) to stand (someone) up 1

posséder *v.* to possess 1

possible *adj.* possible 6

poste *m.* position 9, job 9

potable *adj.* drinkable 10

pour *prep.* for 7; in order to 7

  pour que *conj.* so that 7

pourri(e) *adj.* lousy 7

pourtant *adv.* though 1; however 1

pourvu que *conj.* provided that 7

pousser *v.* to grow

pouvoir *m.* power 1; *v.* to be able 3; *v.* can 3

  Il se peut que... It's possible that... 7

précarité *f.* insecurity, instability 4, insecurity of income 9

précisément *adv.* precisely 2

prédire *v.* predict 5, 7

préfecture de police *f.* police headquarters 2

préférer *v.* to prefer 1

préjugé *m.* prejudice 5

  avoir des préjugés to be prejudiced 5

premier/première *adj.* first 2

première *f.* premiere 3

prendre *v.* to take 3; to have 3

  prendre un verre to have a drink 8

préserver *v.* to preserve 10

président(e) *m., f.* president 4

presque *adv.* almost 3

presse *f.* press 3

  liberté de la presse *f.* freedom of the press 3

  presse à sensation *f.* tabloid(s) 3

pression *f.* pressure 9

  être sous pression to be under pressure 9

prêt *m.* loan 9

  demander un prêt to apply for a loan 9

  obtenir un prêt to secure a loan 9

prétendre *v.* to claim to 8

prévenir *v.* to prevent 10

prévu(e) *adj.* foreseen 5

prière *f.* prayer

prime *f.* bonus 9

principes *m.* principles 5

privé(e) *adj.* private 2

  privé(e) de *adj.* deprived of 6

probable: peu probable *adj.* unlikely 7

probablement *adv.* probably 2

problème de société *m.* societal issue 4

prochain(e) *adj.* next 2; following 2

producteur/productrice *m., f.* producer 3

profit *m.* benefit 9

  retirer un profit de to get benefit out of 9

profiter de *v.* to take advantage of 9; to benefit from 9

profondément *adv.* profoundly 2

projeter *v.* to plan 1, 5

promener: se promener *v.* to take a stroll/walk 8

promu(e): être promu(e) to be promoted 9

proposer *v.* to propose 6

propre *adj.* own 2; clean 2

propriétaire *m., f.* owner 9

prospectus *m.* leaflet 3

prospère *adj.* successful 9; flourishing 9

protecteur/protectrice *adj.* protective 2

protégé(e) *adj.* protected 10

protéger *v.* to protect 10

prouver *v.* to prove 7

prudent(e) *adj.* prudent 1

public/publique *adj.* public 2

publicitaire *m., f.* advertising executive 3

publicité (pub) *f.* advertisement 3; advertising 3

publier *v.* to publish 3

puce (électronique) *f.* (electronic) chip 7

puiser *v.* to draw from 10

puissant(e) *adj.* powerful 4

punir *v.* to punish 6

punition *f.* punishment
pur(e) *adj.* pure 10; clean 10

Q

quand *conj.* when 7
quartier *m.* neighborhood 2
que *rel. pron.* that 9; which 9
quelque *adj.* some 4
quelque chose *pron.* something 4
quelquefois *adv.* sometimes 2
quelque part *adv.* somewhere 2
quelques-un(e)s *pron.* some 4, a few (of them) 4
quelqu'un *pron.* someone 4
qui *rel. pron.* who 9; whom 9; that 9
quitter *v.* to leave 1 to leave behind 5
  quitter quelqu'un to leave someone 1
quoique *conj.* although 7
quotidien(ne) *adj.* daily 2

R

rabat-joie *m.* killjoy 8, party pooper 8
racine *f.* root 6
raconter (une histoire) *v.* to tell (a story) 1
radio *f.* radio 3
  animateur/animatrice de radio *m., f.* radio presenter 3
  station de radio *f.* radio station 3
raffermi(e) *adj.* strengthened 10
raffoler de *v.* to be crazy about 5
raisin *m.* grape 6
  raisin sec *m.* raisin 6
râler *v.* to complain 10
rame de métro *f.* subway train 2
ranger *v.* to tidy up 1
rappeler *v.* to recall 1; to call back 1
rapport *m.* relation 6
rapporter *v.* to tell 5
rarement *adv.* rarely 2
raser: se raser *v.* to shave 2
rassembler *v.* to gather 2
rassurer: se rassurer *v.* to reassure oneself 2
ravi(e) *adj.* delighted 6
réagir *v.* to react 1
réalisateur/réalisatrice *m., f.* director 3
réaliser (un rêve) *v.* to fulfill (a dream) 5
rebelle *adj.* rebellious 6
se rebeller *v.* to rebel 6
récemment *adv.* recently 3
recettes et dépenses *f.* receipts and expenses 9
recevoir *v.* to receive 3
réchauffement climatique *m.* global warming 10
recherche *f.* research 7

recherche appliquée *f.* applied research 7
recherche fondamentale *f.* basic research 7
récif de corail *m.* coral reef 10
récolte *f.* harvest 10
récolter *v.* to harvest 10
recommander *v.* to recommend 6
récompense *f.* award
se réconcilier *v.* to make up 4
reconnaître *v.* to recognize 6
recouvert(e) *adj.* covered
rédacteur/rédactrice *m., f.* editor 3
redoutable *adj.* formidable
réfractaire (à) *adj.* resistant (to)
regarder *v.* to watch 8
régime totalitaire *m.* totalitarian regime 4
registre soutenu *m.* formal register 4
règle *f.* rule 5
régler *v.* to adjust 7
regretter *v.* to regret 6
réitérer *v.* to reiterate 2
rejeter *v.* to reject 1, 5
rejoindre *v.* to join 1
relation *f.* relationship 6
  avoir des relations to have connections 9
rembourser *v.* to reimburse 9
remercier *v.* to thank 6
remplacer *v.* to replace 1
remuer *v.* to move 10
rémunérer *v.* to pay 9
rendez-vous *m.* date 1
rendre: se rendre compte de *v.* to realize 2
renier (quelqu'un) *v.* to disown (someone)
renouvelable *adj.* renewable 10
renouveler *v.* to renew 1
rentrer *v.* to go back (home) 3
renverser *v.* to overthrow 4
répéter *v.* to repeat 1; to rehearse 1
reportage *m.* news report 3
reporter *m.* reporter (male or female) 3
reposer: se reposer *v.* to rest 2
repousser les limites *v.* to push the boundaries 7
reprendre *v.* to pick up again 9; to resume 9
requin *m.* shark 10
rescapé(e) *m., f.* survivor 2
réseau *m.* network
résoudre *v.* to solve 10
respect des autres *m.* respect for others
respecter *v.* to respect 6
respirer *v.* to breathe 10
responsabilité *f.* responsibility 1, 4
ressembler (à) *v.* to resemble 6, to look like 6
ressentir *v.* to feel 1
ressource *f.* resource 10

rester *v.* to stay 3
retirer (un profit, un revenu) de to get (benefit, income) out of 9
retourner *v.* to return 3; **se retourner** *v.* to turn over 10
retransmettre *v.* to broadcast 3
retransmission *f.* broadcast 7
réunion *f.* meeting 9
réunir: se réunir *v.* to get together 2
réussir *v.* to succeed 7
réussite *f.* success 9
revanche *f.* revenge 8
rêve *m.* dream 5
réveiller: se réveiller *v.* to wake up 2
revendication *f.* demand 9
revenir *v.* to come back 3
revenu *m.* income 9
  retirer un revenu de to get income out of 9
rêver de *v.* to dream about 1
rêveur/rêveuse *adj.* full of dreams 2
revoir *v.* to see again 9
révolter: se révolter *v.* to rebel 4
révolutionnaire *adj.* revolutionary 7
richesses *f.* wealth 5
rire *v.* to laugh 3
rivière *f.* river 10
robe *f.* dress
  robe de mariée *f.* wedding gown 6
  robe de soirée *f.* evening gown 8
roche *f.* rock 8
roi *m.* king 5
rôle *m.* part, role
rompre *v.* to break up 1
rond-point *m.* rotary 2; roundabout 2
rouler (en voiture) *v.* to drive 2
route *f.* road 1
routine *f.* everyday life 7
roux/rousse *adj.* red-haired 2
rubrique société *f.* lifestyle section 3
ruche *f.* beehive
rue *f.* street 2
ruisseau *m.* stream
rupture *f.* breakup 1

S

sable *m.* sand
salaire *m.* salary 9
  salaire minimum *m.* minimum wage 9
saltimbanque *m.* street performer; entertainer
sans *prep.* without 7
  sans doute *adv.* no doubt 2
  sans que *conj.* without 7
sans-abri *m., f.* homeless person 2
sauf *adv.* except 8
saumon *m.* salmon 6
saut à l'élastique *m.* bungee jumping 8
sauter *v.* to jump 8
sauvegarder *v.* to save 7

sauver *v.* to save **4**
savoir *v.* to know (facts) **3**, to know how to **3**; *m.* knowledge **5**
scandale *m.* scandal **4**
scientifique *m., f.* scientist **7**
scolarisation *f.* schooling
sec/sèche *adj.* dry **10**
sécheresse *f.* drought **10**
secours *m.* rescue workers **2**
secousses *f.* tremors **2**
   secousse sismique *f.* seismic tremor **7**
sécurité *f.* security **4**, safety **4**
   en sécurité *adj.* sure **2**
séduire *v.* to seduce; to captivate
séduisant(e) *adj.* attractive **1**
sembler *v.* to appear to **8**
   Il semble que... It seems that... **7**
sens figuré/littéral *m.* figurative/literal sense **10**
sensibiliser (le public à un problème) *v.* to increase (public) awareness (of an issue)
sensible *adj.* sensitive **1**
sentiment d'appartenance *m.* feeling of belonging **6**
sentir bon/mauvais *v.* to smell good/bad **2**
servir *v.* to serve **2**; **se servir de** *v.* to use **2**
seul(e) *adj.* only **2**; alone **2, 5**
si *conj.* if **7**
siffler *v.* to whistle (at) **8**
sifflet *m.* whistle **8**
singe *m.* monkey **10**
site Internet *m.* Internet site **3**
site web *m.* Web site **3**
sketch *m.* skit **2**
ski *m.* skiing **8**
   ski alpin/de fond *m.* downhill/cross-country skiing **8**
slip *m.* underpants (for males) **8**
société de consommation *f.* consumer society **3**
soigner *v.* to treat **7**; to look after (someone) **7**
soin *m.* care
soldat *m.* soldier **1**
soleil *m.* sun **10**
solliciter *v.* to solicit **2**
   solliciter un emploi to apply for a job **9**
sonner *v.* to strike **1**; to sound **1**
sortir avec *v.* to go out with **1**
   sortir un film to release a movie **3**
sou *m.* penny **9**
soucier: se soucier (de quelque chose) *v.* to care (about something)
soudain *adv.* suddenly **2**
souffler *v.* to blow **8**
souffrance *f.* suffering **4**
souffrir *v.* to suffer **4**

souhaiter *v.* to hope **6**; to wish to **8**
soulager *v.* to relieve **1**
soûler *v.* to bug **6**; to talk to death **6**
souliers *m.* shoes **8**
soumis(e) *adj.* submissive **6**
source *f.* (aquatic) stream
   source d'énergie *f.* energy source **10**
sourd(e) *adj.* deaf **5**
sournoisement *adv.* slyly
sous-titres *m.* subtitles **3**
soutenir *v.* to support **5**
   soutenir (une cause) *v.* to support (a cause) **3**
soutien *m.* support **2**
souvenir: se souvenir de *v.* to remember **2**
souvent *adv.* often **2**
spécialisé(e) *adj.* specialized **7**
spectacle *m.* show **8**; performance **8**
spectateur/spectatrice *m., f.* spectator **8**
spot publicitaire *m.* advertisement **3**
stage (rémunéré) *m.* (paid) training course **9**
stagiaire *m., f.* trainee **9**
station *f.* station **2**
   station de métro *f.* subway station **2**
   station de radio *f.* radio station **3**
stimulant(e) *adj.* challenging **9**
stratégie commerciale *f.* marketing strategy **9**
strict(e) *adj.* strict **6**
subventionner *v.* to subsidize **3**
succès: à succès *adv.* bestselling **5**
suggérer *v.* to suggest **6**
suivre *v.* to follow **3**
supérette *f.* mini-market **6**
superficie *f.* surface area **10**; territory **10**
supplice *m.* torture **1**
supporter (de) *m.* fan **8**; supporter **8**
supposer *v.* to assume **5**
supposition *f.* assumption **5**
sur *prep.* on **5**
sûr(e) *adj.* safe **2**; sure **7**
sûrement *adv.* surely **3**
sûreté publique *f.* public safety **4**
surfer sur Internet/le web to search the Web **3**
surmonter *v.* to overcome **6**
surnom *m.* nickname **6**
surpeuplé(e) *adj.* overpopulated **5**
surpopulation *f.* overpopulation **5**
surprenant(e) *adj.* surprising **6**
surtout *adv.* above all **2**
surveiller *v.* to keep an eye on **8**
survie *f.* survival **7**
survivre *v.* to survive **6**
syncope *f.* (heart) attack **4**
syndicat *m.* labor union **9**
système féodal *m.* feudal system **4**

T

tableau *m.* painting **8**
taire: se taire *v.* to be quiet **2, 7**
talons (aiguilles) *m.* (stiletto) heels **8**
tant de... *adv.* so many . . .
   tant que *conj.* as long as **7**
tapisserie *f.* wallpaper **7**
tard *adv.* late **2**
tas de *m.* a lot of **5**
tasse *f.* cup **5**
taxe *f.* tax **9**
tel(le) *adj.* such a(n) **4, 5**
télécharger *v.* to download **7**
téléphone portable *m.* cell phone **7**
télescope *m.* telescope **7**
téléspectateur/téléspectatrice *m., f.* television viewer **3**
téléspectateurs *m.* TV audience
témoigner de *v.* to be witness to **5**
témoin *m.* witness **5**; witness **6**; best man **6**; maid of honor **6**
temps *m.* time **2**
   de temps en temps *adv.* from time to time **2**
   temps de travail *m.* work schedule **9**
tenace *adj.* tenacious
tendresse *f.* affection
tendu(e) *adj.* tense **6**
tenir *v.* to hold **4**
tennis *f.* sneakers **8**, tennis shoes **8**
tenter *v.* to attempt **8**; to tempt **8**
terrain (de foot) *m.* (soccer) field **8**
terre *f.* land **10**
terrorisme *m.* terrorism **4**
terroriste *m., f.* terrorist **4**
théâtre *m.* theater **8**
théorie *f.* theory **7**
ticket *m.* ticket **8**
tigre *m.* tiger **10**
timide *adj.* shy **1**
tirer: se tirer *v.* to leave, take off
titre *m.* headline **3**
tolérance *f.* tolerance
tolérer *v.* to tolerate **10**
tomber *v.* to fall **1**
   tomber amoureux/amoureuse (de) to fall in love (with) **1**
ton *m.* tone **4, 10**
tort *m.* wrong **4**
tortue *f.* turtle **10**
tôt *adv.* early **2**
toucher *v.* to get/receive (a salary) **9**
toujours *adv.* always **2**
tournage *m.* filming **3**
tourner *v.* to shoot (a film) **3**
   tourner autour de to revolve around **3**
tous/toutes *pron.* all (of them) **4**
tout(e)/tous/toutes (les) *adj.* every **4**, all **4**
tout *pron.* everything **4**; *adv.* very
   tout à coup *adv.* all of a sudden **3**

tout de suite *adv.* right away **3**
toxique *adj.* toxic **10**
trac *m.* stage fright **3**
    avoir le trac to have stage fright **3**
trahison *f.* betrayal **4**
train *m.* train **2**
    monter dans un train to get on a train **2**
traîner *v.* to hang around **6**; to drag **6**
traite des Noirs *f.* slave trade **4**
traiter *v.* to treat
    traiter avec condescendance to patronize **6**
tranquille *adj.* calm **1**; quiet **1**
tranquillité de l'esprit *f.* peace of mind **3**
transmettre *v.* to pass down **5**
transports en commun *m.* public transportation **2**
travail manuel *m.* manual labor **5**
travailler dur *v.* to work hard **2**
travailleur/travailleuse *adj.* hard-working **2**
travailleur/travailleuse manuel(le) *m., f.* blue-collar worker **6**
travaux *m.* construction **2**
travers: à travers *prep.* throughout **3**
tremblement de terre *m.* earthquake **2, 10**
trembler *v.* to shake **2**
très *adv.* very **2**
tressaillement du sol *m.* earth tremor **2**
tribunal *m.* court **4**
tristesse *f.* sadness **1**
tromper *v.* to deceive **2**
tromper quelqu'un to cheat on someone **2**
se tromper *v.* to be wrong **1**; to be mistaken **1**
trop *adv.* too many/much **2**
    trop de too much of **5**
trottoir *m.* sidewalk **2**
trou noir *m.* black hole **7**
troupeau *m.* flock
trouver: se trouver *v.* to be located **2**
tuer *v.* to kill

U

uni(e) *adj.* close-knit **6**
union *f.* union **1**
    vivre en union libre to live together (as a couple) **1**
unir *v.* to unite **2**
urbaniser *v.* to urbanize **10**
urbanisme *m.* city/town planning **2**

V

vacancier/vacancière *m., f.* vacationer **8**
vaincre *v.* to defeat **4**
    vaincre ses peurs to confront one's fears **8**
valeur *f.* value **5**
valoir *v.* to be worth **6**
    valoir la peine to be worth it **8**
vedette (de cinéma) *f.* (movie) star (male or female) **3**
veille *f.* day before **8**
vendeur/vendeuse *m., f.* salesman/woman **9**
vengeance *f.* revenge **5**
venir *v.* to come **3**
vente *f.* sale
vernissage *m.* art exhibit opening **8**
verre *m.* glass **5**
    prendre un verre to have a drink **8**
vestiaires *m.* locker room **8**
veuf/veuve *m., f.* widower/widow **1**; *adj.* widowed **1**
victime *f.* victim **4**
victoire *f.* victory **4**
victorieux/victorieuse *adj.* victorious **4**
vide *adj.* empty **2**
vidéoclip *m.* music video **3**
vie *f.* life
    gagner sa vie to earn a living **9**
    niveau de vie *m.* standard of living **5**
    vie nocturne *f.* nightlife **2**
    vie quotidienne *f.* everyday life **3**
vieillesse *f.* old age **6**

---

vieillir *v.* to grow old
vieux/vieille *adj.* old **2**
violence *f.* violence **4**
violon *m.* violin **2**
virer *v.* to fire **9**
vite *adv.* quickly **2**
vivre *v.* to live **1**
    vivre de sa plume to earn one's living as a writer
    vivre en union libre to live together (as a couple) **1**
    vivre quelque chose par l'intermédiaire de quelqu'un to live something vicariously through someone **8**
vivre (quelque chose) par procuration to live (something) vicariously **8**
vœu *m.* wish **5**
voie *f.* lane **2**; road **2**; track **2**; means **2**; channel **2**
voir *v.* to see **2**
voiture *f.* car **2**
    monter dans une voiture to get in a car **2**
volaille *f.* doll, woman **4**; poultry **6**
voler *v.* to steal **5**; to fly **8**
voleur/voleuse *m., f.* thief **4**
voter *v.* to vote **4**
vouloir *v.* to want **3**
    en vouloir (à) to have a grudge **5**, to resent someone **6**
    s'en vouloir *v.* to be angry with oneself **5**
voyager *v.* to travel **1**
voyou *m.* hoodlum **6**
vrai(e) *adj.* real **2**; true **2**
vraiment *adv.* really **2**; truly **2**
VTT (vélo tout terrain) *m.* mountain bike **8**

W

wagon *m.* subway car **2**
web *m.* Web **3**

Anglais–Français

A

above: above all surtout *adv.* 2
absolute monarchy monarchie absolue *f.* 4
absolutely absolument *adv.* 2
abuse abus *m.* 4; maltraitance *f.* 5; abuser *v.* 4
  abuse of power abus de pouvoir *m.* 4
acceptance acceptation *f.*
accountant comptable *m., f.* 9
achieve parvenir à *v.* 5
acid rain pluie acide *f.* 10
acorn gland *m.*
act se comporter *v.*
active actif/active *adj.* 2
activist militant(e) *m., f.* 10
actor comédien(ne) *m., f.* 3
adapt s'adapter *v.* 5
addicted: to be addicted (to) être accro (à) *v.* 7
addiction dépendance *f.*
address adresse *f.* 7
adjust régler *v.* 7
admire admirer *v.* 8
adrenaline rush montée d'adrénaline *f.* 8
adulthood âge adulte *m.* 6
advance avancer *v.* 1
advanced avancé(e) *adj.* 7
advertisement message publicitaire *m.* 3, spot publicitaire *m.* 3, publicité *f.* 3, pub *f.* 3
advertising publicité *f.* 3, pub *f.* 3
  advertising executive publicitaire *m., f.* 3
advisor conseiller/conseillère *m., f.* 9
affair liaison *f.* 1
affection tendresse *f.*
affectionate affectueux/affectueuse *adj.* 1
afraid: to be afraid avoir peur 2
after après que *conj.* 7
again encore *adv.* 2, de nouveau *adv.* 8
alien extraterrestre *m., f.* 7
alike pareil(le) *adj.* 5
all tous/toutes *pron.* 4; tout(e)/tous/ toutes *adj.* 4
  all of a sudden tout à coup *adv.* 3
allow to laisser *v.* 8
ally allié(e) *m., f.* 5
almost presque *adv.* 3
alone seul(e) *adj.* 2, 5
already déjà *adv.* 2
although bien que *conj.* 7, quoique *conj.* 7
always toujours *adv.* 2
amazed: to be amazed s'étonner *v.* 8

amuse amuser *v.* 2
amusement park parc d'attractions *m.* 8
ancestor ancêtre *m., f.* 1
ancient ancien(ne) *adj.* 2
anger colère *f.* fâcher *v.* 2
angry fâché(e) *adj.* 1
  to be angry with oneself s'en vouloir *v.* 5
  to get angry with se mettre en colère contre 1, se fâcher contre *v.* 2
annoy agacer *v.* 1, énerver *v.* 1
another un(e) autre *adj.* 2
antimatter antimatière *m.* 7
anxious anxieux/anxieuse *adj.* 1
appear apparaître *v.* **to appear to** sembler *v.* 8
applaud applaudir *v.* 8
applied research recherche appliquée *f.* 7
apply for poser sa candidature à/pour 9
  to apply for a job solliciter un emploi 9
  to apply for a loan demander un prêt 9
approach démarche *f.* 3
archipelago archipel *m.* 10
army armée *f.* 4
arrive arriver *v.* 3
art exhibit opening vernissage *m.* 8
art show exposition *f.* 8
as ... as aussi ... que *adv.* 7
  as long as tant que *conj.* 7
  as soon as dès que *conj.* 7, aussitôt que *conj.* 7
ascend monter *v.* 3
ashamed: to be ashamed (of) avoir honte (de) 1
ask demander *v.* 2
asparagus asperge *f.* 6
assimilation assimilation *f.* 5
assume supposer *v.* 5
assumption supposition *f.* 5
astrologer astrologue *m., f.* 7
astronaut astronaute *m., f.* 7
astronomer astronome *m., f.* 7
at à *prep.* 5; en 5
  at last enfin *adv.* 2
  at that moment à ce moment-là 3
  at the place or home of chez *prep.* 5
ATM distributeur automatique *m.* 9
ATM card carte de retrait *f.* 9
atmosphere ambiance *f.* 2
(heart) attack syncope *f.* 4
attain parvenir à *v.* 5
attempt tenter *v.* 8
attention attention *f.* 3
attract attirer *v.* 5
attractive séduisant(e) *adj.* 1
award récompense *f.*

B

bad mauvais(e) *adj.* 2
badly mal *adv.* 2
bad-mannered mal élevé(e) *adj.* 6
ball ballon *m.* 8
band groupe *m.* 8
bankrupt en faillite *adj.* 9
bankruptcy banqueroute *f.* 9
barrier reef barrière de corail *f.* 10
basic research recherche fondamentale *f.* 7
bask in the sun lézarder au soleil *v.* 8
be être *v.* 1
  to be able pouvoir *v.* 3
  to be afraid avoir peur 2
  to be addicted (to) être accro (à) *v.*
  to be amazed s'étonner *v.* 8
  to be angered s'indigner *v.* 4
  to be angry with oneself s'en vouloir *v.* 5
  to be confident avoir confiance en soi 1
  to be contaminated être contaminé(e) 10
  to be crazy about raffoler *v.* 5
  to be distrustful of se méfier de *v.* 2
  to be embarrassed avoir honte (de) 1
  to be homesick avoir le mal du pays 5
  to be in debt avoir des dettes 9
  to be interested (in) s'intéresser (à) 2
  to be located se trouver *v.* 2
  to be lost être perdu(e) 2
  to be mistaken se tromper *v.* 1, 2
  to be on the front page être à la une 3
  to be popular abroad bien s'exporter *v.*
  to be prejudiced avoir des préjugés 5
  to be promoted être promu(e) 9
  to be quiet se taire *v.* 2, 7
  to be sorry être désolé(e) 6
  to be specific to être propre à *v.* 3
  to be under pressure être sous pression 9
  to be wary of se méfier de *v.* 2
  to be witness to témoigner de *v.* 5
  to be worth it valoir la peine *v.* 8
  to be wrong se tromper *v.* 1
bear ours *m.* 10
beautiful beau/belle *adj.* 2
because car *conj.*
become devenir *v.* 3
  to become more flexible s'assouplir *v.* 5
  to become rich s'enrichir *v.* 5
bed lit *m.*
  to go to bed se coucher *v.* 2
beehive ruche *f.*
before avant de *prep.* 7; avant que *conj.* 7

begin commencer *v.* **1; se mettre à** *v.* **2; débuter** *v.* **6**
behave se comporter *v.*
behavior comportement *m.* **5;** conduite *f.* **2**
behind derrière *prep.* **5**
belief croyance *f.*
belong (to) appartenir (à) *v.* **5; to belong (to a group)** s'intégrer (à un groupe) *v.* **1**
belongings affaires *f.* **6**
beneficial effect bienfait *m.*
benefit from profiter de *v.* **9**
   to get benefit out of retirer un profit de **9**
benefits pension *f.* **6**
bermuda shorts (a pair of) bermuda *m.* **8**
best: the best le/la meilleur(e) *adj.* **7;** le mieux *adv.* **7**
best man témoin *m.* **6**
bestselling à succès *adv.*
bet pari *m.* **8**
betrayal trahison *f.* **4**
better meilleur(e) *adj.* **2;** mieux *adv.* **2**
   It is better that... Il vaut mieux que... **6**
   to better oneself s'améliorer *v.* **5**
biased partial(e) *adj.* **3**
big grand(e) *adj.* **2**
bilingual bilingue *adj.* **1**
billboard panneau d'affichage *m.* **2**
billionaire milliardaire *m.*
biochemical biochimique *adj.* **7**
biologist biologiste *m., f.* **7**
birth naissance *f.* **6**
   to give birth accoucher *v.* **6**
birthrate natalité *f.* **5**
black hole trou noir *m.* **7**
blackmail faire du chantage *v.* **4**
blend in s'assimilier à *v.* **1**
blow souffler *v.* **8**
   to blow it se planter *v.* **4**
blue-collar worker travailleur/ travailleuse manuel(le) *m., f.* **6**
broach aborder *v.* **3**
board game jeu de société *m.* **8**
bonus prime *f.* **9**
border frontière *f.* **5**
bore ennuyer *v.* **1**
bored: to get bored s'ennuyer *v.* **2**
born: to be born naître *v.* **3**
boss patron(ne) *m., f.* **9**
bossy autoritaire *adj.*
bother gêner *v.* **1,** ennuyer *v.* **2,** déranger *v.* **1, 6**
bottle bouteille *f.* **5**
bouquet bouquet de la mariée *m.* **6**
bowling bowling *m.* **8**
   to go bowling jouer au bowling **8**
bow tie nœud papillon *m.* **8**
box boîte *f.* **5**
boxer shorts caleçon *m.* **8**

brand marque *f.* **3**
breakup rupture *f.* **1**
break up rompre *v.* **1**
breathe respirer *v.* **10**
bride mariée *f.* **6**
bridge pont *m.* **2**
briefly brièvement *adv.* **2**
bring someone amener *v.* **1**
broach aborder *v.* **3**
broadcast retransmission *f.* **7;** retransmettre *v.* **3**
broiled grillé(e) *adj.* **6**
brother-in-law beau-frère *m.* **6**
brown *(hair)* châtain *adj.* **2**
brush se brosser *v.* **2**
budget budget *m.* **9**
bug soûler *v.* **6**
build construire *v.* **2,** bâtir *v.* **10**
building édifice *m.* **2**
bungee jumping saut à l'élastique *m.* **8**
burn brûler *v.* **5;** graver (un CD) *v.* **7**
bus stop arrêt d'autobus *m.* **2**
businessman homme d'affaires *m.* **9**
businesswoman femme d'affairs *f.* **9**
buy acheter *v.* **1**

C

call appeler *v.* **1**
   to call back rappeler *v.* **1**
calm tranquille *adj.* **1**
can boîte *m.* **5;** pouvoir *v.* **3**
Canadian canadien(ne) *adj.* **2**
captain capitaine *m.* **8**
captivate séduire *v.* **3**
car voiture *f.* **2**
   to get in a car monter dans une voiture **2**
cards cartes *f.* **8**
   playing cards cartes à jouer *f.* **8**
care soin *m.*
   to care (about something) se soucier (de quelque chose) *v.*
career carrière *f.* **3**
careful prudent(e) *adj.* **1**
carnival fête foraine *f.* **2**
carry porter *v.*
case: in case au cas où *conj.* **10**
catch: to catch sight of apercevoir *v.* **2**
   to catch someone griller quelqu'un *v.* **4**
cause cause *f.* **5**
cavity carie *f.* **9**
CD-ROM CD-ROM *m.* **7**
celebrate célébrer *v.* **8,** fêter *v.* **8**
celebrity célébrité *f.*
cell cellule *f.* **7**
cell phone (téléphone) portable *m.* **7**
censorship censure *f.* **3**
certain certain(e) *adj.* **4**
certainly certainement *adv.* **3**
challenge défi *m.*
challenging stimulant(e) *adj.* **9**

change changement *m.*
   change of scenery dépaysement *m.* **1**
channel voie *f.* **2**
chaos chaos *m.* **5**
character caractère *m.* **6;** *(in a story or play)* personnage *m.* **8**
charcoal charbon de bois *m.*
charming charmant(e) *adj.* **1**
chat bavarder *v.* **8;** causer *v.* **9**
chatterbox bavard(e) *m., f.* **5**
cheat on someone tromper quelqu'un *v.* **4**
checking account compte de chèques *m.* **9**
cheese store fromagerie *f.* **6**
chemist chimiste *m., f.* **7**
chestnut marron *m.* **2;** marron *adj.* **2**
child enfant *m., f.* **6**
   only child enfant unique *m., f.* **6;** fille/fils unique *m., f.* **6**
childhood enfance *f.* **6**
chip puce *f.* **7**
choose choisir *v.* **3**
Christian chrétien(ne) *m., f.*
Christianity christianisme *m.*
cinema cinéma *m.* **2**
circus cirque *m.*
citizen citoyen(ne) *m., f.* **2**
city center centre-ville *m.* **2**
city dweller citadine(e) *m., f.* **2**
city hall hôtel de ville *m.* **2**
city planning urbanisme *m.* **2**
civil servant fonctionnaire *m., f.* **6**
civil war guerre civile *f.* **4**
   American Civil War guerre de Sécession *f.* **4**
claim to prétendre *v.* **8**
clear away déblayer *v.*
clean nettoyer *v.* **1;** net(te) *adj.* **2,** propre *adj.* **2;** pur(e) *adj.* **10**
climb escalader *v.* **8;** grimper à *v.* **8**
clinic dispensaire *m.* **10**
clone cloner *v.* **7**
close-knit uni(e) *adj.* **6;** lié(e) *adj.* **6**
clue indice *m.*
coach entraîneur *m.* **8**
coal charbon *m.*
colonist colon *m.* **4**
column chronique *f.* **3**
comb se peigner *v.* **2**
come venir *v.* **3**
   to come back revenir *v.* **3**
comedy comédie *f.* **8**
commissioner commissaire *m.* **5**
commit (to someone) s'engager (envers quelqu'un) *v.* **1**
company entreprise *f.* **9**
competent compétent(e) *adj.* **9**
competition concurrence *f.* **8**
complain se plaindre *v.* **2, 6,** râler *v.* **10**
complete complet/complète *adj.* **2**
computer science informatique *f.* **7**
concrete béton *m.* **2**

condition condition *f.*
   on the condition that à condition
     que *conj.* 7
conduct an experiment faire une
   expérience *v.* 7
confide confier *v.* 6
confident: to be confident avoir
   confiance en soi 1
conflict conflit *m.* 6
conformist conformiste *adj.* 5
confront one's fears vaincre ses peurs 8
confusedly confusément *adv.* 2
connection lien *m.* 2
conservative conservateur/
   conservatrice *adj.* 2, 4
consider considérer *v.* 1
constantly constamment *adv.* 2
construction travaux *m. pl.* 2,
   construction *f.* 10
consult consulter *v.* 9
consultant consultant(e) *m., f.* 9
consumer consommateur/
   consommatrice *m., f.* 3
   consumer society société de
     consommation *f.* 3
contaminated: to be contaminated
   être contaminé(e) 10
contempt: to have contempt for
   mépriser *v.* 6
content contenu *m.* 4
contribute contribuer (à) *v.* 7
controversy polémique *f.* 5
converse s'entretenir (avec) *v.* 2
convince convaincre *v.* 3, 9
cool frais/fraîche *adj.* 2, chouette *adj.* 8
cop flic *m.* 4, 5
coral reef récif de corail *m.* 10
corpse cadavre *m.* 3
correspondent envoyé(e) spécial(e)
   m., f. 3
cost a lot coûter cher *v.* 2
co-tenant colocataire *m., f.* 2
courage courage *m.* 5
court tribunal *m.*
cover couverture *f.* 3; couvrir *v.* 4
covered recouvert(e) *adj.*
courthouse palais de justice *m.* 2
crackling grésillement *m.* 3
crazy fou/folle *adj.* 2
   to be crazy about raffoler *v.* 5
cream crème *f.* 2; crème *adj.* 2
create créer *v.* 7
   to create a company monter une
     entreprise 9
credit card carte de crédit *f.* 9
crime crime *m.* 4
criminal criminel(le) *m., f.* 4
cripple estropié(e) *m., f.* 1
crook escroc *m.* 3
cross-country skiing ski de fond *m.* 8
crosswalk clous *m. pl.* 2
crowd foule *f.*
cruel cruel(le) *adj.* 2

cruelty cruauté *f.* 4
cry pleurer *v.* 3
cultural heritage patrimoine culturel
   m. 5
culture shock choc culturel *m.* 1
cup tasse *f.* 5
cure guérir *v.* 7
current events actualité *f.* 3
cut down abattre *v.* 10
   to cut off from couper de *v.* 7
   to cut oneself se couper *v.* 2
cute mignon(ne) *adj.* 2
cutting edge de pointe *adj.* 7
cyberspace cyberespace *m.* 7

D

daily quotidien(ne) *adj.* 2
damaged abîmé(e) *adj.* 9
damages dégâts *m.*
danger danger *m.* 10
dangerous dangereux/dangereuse *adj.* 2
dare to oser *v.* 8
daredevil casse-cou *m.* 8
darts fléchettes *f.* 8
date rendez-vous *m.* 1
daughter-in-law belle-fille *f.* 6
day jour *m.*
   day before veille *f.* 8
dead people morts *m.*
deaf sourd(e) *adj.* 5
deal marché *m.* 2
dear cher/chère *adj.* 2
death décès *m.* 3; mort *f.* 6
debt dette *f.* 9
   to be in debt avoir des dettes 9
deceased décédé(e) *adj.* défunt(e) *m., f.*
deceive tromper *v.* 2
decolonization décolonisation *f.*
decrease baisser *v.* 5
dedicate oneself to se consacrer à *v.* 4
defeat défaite *f.* 4; vaincre *v.* 4
defend défendre *v.* 4
deforestation déforestation *f.* 10
delighted ravi(e) *adj.* 6
deliver a baby accoucher *v.* 6
demand revendication *f.* 9; exiger *v.* 6, 9
demanding exigeant(e) *adj.* 6
democracy démocratie *f.* 4
demonstration manifestation *f.* 2
department store grand magasin *m.* 9
deposit déposer *v.* 9
depressed déprimé(e) *adj.* 1
deprived of privé(e) de *adj.* 6
deputy député(e) *m., f.* 4
descend descendre *v.* 3
describe décrire *v.* 6
deserve mériter *v.* 1
desire désirer *v.* 6
despair désespoir *m.* 7
desperate désespéré(e) *adj.* 1
destroy détruire *v.* 7
determination acharnement *m.*

development développement *m.* 5;
   épanouissement *m.*, exploitation
   f. 10
dialog dialogue *m.* 5
dictatorship dictature *f.* 4
die mourir *v.* 3
different autre *adj.* 2
digital numérique *adj.* 7
digital camera appareil (photo)
   numérique *m.* 7
dingy miteux/miteuse *adj.* 7
directions indications *f.* 2
   to give directions donner des
     indications 2
director réalisateur/réalisatrice *m., f.* 3
discover découvrir *v.* 4
discovery découverte *f.* 7
   (breakthrough) discovery
     découverte (capitale) *f.* 7
dishonest malhonnête *adj.* 1
disillusioned désabusé(e) *adj.* 1
disobey a command enfreindre une
   injonction *v.* 4
disorientation dépaysement *m.* 1
disown (someone) renier
   (quelqu'un) *v.*
disposable jetable *adj.* 10
distant lointain(e) *adj.*
distrust se méfier de *v.* 2
distrustful: to be distrustful of se
   méfier de *v.* 2
disturb déranger *v.* 6
dive plonger *v.* 1
diversity diversité *f.* 5
diving plongée sous-marine *f.* 10
divorce divorce *m.*
   to get a divorce divorcer *v.* 1
dizzy spell malaise *m.* 4
DNA ADN *m.* 7
do faire *v.* 1
   to do without faire sans 5; se
     passer de
documentary documentaire *m.* 3
dolphin dauphin *m.* 10
doll (woman) volaille *f.* 4
doubt douter *v.* 2
   no doubt sans doute *adv.* 2
doubtful: It is doubtful... Il est
   douteux... 7
downhill skiing ski alpin *m.* 8
download télécharger *v.* 7
downtown centre-ville *m.* 2
drag traîner *v.* 6
drama course cours d'art
   dramatique *m.*
draw tirer *v.*
   to draw attention to attirer
     l'attention (sur)
   to draw from puiser *v.* 10
dream about rêver de *v.* 1
dreams, full of rêveur/rêveuse *adj.* 2
drink boire *v.* 3
   to have a drink prendre un verre 8

drinkable potable *adj.* **10**
drive rouler (en voiture) *v.* **2;**
    conduire *v.* **3**
driver conducteur/conductrice *m., f.* **2**
drought sécheresse *f.* **10**
drown s'enfoncer *v.* **1**
drums batterie *f.* **2**
dry sec/sèche *adj.* **10**
due to dû/due *adj.* **5**
duty devoir *m.* **4**
DVD player lecteur de DVD *m.* **7**

E

each chaque *adj.* **4**
early tôt *adv.* **2**
earn a living gagner sa vie **9**
earn one's living as a writer vivre
    de sa plume *v.*
earth tremor tressaillement du sol
    m. **2**
earthquake tremblement de terre
    m. **10**
eat manger *v.* **1**
economic crisis crise économique
    f. **9**
editor rédacteur/rédactrice *m., f.* **3**
educated instruit(e) *adj.* **6**
efficiency efficacité *f.* **3**
effort effort *m.* **5**
    to make an effort faire un effort **5**
egocentric égocentrique *adj.*
elect élire *v.* **4**
election élection *f.* **4**
    to lose elections perdre les
        élections **4**
    to win elections gagner les
        élections **4**
electronic chip puce électronique *f.* **7**
e-mail address adresse e-mail *f.* **7**
embarrass gêner *v.* **1**
embarrassed gêné(e) *adj.* **2**
    to be embarrassed avoir honte
        (de) **1**
embarrassment gêne *f.* **6**
emigrant émigré(e) *m., f.* **5**
emigrate émigrer *v.* **1**
emotional émotif/émotive *adj.* **1**
employee employé(e) *m., f.* **9**
empty vide *adj.* **2**
endangered en voie d'extinction
    adj. **10**
ending dénouement *m.*
energy énergie *f.* **10**
energy consumption consommation
    d'énergie *f.* **10**
energy source source d'énergie *f.* **10**
engaged: to get engaged se fiancer
    v. **1**
engagement fiançailles *f.* **6**
engagement ring bague de
    fiançailles *f.* **6**
engineer ingénieur *m., f.* **7**
enormously énormément *adv.* **2**

enough assez de *adj.* **5**
    that's enough ça suffit **4**
enroll s'inscrire *v.* **6**
enter entrer *v.* **3**
entertain divertir *v.* **3**
entertainer saltimbanque *m.*
entertaining divertissant(e) *adj.* **8**
entertainment divertissement *m.* **3**
enthusiastic enthousiaste *adj.* **1**
entrepreneur entrepreneur/
    entrepreneuse *m., f.* **9**
entrust confier *v.* **6**
environment environnement *m.* **10**
envision envisager *v.* **7**
equal égal(e) *adj.* **4**
equality égalité *f.* **4**
erase effacer *v.* **1, 7**
erosion érosion *f.* **10**
escaped évadé(e) *adj.* **4**
essential essentiel(le) *adj.* **6,**
    indispensable *adj.* **6**
ethical éthique *adj.* **7**
evening gown robe de soirée *f.* **8**
event événement *m.* **2**
every chaque *adj.* **4,** tout(e)/tous/
    toutes (les) *adj.* **4**
everyday life routine *f.* **7,** vie
    quotidienne *f.* **3**
everything tout *pron.* **4**
everywhere partout *adv.* **2**
except sauf *prep.* **8**
excerpt extrait *m.* **3**
excited enthousiaste *adj.* **1**
excluded exclu(e) *adj.* **5**
executive cadre *m.* **9**
exhausted épuisé(e) *adj.* **9**
exhibition exposition *f.* **8**
expect s'attendre à *v.* **2; to expect**
    to compter *v.* **8; to expect**
    something s'attendre à quelque
    chose *v.*
expenses dépenses *f.* **9**
expensive cher/chère *adj.* **2**
experiment expérience *f.* **7**
explore explorer *v.* **7**
express exprimer *v.*

F

face affronter *v.* **6**
fact fait *m.* **4**
fade (away) s'en aller *v.* **1**
fair foire *f.* **2;** juste *adj.* **4**
faithful fidèle *adj.* **1**
fall tomber *v.* **1**
    to fall in love (with) tomber
        amoureux/amoureuse (de) **1**
false faux/fausse *adj.* **2**
fame notoriété *f.*
fan (of) fan (de) *m., f.* **8;** supporter
    (de) *m.* **8**
farm ferme *f.* **10**
fascinating fascinant(e) *adj.* **9**

fat gros(se) *adj.* **2;** gras(se) *adj.*
father-in-law beau-père *m.* **6**
favorite favori/favorite *adj.* **2**
fear peur *f.* **4;** craindre *v.* **6**
    for fear of de peur de *prep.* **7**
    for fear that de peur que *conj.* **7,**
        de crainte que *conj.* **7**
    to confront one's fears vaincre
        ses peurs **8**
fed: to be fed up (with) en avoir
    marre (de) **1**
feed nourrir *v.*
feel ressentir *v.* **1,** éprouver *v.* **6**
feeling of belonging sentiment
    d'appartenance *m.* **6**
feudal system système féodal *m.* **4**
few (of them) quelques-un(e)s *pron.*
    4; (un) peu de **5**
field: (soccer) field terrain (de foot)
    m. **8**
fight combattre *v.* **4;** lutter *v.* **5;** se
    battre *v.* **8;** lutte *f.* **3**
fighter combattant(e) *m., f.*
figure chiffre *m.* **9**
    to figure it out se débrouiller *v.* **9**
file a complaint porter plainte *v.* **7**
film critic critique de cinéma *m., f.* **3**
film set plateau *m.* **3**
filming tournage *m.* **3**
final dernier/dernière *adj.* **2**
finally enfin *adv.* **2;** finalement *adv.* **3**
financial financier/financière *adj.* **9**
    financial stakes intérêt financier
        m. **3**
fire incendie *m.* **3, 10;** licencier *v.* **9,**
    virer *v.* **9**
fire station caserne de pompiers *f.* **2**
fireworks display feu d'artifice *m.* **2**
first premier/première *adj.* **2;** d'abord
    adv. **2**
fish poisson *m.* **10;** pêcher *v.* **10**
fishing net filet (de pêche) *m.* **10**
flag drapeau *m.* **4**
flaw défaut *m.*
flee fuir *v.* **1**
fleeting passager/passagère *adj.* **1**
flirt draguer *v.* **1**
flock troupeau *m.*
flood inondation *f.* **10**
flourish fleurir *v.*
flourishing prospère *adj.* **9**
flow couler *v.* **1**
fly voler *v.* **8**
foliage feuillage *m.*
follow suivre *v.* **3**
following prochain(e) *adj.* **2**
follow in someone's footsteps
    marcher sur les pas de
    quelqu'un *v.*
food *(type or kind of)* aliment *m.* **6;**
    (before a noun) alimentaire **6**
for car *conj.* pour *prep.* **7**
    for an hour (a month, etc.) pendant
        une heure (un mois, etc.) *adv.* **3**

for fear of de peur de *prep.* 7

for fear that de peur que *conj.* 7, de crainte que *conj.* 7

forbid défendre de *v.* 4

force forcer *v.* 1

forehead front *m.*

foreigner étranger/étrangère *m., f.* 2

forest forêt *f.* 10

forge: to forge ahead aller de l'avant 5

formal register registre soutenu *m.* 4

former ancien(ne) *adj.* 2

formerly jadis *adv.*

formidable redoutable *adj.*

forseen prévu(e) *adj.* 5

forward en pointe *adv.* 8

foul faute *f.* 8

frank franc(he) *adj.* 1

frankly franchement *adv.* 2

freedom liberté *f.* 3

freedom of the press liberté de la presse *f.* 3

free kick coup franc *m.* 8

free oneself se libérer *v.*

fresh frais/fraîche *adj.* 2

friendship amitié *f.* 1

from à partir de *prep.* 1

from time to time de temps en temps *adv.* 2

front: in front of devant *prep.* 5

fuel combustible *m.* 10

fulfill (a dream) réaliser (un rêve) *v.* 5

full plein(e) *adj.* 2

fun: to have fun s'amuser *v.* 2; **to have fun** se marrer *v.* 3; **to make fun of** se moquer de *v.* 2

furniture mobilier *m.* 10

G

game partie *f.* 8

gang bande *f.* 5

gather rassembler *v.* 2

gene gène *m.* 7

generation gap fossé des générations *m.* 6

genetics génétique *f.* 7

gently doucement *adv.* 2

get (a salary) toucher *v.* 9

to get a divorce divorcer *v.* 1

to get a signal capter *v.* 9

to get along well s'entendre bien 1

to get along with s'entendre bien avec 2

to get angry with se mettre en colère contre 1, se fâcher contre *v.* 2

to get benefit out of retirer un profit de 9

to get bored s'ennuyer *v.* 2

to get dressed s'habiller *v.* 2

to get engaged se fiancer *v.* 1

to get hurt (se) blesser *v.* 8

to get (in a car, on a train) monter (dans une voiture, dans un train) *v.* 2

to get income out of retirer un revenu de 9

to get involved s'engager *v.* 3

to get off descendre *v.* 2

to get (tickets) obtenir (des billets) 8

to get together se réunir *v.* 2

to get up se lever *v.* 2

to get used to s'habituer à *v.* 2

to get worse empirer *v.* 10

giant géant(e) *m., f.* 10

gift shop boutique de souvenirs *f.* 8

give donner *v.* 2

to give birth accoucher *v.* 6

to give directions donner des indications 2

glass verre *m.* 5

glide glisser *v.* 8

global warming réchauffement climatique *m.* 10

gnarled noueux/noueuse *adj.* 10

go aller *v.* 1

to go (away) s'en aller *v.* 1, 2

to go across parcourir *v.* 8

to go back (home) rentrer *v.* 3

to go beyond one's limits se dépasser *v.* 8

to go bowling jouer au bowling 8

to go down descendre *v.* 2

to go out with sortir avec *v.* 1

to go past passer (devant) *v.* 2

to go to bed se coucher *v.* 2

to go up monter *v.* 3

goal but *m.* 5

gold or *m.* 2

good bon(ne) *adj.* 2

goodbye au revoir 5

to say goodbye dire au revoir 5

gossip commérages *m.* 1

govern gouverner *v.* 4

government gouvernement *m.* 4

granddaughter petite-fille *f.* 6

grandson petit-fils *m.* 6

grant bourse *f.* 3; attribuer *v.* 3

grape raisin *m.* 6

gravity gravité *f.* 7

great génial(e) *adj.* 1; grand(e) *adj.* 2; chouette *adj.* 8

great-aunt grand-tante *f.* 6

great-grandfather arrière-grand-père *m.* 6

great-grandmother arrière-grand-mère *f.* 6

great-uncle grand-oncle *m.* 6

Greek grec/grecque *adj.* 2

grilled grillé(e) *adj.* 6

groom marié *m.* 6

grow augmenter *v.* 5; pousser *v.*

to grow old vieillir *v.*

to grow up grandir *v.*

grudge: to have a grudge en vouloir (à) *v.* 5

guess deviner *v.* 5

guilty coupable *adj.* 4

guy mec *m.*

H

habitat: provide a habitat for abriter *v.* 10

half moitié *f.* 5

half brother demi-frère *m.* 6

half sister demi-sœur *f.* 6

handkerchief mouchoir *m.* 8

handsome beau *adj.* 2

hang around traîner *v.* 6

happily heureusement *adv.* 2

happy heureux/heureuse *adj.* 2, content(e) *adj.* 6

harass harceler *v.* 9

hard-working travailleur/travailleuse *adj.* 2

harm nuire à *v.* 10

harmful nuisible *adj.* 10

harmful: have harmful consequences on avoir des conséquences néfastes sur *v.* 7

harvest récolte *f.* 10; exploiter, récolter *v.* 10

hate détester *v.* 8, haïr *v.* 3

hatred haine *f.*

have avoir *v.* 1; prendre *v.* 3

to have an argument s'engueuler *v.* 3

to have a drink prendre un verre 8

to have a good time se divertir *v.* 8

to have a grudge en vouloir (à) *v.* 5

to have connections avoir des relations 9

to have contempt for mépriser *v.* 6

to have fun s'amuser *v.* 2; se marrer *v.*

to have harmful consequences on avoir des conséquences néfastes sur *v.*

to have influence (over) avoir de l'influence (sur) 4

to have stage fright avoir le trac

to have to devoir *v.* 3; falloir *v.* 3

head of a company chef d'entreprise *m.* 9

headline gros titre *m.* 3

headscarf foulard *m.* 6

heal guérir *v.* 7

heap amas *m.*

hear entendre *v.* 2

to hear about entendre parler de *v.* 3

heels talons *m.* 8

here ici *adv.* 2

heritage patrimoine *m.* 5

cultural heritage patrimoine culturel *m.* 5

heterogeneous hétérogène *adj.* **5**
high haut(e) *adj.* **2**
hire embaucher *v.* **9**
hit frapper *v.* **1**; heurter *v.*
hold tenir *v.* **4**
homeland patrie *f.* **6**
homeless person sans-abri *m., f.* **2**
homesick: to be homesick avoir le mal du pays **5**
homogeneous homogène *adj.* **5**
honest honnête *adj.* **1**
hoodlum voyou *m.* **6**
hope espérer *v.* **1**, souhaiter *v.* **6**
housing logement *m.* **2, 7**, habitation *f.* **2**
however pourtant *adv.* **1**
human humain(e) *adj.* **1**
humankind humanité *f.* **5**
human rights droits de l'homme *m.* **4**
hunt chasser *v.* **10**
hurricane cyclone *m.* **2**; ouragan *m.* **10**
hurry se dépêcher *v.* **2**
husband époux *m.* **6**
hype matraquage *m.* **3**

I

idealistic idéaliste *adj.* **1**
i.e. c'est-à-dire **7**
if si *conj.* **7**
illiterate analphabète *adj.* **4**
immature peu mûr(e) *adj.* **1**
immediately immédiatement *adv.* **3**
immigrant immigré(e) *n.* **5**
immigrate immigrer *v.* **1**
immigration immigration *f.* **5**
impartial impartial(e) *adj.* **3**
important important(e) *adj.* **6**
impossible impossible *adj.* **7**
imprison emprisonner *v.* **4**
improve améliorer *v.* **2**
in dans *prep.* **5**; en *prep.* **5**; à *prep.* **5**
  in case au cas où *conj.* **10**
  in front of devant *prep.* **5**
  in general en général *adv.* **2**
  in order that afin que *conj.* **7**
  in order to pour *prep.* **7**
income revenu *m.* **9**
  to get income out of retirer un revenu de **9**
incompetent incompétent(e) *adj.* **9**
increase (public) awareness (of an issue) sensibiliser (le public à un problème) *v.*
indication indice *m.*
individuality individualité *f.* **5**
inequality inégalité *f.* **4**
inferior inférieur(e) *adj.* **2**
inferiority complex complexe d'infériorité *m.* **6**
influence influence *f.* **4**
  to have influence (over) avoir de l'influence (sur) **4**

influential influent(e) *adj.* **3**
inherit hériter *v.* **6**
injure (oneself) (se) blesser *v.* **8**
injured person blessé(e) *m., f.* **2**
injustice injustice *f.* **4**
innovation innovation *f.* **7**
innovative innovant(e) *adj.* **7**
insecurity précarité *f.* **4**
  insecurity of income précarité *f.* **9**
insensitive insensible *adj.* **2**
inside dans *prep.* **5**; dedans *adv.* **2, 8**
instability instabilité *f.* **5**, précarité *f.* **4**
instant coffee café soluble *m.* **3**
insufficient insuffisant(e) *adj.* **10**
integration intégration *f.* **5**
intellectual intellectuel(le) *m., f.* **6**; intellectuel(le) *adj.* **2**
intend to penser *v.* **8**
Internet site site Internet *m.* **3**
intersection croisement *m.* **2**
interview entretien *m.* **3**, interview *f.* **3**
  job interview entretien d'embauche *m.* **9**
invade envahir *v.* **3**
invent inventer *v.* **7**
invention invention *f.* **7**
invest investir *v.* **9**
investigate enquêter (sur) *v.* **3**
ironic ironique *adj.*
Islam islam *m.*

J

jabber baragouiner *v.*
jealous jaloux/jalouse *adj.* **1**
jealousy jalousie *f.* **4**
jersey maillot *m.* **8**
job poste *m.* **9**, emploi *m.* **9**, boulot *m.* **9**
job interview entretien d'embauche *m.* **9**
join rejoindre *v.* **1**
joke (about) rigoler *v.* **4**
journalist journaliste *m., f.* **3**
joy joie *f.* **1**
judge juge *m., f.* **4**; juger *v.* **4**
jump sauter *v.* **8**
juror juré(e) *m., f.* **4**
justice justice *f.* **4**

K

keep garder *v.*
  to keep an eye on surveiller *v.* **8**
  to keep from (doing something) empêcher (de) *v.* **2**
  to keep oneself informed (through the media) s'informer (par les médias) *v.* **3**
keeper gardien(ne) *m., f.* **5**
kid gamin(e) *m., f.* **5**, môme *m., f.* **5**
kidnap enlever *v.* **4**, kidnapper *v.* **4**

kill tuer *v.*
killjoy rabat-joie *m.* **8**
kilogram kilo *m.* **5**
kindly gentiment *adv.* **2**
kindness bonté *f.*
king roi *m.* **5**
knock frapper *v.* **1**
know connaître *v.* **3**; savoir *v.* **3**
knowledge savoir *m.* **5**

L

labor union syndicat *m.* **9**
lack manque *m.* **4**
  lack of action inaction *f.* **4**
  lack of communication manque de communication *m.*
  lack of understanding incompréhension *f.* **6**
ladder échelle *f.* **7**
lagoon lagon *m.* **10**
land terre *f.* **10**; atterrir *v.* **7**
landscape paysage *m.* **7, 10**
lane voie *f.* **2**
language langue *f.* **5**
  native language langue maternelle *f.* **5**
  official language langue officielle *f.* **5**
laptop ordinateur portable *m.* **7**
last dernier/dernière *adj.* **2**
  at last enfin *adv.* **2**
  last Monday (Tuesday, etc.) lundi (mardi, etc.) dernier *adv.* **3**
late tard *adv.* **2**
launch: to launch into se lancer *v.* **5**
laugh rire *v.* **3**
law loi *f.* **4**
  to pass a law approuver une loi **4**
lawyer avocat(e) *m., f.* **4**
lay (an egg) pondre *v.* **3**
lay off licencier *v.* **9**
lazybones fainéant(e) *m., f.* **9**
lead mener *v.* **1, 5**
leaflet prospectus *m.* **3**
leave partir *v.* **3**; quitter *v.*; se tirer *v.*
  to leave behind quitter *v.* **5**
  to leave someone quitter quelqu'un *v.* **1**
leisure loisir(s) *m.* **8**
lemon citron *m.* **6**; citron *adj.* **2**
less moins *adv.* **7**
let go lâcher *v.* **8**
liberal libéral(e) *adj.* **4**
lie mentir *v.* **1**
lifestyle section rubrique société *f.* **3**
lift lever *v.* **1**
like aimer *v.* **1**
little of (un) peu de **5**
lime citron vert *m.* **6**
limp boiter *v.* **1**
line queue *f.* **8**

line of products gamme de produits *f.* 9

to wait in line faire la queue 8

lion lion *m.* 10

listen écouter *v.* 8

listener auditeur/auditrice *m., f.* 3

liter litre *m.* 5

literature lettres *f.*

little peu *adv.* 2

live vivre *v.* 1

to live (something) vicariously vivre (quelque chose) par procuration 8

to live something vicariously through someone vivre quelque chose par l'intermédiaire **de quelqu'un** 8

to live together (as a couple) vivre en union libre 1

live en direct *adj., adv.* 3

lively animé(e) *adj.* 2

living environment cadre de vie *m.* 7

loan prêt *m.* 9; emprunt *m.* 9

to apply for a loan demander un prêt 9

to secure a loan obtenir un prêt 9

to take out a loan faire un emprunt 9

located: to be located se trouver *v.* 2

locker room vestiaires *m.* 8

logger forestier/forestière *f.* 10

logging industry industrie forestière *f.* 10

look regarder *v.*

to look after (someone) soigner *v.* 7

to look like ressembler (à) *v.* 6

long long/longue *adj.* 2

as long as tant que *conj.* 7

long-term à long terme *adj.* 9

lose perdre *v.* 4

to lose heart se décourager *v.* 5

to lose elections perdre les élections 4

loss perte *f.* 9

lost perdu(e) *adj.* 2

to be lost être perdu(e) 2

lot: a lot beaucoup *adv.* 2

a lot of beaucoup de 5, un tas de 5

lousy pourri(e) *adj.* 7

love aimer *v.* 1

lovers amants *m.* 1

low bas(se) *adj.* 2

lumberjack bûcheron *m.* 10

luxury luxe *m.* 5

lyrics paroles *f.* 3

M

mad fâché(e) *adj.* 1

maid of honor témoin *m.* 6

maintain maintenir *v.* 4, 5

make faire *v.* 1

to make an effort faire un effort *v.* 5

to make fun of se moquer de *v.* 2

to make (someone) laugh faire marrer *v.* 3

to make think of évoquer *v.* 9

to make up se réconcilier *v.* 4

makeup: to put on makeup se maquiller *v.* 2

manage gérer *v.* 9, diriger *v.* 9; se débrouiller *v.* 9

manager gérant(e) *m., f.* 9

manual labor travail manuel *m.* 5

manufacture fabrication *f.* 10

many bien des *adj.* 5

marching band fanfare *f.* 2

market marché *m.* 9

marketing strategy stratégie commerciale *f.* 9

marriage mariage *m.* 1

marry se marier avec *v.* 1

match partie *f.* 8

maternal maternel(le) *adj.*

mathematician mathématicien(ne) *m., f.* 7

matter compter *v.* 6

mattress matelas *m.* 3

mature mûr(e) *adj.* 1

maturity maturité *f.* 6

maybe peut-être *adv.* 2

mayor maire *m.* 2

means voie *f.* 2

media moyens de communication *m.* 3; médias *m.* 3

meeting réunion *f.* 9

melancholic mélancolique *adj.* 1

member membre *m.* 9, adhérent(e) *m., f.* 9

metaphor métaphore *f.*

metropole (mainland France) métropole *f.* 6

militant activist activiste *m., f.* 4

mini-market supérette *f.* 6

minimum wage salaire minimum *m.* 9

miss manquer à *v.* 5

missing person disparu(e) *m., f.* 2

mistaken: to be mistaken se tromper *v.* 1, 2

misunderstanding malentendu *m.* 4, 6

mix mélange *m.* 1; mêler *v.* 10

mixed couple couple mixte *m.*

mob foule *f.*

moderate modéré(e) *adj.* 4

modernity modernité *f.* 10

moment moment *m.* 3

at that moment à ce moment-là 3

monarchy monarchie *f.* 4

absolute monarchy monarchie absolue *f.* 4

monkey singe *m.* 10

monthly magazine mensuel *m.* 3

Moon Lune *f.* 10

moral morale *f.*

more plus *adv.* 7

moronic débile *adj.* 2

most plupart *f. pron.* 4

mother-in-law belle-mère *f.* 6

mountain bike VTT (vélo tout terrain) *m.* 8

mountain climbing alpinisme *m.* 8

mountain range chaîne montagneuse *f.* 10

move émouvoir *v.*; déménager *v.* 1, 6; remuer *v.* 10

to move forward avancer *v.* 1

movie star vedette de cinéma *f.* 3

movie theater cinéma *m.* 2

moving émouvant(e) *adj.* 8

much: too much of trop de 5

mud boue *f.* 1

multilingual polyglotte *adj.* 5

multinational company (entreprise) multinationale *f.* 9

murder meurtre *m.*

museum musée *m.* 2

musical group groupe *m.* 8

musician musicien(ne) *m., f.* 8

music video clip vidéo *m.* 3, vidéoclip *m.* 3

Muslim musulman(e) *m., f.*

must devoir *v.* 3

One must... Il faut que... 6

mute muet(te) *adj.* 2

mutual aid entraide *f.* 9

N

naïve naïf/naïve *adj.* 2

native language langue maternelle *f.* 5

natural disaster catastrophe naturelle *f.* 2

naturally naturellement *adv.* 2

necessary nécessaire *adj.* 6

It is necessary that... Il faut que... 6

neglect délaisser *v.*

neighborhood quartier *m.* 2

nephew neveu *m.* 6

nervous breakdown crise d'hystérie *f.* 1

nested boxes boîtes gigognes *f.* 7

net filet *m.* 10

network chaîne *f.*; réseau *m.*

never jamais *adv.* 2

new nouveau/nouvelle *adj.* 2

news nouvelles *f.*

international news nouvelles internationales *f.* 3

local news nouvelles locales *f.* 3

news broadcast journal télévisé *m.*

news items faits divers *m.* 3

newspaper journal *m.* 3

news report reportage *m.* 3

new wave nouvelle vague *f.* **1**
next prochain(e) *adj.* **2;** ensuite *adv.* **2**
   next day lendemain *m.* **7**
nice gentil/gentille *adj.* **2**
nicely gentiment *adv.* **2**
nickname surnom *m.* **6**
niece nièce *f.* **6**
nightlife vie nocturne *f.* **2**
nightmare cauchemar *m.* **1;** galère *f.*
nobility noblesse *f.* **4**
noisily bruyamment *adv.* **2**
noisy bruyant(e) *adj.* **2**
nonconformist non-conformiste
   adj. **5**
nostalgia nostalgie *f.* **10**
notebook calepin *m.* **2**
notice s'apercevoir *v.* **8**
now maintenant *adv.* **2**
nowhere nulle part *adv.* **2, 7**
nuclear nucléaire *adj.* **7**
number chiffre *m.* **9**
numerous nombreux/nombreuse
   adj. **5**
nursery pépinière *f.*

O

oak tree chêne *m.*
obsessed obsédé(e) *adj.* **7**
obvious évident *adj.* **7**
obviously évidemment *adv.* **2**
ocean liner paquebot *m.* **6**
octopus pieuvre *f.* **3**
offer offrir *v.* **4**
official language langue officielle
   f. **5**
often souvent *adv.* **2**
old ancien(ne) *adj.* **2;** vieux/vieille
   adj. **2**
old age vieillesse *f.* **6**
on sur *prep.* **5**
   on the condition that à condition
   que *conj.* **7**
once une fois *adv.* **3;** une fois que
   conj. **10**
one-on-one duel *m.* **8**
only seul(e) *adj.* **2**
open ouvrir *v.* **3**
oppressed opprimé(e) *adj.* **4**
orange orange *f.* **2;** orange *adj.* **2**
organic bio(logique) *adj.* **6**
out-of-style clothes fringues
   démodées *f.* **3**
outcome dénouement *m.*
outdoors en plein air *adj.* **10**
outside dehors *adv.* **2**
outsider aliéné(e) *m., f.* **6**
outskirts banlieue *f.* **2**
overcome surmonter *v.* **6**
overpopulated surpeuplé(e) *adj.* **5**
overpopulation surpopulation *f.* **5**
overthrow renverser *v.* **4**
overwhelmed accablé(e) *adj.* **1**
owe devoir *v.* **9**

own propre *adj.* **2**
owner propriétaire *m., f.* **9**
oyster huître *f.* **10**
ozone layer couche d'ozone *f.* **10**

P

package paquet *m.* **5**
page page *f.* **3**
   sports page page sportive *f.* **3**
   to be on the front page être à la
   une **3**
paid training course stage rémunéré
   m. **9**
painting tableau *m.* **8**
panic paniquer *v.* **1**
parade défilé *m.* **2**
paragliding parapente *f.* **8**
part rôle *m.*
partial partial(e) *adj.* **3**
particle particule *f.* **7**
party pooper rabat-joie *m.* **8**
pass passer *v.* **3**
   to pass a law approuver une loi **4**
   to pass down transmettre *v.* **5**
passenger passager/passagère *m., f.* **2**
password mot de passe *m.* **7**
past jadis *adv.* **10**
paternal paternel(le) *adj.*
patiently patiemment *adv.* **2**
patronize traiter avec condescendance **6**
paw patte *f.*
pay payer *v.* **1;** rémunérer *v.* **9**
peace paix *f.* **4**
   peace of mind tranquillité de
   l'esprit *f.* **3**
peaceful pacifique *adj.* **4**
pearl perle *f.* **10**
people peuple *m.* **3**
pebble(s) caillou (cailloux) *m.* **10**
pedestrian piéton(ne) *m., f.* **2**
penny sou *m.* **9**
perceive apercevoir *v.* **9;** percevoir
   v. **9**
performance spectacle *m.* **8**
perhaps peut-être *adv.* **2**
perseverance persévérance *f.* **5**
persist relentlessly s'acharner
   sur *v.* **5**
personality caractère *m.* **6**
personify personnifier *v.*
persuade convaincre *v.* **3**
petanque boules *f.* **8,** pétanque *f.* **8**
phone téléphone *m.* **7**
photographer photographe *m., f.* **3**
pick up again reprendre *v.* **9**
piece of furniture meuble *m.* **10**
pig cochon *m.* **10**
pile amas *m.*
place placer *v.* **1**
   place to live lieu de vie *m.* **7**
   to take place se dérouler *v.* **6**
plan projeter *v.* **1, 5**

play pièce (de théâtre) *f.* **8**
   play on words jeu de mots *m.* **3**
playing cards cartes à jouer *f.* **8**
plaza place *f.* **2**
please plaire *v.* **6**
pleated plissé(e) *adj.* **8**
plump gras(se) *adj.*
poaching braconnage *m.* **10**
police police *(force) f.* **2;** forces de
   l'ordre *f.*
police commissioner commissaire
   (de police) *m.* **5**
police headquarters préfecture de
   police *f.* **2**
police officer agent de police *m.* **2**
police station commissariat de
   police *m.* **2**
political party parti politique *m.* **4**
politician homme/femme politique
   m., f. **4**
politics politique *f.* **4**
politely poliment *adv.* **2**
pollute polluer *v.* **10**
pollution pollution *f.* **10**
pool billard *m.* **8**
poor pauvre *adj.* **2**
popular: be popular abroad bien
   s'exporter *v.* **5**
populate peupler *v.* **2**
populated peuplé(e) *adj.* **2**
   densely populated très peuplé(e)
   adj. **2**
   sparsely populated peu peuplé(e)
   adj. **2**
position poste *m.* **9**
possess posséder *v.* **1**
possible possible *adj.* **6**
   It's possible that... Il se peut
   que... **7**
poultry volaille *f.* **6**
poverty misère *f.* **4,** pauvreté *f.* **4, 9**
power pouvoir *m.* **1**
   abuse of power abus de pouvoir
   m. **4**
powerful puissant(e) *adj.* **4**
prayer prière *f.*
precisely précisément *adv.* **2**
preconceived idea a priori *m.*
predict prédire *v.* **5, 7**
prefer préférer *v.* **1**
pregnancy grossesse *f.* **6**
prejudiced: to be prejudiced avoir
   des préjugés **5**
premiere première *f.* **3**
preserve préserver *v.* **10**
preservative conservateur *m.* **6**
president président(e) *m., f.* **4**
press presse *f.* **3**
   freedom of the press liberté de la
   presse *f.* **3**
pressure pression *f.* **9**
pretend to be se faire passer pour **3**
pretty joli(e) *adj.* **2**

schedule horaire *m.* 9
scholarship bourse *f.* 3
schooling scolarisation *f.*
scientist scientifique *m., f.* 7
scold gronder *v.* 6
score (a goal/a point) marquer (un but/un point) *v.* 8
scorn mépriser *v.* 4
scrawny maigre *adj.*
screen écran *m.* 3
sea mer *f.* 10
search engine moteur de recherche *m.* 7
search the Web naviguer sur Internet/le web *v.* 3, surfer sur Internet/le web *v.* 3
secure a loan obtenir un prêt 9
security sécurité *f.* 4
seduce séduire *v.*
see voir *v.* 3; **to see again** revoir *v.* 9
It seems that… Il semble que… 7
seismic tremor secousse sismique *f.* 7
self-esteem amour-propre *m.* 6
selfish égoïste *adj.* 6
sell vendre *v.* 3
selling point argument de vent *m.* 9
send envoyer *v.* 1
sense sens *m.* 10
    figurative sense sens figuré *m.* 10
    literal sense sens littéral *m.* 10
sensitive sensible *adj.* 1
series feuilleton *m.* 3
serve servir *v.* 2
settle (s')établir *v.* 5; s'installer *v.* 5
several plusieurs *pron., adj.* 4
shake agiter *v.* 10; trembler *v.* 2
shame honte *f.* 1, 6
share partager *v.* 1
shark requin *m.* 10
shave se raser *v.* 2
sheep mouton *m.* 10
shepherd(ess) berger/bergère *m., f.*
shoes souliers *m.* 8
shoot (a film) tourner *v.* 3
short court(e) *adj.* 2; petit(e) *adj.* 2
short-term à court terme *adj.* 9
shout hurler *v.* 7
show spectacle *m.* 8
showing off frime *f.* 3
shut away cloîtré(e) *adj.*
shy timide *adj.* 1
sidewalk trottoir *m.* 2
signal: to get a signal capter *v.* 9
silver argent *m.* 2
similar pareil(le) *adj.* 5
sin péché *m.*
single célibataire *adj.* 1
sister-in-law belle-sœur *f.* 6
sit s'asseoir *v.* 9
skating rink patinoire *f.* 8
skirt: (pleated) skirt jupe (plissée) *f.* 8

skit sketch *m.* 2
skyscraper gratte-ciel *m.* 2
slang argot *m.* 4
slave esclave *m., f.*
slave trade traite des Noirs *f.* 4
slavery esclavage *m.* 4
sleep dormir *v.* 4
    sleep outdoors dormir à la belle étoile *v.* 2
slip of the tongue lapsus *m.*
slowly lentement *adv.* 2
slyly sournoisement *adv.*
small exigu/exiguë *adj.* 2; petit(e) *adj.* 2
smell good/bad sentir bon/mauvais *v.* 2
smog nuage de pollution *m.* 10
smoked fumé(e) *adj.* 6
sneakers baskets *f.* 8, tennis *f.* 8
snorkeling plongée avec tuba *f.* 10
snow globe boule à neige *f.* 7
so alors *adv.* 2; donc *adv.* 2
    so many… tant de… *adj.*
    so much/many autant *adv.* 2
    so that pour que *conj.* 7
soap opera feuilleton *m.* 3
soccer field terrain de foot *m.* 8
social level couche sociale *f.* 5
societal issue problème de société *m.* 4
soft doux/douce *adj.* 2
soldier soldat *m.* 1
sold out *adj.* complet 8
solicit solliciter *v.* 2
solve résoudre *v.* 10
some quelques-un(e)s *pron.* 4; quelque *adj.* 4
someone quelqu'un *pron.* 4
something quelque chose *pron.* 4
sometimes parfois *adv.* 2; quelque fois *adv.* 2
somewhere quelque part *adv.* 2
son-in-law beau-fils *m.* 6
soon bientôt *adv.* 2
    as soon as dès que *conj.* 7, aussitôt que *conj.* 7
sorrow peine *f.* 1
sorry désolé(e) *adj.* 6
    to be sorry être désolé(e) 6
soul âme *f.*
soul mate âme sœur *f.* 1
sound sonner *v.* 1
sound track bande originale *f.* 3
space espace *m.* 7
to spare épargner *v.* 4
speak softly/loudly parler bas/fort *v.* 2
    to speak to one another s'adresser la parole *v.* 7
special effects effets spéciaux *m.* 3
specialized spécialisé(e) *adj.* 7
spectator spectateur/spectatrice *m., f.* 8

spell épeler *v.* 1
spell check correcteur orthographique *m.* 7
spider araignée *f.* 10
spinach épinards *m.* 6
spirit esprit *m.* 1
spoil gâter *v.* 6
sporting goods store magasin de sport *m.* 8
sports club club sportif *m.* 8
sports page page sportive *f.* 3
sports training school centre de formation *m.* 8
spouse conjoint(e) *m., f.* 7, époux/épouse *m., f.*
spread s'étendre *v.* 2
    to spread (the word) faire passer 8
spring (aquatic) source *f.*
spy espionner *v.* 4
square place *f.* 2
stage fright trac *m.* 3
    to have stage fright avoir le trac *v.* 3
stand (someone) up poser un lapin (à quelqu'un) 1
standard of living niveau de vie *m.* 5
star: (movie) star vedette (de cinéma) *f.* 3; **(shooting) star** étoile (filante) *f.* 7
start up démarrer *v.* 7
start-up mise en marche *f.* 7
stay rester *v.* 3
steal voler *v.* 5
stepdaughter belle-fille *f.* 6
stepfather beau-père *m.* 6
stepmother belle-mère *f.* 6
stepson beau-fils *m.* 6
still encore *adv.* 2
stiletto heels talons aiguilles *m.* 8
stock market marché boursier *m.* 9
stop (oneself) s'arrêter *v.* 2
    to stop from (doing something) empêcher (de) *v.* 2
stranger étranger/étrangère *m., f.*
stream ruisseau *m.*
street rue *f.* 2
street performer saltimbanque *m.*
strengthened raffermi(e) *adj.* 10
strict strict(e) *adj.* 6
strike sonner *v.* 1
striking frappant(e) *adj.* 3, marquant(e) *adj.* 3
stroll: to take a stroll se promener *v.* 8
struggle lutter *v.* 5; lutte *f.* 3
stuck coincé(e) *adj.* 7
stunt cascade *f.* 3
submissive soumis(e) *adj.* 6
subscriber abonné(e) *m., f.* 9
subscription abonnement *m.* 7
subsidize subventionner *v.* 3
subtitles sous-titres *m.* 3
suburb banlieue *f.* 2, 7

suburban house pavillon *m.* 7
subway car wagon *m.* 2
subway station station de métro *f.* 2
subway train rame de métro *f.* 2
succeed réussir *v.* 9
success réussite *f.* 9
successful prospère *adj.* 9
such a(n) tel(le) *adj.* 4, 5
sudden: all of a sudden tout à coup *adv.* 3
suddenly soudain *adv.* 2
suffer souffrir *v.* 4
suffering souffrance *f.* 4
suggest suggérer *v.* 6
sun soleil *m.* 10
   to bask in the sun lézarder au soleil *v.* 8
supermarket: large supermarket hypermarché *m.* 6
supervisory staff encadrement *m.* 9
support soutien *m.* 2; soutenir *v.* 5;
   support (a cause) soutenir (une cause) *v.*
supporter supporter (de) *m.* 8
sure sûr(e) *adj.* 7
surely sûrement *adv.* 3
surface area superficie *f.* 10
surprised étonné(e) *adj.* 6
surprising étonnant(e) *adj.* 6, surprenant(e) *adj.* 6
surround oneself with s'entourer de *v.* 9
survival survie *f.* 7
survive survivre *v.* 6
survivor rescapé(e) *m., f.* 2
suspect se douter (de) *v.* 2
swallow engloutir *v.* 2
sweater *(with front opening)* gilet *m.* 8
sweatshirt *(with front opening)* gilet *m.* 8
sweep balayer *v.* 1
sweet doux/douce *adj.* 2
swing se balancer *v.* 10

T

tabloid(s) presse à sensation *f.* 3
take prendre *v.* 3
   to take action agir *v.* 7
   to take advantage of profiter de *v.* 9
   to take a stroll/walk se promener *v.* 8
   to take place se dérouler *v.* 6
   to take someone emmener *v.* 1
   to take out a loan faire un emprunt *v.* 9
tale conte *m.*
talk s'entretenir (avec) *v.* 2
   to talk to death soûler *v.* 6
tall grand(e) *adj.* 2
tax taxe *f.* 9
team club *m.* 8

tear larme *f.*; déchirer *v.* 3, 8
telescope télescope *m.* 7
television viewer téléspectateur/ téléspectatrice *m., f.* 3
tell (a story) raconter (une histoire) *v.* 1, rapporter *v.* 5
tempt tenter *v.* 8
tenacious tenace *adj.*
tennis shoes baskets *f.* 8, tennis *f.* 8
tense tendu(e) *adj.* 6
terrific génial(e) *adj.* 1
territory superficie *f.* 10
terrorism terrorisme *m.* 4
terrorist terroriste *m., f.* 4
thank remercier *v.* 6
   thanks to grâce à *prep.* 1
thankless ingrat(e) *adj.* 9
that que *rel. pron.* 9; qui *rel. pron.* 9
   that's enough ça suffit
   that is to say c'est-à-dire 7
then alors *adv.* 2; ensuite *adv.* 2
theory théorie *f.* 7
there là *adv.* 2
   over there là-bas *adv.* 2
thick épais(se) *adj.* 9
thief voleur/voleuse *m., f.* 4
thin maigre *adj.*
those who reacted the fastest plus vifs *m., f.* 2
though pourtant *adv.* 1
threat menace *f.* 4
threaten menacer *v.* 1
thrifty économe *adj.* 1
thrill frisson *m.* 8
throw lancer *v.* 1; jeter *v.* 1
   to throw away jeter *v.* 10
   to throw out the window jeter par la fenêtre *v.*
thus ainsi *adv.* 2
thwart contrarier *v.* 7
ticket billet *m.* 8, ticket *m.* 8
   to get tickets obtenir des billets 8
tidy up ranger *v.* 1
tie (a game) faire match nul 8
tiger tigre *m.* 10
time temps *m.* 2; fois *f.* 3
   for a long time longtemps *adv.* 3
   from time to time de temps en temps *adv.* 2
   to have a good time se divertir *v.* 8
toast toast *m.* 8
   to propose a toast porter un toast (à quelqu'un) 8
today aujourd'hui *adv.* 2
together: to get together se réunir *v.* 2
tolerance tolérance *f.*
tolerate tolérer *v.* 10
tomorrow demain *adv.* 2
tone ton *m.* 4, 10
too aussi *adv.*
   too many/much trop *adv.* 2
tool outil *m.* 7
torture supplice *m.* 1

totalitarian regime régime totalitaire *m.* 4
town center centre-ville *m.* 2
town dweller citadin(e) *m., f.* 2
town hall hôtel de ville *m.* 2
town planning urbanisme *m.* 2
toxic toxique *adj.* 10
track voie *f.* 2
traffic circulation *f.* 2
traffic jam embouteillage *m.* 2
traffic light feu (tricolore) *m.* 2
train train *m.* 2
   to get on a train monter dans un train 2
trainee stagiaire *m., f.* 9
trainer formateur/formatrice *m., f.* 9
training formation *f.* 9
training course stage *m.* 9
transportation transport *m.* 2
trapped piégé(e) *adj.* 2
trash déchets *m.* 10
travel voyager *v.* 1
tremors secousses *f.* 2
treat traiter *v.*; soigner *v.* 7
trick duper *v.* 2
trigger déclencher *v.*
trivial anecdotique *adj.*
truck: small truck camionnette *f.* 9
true vrai(e) *adj.* 2
truly vraiment *adv.* 2
trust (someone) faire confiance (à quelqu'un) 1, 4
try essayer *v.* 1
   to try to "pick up" draguer *v.* 1
turn tourner *v.*
   to turn over se retourner *v.* 10
turtle tortue *f.* 10
TV audience téléspectateurs *m.*
twice deux fois *adv.* 3
twin: twin brothers jumeaux *m.* 6;
   twin sisters jumelles *f.* 6
typewriter machine à écrire *f.*

U

U.F.O. ovni *m.* 7
unbearable insupportable *adj.* 6
unbiased impartial(e) *adj.* 3
uncertainty incertitude *f.* 5
underpants *(for females)* culotte *f.* 8; *(for males)* slip *m.* 8
underpriviliged défavorisé(e) *adj.* 5
understanding compréhension *f.* 5
undertake entreprendre *v.* 9
undress se déshabiller *v.* 2
unemployed au chômage *adj.* 9
unemployed person chômeur/ chômeuse *m., f.* 9
unemployment chômage *m.* 9
unethical contraire à l'éthique *adj.* 7
unequal inégal(e) *adj.* 4
unexpected inattendu(e) *adj.* 2
unfair injuste *adj.* 4

unfaithful infidèle *adj.* **1**
unforgettable inoubliable *adj.* **1**
unhappily malheureusement *adv.* **2**
unite unir *v.* **2**
unless à moins de *prep.* **7**; à moins que *conj.* **7**
unlikely peu probable *adj.* **7**
until jusqu'à ce que *conj.* **7**
unusual inhabituel(le) *adj.* **9**; insolite *adj.*
updated actualisé(e) *adj.* **3**
up front en pointe *adv.* **8**
upset contrarié(e) *adj.* **1**, navrer *v.* **6**
urbanize urbaniser *v.* **10**
urge exhorter *v.* **10**
use se servir de *v.* **2**, exploiter *v.* **10**
  to use up épuiser *v.* **10**

V

vacationer vacancier/vacancière *m., f.* **8**
value valeur *f.* **5**
van: small van camionnette *f.* **9**
very même *adj.* **2**; très *adv.* **2**
victim victime *f.* **4**
victorious victorieux/victorieuse *adj.* **4**
victory victoire *f.* **4**
video game jeu vidéo *m.* **8**
violence violence *f.* **4**
violin violon *m.* **2**
vote voter *v.* **4**

W

wait (for) attendre *v.* **2**
  to wait in line faire la queue **8**
  waiting for en attendant que *conj.* **7**
wake up se réveiller *v.* **2**
walk: to take a walk se promener *v.* **8**
wallpaper tapisserie *f.* **7**

want vouloir *v.* **3**; **to want to** désirer *v.* **8**
war guerre *f.* **1**
  civil war guerre civile *f.* **4**
wardrobe garde-robe *f.* **8**
warehouse entrepôt *m.* **9**
warrior guerrier/guerrière *m., f.* **5**
wary: to be wary of se méfier de *v.* **2**
wash oneself se laver *v.* **2**
waste gaspillage *m.* **10**; gaspiller *v.* **10**
watch regarder *v.* **8**
weaken faiblir *v.* **10**
weapon arme *f.* **4**
weary las/lasse *adj.* **1**
wealth richesse *f.* **5**
Web web *m.* **3**
Web-site site web *m.* **3**
wedding mariage *m.* **1**
wedding gown robe de mariée *f.* **6**
wedding ring alliance *f.* **6**
weekly magazine hebdomadaire *m.* **3**
weigh peser *v.* **1**
weight poids *m.*
well bien *adv.* **2**
well-being bien-être *m.* **10**
well-mannered bien élevé(e) *adj.* **6**
when quand *conj.* **7**, lorsque *conj.* **7**; où *rel. pron.* **9**
where où *rel. pron.* **9**
which que *rel. pron.* **9**
  of which dont *rel. pron.* **9**
whisper chuchoter *v.* **6**
whistle sifflet *m.* **8**; siffler *v.* **8**
white blanc/blanche *adj.* **2**
who qui *rel. pron.* **9**
whom qui *rel. pron.* **9**
  of whom dont *rel. pron.* **9**
whose dont *rel. pron.* **9**
widow veuve *f.* **1**
widowed veuf/veuve *adj.* **1**
widower veuf *m.* **1**
wife épouse *f.* **6**
willing (to) disposé(e) *adj.* **9**
win gagner *v.* **4**

to win elections gagner les élections **4**
wind turbine éolienne *f.* **10**
wish vœu *m.* **5**; **to wish to** souhaiter *v.* **8**
without sans *prep.* **7**; sans que *conj.* **7**
witness témoin *m.* **5, 6**
  to be witness to témoigner de *v.* **5**
woman (doll) volaille *f.* **4**
wonder se demander *v.* **2**
work (hard) travailler (dur) *v.* **2**, bosser *v.* **3**
worker travailleur/travailleuse *m., f.* **6**
  blue-collar worker travailleur/travailleuse manuel(le) *m., f.* **6**
work schedule temps de travail *m.* **9**
worried inquiet/inquiète *adj.* **1, 2**
worry s'inquiéter *v.* **2**
worse plus mauvais(e) *adj.* **7**, pire *adj.* **7**; plus mal *adv.* **7**, pis *adv.* **7**
  to get worse empirer *v.* **10**
worst: the worst le/la plus mauvais(e) *adj.* **7**, le/la pire *adj.* **7**; le plus mal *adv.* **7**, le pis *adv.* **7**
worth: to be worth mériter *v.* **1**; valoir *v.* **6**
  It is not worth the effort... Ce n'est pas la peine que...**6**
  to be worth it valoir la peine **8**
wrench clé *f.* **7**
write écrire *v.* **3**
wrong faux/fausse *adj.* **2**; tort *m.* **4**
  to be wrong se tromper *v.* **1**

Y

yell crier *v.* **1**
yesterday hier *adv.* **2**
  yesterday (morning, evening, etc.) hier (matin, soir, etc.) *adv.* **3**
young jeune *adj.* **2**
youth jeunesse *f.* **6**

Index

Sources

Text Credits

74   By permission of Le Nouvel Observateur.
114   *99 Francs* by Frédéric Beigbeder ©2000, Grasset & Fasquelle, Paris.
190   © Ghislaine Sathoud. Site Lire Les Femmes Africaines.
230   "Le cœur à rire et à pleurer" by Maryse Condé ©Editions Robert Laffont, 1999, Paris.
268   © Éditions Denoël, 1998.
306   R. Goscinny et J-J. Sempé, extrait de «Le football», *Le Petit Nicolas*, IMAV éditions, Paris 2012.
346   By permission of Marie Le Drian.
384   *Baobab,* Jean-Baptiste Loutard, in *LES RACINES CONGOLAISES,* précédé de *La vie poétique,* series «Poètes des cinq continents», © Editions l'Harmattan, 2004.

Film Credits

8   By permission of Butterfly Productions.
46   By permission of La Boîte.
86   By permission of Le Petit Studio.
124   By permission of Kaléo Films.
162   By permission of CinEthique.
202   By permission of Nassim Amaouche.
240   By permission of Premium Films.
278   By permission of La Luna Productions.
318   By permission of Avenue B.
356   By permission of FranceTVdistribution.

Photography Credits

All images © Vista Higher Learning unless otherwise noted.

Cover: © SIME/eStock Photo.

Master Art: 9, 47, 87, 125, 163, 203, 241, 279, 319, 357: (background) © Randall Fung/Corbis.

Front Matter (IAE): IAE-27: © Rido/123RF.

Lesson 1: 2: © Moodboard/Alamy; **4:** (tl, ml) Anne Loubet; (tr) © Corbis RF; (mr) © Roy McMahon/Corbis; (b) © Markus Moellenberg/Corbis; **8:** By permission of Butterfly Productions; **12:** © Masterfile; **13:** (left col) © Ullstein Bild/The Granger Collection; (right col: tl) © Bettmann/Corbis; (right col: tr) © Stefano Bianchetti/Corbis; (right col: bl) © Jeff Mitchell/Reuters/Corbis; (right col: br) © Rob Rich/Everett Collection; **16:** (l) © Northwind Pictures Archive/Alamy; (inset: l) Courtesy of the Hall of Fame, Prince George's County, Maryland, Inc.; (r) George Rodrigue, *Blue Dog,* 1984. Photo © M. Timothy O'Keefe/Alamy; (inset: r) © Terese Loeb Kreuzer/Alamy; **17:** (t) © Bettmann/Corbis; (b) © Michael Robinson/Beateworks/Corbis; (inset) © Formichev Mikhail/Itar-Tass/Corbis; **18:** (t) Anne Loubet; (m) Pascal Pernix; (b) Rossy Llano; **19:** (t, m) Anne Loubet; (b) Pascal Pernix; **21:** Anne Loubet; **22:** Anne Loubet; **23:** (t) Anne Loubet; (b) Pascal Pernix; **24:** © David H. Wells/Corbis; **25:** (t, mr, bl) Anne Loubet; (ml) © Vstock, LLC/Photolibrary; (br) Pascal Pernix; **26:** Pascal Pernix; **29:** (tl, tr, bl, br) Anne Loubet; **32:** © Lee Celano/Reuters/Corbis; **33:** © Chris Graythen/Getty Images; **34:** © Patrick Bronson/Dreamstime; **35:** (t) © RMN-Grand Palais/Art Resource, NY; (b) © Gjon Mili/Time Life Pictures/Getty Images; **36:** © Jean-Marc Charles/Sygma/Corbis.

Lesson 2: 40: © Craig Aurness/Media Bakery; **42:** (tl) Pascal Pernix; (tm) VHL; (tr) Anne Loubet; (bl) Janet Dracksdorf; (bm) Rossy Llano; (br) © Radius/SuperStock; **46:** By permission of La Boîte; **49:** Pascal Pernix; **50:** (t) © Bryan F. Peterson/Corbis; (b) © Charles & Josette Lenars/Corbis; **51:** (left col) © Michel Setboun/Corbis; (right col: tl) © Photononstop/SuperStock; (right col: tr) © Picture Contact BV/Alamy; (right col: bl) © Chad Ehlers/Alamy; (right col: br) © David C. Tomlinson/Getty Images; **54:** (l) © Philippe Petit/Paris Match/Getty Images; (m) © Remy de la Mauviniere/AP Images; (r) © Foc Kan/WireImage/Getty Images; **55:** (t) © Julio Donoso/Sygma/Corbis; (b) © Yann Arthus-Bertrand/Corbis; **56:** (l) © Erin Patrice O'Brien/Media Bakery; (r) © Corbis RF; **62:** © Hans Peter Merten/Corbis; **63:** (tl) © David Morris/Alamy; (tr) © Andrzej Gorkowski/Alamy; (bl) © Rayman/Getty Images; (br) © George Simhoni/Masterfile; **70:** © Jean Ayissi/AFP/Getty Images; **71:** © Bill Wymar/Alamy; **72:** © Gail Mooney/Corbis; **73:** © Ulf Andersen/Getty Images; **74:** (full pg) © Roberto Schmidt/AFP/Getty Images; **77:** © Ariana Cubillos/AP Images.

Lesson 3: 80: © Blend_Images/iStockphoto; **82:** (tl) Martín Bernetti; (tm) © Michael Krasowitz/ Getty Images; (tr) © E.J. Baumeister Jr./Alamy; (m) José Blanco; (b) Ali Burafi; **86:** By permission of Le Petit Studio; **90:** (t) © Duncan Walker/Getty Images; (b) © Bettmann/Corbis; **91:** (left col) © Bettmann/Corbis; (right col: tl) © Age Fotostock/SuperStock; (right col: tr) © Megapress/Alamy; (right col: bl) © Marcel Pelletier/iStockphoto; (right col: br) © Rudy Sulgan/Corbis; **94:** (l) © Hemis/Alamy; (r) © Ullstein Bild/The Granger Collection; **95:** (t) © Sophie Bassouls/Sygma/Corbis; (bl) © Stephane Cardinale/People Avenue/Corbis; (br) © Chris Martinez/La Opinion/Newscom; **96:** Anne Loubet; **97:** (l) Anne Loubet; (r) Pascal Pernix; **100:** (l, r) Anne Loubet; **101:** (t, b) Pascal Pernix; **103:** © Aiok/ Shutterstock; **104:** (t,b) Pascal Pernix; **105:** Rossy Llano; **107:** Anne Loubet; **108:** Ray Levesque; **110:** © Salvatore di Nolfi/Corbis; **112:** © Images Distribution/Agence Quebec Presse/Newscom; **113:** © WireImage/Getty Images; **114:** (full pg/background) © Sergey Nivens/Shutterstock; (foreground) © Lobur Alexey Ivanovich/Shutterstock.

Lesson 4: 118: © Christinne Muschi/Reuters/Corbis; **120:** (t) © Purestock/Jupiterimages; (b) Anne Loubet; **124:** By permission of Kaléo Films; **128:** (t) © Jon Arnold Images/Danita Delimont; (b) © Patrick Eden/Alamy; **129:** (tl) © Guido Cozzi/Atlantide Phototravel/Corbis; (tr) © David Sanger Photography/Alamy; (bl) © Photononstop/SuperStock; (br) © RMN-Grand Palais/Art Resource, NY; **132:** (t) © Daniel Dabriou; (m) © François Laroulandie; (b) © Pimental Jean/Corbis; **133:** (t) © Djems Olivier; (bl, br) © Galerie Macondo; **135:** Anne Loubet; **137:** (t) Lauren Krolick; (b) © Thierry Tronnel/Sygma/Corbis; **144:** Anne Loubet; **145:** (l) © Jon Arnold Images Ltd/Alamy; (r) © Robert Harding Picture Library Ltd/Alamy; **148:** (full pg) © Les Stone/The Image Works; **150:** © M. Dillon/ Media Bakery; **151:** © Stocksnapper/Shutterstock; **152:** (full pg) © Interfoto/Alamy.

Lesson 5: 156: © Gino's Premium Images/Alamy; **158:** (tl) © Hot Ideas/Photolibrary; (tr) Martín Bernetti; (bl) © Chris Lowe/Photolibrary; (bm)© Tom Grill/Corbis; (br) Pascal Pernix; **162:** By permission of CinEthique; **166:** © George Clerk/iStockphoto; **167:** (left col) © Africa/Fotolia; (right col: tl) © Universal Images Group/DeAgostini/Alamy; (right col: tr) © Nik Wheeler/Corbis; (right col: bl) © Martin Harvey/ Corbis; (right col: br) © Julian Calder/Corbis; **170:** (l) © Caroline Penn/Corbis; (inset, r) © Présence Africaine Editions; **171:** (t) Seydou Keïta. *Untitled*, 1959. Gelatin silver print. 23 x 19 inches (60 x 50 cm). Courtesy CAAC - The Pigozzi Collection, Geneva. © Keïta/SKPEAC; (b) © Sergio Gaudenti/Corbis; **172:** (b) Anne Loubet; **173:** Anne Loubet; **175:** Rossy Llano; **176:** Anne Loubet; **177:** Anne Loubet; **184:** © Albrecht G. Schaefer/Corbis; **186:** © Irene Abdou/Alamy; **188:** © Zuma Press/Alamy; **189:** © Ghislaine Sathoud; **190–191:** © Patrick Robert/Sygma/Corbis; **192:** © Edward Parker/Alamy.

Lesson 6: 196: © Sam Edwards/Getty Images; **198:** (t) © Workbookstock/Getty Images; (m) Pascal Pernix; (b) © Image Source/Photolibrary; **199:** Anne Loubet; **202:** By permission of Nassim Amaouche; **206:** (t) © Daryl Benson/Masterfile; (b) © Age Fotostock/SuperStock; **207:** (left col) © Martin Harvey/Corbis; (right col: tl) © Ovia Images/Alamy; (right col: tr) © Witr/Dreamstime; (right col: bl) © Peter Adams/Getty Images; (right col: br) © Yadid Levy/Alamy; **210:** (t) © Steven Delcourt; (bl) © Fethi Belaid/AFP/Getty Images/Newscom; (br) © Pierre Vauthey/Sygma/Corbis; **211:** (t) © An-Nahar Research Center for Documentation; (b) © Reuters/Corbis; (inset) © Bettina Schwarzwaelder/DPA/Corbis; **215:** © Ocean/Corbis; **219:** Anne Loubet; **223:** © Nancy Ney/Getty Images; **226:** © Fayez Nureldine/AFP/Getty Images; **227:** © Noah Seelam/AFP/Getty Images; **229:** © Ulf Andersen/Getty Images; **230:** © Diz Muenchen GmbH/Sueddeutsche Zeitung Photo/Alamy.

Lesson 7: 234: © Erik Isakson/Media Bakery; **236:** (tl, tr, mr) Martín Bernetti; (tm) © Jim Zuckerman/ Corbis; (ml) Annie Pickert Fuller; (bl) © Pixel Embargo/Shutterstock; (br) VHL; **240:** By permission of Premium Films; **244:** © MichaelUtech/iStockphoto; **245:** (left col) © Denis Balibouse/Reuters/Corbis; (right col: tl) © Heinz-Dieter Falkenst/Age Fotostock; (right col: tr) © Ken Welsh/Alamy; (right col: bl) © Jean-Marc Charles/Sygma/Corbis; (right col: br) © Johannes Simon/Getty Images; **248:** (tl) © Galerie Thaddaeus Ropac, Paris - Salzburg & Sylvie Fleury; (tr)© Yves Leresche/The New York Times/Redux Pictures; (b)© Time & Life Pictures/Getty Images; **249:** (t) © Benaroch/Sipa Press; (bl) © The Kobal Collection at Art Resource, NY; (br) © Allstar Picture Library/Alamy; **250:** Annie Pickert Fuller; **251:** Anne Loubet; **253:** Anne Loubet; **258:** Anne Loubet; **261:** Martín Bernetti; **262:** © Don Farrall/Media Bakery; **264:** (full pg) © Maximilien Brice/CERN; **266:** Anne Loubet; **267:** © TF1/Sipa Press; **268:** © Scott Tysick/Masterfile.

Lesson 8: 272: © Elpis Ioannidis/Shutterstock; **274:** (tl) © Kevin T. Gilbert/Corbis; (tr) © John James Wood/Index Stock Imagery/Photolibrary; (ml) © FogStock LLC/Index Stock Imagery/Photolibrary; (mm, mr) Martín Bernetti; (b) © James Marshall/Corbis; **278:** By permission of La Luna Productions; **282:** (t) © Bob Thomas/Getty Images; (b) © Age Fotostock/SuperStock; **283:** (left col) © Fabrice Bettex/Alamy; (right col: tl) © Hemis/Alamy; (right col: tr) © Morales/Age Fotostock; (right col: bl) © Imagebroker/Alamy; (right col: br) © The Natural History Museum/Alamy; **286:** (tl, bl) Courtesy of Pierrot Men; (tr, br) © Khal Torabully; **287:** (t) © Emma Ladouceur/Getty Images; (b, inset) © Courtesy of Cie Jeff Ridjali; **291:** (t) Anne Loubet; (b) © Brand X Pictures; **293:** Anne Loubet; **295:** Rossy Llano; **302:** © Buzz Pictures/Alamy; **304:** (l) © Mike Powell/Corbis; (r) © Blickwinkel/Alamy;

305: (t) © Bouet/Sipa Press; (b) © Roger-Viollet/The Image Works; **306:** « Le football », *Le Petit Nicolas,* IMAV éditions, Paris 2012. © IMAV editions/Goscinny – Sempé; **308:** « Le football », *Le Petit Nicolas,* IMAV éditions, Paris 2012. © IMAV editions/Goscinny – Sempé.

Lesson 9: **312:** © Radius Images/Masterfile; **314:** (t) Martín Bernetti; (b) Ana Cabezas Martin; **318:** By permission of Avenue B; **322:** © Marcus Wilson-Smith/Alamy; **323:** (left col) © MJ Photography/Alamy; (right col: tl) Courtesy of the Ecrans Noirs Film Festival; (right col: tr) VHL; (right col: bl) © Gallo Images/Corbis; (right col: br) © Albert Facelly/Sipa Press; **326:** (tl) © Courtesy of Benjamin Sehene; (bl) © *The Black Hole*/Aïda Touré; (br) © Aida Toure; **327:** (tl, tr) © Angèle Etoundi Essamba; (b) HO.0.1.3865, coll. MRAC Tervuren; © RMCA Tervuren; **331:** (t) Paula Diez; (b) Anne Loubet; **332:** Pascal Pernix; **333:** Rossy Llano; **336:** Anne Loubet; **337:** (t) Pascal Pernix; (b) Anne Loubet; **340:** © Roger Viollet/Getty Images; **342:** (full pg) © Pascal Deloche/Godong/Corbis; **343:** © Julian Nieman/Alamy; **345:** © Marie Le Drian; **346:** © Eduard Kornienko/Reuters/Corbis.

Lesson 10: **350:** © Cindy Miller Hopkins/Danita Delimont; **352:** (tl) © Ingram Publishing/SuperStock; (tr) © Firefly Productions/Corbis; (ml) Janet Dracksdorf; (mr) Martín Bernetti; (bl) © Erinandelise/iStockphoto; (br) © Jiri Hera/Alamy; **355:** © Media Bakery; **356:** By permission of France TV Distribution; **359:** © Nigel Hicks/Alamy; **360:** (t) © Melba Photo Agency/Alamy; (b) © Brian A. Vikander/Corbis; **361:** (left col) © Jon Arnold Images/Alamy; (right col: tl) © Hemis/Alamy; (right col: tr) © Eric Nathan/Alamy; (right col: bl) © Zoonar GmbH/Alamy; (right col: br) © Stephen Frink/Getty Images; **364:** (t, inset: t) © Courtesy of Patrice Kaikilekofe; (inset: b) © Thuy Nguyen; (b) Oil mixed media on canvas 100 x 200 cm 2009, © Thuy Nguyen; **365:** (t) © Courtesy of Patrice Kaikilekofe; (m) © Chris Pizzello/Invision/AP Images; (b) © Photos 12/Alamy; **367:** VHL; **368:** Paul Gauguin (1848–1903). *Tahitian Women or On the Beach.* 1891. Oil on canvas, 69 x 91.5 cm. Location: Musee d'Orsay, Paris, France. Photo credit: © Leemage/Corbis; **371:** (l, r) Anne Loubet; **373:** VHL; **375:** (l, r) Anne Loubet; **380:** (full pg) © Joe Enenbach/National Geographic Society/Corbis; **381:** © Josh Humbert/National Geographic Collection/Alamy; **383:** © Présence Africaine Editions; **384–385:** © Gallo Images/Corbis.

Fiches de grammaire: **390:** (t, m, b) Anne Loubet; **392:** Anne Loubet; **393:** (tl, tr, bl) Pascal Pernix; (br) Anne Loubet; **396:** Anne Loubet; **397:** (t) Rossy Llano; (bl) Pascal Pernix; (br) Anne Loubet; **400:** Anne Loubet; **402:** Pascal Pernix; **406:** Pascal Pernix; **408:** Pascal Pernix; **412:** Anne Loubet; **414:** Anne Loubet; **415:** (tl, tr, ml) Pascal Pernix; (mr, bl, br) Anne Loubet; **416:** Pascal Pernix; **419:** © Fabrice Bettex/Alamy; **422:** (t) Anne Loubet; (b) Pascal Pernix; 424 (t) Anne Loubet; (b) Pascal Pernix; 425 (l, r) Anne Loubet; **427:** Pascal Pernix; **429:** © Thuy Nguyen.

Television Credits

15 By permission of Leg Agency.
53 By permission of Comparadise Groupe.
93 By permission of Editions Apaches.
131 By permission of CdH.
169 Agency: BDDP unlimited / Director: Emmanuel François from brotherfilms.com. By kind permission of Fondation Abbé Pierre, BDDP unlimited and Emmanuel François.
209 By permission of JMS l'inconscient collectif.
247 By permission of Groupe Éditialis.
285 By permission of Allocine Productions.
325 By permission of AACC, Philippe Bonnet and Agence du Mannequin People.
363 By permission of Greenpeace France.

About the Author

Séverine Champeny, a native of France who spent 20 years in the U.S., has been involved in the development of educational materials since 1994. She specializes in French language print and technology products, ranging from introductory middle-school textbooks to advanced college-level texts. She has worked as an author, contributing writer, development editor, consultant, and project manager for several major educational publishers.